Altnordisch 1
Die Sprache der Wikinger, Runen und isländischen Sagas

Jesse L. Byock

Übersetzung
Johanna Nowotnick und Romina Wulf

www.juleswilliampress.com
www.oldnorse.org

Jesse L. Byock
Altnordisch 1: Die Sprache Der Wikinger, Runen Und Isländischen Sagas

Jules William Press
Oldnorse.org
Juleswilliampress.com

vikinglanguage@gmail.com

Copyright © 2021, Jesse L. Byock
Karten Copyright © 2021, Jesse L. Byock

ISBN 978-1-953947-07-9

Aus dem Englischen übersetzt (Translated from English)
Viking Language 1: Learn Old Norse Runes and Icelandic Sagas, © 2013, Jesse L. Byock

Alle Rechte vorbehalten. Kein Teil des Werkes darf in irgendeiner Form (durch Fotokopie, scan, pdf, Mikrofilm oder ein anderes Verfahren) ohne schriftliche Genehmigung von Jesse L. Byock reproduziert oder unter Verwendung elektronischer Systeme verarbeitet, vervielfältigt oder verbreitet werden.

Cover Picture Permission: Cf24063_C55000_100_VSH: Vikingskipshuset, det akademiske dyrehodet fra Oseberg © Kulturhistorisk museum, Universitetet i Oslo / Ove Holst

Altnordisch

- ist der Vorläufer der modernen skandinavischen Sprachen Dänisch, Schwedisch, Norwegisch, Isländisch und Färöisch.
- wurde auch von den Wikingern gesprochen, also jenen Nordeuropäern, die bereits im 8. Jahrhundert mit ihren Schiffen weite Strecken über das offene Meer zurücklegten und über ein Drittel der Erde bereisten.
- wird häufig synonym mit Altisländisch verwendet, da viele der nordischen Mythen, Legenden und Erzählungen in der sich auf Island herangebildeten Tochtersprache des Altnordischen überliefert sind. Die altnordische bzw. altisländische Literatur bildet die Grundlage für Richard Wagners „Der Ring des Nibelungen", Tolkiens „Der Herr der Ringe"-Trilogie und eine Vielzahl weiterer Fantasyromane und -spiele.

DIE *ALTNORDISCH*-REIHE

bietet einen umfangreichen Überblick über die altnordische bzw. altisländische Sprache, die Runen, die isländischen Sagas und die Geschichte und Kultur der Wikinger.

Altnordisch 1. Die Sprache der Wikinger, Runen und isländischen Sagas besteht aus fünfzehn inhaltlich aufeinander aufbauenden Lektionen, in denen sich neben altnordischen Textpassagen, Grammatikbaukästen und abwechslungsreich gestalteten Übungen eine umfangreiche Zusammenstellung an Karten, Bildern, Runen, und Begleittexten finden lassen. Außerdem verfügt das Buch über ein vollständiges Wörterverzeichnis, eine ausführliche Kurzgrammatik sowie Hinweise zur (rekonstruierten) Aussprache der altnordischen Sprache. Da sich die Grammatik des Isländischen im Laufe der Jahrhunderte nur geringfügig verändert hat, erleichtern Altnordischkenntnisse auch den Zugang zum Neuisländischen. **Um den kostenlosen** *Lösungsschlüssel* für die in *Altnordisch 1*

(www.oldnorse.org/altnordisch/) behandelten Aufgaben zu herunterzuladen besuch uns im Internet.

Viking Language 2: The Old Norse Reader (*Altnordisch 2: Das altnordische Lesebuch*) taucht noch ein Stück weiter in die Welt der altnordischen/-isländischen Literatur ein. Es beinhaltet Texte über die nordische Mythologie, vollständige Sagas, skandinavische Götter- und Heldenlieder und runische Inschriften.

www.oldnorse.org/altnordisch/ & www.juleswilliampress.com

Außerdem (auf Englisch) erhältlich:

Zwei zum Herunterladen zur Verfügung stehende Audiodateien, in denen die Betonung der in *Altnordisch 1* zu findenden Abschnitte aus den Sagas und Runeninschriften erläutert wird. Als MP3-Downloads bei Amazon.de (Suche unter „Alle" und in „Musik-Downloads"), iTunes und auf cdbaby.com erhältlich.

Viking Language 1 Audio Lessons 1-8: Pronounce Old Norse, Runes, and Icelandic Sagas
Viking Language 1 Audio Lessons 9-15: Pronounce Old Norse, Runes, and Icelandic Sagas

Weitere Information erhältst du auch unter „How to pronounce Old Norse" und auf www.oldnorse.org/altnordisch/

ÜBER DEN AUTOR

Jesse Byock ist Professor für Altnordisch, Skandinavistische Mediävistik und Archäologie an der University of California in Los Angeles (UCLA) und Professor an der Universität Island (Háskóli Íslands) in Reykjavík. Er wurde an der Harvard University promoviert. Auf Island leitet er u.a. das Mosfell Archaeological Project (MAP), das die wikingerzeitliche Bebauung des Tals von Mosfell archäologisch erschließt. Jesse Byocks Publikationen befassen sich mit den Themen Wikingerzeit, Archäologie, Isländisches Mittelalter und Sagaliteratur. Von ihm sind u.a. erschienen: *Viking Age Iceland* (Penguin), *Grettir's Saga* (Oxford University Press), *Viking Language 1 und 2* (Jules William Press), Jesse Byock and Randall Gordon, *Old Norse – Old Icelandic: Concise Introduction to the Language of the Sagas* (Jules William Press).

Zu dieser Übersetzung

Altnordisch 1 wurde von Johanna Nowotnick und Romina Wulf, Masterstudentinnen der *Viking and Medieval Norse Studies* und *Medieval Icelandic Studies* an der Universität Island (Háskóli Íslands), unter Mithilfe von Rabea Stahl ins Deutsche übersetzt. Stephanie Grunow half bei der Bearbeitung der Abbildungen. Das Projekt enstand in enger Zusammenarbeit mit Jesse Byock.

Bücher von Jesse Byock

Viking Age Iceland. Penguin Books
L'Islande des Vikings. Flammarion, Editions Aubier
La Stirpe Di Odino: La Civiltá Vichinga in Islandia. Oscar Mondadori
Джесси Л. Байок. *Исландия эпохи викингов*. Corpus Books
Feud in the Icelandic Saga. University of California Press
サガ ノ シャカイカイシ チューセイアイスラント゛ ノ シユウコッカ. Tokai University Press
Medieval Iceland: Society, Sagas, and Power. University of California Press
Island i sagatiden: Samfund, magt og fejde. C.A. Reitzel
アイスラント゛ サカ. Tokai University Press
Viking Archaeology in Iceland: Mosfell Archaeological Project. Hrsg. Davide Zori und Jesse Byock. Brepols (Cursor Mundi)

Übersetzungen altnordischer Werke (ins Englische)
Grettir's Saga. Oxford University Press
The Prose Edda: Norse Mythology. Penguin Books
The Saga of the Volsungs: The Norse Epic of Sigurd the Dragon Slayer. Penguin Books
The Saga of King Hrolf Kraki. Penguin Books
Sagas and Myths of the Northmen. Penguin Books (ein Übersichtswerk)

Die *Altnordisch*-Reihe
Altnordisch 1: Die Sprache der Wikinger, Runen und isländischen Sagas. Jules William Press
Viking Language 1: Learn Old Norse, Runes, and Icelandic Sagas. Jules William Press
Viking Language 2: The Old Norse Reader (*Altnordisch 2: Das altnordische Lesebuch*). Jules William Press
Old Norse – Old Icelandic: Concise Introduction to the Language of the Sagas Jesse Byock and Randall Gordon (Jules William Press)

www.juleswilliampress.com & www.oldnorse.org

DANKSAGUNG

Der Veröffentlichung der englischen Ausgabe dieses Buches und der Übersetzung ins Deutsche ging ein langer Prozess voraus, und ich bin vielen Menschen für ihre Hilfe zu Dank verpflichtet. Zunächst möchte ich den Promotionsstudierenden an der UCLA danken, die mich in vielen Phasen des Projekts begleitet und unterstützt haben. Besonderer Dank gebührt Kevin Elliott.

Ein großer Teil dieses Buchs ist in Island entstanden, wo ich eine Professur an der Universität Island (Háskóli Íslands) am Institut für Geschichte innehabe und mit dem *Medieval Icelandic Studies/Viking and Medieval Norse Studies*-Programm verbunden bin. Ich danke den ProfessorInnen Helgi Þorláksson, Torfi Tulinius, Vésteinn Ólason, Guðrún Nordal, Ármann Jakobsson und Ástráður Eysteinsson für ihre Unterstützung.

Aðalsteinn Davíðsson, Gunnlaugur Ingólfsson, und Kristján Jóhann Jónsson, Spezialisten der altisländischen Sprache, haben ihre scharfen Blicke auf das Manuskript gerichtet. Gunnar Karlsson und Helgi Þorláksson haben die Kulturabschnitte Korrektur gelesen. Dank gebührt auch Brett Landenberger der mich maßgeblich bei dem Design des Bucheinbands unterstützt hat.

Guðmundur Ólafur Ingimundarson, Jean-Pierre Biard, Stefanie Grunow, Robert Guillemette und Ilya Sverdlov haben mit mir zusammen die Illustrationen, Karten und grafiken erarbeitet und ich danke ihnen für ihre Unterstützung. Paul Acker, Jan Alexander van Nahl, Anita Sauckel, Johanna Nowotnick, Rabea Stahl, Ilya Sverdlov und Romina Wulf haben Auszüge des Manuskripts gelesen und mich mit vielen nützlichen Vorschlägen unterstützt. Sämtliche Fehler, die verbleiben, sind meine eigenen.

Für ihre Unterstützung danken möchte ich außerdem dem isländischen Ministerium für Bildung, Wissenschaft und Kultur (Menntamálaráðuneyti), der Alcoa Foundation, der Guggenheim Foundation, Arcadia Fund, dem Institute for Viking and North Atlantic Studies, und dem UCLA Center for Medieval and Renaissance Studies.

> In diesem Buch dreht sich alles um die in der skandinavischen Wikingerzeit und im isländischen Mittelalter gesprochene altnordische Sprache. Außerdem bietet es einen Einblick in die Lebensweise und die kulturellen Errungenschaften der damals im Norden Europas lebenden und/oder über die Weltmeere segelnden Menschen.

Abbildung 1. Behelmter Kopf aus der Wikingerzeit aus Elchgeweih, gefunden in Sigtuna, Schweden.

DIESES BUCH BEINHALTET

Ein **ausführliches Inhaltsverzeichnis**, das die Suche nach allen Text- und Grammatikabschnitten vereinfacht.

Die **Einführung**, die einen Überblick über die uns für das Erlernen des Altnordischen bzw. Altisländischen zur Verfügung stehenden Quellen bietet, und viele weitere Informationen über die geschichtlichen und kulturellen Hintergründe der Wikingerzeit enthält.

Eine Übersicht über das **altnordische/-isländische Alphabet und die Rechtschreibung** sowie ein **Abkürzungs- und Grammatikverzeichnis**.

Eine **Liste der *Islendingasögur*** („Isländersagas") und ihre geografische Verortung in Island.

Karten, Tabellen und Illustrationen.

Die einzelnen **Lektionen** sind der altnordischen bzw. altisländischen Sprache, den Runen, der Geschichte Islands und Skandinaviens, der nordischen Mythologie und der altnordischen Literatur gewidmet. Jede Lektion beschäftigt sich mit ganz bestimmten Aspekten der Sprache, des Lebens und der Kultur der während der Wikingerzeit und im Mittelalter lebenden Menschen. Während sich die ersten beiden Lektionen auf die Besiedlung Islands und Grönlands konzentrieren, wenden sich die daran anschließenden Kapitel anderen Schauplätzen der Wikingerwelt zu; darunter Dänemark, Schweden, Norwegen, den Britischen Inseln, Europa, dem Ostseeraum, Russland, Byzanz und dem Orient. Die Fahrten der Wikinger werden durch eine große Auswahl an Karten veranschaulicht. Alle Lektionen beinhalten **Grammatikbaukästen** und **Übungen**.

Anhang A bietet eine ausführliche **Übersicht über die altnordische Grammatik**.

Anhang B besteht aus zwei Listen, in denen die **häufigsten Wörter in den Sagas** zu finden sind:
1. Die 70 häufigsten Wörter
2. Die 246 häufigsten Wörter in den Sagas (in alphabetischer Reihenfolge)

Anhang C liefert Informationen über die (rekonstruierte) **Aussprache des Altnordischen/ Altisländischen**.

Zusätzlich zu diesem Anhang findest du auf www.vikingnorse.com **zwei kostenlos herunterzuladene Audiodateien**, in denen die Textpassagen der ersten Lektionen von isländischen Sprechern vorgetragen werden.

Neben einem vollständigen **Wörterverzeichnis**, das du hinten im Buch finden kannst, verfügen auch die Textpassagen der ersten sieben Lektionen über jeweils eine Vokabelliste. Das Wörterverzeichnis bietet zusätzliche Informationen, die in den Lektionen nicht berücksichtigt werden.

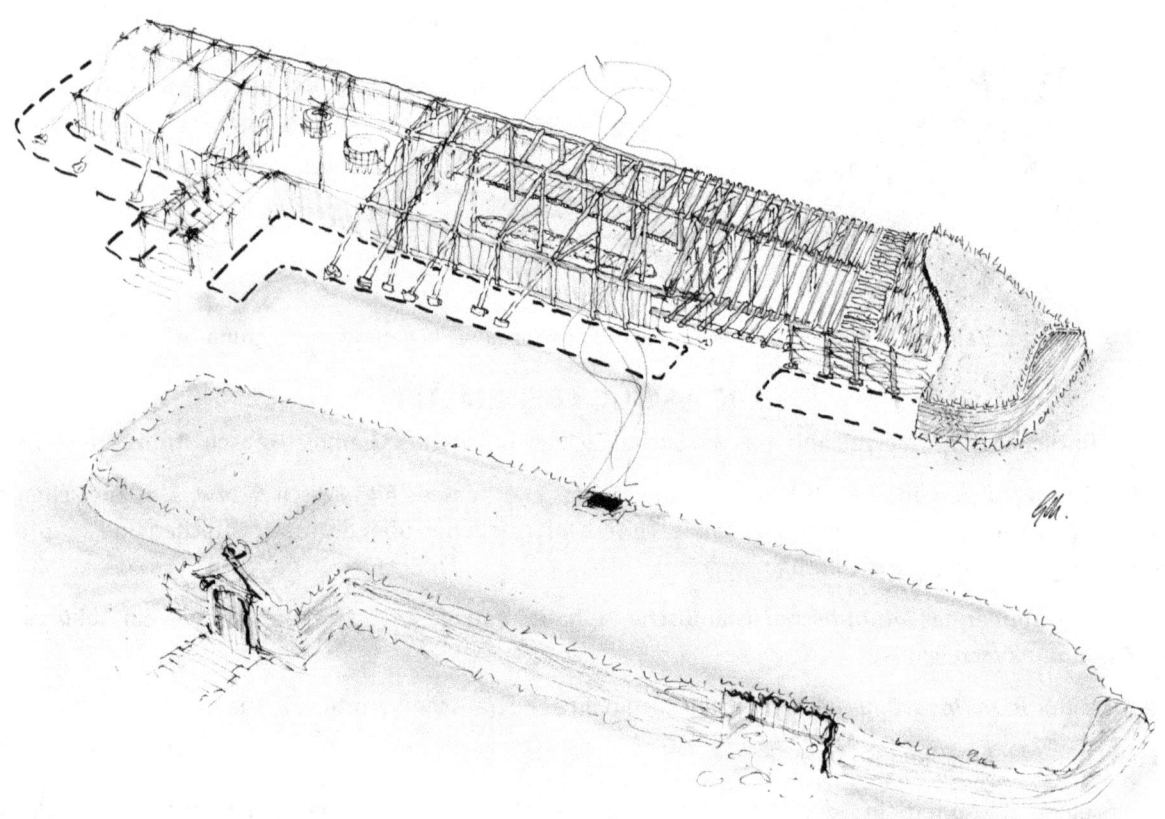

Abbildung 2. Wikingerzeitliche eldskáli („Feuerhalle") der Anführer von Mosfell. Das um das Jahr 900 im Tal von Mosfell erbaute Gebäude befand sich am Südhang des gleichnamigen Berges. Durch die gute Lage der Halle bot sich den Goden (*goði*) von Mosfell ein weitreichender Blick auf den wikingerzeitlichen Hafen an der küstennah gelegenen Einfahrt des Tales. Die Bauskizzen entstanden auf Grundlage archäologischer Grundrisse. Dieses Langhaus repräsentiert den Gebäudetyp, in dem die isländischen Goden (*goðar*) des 10. und 11. Jhs. lebten. Auf der Zeichnung ist das in der Mitte des Hauptraumes (*eldskáli*) gelegene Langfeuer zu sehen. Während das Holzggerüst dem Gebäude strukturelle Stärke verlieh, hatten die aus Torf bestehenden Wände und das Dach eine isolierende Wirkung und boten Schutz vor Wind und Wetter. (Jesse Byock und Grétar Markússon, Mosfell Archaeological Project).

INHALTSVERZEICHNIS

Zu dieser Übersetzung	5
Bücher von Jesse Byock	5
Danksagung	6
Dieses Buch beinhaltet	7
Inhaltsverzeichnis	9
Abbildungsverzeichnis	14
Einführung	18
Hinweise zur Benutzung	36
Abkürzungsverzeichnis	36
Grammatikregister	38
Lektion 1. Aufbruch in den Westen – Seefahrten nach Island, Grönland und Nordamerika	**41**
1.1 Kultur – Seefahrt auf dem Atlantik	41
1.2 Die Buchstaben þ und ð	42
1.3 Textpassage – Ingólfr gibt Herjólfr Land (*Grœnlendinga saga*)	42
1.4 Grammatikbaukasten. Substantive und Personalpronomen	43
1.5 Das Genus – Maskulinum, Femininum, Neutrum	44
1.6 Der Kasus – Nominativ, Akkusativ, Dativ, Genitiv	44
1.7 Aufgabe – Satzglieder	46
1.8 Apposition und Kasusangleichung	47
1.9 Wortfrequenz – Die häufigsten Wörter in den Sagas	47
1.10 Vokabular – Liste 1. Die häufigsten Wörter in den Sagas (nach Wortarten gegliedert)	48
Lektion 2. Die nordischen Siedler in Grönland und Nordamerika	**53**
2.1 Kultur – Das Grönland der nordischen Siedler	53
2.2 Textpassage – „Die Landnahme" in Grönland (*Landnámabók*)	54
2.3 Aufgabe – *Landnámabók*	55
2.4 Kultur – *Vínland*	55
2.5 Grammatikbaukasten. Bestimmter und unbestimmter Artikel	56
2.6 Eigennamen	56
2.7 Grammatikbaukasten. Verben	57
2.8 Verben – Infinitive	58
2.9 Subjekt-/Nominativergänzungen	59
2.10 Kultur – Die Íslendingasögur und die Sturlunga saga	59
DIE WICHTIGSTEN ÍSLENDINGASÖGUR	60
2.11 Kultur – Weitere Sagagruppen	62
2.12 Grammatikbaukasten. Adjektive	62
2.13 Vokabular – Liste 2. Die häufigsten Wörter in den Sagas	62
Lektion 3. Dänemark – Runensteine und ein frühes Wikingerreich	**66**
3.1 Kultur — Runen	66
3.2 Texpassage — Der kleine Runenstein von Jelling, Dänemark	67
3.3 Kultur — Die ältere und die jüngere Runenreihe	68
3.4 Runen, die mehr als einen Laut repräsentieren	69
3.5 Runische Varianten und Standardisiertes Altnordisch	70
3.6 Aufgabe — Runen	71
3.7 Textpassage — Gormr und Þyri (*Óláfs saga Tryggvasonar in mesta*)	71

3.8 Kultur — Gormr der Alte und die dänische Jellingdynastie 72
3.9 Personalpronomen — 1. und 2. Person 74
3.10 Aufgabe — Personalpronomen, 1. und 2. Person 75
3.11 Personalpronomen — 3. Person 75
3.12 Aufgabe — Personalpronomen, 3. Person 76
3.13 Das Verb *vera* „sein" — Präsens und Präteritum 76
3.14 Aufgabe — *vera* 76
3.15 Das schwache Verb *hafa* „haben" im Präsens 77
3.16 Aufgabe — *hafa* 77
3.17 Kultur — Die Namensbildung mit *son* (*sonr*) und *dóttir* 78
3.18 Aufgabe — Namensbildung 78
3.19 Vokabular — Liste 3. Die häufigsten Wörter in den Sagas 79

LEKTION 4. KÖNIGE UND HELDEN **82**
   4.1 Textpassage — Der große Runenstein von Jelling 82
   4.2 Aufgabe — Die Inschrift auf dem großen Runenstein von Jelling 84
   4.3 Lautlehre und Lautwandel – Einführung: Vokale und Konsonanten 84
   4.4 Das Vokaltrapez und das altnordische Vokalsystem 85
   4.5 Sprachwandelphänomene – Der *u*-Umlaut 85
   4.6 Sprachwandelphänomene – Der *i*-Umlaut 86
   4.7 Verben – Starke und schwache Konjugation 87
   4.8 Aufgabe— Starke und schwache Verben 88
   4.9 Starke und schwache Verben im Wörterverzeichnis 88
   4.10 Das Präsens der schwachen Verben 88
   4.11 Vokabular — Schwache Verben 90
   4.12 Aufgabe — Das Präsens der schwachen Verben 91
   4.14 Aufgabe – Das Präteritum der schwachen Verben 92
   4.15 Textpassage — Miðfjarðar-Skeggi (*Landnámabók*) und das Schwert von Hrólfr kraki ... 92
   4.16 Aufgabe — *Landnámabók* 94
   4.17 Kultur — Haraldr blátǫnn und der Beginn der Staatenbildung in der Wikingerzeit 94
   4.18 Vokabular — Liste 4. Die häufigsten Wörter in den Sagas 95

LEKTION 5. SCHWEDEN – EIN FAMILIENRUNENSTEIN **99**
   5.1 Kultur — Die Reiche der Svear (*Svíar*) und Gautar (*Gautar*) 99
   5.2 Textpassage — Sigurðr fáfnisbani und die Ramsundfelsritzung 101
   5.3 Kultur — Sigurðr fáfnisbani 102
   5.4 Lautlehre und Lautwandel – Assimilation und Apokope von *-r* 103
   5.5 Aufgabe — *r*-Assimilation und *r*-Apokope 104
   5.6 Starke Substantive — Einführung 104
   5.7 Starke Substantive — *a*-Stämme (Maskulina und Neutra) 104
   5.8 Aufgabe — *a*-Stämme (maskulina) 106
   5.9 Die Substantive *maðr* und *sonr* 106
   5.10 Aufgabe — *maðr* und *sonr* 107
   5.11 Grammatikbaukasten. Präpositionen 107
   5.12 Die Präpositionen und der Kasus des Objekts 107
   5.13 Aufgabe – Die Präpositionen und der Kasus des Objekts 108
   5.14 Präpositionen, die verschiedene Kasus nach sich ziehen können 108
   5.15 Aufgabe – Präpositionen: Ort und Richtung 110

- 5.16 Reflexivpronomen 110
- 5.17 Aufgabe – Reflexivpronomen 110
- 5.18 Textpassage — Ein Mann von Mäßigung (*Gunnlaugs saga ormstungu*) 110
- 5.19 Vokabular — Liste 5. Die häufigsten Wörter in den Sagas 112

LEKTION 6. SAKRALES KÖNIGTUM IM ALTEN SKANDINAVIEN **116**
- 6.1 Kultur — Das Geschlecht der Ynglingar in Schweden und Norwegen 116
- 6.2 Textpassage — Dómaldis opfer für eine bessere Ernte (*Ynglinga saga*, in *Heimskringla*) 116
- 6.3 Kultur — Der Tempel von Uppsala 118
- 6.4 Starke Substantive — ō-Stämme (Feminina) 119
- 6.5 Aufgabe — ō-Stämme 119
- 6.6 Die Possessivpronomen *minn* (*mín, mitt*), *þinn* (*þín, þitt*) und *sinn* (*sín, sitt*) 120
- 6.7 Aufgabe — Die Pronomen s*inn* und *hans* 121
- 6.8 Verben — Aktiv, Passiv und Mediopassiv 121
- 6.9 Kultur— Snorris *Heimskringla* 122
- 6.10 Textpassage — Der Leichnam von Hálfdanr wird in vier Teile geteilt (*Hálfdanar saga svarta*, in *Heimskringla*) 123
- 6.11 Vokabular — Liste 6. Die häufigsten Wörter in den Sagas 125

LEKTION 7. DER NORWEGISCHE KÖNIG HARALDR HÁRFAGRI UND SEIN SOHN EIRÍKR BLÓÐØX **128**
- 7.1 Kultur – Wie Haraldr Strubbelhaar zu Haraldr Haarschön wurde 128
- 7.2 Textpassage — Haraldr erkämpft sich seinen Weg zum Thron (*Grettis saga Ásmundarsonar*) 128
- 7.3 Kultur – Haraldr hárfagri 130
- 7.4 Starke Substantive: *i*-Stämme (Maskulina und Feminina) 131
- 7.5 Aufgabe: — *i*-Stämme 132
- 7.6 Schwache Substantive (*n*-Stämme) 132
- 7.7 Aufgabe: *n*-Stämme 134
- 7.8 Vokalkontraktion bei Substantiven 134
- 7.9 Textpassage – Eiríkr blóðøx erhält ein Schiff (*Egils saga Skalla-Grímssonar*) 134
- 7.10 Kultur – Eiríkr blóðøx, ein Wikinger in England 136
- 7.11 Textpassage – Ein grausamer König, eine gerissene Frau und ihre vielversprechenden Kinder (*Haralds saga ins hárfagra*, in *Heimskringla*) 137
- 7.12 Vokabular – Liste 7. Die häufigsten Wörter in den Sagas 138

LEKTION 8. HARALDR HARÐRÁÐI IN KONSTANTINOPEL **142**
- 8.1 Kultur – Haraldr harðráði und die Waräger 142
- 8.2 Textpassage – Haraldr Harðráði führt die Warägergarde an (*Haralds Saga Sigurðarsonar*, aus *Heimskringla*) 143
- 8.3 Aufgabe – Übersetzung: *Haralds saga Sigurðarsonar* 144
- 8.4 Kultur – Die Rus in Russland und darüber hinaus 145
- 8.5 Substantive – Verwandtschaftsbezeichnungen auf *-r* (*ter*-Stämme) 146
- 8.6 Substantivierte Partizipien – *nd*-Stämme 146
- 8.7 Das Präsens der starken Verben 146
- 8.8 Das Präteritum der starken Verben 147
- 8.9 Aufgabe – Die Stammformen der starken Verben 148
- 8.10 Auslautverhärtung bei starken Verben 148
- 8.11 Aufgabe – Auslautverhärtung bei starken Verben 148
- 8.12 Textpassage – Haraldr Harðráði schickt Mehl nach Island (*Haralds Saga Surðarsonar*, aus *Heimskringla*)

.... 149
   8.13 Grammatikbaukasten. Verbmodus 149
   8.14 Die Befehlsformen im Altnordischen 150
   8.15 Verben – Der Optativ Präsens 151
   8.16 Kultur – Das grausame Ende von Haraldr harðráði 151
   8.17 Vokabular – Liste 8. Die häufigsten Wörter in der Saga 152

LEKTION 9. RAUBZÜGE IM WESTEN **158**
   9.1 Textpassage — Ǫnundr trefótr plündert im Westen (*Grettis saga Ásmundarsonar*) 158
   9.2 Aufgabe – *Grettis saga* 159
   9.3 Kultur – Das westliche Norwegen 159
   9.4 Mehr zum bestimmten Artikel 160
   9.5 Sprachwandelphänomene – *a*- und *u*-Brechung 160
   9.6 Starke Substantive – *u*-Stämme (Maskulina) 161
   9.7 Starke Substantive – Wurzelnomen und konsonantische Stämme (Maskulina und Feminina) 161
   9.8 Die Demonstrativpronomen *þessi und sá* 162
   9.9 Satzarten – Hauptsätze und Nebensätze 163
   9.10 Aufgabe – Haupt- und Nebensätze 164
   9.11 Verben – Der Optativ Präteritum der starken und schwachen Verben 164
   9.12 Aufgabe – Der Optativ Präteritum der schwachen Verben 165
   9.13 Textpassage – Mord, Pflegschaft und der Einfallsreichtum einer Witwe (*Grettis saga Ásmundarsonar*) 165
   9.14 Kultur – Die Wikinger auf den Britischen Inseln und in Westeuropa 166
   9.15 Vokabular — Liste 9. Die häufigsten Wörter in den Sagas 167

LEKTION 10. EIN GESTRANDETER WAL IN ISLAND **174**
   10.1 Kultur — Konkurrenz um knappe Ressourcen 174
   10.2 Textpassage — Ein Wal wird an Land geschwemmt (*Grettis saga Ásmundarsonar*) 175
   10.3 Aufgabe — Textverständnis: *Grettis saga*. 176
   10.4 Die starken Adjektive 176
   10.5 Aufgabe — Substantive und starke Adjektive 177
   10.6 Assimilation und Apokope von -*r* bei den starken Adjektiven 177
   10.7 Adjektive mit zweisilbigem Stamm, Adjektive auf -*inn* und undeklinierbare Adjektive 178
   10.8 Aufgabe — Starke Adjektive. 179
   10.9 Verben – Das Partizip Präteritum 180
   10.10 Das Partizip Präteritum der starken Verben 181
   10.11 Verben – Perfekt und Plusquamperfekt 181
   10.12 Verben – Das Passiv 181
   10.13 Textpassage – Der Streit um den Wal nimmt eine tödliche Wende (*Grettis saga*) 182
   10.14 Aufgabe – *Grettis saga* 183
   10.15 Kultur – Leben und Überleben in Island 183
   10.16 Vokabular — Liste 10. Die häufigsten Wörter in den Sagas 184

LEKTION 11. DIE ENDLOSE SCHLACHT **189**
   11.1 Textpassage — Die Schlacht der Hjaðningar (*Skáldskaparmál*, aus *Snorra Edda*) 189
   11.2 Aufgabe – Die Schlacht Der Hjaðningar: Textverständnis 190
   11.3 Die schwachen Adjektive 192
   11.4 Aufgabe – Schwache Adjektive mit bestimmtem Artikel und Substantiv 193
   11.5 Starke Verben – Leitfaden zur Unterscheidung der verschiedenen Klassen starker Verben 193
   11.6 Starke Verben – Klasse I 193

- 11.7 Starke Verben – Klasse II 194
- 11.8 Aufgabe – Starke Verben, Klasse I und II 195
- 11.9 Verben, die ein Dativ- oder Genitivobjekt verlangen 195
- 11.10 Aufgabe – Verben, die ein Dativ- oder Genitivobjekt verlangen 195
- 11.11 Textpassage — Die Schlacht der Hjaðningar geht weiter (*Skáldskaparmál*, aus *Snorra Edda*) 196
- 11.12 Unpersönliche Verben 197
- 11.13 Das Indefinitpronomen *engi* 198
- 11.14 Das Indefinitpronomen *annarr* 198
- 11.15 Direkte und Indirekte Rede 199
- 11.16 Grammatikbaukasten. Adverbien 199
- 11.17 Vokabular— Liste 11. Die häufigsten Wörter in den Sagas 200

LEKTION 12. EINE FEHDE IN DEN ISLÄNDISCHEN OSTFJORDEN 205
- 12.1 Textpassage – Wie Helgi zu seinem Spitznamen kam (*Vápnfirðinga saga*) 205
- 12.2 Kultur – Nordische Höfe 207
- 12.3 Das Indefinitpronomen *nǫkkurr* 209
- 12.4 Pronomen – *hverr* und *hvárr* 209
- 12.5 Das Indefinitpronomen *einnhverr* 209
- 12.6 Das Pronomen *hvárrtveggi* 210
- 12.7 Starke Verben – Klasse III 210
- 12.8 Verben – Das Partizip Präsens 211
- 12.9 Textpassage – Der geächtete Svartr stiehlt das Vieh des alten Þorsteinns (*Vápnfirðinga saga*) 212
- 12.10 Kultur – Die isländischen Goden (*goðar*) 213
- 12.11 Vokabular— Liste 12. Die häufigsten Wörter in den Sagas 214

LEKTION 13. BRODD-HELGI ERMORDET EINEN DIEB IM *VÁPNAFJǪRÐR* 219
- 13.1 Textpassage — Brodd-Helgi erschlägt Svartr 219
- 13.2 Kultur — Versammlungen und Gerichte in Island 221
- 13.3 Starke Verben — Klasse IV und V 223
- 13.4 Verben – Präteritopräsentia 224
- 13.5 Präteritopräsentia mit dem Infinitivpartikel *at* 226
- 13.6 Aufgabe – Präteritopräsentia 226
- 13.7 Die Steigerung der Adjektive – Komparativ und Superlativ 226
- 13.8 Die Endungen des Komparativs 227
- 13.9 Die Endungen des Superlativs 227
- 13.10 Zur Verwendung von Komparativ und Superlativ 228
- 13.11 Aufgabe – Adjektive im Komparativ und Superlativ 228
- 13.12 Adverbien im Komparativ und Superlativ 229
- 13.13 Textpassage – Brodd-Helgi von Hof und Geitir von Króssavík (*Vápnfirðinga saga*) 230

LEKTION 14. DIE NORDISCHE MYTHOLOGIE UND DER WELTENBAUM *YGGDRASILL* 236
- 14.1 Kultur — Der Weltenbaum 236
- 14.2 Textpassage — Gangleri erkundigt sich nach *Yggdrasill* (*Gylfaginning*, aus *Snorra Edda*) 237
- 14.3 Textpassage — Über die Nornen, den Schicksalsbrunnen und den Gott Baldr (*Gylfaginning*, aus *Snorra Edda*) 239
- 14.4 Starke Verben — Klasse VI 240
- 14.5 Das Mediopassiv — Überblick und Bildung 241
- 14.6 Das Mediopassiv der Verben — Bedeutung und Gebrauch 242

14.7 Die Kardinalzahlen 1 bis 20 243
14.8 Der Optativ Präteritum der Präteritopräsentia 243
14.9 Die Synkope bei zweisilbigen Substantiven 244
14.10 Aufgabe – Die Synkope bei zweisilbigen Substantiven 244

LEKTION 15. DIE SAGA VON KÖNIG HRÓLFR KRAKI 249
15.1 Textpassage – Bǫðvarr rettet Hǫttr aus dem Knochenhaufen (*Hrólfs saga kraka*) 249
15.2 Kultur – Hrólfs saga kraka und Beowulf 251
15.3 Enklitische Pronomen 252
15.4 Starke Verben – Klasse VII 253
15.5 Verben – Optativ Mediopassiv 253
15.6 Verben – Optativ und indirekte Rede in Haupt- und Nebensätzen 254
15.7 Der Infinitiv Präteritum der Verben *mundu*, *sklyldu* und *vildu* 255
15.8 Kardinalzahlen über 20 255
15.9 Ordinalzahlen 256
15.10 Aufgabe – Ordinalzahlen 257
15.11 Textpassage – Bǫðvarr tötet das Monster (*Hrólfs saga kraka*) 257
15.12 Kultur – Das legendäre Lejre (*Hleiðargarðr*) 258
15.13 Textpassage – Hrólfr erhält den Beinamen kraki (*Skáldskaparmál*, aus *Snorra Edda*) ... 258
15.14 Kultur – Berserker 259

ANHANG A: ÜBERSICHT ÜBER DIE ALTNORDISCHE GRAMMATIK 263
ANHANG B: DIE HÄUFIGSTEN WÖRTER IN DEN SAGAS 284
ANHANG C: DIE AUSSPRACHE DES ALTNORDISCHEN/-ISLÄNDISCHEN 288
WÖRTERVERZEICHNIS, ALTNORDISCH 1 292

ABBILDUNGSVERZEICHNIS

Abbildung 1. Behelmter Kopf aus der Wikingerzeit 7
Abbildung 2. Wikingerzeitliche eldskáli („Feuerhalle") der Anführer von Mosfell 8
Abbildung E.1. Helmstück, Schweden 18
Abbildung E.2. und E.3, Die Welt der Wikinger 18
Abbildung E.4. Der Runenstein von Skivum, Dänemark 19
Abbildung E.5. Der Stammbaum der indogermanischen Sprachen 20
Abbildung E.6. Das Urnordische und die daraus entstandenen Sprachvarietäten 20
Abbildung E.7. Skandinavische Siedlungen in England 21
Abbildung E.8. Die nordischen Siedlungen in der Normandie 23
Abbildung E.9. Die Segelentfernungen von Island 25
Abbildung E.10. Südjütland war zur Wikingerzeit ein Ort, an dem sich viele Kulturen begegneten ... 28
Abbildung E.11. In Island gefundene Glasaugen-perlen 33
Abbildung 1.1. Die Überquerung des Atlantiks 41
Abbildung 1.2. Die Reisen von Guðríðr Þorbjarnardóttir 52
Abbildung 2.1. Die grönländische „Ostsiedlung" (*Eystribyggð*) 53
Abbildung 2.2. Kunstvoll gebundene mittelalterliche Handschriften 60
Abbildung 2.3. Die Schauplätze der wichtigsten *Íslendingasögur* und der *Sturlunga saga* 61
Abbildung 3.1. Der König Gormr gewidmete Runenstein von Jelling, Dänemark, Vorder- und Rückseite 66
Abbildung 3.2. Runen und ihre Entsprechungen in lateinischen Buchstaben 70
Abbildung 3.3. Das wikingerzeitliche Dänemark (*Danmǫrk*) 73
Abbildung 3.4. Der Stammbaum von Eiríkr Þorvaldsson inn rauði 78

Abbildung 4.1. Der große Runenstein von Jelling (Seite A) 82
Abbildung 4.2. Der Runenstein von Jelling (Seite B und Seite C) 84
Abbildung 4.3. Der Vokal -i- 84
Abbildung 4.4. Das altnordische Vokalsystem 85
Abbildung 4.5. Der Vokaltrakt und das Vokaltrapez 85
Abbildung 4.6. Die Artikulation von /i/ 85
Abbildung 4.7. Der i-Umlaut der altnordischen Vokale 86
Abbildung 4.8. Dentale 87
Abbildung 5.1. Der Runenstein von Ramsund (Schweden) 99
Abbildung 5.2. Das Siedlungsgebiet der Svear (Svíaland oder Svíþjóð) 100
Abbildung 6.1. Die Schweden opfern ihren König Dómaldi 116
Abbildung 6.2. Snorri Sturluson 123
Abbildung 6.3. Der Schlitten von König Hálfdanr und seinem Gefolge bricht im Eis ein 124
Abbildung 7.1. Die Seeschlacht am Hafrsfjǫrðr 128
Abbildung 7.2. Das wikingerzeitliche Norwegen (Nóregr) 130
Abbildung 7.3. Das Negationspräfix ó- 131
Abbildung 7.4. Im Fjord vor Anker liegende Schiffe 135
Abbildung 8.1. Die Reisen von Haraldr harðráði 142
Abbildung 8.2. Die Inschrift auf dem Runen-block von Ed (Seite B) 156
Abbildung 9.1. Die Beute- und Kriegszüge des norwegischen Wikingers Ǫnundr tréfótr 158
Abbildung 9.2. Der Runenstein (a) von Fläckebo im schwedischen Västmanland 172
Abbildung 10.1. Die isländischen Westfjorde (Grettis saga) 174
Abbildung 10.2. Der Runenblock von Ed im schw. Upplands Väsby (Seite A) 185
Abbildung 10.3. Der Runenstein Tingsflisan, schwed. Ostseeinsel Öland 188
Abbildung 11.1. Ein Bildstein auf Gotland 189
Abbildung 11.2. Ein schwedischer Bildstein aus Lärbrö Hammars 196
Abbildung 12.1. Rekonstruktion eines isländischen Langhauses (skáli) 205
Abbildung 12.2. Die Schauplätze der Vápnfirðinga saga 205
Abbildung 12.3. Das Langhaus (skáli) auf Stöng, Island 208
Abbildung 12.4. Die Kurzvokale des Altnordischen 211
Abbildung 12.5. Der Runenstein der Kirche von Bro in Uppland, Schweden 218
Abbildung 13.1. Archäologischer Ausgrabungsplan des Langhauses (skáli) und der Stabkirche von Hrísbrú im Mosfellsdalur, Island 219
Abbildung 13.2. Das isländische Allthing (alþingi) 222
Abbildung 13.3. Rekonstruktion „Haus des Gesetzessprechers" in Hrísbrú 231
Abbildung 14.1. Der Weltenbaum Yggdrasill 236
Abbildung 14.2. Der Runenstein von Altuna, Schweden 248
Abbildung 15.1. Rekonstruktion einer im 9. Jahrhundert erbauten Halle im dänischen Lejre 249
Abbildung 15.2. Rückansicht der Halle von Lejre 249
Abbildung 15.3. Rekonstruierte Innenansicht der Halle von Lejre 258

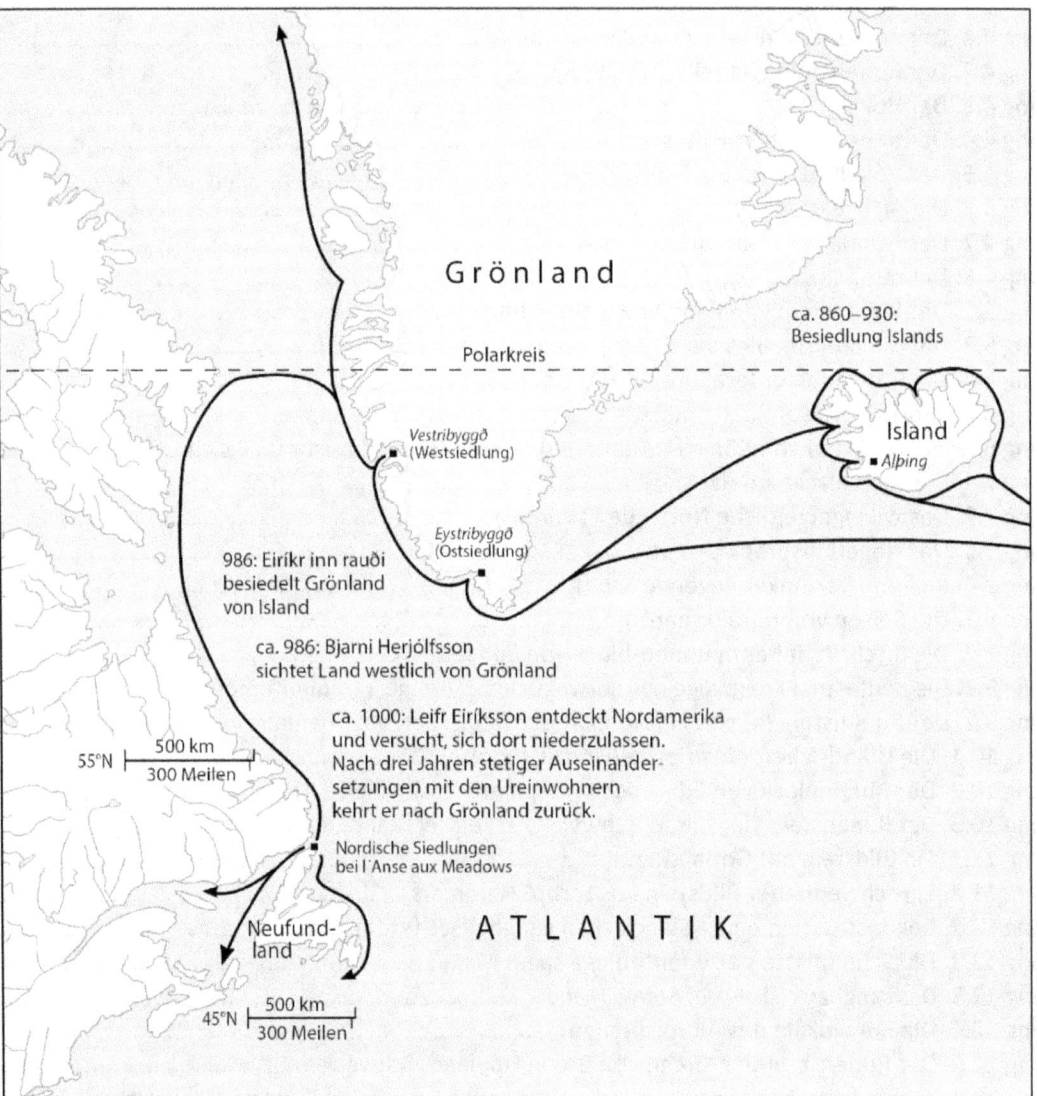

Abbildungen E.2 und E.3: Die Welt der Wikinger.
Die Skandinavier ließen ihre Heimat aus verschiedensten Gründen hinter sich und drangen dabei sogar teilweise bis in die arktischen Gebiete vor. Andere fuhren auf der Suche nach Land in Richtung Westen über den Nordatlantik und ließen sich dort als Fischer oder Bauern nieder. Im Zuge dieser Reisen wurden die Färöer, Island und Grönland zunächst entdeckt und schließlich auch besiedelt. Um das Jahr 1000 versuchten die Seefahrer sich auch an der Küste Nordamerikas (*Vínland*) niederzulassen. Wikinger plünderten und eroberten große Landteile der Britischen Inseln und griffen das Fränkische Reich an. Gleich zweimal belagerten sie Paris und eroberten das Gebiet der Normandie.

Über die Ostsee und die Gewässer Russlands gelangten sie auch in den Osten, über die Wolga sogar bis zum Kalifat in Bagdad. In diesem Zuge etablierten sie einen Haupthandelsweg zwischen Nordeuropa und dem Mittleren Osten. Reisende aus Skandinavien gelangten über das Schwarze Meer bis nach Byzanz und in dessen Hauptstadt Konstantinopel. Von dort aus bereisten sie als Kaufmänner, Räuber oder gar Leibgarde des griechischen Kaisers den Nahen Osten und das Mittelmeer.

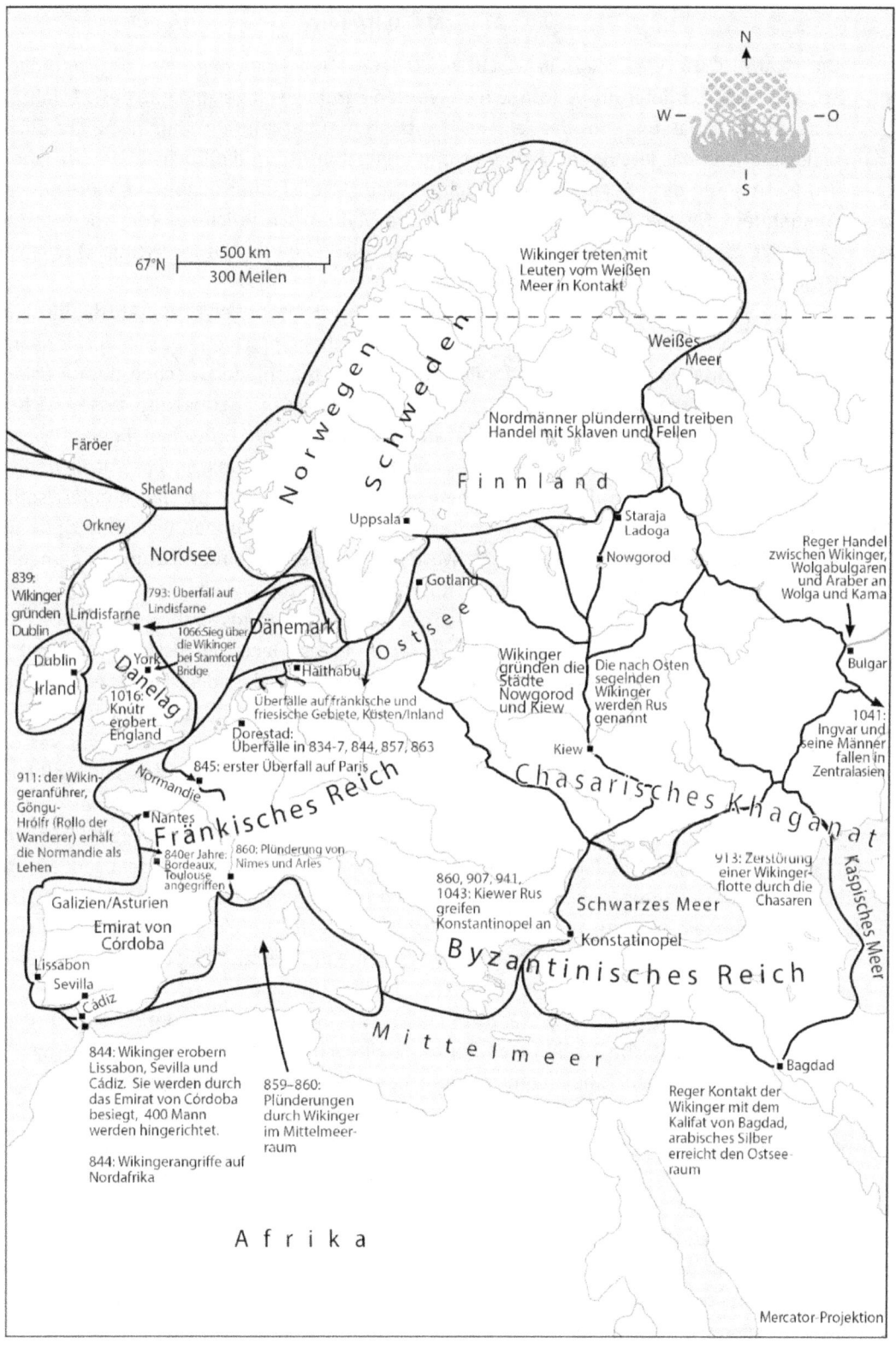

Einführung

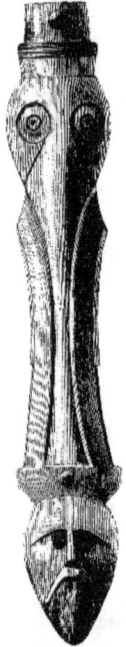

Die isländischen und skandinavischen Quellen. Der Übergang von der mündlichen zur schriftlichen Überlieferung vollzog sich im Norden Europas erst gegen Ende des 11. Jahrhunderts. Unter der Anpassung an das eigene Lautsystem übernahmen damals auch die Isländer weitestgehend das lateinische Alphabet und ergänzten es um die Buchstaben /þ/ („þorn") und /ð/ („eth"). Mit dem Beginn des Mittelalters haben die Isländer begonnen, viele ihrer Gesetze, Ahnentafeln, Geschichten, Sagas, Legenden und Mythen schriftlich auf Pergament festzuhalten. Diese Werke stellen auch heute noch einen wichtigen Teil der altnordischen Quellen über die Geschichte und Personen der Wikingerzeit dar.

Die Sprache der damals entstandenen Texte wird Altnordisch bzw. Altisländisch genannt. Altisländisch bezeichnet den Zweig der altwestnordischen Sprachen, der sich aus der Sprache der ersten isländischen Siedler herausgebildet hat. Die Unterschiede zwischen dem Altisländischen und Altnorwegischen waren im 12. Jahrhundert noch sehr gering und lassen sich mit den Unterschieden zwischen dem heutigen amerikanischen und britischen Englisch vergleichen. Ungefähr zur selben Zeit spaltete sich der altostnordische Zweig in das Altschwedische und Altdänische auf. Da sich die vier Sprachen einander noch bis ins 16. Jahrhundert sehr ähnlich blieben, konnten sich die Angehörigen der einzelnen Sprachgruppen weiterhin ohne Probleme miteinander verständigen. Auch die im Mittelalter in den nordatlantischen Siedlungen und im Ostseeraum entstandenen Texte blieben ihnen weiterhin zugänglich.

Abbildung E.1. Helmstück, Schweden.

Abbildung E.2. und E.3, Die Welt der Wikinger, siehe oben.

Die wichtigsten Werke über die Geschichte Islands sind *Landnámabók* („Das Buch der Landnahmen") und *Íslendingabók* („Das Buch der Isländer"). Nicht nur die historiografischen Schriften zeigen jedoch deutlich, dass die Isländer den Ursprung ihrer Gesellschaft auch lange nach der Besiedlung noch als wichtiges Moment der Vergangenheit betrachten. Auch die im Mittelalter entstandenen Sagas versuchen die Erinnerung an die Wikingerzeit und den Beginn der isländischen Gesellschaft lebendig zu erhalten. Die von den Ereignissen nach der Besiedlung Islands berichtenden *Íslendingasögur* („Isländersagas") und die von den Herrschern und der Geschichte Norwegens, Dänemarks und Schwedens erzählenden *konungasögur* („Königssagas") repräsentieren einen großen Teil der pseudo-historischen Prosa der altnordischen Schriftkultur. Viele Sagas konzentrieren sich auf weit mehr als das öffentliche Leben und die Konflikte der Wikingerzeit, sondern thematisieren auch das private Umfeld ihrer Hauptfiguren. Die Texte präsentieren mitunter äußerst detailreiche Beschreibungen von Ehre und Verrat, schildern aber auch die Banalität und Komik des alltäglichen Lebens.

Eine weitere Untergruppe der Sagaliteratur bilden die mythisch-legendarischen *fornaldarsögur* („Vorzeitsagas"), die wikingerzeitliche Erzählungen über altertümliche Helden wie Sigurðr fáfnisbani (Sigfried der Drachentöter in der deutschen Nibelungentradition) oder den dänischen König Hrólfr kraki aufgreifen. Andere isländische Werke wie z.B. *Snorra Edda* überliefern vor allem Mythen, Legenden und Geschichten über die altnordischen Götter. Sie berichten von der Entstehung der Welt in der *ginnungagap* („der gähnenden Schlucht") und reichen bis zu dem Untergang der Götter in den *ragnarǫk*. Dieses Buch enthält Textpassagen aus all diesen Quellen.

Die Runen. Doch auch vor der Einführung des lateinischen Alphabets waren die Skandinavier alles andere als schriftlos: Neben der Literatur des Mittelalters bilden die Runeninschriften die zweite wichtige Quelle über die Sprache und Geschichte der Wikinger. Die aus kurzen, geraden Strichen bestehenden Schriftzeichen des Runenalphabetes wurden vor allem in natürliche Materialien wie Holz, Knochen, Rinde, Wachstafeln und Stein geritzt. Mitunter wurden sie jedoch auch in Stahlobjekte, wie zum Beispiel Schwertschneiden graviert oder geätzt, oder zieren Gebrauchsgegenstände wie Spinnwirteln oder Knochenkämme.

Längere Runeninschriften wurden dagegen häufig in große, aufrecht stehende Steine geritzt, die als Denkmäler fungierten und/oder teilweise sogar bildliche Verzierungen aufwiesen. In der Regel wurden Runen jedoch vor allem für profane Nachrichten und Graffitis verwendet. Darüber hinaus lassen sie aber auch magischen Assoziationen vermuten, da sie auch auf Heilstäben aus Holz gefunden werden konnten.

Obwohl die meisten runischen Fundstücke vom skandinavischen Festland stammen, wurden auch in vielen anderen Regionen, in denen sich die *Norðmenn* („Nordmänner") aufhielten oder sesshaft waren, Runenbelege entdeckt. In der Nähe des ehemaligen Handelszentrums *Heiðabýr* (Haithabu) bei Schleswig konnten insgesamt vier Runensteine gefunden werden.

Das Runenalphabet wird nach den ersten sechs Runen (ᚠᚢᚦᚨᚱᚲ) *Futhark* oder *Fuþark* genannt. Es existierte bereits viele Jahrhunderte vor dem Beginn der Wikingerzeit und bot eine gute Möglichkeit für die Fixierung von Erinnerungen. Die ältesten Runen lassen sich auf das erste Jahrhundert nach Christus datieren. Zu dieser Zeit setzte sich die Runenkunde zunächst unter den germanischen Stämmen in Zentraleuropa durch. Nachdem auch die Goten, Friesen und Angelsachsen das runische Alphabet übernommen hatten, erreichte es schließlich auch Skandinavien und die „Nordmänner". Im Laufe der Jahrhunderte entwickelten sich verschiedene Versionen des Futharks. Die

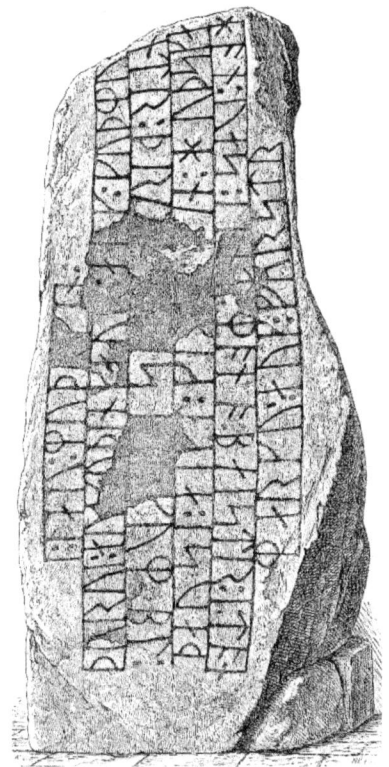

Abbildung E.4. Der Runenstein von Skivum, Dänemark..

älteste bekannte Form wird als älteres Futhark bezeichnet und besteht aus vierundzwanzig Zeichen.

ᚠᚢᚦᚨᚱᚲᚷᚹ ᚺᚾᛁᛃᛈᛇᛉᛊ ᛏᛒᛖᛗᛚᛜᛟᛞ

Das ältere Futhark ist bis in das 8. Jahrhundert verwendet worden. Mit dem Beginn des Wikingerzeitalters wurde es durch das jüngere Futhark, eine auf sechzehn Zeichen reduzierte Runenreihe, abgelöst.

ᚠᚢᚦᛅᚱᚴ ᚼᚾᛁᛅᛋ ᛏᛒᚤᛚᛉ

Das jüngere Futhark wurde offenbar nicht nur auf dem skandinavischen Festland, sondern auch in Island verwendet. Archäologen haben hier eine kleine Handspindel aus Stein gefunden, die auf die Landnahmezeit datiert wird. Die auf den Namen einer Frau verweisende Inschrift greift auf die jüngere Runenreihe zurück. Die Runeninschriften stellen eine direkte Verbindung zu der damals verwendeten Sprache her und bieten zusammen mit den altnordischen Texten einen außergewöhnlichen Einblick in die Welt der Wikinger.

DIE ALTNORDISCHE SPRACHE. Altnordisch ist der sprachliche Vorläufer des Isländischen, Norwegischen, Schwedischen, Dänischen und Färöischen. Während der Wikingerzeit konnten sich die Bewohner Skandinaviens und auch die in den anderen skandinavischen Besiedlungsgebieten lebenden Menschen ohne Probleme miteinander verständigen, da es erst wenige dialektale Unterschiede gab. Auch mehrere Jahrhunderte nach dem Ende der Wikingerzeit haben sich die Grammatik, der Wortschatz und die Laute der altnordischen Sprache nur geringfügig verändert. Dies gilt sowohl für die in Skandinavien als auch für die in den Siedlungsgebieten im Nordatlantik (wie z.B. Island) gesprochenen Dialekte.

Die mittelalterliche Bevölkerung Skandinaviens bezeichnete ihre Sprache selbst als *dönsk tunga* („dänische Zunge"). Der Ursprung für diese Benennung ist unbekannt. Da Dänemark das erste einflussreiche

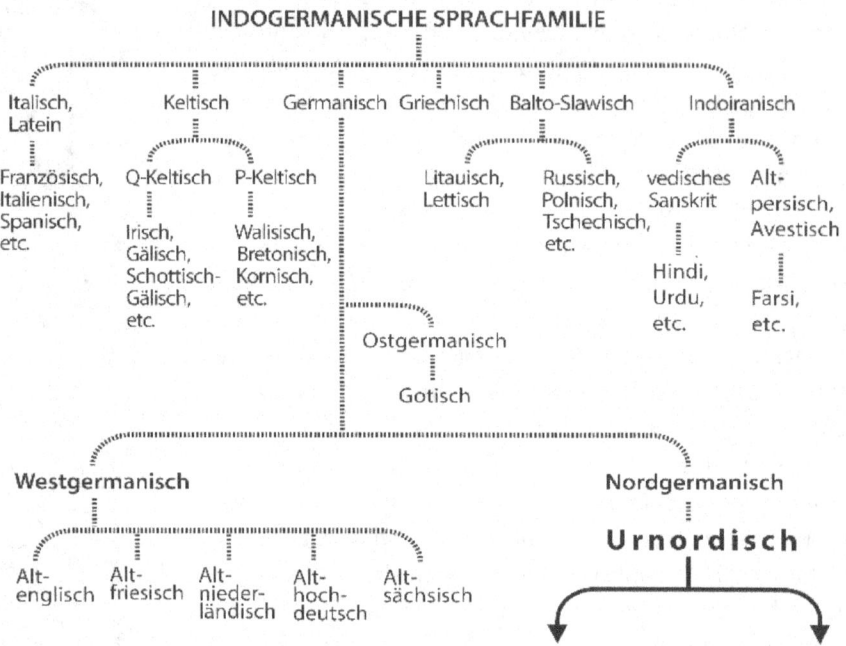

Abbildung E.5. Der Stammbaum der indogermanischen Sprachen.

und zentralisierte Königreich Skandinaviens war, liegt die Vermutung nahe, dass die Sprache des dänischen Hofes zumindest für eine Weile als Standardsprache gegolten haben könnte. Ein anderer Erklärungsansatz weist auf Dänemarks geografische Nähe zum Fränkischen Reich und zum Rest Europas hin. Die Bezeichnung *dönsk tunga* könnte daher auch für die Abgrenzung der skandinavischen Sprachen von den anderen germanischer Sprachen auf dem Kontinent und in England verwendet worden sein. Daraus ergibt sich natürlich eine Vielzahl an Fragen: Wie nahe stand zum Beispiel das Altnordische dem Altenglischen? Obwohl das

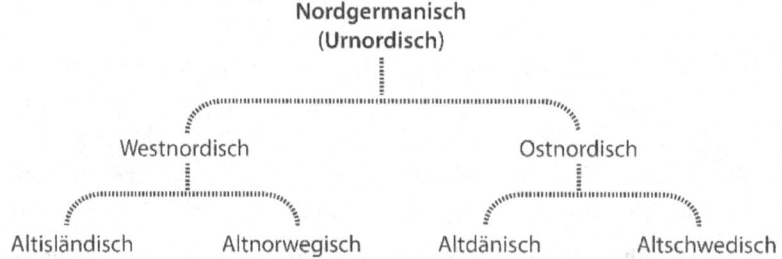

Abbildung E.6. Das Urnordische und die daraus entstandenen Sprachvarietäten. Die urnordische Sprache entwickelte sich ungefähr im 8. Jh. ins Altnordische. Den beiden größeren Sprachfamilien des Westnordisch und Ostnordisch können noch weitere kleinere Sprachen hinzugefügt werden. Dazu zählen Färöisch, die altnordische Sprachvarietät, die auf den Färöern gesprochen wurde (Westnordisch) sowie das auf der Ostseeinsel Gotland gesprochene Altgutnisch (Ostnordisch). Obwohl es sich bei Letzterer in vielerlei Hinsicht um eine eigene Sprache handelt, weist das Altgutnische viele Gemeinsamkeiten mit den Vertretern der ostnordischen Sprache auf.

Altnordische mit der im angelsächsischen England gesprochenen Sprache verwandt war, wiesen sie natürlich einige erhebliche Unterschiede zueinander auf. Die Tatsache, dass die Sprecher beider Sprachen einander dennoch mit ein wenig Übung verstehen konnten, war äußerst wichtig für die Förderung der interkulturellen Kontakte während der Wikingerzeit. Beide Sprachen entwickelten sich aus einer ähnlichen germanischen Quelle heraus, die sich jedoch bereits lange vor dem Beginn der Wikingerzeit in verschiedene Zweige aufspaltete (siehe Abb. 4 Stammbaum der indogermanischen Sprachen). Weiterhin stellt sich die Frage, ob die Aneignung des Altnordischen das Erlernen des Neuisländischen erleichtern kann. Tatsächlich sind sich die beiden Sprachstufen sehr ähnlich, denn das im Mittelalter gesprochene Altnordisch – die Sprache der Sagas – stellt natürlich die Grundlage für das Neuisländische dar. Da es nur relativ wenige Unterschiede zum Altnordischen aufweist, lassen sich viele Aspekte der Grammatik und viele Wörter auch heute noch im Neuisländischen finden.

Als das zugleich nördlichste und westlichste Mitglied der indogermanischen Sprachfamilie verfügt das Altnordische über eine leicht zurück verfolgbare Geschichte. Die Stellung des Urnordischen (dem Vorläufer des Altnordischen) kann dem Stammbaum der indogermanischen Sprachen entnommen werden. Das Altnordische weist eine enge Verwandtschaft mit anderen germanischen Sprachen (wie z.B. dem Altenglischen, Gotischen und Althochdeutschen auf), weist jedoch nur geringe Ähnlichkeiten mit anderen indogermanischen Sprachen (wie z.B. Latein, Griechisch oder Sanskrit) auf.

Zu Beginn des Wikingerzeitalters lassen sich zwei eng miteinander verwandte Sprachvarietäten des Altnordischen unterscheiden. Während die in Dänemark, Schweden und im Ostseeraum verwendete Sprache Altostnordisch genannt wird, bezeichnet man die in Norwegen und auf den nordatlantischen Inseln gesprochene Sprache als Altwestnordisch. Letzteres spaltete sich zum Ende der Wikingerzeit (um das Jahr 1000) wiederum in das Altisländische und das Altnorwegische auf.

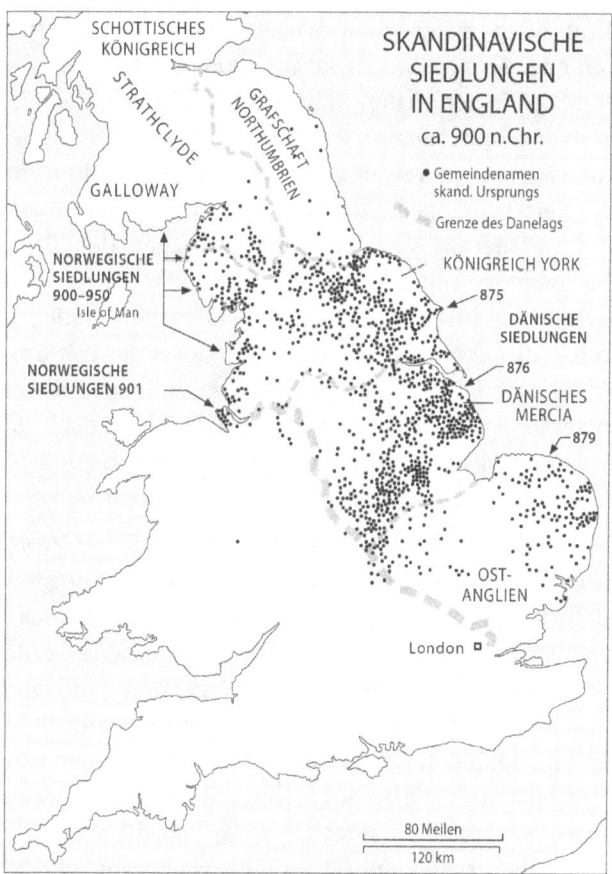

Abbildung E.7. Skandinavische Siedlungen in England. Die Raubzüge der Wikinger in England, die vermutlich in den 790er-Jahren begannen, hatten große Auswirkungen auf den Wortschatz und die Struktur der englischen Sprache. Dauerhaft ansässig wurden die nordischen Siedler ab 865, als die vorwiegend aus Dänen bestehende Große Arme in Ostanglien landete. 866 wurde York eingenommen und Teil des Königreichs Jórvík. Nachdem Alfred der Große die „Dänen" am Ende des 9. Jahrhunderts besiegte, zogen diese sich in den Norden zurück. Wie der Karte zu ent-nehmen ist, waren die Wikinger vor allem im Norden und Osten aktiv (K. Cameron, *Scandincavian Settlement*). Eiríkr *blóðøx* („Blutaxt"), der letzte Wikingerkönig von York, wurde 954 getötet. Nach seinem Tod gelang es den Engländern, das Gebiet des Danelags zurückzuerobern und die nordischen Siedler wurden in das englische Königreich eingegliedert.

Im Laufe der Neuzeit wurden das Norwegische, Schwedische und Dänische so stark von den niederdeutschen Dialekten und der englischen Sprache beeinflusst, dass sie sich immer weiter vom Altnordischen entfernten. Sie gaben viele Eigenschaften der altnordischen Grammatik auf und auch die Laute veränderten sich. Das Isländische durchlief hingegen erstaunlich wenige Veränderungen und blieb der älteren Sprachstufe sehr nahe. Während sich die Sprecher der festlandskandinavischen Sprachen heutzutage ohne Probleme miteinander verständigen können, ist ihnen das Neuisländische weniger leicht zugänglich. Die auffälligsten Abweichungen von der mittelalterlichen Form bestehen in einer geringen Anzahl von Lautverschiebungen, Modifizierungen in der Schreibweise und der Übernahme neuer Worte und Bedeutungen.

Der deutlichste Unterschied zwischen der alt- und neuisländischen Schreibweise zeigt sich in dem Einschub des Vokals -u- vor dem Konsonanten r am Wortende. Die altnordischen Wörter *maðr* „Mann", *fagr* „schön", und *fegrð* „Schönheit" entsprechen *maður*, *fagur* und *fegurð* im Neuisländischen. Der u-Einschub taucht das erste Mal in Handschriften aus der Zeit um 1300 auf und entwickelte sich zu einem wesentlichen Kennzeichen der jüngeren isländischen Sprache. Die Unterschiede zwischen dem Alt- und Neuisländischen sind in der Regel jedoch so gering, dass die Isländer die Sagas auch heute noch verstehen können.

Die Wikinger haben einen großen Einfluss auf die Sprache und Kultur der Britischen Inseln ausgeübt, und ihre Spuren in geringerem Maße auch im Westfrankenreich hinterlassen.

KOGNATEN UND LEHNWÖRTER. Viele altnordische Wörter weisen im Hinblick auf ihre Aussprache und ihre Bedeutung verblüffend große Ähnlichkeiten zu englischen Wörtern auf: Das altnordische Substantiv *dalr* (dt. „Tal") ist z.B. dem engl. „dale" sehr ähnlich, und auch das Verb *taka* („nehmen") scheint mit „take" über ein engl. Gegenstück zu verfügen. Diese Phänomene werden Kognaten bzw. Lehnwörter genannt.

Der Begriff „Kognat" (lat. „mitgeboren, verwandt") wird für Wörter verwendet, die von demselben Ursprungswort abstammen. Sowohl das Altnordische als auch das Altenglische entspringen dem zwischen 500 v. Chr. und 100 n. Chr. in weiten Teilen von Europa verbreiteten Urgermanischen. Diese Sprache teilte sich in verschiedene Dialekte auf, deren jeweiliger Wortschatz gewisse Gemeinsamkeiten behielt. Das altnordische Wort *faðir* („Vater") lautet z.B. *fadar* im Gotischen, *fæder* im Altenglischen, *fader* im Altsächsischen, *fater* im Althochdeutschen und *father* in der modernen englischen Sprache. Viele altnordische Wörter verfügen über Kognaten im Englischen:

SUBSTANTIVE	ADJEKTIVE	VERBEN
sonr – son	*lítill* – little	*koma* – to come
skip – ship	*smár* – small	*bera* – to bear
konungr – king	*góðr* – gut	*segja* – to say
vápn – weapon	*fyrstr* – first	*hafa* – to have
hǫnd – hand	*víss* – wise	*gefa* – to give
fár – few	*ríkr* – reich	*vilja* – to will
bróðir – brother	*langr* – lang	*láta* – to let
land – land		*ríða* – to ride
dagr – day		

Im Laufe der Sprachentwicklung sind der englischen Sprache jedoch auch viele dieser Kognaten verloren gegangen. Vor allem unter den Archaismen lassen sich heute viele Wörter finden, die nicht mehr benutzt werden. Dazu zählen z.B. „quoth" (anor. *kveða*, dt. „sagen") oder „sooth" (anor. *sannr*, dt. „wahr"). Andere Wörter, wie z.B. „black*mail*", haben innerhalb von Komposita überlebt. In dem aus zwei verschiedenen Substantiven zusammengesetzten Wort ist das zweite Element kognat mit dem altnordischen Wort *mál* („Rede").

Lehnwörter, d.h. Wörter, die von einer Sprache in die andere übernommen werden, lassen sich i.d.R. auf enge, kulturelle Kontakte zwischen verschiedenen Sprachen bzw. Gruppen von Sprechern zurückführen. Während der Wikingerzeit führten Handel, Eroberungen und Besiedlungen von West-, Zentral- und Osteuropa durch die Skandinavier dazu, dass altnordische Worte in den jeweiligen Landessprachen aufgenommen wurden. Einige Lehnwörter lassen sich noch immer in den modernen Sprachen verschiedener Regionen finden. Die Wikinger haben einen großen Einfluss auf die Sprache und Kultur der Britischen Inseln ausgeübt, und ihre Spuren in geringerem Maße auch im Westfrankenreich hinterlassen. Zwei recht gegensätzliche Beispiele für den Einfluss des Altnordischen in der Wikingerzeit finden sich daher auf den beiden Seiten des Ärmelkanals: Das *Danelag* („Dänisches Recht") ist eine Region im Nordosten Englands, die am Ende des 9. und im 10. Jahrhundert weitläufig von Skandinaviern besiedelt wurde, auf der andere Seite befindet sich die Normandie in Frankreich.

Die enge Beziehung zwischen dem Altnordischen und dem Altenglischen hat die Übernahme von im Alltag verwendeten altnordischen Wörtern ungemein erleichtert und eine Reihe von Entlehnungen in die lokalen englischen Dialekte herbeigeführt. Selbst einfache Wörter wie z.B. „they" (*þeir*), „their" (*þeira*) und „them"

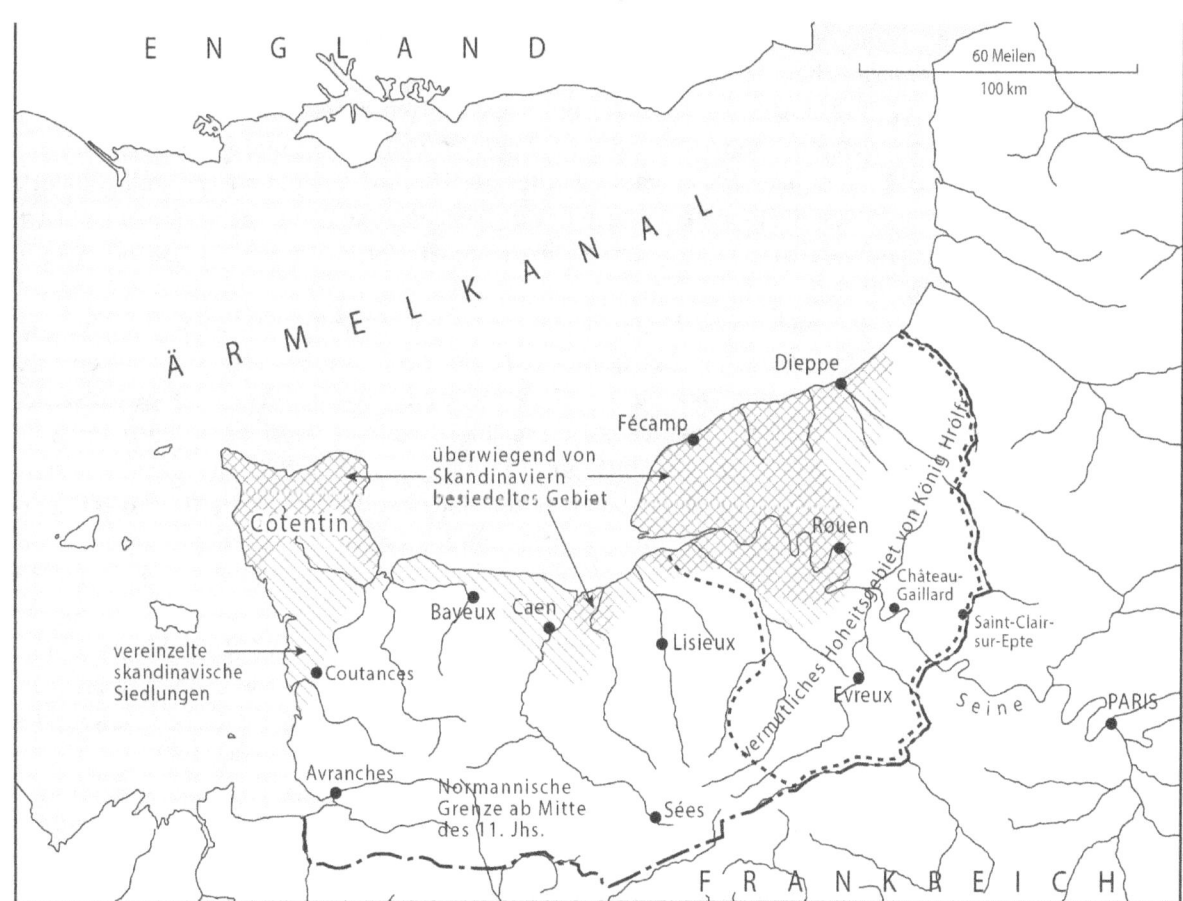

Abbildung E.8. Die nordischen Siedlungen in der Normandie. Der fränkische König Karl III. der Einfältige trat im Jahr 911 die Gebiete an der Seine-Mündung um Rouen an den Häuptling Hrólfr (Rollo) ab. Dadurch wurde dieser zu einem Vasallen des Königs gemacht und verpflichtete sich, die Gegend vor zukünftigen Wikingerübergriffen zu schützen. Die Nachkommen von Hrólfr weiteten ihr Hoheitsgebiet durch die Gründung des Herzogtums Normandie aus, das sich später zu einem einflussreichen „Feudalstaat" entwickelte.

(*beim*) waren davon nicht ausgeschlossen. Während es sich auch bei den meisten auf *sk-* oder *sc-* beginnenden englischen Wörter (wie z.B. „sky", „scrape" oder „skill") um Entlehnungen aus dem Altnordischen handelt, sind auf *sh-* beginnende Wörter englischer Abstammung (z.B. „short", „shape" oder „shell"). In einigen Fällen hat das moderne Englisch sowohl das altnordische Lehnwort als auch das angelsächsische Kognat bewahrt: Die Wörter „shirt" und „skirt" bezeichneten z.B. in der Wikingerzeit dasselbe Kleidungsstück. Das moderne Englisch verfügt über mindesten 900 Lehnwörter aus dem Altnordischen. Dazu zählen z.B. „cast" (*kasta*), „egg" (*egg*), „outlaw" (*útlagi*) und „husband" (*húsbóndi*).

Das altnordische Substantiv *húsbóndi* setzt sich aus den Wörtern *hús* „Haus" und *bóndi* „Bauer" zusammen und bedeutet so viel wie „Hausherr". Die im Gebiet des ehemaligen Danelags gesprochenen Sprachen halten auch heute noch an vielen Lehnwörtern fest. Dazu zählen z.B. Wörter wie z.B. „garth" (*garðr*, dt. „Hof"), „beck" (*bekk* „Bach") oder „mickle" (*mikill* „groß"). Auch einige Ortsnamen im Danelag wie „-by" (*bær* „Gehöft") und „-thorpe" (*þorp* „Platz") weisen altnordische Elemente auf. Die Stadt York leitet ihren Namen von der altnordischen Bezeichnung *Jórvík ab*. Dabei handelt es sich um die skandinavische Form von Eoforwic, dem älteren angelsächsischen Namen der Stadt.

Nicht alle Sprachen haben eine so große Anzahl von altnordischen Wörtern übernommen wie das Englische. Trotz der umfangreichen skandinavischen Besiedlung der Wikingerzeit lebten nur wenige skandinavische Lehnwörter in gälisch-, irisch- und russischsprachigen Gebieten fort. Während des 9. Jahrhunderts drangen die Wikinger in das Gebiet der heutigen Normandie ein und ließen sich in kleinen Siedlungen nieder, doch 911 nahm eine Wikingerarmee unter der Führung des Häuptlings Hrólfr (Rollo) die Ländereien um Rouen an der Flussmündung der Seine in Besitz. Die Siedler und ihre Nachkommen etablierten mit dem Herzogtum Normandie rasch einen aggressiven neuen Staat, der im 10. und 11. Jahrhundert zum Machtzentrum Frankreichs aufstieg.

In den ersten Jahren gesellten sich ein paar Truppen von Wikingern und wahrscheinlich auch einige anglo-skandinavische Siedler zu Hrólfrs nordischen Gefolgsmännern. Bei den skandinavischen Kolonisten in der weiter westlich gelegenen Region Cotentin handelte es sich vermutlich um von Irland kommende Norweger.

Trotz der Tatsache, dass die Wikinger über die politische Oberhand in der Normandie verfügten, waren ihre Aufgebote zu keinem Zeitpunkt außer-ordentlich groß. Die skandinavischen Siedler hielten zwar ihre Beziehungen zur altnordischen Welt noch mindestens bis zum Anfang des 11. Jahrhunderts aufrecht, jedoch gingen bereits wenige Jahrzehnte nach 911 viele Aspekte ihrer Sprache verloren – und die lokalen altfranzösischen Dialekte der *langues d'oïl*, die sich ihrerseits vom Vulgärlatein ableiteten, traten an die Stelle des Altnordischen.

Das Altnordische hat dennoch seine Spuren in den normannischen Orts-namen wie *La Londe* „Hain" (anor. *lundr*) und *Bricquebec* „Abhang" (anor. *brekka*) hinterlassen. Viele Wörter und Begriffe verblieben bis weit in die Mitte des 20. Jahrhunderts in den normannischen Dialekten, bis sie schließlich ausstarben. Aufgrund der weit vom Zentrum der französischen Macht und Kultur entfernten Lage der Normandie, kam den Dialekten jedoch niemals ein besonders großer Einfluss auf das moderne Französisch zu. Die letzten Spuren der altnordischen Sprachen lassen sich heute vor allem in Wörtern finden, die sich um das Meer und die Schifffahrt drehen. Dazu zählen z.B. Wörter wie *vague* „Welle" (anor. *vágr*), *crique* „Bach" (anor. *kriki*), und *equiper* „ausstatten" (anor. *skipa* „ein Schiff klar machen").

ISLAND, DIE INSEL DER SAGAS. Im Zuge der im späten 8. Jahrhundert einsetzen-den Wikingerfahrten ist Island im 9. Jahrhundert von nordischen Seefahrern entdeckt und besiedelt worden. Es dauerte nicht lange, bis die Erzählungen über die nahezu unbewohnt vorgefundene und weitflächig nutzbare Insel im skandinavischen Kulturraum und in den Wikingerlagern in den keltischen Nachbarländern die Runde machte. Das Ergebnis war die rasche und hektische Besiedlung Islands im 9. und frühen 10. Jahrhundert. Diese Zeit wird *landnámaöld* („Zeit der Landnahmen") genannt.

Die isländischen Quellen berichten aber auch von Unternehmungen, die über den Westen Islands hinausführten. Am Ende des 10. Jahrhunderts ruderten die Isländer und Norweger von Island aus weit auf den Nordatlantik hinaus, wo sie Grönland entdeckten und besiedelten. Um das Jahr 1000 erreichten sie den nordamerikanischen Kontinent, den sie *Vínland* („Weinland" oder „Land der Reben") nannten. Archäologische Überreste aus dieser Zeit wurden bei Ausgrabungen in L'Anse aux Meadows an der nördlichen Spitze Neufundlands entdeckt.

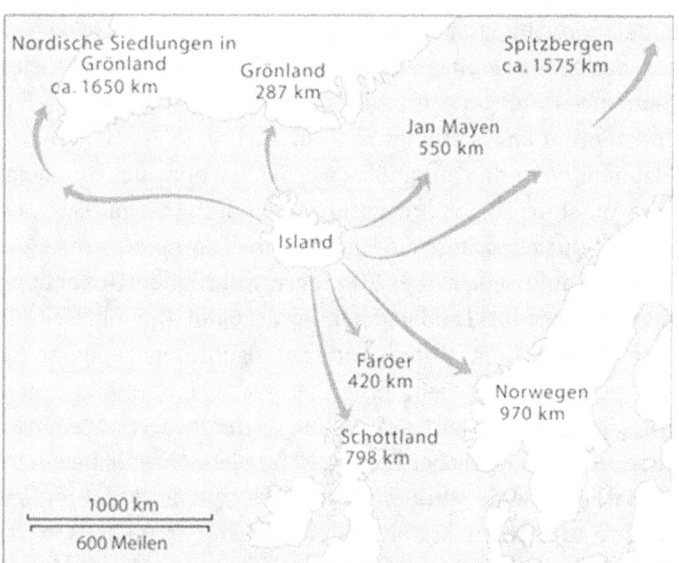

Die von der Besiedlung Islands berichtenden Werke aus dem Mittelalter stellen einzigartige Dokumente über die altnordische Sprache und Geschichte, die gesellschaftlichen Kräfte der Wikingerzeit und die Entwicklung der einheimischen Literatur dar. Häufig gingen die nordischen Kolonisten äußerst gewaltsam gegen die einheimischen Bewohner der von ihnen auserkorenen Länder vor, doch die Besiedlung Islands verlief anders. Abgesehen von ein paar keltischen Mönchen, die auf der Suche nach Abgeschiedenheit einst in kleinen Lederbooten nach Island gesegelt waren, war die Insel vollkommen unbewohnt. Der Großteil der in Island zu siedeln beginnenden Menschen bestand aus freien Bauern. Neben ihren Familien, Knechten, Handwerkern und Sklaven brachten sie auch ihr Vieh, die Einrichtung für ihre zukünftigen Häuser, sämtliche landwirtschaftliche Geräte und andere Werkzeuge mit nach Island. Ein weiterer wichtiger Import war die altnordische Sprache, die während des Zeitalters der Wikinger von allen Skandinaviern gesprochen wurde.

Abbildung E.9. Die Segelentfernungen von Island. Island, die größte Vulkaninsel der Erde, liegt nur knapp südlich des nördlichen Polarkreises und scheint damit auf den ersten Blick über eine eher abgeschiedene geografische Lage zu verfügen. Tatsächlich aber befindet sich das Land im Zentrum des Nordatlantischen Ozeans. Bei ihren Überfahrten über das Meer orientierten sich die Seefahrer vor allem an dem Verlauf der Küsten, der Strömung und dem von den Gletschern reflektierten Sonnenlicht. Außerdem griffen sie auch auf astronomische Beobachtungen sowie den Flug der Vögel und die Route der Meeressäuger zurück. War die Sonne bei schlechtem Wetter verdeckt, kam es nicht selten vor, dass sich die Seeleute verirrten – und mitunter sogar in Nordamerika landeten. Auch die Sagas wissen davon zu berichten.

Dank der mittelalterlichen, isländischen historiographischen Werke und Sagas wissen wir eine ganze Menge über die Frauen und Männer, die sich auf Island niederließen. Obwohl sie vornehmlich dem nordischen Kulturkreis angehörten, zählte auch eine Handvoll keltischer Siedler zu ihnen. DNA-Studien haben erwiesen, dass sich unter letzteren auch eine nicht unbeträchtliche Zahl an Frauen befand. Die mittelalterlichen isländischen Texte berichten, dass viele norwegische Häuptlinge während der Wikingerzeit aufgrund ihrer Ablehnung der nun zentralisierten Königsmacht ihre Heimat verließen. Auf der Suche nach Land führten die isländischen Siedler ihre Familien, ihre Besitztümer und ihr Vieh beinahe 1000 km über den Nordatlantik. Während der Zeit der Landnahmen wanderten mindestens zehntausend Menschen nach Island aus.

Eine der größten Herausforderungen für die ersten Siedler gestellt wurden, war die geografische Beschaffenheit der Insel: Viele Gebiete Islands, dessen Fläche weniger als einem Drittel der Größe von Deutschland entspricht, sind landwirtschaftlich nicht nutzbar, da nur die Küste vom nördlichen Arm des Golfstromes gewärmt wird.

Zu Beginn des 10. Jahrhunderts und mit dem Ende der Landnahmenzeit (ca. 930) errichteten die Isländer das aus regionalen und nationalen Gerichten bestehende *alþingi* („allgemeine Versammlung"). Durch die neuen Verwaltungsstrukturen, die auch eine leichtere Auseinandersetzung mit Fehden und anderen öffentlich ausgetragenen Streitigkeiten ermöglichten, entwickelte sich die isländische Gesellschaft in ein zentralisiertes Gemeinweisen.[1] Im Jahre 1000 nahmen die Isländer friedlich und durch die Zustimmung des *alþingis* das Christentum an. Allerdings durften auch eine Zeit lang nach der Konvertierung gewisse Praktiken des alten Glaubens weiterhin ausgeführt werden – wenn auch nur in der Privatsphäre des eigenen Heimes. Nicht nur bei der Annahme des Christentums, sondern vermutlich auch bei anderen auf dem *alþingi* getroffenen Entscheidungen spielte die Findung eines Kompromisses eine wichtige Rolle.

Im Laufe seiner über 300 Jahre währenden Unabhängigkeit ist Island niemals überfallen worden oder gegen ein anderes Land in den Krieg gezogen. Die mittelalterliche Gesellschaft Islands zeichnete sich vor allem durch ihren Dezentralismus und sehr eigentümliche hierarchische Strukturen aus. Da die Isländer über keinen König verfügten, bedienten sie sich sowohl einer Reihe von vorstaatlichen Eigenschaften als auch staatlichen Einrichtungen. Obgleich sich die Augen der Insel vor allem nach innen richteten, war sich das Land der Kulturen anderer mittelalterlicher Gesellschaften jedoch wohl bewusst. Trotzdem verließen sich die Isländer in der Regel auf ihre eigenen Institutionen und ihre eigenen Anführer, um ihr Überleben zu sichern und die Stabilität des Landes zu wahren. Island verlor nach einer Reihe von regionalen Versammlungen seine politische und wirtschaftliche Unabhängigkeit, nachdem die isländischen Machthaber in den Jahren 1262/64 zustimmten, dem norwegischen König die Führung des Landes zu überlassen.

DAS ZEITALTER DER WIKINGER. Die Wikinger waren die ersten Nordeuropäer, die sich die Techniken der Hochseefahrt zunutze machten und weite Überseestrecken zurücklegten. Im späten 8. Jahrhundert, als das Christentum noch keinen Einzug in Skandinavien gehalten hatte, fanden große Expansionbewegungen über die verschiedenen Gewässer statt. Die skandinavischen Schiffsbauern hatten gegenüber ihren Zeitgenossen den entscheidenden Vorteil, dass sie über einen großen Vorrat an qualitativ hochwertigem Holz, Teer, Eisen und Leder verfügten. Die salzwasserresistente Haut von Seesäugern eignete sich z.B. hervorragend zur Verarbeitung zu Schiffsseilen.

Auch die maritimen Navigationsfähigkeiten der Nordmänner waren außerordentlich. Sie bereisten vier verschiedene Kontinente (Europa, Asien, Afrika und Nordamerika) und ließen die Bewohner der entsprechenden Regionen ihre Gegenwart teilweise deutlich spüren. Durch Reisen zu solch entfernten Orten wie z.B. dem Byzantinischen Reich und dem Kalifat von Bagdad oder auch den näher gelegenen Britischen Inseln, erlangten die Wikinger großen Reichtum. Je nach Lage vor Ort entschieden sich die Nordmänner dafür, Handel zu treiben, zu plündern, zu entdecken oder sich niederzulassen. Dabei war die eindeutige Differenzierung zwischen plündernden und handelnden Wikingern zumeist schwierig, denn alle trugen Waffen bei sich. Die Verteidigungsanlagen an den Küsten entschieden darüber, ob die Nordmänner die entsprechende Region überfielen oder mit der ansässigen Bevölkerung Handel betrieben.

Unabhängig davon, wohin sie sich begaben, brachten die Skandinavier ihre Mythen, Legenden und vor allem auch ihre Sprache mit sich. Sie ließen sich zusammen mit ihren Familien vor allem in Island, auf den Färöern, den Britischen Inseln und Irland nieder. Während ihre Kultur und ihre Sprache in einigen Regionen wie

---

[1] Byock, Jesse: *Viking Age Iceland*, London/New York 2001. Vgl. auch Derselbe: *Feud in the Icelandic Saga*, Berkeley 1982.

z.B. England noch lange Zeit Spuren hinterließ, ging der Einfluss der Nordmänner in anderen Gebieten (z.B der Normandie, anor. „Land der Nordmänner") mit dem Ende der Wikingerzeit wieder stark zurück.

Der Begriff „Wikinger" ist durchaus keine neuzeitliche Erfindung, denn bereits die frühmittelalterlichen Skandinavier gebrauchten das Wort *víkingr*. Er war damals jedoch noch nicht mit denselben ethnischen Konnotationen versehen wie heute, wo mit der „Wikingergesellschaft" häufig die gesamte skandinavische Gesellschaft der damaligen Zeit gleichgesetzt wird. Da mit dem Begriff *víkingar* in den altnordischen Texten vor allem auf von Schiffen aus angreifende und plündernde Gruppen verwiesen wird, kommt das Wort vielmehr unser heutigen Auffassung eines Pirats oder Freibeuters nahe. Der Begriff wurde also vermutlich für all diejenigen verwendet, die die Meere besegelten, um zu plündern und zu erobern. Für die Verwendung des Ausdrucks spielte es dabei keine Rolle, ob sich die Überfälle auf die eigenen skandinavischen Nachbarn oder auf Länder und Gebiete abseits der nördlichen Gefilde richteten. Doch auch nicht-skandinavische Seemänner (wie z.B. die slawischen Wenden, die Schiffe im Ostseeraum überfielen) wurden als *víkingar* bezeichnet.

Trotz allem wirft der Ursprung des Begriffs *víkingr* weiterhin Fragen auf. Eine Theorie besagt, dass er mit dem Wort *vík* („Bucht") verwandt sei und sich damit auf einen Ort beziehe, an dem die *víkingar* lebten bzw. sich vor ihren Feinden versteckt hielten. Laut einer anderen Vermutung wird das Wort von *víking* („Überfall") abgeleitet, da es häufig in der Phrase *fara í víking* („sich auf einen Plünderzug begeben") vorkommt. Die Überfälle, Erpressungs- und Entführungsversuche der Wikinger unterschieden sich nur geringfügig von den Kriegspraktiken der westeuropäischen Kleinkönigtümer des Frühmittelalters. Die Nordeuropäer, die zu dieser Zeit fast alle den christlichen Glauben angenommen hatten, betrachteten die skandinavischen Plünderer als heidnische Außenseiter, die ihre christlichen Heiligtümer nicht respektierten. Während die Angreifer im Westen Europas Nordmänner, Dänen oder eben *víkingar* genannt wurden, nannte man die nach Osten ziehenden skandinavischen Krieger und Kaufmänner Rus bzw. Waräger.

Die sowohl auf Kriegszügen als auch Handelsfahrten eingesetzten, hochspezialisierten Langschiffe der Wikinger sind aus einer jahrhundertelangen, skandinavischen Schiffsbautradition entstanden. Anhand von archäologischen Untersuchungen können die skandinavischen Schiffsbautechniken bis in die Bronzezeit zurückverfolgt werden. Im Gegensatz zu mediterranen Schiffskonstruktionen zimmerten die Nordmänner ihre Schiffe von außen nach innen. Erst nachdem sie einen flexiblen äußeren Bootsrumpf aus überlappenden, und durch Eisennieten zusammengehaltenen Planken gebaut hatten, wurde das feste innere Holzskelett des Schiffes in diese „Klinkerhülle" eingesetzt. Dank der Technik war die Außenwand flexibel und stark genug, um der rauen See des Nordatlantiks standzuhalten, und erwies sich als äußerst innovativ. Die Einmaster der Wikinger waren dank ihres rechteckigen Segels rasch und wendig, und ließen sich bei heruntergelassenem Segel ohne Schwierigkeiten rudern. Durch ihren geringen Tiefgang konnten sie ohne künstlich errichtete Anlegestelle auf Strand laufen. Diese Eigenschaft erlaubte es den nordischen Seeleuten sowohl in Kriegszeiten als auch auf Handels- und Erkundungszügen eine große Anzahl von Flüssen und Meeren zu besegeln. Vermutlich entschlossen sich die Wikinger erst unmittelbar vor der Küste dazu, ob sie einen Überfall wagen sollten, wenn sie Schwächen in den Verteidigungsanlagen ausmachen konnten. Durch die Geschwindigkeit, mit denen ihre Schiffe anlegten und wieder abzogen, vergrößerte sich die Angst vor den nordischen Plünderern dabei nur noch. Kam es zu einer Fehleinschätzung der Feinde, wenn sich deren Verteidigung z.B. stärker als gedacht erwies, kehrten die Wikinger zu ihren Schiffen zurück und segelten auf der Suche nach leichter zu erlangender Beute wieder davon.

Da die Schiffe der Wikinger zwischen zwanzig und fünfzig Tonnen an Ladung tragen konnten, spielten die nordischen Händler schon bald eine entscheidende Rolle im Warenverkehr. Durch ihren Handel mit Fellen, Sklaven, Fisch, Stoßzähnen von Walrössern (Elfenbein), Bernstein, Honig, Getreide, Eisen, Waffen, Wolle, Holz,

Zinn und Leder erwarben sie Sklaven, Stoffe, Waffen, Silber, Seide, Gewürze, Wein, Schmuck, Glas(perlen), Luxusartikel und Tonwaren. Bei Ausgrabungen von wikingerzeitlichen Gräbern und Handelsplätzen entdeckten Archäologen eine Vielzahl kleiner zusammenklappbarer Waagen. Diese wurden vermutlich für das Abwiegen von Silber(stücken) und Münzen verwendet. Obwohl auch mit Gold gehandelt wurde, stellte Silber das wichtigste Edelmetall der Wikingerzeit dar.

Eine der bedeutendsten Siedlungen der Wikingerzeit war das vermutlich im 8. Jahrhundert von friesischen Kaufleuten gegründete *Heiðabýr/Heiðarbýr* oder *Heiðabær* („Heidehof"). Haithabu, so die heutige deutsche Bezeichnung der Siedlung, galt als einer der bedeutendsten Seehandelsplätze und eine der ersten Städte

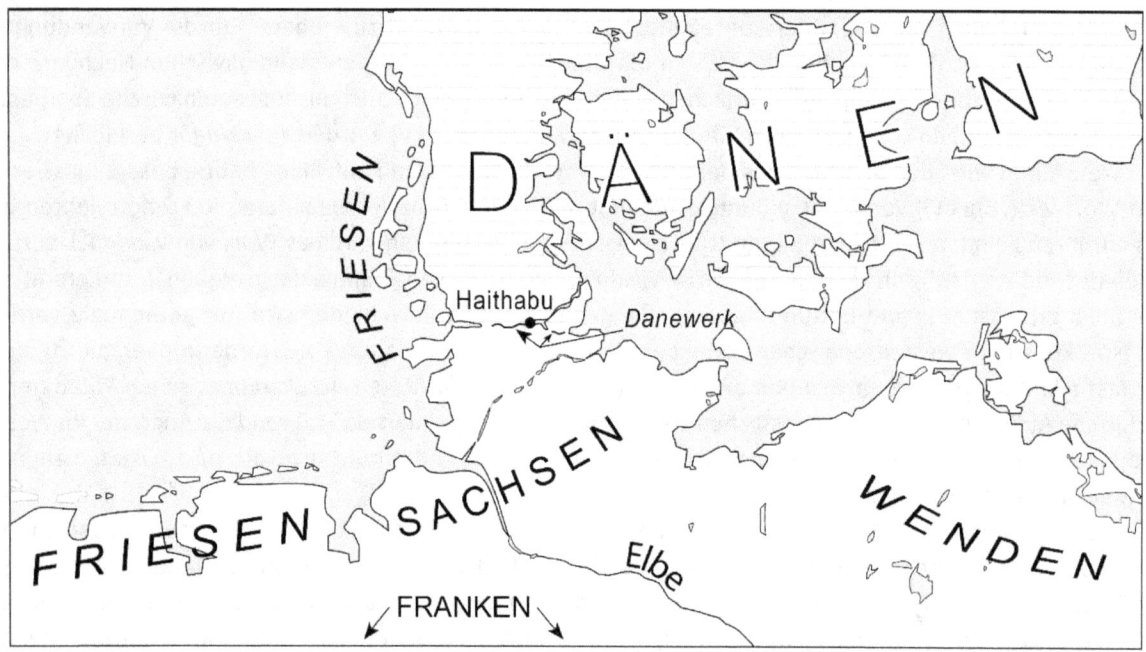

Abbildung E.10. Südjütland war zur Wikingerzeit ein Ort, an dem sich viele Kulturen begegneten. In Friedenszeiten reisten Dänen, Friesen, Sachsen, Wenden und andere slawische Stämme sowie Norweger, Schweden, Gotländer und Franken über diese Landbrücke nach Norden, Süden, Osten und Westen. In Kriegszeiten bildete das *Danewerk,* der dänische Wall, der durch Südjütland verlief, die Grenze zwischen dem dänischem Herrschaftsgebiet und dem Frankenreich. Das *Danewerk* war mit den massiven Wällen von Haithabu (*Heiðabær*) verbunden, das dänischer Handelshafen und Verwaltungssitz zugleich war und die Ostseeregionen mit Westeuropa verband. Die Saga von Olav Tryggvason aus der auf Island entstandenen „Geschichte der norwegischen Könige" (*Heimskringla*) beschreibt das Danewerk folgendermaßen: „Das Danewerk ist so beschaffen, dass zwei Fjorde in das Land einschneiden, an jeder Küste einer, und zwischen den innersten Teilen dieser Fjorde hatten die Dänen einen großen Burgwall aus Stein, Torf und Bauholz errichtet, und einen tiefen, breiten Graben hatten sie davor gezogen; und vor jedem Tor war eine Burg errichtet. Da gab es eine große Schlacht." (Danavirki er svá háttat, at firðir 2 ganga inn í landit, sínum megin lands hvárr, en millum fjarðarbotna höfðu Danir gert borgarvegg mikinn af grjóti ok torfi ok viðum ok grafit díki djúpt ok breitt fyrir utan, en kastalar fyrir borgarhliðum. Þá varð orrosta mikil. (*Óláfs saga Tryggvasonar*, Kapitel 25).

Nordeuropas. Zum Schutz vor potenziellen Angriffen von außerhalb wurde Haithabu nach einiger Zeit auch in das Danewerk eingebunden, eine etwa 30 km lange Verteidigungsanlage, die durch das Gebiet des heutigen Schleswig-Holsteins verlief. Aufgrund seiner günstigen Lage zwischen Nord- und Ostsee war Haithabu für etwa 300 Jahre lang der wichtigste Warenumschlagsplatz Nordeuropas. Mit dem Ende der Wikingerzeit verlor jedoch auch Haithabu an Bedeutung und wurde nach einer Plünderung und Brandschatzung durch die Westslawen im Jahre 1066 nicht wiederaufgebaut.

Auch die Zeit der Wikinger erstreckte sich auf einen Zeitraum von ungefähr drei Jahrhunderten. Während dieser Zeit wurden Siedlungen, Klöster, Städte und manchmal sogar ganze Königreiche von den Seefahrern aus dem Norden Europas heimgesucht. Einige der von den Wikingern wiederholt überfallenen Regionen begannen nach einer Weile, den Nordmännern Tribute zu zahlen, um von ihnen verschont zu bleiben. Die geleisteten Tributzahlungen wurden häufig als „Danegeld" bezeichnet, da die England und Frankreich mit Plündereien überziehenden Wikinger vermutlich vor allem aus Dänemark stammten. In Westeuropa trug die Notwendigkeit, sich gegen die Wikinger zu schützen, zur Konsolidierung der Reiche Englands und Frankreichs sowie (wenn auch zu einem geringen Maße) dem Deutschen Reich bei.

Zu Beginn der Wikingerzeit war der Frankenkönig und spätere Kaiser Karl der Große (776–814) wegen der Seeräuber besorgt. In der Anfangszeit seiner Herrschaft hatte Karl seine Kontrolle über große Teile Europas ausgeweitet: Um das Jahr 800 herrschte er über das heutige Frankreich, über Belgien, Holland, Luxemburg, Deutschland, Österreich, Norditalien, die Schweiz, Ungarn, Tschechien, Slowenien und Spanien. Am 25. Dezember 800 krönte ihn der Papst in Rom zum Kaiser.

Die Expansion des Karolinger-, bzw. des Frankenreichs blieb von den Skandinaviern im Norden nicht unbemerkt. Besonders die Dänen fühlten sich bedroht als Karl, nach einem langen und brutalen Krieg, die heidnischen Sachsen unterwarf, sie durch das Schwert konvertierte und die Grenze des christlichen Frankenreichs nach Norden zur Halbinsel Jütland hin verschob, womit diese nun an dänisches Gebiet grenzte. Die Macht des Karolinger-Reichs konzentrierte sich auf den Norden: Das Reich war hauptsächlich ein bäuerliches Konglomerat, das sich auf den Reichtum und die Ressourcen des Rheinlands, der Niederlande und der reichen Landwirtschaft Nordfrankreichs stützte.

Die Wikinger erkannten, dass dieser Reichtum in ihrer Reichweite lag und so mussten die nördlichen Teile des Fränkischen Reichs einige Jahrhunderte lang mit wikingischer Gewalt ebenso ihre Erfahrung machen wie mit den Vorzügen des Skandinavien-Handels. Insbesondere in der Schwäche ungeschützter Häfen und Klöster erkannten die Wikinger ihre Chancen.

Der erste dokumentierte Raubzug auf fränkischem Territorium war ein Angriff auf die Küste Aquitaniens. Karl der Große verstand die Gefahr, die von den Seekriegern ausging, und ließ Verteidigungsanlagen an den Mündungen der Hauptflüsse seines Reichs errichten: Befestigungen wurden gebaut, Küstenwachen stationiert und berittene Truppen, die schnell reagieren konnten, strategisch günstig platziert. Zur selben Zeit wurden Kriegsflotten einsatzbereit gemacht, um den Feind mit seinen eigenen Mitteln zurückzuschlagen. Die Flussbefestigungen Karls des Großen schützten im Binnenland gelegene Gegenden, die entlang Europas schiffbaren Flüssen verwundbar waren. Allerdings war die Küstenlinie des Reichs zu lang als dass sie hätte erfolgreich geschützt werden können. Von Anfang an lag die Initiative aufseiten der Wikinger, die von ihren Schiffen aus Zeitpunkt und Ort ihrer Angriffe bestimmen konnten.

Friesland, das nur einen kurzen Segeltörn vom dänischen Gebiet entfernt lag, war die exponierteste Region des Frankenreichs. Der erste dokumentierte Raubzug gegen Friesland ereignete sich im Jahr 810, als der dänische König Godfred (eine nebulöse historische Figur) mit 200 Schiffen in Friesland einfiel. Godfred forderte von den Friesen 45 Kilogramm Silber als Tribut. Nachdem Karl der Große von Godfreds Attacke erfahren hatte, mobilisierte er seine Flotte und seine Truppen. Als er Friesland erreichte, waren die Dänen allerdings mitsamt dem Silber bereits in Richtung Heimat abgesegelt. Dies war das letzte Mal, dass Karl seine Armee ins Feld führte. Er starb im Jahr 814. Eine Zeit gelang es Karls Sohn, Ludwig dem Frommen (814–840), das Reich zusammenzuhalten. Allerdings schenkte Ludwig den Wikingern weniger Aufmerksamkeit als zuvor sein Vater und gegen Ende seiner

Herrschaft begannen Ludwigs Söhne, um ihr Erbe zu streiten. Trotzdem hielten die errichteten Verteidigungsanlagen noch 20 Jahre nach dem Tod Karls des Großen den skandinavischen Piraten stand.

834 drang eine große wikingische Flotte mehr als 80 Kilometer in das Rheindelta vor und plünderte die Stadt Dorestad. Sowohl die Attacke(n) als auch die Stadt selbst geben Aufschluss über die Angreifer und ihre Opfer. Zum Zeitpunkt des ersten Überfalls war Dorestad das größte und wichtigste Handelszentrum des Frankenreichs. Die aus Holzhäusern bestehende Stadt befand sich im Besitz eines Grafen und der Utrechter Bischöfe. Sie wurde im 7. Jahrhundert außerhalb der verfallenden Mauern einer alten römischen Festung gegründet.

Zu Beginn des 9. Jahrhunderts erstreckte sich Dorestad beinahe drei Kilometer entlang des Rheinufers und hatte ca. 2000 Einwohner. Mit seinen vielen Stegen und Landungsplätzen für Schiffe war Dorestad sowohl ein Binnenhafen, der das innere Rheinland versorgte, als auch ein Seehafen für den internationalen Handel. Der Handel verband die zentralen und östlichen Teile des Fränkischen Reichs mit den Britischen Inseln, Skandinavien und dem Baltikum. Dorestad war ein gut integrierter Bestandteil des politischen und wirtschaftlichen Systems des Fränkischen Reichs. Die ganz aus Holz erbaute Stadt war nicht befestigt – ein Indikator für den in Karls Kaiserreich vorherrschenden inneren Frieden.

In Dorestad gefundene Artefakte illustrieren Handel und Industrie der Wikingerzeit. Archäologen haben Produkte von Webern, Schmuckherstellern, Metallbearbeitern, Kammmachern, Korbmachern und Schiffbauern ausgegraben. Metallarbeiten, Glas, Schleifsteine, Wein sowie scheibengedrehte Keramik wurden aus dem nahegelegenen Rheinland in die Stadt gebracht und von dort nach Britannien und Skandinavien exportiert. Die geringe Anzahl skandinavischer Sachgüter, die in Dorestad gefunden wurden, weisen darauf hin, dass die meisten Importe ins Frankenreich aus den altnordischsprachigen Gebieten verderbliche Güter waren, wie z.B. Pelze und Tierhäute. Baltischer Bernstein, ein wertvolles Handelsgut, das seinen Weg über Skandinavien genommen haben muss, wurde in Dorestad gefunden und belegt den Handel mit dem Baltikum.

Der Überfall im Jahr 834 war der erste vieler wikingischer Angriffe auf Dorestad und in den darauf folgenden Jahrzehnten kann man von den Wikingern behaupten, dass sie an den Küsten Europas und der Britischen Inseln regelrecht in Schwärmen auftauchten. Sie überfielen Städte wie Paris und London und unternahmen Raubzüge ins Innenland bis nach Burgund hinein. Die diversen Regionen Skandinaviens neigten dazu, sich auf spezielle geographische Gebiete zu konzentrieren:

- Wikinger aus den dänischen Gebieten, zu denen damals große Teile des heutigen Südschweden gehörten, konzentrierten sich auf die Nordsee-Regionen. Sie überfielen das Karolingische Reich, England und bisweilen Irland. Einige überfielen auch Gebiete im Baltikum.
- Die Norweger, deren Gebiete nach Westen gen Atlantik ausgerichtet waren, überfielen und eroberten schottische Gebiete, die Orkneys, die Shetland-Inseln, die Hebriden und Teile von Irland. Die Färöer und Island wurden hauptsächlich von Norwegern besiedelt. In einer zweiten Emigrationsphase in den Nordatlantik, erreichten isländische Siedler im Jahr 985 Grönland und um 1000 Nordamerika.
- Schweden und von der Insel Gotland stammende Krieger plünderten, handelten und siedelten in den gesamten baltischen Regionen inklusive Finnland. Vom Baltikum aus befuhren sie die russischen und ukrainischen Flüsse wobei sie bis in die Gebiete der byzantinischen Griechen und in das Kalifat von Bagdad vordrangen.

Nach der Herrschaft Ludwigs des Frommen (gest. 840), stritten sich seine Söhne untereinander und das Reich wurde in drei, sich oftmals bekriegende fränkische Teilkönigreiche aufgeteilt: das Westfrankenreich, das Ostfrankenreich (frühmittelalterlicher Vorläufer des Heiligen Römischen Reichs), und das sogenannte „Mittelreich" Lothars I. Die Überfälle nahmen zu und die Geschichte der Wikingerzeit wurde bald komplizierter und es ging nicht mehr nur um den Kampf Wikinger (Fremde) gegen Franken (Einheimische). Dorestad ist dafür wieder einmal ein gutes Beispiel: Trotz der wiederholten Plünderungen und Brandschatzungen florierte die Stadt. Zeitweise unterstellten die fränkischen Machthaber den Ort einem wikingischen Häuptling. Möglicherweise diente Dorestad als Schwarzmarkt, in dem die Händler von den Wikingerzügen im Reich und auf den Britischen Inseln profitierten. Dies geschah mit dem an der Seinemündung gelegenen Hafen von Rouen auf westfränkischem Gebiet. Rouen war als sicherer Hafen für Wikinger bekannt – ein Ort, an dem sie ihre Schiffe wieder instand setzen lassen und erworbene Güter verkaufen konnten, bevor sie zurück nach Skandinavien segelten. Heimkehrende Wikinger sahen sich auf ihrer Rückreise übrigens selbst der Gefahr ausgesetzt, wikingischen Piraten in die Hände zu fallen.

Den Umständen der Zeit war es geschuldet, dass die Wikinger zu wichtigen Neuverteilern von Reichtum wurden – und zwar nicht nur von den geplünderten Stätten und Handelsplätzen aus nach Skandinavien, sondern auch innerhalb Europas und Eurasiens. In vielen Regionen dienten die Wikinger demnach als Katalysatoren für soziale, kommerzielle und politische Transformationen. Lokale Herrscher und Anführer erkannten schon bald, dass sie zum Zweck der Wikingerbekämpfung die Steuern erheblich anheben konnten, sie aber nur einen gewissen Anteil der Einnahmen für diesen Zweck abzuführen brauchten. Eine Region oder Stadt, die von einem Wikingerangriff auf ihre Nachbarn erfuhr, mag, insbesondere in den frühen Jahrzehnten der Überfälle, ihren Vorteil darin gesehen, lieber untätig zu bleiben, als ihren Nachbarn zu Hilfe zu eilen.

Mitte des 9. Jahrhunderts ließen sich wikingische Armeen für einen längeren Zeitraum, manchmal jahrelang, in den überfallenen Gebieten nieder und skandinavische Anführer integrierten sich in die politischen und staatlichen Strukturen der sich auflösenden Zentralgewalt. Dies geschah insbesondere in den zentralen und westlichen Regionen des Frankenreiches, in Irland und Schottland sowie in den vier, sich häufig bekriegenden angelsächsischen Königtümern Northumbria, Mercia, East Anglia und Wessex. Es gab allerdings Grenzen und gegen Ende des 9. und zu Beginn des 10. Jahrhunderts wurde den Einheimischen klar, dass, egal ob auf dem Kontinent oder auf den Britischen Inseln, ein gemeinsames Vorgehen gegen die Wikinger vonnöten war. Was Dorestad betrifft, so war die Stadt in den 880er Jahren einmal zu oft den Raubzügen zum Opfer gefallen. Außerdem versandeten Dorestads Kanäle allmählich und die Bedeutung des Handelsplatzes nahm ab. Abgesehen von seinem kurzen Küstenverlauf im Norden mit für Angriffe attraktiven Orten, wie z.B. Hamburg, blieb das Ostfrankenreich von Wikingerüberfällen vergleichsweise verschont.

WENDEN UND SLAWISCHE STÄMME. Weiter östlich im Baltikum unterhielten Skandinavier enge Beziehungen zu den westlichen Slawen, die an der südlichen Ostseeküste lebten, bzw. in den Regionen des heutigen Deutschland und Polen zuhause waren. Slawische Stämme konvertierten erst spät zum Christentum und vor dem 11. Jahrhundert gab es nur wenige Städte und weder Kirchen noch reiche Klöster, die für groß angelegte Wikingerüberfälle attraktiv erschienen wären. Obwohl sich isländische Quellen wie die *Heimskringla* und die Sagas häufig auf Raubzüge im Baltikum beziehen, war der Kontakt zwischen Slawen und Skandinaviern, insbesondere in den Regionen des südlichen Baltikums, verhältnismäßig friedlich und basierte auf gemeinsamem Handel und (Kultur)austausch. In der Wikingerzeit bauten polnische Herrscher ihre Macht aus und etablierten wertvolle dynastische Kontakte zu den skandinavischen Eliten. Die Tochter Mieszkos I. war die Mutter des dänischen Herrschers Knuts des Großen, der England, Dänemark und Teile von Norwegen im 11. Jahrhundert unter seiner Krone vereinte.

Materielle Beweise für die Interaktion zwischen Skandinaviern und Slawen können am besten anhand archäologischen Materials aus einer Reihe wichtiger Handelsplätze nachvollzogen werden, die ab dem 10. Jahrhundert entlang der Ostseeküste gegründet wurden. Truso und Wolin im heutigen Polen gehörten zu den wichtigsten dieser Städte. Weiter nördlich in Russland war Starja Ladoga (Aldeiguborg) gelegen und weiter im

Binnenland war das sogenannte Hólmgarðr oder Novgorod das größte Handelszentrum und Begegnungsort. Die Skandinavier, die von der einheimischen Bevölkerung Rus genannt wurden, spielten eine entscheidende Rolle bei der frühen Genese des russischen Staats. Archäologische Ausgrabungen in den multikulturellen Handelszentren auf slawischem Gebiet legten zahlreiche skandinavische Objekte frei. Sie zeigen starke nordische Präsenz oder Besiedlung und demonstrieren, dass die Leute ihr Leben bestritten, indem sie in einem breiten Spektrum Produktion und Handel betreffend, aktiv wurden

DIE RUS. Auch Zeitgenossen aus anderen Ländern wie z.B. den Britischen Inseln oder dem Kalifat von Bagdad hielten ihre Eindrücke von den Nordmännern schriftlich fest. Durch ihre Religion und Sprache, aber auch durch die Fortschritte, die sie auf dem Gebiet der Seefahrt gemacht hatten, unterschieden sich die Wikinger sehr stark von anderen Kulturen, mit denen sie in Kontakt traten. Eine der detailreichsten Berichte über die im 10. Jahrhundert im heutigen Russland siedelnden skandinavischen Händler (die sog. „Rus") stammt von dem arabischen Abgesandten und Reisenden Ahmad Ibn Fadlan. Er traf vermutlich im Jahr 922 auf die sich hier niedergelassenen Seefahrer aus dem Norden Europas. Zu jener Zeit pflegten die skandinavischen Händler und Krieger bereits seit über einem Jahrhundert enge Kontakte zur islamischen Welt.

Die Bulgaren waren ein im Norden Russlands siedelndes Reitervolk, das einen großen Einfluss auf die wichtige Handelsroute entlang des oberen Flusslaufs der Wolga besaß. Südlich vom Reich der Bulgaren befand sich das Khaganat der Chasaren, welches wiederum an das Kalifat grenzte. Die Hoheitsgebiete der Chasaren, die zu dieser Zeit den jüdischen Glauben angenommen hatten, erstreckten sich vom Stadtstaat der Rus von Kiew bis hin zum Uralgebirge. Sie kontrollierten die Handelsrouten am Unterlauf der Wolga und den Norden des Kaspischen Meeres.

Um vom Baltikum in den Mittleren Osten und wieder zurück zu gelangen, segelten die Rus auf der Wolga entlang. Sie handelten mit Sklaven, Fellen, Glasperlen, Waffen und Silber. Während er sich im Winterlager der Bulgaren aufhielt, traf auch Ibn Fadlan auf die Rus. Über diese Begegnung verfasste er einen Augenzeugenbericht, der sich sehr von den erhaltenen lateinischen Schriften des Westens unterscheidet, da diese ausschließlich von Klerikern verfasst worden sind. Als weltlicher Abgesandter formulierte Ibn Fadlan seine Beobachtungen hingegen in der Form eines Berichts, in dem er das Verhalten der Rus beschrieb, sowie Angaben zu ihrer Kleidung und Körperpflege, ihren Handelsbräuchen und religiösen Praktiken, Tischmanieren und ihrem Sexualleben machte. Die folgende Textpassage liefert uns einen Einblick in ihre Bestattungsrituale, die sich aus Ibn Fadlans Zusammentreffen mit den Rus ergab:

> Es stand mir dabei ein Mann aus dem Volk der Rus zur Seite und ich hörte, wie er mit dem Dolmetscher, der mit ihm war, sprach. Ich erkundigte mich danach, was der Rus ihm erzähle und der Dolmetscher antwortete, dass der Rus sage:
> „Sie, die arabischen Gemeinden, sind dumm."
> Daraufhin fragte ich: „Weshalb?" Er sprach: „Weil ihr die Leute, die euch am allerliebsten und verehrtesten unter den Menschen sind, unter die Erde bringt und auf sie tretet. Und in der Erde werden sie von kriechenden Tieren und Würmern gefressen. Wir aber lassen sie einen Augenblick brennen und dadurch wird es ihnen ermöglicht, unmittelbar das Paradies zu betreten."[2]

Die in Ibn Fadlans Bericht dargestellte Verwendung der arabischen Silbermünzen (Dirhams) und der Handel mit Glasperlen scheinen weitestgehend mit den archäologischen Funden in Russland, dem Ostseeraum

---

[2] Sowohl dieser als auch die folgenden Abschnitte beruhen auf *Ibn Fadlan's Reisebericht. Abhandlungen für die Kunde des Morgenlandes*. Band 24, Nr. 3, übers. von A. Zeki Validi Togan. Leipzig 1939. S. 96f. Vgl. auch die englische Übersetzung von Brønsted, Johannes: *The Vikings*, Baltimore 1973, S. 266–267.

und mit dem weit entfernten Island übereinzustimmen. Die im Kalifat geprägten Dirhams wurden im gesamten Ostseeraum und vor allem auf der schwedischen Insel Gotland gefunden. Da die gotländischen Funde teilweise bis zu achtzig Kilo wiegen, untermauern sie den Umfang des Geldhandels auf der Wolga deutlich. Auch Ibn Fadlan weiß darüber zu berichten:

Die Rus treffen auf ihren Schiffen ein

Ich habe die Rus gesehen, als sie im Zuge einer ihrer Handelsfahrten hierher gelangten und sich am Atli (der Wolga) niederließen. Ich habe niemals Leute mit einem vollkommeneren Körperbau gesehen als sie. Sie sind groß wie Dattelbäume, blond und rot und so kraftvoll, dass sie weder Qurtaqs noch Harftane zu tragen brauchen. Ihre Männer tragen Gewänder, welche nur die Hälfte ihrer Körper umhüllen und einen Arm frei lassen.

Jeder von ihnen trägt eine Axt, ein Schwert und ein Messer bei sich und sie trennen sich niemals von ihren Waffen. Ihre breiten Schwerter sind von fränkischer Art und mit Blutrinnen versehen.

Von der Zehenspitze bis zum Hals ist jeder Mann mit dunkelgrünen Tätowierungen versehen.

Die Rus – Frauen

Jede ihrer Frauen trägt eine Brosche aus Eisen, Silber, Kupfer oder Gold auf den Brüsten, je nach dem sozialen Rang und dem Vermögen ihres Mannes; jede Brosche verfügt über einen ebenfalls auf der Brust befestigten Ring, in dem sich ein Messer befindet. Um den Hals tragen die Frauen Ringe aus Gold und Silber. Sobald er im Besitz von zehntausend Dirhems ist, muss jeder Mann einen solchen Halsring für seine Frau anfertigen lassen; besitzt er zwanzigtausend, so fertigt er zwei Halsringe für sie an. Und so erhält seine Frau je einen weiteren Halsring für jedes weitere Zehntausend an Dirhems. So befindet sich oft eine Menge von Halsringen an dem Hals einer von ihnen.

Als größter Schmuck gilt bei ihnen die grüne Glasperle (Koralle) aus Ton, welche sich auf den Schiffen befindet. Sie handeln um diese Perlen und kaufen eine Perle für einen Dirhem und reihen sie für ihre Frauen zu Halsbändern.

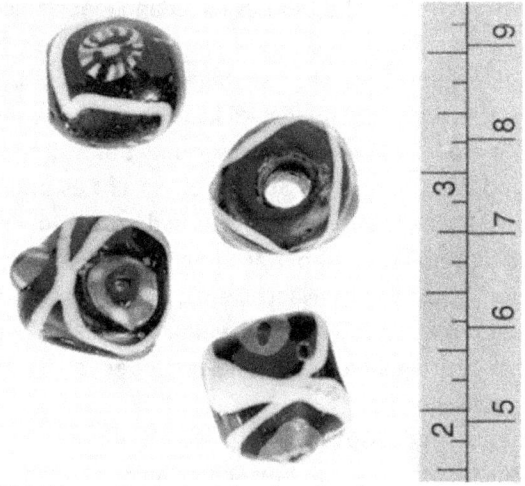

Abbildung E.11. **In Island gefundene Glasaugenperlen**, ausgegraben im Rahmen des *Mosfell Archaeological Projects* (MAP). Die bereits von Ibn Fadlan dokumentierte Vorliebe der Wikinger für Zierperlen konnte auch anhand von archäologischen Funden bestätigt werden. Perlen waren wertvolle Handelsgüter und wurden sowohl von Frauen als auch Männern getragen. Die vier abgebildeten Perlen wurden bei Grabungen im Mosfellsdalur (Island) im Inneren des Langhauses von Hrísbrú entdeckt. Aufgrund ihres Aussehens werden die eigent-lich nur am östlichen Ufer des Kaspischen Meeres (Zentralasien) vorkommenden Perlen auch „Glasaugenperlen" genannt. In der Mitte jeder Perle befindet sich eine Öffnung zum Auffädeln (siehe Perle oben rechts). Ihre farbigen, runden Musterungen erwecken den Eindruck von blutunterlaufenen Augen.

Körperpflege

Die Rus sind die schmutzigsten Geschöpfe Gottes. Sie schämen sich nicht beim Verrichten ihres Stuhlgang und beim Urinieren, und sie waschen ihre Hände weder nach der Befleckung durch den Samenerguss noch nach dem Essen. Sie sind also wie verwirrte Esel.

Die Rus – Männer

Wenn sie aus ihrem Land kommen, binden sie ihre Schiffe am Ufer des Atils, der ein großer Fluss ist, fest und bauen an dessen Ufer große Häuser aus Holz. In einem solchen Hause sammeln sie sich zu zehn oder zwanzig, weniger oder mehr Personen. Jeder von ihnen hat eine Ruhebank, auf der er sitzt, und bei ihnen sind die für Handelsleute bestimmten schönen Mädchen (Sklavinnen) anwesend, und jeder der Männer schläft mit seiner Sklavin, während seine Genosse zuschauen. Zuweilen kommt eine Menge von ihnen in einer solchen Situation zusammen. Es geschieht auch, dass ein Kaufmann, wenn er das Haus eines Anderen betritt um ein Mädchen von ihm zu kaufen, diesem beim Beischlaf mit seiner Sklavin überrascht. Der Rus lässt dann jedoch nicht eher von ihr ablässt, bis er befriedigt ist.

Mehr Körperpflege

Pflichtgemäß waschen sie täglich ihr Gesicht und ihren Kopf in einer schmutzigen und so unreinen Weise, wie es sie nur geben kann. Es geht so vor sich: Das Mädchen bringt jeden Morgen in der Frühe ein großes Becken mit Wasser und gibt es ihrem Herrn und er wäscht sich darin Hände und Gesicht und das Haar seines Kopfes, er wäscht es und kämmt es mit dem Kamm in das Becken aus; dann schnäuzt er sich und spuckt es in das Becken. Er lässt an Unreinem nichts zurück, vielmehr legt er es in diesem Wasser ab. Nachdem er das Nötigste erledigt hat, trägt das Mädchen dasselbe Becken zu dem, welcher der Näachste ist. Und er verfährt ähnlich, wie sein Nachbar getan hat. Sie trägt das Becken mit Wasser immer weiter von einem zum anderen, bis sie es bei allen, welche im Hause sind, hat herumgehen lassen, und sich jeder von ihnen in ihm geschnäuzt, gespuckt, sein Gesicht und Haar gewaschen hat.

Geschenke an die Götter

Zur Zeit der Ankunft ihrer Schiffe an diesem Ankerplatz geht jeder von ihnen an Land mit Brot, Fleisch, Zwiebel, Milch und Nabid und begibt sich zu einem langen, aufgerichteten Holzpfahl, der ein menschenähnliches Gesicht hat und um sie herum sind kleine Figuren, hinter denen lange hohe Häuser (Stangen) in der Erde aufgerichtet sind. Und der Rus kommt zur großen Figur und wirft sich vor ihr nieder, dann sagt er: „O mein Herr (Gott), ich bin aus weitem Lande gekommen und habe bei mir soundso viele Mädchen und soundso viel Zobelfelle", bis er alle Handelsartikel, die er mitgebracht hat, aufgezählt hat und fährt fort: „Dir habe ich dieses Geschenk gebracht." Dann legte er das, was er bei sich hatte, vor den Holzpfahl fort und fährt fort: „Ich wünsche, dass du mir einen Kaufmann besorgst, der viel Dinare und Dirhems hat und der von mir (um den Preis) kauft, den ich wünsche und mir in keinem Worte, was ich sagen werde, widerspricht." Dann geht er weg. Wenn ihm sein Handel Schwierigkeiten macht und die Tage seines Aufenthaltes sich in die Länge ziehen, dann macht er ein zweites und drittes Geschenk. Hat er wieder Schwierigkeiten mit dem, was er zu erreichen hofft, so bringt er allen von diesen kleinen Figuren ein Geschenk und bittet sie um Fürsorge, und sagt: „Diese sind unseres Herrn Frauen, Töchter und Söhne" und so fährt er fort, jede Figur, eine nach der anderen, (besonders) anzugehen und sie zu bitten, um Fürsorge anzuflehen und vor ihr demütig zu beten. Oft geht dann sein Handel leichter und er verkauft alles, was er mitgebracht hatte; dann sagte er: „Mein Herr hat mein Begehren erfüllt; ich muss es ihm vergelten." Er geht auf eine Anzahl von Schafen und Rinder zu und tötet sie, gibt einen Teil des Fleisches als Almosen, den Rest bringt und wirft er vor jenen großen Holzpfosten und vor die ihn umgebenden Hölzer, und hängt die Köpfe der Rinder oder (die der) Schafe an jenem auf der Erde aufgerichteten Holz (Stangen) auf. In der Nacht kommen die Hunde und fressen alles und derjenige, der dieses Opfer gebracht hat, sagt: „Wahrlich, mein Herr ist mit mir zufrieden und er hat mein Geschenk verzehrt."

Umgang mit Kranken

Wird einer von ihnen krank, so schlagen sie ihm entfernt von sich ein Zelt auf und lassen ihn dort zurück, legen neben ihn etwas Brot und Wasser und kommen ihm nicht zu nahe und sprechen auch nicht mit ihm. Ja, was noch mehr ist, sie besuchen ihn nicht einmal in allen Tagen seiner Krankheit, zumal, wenn er schwach oder ein Sklave ist. Wenn er genesen ist und aufsteht, so kommt er zu ihnen zurück. Stirbt er aber, so verbrennen sie ihn; falls er aber ein Sklave ist, so überlassen sie ihn, wie er ist, (sich selbst, ohne Sorge); dann verzehren ihn die Hunde und Raubvögel.

Bestrafung von Dieben

Ertappen sie einen Dieb oder Räuber, so bringen sie ihn zu einem hohen dicken Baum, schlingen ihm einen belastungsfähigen, festen Strick um den Hals und hängen ihn an den Baum und er bleibt so lange hängen, bis er durch Wind und Regen in Stücke zerfällt.[3]

Trotz der Tatsache, dass die Rus einen wichtigen Platz in der frühen Geschichte des russischen Staates eingenommen haben, ist jedoch umstritten, ob der heutige Name Russlands auf sie zurückzuführen ist.

DAS ENDE DER WIKINGERZEIT. Obwohl die Zeit der Wikinger heute vor allem mit Seereisen und Überfälle assoziiert wird, war nur ein sehr kleiner Teil der skandinavischen Bevölkerung an den Wikingerfahrten beteiligt. Die meisten Leute blieben daheim und widmeten sich der Landwirtschaft. Das Klima im Norden Europas und des Nordatlantiks war während des frühen Mittelalters wesentlich milder als in den darauf folgenden Jahrhunderten. Aus archäologischen und landschaftlichen Studien ergibt sich, dass zu dieser Zeit die Anzahl genutzter Agrarflächen stetig anstieg, was sich nur mit einem gleichzeitigen Wachstum der Bevölkerung Skandinaviens erklären lässt. Um noch mehr landwirtschaftlich nutzbare Flächen zu gewinnen, wurden Waldgebiete gerodet, Feuchtgebiete trockengelegt und Hochlandweiden ausgedehnt. Am Ende der Wikingerzeit gab es folglich bedeutend mehr Höfe, Siedlungen und Friedhöfe als zu Beginn.

Die Bestimmung eines genauen Zeitpunkts für das Ende der Wikingerzeit ist schwierig. In Skandinavien kam es während dieser Zeit zu großen gesellschaftlichen und wirtschaftlichen Veränderungen. Während im Laufe des 11. Jahrhundert z.B. das Kriegswesen zu einer zentralisierten Institution wurde, entwickelten sich die Kleinkönigtümer zu nationalen Königreichen. Im 12. Jahrhundert bestand Skandinavien nunmehr aus den drei Königreichen Dänemark, Norwegen und Schweden unterteilt. Dabei war Schweden aufgrund seiner Entfernung zu Westeuropa, und seiner Lage im Ostseeraum das letzte der skandinavischen Königreiche, das den alten Göttern entsagte und das Christentum annahm. Der Alltag der skandinavischen Bevölkerung veränderte sich nur unwesentlich mit dem Ausklingen der Wikingerzeit. Die meisten Menschen widmeten sich weiterhin dem traditionell agrarisch geprägten Leben – und bedienten sich dabei den unterschiedlichen Varietäten der altnordischen Sprache.

– Jesse Byock –   University of California, Los Angeles (UCLA)/
Háskóli Íslands, Reykjavík (HÍ)

---

[3] *Ibn Fadlan's Reisebericht*, übers. von A. Zeki Validi Togan, Leipzig 1939, S. 82ff.

Hinweise zur Benutzung

Das Altnordische bzw. Altisländische Alphabet und die Rechtschreibung. Als die Isländer im 11. Jahrhundert das lateinische Alphabet adaptierten, orientierten sie sich vermutlich an den Schriftzeichen, die im angelsächsischen Sprachraum verwendet wurden; auch hier kannte man die beiden Buchstaben /þ/ („thorn", groß Þ) und /ð/ („eth", groß Ð). Da die skandinavischen und isländischen Schriftgelehrten lange Zeit keiner normalisierten Schreibweise folgten, wurde vor etwa einem Jahrundert eine einheitliche altnordische/-isländische Rechtschreibung eingeführt und die alphabetische Reihenfolge der Buchstaben festgelegt. Die Textpassagen und das Wörterverzeichnis in diesem Buch folgen der standardisierten Rechtschreibung der isländischen Sagaeditionen der *Íslenzk fornrit*-Reihe.

Die beiden altnordischen Vokale ǫ und ø sind im Laufe des Mittelalters zu dem Vokal ö zusammengefallen. Auch die Unterscheidung zwischen den Buchstaben æ und œ ist der modernen isländischen Sprache verloren gegangen. Obgleich heute für beide Laute ausschließlich der Buchstabe æ verwendet wird, hält *Altnordisch* 1 an der ursprünglichen Unterscheidung æ und œ fest und differenziert auch weiterhin zwischen ǫ und ø.

Im altnordischen/-isländischen Alphabet werden lange Vokale durch Akzente von den kurzen Vokalen unterschieden (z.B. langes é und kurzes e). Da die Betonung des Altnordischen i.d.R. auf der ersten Silbe liegt, stellen diese Akzente also keine Betonungszeichen dar.

Die langen Vokale æ, œ und ø sowie das umgelautete ǫ stehen am Ende des isländischen Alphabets.

Die Buchstaben c, q und w tauchen zwar gelegentlich in den Handschriften auf, sind jedoch nicht in das normalisierte Alphabet aufgenommen worden.

a, á, b, d, ð, e, é, f, g, h, i, í, j, k, l, m, n, o, ó, p, r, s, t, u, ú, v, x, y, ý, z, þ, æ, œ, ö (ǫ), ø

Die Übersetzung bzw. Übertragung der altnordischen Personen- und Ortsnamen ins Deutsche. Bei der Übertragung von altnordischen Texten ins Deutsche werden Personen- und Ortsnamen i.d.R. nicht übersetzt, sondern auf ihre entsprechende Grundform (im Nominativ) zurückgeführt:

Hann sendi þegar mann til **Flosa** (G Sg) í **Vík** (D Sg).   *Er schickte sofort einen Mann zu **Flosi** (N Sg) in **Vík** (N Sg).*
Herjólfr (N Sg) bjó fyrst á **Drepstokki** (D Sg).   ***Herjólfr** (N Sg) wohnte zunächst auf **Drepstokkr** (N Sg).*

Abkürzungsverzeichnis

1 Dual, 2 Dual	1. Person Dual, etc.	Art	Artikel
1 Pl, 2 Pl, etc.	1. Person Plural, etc.	*a*-St	*a*-Stämme
1 Sg, 2 Sg, etc.	1. Person Singular, etc.	Bsp	Beispiel
Adj	Adjektiv	D	Dativ
Adv	Adverb	best Art	bestimmter Artikel
A	Akkusativ	Dem-Pron	Demonstrativpronomen
Akt	Aktiv	Dt/dt	Deutsch/deutsch
Aeng/aeng	Altenglisch/altenglisch	Dual	Dual
Altisl/altisl	Altisl/altisländisch	Endg	Endung
Anor/anor	Altnordisch/altnordisch	Eng/eng	Englisch/englisch

F/f	Femininum/feminin	Pers-Pron	Personalpronomen
G	Genitiv	Pl	Plural
Hv	Hilfsverb	Plusquamperf	Plusquamperfekt
i.d.R.	in der Regel	Pos	Positiv
i.G.z.	im Gegensatz zu	Poss-Pron	Possessivpronomen
Imp	Imperativ	Prät-Präs	Präteritopräsens
Ind-Pron	Indefinitpronomen	Präf	Präfix
Indik	Indikativ	Präp	Präposition
Inf	Infinitiv	Präs	Präsens
Int-Adv	Interrogativadverb	Pron	Pronomen
Int-Pron	Interrogativpronomen	Refl-Pron	Reflexivpronomen
intrans	intransitiv (Verb)	Rel-Pron	Relativpronomen
Kap	Kapitel	schw	schwach (Verb)
Kardinal	Kardinalzahl	Schwed/schwed	Schwedisch/schwedisch
Komp	Komparativ	Sg	Singular
Konj	Konjunktion	St	Stamm
Konjug	Konjugation	st	stark (Verb)
M/m	Maskulinum/maskulin	Subj	Subjekt
myth	mythologisch	Subst	Substantiv
Med-Pas	Mediopassiv	Superl	Superlativ
N/n	Neutrum/neutral	temp	temporal
N	Nominativ	trans	transitiv (Verb)
n.a.	nicht angegeben bzw. nicht auswertbar	Ü	Übersetzung
Neuisl/neuisl	Neuisländisch/neuisländisch	undekl	undeklinierbar
Norw/norw	Norwegisch/norwegisch	unpers	unpersönlich (Verb)
Num	Numerus	Var	Variante
Obj	Objekt	V	Verb
Opt	Optativ	vgl	vergleiche
Ordinal	Ordinalzahl	wörtl	wörtlich
ō-St	ō-Stämme	Zahl	Zahlwort
Part	Partizip	=	gleich
Part Prät	Partizip Präteritum	~	alternative Schreibweise
Part Präs	Partizip Präsens	*	Anmerkung des Autors, Hinweis
Pas	Passiv	[]	Ergänzungen der deutschen Übersetzung
Perf	Perfekt		

GRAMMATIKREGISTER

ADJEKTIVE
- 1.6 Der Kasus – Nominativ, Akkusativ, Dativ und Genitiv
- 2.12 Grammatikbaukasten. Adjektive
- 10.4 Die starken Adjektive
- 10.6 Assimilation und Apokope von *-r* bei den starken Adjektiven
- 10.7 Adjektive mit zweisilbigem Stamm, Adjektive auf *-inn* und undeklinierbare Adjektive
- 11.3 Die schwachen Adjektive
- 13.7 Die Steigerung der Adjektive – Komparativ und Superlativ
- 13.8 Die Endungen des Komparativs
- 13.9 Die Endungen des Superlativs
- 13.10 Zur Verwendung von Komparativ und Superlativ

ADVERBIEN
- 11.17 Grammatikbaukasten, Adverbien
- 13.12 Adverbien im Komparativ und Superlativ

ARTIKEL
- 2.5 Grammatikbaukasten. Bestimmter und unbestimmter Artikel
- 9.4 Mehr zum bestimmten Artikel

AUSSPRACHE UND SCHREIBWEISE
- 3.4 Runen, die mehr als einen Laut repräsentieren
- 3.5 Runische Varianten und standardisiertes Altnordisch
- Anhang C: Die Aussprache des Altnordischen

LAUTLEHRE UND LAUTWANDEL
- 4.3 Lautlehre und Lautwandel – Einführung: Vokale und Konsonanten
- 4.4 Das altnordische Vokaltrapez
- 4.5 Sprachwandelphänomene – Der *u*-Umlaut
- 4.7 Sprachwandelphänomene – Der *i*-Umlaut
- 5.4 Sprachwandelphänomene – Assimilation und Apokope von *-r*
- 7.8 Vokalkontraktion bei Substantiven
- 14.9 Die Synkope bei zweisilbigen Substantiven

PRÄPOSITIONEN
- 5.12 Grammatikbaukasten. Präpositionen
- 5.13 Die Präpositionen und der Kasus des Objekts
- 5.15 Präpositionen, die verschiedene Kasus nach sich ziehen können

PRONOMEN
- 1.4 Grammatikbaukasten. Substantive und Personalpronomen
- 1.5 Das Genus – Maskulinum, Femininum, Neutrum
- 1.6 Der Kasus – Nominativ, Akkusativ, Dativ und Genitiv
- 3.9 Personalpronomen — 1. und 2. Person
- 3.11 Personalpronomen — 3. Person
- 5.16 Reflexivpronomen
- 6.6 Die Possessivpronomen *minn* (*mín, mitt*), *þinn* (*þín, þitt*) und *sinn* (*sín, sitt*)

9.8	Die Demonstrativpronomen *þessi* und *sá*
11.14	Das Indefinitpronomen *engi*
11.15	Das Indefinitpronomen *annarr*
12.3	Das Indefinitpronomen *nǫkkurr*
12.4	Pronomen – *hverr* and *hvárr*
12.5	Das Indefinitpronomen *einnhverr*
12.6	Das Pronomen *hvárrtveggi*
15.3	Enklitische Pronomen

RUNEN

3.3	Kultur – Die ältere und die jüngere Runenreihe
3.4	Runen, die mehr als einen Laut repräsentieren
3.5	Runische Varianten und standardisiertes Altnordisch

SATZBAU

9.9	Satzarten – Hauptsätze und Nebensätze
11.16	Direkte und indirekte Rede
15.6	Verben im Optativ und indirekte Rede in Haupt- und Nebensätzen

SUBSTANTIVE

1.4	Grammatikbaukasten. Substantive und Personalpronomen
1.5	Das Genus – Maskulinum, Femininum, Neutrum
1.6	Der Kasus – Nominativ, Akkusativ, Dativ und Genitiv
1.8	Appositionen – Kasusangleichung der Substantive
2.6	Eigennamen
2.9	Subjekt-/Nominativergänzungen
3.13	Substantive — Starke und schwache Deklination
3.18	Kultur – Die Namenbildung mit *son* (*sonr*) und *dóttir*
5.6	Starke Substantive – Einführung
5.7	Starke Substantive – *a*-Stämme (Maskulina und Neutra)
5.9	Die Substantive *maðr* und *sonr*
6.4	Starke Substantive – *ō*-Stämme (Feminina)
7.4	Starke Substantive – *i*-Stämme (Maskulina und Feminina)
7.6	Schwache Substantive (*n*-Stämme)
7.8	Vokalkontraktion bei Substantiven
8.5	Substantive – Verwandtschaftsbezeichnungen auf *-r (ter*-Stämme)
8.6	Substantivierte Partizipien – *nd*-Stämme
9.5	Sprachwandelphänomene – *a*- und *u*-Brechung
9.6	Starke Substantive – *u*-Stämme (Maskulina)
9.7	Starke Substantive – Wurzelnomen und konsonantische Stämme (Maskulina/Feminina)
11.4	Substantive mit dem bestimmten Artikel
14.9	Die Synkope bei zweisilbigen Substantiven

VERBEN

2.7	Grammatikbaukasten. Verben
2.8	Verben – Infinitive
2.9	Subjekt-/Nominativergänzungen
3.14	Das Verb *vera* „sein" — Präsens und Präteritum

3.16	Das schwache Verb *hafa* im Präsens	
4.8	Starke und schwache Verben	
4.10	Starke und schwache Verben im Wörterverzeichnis	
4.11	Das Präsens der schwachen Verben	
4.14	Das Präteritum der schwachen Verben	
6.8	Verben – Handlungsrichtung (Aktiv, Passiv und Mediopassiv): Einführung	
8.7	Das Präsens der starken Verben	
8.8	Das Präteritum der starken Verben	
8.10	Auslautverhärtung bei starken Verben	
8.13	Grammatikbaukasten. Verbmodus	
8.14	Die Befehlsformen im Altnordischen	
8.15	Verben – Der Optativ Präsens	
9.11	Verben – Der Optativ Präteritum der schwachen und starken Verben	
10.9	Verben – Das Partizip Präteritum	
10.10	Das Partizip Präteritum der starken Verben	
10.11	Verben – Perfekt und Plusquamperfekt	
10.12	Verben – Das Passiv	
11.5	Starke Verben – Leitfaden zur Unterscheidung der verschiedenen Klassen starker Verben	
11.6	Starke Verben – Klasse I	
11.7	Starke Verben – Klasse II	
11.9	Verben, die ein Dativ- oder Genitivobjekt verlangen	
11.13	Verben – Unpersönliche Konstruktionen	
12.7	Starke Verben – Klasse III	
12.8	Verben – Das Partizip Präsens	
13.3	Starke Verben – Klasse IV und V	
13.4	Präteritopräsentia	
13.5	Präteritopräsentia mit dem Infinitivpartikel *at*	
14.4	Starke Verben – Klasse VI	
14.5	Mediopassiv – Überblick und Bildung	
14.6	Mediopassiv: Bedeutung und Gebrauch	
14.8	Der Optativ Präteritum der Präteritopräsentia	
15.4	Starke Verben – Klasse VII	
15.5	Verben – Optativ Mediopassiv	
15.6	Verben – Optativ und indirekte Rede in Haupt- und Nebensätzen	
15.7	Der Infinitiv Präteritum der Verben *mundu*, *skyldu* und *vildu*	

VOKALE

4.3	Vokale und Konsonanten
5.4	Kurze und lange Vokale — Betont und unbetont
6.7	Vokale und Assimilation

ZAHLEN

14.7	Die Kardinalzahlen 1 bis 20
15.8	Kardinalzahlen über 20
15.9	Ordinalzahlen

LEKTION 1

AUFBRUCH IN DEN WESTEN – SEEFAHRTEN NACH ISLAND, GRÖNLAND UND NORDAMERIKA

Inn fyrsti fugl fær it fyrsta korn.
(Der erste Vogel bekommt das erste Korn.)

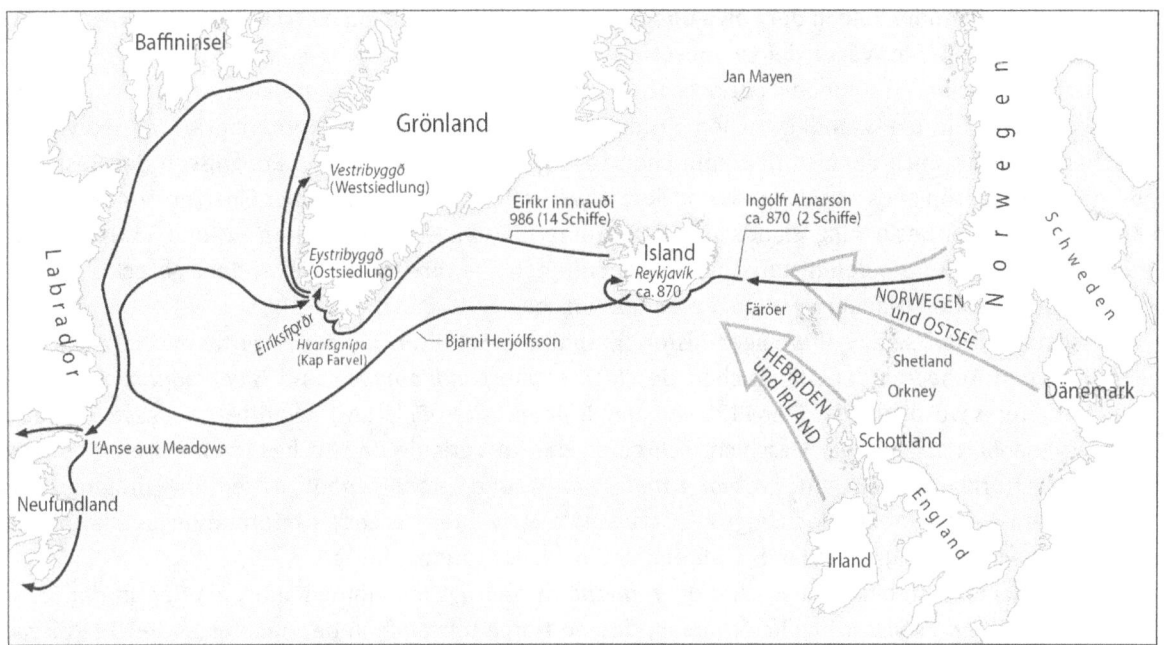

Abbildung 1.1. Die Überquerung des Atlantiks. Die Routen der zwischen dem 9. und 11. Jahrhundert nach Island, Grönland und Nordamerika segelnden Skandinavier.

1.1 KULTUR – SEEFAHRT AUF DEM ATLANTIK

Während viele europäischen Seefahrer auch noch im Mittelalter, wenn immer möglich, dem Verlauf der Küste folgten, gelang es den Skandinaviern bereits in den Jahrhunderten davor, mit ihren Schiffen das offene Meer zu überqueren. In der über die Besiedlung Islands berichtenden Handschrift *Landnámabók* („Buch der Landnahmen") lässt sich ein Verzeichnis jener norwegischen Orte finden, von denen aus die Seefahrer in Richtung Island und Grönland aufbrachen. Bei klaren Wetterverhältnissen konnten sie am Stand der Sonne im Mittags-Zenit einen Ost-West-Kurs ermitteln. Auf hoher See ließ sich dieser Kurs anschließend durch die Anpeilung bestimmter Orientierungspunkte auf dem Horizont (z.B. die Shetlandinseln oder die Färöer) korrigieren bzw. anpassen. Da die Seefahrer weder über Land- noch Schifffahrtskarten verfügten, mussten sie sich auf ihre eigenen Erfahrungen und das mündlich weitergegebene Wissen ihrer Vorfahren verlassen.

Sobald das Land außer Sichtweite geriet, versuchten sich die Seefahrer an der Sonne, dem Wind, der Strömung des Wassers und dem Nordstern zu orientieren. Für einen erfolgreichen Ausgang der Fahrten waren daher auch gute Segel- und Navigationskenntnisse sowie Kenntnisse der geografischen Gegebenheiten der Nordatlantikregion notwendig. Die wechselnden Wetterverhältnisse, die Meerestiere und Seevögel, die Form der Wolken und die Struktur der Wellen sowie die Strömung, die Farbe des Wassers und die Bewegung der

Wale dienten den Seefahrern als Indikatoren dafür, dass Land in der Nähe war. Auf dem Atlantischen Ozean waren die Lichtreflektionen der Gletscher schon aus weiter Entfernung zu sehen.

Einige skandinavische Seefahrer haben sogar vielleicht bereits Gebrauch von einem Navigationsgerät gemacht, das den Schatten der Sonne als Anzeiger benutzte. Ähnlich wie bei den Graden eines modernen Kompasses wurde dabei der Schatten einer zentralen Pinne auf eine hölzerne Scheibe mit radialen Markierungen am Rand projiziert. Obwohl ein Teil eines solchen Instruments 1948 in Grönland gefunden wurde, ist seine tatsächliche Verwendung durch die skandinavischen Seefahrer umstritten. Um Riffe und Untiefen vorab zu erkennen und in der Folge umgehen zu können, wurde ein einfaches beschwertes Seil über Bord geworfen mit dem die Wassertiefe gemessen wurde.

Die auf mündlichen Traditionen basierende isländische Literatur des Mittelalters stellt eine wichtige Informationsquelle für die skandinavischen Entdeckungsfahrten auf dem Nordatlantik dar. Sowohl die isländischen Sagas als auch die historiographischen Schriften berichten von den Ereignissen der Besiedlung Islands, der Färöer, Grönlands und Vínlands und liefern wertvolle Informationen über Einzelpersonen, Familien und Konflikte nach der Besiedlung Islands im 9. Jahrhundert. Da viele Werke erst im 12. und 13. Jahrhundert entstanden sind, werden sie den historischen Gegebenheiten allerdings nicht immer ganz gerecht, denn das Schreiben wurde bei den Isländern erst zu dieser Zeit üblich.

Auf Island wurden sehr viel weniger historiographische Schriften als Sagas verfasst. Die wichtigsten Quellen über den Anbeginn der isländischen Geschichte sind *Landnámabók* und *Íslendingabók* („Buch der Isländer"). Letzteres wurde um das Jahr 1122 von dem Isländer Ari *fróði* („[der] Gelehrte") verfasst. Ari war ein äußerst gewissenhaft arbeitender Geschichtsschreiber, der im Verlaufe des Buches immer wieder auf seine Quellen und Informanten eingeht. Neben *Landnámabók* und *Íslendingabók* gelten die umfangreichen mittelalterlichen Gesetzestexte der *Grágas* („Graugans") als weitere wichtige Informationsquelle über die gesellschaftlichen Entwicklungen Islands während und nach der Landnahmezeit.

Der erste namentlich bekannte Siedler oder *landnámsmaðr* („Landnahmemann", ein Begriff der Frauen mit einbezieht) ist ein gewisser Ingólfr Arnarson, dessen Name uns auch in der nachfolgenden Textpassage begegnen wird. Ingólfr segelte ungefähr im Jahr 860 von Norwegen aus in den Westen und sichtete im Ostwesten Islands Land. Am Ende ließ er sich jedoch nicht dort, sondern an einem Ort im Südwesten des Landes nieder. Er gab dem Ort aufgrund des aus den heißen Quellen aufsteigenden Rauches und Dampfes den Namen *Reykjarvík* („Bucht des Rauches"). Heute ist *Reykjavík*, so die jüngere Form des Namens, die Hauptstadt von Island. Ingólfr beanspruchte zunächst große Teile des Landes für sich selbst, verteilte später jedoch viel davon an andere Siedler.

1.2 Die Buchstaben þ und ð

Für die im Zuge der Christianisierung einsetzenden schriftlichen Fixierung ihrer Gesetze, Geschichte und Geschichten griffen die Isländer, wie bereits in der Einleitung erwähnt wurde, weitestgehend auf das lateinische Alphabet zurück, ergänzten es unter Anpassung an das eigene Lautsystem dabei jedoch um die aus dem Altenglischen übernommenen Buchstaben /þ/ („þorn") und /ð/ („eth").

- Der Buchstabe þ (Großbuchstabe Þ) entspricht dem stimmlosen, englischen „th" im Wort „thought".
- Der Buchstabe ð (Großbuchstabe Ð) entspricht dem stimmhaften, englischen „th" im Wort „breathe".

Sie haben keine lautlichen Entsprechungen im Deutschen.

1.3 Textpassage – Ingólfr gibt Herjólfr Land (*Grœnlendinga saga*)

Die folgende Textpassage handelt von Herjólfr Bárðarson, seiner Frau Þorgerðr und ihrem Sohn Bjarni Herjólfsson. Bjarnis Nachname setzt sich aus dem Vornamen seines Vaters und dem Wort *son* zusammen. Der Gebrauch von *son* und *dóttir* wird ausführlich in Lektion 3 behandelt. Die *Grœnlendinga saga* („Saga von den

Grönländern") entstand vermutlich bereits im 13. Jahrhundert, ist jedoch erst in der *Flateyjarbók* („Buch von Flatey"), einer isländischen Pergamenthandschrift aus dem späten 14. Jahrhundert überliefert. Die *Flateyjarbók* ist eine umfangreiche Zusammenstellung von isländischer Prosa und Dichtung und hat ihren Namen ihrem Fundort auf der Insel *Flatey* („flache Insel") im *Breiðafjǫrðr* („breiter Fjord") bzw. neuisl. *Breiðafjörður* in Westisland zu verdanken. Die Handschrift besteht aus 225 großen, Pergamentseiten, die teilweise äußerst prächtige Illustrationen aufweisen, und widmet sich inhaltlich der norwegischen Königsdynastie. Neben umfangreichen Sagas wie *Grœnlendinga saga* enthält die *Flateyjarbók* mit den sogenannten *þættir* (Sg *þáttr*) auch viele kürzere Erzählungen. *Flateyjarbók* ist die größte isländische Sammelhandschrift und beinhaltet Werke, die nirgendwo anders erhalten sind. Sie gehört zu den bedeutendsten Kulturschätzen Islands.

Grœnlendinga saga (2. kap.)	*Die Saga von den Grönländern* (Kap. 2)
Herjólfr var Bárðarson	Herjólfr war ein Sohn des Bárðrs
Herjólfssonar;	Herjólfsson [= des Sohnes des Herjólfrs];
Hann var frændi Ingólfs	Er war ein Verwandter des Ingólfrs,
landnámsmanns.	des Siedlers.
Ingólfr gaf Herjólfi land	Ingólfr gab Herjólfr Land
á milli Vágs ok Reykjaness.	zwischen Vág und Reykjanes.
Herjólfr bjó fyrst á Drepstokki.	Herjólfr lebte zuerst auf Drepstokkr.
Þorgerðr hét kona hans,	Þorgerðr hieß seine Frau,
en Bjarni sonr þeira,	und ihr Sohn [hieß] Bjarni,
ok var efniligr maðr.	und [er] war ein vielversprechender Mann.

VOKABULAR

❖ **á** *Präp* [mit *D*] auf; bei; in,
á Drepstokki auf Drepstokkr
á milli *Präp* [mit *G*] zwischen
Bárðarson *m* ein bzw. der Sohn des Bárðrs; alternative Genitiv-Bildung: der Sohn von Bárðr
Bárðr <*G* Bárðar> *m* Bárðr (Personenname)
Bjarni *m* Bjarni (Personenname)
bjó (*Inf* ❖búa) *V* lebte
Drepstokkr <*D* Drepstokki> *m* Drepstokkr (Ortsname)
efniligr *Adj* vielversprechend
❖ **en** *Konj* aber; und
❖ **frændi** *m* Verwandter
fyrst *Adv* zuerst
gaf (*Inf* ❖gefa) *V* gab
Grœnlendingr <*G Pl* Grœnlendinga> *m* Grönländer
❖ **hann** *Pron* er
hans *Pron G* er
Herjólfr <*G* Herjólfs> *m* Herjólfr (Personenname)
Herjólfssonar *m G* des Sohnes des Herjólfrs
hét (*Inf* ❖heita) *V* hieß
Ingólfr <*G* Ingólfs> *m* Ingólfr (Personenname)
Ingólfr landnámsmaðr *m* Ingólfr der Siedler (Personenname)
❖ **kona** *f* Frau
❖ **land** *n* Land
landnámsmaðr <*G* landnámsmanns> *m* Siedler, wörtl. Landnahmemann (die Bezeichnung wird sowohl für Männer als auch Frauen verwendet)
❖ **maðr** <*G* manns> *m* Mann; Person, Mensch
nes *n* Landzunge
❖ **ok** *Konj* und
Reykjanes <*G* Reykjaness> *n* Reykjanes (Ortsname) Landzunge des Rauches
saga *f* Geschichte, Erzählung; Saga; (selten) Sage, Legende
❖ **sonr** <*G* sonar> *m* Sohn
var (*Inf* ❖vera) *V* war
Vágr <*G* Vágs> *m* Vágr (Ortsname) Bucht
þeira *Pron* (*G Pl* von ❖sá) ihr/ihre
Þorgerðr *f* Þorgerðr (Personenname)

1.4 GRAMMATIKBAUKASTEN. SUBSTANTIVE UND PERSONALPRONOMEN

- Jedes Wort lässt sich abhängig von seinen grammatischen Eigenschaften einer bestimmten **Wortart** zuordnen. Wie auch im Deutschen wird im Altnordischen dabei zwischen flektierenden (veränderbaren) und nicht-flektierenden Wörtern unterschieden. Substantive, Pronomen, Verben, Adjektive und Artikel zählen zu den flektierenden Wortarten.

- **Substantive** bezeichnen Dinge, Lebewesen, Begriffe oder Sachverhalte. Sie werden daher auch Nomen bzw. Namenswörter genannt.
- **Pronomen** können stellvertretend für Substantive verwendet werden. **Personalpronomen** dienen zum Verweis auf Sprecher (z.B. „ich", „wir"), Angesprochene („du", „ihr") und Besprochene („er", „sie", „es"). Die altnordischen Personalpronomen werden in Lektion 3 behandelt.
- Innerhalb eines gegebenen Satzes können Substantive und Personalpronomen unterschiedliche syntaktische Funktionen übernehmen und treten entweder als Teil des Subjekts (Satzgegenstand), eines Objekts (Satzergänzung) oder einer adverbiale Bestimmung in Erscheinung. Diese Begriffe bezeichnen (in Abgrenzung zu den Wortarten) **Satzglieder**. Sie können jeweils aus einem oder mehreren Wörtern bestehen.
- Das Altnordische ist eine stark flektierende Sprache. Um altnordische Texte korrekt ins Deutsche zu übersetzen, ist es daher unerlässlich, zwischen den einzelnen Deklinationsendungen unterscheiden zu können. Die Deklinationsendung eines Substantivs liefert Informationen über sein **Genus** (Maskulinum, Femininum oder Neutrum), seinen **Kasus** (Nominativ, Akkusativ, Dativ oder Genitiv) und seinen **Numerus** (Singular oder Plural).
- Die Substantive des Altnordischen lassen sich zwei verschiedenen **Deklinationsklassen** (stark oder schwach) zuordnen. Die Deklinationsklasse eines Substantivs ist unveränderlich.

1.5 Das Genus – Maskulinum, Femininum, Neutrum

Die altnordischen Substantive und Personalpronomen unterscheiden zwischen den drei „grammatischen Geschlechtern" Maskulinum, Femininum und Neutrum. Das Genus eines gegebenen Substantivs kann i.d.R. an seiner Deklinationsendung abgelesen werden. Wenn das Substantiv bzw. das Pronomen zusammen mit einem Adjektiv steht, wird dieses seinem Bezugswort angeglichen.

Das grammatische Geschlecht eines Substantivs ist festgelegt und steht i.d.R. in keinem Verhältnis zum Wort selbst. Bei personenbezeichnenden Substantiven entspricht es jedoch wie auch im Deutschen häufig dem biologischen Geschlecht des entsprechenden Wortes (z.B. *faðir* (m) „Vater" und *móðir* (f) „Mutter").

MASKULINUM	FEMININUM	NEUTRUM
konungr „König"	*dróttning* „Königin"	*land* „Land"
frændi „Verwandter"	*kona* „(Ehe-)Frau"	*korn* „Korn", „Saat"

Maskuline Substantive. Die im Nominativ Singular der maskulinen Substantive am häufigsten auftretende Deklinationsendung ist -r (z.B. *konungr* „König", der Personenname *Herjólfr* oder der Ortsname *Drepstokkr*). Da diese Substantive der starken Substantivdeklination folgen, werden sie starke Substantive genannt. Eine andere große Gruppe maskuliner Substantive trägt im Nominativ Singular die Endung -i (z.B. *frændi* „Verwandter" oder der Personenname *Bjarni*). Diese Wörter folgen der schwachen Deklination und werden schwache Substantive genannt.

Zusammengesetze Substantive (Komposita) werden durch zwei oder mehrere Wörter (z.B. *See + Mann = Seemann* im Dt.) gebildet. In altnordischen Texten lassen sich häufig Wörter finden, die aus drei Wörtern zusammengesetzt sind (z.B. *land* „Land" + *náms* „Nahme" + *maðr* „Mann", „Person" = *landnámsmaðr* „Landnahmemann" bzw. „Siedler"). Das Genus der Komposita richtet sich stets nach dem Genus des letzten Wortes. Da es sich bei *maðr* um ein maskulines Substantiv handelt, ist daher auch das Kompositum *landnámsmaðr* ein Maskulinum.

1.6 Der Kasus – Nominativ, Akkusativ, Dativ, Genitiv

Die innerhalb eines Satzes in Erscheinung tretenden Substantive, Pronomen und Adjektive stehen im

Nominativ, Akkusativ, Dativ oder Genitiv. Welcher Kasus verwendet wird, hängt dabei stets von der Funktion des Wortes innerhalb des Satzverbundes ab. Während es sich beim Subjekt eines Satzes in der Regel um ein Nominativ handelt, steht das direkte Objekt meist im Akkusativ und das indirekte Objekt im Dativ. Der Genitiv wird verwendet, um ein Besitz- oder Zugehörigkeitsverhältnis anzugeben. Bei der Übersetzung ist zu beachten, dass die altnordische Kasusverwendung nicht immer mit der Verwendung im Deutschen übereinstimmt.

Das Subjekt des Satzes steht i.d.R. im **Nominativ**. Es kann aus einem Substantiv oder Personalpronomen bestehen, aber auch weitere das Substantiv oder Personalpronomen näher bestimmende Wörter umfassen. Dazu zählen z.B. Adjektive (***efniligr maðr*** „ein vielversprechender Mann"), Appositionen (**Leifr, sonr hans** „Leifr, sein Sohn") oder prädikativ verwendete Substantive. Bei letzteren handelt es sich um Wörter, die mit dem als Subjekt in Erscheinung tretenden Substantiv durch Verben wie *vera* „sein", *verða* „werden" und *heita* „heißen" verbunden werden: **Herjólfr** var *efniligr maðr* „Herjólfr war ein vielversprechender Mann" oder **Þorgerðr** *hét* **kona hans** „Seine Frau hieß Þorgerðr". Alle zum Subjekt gehörenden Wörter stehen im Nominativ und kann mit der Frage „wer oder was tut (oder erleidet) etwas" ermittelt werden.

Beim **Akkusativ** bzw. Akkusativobjekt handelt es sich um ein nicht aktiv handelndes Satzglied, das der Handlung des Subjekts ausgesetzt ist, vgl. *Eiríkr nam* **land** „Eiríkr nahm Land". Im Deutschen handelt es sich beim Akkusativobjekt i.d.R. immer um das direkte Objekt des Satzes und kann mit der Frage „wen oder was" ermittelt werden kann. Im Altnordischen jedoch steht in vielen Fällen, in denen man den Akkusativ erwartet, ein Dativ. Daneben gibt es aber auch eine ganze Reihe von Präpositionen, die die Verwendung des Akkusativ verlangen (z.B. *eptir hann* „nach ihm").

Der Dativ bezeichnet häufig das indirekte Objekt: *Ingólfr gaf* **Herjólfi** *land* „Ingólfr (Subjekt) gab Herjólfr (indirektes Objekt) Land (direktes Objekt)". Eine einfache Methode zur Ermittlung des indirekten Objekts besteht darin zu prüfen, ob es mit den Präpositionen *an* oder *für* ins Deutsche übersetzt werden kann. Damit könnte der Satz auch als „Ingólfr gab Land *an* Herjólfr" übersetzt werden. Auch der Dativ wird zudem häufig nach bestimmten Präpositionen verwendet (z.B. *á Drepstokki* „auf Drepstokkr").

Der Genitiv wird verwendet, um Besitz- oder Zugehörigkeitsverhältnisse anzugeben. Die im Altnordischen am häufigsten auftretenden Genitivendungen sind -*s* (z.B. *Ingólfs* „des Ingólfrs") und -*ar* (z.B. *sonar* „des Sohns" oder *Bárðarson* „Sohn des Bárðrs"). Auch im Deutschen wird häufig die Genitivendung -*s* verwendet. Daneben ist es jedoch auch möglich, den possessiv verwendeten Genitiv durch präpositionale Konstruktionen mit „von" zu ersetzen: „Sohn von Bárðr"). Der Genitiv findet im Altnordischen außerdem nach bestimmten Verben oder Präpositionen (z.B. *til Grœnlands* „nach Grönland") Verwendung.

Kasus	Hauptfunktion
Nominativ	**Subjekt**
Akkusativ	(häufig, jedoch nicht immer) **direktes Objekt**
Dativ	(häufig, jedoch nicht immer) **indirektes Objekt**;
Genitiv	**Besitz- und Zugehörigkeitsverhältnisse**

Die folgende Tabelle gibt einen Überblick über die Deklination des Personennamens *Herjólfr*. Die unterschiedlichen Kasusendungen sind jeweils fett unterlegt. Da i.d.R. allein sie Aufschluss über die Funktionen der einzelnen Wörter im Satz geben, ist die Satzstellung im Altnordischen relativ frei.

	Altnordisch	Deutsch	Stamm + Endg
N	Herjólf**r** bjó á Drepstokki.	Herjólfr lebte auf Drepstokkr.	Herjólf + **r**
A	Þorgerðr sá Herjólf.	Þorgerðr sah Herjólfr.	Herjólf
D	Ingólfr gaf Herjólf**i** land.	Ingólfr gab Herjólfr Land.	Herjólf + **i**
G	Þorgerðr hét kona Herjólf**s**.	Herjólfrs Frau hieß Þorgerðr.	Herjólf + **s**

Die folgenden Tabellen bieten einen Überblick über die Deklination einiger stark deklinierender Substantive, die in den Sagas besonders häufig vorkommen.

MASKULINA		MAÐR	KONUNGR	SONR	HESTR	VÍKINGR	ENDG
Sg	N	maðr	konungr	sonr	hestr	víkingr	-r
	A	mann	konung	son	hest	víking	-
	D	manni	konungi	syni	hesti	víkingi	-i
	G	manns	konungs	sonar	hests	víkings	-s, -ar
Pl	N	menn	konungar	synir	hestar	víkingar	-ar, -ir, -
	A	menn	konunga	sonu	hesta	víkinga	-a, -i, -u, -
	D	mǫnnum	konungum	synum	hestum	víkingum	-um
	G	manna	konunga	sona	hesta	víkinga	-a
	Ü	Mann	König	Sohn	Pferd	Wikinger	

FEMININA		FERÐ	SǪK	LEIÐ	VÍK	HLÍÐ	ENDG
Sg	N	ferð	sǫk	leið	vík	hlíð	-Ø
	A	ferð	sǫk	leið	vík	hlíð	-Ø
	D	ferð	sǫk	leið	vík	hlíð	-Ø
	G	ferðar	sakar	leiðar	víkr	hlíðar	-ar, -r
Pl	N	ferðir	sakir	leiðir	víkr	hlíðar	-ar, -ir, -r
	A	ferðir	sakir	leiðir	víkr	hlíðar	-ar, -ir, -r
	D	ferðum	sǫkum	leiðum	víkum	hlíðum	-um
	G	ferða	saka	leiða	víka	hlíða	-a
	Ü	Reise	Sache	Weg	Bucht	Abhang	

NEUTRA		SKIP	LAND	MÁL	SVERÐ	ÞING	ENDG
Sg	N	skip	land	mál	sverð	þing	-
	A	skip	land	mál	sverð	þing	-
	D	skipi	landi	máli	sverði	þingi	-i
	G	skips	lands	máls	sverðs	þings	-s
Pl	N	skip	lǫnd	mál	sverð	þing	-Ø
	A	skip	lǫnd	mál	sverð	þing	-Ø
	D	skipum	lǫndum	málum	sverðum	þingum	-um
	G	skipa	landa	mála	sverða	þinga	-a
	Ü	Schiff	Land	Sprache	Schwert	Versammlung	

1.7 AUFGABE – SATZGLIEDER

Gib jeweils den Kasus und den Numerus der kursiv gesetzten Wörter an.

Bsp *Die Familie* hat *einen Freund* zum Abendessen eingeladen. <u>die Familie = N Pl; einen Freund = A Sg</u>

1. Die Kinder laufen *den Bällen* nach. _____
2. *Wegen des Regens* blieben sie zuhause. _____
3. *Herjólfr* war ein Verwandter (des) *Ingólfrs*. _____
4. Ingólfr gab ihm *Land*. _____
5. Ingólfr gab *ihnen* Land. _____

6. *Herjólfrs Frau* hieß Þorgerðr. _____
7. Eiríkr nam *Brattahlíð*. _____
8. Dróttning gaf *Þorgerði* land. _____

1.8 APPOSITION UND KASUSANGLEICHUNG

Wenn ein Substantiv unmittelbar auf ein anderes Substantiv folgt und sich auf dieselbe Person, dieselbe Sache oder denselben Ort bezieht, muss der Kasus des zweiten Substantivs dem ersten angeglichen werden. Im folgenden Satz stehen daher sowohl *Ingólfs* als auch *landnámsmanns* im Genitiv.

Hann var frændi Ingólf**s** landnámsmann**s**.	Er war ein Verwandter des Ingólfrs, des Siedlers [= des Siedlers Ingólfr].

Im Deutschen kann der possessiv verwendete Genitiv alternativ auch durch präpositionale Konstruktionen mit „von" ersetzt werden:

Hann var frændi Ingólfs landnámsmanns.	Er war ein Verwandter **von** Ingólfr, dem Siedler.

Das altnordische Substantiv *landnámsmanns* zeigt eine Kasusendung im Genitiv auf, da es in Apposition zu *Ingólfs* steht. Eine Apposition oder Beifügung wird stets dem Kasus ihres Bezugswortes angeglichen.

Ingólfr gaf Herjólfi landnámsmanni land.	Ingólfr gab Herjólfr, dem Siedler Land.

Im oberen Satz steht *landnámsmanni* in Apposition zu *Herjólfi* und muss daher ebenfalls im Dativ stehen.

Eiríkr nam Eiríksfjǫrð ok bjó í Brattahlíð, en Leifr son**r** hans eptir hann.	Eiríkr nahm Eiríkrs Fjord [in Besitz] und lebte in Brattahlíð, und Leifr, sein Sohn, nach ihm.

In diesem Beispiel befindet sich *sonr* [*hans*] in Apposition zu *Leifr*. Beide Substantive stehen im Nominativ. (Beachte, dass nachgestellte Appositionen im Deutschen in der Regel durch ein Komma abgetrennt werden: **Herjólfr, der Siedler**.)

1.9 WORTFREQUENZ – DIE HÄUFIGSTEN WÖRTER IN DEN SAGAS

Die Wortfrequenz ist der Schlüssel zum Erlernen der isländischen Sprache. Dieses Buch konzentriert sich auf die 246 Wörter, die in den Sagas am häufigsten auftreten. Sie sind in den Vokabellisten mit dem Symbol ❖ markiert.

Der Gesamtwortschatz der Sagas ist überraschend gering.[7] Abgesehen von den Personennamen werden in den *Íslendingasögur* nur etwa 12.400 verschiedene Wörter verwendet. Da die Gesamtzahl des Korpus hingegen aus fast 750.000 Wörter besteht, decken die 70 am häufigsten verwendeten Wörter annähernd 450.000 bzw. 60 % der in den Sagas auftauchenden Wörter ab. Erwartungsgemäß handelt es sich dabei vor allem um immer wieder auftauchende Präpositionen, Konjunktionen, Verben und Adjektive.

Alle diese Wörter werden im Laufe des Buches aufgeführt und verteilen sich über die nächsten zwölf Lektionen. Der ersten Liste (siehe 1.10) ist zu entnehmen, dass *maðr* („Mann", „Person") das Substantiv ist, das in den Sagas am häufigsten verwendet wird, dicht gefolgt von *konungr* („König").

Anhang B (*Die häufigsten Wörter in den Sagas*) besteht aus zwei Listen. Während die erste nur die 70 häufigsten Wörter in den Sagas aufführt, enthält die zweite alle 246 Wörter. Sie sind nach Wortarten gegliedert und umfassen die 50 häufigsten Substantive, Adjektive, Pronomen, Zahlwörter, Verben, Präpositionen, Adverbien und Konjunktionen. Die Mehrzahl dieser aufgelisteten 246 Wörter wird auch im Neuisländischen noch verwendet.

In der vergleichsweise kurzen *Vápnfirðinga saga* („Saga von den Leuten aus dem Waffenfjord", siehe *Altnordisch 2: Das altnordische Lesebuch*) wird von allen 246 häufigsten Wörtern Gebrauch gemacht (mit

---

[7] Bergljót S. Kristjánsdóttir/Eiríkur Rögnvaldsson/Guðrún Ingólfsdóttir/Örnólfur Thorsson (Hrsg.): *Íslendinga sögur orðstöðulykill og texti: Handbók*, 2. Auflage, Reykjavík 1998.

Ausnahme des Substantivs *vísa* „Dichtung"). Außerdem zeigt die Saga eine geringe Anzahl an Zahlwörtern auf. Bei einer Gesamtzahl von ungefähr 9.500 Wörtern werden in *Vápnfirðinga saga* nur 1.000 verschiedene Wörter verwendet. Die 246 häufigsten Wörter stellen daher ca. ein Viertel des in der Saga verwendeten Wortschatzes dar. Da sie häufig wiederholt werden und in Komposita auftauchen, repräsentieren sie einen großen Prozentsatz der gesamten Wortanzahl der Saga.

Wie auch in vielen anderen Sagas erscheinen die meisten der 246 am häufigsten verwendeten Wörter bereits sehr früh in die Saga; schon in den ersten vier Kapiteln der *Vápnfirðinga saga* tauchen 175 von ihnen auf. Jenen Kapiteln entnommen sind auch die in den Lektionen 12 und 13 zu findenden Textpassagen. Die gesamte Saga und ausführliche Karten und Anmerkungen lassen sich in *Altnordisch 2* finden.

1.10 VOKABULAR – LISTE 1. DIE HÄUFIGSTEN WÖRTER IN DEN SAGAS (NACH WORTARTEN GEGLIEDERT)

Bei den folgenden 17 Wörtern handelt es sich um die am häufigsten in den Sagas vorkommenden Wörter des Altnordischen.

SUBSTANTIVE	ADJEKTIVE	PRONOMEN	ZAHLWÖRTER
maðr — Mann, Person	**mikill** — groß	**sá** — dieser	**einn** — ein
konungr — König	**margr** — viel	**hann** — er	
skip — Schiff	**góðr** — gut		

VERBEN	PRÄP & ADV	KONJUNKTIONEN	
vera — sein	**til** — zu, nach	**ok** — und	
hafa — haben	**í** — in, an, in...hinein, nach	**at** — dass	
segja — sagen	**á** — in, an, auf; nach; bei		

AUFGABEN

1.11 GENEALOGIE. Die meisten isländischen Sagas beginnen mit genealogischen Informationen. Ergänze den Stammbaum von *Grœnlendinga saga* aus der ersten Textpassage um die fehlenden altnordischen Namen. Die genaue Verwandtschaft zu dem ebenfalls genannten Landnahmemann Ingólfr Arnarson ist unbekannt. Beachte, dass es zwei Männer mit dem Namen Herjólfr gibt. Der Name des jüngeren wurde bereits an der richtigen Stelle eingetragen.

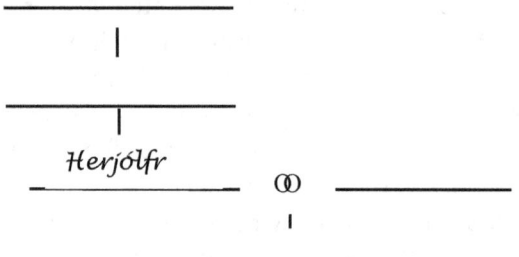

1.12 SUBSTANTIVE AUS *GRŒNLENDINGA SAGA*. Ergänze die Sätze aus der ersten Textpassage mit den folgenden Substantiven und übersetze.

maðr / faðir / sonr / kona / fugl / korn / land

Bsp Inn fyrsti *fugl* fær it fyrsta *korn*.
Der erste Vogel bekommt das erste Korn.

LEKTION 1: AUFBRUCH IN DEN WESTEN 49

1. Þorgerðr hét _____ hans, en Bjarni _____ þeira.
   _____.

2. Herjólfr hét _____, Bárðarson Herjólfssonar.
   _____.

3. Bárðr var _____ Herjólfs.
   _____.

4. Bjarni _____ _____ maðr.
   _____.

5. Ingólfr gaf Herjólfi _____.
   _____.

1.13 VOKABULAR. Verbinde die altnordischen Substantive mit der jeweils entsprechenden deutschen Übersetzung.

Bsp	korn	Vogel
	fugl	Korn
1	maðr	Bucht
2	kona	Tochter
3	víkingr	Mann, Person
4	fjǫrðr	Siedler
5	vík	Sohn
6	frændi	Fjord
7	dóttir	Land
8	konungr	Wikinger
9	sonr	(Ehe-)Frau
10	land	Verwandter
11	landnámsmaðr	König

1.14 ÜBERSETZUNG. Übersetze die folgende Textpassage aus *Grœnlendinga saga* ins Altnordische.

Herjólfr war der Sohn Bárðrs, Sohnes Herjólfrs;	*Herjólfr var Bárðarson,*
Er war [ein]* Verwandter Ingólfrs, des Siedlers	_____
Ingólfr gab Herjólfr Land	_____
zwischen Vág und Reykjanes.	_____
Herjólfr lebte zuerst auf Drepstokkr.	_____
Seine Frau hieß Þorgerðr, und ihr Sohn	_____
[hieß] Bjarni, und [er] war [ein] vielversprechender Mann.	_____

1.15 SUBSTANTIVE – GENUS UND BEDEUTUNG. Vervollständige die Tabelle mit den entsprechenden Wörtern aus der Textpassage.

	SUBSTANTIV	GENUS	BEDEUTUNG
Bsp	kona	*Femininum*	*(Ehe-)Frau*
1.	_____	_____	Geschichte
2.	vágr	_____	_____
3.	_____	_____	Land

4. frændi _____ _____
5. _____ _____ Siedler

Bei den folgenden Wörtern handelt es sich um die drei in den Sagas am häufigsten zu findenden Substantive (vgl. *Liste 1. Die häufigsten Wörter in den Sagas (nach Wortarten gegliedert)* in dieser Lektion). Das hinten im Buch zu findende *Wörterverzeichnis* gibt Auskunft über ihr Genus.

	SUBSTANTIV	GENUS	BEDEUTUNG
6.	maðr	_____	_____
7.	konungr	_____	_____
8.	skip	_____	_____

1.16 KASUS. Ersetze den Namen *Herjólfr* in den unten stehenden Sätzen durch die Namen *Haraldr* und *Eiríkr*. Beide Namen flektieren wie *Herjólfr*.

1. *Herjólfr* bjó á Drepstokki.   *Haraldr*
   Þorgerðr sá *Herjólf*.   _____
   Ingólfr gaf *Herjólfi* land.   _____
   Þorgerðr hét kona *Herjólfs*.   _____

2. *Herjólfr* bjó á Drepstokki.   *Eiríkr*
   Þorgerðr sá *Herjólf*.   _____
   Ingólfr gaf *Herjólfi* land.   _____
   Þorgerðr hét kona *Herjólfs*.   _____

1.17 APPOSITIONEN. Trage die jeweils richtige Form von *landnámsmaðr* in die Lücken ein und übersetze die Sätze anschließend.

1. Hann var frændi Ingjólfs _____ .
   _____ .

2. Herjólfr gaf Ingjólfi _____ land.
   _____ .

3. Maðr hét Ingólfr _____ .
   _____ .

4. Þorgerðr sá Ingjólf _____ .
   _____ .

Hinweis: *sá* kommt von *sjá* (sehen).

1.18 WORTFREQUENZ. Gib mit Hilfe von *Liste 1. Die häufigsten Wörter in den Sagas (nach Wortarten gegliedert)* die jeweils drei häufigsten Substantive, Adjektive, Verben und Präpositionen bzw. Adverbien an.

ALTNORDISCH	DEUTSCH		ALTNORDISCH	DEUTSCH
SUBSTANTIVE			**ADJEKTIVE**	
1 _____	_____	4	_____	_____
2 _____	_____	5	_____	_____
3 _____	_____	6	_____	_____
VERBEN			**PRÄP & ADV**	

7	_____ _____		10	_____ _____
8	_____ _____		11	_____ _____
9	_____ _____		12	_____ _____

1.19 Kultur – Guðríðr reist von *Vínland* nach Rom

Auch Guðríðr Þorbjarnardóttir zählt zu jenen Skandinaviern und Skandinavierinnen, die um die erste Jahrtausendwende den Nordatlantik erkundet haben. Guðríðr lebte an vielen verschiedenen Orten der damals bekannten Welt und gilt als eine der am weitesten herumgereisten Isländerinnen der Wikingerzeit. Sie ist die Vorfahrin dreier Bischöfe aus dem 12. Jahrhundert, und eine Reihe von Sagas wie z.B. *Grœnlendinga saga* und *Eiríks saga rauða* weiß von ihren Reisen zu berichten.

Eiríks saga ist sowohl in der *Hauksbók*, einer Sammelhandschrift aus dem frühen 14. Jahrhundert, als auch in der *Skálholtsbók* (ca. 1420) überliefert. Obwohl sich die Erzählung inhaltlich in vielen Punkten von der *Grœnlendinga saga* unterscheidet, liefern beide Texte miteinander übereinstimmende Infomationen über Guðríðrs Segelfahrten über den Nordatlantik.

Laut *Grœnlendinga saga* hat Guðríðr zusammen mit ihrem Mann Þórir um das Jahr 1000 Grönland erreicht. Das Paar könnte bereits in Norwegen geheiratet haben, wahrscheinlicher ist es jedoch, dass der Norweger Þórir erst in Island auf Guðríðr traf und sie dort zur Frau nahm. Das junge Glück hält jedoch nicht lange an, denn Guðríðr und Þórir erleiden auf einem Riff vor der Küste Grönlands Schiffbruch. Obwohl die beiden und auch ihre Schiffbesatzung gerettet werden können, verstirbt Þórir im darauffolgenden Winter in der Ostsiedlung an den Folgen einer Seuche.

Nach dem Tod ihres ersten Ehemanns heiratet Guðríðr Þorsteinn Eiríksson, der der Anführer der Ostsiedlung ist. Zusammen begeben sich die beiden zu einem Hof an der Westküste Nordgrönlands, doch auch Þorsteinn stirbt schon bald an einer Krankheit. Abermals verwitwet kehrt sie in die Ostsiedlung zurück und lebt dort zusammen mit ihrem Schwiegersohn Leifr *inn heppi* („der Glückliche"), auf dem Hof Brattahlíð. Bald darauf trifft Guðríðr auf den erst vor kurzem von Norwegen nach Grönland gekommenen Isländer Þorfinnr Karlsefn und heiratet erneut.

Im Jahr darauf (ca. 1010) segeln Guðríðr und Þorfinnr Karlsefni hinaus auf den Atlantik und wagen den Versuch, Nordamerika zu besiedeln. Die unterschiedlichen möglichen Wege zu der Lage *Vínlands* sind auf der Karte mit zwei Fragezeichen vermerkt. Die Pfeile deuten auf eine westliche und eine südwestliche Richtung nach L'Anse aux Meadows an der nördlichen Spitze Neufundlands hin. Der Name L'Anse aux Meadows ist eine Abwandlung des französischen *L'Anse aux Méduses* („Die Quallenbucht").

Guðríðr und Þorfinnr Karlsefni werden von zwei weiteren Schiffen begleitet und segeln, nachdem sie den Nordamerikanischen Kontinent erreicht haben, südwärts die Küste entlang.

Die Skandinavier können sich rasch in *Vínland* einleben und verwenden mitunter auch die Hütten (*búðir*), die Leifr Eiríksson während seines Aufenthaltes in *Vínland* erbaut hatte. Guðríðr bringt einen
Sohn namens Snorri zur Welt. Er ist das erste europäische Kind, das in Nordamerika geboren wird. Nach einigen Jahren scheitert die dauerhafte Besiedlung *Vínlands* jedoch und Guðríðr und Þorfinnr Karlsefni segeln zurück nach Grönland, wo sie den Winter in der Ostsiedlung verbringen. Im darauffolgenden Frühling segelt das Paar ostwärts nach Norwegen. Sie verkaufen die Fracht, die sie sich in *Vínland* und Grönland verschafft haben, und überwintern in Norwegen.

Im Frühling segeln Þorfinnr und Guðríðr, vermutlich mit einer Schiffsladung voll kostbarer Waren aus Norwegen, zurück nach Island. Laut *Grœnlendinga saga* legt das Paar in der Heimat von Þorfinnr im Skagafjǫrðr an. Sie kaufen einen Hof namens Glaumbær und leben dort noch einige Jahre bis zum Tode von Þorfinnr zusammen. Auch *Eiríks saga rauða* lokalisiert Þorfinnr und Guðríðr im Skagafjǫrðr, allerdings in Reynines.

Während *Eiríks saga rauða* an diesem Punkt endet, wird in *Grœnlendinga saga* ferner berichtet, dass die dreifache Witwe Guðríðr den Hof nun zusammen mit ihrem in *Vínland* geborenen Sohn Snorri verwaltet.

Als Snorri heiratet, begibt sich die mittlerweile in die Jahre gekommene Guðríðr auf eine mühsame und gefährliche Pilgerfahrt nach Rom. Sie überlebt jedoch auch diese Reise und wird nach ihrer Rückkehr nach Island vermutlich eine der ersten unabhängigen Nonnen des Nordens. Guðríðr verbringt den Rest ihres Lebens in Einsamkeit und stirbt ungefähr im Jahr 1050. Sie hat drei Ehemänner überlebt und die Welt von *Vínland* bis zum Mittelmeer gesehen.

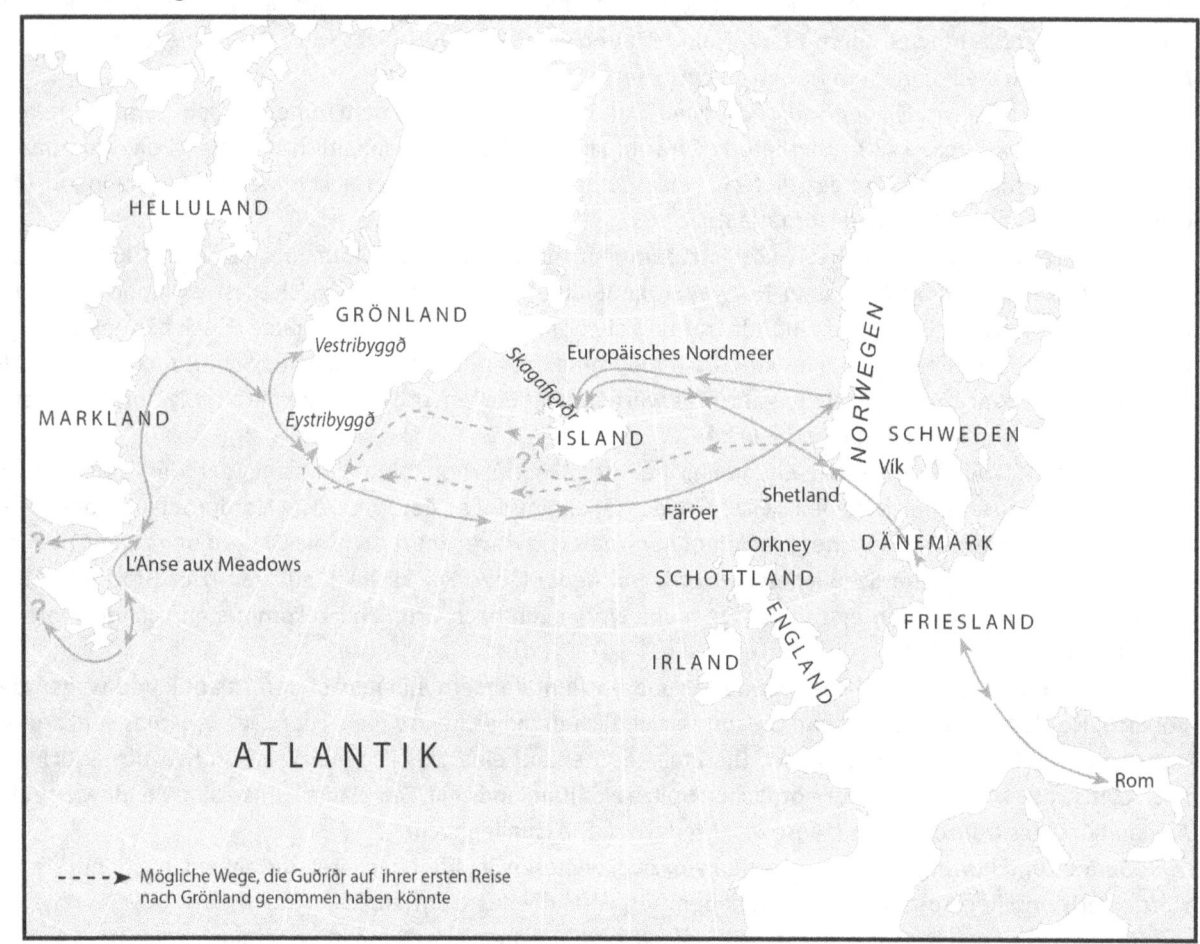

Abbildung 1.2. Die Reisen von Guðríðr Þorbjarnardóttir, die in *Grœnlendinga saga* und *Eiríks saga rauða* geschildert werden, sind mit einer gepunkteten Linie gekennzeichnet. Zusammen genommen bilden die durchgehenden und gepunkteten Linien die westlichen Segelrouten der Wikingerzeit ab.

Gab es noch weitere isländische Frauen, die ein solch abenteuerliches Leben wie Guðríðr führten, oder war ihr Schicksal einzigartig? Das mittelalterliche Besucherbuch des schweizerischen Klosters Reichenau beinhaltet eine Seite mit der Überschrift *Hislant terra* („Island"), unter der acht isländische Männer und vier isländische Frauen (Vigdís, Vilborg, Kolþerna und Þuríðr) gelistet sind, die im 11. Jahrhundert am Kloster halt machten. Da das Verzeichnis hauptsächlich für die Erfassung der Namen südwärts reisender Pilger verwendet wurde, können wir also in der Tat davon ausgehen hin, dass Guðríðr nicht die einzige isländische Frau war, die weitreichende Reisen in Europa (und vielleicht auch darüber hinaus) unternommen hat.

Lektion 2

Die Nordischen Siedler in Grönland und Nordamerika

Eigi fellr tré við fyrsta hǫgg.
(Ein Baum fällt nicht beim ersten Schlag.)

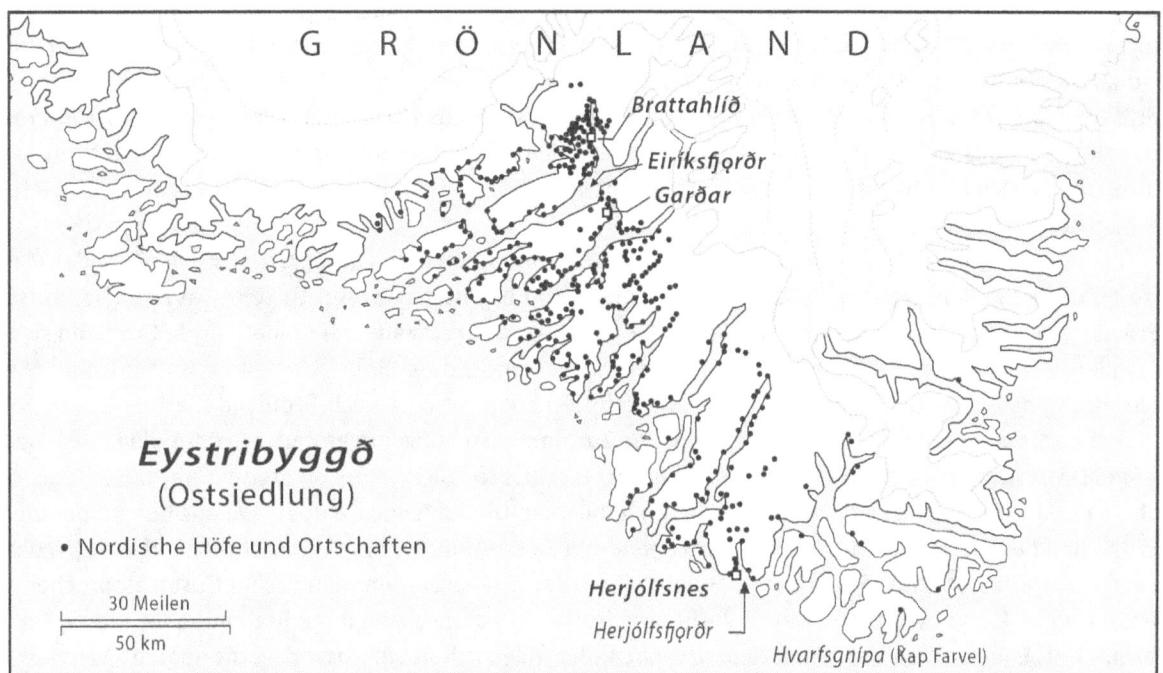

Abbildung 2.1. Die grönländische „Ostsiedlung" (*Eystribyggð*). Der Hof Herjólfsnes liegt im Herjólfsfjǫrðr. Eiríkr *inn rauði* („der Rote") siedelte in *Brattahlíð* („steiler Abhang") im Eiríksfjǫrðr. Die ersten Siedler haben um das Jahr 1000 den christlichen Glauben angenommen. Im Jahr 1124 wurde in Garðar der erste Bischofssitz Grönlands errichtet.

2.1 Kultur – Das Grönland der nordischen Siedler

Nach dem Beginn der Landnahme Islands dauerte es nur ein Jahrhundert bis das bewohnbare Land unter den Siedlern verteilt worden war. Sowohl die Neuankömmlinge als auch die bereits niedergelassenen isländischen Familien richteten ihren Blick daher bald auf das westlich von Island liegende Grönland, das Eiríkr inn rauði ungefähr im Jahr 985 entdeckt hatte. Die in den folgenden Textabschnitten auftauchende Familie von Herjólfr Bárðarson segelte mit Eiríkr nach Grönland und siedelte auf *Herjólfsnes* („Herjólfs Halbinsel") in *Eystribyggð* („Ostsiedlung"). Aufgrund des sogenannten „mittelalterlichen Klimaoptimums", einer Klimaerwärmung im Nordatlantik, herrschten in der Zeit von ca. 950–1250 relativ milde Temperaturen in Grönland.

Die südwestliche Küste Grönlands mit ihren geschützten Fjorden und dem guten Weideland erschien den aus einem agrarisch geprägten Kulturkreis stammenden nordischen Siedlern besonders ansprechend. Nachdem an der südwestlichen Spitze Grönlands zunächst die Ostsiedlung gegründet wurde, errichteten die Gefolgsmänner von Eiríkr knapp 500 km weiter nördlich an der Küste die zweite nordische Siedlung *Vestribyggð* („Westsiedlung"). Als die nordischen Siedler das Gebiet erreichten, war die Region noch unbesiedelt, da die Vorfahren der heutigen grönländischen Inuit erst etwa ein Jahrhundert später von Nordkanada nach Grönland auswanderten.

Zwischen *Eystribyggð* und *Vestribyggð* befand sich eine weitere nordische Siedlung, die aus ca. zwanzig

Höfen bestand. Die größte der grönländischen Siedlungen war jedoch das 190 Höfe, 12 Kirchengemeinden, eine Kathedrale und mehrere Augustiner- und Benediktinerklöster umfassende *Eystribyggð*. Die Westsiedlung bestand aus ungefähr 90 Höfen und vier Kirchen. Da immer mehr archäologischen Ausgrabungen in Grönland stattfinden, nimmt auch die Anzahl der Fundstellen stetig weiter zu.

2.2 Textpassage – „Die Landnahme" in Grönland (*Landnámabók*)

Neben der *Grœnlendingasaga* ist es vor allem die *Landnámabók* („Buch der Landnahmen"), die uns mit Informationen über Herjólfr Bárðarson versorgen kann. Da sich die entsprechenden Passagen auf seine zweite Landnahme im Nordwesten Grönlands konzentrieren, werden jedoch weder seine Frau noch seinen Sohn Bjarni erwähnt. Herjólfr erreichte das Land zusammen mit dem aus Norwegen stammenden Eiríkr inn rauði. Dieser lebte bereits viele Jahre in Island. Nachdem er seinen Nachbarn im Verlauf einer Fehde getötet hatte, wurde er aus Island verbannt. Seine dreijährige Acht verbrachte er damit, die noch unbekannten Gebiete im Westen zu erforschen.

Laut *Eiríks saga* gab Eiríkr der neuentdeckten Insel den Namen *Grœnland* („Grünland"), um andere Leute dazu zu bewegen, ihm dorthin zu folgen. Ihm schien wohl bewusst gewesen zu sein, dass der Name *Ísland* („Eisland") nicht gerade einladend klang. Als Eiríkr nach Island zurückkam, verkündete er, in Grönland siedeln zu wollen. Ari fróði, der Verfasser der *Íslendingabók*, berichtet, dass Eiríkr „vierzehn oder fünfzehn Winter bevor das Christentum hier nach Island kam" vierzehn Schiffe aus Island nach Grönland führte.

Bei der *Landnámabók* handelt es sich um eine Zusammenstellung kurzer Berichte über die ersten Siedler Islands. Das Werk liegt in mehreren Versionen vor. Die ursprüngliche Version stammt vermutlich aus dem frühen 12. Jahrhundert, ist jedoch nicht erhalten geblieben. Die folgende Textpassage aus der *Landnámabók* wurden den beiden Haupthandschriften der *Landnámabók* entnommen: Die Handschrift *Hauksbók* (H) wurde nach ihrem Verfasser Haukr Erlendsson benannt, der in den 1300er Jahren isländischer Gesetzessprecher war; die *Sturlubók* (S) verweist auf ihren Verfasser Sturla Þorðarson, einen bedeutenden Anführer im 13. Jahrhundert. Eine weitere Version der *Landnámabók* befindet sich in einer Handschrift namens *Melabók* (M, „Buch von Mel"), die jedoch hauptsächlich aus Teilen besteht, die sich auch in der *Hauksbók* und der *Sturlubók* finden lassen.

Landnámabók (H79, S92)

Herjólfr hét maðr
Bárðarson Herjólfssonar;
hann fór til Grœnlands með Eiríki.
Herjólfr nam Herjólfsfjǫrð
ok bjó á Herjólfsnesi. (H79)
Eiríkr nam Eiríksfjǫrð
ok bjó í Brattahlíð,
en Leifr sonr hans eptir hann. (S92)

Das Buch der Landnahme (H79, S92)

Herjólfr hieß ein Mann,
Sohn des Bárðrs, des Sohnes Herjólfrs;
er reiste nach Grönland mit Eiríkr.
Herjólfr nahm Herjólfsfjǫrðr in Besitz
und wohnte auf Herjólfsnes.
Eiríkr nahm Eiríksfjǫrðr in Besitz
und wohnte in Brattahlíð,
und Leifr, sein Sohn, nach ihm.

Vokabular

❖ *á* Präp [*mit D*] auf, hinauf; bei; in
Bárðr <-ar> *m* Bárðr (Personenname)
Bárðarson *m* Sohn des Bárðr (Personenname)
bjó *1/3 Sg Prät* von **búa** lebte
Brattahlíð *f* Brattahlíð (Ortsname), steiler Abhang
❖ **búa** <býr, bjó, bjuggum, búinn> *V* wohnen; bewohnen, verweilen, leben

Eiríkr <-s> *m* Eiríkr (Personenname)
Eiríksfjǫrðr *m* Eríksfjǫrðr (Ortsname), der Fjord des Eiríkrs
❖ **en** *Konj* aber; (seltener) und
❖ **eptir** Präp [*mit A*] nach (zeitlich)
❖ **fara** <ferr, fór, fóru, farinn> *V* gehen, reisen, sich begeben
fór *1/3 Sg Prät* von **fara** ging

LEKTION 2: DIE NORDISCHEN SIEDLER IN GRÖNLAND UND NORDAMERIKA

Grœnland *n* Grönland
❖**hann** <*A* hann, *Dat* honum, *G* hans> *Pron* er
hans *Pron* (*G* von **hann**) sein
❖**heita** <heitr, hét, hétu, heitinn> *V* heißen; rufen; etwas benennen; (*intransitiv mit Präs* heitir) genannt werden; gerufen werden; [*mit D*] versprechen
Herjólfr <-s> *m* Herjólfr (Personenname)
Herjólfsfjǫrðr *m* Herjólfsfjǫrðr (Ortsname), der Fjord des Herjólfrs
Herjólfsnes *n* Herjólfsnes (Ortsname), die Halbinsel oder Landzunge des Herjólfrs

hét *1/3 Sg Prät* von **heita** hieß
❖**í** *Präp* [*mit D*] in, innerhalb; bei
❖**maðr** <*A* mann, *Dat* manni, *G* manns, *N & A Pl* menn, *D Pl* mǫnnum, *G Pl* manna> *m* Mann; Person, Mensch
❖**með** *Präp* [*mit A/D*] mit
nam *1/3 Sg Prät* von **nema** nahm
nema <nemr, nam, námu, numinn> *V* nehmen, in Besitz nehmen, sich aneignen
❖**ok** *Konj* und
❖**sonr** <*D* syni, *G* sonar, *N Pl* synir, *A Pl* sonu> *m* Sohn
❖**til** *Präp* [*mit G*] zu, nach

Die unmittelbar auf die Einträge der maskulinen Substantive folgenden Angaben **<-s>** und **<-ar>** geben die jeweilige Genitivform der Wörter an. Die Genitivendung *-s* (z.B. *N Eiríkr, G Eiríks*) taucht häufiger auf als *-ar* (*N Bárðr, G Bárðar*).

2.3 AUFGABE – *LANDNÁMABÓK* Verbinde die altnordischen Satzteile mit ihren deutschen Entsprechungen.

1	Herjólfr hét maðr	a	Herjólfr nahm Herjólfsfjǫrðr in Besitz
2	Bárðarson Herjólfssonar;	b	Eiríkr nahm Eiríksfjǫrð in Besitz und wohnte in Brattahlíð,
3	hann fór til Grœnlands með Eiríki.	c	und Leifr, sein Sohn, nach ihm.
4	Herjólfr nam Herjólfsfjǫrð	d	Herjólf hieß ein Mann
5	ok bjó á Herjólfsnesi.	e	Bárðrs Sohn, des Sohnes des Herjólfrs;
6	Eiríkr nam Eiríksfjǫrð ok bjó í Brattahlíð,	f	Er begab sich nach Grönland mit Eiríkr.
7	en Leifr sonr hans eptir hann.	g	und wohnte auf Herjólfsnes.

2.4 KULTUR – *VÍNLAND*

Kurz nachdem sich Herjólfr Bárðarson auf Herljólfsnes niedergelassen hatte, machte sich auch sein Sohn Bjarni Herjólfsson von Island aus auf den Weg nach Grönland. Da er sich im Nebel verirrte, kam sein Schiff allerdings so stark vom Kurs ab, dass er immer weiter in den Südwesten abdriftete. Dort tat sich vor ihm ein bisher noch unentdecktes, dicht bewaldetes Land auf. Laut der *Grœnlendinga saga* hatte Bjarni jedoch kein Interesse daran, seine Entdeckung weiter zu erkunden oder einen Fuß auf das Land zu setzen. Als er schließlich in Grönland ankam und sich dort niederließ, wurde ihm seine Initiativlosigkeit von vielen Seiten vorgehalten.

Die bei archäologischen Ausgrabungen in L' Anse aux Meadows in Neufundland zutage ge-kommenen Überreste einer nordischen Siedlung von ca. 1000 n. Chr. bestätigen, dass die Seefahrer aus dem Norden den nordamerikanischen Kontinent tatsächlich erreicht haben. Es ist jedoch nicht klar, um wen es sich bei diesen ersten Siedlern handelte. Die Sagas berichten, dass Bjarni sein Schiff in Grönland an Leifr Eiríksson verkaufte und sich dieser anschließend auf den Weg machte, um das neue Land zu besiedeln. Der unten den Namen Leifr *inn heppni* („der Glückliche") bekannte Sohn von Eiríkr inn rauði soll mehrere Orte an der nordamerikanischen Küste besucht haben, darunter *Helluland* („Felsland", vermutlich die heutige Baffininsel), *Markland* („Waldland", die Küste des heutigen Labradors) und *Vínland* („Weinland").

Da Leifrs Versuch der dauerhaften Besiedlung *Vínlands* fehlschlug, kehrten er und seine Leute jedoch schon nach einer Weile nach Grönland zurück. Andere namentlich bekannte und nach Nordamerika segelnde Seefahrer aus dem Norden waren z.B. Leifrs Geschwister Þorvaldr und Freydís sowie Þorfinnr Karlsefni und seine Frau Guðríðr (vgl. Lektion 1). Letztendlich wurden sie jedoch alle von den zahlenmäßig überlegenen *skrælingjar* (Sg *skrælingr*) vertrieben. Die nordischen Siedler verwendeten diesen Ausdruck sowohl für die indigenen Völker Nordamerikas als auch für die grönländischen Inuit.

Obwohl die Grönländer weder über die Mittel noch annähernd genug Einwohner verfügten, um den nordamerikanischen Kontinent zu kolonisieren, fuhren sie dessen Küste weiterhin an, um ihre Holzvorräte aufzustocken. Ein Eintrag in den isländischen Annalen für das Jahr 1347 berichtet, dass in jenem Jahr ein mit Holz beladenes grönländisches Schiff Island erreichte, jedoch vom Kurs abkam, als es aus *Vínland* zurückkehrte. Die nordische Kolonie in Grönland wurde ab 1300 zunehmend kleiner. Da sich die klimatischen Bedingungen drastisch verschlechterten und sich auch das Segeln aufgrund des zunehmenden Treibeises als immer schwieriger gestaltete, wurde Grönland in der Folge jahrelang von der Außenwelt abgeschnitten. Obwohl der genaue Zeitpunkt für den Untergang der Kolonie nicht bekannt ist, hörte sie mit dem Ende des 15. Jahrhunderts praktisch auf zu existieren. Wahrscheinlich gaben die letzten der fast vergessenen nordischen Siedler Grönlands die Kolonie auf, wurden von europäischen Sklavenhändlern oder Piraten verschleppt, oder sind im wahrsten Sinne des Wortes ausgestorben.

2.5 GRAMMATIKBAUKASTEN. BESTIMMTER UND UNBESTIMMTER ARTIKEL

Der bestimmte Artikel dekliniert ebenso wie im Deutschen (vgl. „der", „die", „das") nach Kasus, Numerus und Genus. Im Altnordischen gibt es keinen unbestimmten Artikel („ein", „eine", „einer"), zuweilen wird jedoch das Zahlwort *einn* („eins") verwendet, um einen Sachverhalt hervorzuheben.

Bei der Übersetzung ins Deutsche muss der unbestimmte Artikel in der Regel hinzugefügt werden.

Hann var frændi Herjólfs.	Er war **ein** Verwandter Herjólfrs.
Hann var efniligr maðr.	Er war **ein** vielversprechender Mann.
Hon var dóttir Þorgerðar.	Sie war **eine** (die) Tochter Þorgerðrs.

Der bestimmte Artikel im Altnordischen:

		M	F	N		M	F	N
Sg	N	inn	in	it	**Pl**	inir	inar	in
	A	inn	ina	it		ina	inar	in
	D	inum	inni	inu		inum	inum	inum
	G	ins	innar	ins		inna	inna	inna

Wird der bestimmte Artikel in Verbindung mit einem Adjektiv verwendet, steht der Artikel immer vor dem Adjektiv: *inn fyrsti fugl* „der erste Vogel", *it fyrsta korn* „das erste Korn" oder *Eiríkr inn rauði* „Eiríkr der Rote".

Wenn er ohne ein Adjektiv verwendet, wird der bestimmte Artikel als Suffix (Nachsilbe) an das deklinierte Substantiv angehängt: *maðr* „Mann" – *maðrinn* „der Mann" (m), *bók* „Buch" – *bókin* „das Buch" (f), *land* „Land" – *landit* „das Land" (n). Endet die Kasusendung auf einen Vokal, fällt das *-i-* im Artikel weg. Das feminine Wort *kona* „Frau" wird in Verbindung mit dem bestimmten Artikel daher zu *konan* (*kona + in = konan*). Nach demselben Prinzip wird auch *frændi* „Verwandter" oder „Freund" zu *frændinn* (*frændi +inn = frændinn*). Der bestimmte Artikel wird später noch genauer behandelt.

Wenn der bestimmte Artikel allein steht, weist er mitunter ein *h-* am Wortanfang (*hinn, hin, hit*) auf. Im Neuisländischen wird ausschließlich die Variante mit *h-* benutzt.

2.6 EIGENNAMEN

Die folgende Tabelle gibt die Deklination einiger bereits in den Textpassagen der ersten Lektion auftauchenden Personennamen wieder. Sie entspricht weitestgehend der Deklination der Gattungsbegriffe (vgl. Lektion 1). Die Namen *Eiríkr* und *Herjólfr* tragen z.B. die gleichen Endungen wie die maskulinen Substantive *konungr* oder *víkingr*.

	STARK MASKULINUM					**SCHWACH MASKULINUM**	
N	Eiríkr	Herjólfr	Þorsteinn	Bárðr	Bjǫrn	Bjarni	Hjalti
A	Eirík	Herjólf	Þorstein	Bárð	Bjǫrn	Bjarna	Hjalta
D	Eiríki	Herjólfi	Þorsteini	Bárði	Birni	Bjarna	Hjalta

| G | Eiríks | Herjólfs | Þorsteins | Bárðs | Bjarnar | Bjarna | Hjalta |

Warum weist aber der Name *Þorsteinn* nicht die typische maskuline Nominativendung -*r* auf, sondern endet auf ein -*n*?

Bei dieser vermeintlichen Unregelmäßigkeit handelt es sich um ein relativ häufig vorkommendes Lautwandelphänomen, bei der das -*r* in der Deklinationsendung an das vorangehende -*n*- assimiliert wird. Dieser Vorgang wird an späterer Stelle noch ausführlicher behandelt, rührt aber sehr wahrscheinlich daher, dass -*nn* wesentlich leichter als -*nr* auszusprechen ist. Die Deklination anderer maskuliner Namen wie z.B. *Bjǫrn* und *Bjarni* (siehe oben) wird ebenfalls an späterer Stelle näher erläutert.

Auch der Name von *Þorgerðr*, der einzigen Frau, die in der ersten Textpassage dieser Lektion auftaucht, endet ebenso wie viele maskuline Substantive im Nominativ Singular auf -*r*. Die anderen Kasus weisen jedoch von der maskulinen Deklination abweichende Deklinationsendungen auf: -*r, -i, -i, -ar*.

	STARK FEMININUM				SCHWACH FEMININUM	
N	Þorgerðr	Sigríðr	Freydís	Ólǫf	Gyða	Þyri
A	Þorgerði	Sigríði	Freydísi	Ólǫfu	Gyðu	Þyru
D	Þorgerði	Sigríði	Freydísi	Ólǫfu	Gyðu	Þyru
G	Þorgerðar	Sigríðar	Freydísar	Ólafar	Gyðu	Þyru

2.7 GRAMMATIKBAUKASTEN. VERBEN

Verben drücken Tätigkeiten, Zustände und Vorgänge aus. Der Gebrauch der Verben im Altnordischen deckt sich weitestgehend mit dem Gebrauch im Deutschen. Verben sind der Kern einer jeden Sprache. Dieser Teil der Lektion gibt einen Überblick über die verschiedenen Aspekte der altnordischen Verben und dient als Grundlage für die in den nächsten Lektionen vorgestellten Verben.

- Ein Verb stimmt mit dem Subjekt des Satzes in **Person** (1., 2. oder 3. Person) und **Numerus** (Singular oder Plural) überein. Die Kategorien Person und Numerus sind durch charakteristische Endungen gekennzeichnet, die Personalendungen genannt werden.
- Das Altnordische verfügt über zwei **Tempora (Zeiten):** Gegenwart (Präsens) und Vergangenheit (Präteritum, Perfekt und Plusquamperfekt). Die Zukunft kann (ebenso wie im Deutschen) mit dem Präsens, durch Hilfsverben (z.B. *munu* „werden" oder *skulu* „sollen") sowie unter der Verwendung von Zeitangaben (z.B. *á morgun* „morgen") angegeben werden.
- Mithilfe des Modus' wird die Stellung des Sprechers zur Satzaussage ausgedrückt. Die Verben des Altnordischen können in drei verschiedenen **Modi** (Aussageweisen) auftauchen: Indikativ, Optativ und Imperativ. Der Indikativ (Wirklichkeitsform) wird verwendet, um die Tatsächlichkeit eines Sachverhaltes auszudrücken. Mit dem Optativ (Möglichkeitsform) werden hingegen Möglichkeiten und Wünsche, oder Zweifel und Unsicherheiten ausgedrückt. Der Imperativ (Befehlsform) wird für Aufforderungen, Befehle und Ratschläge verwendet.
- Das Altnordische verfügt über drei **Diathesen** (Handlungsrichtungen): Aktiv, Mediopassiv und Passiv. Während das Aktiv und das Mediopassiv über jeweils charakteristische Endungen verfügen, wird das Passiv mit einem Hilfsverb und dem Partizip Präteritum gebildet. Beim Partizip Präteritum handelt es sich um eine Verbform, die bestimmte Zeiten ausdrückt und auch als Adjektiv fungieren kann.
  - Im **Aktiv** ist das Subjekt der Träger der Handlung (Agens): „Er malt das Haus an."
  - Im **Passiv** ist das Subjekt das Objekt der Handlung (Patiens): „Das Haus wird angemalt."
  - Das **Mediopassiv** verfügt über unterschiedliche Funktionen, wird jedoch in erster Linie reflexiv (rückbezüglich) verwendet: „Er malt sich selbst an." Das Subjekt führt also die Handlung aus, ist

aber auch zugleich das Objekt dieser. Neben der reflexiven Funktion kann das Mediopassiv auch passivisch sowie reziprok (wechselseitig) verwendet werden: „Sie malen sich (gegenseitig) an."

Die altnordischen Verben deklinieren je nach der Bildung ihrer Vergangenheitsform **stark** oder **schwach**. Daneben gibt es eine kleine Gruppe von Verben, die sowohl Merkmale von schwachen als auch von starken Verben aufweist. Sie werden **Präteritopräsentia** genannt.

- Das Tempus der **starken Verben** wird durch den Wechsel des Stammvokals gekennzeichnet. Dieses Phänomen wird **Ablaut** genannt und ist auch im Deutschen bekannt: „singen"/„ich singe" (Präsens), „ich sang" (Präteritum), „ich habe gesungen" (Perfekt).
- Die **schwachen Verben** bilden ihre Vergangenheitsform durch die Suffigierung eines Dentalsuffix' (-ð-, -d- oder -t-) an den Wortstamm (z.B. *elska* „lieben" – *elska-ð-a* [1 Sg Prät]) Auch im Deutschen wird das Präteritum der schachen Verben mit einem Dental gebildet (vgl. „ich liebe" und "ich lieb**t**e").
- **Präteritopräsentia** weisen sowohl Eigenschaften der starken als auch der schwachen Verben auf. Die Gruppe umfasst lediglich zehn, jedoch sehr häufig vorkommende Verben. Sie werden oft als modale Hilfsverben verwendet und drücken Verpflichtungen, Absichten, Bedürfnisse und Wahrscheinlichkeiten aus. Der Satz „Ich segle nach Island" kann durch das Hinzufügen eines Hilfsverbs so verändert werden, dass er eine Verpflichtung ausdrückt: *Ek* **skal** *sigla til Íslands* „Ich soll nach Island segeln" oder *Ek* **á** *at sigla til Íslands* „Ich muss nach Island reisen."

Das Altnordische macht häufig Gebrauch von **Infinitiven** und **Partizipien**.

- **Infinitive** sind unveränderliche Verbformen (z.B. *taka* „nehmen" oder *kalla* „heißen"), in denen weder die Person und der Numerus noch das Tempus ausgedrückt werden. Im Altnordischen wird dem Infinitiv manchmal ein *at* („zu") vorangestellt. Verben sind stets unter ihrem Infinitiv im Wörterbuch zu finden.
- Im weitesten Sinne handelt es sich bei **Partizipien** um Adjektive, die von Verben abgeleitet worden sind. Dabei wird zwischen Partizip Präsens (z.B. *takandi* „nehmend" oder „der Nehmende") und Partizip Präteritum (*tekinn* „genommen") differenziert. Beide weisen jeweils eigene Deklinationsendungen auf.

Verben sind **stark** oder **schwach** (oder gehören der kleinen Gruppe der Präteritopräsentia an) und flektieren nach:

- **Person**: 1., 2. oder 3.
- **Numerus**: Singular oder Plural
- **Tempus**: Präsens, Vergangenheit (und Futur)
- **Modus**: Indikativ, Optativ oder Imperativ
- **Diathese**: Aktiv, Mediopassiv oder Passiv (i.d.R. mit einem Hilfsverb)

2.8 Verben – Infinitive

Die meisten altnordischen Verben bilden ihren Infinitiv durch das Anhängen der Endung *-a* an den Wortstamm (z.B. *gefa* „geben" oder *fara* „gehen"). Wie auch im Deutschen steht der Infinitiv häufig zusammen mit einem Hilfsverb.

Ek vil **nema** land.	Ich will Land in Besitz **nehmen**.
Ek vil **fara**.	Ich will **gehen**.
Hon vill **búa** á Drepstokki.	Sie will auf Drepstokkr **wohnen**.
Ingólfr vill **gefa** Herjólfi land.	Ingólfr will Herjólfr Land **geben**.

Die folgende Liste umfasst die Infinitive und Präteritalformen sämtlicher in dieser Lektion vorkommenden Verben.

Infinitiv	Übersetzung	3 Sg Prät	Übersetzung
at búa	wohnen	bjó	wohnte
at fara	gehen, reisen	fór	ging, reiste

at sjá	*sehen*	sá	*sah*
at gefa	*geben*	gaf	*gab*
at heita	*heißen*	hét	*hieß*
at nema	*nehmen*	nam	*nahm*
at vera	*sein*	var	*war*
at verða	*werden*	varð	*wurde*

2.9 Subjekt-/Nominativergänzungen

Verben wie *vera* „sein", *verða* „werden" und *heita* „heißen" werden häufig dafür verwendet, um das Subjekt mit einem nach dem Verb stehenden Substantiv, Adjektiv oder Pronomen zu verbinden.

Da sie dem Subjekt gleichgestellt sind und/oder dieses näher beschreiben, werden Wörter, die mit dem Subjekt durch ein Verb verbunden werden, Subjektergänzungen genannt: „Das Land war Grönland" (Substantiv = Substantiv) oder „Das Land war fruchtbar" (Substantiv, das durch ein Adjektiv näher bestimmt wird). Da die Subjektergänzung wie das Subjekt im Nominativ steht, wird sie manchmal auch als Nominativergänzung bezeichnet. Adjektive und Substantive, die als Nominativergänzungen fungieren, werden prädikative Adjektive bzw. Substantive genannt.

Unten sind einige Beispiele aufgeführt, in denen das Subjekt durch ein Verb mit einer Nominativergänzung verbunden wird. Sowohl das Subjekt als auch die Ergänzung stehen im Nominativ.

Prädikativ verwendete Substantive

Leifr er **sonr** Eiríks.	*Leifr ist der Sohn von Erík.*
Hon var **dóttir** Ingólfs.	*Sie war die Tochter des Ingólfrs.*
Haraldr varð **konungr** Nóregs.	*Haraldr wurde König Norwegens.*
Maðrinn hét **Ingólfr**.	*Der Mann hieß Ingólfr.*
Þorgerðr hét **kona** hans.	*Þorgerðr hieß seine Frau.*

Prädikativ verwendete Adjektive

Bjarni var **efniligr**.	*Bjarni war begabt.*
Freydís er **fǫgr**.	*Freydís ist schön.*
Barnit er **lítit**.	*Das Kind ist klein.*
Óðinn er **vitr**.	*Óðinn ist weise.*
Þórr er **sterkr**.	*Þórr ist stark.*

Im Gegensatz zu den Sätzen oben wird in den folgenden Beispielen eine Handlung ausgedrückt. Die Sätze weisen daher ein direktes Objekt im Akkusativ auf.

Ingólfr gaf Herjólfi land.	*Ingólfr gab Herjólfr Land.*
Herjólfr nam Herjólfsfjǫrð.	*Herjólfr nahm Herjólfsfjǫrð.*

2.10 Kultur – Die Íslendingasögur und die Sturlunga saga

Das Wort *saga* (von *segja* „sagen", „erzählen") verweist auf die Wiedergabe bestimmter Ereignisse, kann im weiteren Sinne aber auch als (eine oder die) Geschichte oder Erzählung übersetzt werden. Die Sagas (neuisl. *sögur*) bilden neben den mythologischen und heroischen Liedern der Edda, den skaldischen Versen und der Prosa-Edda des Snorri Sturluson (*Snorra-Edda*) die wichtigste Gattung der altnordischen Literatur des Mittelalters.

Bei den *Íslendingasögur* („Isländersagas") handelt sich um altnordische bzw. altisländische Prosatexte, die über Personen und Ereignisse der Jahre zwischen ca. 860 und 1030 n. Chr. berichten. Dieser Zeitraum wird *sagaöld* („Sagazeit") genannt. In Island setzte die Verschriftlichung der auf mündlichen Erzählungen und Geschichten der Wikingerzeit basierenden *Íslendingasögur* im 12. Jahrhundert ein. Ihren Höhepunkt erreichte die Sagaproduktion im darauf folgenden 13. Jahrhundert. Die isländischen Sagas gehören zu den bedeutendsten Werken der Weltliteratur.

Im Gegensatz zu vielen andernorts in Europa entstandenen Prosatexten des Mittelalters widmen sich die *Íslendingasögur* häufig einer sehr detailreichen Schilderung des Privatlebens ihrer Figuren und thematisieren Konflikte, die in ganz bestimmten isländischen Regionen und Familien aufgetreten sind. Die illustrierten Auseinandersetzungen können dabei durch eine Vielzahl ganz verschiedener Ereignisse heraufbeschworen werden. Im Mittelpunkt jedweder Handlung stehen dabei jedoch immer das Ringen um Prestige und der Überlebenskampf in einer bäuerlichen Gesellschaft, die offene Fehden akzeptierte, um Reichtum, Macht und Ehre aufrechtzuerhalten.

Die *Íslendingasögur* variieren in ihrer Länge von kurzen, eng verflochtenen Erzählungen mit einigen wenigen Schlüsselfiguren bis hin zu ausgedehnten Epen, die ganze Generationen umfassen. Zum Teil weisen die Sagas außerdem episodenhafte, kurze Erzählungen auf, die sich auf eine bestimmte Anekdote, ein Ereignis oder einen Konflikt einer in der Saga vorkommenden Figur konzentriert. Diese Erzählungen werden *þættir* (Sg *þáttr*) genannt.

Abbildung 2.2. Kunstvoll gebundene mittelalterliche Handschriften. Die meisten erhaltenen Texte aus dem isländischen Mittelalter wurden auf Schreibträgern aus Pergament festge-halten. Im Laufe des Spätmittelalters wurde immer häufiger auf Papier zurückgegriffen.

Die *Sturlunga saga* ist eine aus verschiedenen Sagas bestehende Kompilation, die nach der Familie der Sturlungar benannt worden ist, deren Mitglieder im 13. Jahrhundert immer mehr an politischer Macht gewannen. Die in der *Sturlunga saga* zusammengetragenen Sagas werden zusammen mit den über das Leben der isländischen Geistlichen berichtenden *biskupa sögur* („Bischofssagas") häufig als *samtíðarsögur* („Gegenwartssagas") bezeichnet. Die schriftliche Fixierung der *samtíðarsögur* erfolgte fast unmittelbar auf die geschilderten Ereignisse des 12. und 13. Jahrhunderts.

Auch die Sagas der *Sturlunga saga* thematisieren häufig Konflikte und Fehden. Im Gegensatz zu den *Íslendingasögur* liegt ihr Schwerpunkt jedoch auf den Ereignissen und Auseinandersetzungen zwischen den isländischen Anführern während des letzten Jahrzehnts des isländischen Freistaates. Die einzelnen Texte schildern dabei mitunter äußerst detailreich wie diese Machtkämpfe zum Voeerlust der isländischen Unabhängigkeit an die norwegische Krone (1262/64) geführt haben.

DIE WICHTIGSTEN ÍSLENDINGASÖGUR
1. *Egils saga Skalla-Grímssonar* („Die Saga von Egill Skalla-Grímsson [Sohn des Glatzen-Grímrs]")
2. *Hœnsa-Þóris saga* („Die Saga von Hœnsa-Þórir [Hühner-Þórir]")
3. *Gunnlaugs saga ormstungu* („Die Saga von Gunnlaugr ormstunga [Schlangenzunge]")
4. *Heiðarvíga saga* („Die Saga vom Kampf auf dem Hochmoor")
5. *Eyrbyggja saga* („Die Saga von den Leuten auf Eyr")
6. *Laxdœla saga* („Die Saga von den Leuten aus Laxárdalr")
7. *Gísla saga Súrssonar* („Die Saga von Gísli Súrsson")
8. *Fóstbrœðra saga* („Die Saga von den Schwurbrüdern")
9. *Hávarðar saga Ísfirðings* („Saga von Hárvarðr aus Ísafjǫrðr")
10. *Bandamanna saga* („Die Saga von den Verbündeten")
11. *Grettis saga Ásmundarsonar* („Die Saga von Grettir Ásmundarson")
12. *Vatnsdœla saga* („Die Saga von den Leuten aus Vatnsdalr")
13. *Svarfdœla saga* („Die Saga von den Leuten aus Svarfardalr")

LEKTION 2: DIE NORDISCHEN SIEDLER IN GRÖNLAND UND NORDAMERIKA

14. *Valla-Ljóts saga* („Die Saga von Valla-Ljótr [Ljótr aus Vellir]")
15. *Víga-Glúms saga* („Die Saga von Víga-Glúmr [Kampf-Glúmr]")
16. *Ljósvetninga saga* („Die Saga von den Leuten aus Ljósavatn")
17. *Reykdœla saga ok Víga-Skútu* („Die Saga von den Leuten aus Reykdalr und von Víga-Skúta")
18. *Vápnfirðinga saga* („Die Saga von den Leuten aus Vápnafjǫrðr")
19. *Þorsteins þáttr stangarhǫggs* („Die Erzählung von Þorsteinn stangarhǫggs [Stangenschlag]")
20. *Ǫlkofra þáttr* („Die Erzählung von Ǫlkofri [Bier-Kapuze]")

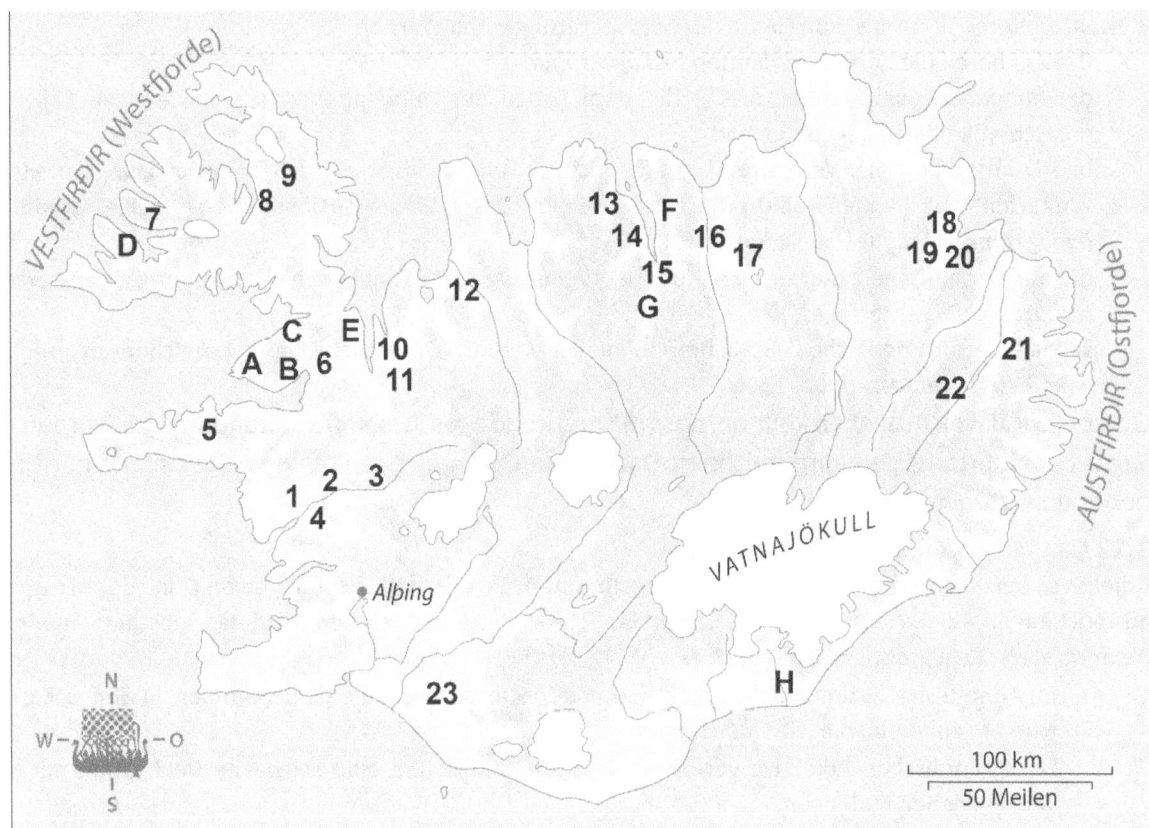

Abbildung 2.3. Die Schauplätze der wichtigsten *Íslendingasögur* und der *Sturlunga saga*. Die Zahlen beziehen sich auf die *Íslendingasögur*, die Buchstaben auf die *Sturlunga saga*. Wenn die Saga an mehreren Orten spielt, verweist die Karte auf die Heimatregion der Hauptfigur.

21. *Droplaugarsona saga* („Die Saga von den Söhnen der Droplaug")
22. *Hrafnkels saga Freysgoða* („Die Saga vom Freysgoden Hrafnkell")
23. *Brennu Njáls saga* („Die Saga vom brennenden Njáll")

DIE STURLUNGA SAGA

A. *Íslendinga saga* („Die Saga von den Isländern")
B. *Sturlu saga* („Die Saga von Sturla")
C. *Geirmundar þáttr heljarskinns* („Die Erzählung von Geirmundr heljarskinn [Höllenhaut]")
D. *Hrafns saga Sveinbjarnarsonar* („Die Saga von Hrafn Sveinbjarnarson")
E. *Þorgils saga ok Hafliða* („Die Saga von Þorgill und Hafliði")

F. *Prestssaga Guðmundar góða* („Die Priestersaga von Guðmundr góði [Guðmundr der Gute]")
G. *Guðmundar saga dýra* („Die Saga von Gudmundr dýri [Guðmundr der Vornehme]")
H. *Svínfellinga saga* („Die Saga von den Leuten aus Svínfell")

Beachte, dass Eigen- und Beinamen und Ortsbezeichnungen i.d.R. nicht vom Altnordischen ins Deutsche übersetzt, sondern auf den Nominativ zurückgeführt werden.

2.11 Kultur – Weitere Sagagruppen

Neben den *Íslendingasögur* und der *Sturlunga saga* entstanden im Laufe des nordischen Mittelalters noch eine Vielzahl weiterer Texte, die zum Genre der Sagaliteratur gezählt werden.
- Dazu gehören die bereits erwähnten **biskupa sögur**,
- die **konungasögur** („Königssagas"), die dem Leben der norwegischen (und in einigen Fällen auch dänischen) Königen gewidmet sind
- und die in der nordischen Vorzeit, also lange vor der Besiedlung Islands, spielenden **fornaldarsögur** („Vorzeitsagas").
- Weiterhin zu nennen sind die v. a. über das Leben ausländischer Heilige erzählenden **heilagramannasögur** („Heiligensagas"),
- die aus der höfischen Literatur des Kontinents (insbesondere Frankreichs) ins Altnordische **übersetzten riddarasögur** („Rittersagas")
- sowie die im deutschen Sprachraum manchmal als „Märchensagas" bezeichneten **originalen, isländischen riddarasögur**.

Obwohl wir davon ausgehen können, dass die meisten Sagas in Island entstanden sind, wurden einige Sagas auch in Norwegen aufgezeichnet. Dazu zählen z.B. gewisse *konungasögur* sowie der Großteil der übersetzten *riddarasögur*.

2.12 Grammatikbaukasten. Adjektive

Adjektive versehen andere Wörter mit bestimmten Eigenschaften. Die beiden in der Textpassage auftauchenden Adjektive *mikill* „groß" und *sterkr* „stark" beziehen sich beide auf das Substantiv *maðr*: *mikill maðr og sterkr* „ein großer Mann und stark".

- Im Altnordischen stimmen die Adjektive mit den Substantiven, die sie bestimmen, in Genus, Kasus und Numerus überein, d.h. sie sind kongruent.
- Die altnordischen Adjektive verfügen über eine starke und eine schwache Deklination mit jeweils verschiedenen Endungen.
- Das schwache Adjektiv wird bei Substantiven mit dem bestimmten Artikel, dem Demonstrativpronomen oder anderen diese näher bestimmenden Wörtern verwendet.
- Das starke Adjektiv wird verwendet, wenn das Substantiv ohne Artikel oder jede weitere Bestimmung steht oder in prädikativer Stellung (in der Satzaussage) steht.
- Die Deklination der Adjektive weist viele Gemeinsamkeiten mit der Deklination der Substantive auf und wird in den weiteren Lektionen ausführlich besprochen.

2.13 Vokabular – Liste 2. Die häufigsten Wörter in den Sagas

Substantive	Adjektive	Pronomen	Zahlwörter
mál – Sprache, Sache	lítill – klein	ek – ich	tveir – zwei
sonr – Sohn	illr – schlecht	þú – du	
hǫnd – Hand	sannr – wahr		
Verben	**Präp & Adv**	**Konjunktionen**	
koma – kommen	þá – dann	en – aber, und	

fara – gehen	þar – dort
munu – werden	um – über, durch, um; während, in

AUFGABEN

2.14 VOKABULAR. Verbinde die altnordischen Verben mit der jeweiligen deutschen Entsprechung. Du kannst dabei das Wörterverzeichnis am Ende des Buches als Hilfe verwenden.

	Bsp	vilja	wohnen
		búa	wollen
	1.	sjá	werden
	2.	nema	gehen
	3.	heita	geben
	4.	fara	heißen
	5.	vera	nehmen
	6.	gefa	sehen
	7.	verða	sein

2.15 KASUS. Der Genitiv drückt sowohl im Altnordischen als auch im Deutschen i.d.R. ein Zugehörigkeitsverhältnis aus. Vervollständige die altnordischen Sagatitel mit der jeweiligen Genitivform des entsprechenden Protagonisten und übersetze sie anschließend ins Deutsche.

	PERSONENNAME	ALTNORDISCHER TITEL	DEUTSCHER TITEL
Bsp	Glúmr	Víga-Glúms saga	Die Saga von Víga-Glúmr
1.	Ljótr	Valla-_____	_____
2.	Gísli	_____ saga Súrssonar	_____
3.	Gunnlaugr	_____ saga ormstungu	_____

2.16 VERBFORMEN. Vervollständige die Tabelle.

	VERB (PRÄT)	DEUTSCHE BEDEUTUNG	INFINITIV
Bsp	gaf	gab	at gefa
1.	_____	_____	at búa
2.	fór	_____	_____
3.	sá	_____	_____
4.	_____	_____	at heita
5.	nam	_____	_____
6.	_____	_____	at vera
7.	_____	_____	at verða

2.17 ÜBERSETZUNG – WIEDERHOLUNG. Übersetze die folgenden Sätze aus der *Landnámabók* ins Altnordische.

Herjólfr hieß [ein] Mann,	Herjólfr hét maðr
Bárðrs Sohn, des Sohnes Herjólfrs;	_____
er fuhr nach Grönland mit Eiríkr.	_____
Herjólfr nahm [beanspruchte] Herjólfsfjǫrðr	_____
und wohnte auf Herjólfsnes.	_____

Eiríkr nahm Eiríksfjǫrðr
und wohnte in Brattahlíð,
und Leifr, sein Sohn, nach ihm.

2.18 Substantive – Genus und Bedeutung. Vervollständige die Tabelle.

	Substantiv	Genus	Bedeutung
Bsp	hlíð	Femininum	(Ab)Hang
1.	_____	_____	Sohn
2.	nes	_____	_____
3.	fjǫrðr	_____	_____
4.	hǫnd	_____	_____
5.	skip	_____	_____
6.	bróðir	_____	_____
7.	land	_____	_____
8.	mál	_____	_____

2.19 Wortfrequenz. Gib mithilfe von *Liste 2. Die häufigsten Wörter in den Sagas (nach Wortarten gegliedert)* die jeweils drei häufigsten Substantive, Adjektive, Verben und Präpositionen bzw. Adverbien an.

	Altnordisch	Deutsch		Altnordisch	Deutsch
Substantive			**Adjektive**		
1	_____	_____	4	_____	_____
2	_____	_____	5	_____	_____
3	_____	_____	6	_____	_____
Verben			**Präp & Adv**		
7	_____	_____	10	_____	_____
8	_____	_____	11	_____	_____
9	_____	_____	12	_____	_____

2.20 Der bestimmte Artikel. A. Dekliniere den bestimmten Artikel in allen drei Genera im Singular und Plural.

		M	F	N		M	F	N
Sg	N	_____	in	_____	**Pl**	inir	_____	_____
	A	_____	_____	it		_____	inar	_____
	D	_____	_____	_____		_____	_____	inum
	G	ins	innar	_____		inna	_____	_____

B. Ergänze die folgenden Substantive (alle im Nominativ Singular) um ihren entsprechenden bestimmten Artikel. Ermittle dafür zunächst das Genus der einzelnen Wörter.

Bsp	maðr	maðrinn			
1.	fjǫrðr	_____	6.	hlíð	_____
2.	hǫnd	_____	7.	konungr	_____
3.	land	_____	8.	skip	_____
4.	sonr	_____	9.	frændi	_____

LEKTION 2: DIE NORDISCHEN SIEDLER IN GRÖNLAND UND NORDAMERIKA 65

5. nes _____ 10. kona _____

2.21 EIGENNAMEN. Gib die korrekte Form der in den Klammern stehenden Eigennamen an.

1. _____ bjó fyrst á Drepstokki. (Herjólfr)
   _____

2. Þorgerðr sá _____. (Eiríkr)
   _____

3. Ingólfr gaf _____ land. (Þorgerðr)
   _____

4. Hann var frændi _____. (Bárðr)
   _____

5. _____ bjó fyrst á Drepstokki. (Þorsteinn)
   _____

6. Þorgerðr sá _____. (Bjarni)
   _____

7. Ingólfr gaf _____ land. (Bjǫrn)
   _____

8. Hann var frændi _____. (Helga)
   _____

Lektion 3

Dänemark – Runensteine und ein frühes Wikingerreich

Skalat maðr rúnar rísta, nema ráða vel kunni.
(Ein Mann soll keine Runen ritzen, außer wenn er sie gut zu beherrschen weiß.)

3.1 Kultur — Runen

Die Runen waren die ersten Schriftzeichen der Skandinavier und bilden eine wichtige Informations-quelle für

Abbildung 3.1. Der König Gormr gewidmete Runenstein von Jelling, Dänemark, Vorder- und Rückseite. Gormr war der letzte vorchristliche König Dänemarks und Begründer der Jellingdynastie.

die gesellschaftlichen, historischen und sprachlichen Entwicklungen des ersten Jahrtausends. Bei den Runen handelt es sich also keinesfalls um eine Bilder- oder Silbenschrift, sondern um ein aus einzelnen Buchstaben zusammengesetztes Alphabet. Genauso wie auch beim modernen lateinischen Alphabet (dem ABC) ergibt sich der Name der Runenreihe aus den ersten sechs Runen bzw. runischen Buchstaben: ᚠᚢᚦᚨᚱᚲ.

Runen wurden in Holz, Stein, Knochen, Geweih und Metall geritzt und dienten u.a. zur Kennzeichnung von Eigentum, zur Erinnerung an Verstorbene und zum Übermitteln von Nachrichten. Darüber hinaus scheinen sie auch mit der Zauberei in Verbindung gebracht worden zu sein. Die Runeninschriften stehen unter allen anderen schriftlichen Quellen der Sprache der Wikingerzeit am nächsten.

Die ältesten Runen stammen aus dem ersten Jahrhundert nach Christus und wurden vermutlich aus Schriftsystemen entwickelt, die zu dieser Zeit im Römischen Reich verwendet worden sind. Da damals ein reger Kontakt zwischen der römischen Welt und den Völkern der Germania bestand, haben letztere vermutlich jene

Buchstaben aus dem lateinischen Alphabet oder anderen norditalienischen Schriftsystemen übernommen, die ihnen für die Überführung in ihre eigenen Sprachen geeignet erschienen. Die Buchstaben wurden dabei so verändert, dass sie sich der Maserung des Holzes leichter anpassen, d.h. besser ritzen ließen. Aufgrund des geringen, von der Größe der Holzstückchen, Rindenstreifen, Knochen oder Wachstafeln vorgegebenen Platzes waren die einzelnen Runeninschriften i.d.R. relativ kurz. Die Verwendung von Tinte und Feder und die Herstellung von Pergament wurden erst mit der Annahme des Christentums im 10. Jahrhundert in Skandinavien üblich.

Da an vielen der von den Skandinaviern bereisten Orte Spuren in Form von Runen gefunden worden sind, schien die Runenkunde im Zeitalter der Wikinger weit verbreitet gewesen zu sein. Die Rechtschreibung war damals allerdings noch nicht standardisiert und häufig wurden bei der Übertragung von Wörtern in die Runenschrift auch einfach Buchstaben ausgelassen. Die in der Inschrift auf dem Runenstein von Jelling (oben abgebildet und weiter unten in der Textpassage übersetzt) zu findenden Wörtern *kubl* und *kunukR* lassen z.B. ein *-m-* (*kumbl*) bzw. ein *-n-* (*konungr*) vermissen. Da sprachliche Laute vermutlich so fixiert worden sind wie sie ausgesprochen wurden, scheinen fehlende Buchstaben auf einer entsprechend schwachen Betonung der entsprechenden Wörter zu beruhen. Da auch die Zeichensetzung äußerst unregelmäßig gewesen zu sein scheint und von Worttrennung noch kaum eine Rede gewesen ist, sind sich Runologen nicht selten uneins darüber, wie eine Runeninschrift gedeutet und übersetzt werden soll.

Obwohl Runen vermutlich in allen sozialen Klassen bekannt gewesen sind, wurden Runensteine vor allem von vermögenden Personen (wie z.B. Großgrundbesitzern) errichtet. Viele Runensteine dienen der Totenehrung und/oder geben Aussage über den Reichtum und die Macht ihrer Auftraggeber. Die Inschriften liefern Informationen über ihre Familienverhältnisse, Erbschafts-, Besitz- und Macht-ansprüche und wurden gelegentlich auch in poetischen Versmaßen verfasst (vgl. die runischen Verse in *Altnordisch 2: Das altnordische Lesebuch*).

3.2 Texpassage — Der kleine Runenstein von Jelling, Dänemark

RUNEN
(Vorderseite)

: ᚴᚢᚱᛘ : ᚴᚢᚾᚢᚴ :
: ᚴᛅᚱᚦᛁ : ᚴᚢᛒᛚ : ᚦᚢᛋᛁ :
: ᛅᚠᛏ : ᚦᚢᚱᚢᛁ : ᚴᚢᚾᚢ

(Rückseite)
: ᛋᛁᚾᛅ : ᛏᛅᚾᛘᛅᚱᚴᛅ : ᛒᚢᛏ

TRANSKRIPTION
(Vorderseite)
: kurmR : kunukR :
: karþi : kubl : þusi :
: aft : þurui : kunu

(Rückseite)
: sina : tanmarkaR : but

STANDARDISIERTES ALTNORDISCH
Gormr konungr gerði kumbl þessi
ept Þurvi (Þyri) konu
sína, Danmarkar bót.

ÜBERSETZUNG
König Gormr machte diese
Denkmäler in Gedenken an Þyri,
seine Frau, Dänemarks Zierde.

VOKABULAR

aft (RUNE) *Präp* siehe eptir
bót <*A* bót, *Pl* bœtr> *f* Heilung, Heilmittel; Zierde
Danmǫrk <*G* Danmarkar> *f* Dänemark
❖**eptir** (auch **ept/aft**) *Präp* [*mit A*] nach (zeitlich); in Gedenken an; [*mit D*] nach, entlang
❖**gera** (auch **gøra**) <-ði, -ðr ~gerr> *V* machen, tun; handeln
gerði *3 Sg Prät* von **gera**

Gormr <-s> *m* Gormr (Personenname); erster König der Jellingdynastie in Dänemark
❖**kona** <*A* konu, *G Pl* kvenna> *f* Frau
❖**konungr** <-s, -ar> *m* König
kumbl <*Pl* kumbl> *n* Denkmal; Grabhügel oder Hügelgrab (auf dän. und schwed. Runensteinen häufig im Plural verwendet)
❖**sinn** <*f A Sg* sína> *refl Poss-Pron* sein/seine, ihr/ihre
❖**þessi** <*n A Pl* þessi> *Dem-Pron* dies/diese
Þurvi *f* Þurvi (Personenname, im Anor. Þyri)

Þyri <A Þyri> f Þyri (Personenname)

3.3 Kultur — Die ältere und die jüngere Runenreihe

Das Fuþark unterlag nach seinem Auftauchen im ersten Jahrhundert n. Chr. vielen Veränderungen und verfügt über mehrere regionale Varianten. Die Goten, die Angelsachsen, die Friesen und die älteren skandinavischen Völker benutzten jeweils leicht voneinander abweichende Runenalphabete. Bis in das 8. Jahrhundert hinein bestand die Runenreihe aus **24 Runen**. Sie ist heute unter dem Namen *älteres Fuþark* (oder *Futhark*) bekannt. Das vollständige ältere Fuþark konnte aus Ritzungen auf dem gotländischen Kylverstein (ca. 400 n. Chr.) und dem Brakteat von Vadstena (ca. 600 n. Chr.) rekonstruiert werden. Es lässt sich in drei *ættir* („Geschlechter" oder „Familien") unterteilen:

Das ältere Fuþark

f u þ a r k g w   h n i j E p R s   t b e m l ng o d

Ungefähr 260 der ca. 350 erhaltenen Inschriften im älteren Fuþark wurden in Skandinavien gefunden. Die restlichen Inschriften verteilen sich über ganz Kontinentaleuropa und spiegeln damit das geografische Ausmaß der Wikingerfahrten deutlich wider. Einige Inschriften wurden sogar in der Umgebung um das Schwarze Meer gefunden. Die meisten erhaltenen Inschriften im älteren Fuþark sind recht kurz. Sie zieren v.a. Schmuckstücke, Werkzeuge und Waffen. Typische Fundstellen für Runeninschriften sind z.B. Gräber oder Moore. Die Inschriften wurden besonders häufig auf Knochen und Metall sichergestellt, da sich diese auch über die Jahrhunderte hinweg gut gehalten haben. Obwohl sicher auch Holz, Leder und andere organische Materialien mit längeren Inschriften versehen wurden, sind diese nicht erhalten geblieben. Die ca. 65 ältesten auf Runensteinen gefundenen Inschriften datieren auf die Spätphase des älteren Fuþarks zurück und stammen allesamt aus Skandinavien.

Das jüngere Fuþark – Langzweigrunen

f u þ a,o r k   h n I a s   t b m l R

Zu Beginn der Wikingerzeit wurde das Fuþark auf **16 Runen** reduziert. Diese verkürzte Runenreihe wird *jüngeres Fuþark* genannt Die älteste vollständig bewahrte Inschrift im jüngeren Fuþark befindet sich auf dem Runenstein von Gørlev im dänischen Seeland. Der Stein wird auf ca. 900 n. Chr. datiert.

Da die Runen des jüngeren Fuþarks aus jeweils nur einem vertikalen Stab bestehen, konnten sie vermutlich einfacher und schneller geritzt werden als die Zeichen der älteren Runenreihe. Aufgrund der Formen, aus denen sich die einzelnen Runen zusammensetzen, werden sie Langzweigrunen genannt. Das Schriftsystem des jüngeren Fuþarks wurde in verschiedenen Varianten während der ganzen Wikingerzeit verwendet. Die oben dargestellten **Langzweigrunen** tauchen z.B. besonders häufig auf dänischen Runensteinen auf.

Ebenso wie auch das ältere Fuþark lässt sich das jüngere Fuþark in drei, entsprechend kürzere *ættir* unterteilen. Inschriften im jüngeren Fuþark sind auch in vielen Gebieten jenseits von Skandinavien gefunden worden, die von den nordischen Seefahrern besucht und/oder besiedelt wurden. Im Norden Grönlands wurden z.B. verschiedene, mit Inschriften aus dem 14. Jahrhundert versehene Runensteine gefunden, und eine in Island gefundene Runeninschrift reicht sogar bis 900 n. Chr. zurück. Die Inschrift aus Island verweist drauf, dass der Inschriftenträger (ein Steinspinnwirtel) zum Besitz einer gewissen Vilbjǫrg gehört habe. Darüber hinaus konnten sogar in so weit im Süden liegenden Regionen wie Griechenland Runeninschriften gefunden werden, und auch das Byzantinische Reich war v. a. während des 10. und 11. Jahrhunderts ein häufig aufgesuchtes Fahrtziel der nordischen Händler und Krieger.

Die **Kurzzweigrunen** sind eine weitere Variante des jüngeren Fuþarks, die besonders häufig im heutigen Schweden und Norwegen vorkommt.

KURZZWEIGRUNEN

ᚠ ᚢ ᚦ ᚨ,ᚬ ᚱ ᚴ   ᚼ ᚾ ᛁ ᛅ ᛋ   ᛏ ᛒ ᛘ ᛣ
f u þ a,o r k   h n i a s   t b m lR

Da Kurzzweigrunen noch einfacher zu ritzen waren als Langzweigrunen, wurden sie unter Kaufleuten vermutlich als eine Art Schreibschrift benutzt. Mitunter treten sogar beide Systeme zusammen auf. Ein Beispiel für eine solche Inschrift stammt von der Isle of Man, die während der Wikingerzeit von vielen, aus den verschiedensten Regionen Skandinaviens kommenden Seefahrern besucht wurde.

Bemerkungen zu den Runen:
- Ebenso wie die Buchstaben des lateinischen Alphabets repräsentieren auch die Runen Laute. Die folgende Übersicht basiert auf dem sog. Internationalen Phonetischen Alphabet (IPA), das für die schriftliche Darstellung von Buchstaben und Symbolen verwendet wird.
- Das Fuþark verfügt über zwei *r*-Runen; während ᚱ im älteren Fuþark für den Laut /r/ steht, repräsentiert ᛣ den Laut /z/. In Westskandinavien (Norwegen und Island) sind diese beiden Laute in der Wikingerzeit zusammengefallen und zu einem gerollten *r* geworden. In Ostskandinavien (Dänemark und Schweden) wurde hingegen bis zum Ende der Wikingerzeit weiterhin zwischen den beiden unterschieden und diese nur gelegentlich gegeneinander ausgetauscht. Heute wird die ᚱ-Rune konventionell als kleines *r* und die ᛣ-Rune als großes ***R*** wiedergeben.
- Auch die beiden Varianten des Vokals /a:/ verfügen mit ᛅ und ᚬ über zwei verschiedene Runen. Die a-Rune repräsentiert /a/ (wie z.B. im dt. Wort „Vater"), während die o-Rune den nasalen Laut /a/ (wie z.B. im dt. Wort „Gedanken") wiedergibt.
- Es gibt eine beträchtliche Anzahl an Vokalen und Konsonanten, die in der Wikingerzeit zwar gebräuchlich waren, zwischen denen im jüngeren Fuþark jedoch nicht unterschieden wurde: Während die Laute *i*, *a* und *u* z.B. durch die Runen ᛁ, ᛅ und ᚢ repräsentiert werden, gibt es keine Zeichen für die Laute /e/ und /o/ (obwohl ᚬ später für die schriftliche Wiedergabe von /o/ benutzt wurde). Dasselbe trifft für die Konsonanten zu. Es existieren zwar Runen für die Laute *b*, *t* und *k*, aber nicht für *p*, *d* und *g*. Da eine Rune mehrere Laute repräsentieren konnte, bleibt es unklar, ob das Fehlen unterschiedlicher Runen jedoch tatsächlich ein Problem darstellte. Obgleich diese Lösung das Schreiben sicher ungemein vereinfacht haben mag, macht sie das Lesen der Runeninschriften, vor allem aus heutiger Sicht, nicht unbedingt einfacher.
- Die Runen ᚾ und ᛘ (/n/ und /m/) wurden vor bestimmten Konsonanten häufig ausgelassen. Auch in der Inschrift auf dem Jellingstein taucht das Wort *konungr* ohne das *-n-* in der zweiten Silbe auf und wird somit als ᚴᚢᚾᚢᚴᛣ (*kunukR*) wiedergegeben.
- Die Langzweigrune *m* verfügt über die zwei Varianten ᛉ und ᛘ.

3.4 RUNEN, DIE MEHR ALS EINEN LAUT REPRÄSENTIEREN

Die Reduzierung der Runenanzahl von 24 auf 16 führte dazu, dass mehrere Laute von nur einer Rune repräsentiert wurden. Die Rune ᛒ repräsentiert im jüngeren *Fuþark* z.B. sowohl /b/ als auch /p/, während ᛏ sowohl für /d/ als auch /t/ verwendet worden ist.

Die Rune ᚢ steht für /u/, /o/, /y/, /ø/ und /w/ und die zwei *a*-Runen überlappen häufig mit ᚠ und ᛏ, die die Laute /a/, /æ/, /o/ und /ǫ/ repräsentieren.

3.5 Runische Varianten und Standardisiertes Altnordisch

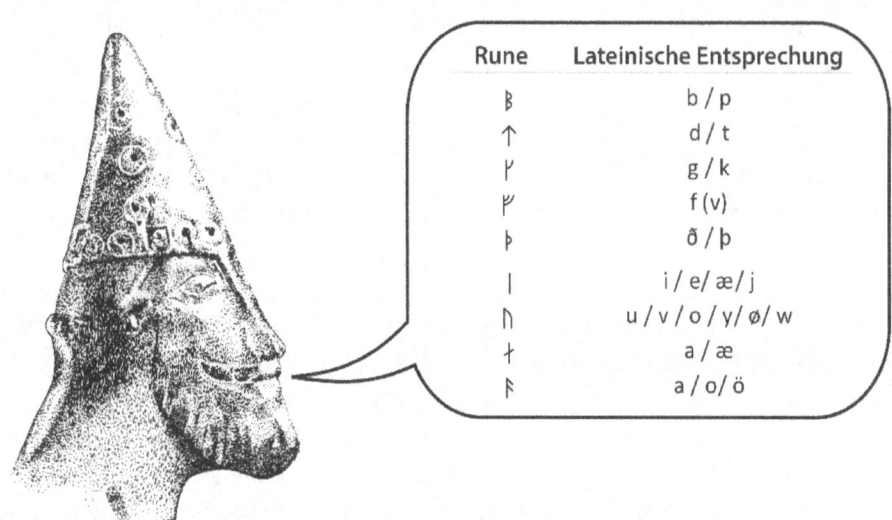

Abbildung 3.2. Runen und ihre Entsprechungen in lateinischen Buchstaben.

Während das Wort *gerði* (3 Sg Prät von *gera*) auf dem Runenstein von Jelling als ᚴᛅᚱᚦᛁ (*karþi*/*gærði*) in Erscheinung tritt, taucht es auf der schwedischen Ramsundritzung (siehe Lektion 4) als ᚴᛁᛅᚱᚦᛁ (*kiarþi*/*gjærði*) auf. Die Variationsbreite der einzelnen Inschriften basiert auf Unterschieden in der Aussprache, regionalen Dialekten und dem Nichtvorhandensein einer standardisierten Recht-schreibung.

Auch in den mittelalterlichen Handschriften kann *gera* („machen") mitunter als *gøra*, *gǫra*, *gǫrva*, *gǫrwa*, *giǫrva*, *giora* oder *gjǫra* auftreten. In vielen Sagaeditionen, Wörterbüchern und Transkriptionen von Runeninschriften wird heute daher mit einer einheitlichen Schreibweise gearbeitet. Das standardisierte Altnordisch basiert im Wesentlichen auf dem in Island gesprochenen Dialekt des Altisländischen, da dieser aufgrund der Vielzahl an schriftlichen Quellen am einfachsten zu rekonstruieren ist.

Jüngere Varianten der Runen. Obgleich das Fuþark mit dem Beginn der Wikingerzeit auf 16 Runen reduziert worden war, kam es im Laufe der darauffolgenden Jahrhunderte zu einer Erweiterung des Bestandes an Lauten (wie z.B. /e/, /g/ und /y/). Um eine Differenzierung der einzelnen Laute zu gewährleisten, wurden daher ungefähr ab dem 11. Jahrhundert punktierte Runen verwendet.

ᛂ ᚵ ᚢ
e g y

In der Mitte desselben Jahrhunderts kam in gewissen Gebieten Nordeuropas (wie z.B. Norwegen) außerdem noch eine weitere Runenreihe (das sog. *fuþork*) in Gebrauch, die nun auch verstärkt Kurzzweigrunen miteinbezog. Obwohl die Runenkultur im Zuge der Christianisierung immer stärker von der lateinischen Schrift beeinflusst wurde, sind die modifizierten jüngeren Runenreihen auch noch nach der Wikingerzeit mehrere Jahrhunderte lang verwendet worden. In manchen Fällen wurden Runen sogar benutzt, um lateinische Inschriften zu ritzen: Ein im norwegischen Bergen gefundener Lederschuh, der auf das Ende des 12. Jahrhunderts datiert wird, trägt z.B. eine Abwandlung der von Virgil stammenden Redewendung *Amor vincit omnia* („Liebe besiegt alles"). Vor allem in den ländlichen Gegenden Skandinaviens blieben Runen (obgleich in

3.6 AUFGABE — RUNEN
Übertrage die Runen in lateinische Buchstaben und versuche sie anschließend wie im folgenden Beispiel ins standardisierte Altnordisch zu transkribieren.

	RUNEN	TRANSLITERATION	STANDARDISIERTES ALTNORDISCH
Bsp	ᛏᛅᚾᛘᛅᚱᚴᛅᛦ	tanmarkaR	Danmarkar
1.	ᚠᚢᚱᛦ	_____	_____
2.	ᚦᚢᚱᚾᛁ	_____	_____
3.	ᛋᛁᛏᛏ	_____	_____
4.	ᛒᚢᛏ	_____	_____
5.	ᚾᚠᛏ	_____	_____

Überführe nun die folgenden altnordischen Wörter ins jüngere Fuþark.

	STANDARDISIERTES ALTNORDISCH	TRANSLITERATION	JÜNGERES FUÞARK (LANGZWEIGRUNEN)
6.	**konungr**	kununkR	_____
7.	**konu**	kunu	_____
8.	**kumbl**	kubl	_____
9.	**þessi**	þusi	_____
10.	**bót**	but	_____

3.7 TEXTPASSAGE — GORMR UND ÞYRI (*ÓLÁFS SAGA TRYGGVASONAR IN MESTA*)

Neben der Inschrift auf dem Runenstein von Jelling weiß auch die im 13. Jahrhundert verfasste (und damit dreihundert Jahre jüngere) *Óláfs saga Tryggvasonar in mesta* von König Gormr und seiner Frau Þyri zu berichten. In beiden Quellen wird Þyri als *Danmarkarbót* („Zierde Dänemarks") bezeichnet.

Óláfs saga Tryggvasonar in mesta
(63. kap.)

Gormr, sonr Hǫrða-Knúts, var mikill maðr ok sterkr. Hann var atgervimaðr. En ekki var hann kallaðr vitr maðr. [8]

  Gormr fekk konu, er Þyri hét. Hon var dóttir Haralds jarls af Jótlandi. Hann var kallaðr Klakk-Haraldr. Þyri var fríð kona. Hon var mestr skǫrungr af konum á Norðrlǫndum. Hon hét Þyri Danmarkarbót.

Die größte Saga von Óláfr Tryggvason
(Kap. 63)

Gormr, der Sohn des Hǫrða-Knútrs, war ein großer und starker Mann. Er war ein fähiger Mann. Aber er wurde nicht als ein weiser Mann bezeichnet.

  Gormr bekam (= heiratete) eine Frau, die Þyri hieß. Sie war die Tochter des Haraldrs, des Jarls von Jütland. Er wurde Klakk-Haraldr genannt. Þyri war eine schöne Frau. Sie war die tüchtigste der Frauen in den Nordländern. Sie hieß Þyri, Zierde Dänemarks.

VOKABULAR
- **af** *Präp* [*mit D*] von, bei; aus
- **atgervimaðr** *m* ein begabter oder fähiger Mann
- **á** *Präp* [*mit D*] auf; hinauf; bei; in
- **dóttir** <*A, D & G* dóttur, *N Pl* dœtr, *D* dœtrum, *G* dœtra> *f* Tochter
- **ekki** *Adv* nicht

- **en** *Konj* aber; und
- **er** *Rel-Pron* der, die, das
- **fá** <fær, fekk, fengu, fenginn> *V* bekommen, nehmen; greifen, fassen; besorgen
- **fekk** *1/3 Sg Prät* von **fá**
- **fríðr** <*f* fríð, *n* frítt> *Adj* schön
- **hann** <*A* hann, *D* honum, *G* hans> *Pron* er

---

[8] **ekki:** Das Altnordische verfügt mit *ekki* und *eigi* über zwei verschiedene Wörter für die deutsche Negation „nicht". Im Neuisländischen wird nur noch *ekki* verwendet.

❖**heita** <heitr, hét, hétu, heitinn> *V* heißen; rufen; etwas benennen; (*intrans* mit *Präs* heitir) genannt werden; gerufen werden; [mit D] versprechen

hét *1/3 Sg Prät* von **heita** hieß

❖**hon** <*A* hana, *Dat* henni, *G* hennar> *Pron* sie

Horða-Knútr <-s> *m* Horða-Knútr (Personenname)

❖**jarl** <-s, -ar> *m* Jarl

Jótlandi (*D*) *n* Jütland

❖**kalla** <-að-> *V* nennen, benennen; rufen

kallaðr *Part Perf* von **kalla** genannt

Klakk-Haraldr <-s> *m* Klakk-Haraldr (Personenname)

❖**kona** <*G Pl* kvenna> *f* Frau

❖**maðr** <*A* mann, *D* manni, *G* manns, *N* & *A Pl* menn, *D Pl* mǫnnum, *G Pl* manna> *m* Mann; Person, Mensch

mestr *Adj Superl* größter

❖**mikill** <*f* mikil, *n* mikit, *Komp* meiri, *Superl* mestr> *Adj* groß; viel

Norðrlǫnd <*D* Norðrlǫndum> *n Pl* die nordischen Länder oder Regionen; Skandinavien

❖**ok** *Konj* und

skǫrungr <-s, -ar> *m* eine tüchtige, hervorragende Person

❖**sonr** <*D* syni, *G* sonar, *N Pl* synir, *A Pl* sonu> *m* Sohn

❖**sterkr** *Adj* stark

var *1/3 Sg Prät* von **vera**

❖**vera** <er, var, váru, verit> *V* sein

❖**vitr** <*A* vitran> *Adj* weise; klug

3.8 Kultur — Gormr der Alte und die dänische Jellingdynastie

Die Geschichte des dänischen Königreichs beginnt im 5. oder 6. Jahrhundert mit der legendären Dynastie der Skjǫldungar, die in *Hleiðr* (dem heutigen Lejre) auf der dänischen Insel Seeland (*Sjáland*) residierte. Die Skjǫldungar nehmen vor allem in der isländischen *Hrólfs saga kraka* und dem altenglischen Heldenepos *Beowulf* eine wichtige Rolle ein. Beide Werke spielen im Dänemark der Völkerwanderungszeit und viele Personen tauchen in beiden Erzählungen auf.

Obwohl in einigen fränkischen Schriften auf die damaligen Ereignisse in Dänemark hingewiesen wird und auch einige dänische Könige Erwähnung finden (wie z.B. der einst Karl dem Großen und dem Fränkischen Reich entgegen getretene Godfred), gibt es im Allgemeinen nur relativ wenige historische Quellen über die dänische Geschichte von vor ca. 930.

Zu dieser Zeit trat eine neue Familie von Oberherren im dänischen Jütland (*Jótland*) in Erscheinung, deren Macht sich zunächst auf Jelling (*Jalangrsheiðr*) konzentrierte. Durch die von ihnen in Auftrag gegebenen Runensteine, die in dieser und in der nächsten Lektion behandelt werden, haben sich die Mitglieder der Jellingdynastie damals jedoch unsterblich gemacht.

Gormr der Alte, der Begründer der Jellingdynastie, war der letzte König Dänemarks, der noch den alten Göttern anhing. König Gormrs Runenstein, der auch den Namen seiner Frau Þyri erwähnt, ist die erste skandinavische Quelle, die den Namen „Dänemark" verzeichnet. Im Laufe der Wikingerzeit entwickelte sich Haithabu (*Heiða(r)býr* oder *Heiðarbær*, „Heidehof/-stadt") zu einem wichtigen Umschlagplatz für Handelsgüter, die zwischen der Ostseeregion und Westeuropa transportiert wurden, und wurde von vielen, teilweise sehr weit reisenden Händlern aufgesucht. Die exotischen Waren und großen Mengen an Silbermünzen, die diese mit sich führten, kamen aus den Gebieten der Volgabulgaren, dem Khaganat der Chasaren, den Regionen Zentralasiens, dem griechischen Bynzantinischen Reich oder den Kalifaten von Bagdad. Am einfachsten und schnellsten war der Norden Europas dabei über die weitreichenden Flusssysteme Russlands zu erreichen. Sobald die Handelsgüter Haithabu erreichten, wurden sie auf einem kurzen, vom Danewerk (*Danavirki*) geschützten Landweg in den Westen verschifft und konnten so anschließend über einen kleinen, in die Nordsee mündenden Fluss weiter nach Friesland, Britannien und Westeuropa transportiert werden. Ein anderer wichtiger Landweg, der in den Norden führte, machte den Zugang zum wikingerzeitlichen Hafen von Ribe (*Ripar*) möglich. Durch die von Haithabu über die Ostsee bis zur Nordsee reichendenden Landwege konnten die von Seeräubern und Wikingern wimmelnden Gewässer des Öresunds (*Eyrarsund*) und des Jütlandmeer (*Jótlandshaf*) umgangen werden.

Um das Jahr 930 gehörten wahrscheinlich sowohl Nord- als auch Zentraljütland zum Königreich von Gormr dem Alten. Nachdem vermutlich einige Jahre später auch die südlichen Gebiete der jütländischen Halbinsel (einschließlich Haithabus) unter seine Herrschaft fielen, fiel ihm auch die Kontrolle des vom Danewerk geschützten Handelsweg zu. Die Frage, ob und, wenn ja, inwiefern sich Gormrs Herrschaft auch auf

Abbildung 3.3. Das wikingerzeitliche Dänemark (*Danmǫrk*) erstreckte sich über Gebiete, die heute zu Südschweden gehören. Das am dichtesten besiedelte Gebiet der Wikingerzeit verfügte damals über den höchsten Anteil landwirtschaftlich nutzbaren Landes und war dementsprechend äußerst wohlhabend. Aufgrund seiner geografischen Lage zwischen Skandinavien und Mitteleuropa sah sich das Reich immer wieder Angriffen seitens der Franken im Süden, der Wikinger im Norden sowie der über die Ostsee (*Eystrasalt*) einfallenden Slawen ausgesetzt.

Ostjütland erstreckte, ist schwieriger zu beantworten. Wahrscheinlich reichte sein Einfluss jedoch teilweise sogar bis nach Fünen (*Fjón*) und Seeland. Diese Gebiete scheinen von anderen Volksgruppen wie z.B. den Franken oder den Engländern häufig als „dänisch" bezeichnet worden zu sein. Zeitweise könnte Gormrs Reich auch über die Meerengen hinaus bis hin nach Schonen (*Skáney*), Halland und Blekinge (*Bleking*) im heutigen Schweden gereicht haben.

Gormr inn gamli steht an erster Stelle einer langen Reihe von mächtigen Königen der Wikingerzeit. Seinem Sohn und Nachfolger Haraldr *blátǫnn* („Blauzahn", ca. 958-987) ist es nicht nur gelungen, die Macht der Jellingdynastie zu festigen und das Dänische Königreich zu vergrößern, im Laufe seiner Herrschaftsperiode nahmen die Dänen unter ihm außerdem das Christentum an. Auch die Errichtung der sog. wikingerzeitlichen Ringburgen von Dänemark geht vermutlich auf Haraldr blátǫnn zurück.

Obwohl die genauen Umstände seines Übertritts zum Christentum umstritten sind, hat Haraldr die

Unterstützung der Kirche vermutlich geschickt dafür nutzen können, um Dänemark den Aufstieg zu einem nordischen Großreich zu ermöglichen. Während Haraldr einer der ersten christlichen Herrscher Skandinaviens war, hing sein Sohn Sveinn *tjúguskegg* („Gabelbart", 987-1014) jedoch noch immer dem alten Glauben an. Da ihn Haraldr laut verschiedener schriftlicher Quellen deshalb nicht bei der Thronfolge berücksichtigen wollte, lehnte sich Sveinn schließlich gegen seinen eigenen Vater auf und war vermutlich auch für dessen Tode verantwortlich.

Kurz nachdem Sveinn den Thron bestiegen hatte, begann er eine Reihe von Beutezügen und Angriffen auf England. Nachdem sich diese Fahrten in den Jahren 1013 und 1014 in eine regelrechte Invasion verwandelten, gelang es Sveinn schließlich sogar, England zu erobern. 1014 wurde er als König von England anerkannt, starb jedoch bereits fünf Jahre später. Sein Sohn Knútr, der unter dem Namen Knútr *inn ríki* („der Große") bekannt war, folgte ihm auf den Thron und wurde 1016 zum König von England gekrönt. Nach dem Tod seines daheim in Dänemark herrschenden Bruders wurde Knútr auch König über das dänische Reich.

Nachdem Knútr inn ríki im Jahr 1035 verstorben war, endete die dänische Vorherrschaft in England mit dem frühen Tod seiner Söhne. Der dänische Anspruch auf den englischen Thron wurde jedoch schon im Jahr 1066 erneut erhoben. Dieses Mal war es der norwegische König Haraldr *harðráði* („der Harte"), der behauptete, aufgrund seines vermeintlichen Anspruchs auf den dänischen Thron auch ein Recht auf die Herrschaft über England zu haben. Haraldrs Ringen um die englische Krone wird durch seine Niederlage in 1066 bei Stamford Bridge außerhalb von York jedoch ein abruptes Ende versetzt.

Dank der vielen schriftlichen Quellen, der archäologischen Funde und der zahlreichen Runeninschriften liegt uns heute eine große Menge an Informationen über die Geschichte Dänemarks vor. Zu den schriftlichen Quellen zählen u.a. die altenglische Dichtung *Beowulf*, Alkuins Biografie des heiligen Willibrord (dem sog. „Apostel der Friesen"), Rimberts *Vita sancti Ansgari* („Das Leben des heiligen Ansgar"), die *Anglo-Saxon Chronicle*, die *Annales Regni Francorum* („die Annalen des Fränkischen Reiches"), Orosius' Aufzeichnungen über Alfred den Großen, Adam von Bremens *Gesta Hammaburgensis Ecclesiae Pontificum* („Hamburgische Kirchengeschichte") aus dem 11. Jahrhundert, die *Gesta Danorum* („Taten der Dänen") von Saxo Grammaticus (ca. 1200), die aus dem 13. oder 14. Jarhundert stammende isländische *Knýtlinga saga* sowie Fragmente der *Skjǫldunga saga* und *Hrólfs saga kraka*.

3.9 Personalpronomen — 1. und 2. Person

Die Pronomen der 1. und 2. Person („ich" und „du") zeigen Formen im Singular, Plural (mehr als zwei Personen) und Dual (zwei Personen) auf. Sie weisen teilweise Ähnlichkeiten mit den deutschen Pronomen auf (vgl. *mín* „mein", *þú* „du", *þín* „dein", *oss* „uns"). Der Unterschied zwischen den Possessivpronomen und den Pronomen der 1. und 2. Person im Genitiv wird später erklärt.

	1 Pers		2 Pers	
Sg N	ek	ich	þú	du
A	mik	mich	þik	dich
D	mér	mir	þér	dir
G	mín	meiner	þín	deiner
Pl N	vér	wir	þér	ihr
A	oss	uns	yðr	euch
D	oss	uns	yðr	euch
G	vár	unser	yðar	eurer
Dual N	vit	wir	þit	ihr

A	okkr	uns	ykkr	euch
D	okkr	uns	ykkr	euch
G	okkar	unser	ykkar	eurer

Das Altnordische verfügt über jeweils zwei verschiedene Formen für „wir" (*vér* und *vit*) und „ihr" (*þér* und *þit*). Während sich die Pronomen im Plural (*vér* und *þér*) auf drei oder mehrere Personen beziehen, verweist der Dual (*vit* und *þit*) auf genau zwei Personen. Die Pronomen der 2. Person Plural und Dual Nominativ (*þér* und *þit*) verfügen mit *ér* und *it* noch jeweils über eine ältere Form, die ohne das *þ* auskommt. Das Possessivpronomen in der 2. Person Plural zeigt mit *yðar* ebenfalls gelegentlich eine ältere Form auf.

Vér forum heim.	*Wir (mehr als zwei) fahren heim.*
Vit forum heim.	*Wir (beide) fahren heim.*
Þér gerðuð þessi kumbl.	*Ihr (mehr als zwei) machtet/errichtetet diese Hügel.*
Þit gerðuð þessi kumbl.	*Ihr (beide) errichtetet diese Hügel.*

Durch die Erwähnung einer bestimmten Person können Dualkonstruktionen noch deutlicher gemacht werden, vgl. *vit Þorsteinn* „wir beide, Þorsteinn und ich."

> **3.10 Aufgabe — Personalpronomen, 1. und 2. Person**
> Vervollständige die Sätze mit der jeweils richtigen Form der Personalpronomen.
>
> | | | |
> |---|---|---|
> | **Bsp** | <u>*Vér*</u> (wir) hǫfum bók. | Wir haben ein Buch. |
> | 1. | _____ (ich) geri kumbl. | Ich errichte einen Hügel. |
> | 2. | Þú spyrr _____ (mich). | Du fragst mich. |
> | 3. | _____ (du) kallar. | Du rufst/benennst. |
> | 4. | Ek gaf _____ (dir) land. | Ich gab dir Land. |
> | 5. | _____ (wir beide) hǫfum land. | Wir **beide** haben/besitzen Land. |
> | 6. | _____ (ich) fór heim. | Ich fuhr heim. |
> | 7. | _____ (ihr) gerið kumbl. | Ihr errichtet einen Hügel. |

3.11 Personalpronomen — 3. Person

Die Personalpronomen der 3. Person („er"/„sie"/„es", „sie") werden folgendermaßen dekliniert:

		M		F		N	
Sg	N	hann	er	hon	sie	þat	es
	A	hann	ihn	hana	sie	þat	es
	D	honum	ihm	henni	ihr	því	ihm
	G	hans	seiner	hennar	ihrer	þess	seiner
Pl	N	þeir	sie	þær	sie	þau	sie
	A	þá	sie	þær	sie	þau	sie
	D	þeim	ihnen	þeim	ihnen	þeim	Ihnen
	G	þeira	ihrer	þeira	ihrer	þeira	ihrer

Wie im Deutschen ergibt sich das Genus des Pronomens aus dem grammatischen Geschlecht des zu ersetzenden Substantivs: „Ich habe **das** Buch." – „Ich habe **es**." oder *Ek á bókina* (f A Sg) – *Ek á **hana*** (f A Sg).

Im Gegensatz zum Deutschen wird im Altnordischen jedoch auch im Plural zwischen den Genera (m *þeir*, f *þær*, n *þau*) unterschieden. Wird von einer aus unterschiedlichen Geschlechtern zusammengesetzten Gruppe gesprochen, wird daher immer die im Neutrum stehende Form *þau* verwendet:

Rerir fekk sér konu ok eru þau Rerir nahm sich eine Frau (heiratete) und **sie** sind
mjǫk lengi ásamt.   sehr lange zusammen.

Ein im Plural stehendes Personalpronomen, das vor einem oder mehreren Namen angeführt wird, kann mehrere Bedeutungen haben, vgl. *þeir Þórólfr ok Bjǫrn* „Þórólfr und Bjǫrn", oder aber auch „Þórólfr und Bjǫrn und ihre Begleiter". Um die richtige Bedeutung des Pronomens herausfinden zu können, muss daher stets der jeweilige Kontext berücksichtigt werden.

3.12 Aufgabe — Personalpronomen, 3. Person

A. Bestimme den Kasus, den Numerus und das Genus der folgenden Pronomen und gib ihre jeweilige Grundform (N Sg) und deren Übersetzung an.

Bsp	henni	*D Sg Fem., von hon*	*sie*
1.	hann	_____	_____
2.	hennar	_____	_____
3.	þat	_____	_____
4.	þær	_____	_____
5.	þeim	_____	_____

B. Gib das jeweils geforderte Pronomen an.

Bsp	N Sg m	*hann*			
1.	D Sg m	_____	6.	D Sg f	_____
2.	G Sg f	_____	7.	A Sg f	_____
3.	G Pl m	_____	8.	A Pl n	_____
4.	D Sg n	_____	9.	D Pl n	_____
5.	N Pl f	_____	10.	G Sg n	_____

3.13 Das Verb *vera* „sein" — Präsens und Präteritum

Das im Altnordischen am häufigsten verwendete Verb ist *vera* „sein". Es zeigt eine unregelmäßige Konjugation auf.

		Präsens			**Präteritum**		
Sg	1.	ek	**em**	(ich bin)	ek	**var**	(ich war)
	2.	þú	**ert**	(du bist)	þú	**vart**	(du warst)
	3.	hann	**er**	(er ist)	hann	**var**	(er war)
		hon	**er**	(sie ist)	hon	**var**	(sie war)
		þat	**er**	(es ist)	þat	**var**	(es war)
Pl	1.	vér	**erum**	(wir sind)	vér	**várum**	(wir waren)
	2.	þér	**eruð**	(ihr seid)	þér	**váruð**	(ihr wart)
	3.	þeir	**eru**		þeir	**váru**	
		þær	**eru**	(sie sind)	þær	**váru**	(sie waren)
		þau	**eru**		þau	**váru**	

In der altnordischen Dichtung sowie auf den Runensteinen wird häufig die ältere Form von *vera* verwendet, die anstelle des *-s* ein *-r* aufweist (*vesa, es, vas, váru, verit*).

3.14 Aufgabe — *vera*

A. Gib jeweils die richtige Form von *vera* an.

LEKTION 3: DÄNEMARK – VON RUNENSTEINEN UND DEN ERSTEN WIKINGERN

Präsens

			Präteritum		
Bsp	vér	*erum; wir sind*	**Bsp**	þau	*váru; sie waren*
1.	þú	_____	6.	vér	_____
2.	ek	_____	7.	þú	_____
3.	þér	_____	8.	þér	_____
4.	hon	_____	9.	ek	_____
5.	þær	_____	10.	þat	_____

B. Trage die richtige Form von *vera* in die Lücken ein und übersetze.

Präsens

Bsp	Þau *eru* frá Íslandi.	*Sie sind aus Island.*
1.	Sigríðr _____ kona.	_____
2.	Þeir _____ konungar.	_____
3.	Vér _____ frá Grœnlandi.	_____
4.	Hann _____ góðr maðr.	_____
5.	Þit _____ frá Nóregi.	_____
6.	Ek _____ konungr.	_____

Präteritum

Bsp	Þau *váru* frá Íslandi.	*Sie waren aus Island.*
7.	Sigríðr _____ kona.	_____
8.	Þau _____ frá Norðrlǫndum.	_____
9.	Hon _____ Danmarkar bót.	_____
10.	Hann _____ góðr maðr.	_____
11.	Þér _____ frá Nóregi.	_____
12.	Ek _____ konungr.	_____

3.15 DAS SCHWACHE VERB *HAFA* „HABEN" IM PRÄSENS

Hafa gehört zu den schwachen Verben der Klasse 3 und zeigt eine unregelmäßige Deklination im Präsens auf.

PRÄSENS

Sg	1.	ek	hef	*ich habe*	**Pl**	vér (vit)	hǫfum	*wir haben*
	2.	þú	hefr	*du hast*		þér (þit)	hafið	*ihr habt*
	3.	hann/ hon/þat	hefr	*er/sie/es hat*		þeir	hafa	*sie haben*

Im Präsens Singular taucht *hafa* auch oft mit dem eingeschobenen Vokal -*i*- zwischen Stamm und Endung auf: *ek hefi, þú hefir, hann hefir*.

3.16 AUFGABE — *HAFA*

Vervollständige die Sätze mit der richtigen Präsensform von *hafa*.

Bsp	ek	*hef*			
1.	þér	_____	7.	vit	_____
2.	vér	_____	8.	þau	_____
3.	þeir	_____	9.	þit	_____
4.	hon	_____	10.	þær	_____
5.	þú	_____	11.	Haraldr	_____

6. hann _____   12. þat _____

3.17 KULTUR — DIE NAMENSBILDUNG MIT *SON* (*SONR*) UND *DÓTTIR*

Die Verwendung von Namen, die heute in den meisten Ländern Europas die Zugehörigkeit einer Person zu einer bestimmten Familie kennzeichnen, war den Skandinaviern im Zeitalter der Wikinger noch weitestgehend fremd. Anstelle von Familiennamen wurde bei der Namensbildung auf sogenannte Patronyme zurückgegriffen. Dieses Prinzip beruht auf der Übernahme des Namens des Vaters. In Island wird auch heute noch an dieser Form der Namensgebung festgehalten.

Laut den schriftlichen isländischen Quellen wurde Eiríkr Þorvaldsson (inn rauði) im norwegischen Rogaland geboren und war der Sohn eines gewissen Þorvaldr Ásvaldsson. Eiríkr trug daher den patronymisch gebildeten Namen Þorvaldsson („Þorvalds Sohn"). Sein Beiname *inn rauði* („der Rote") beruht wahrscheinlich auf seiner roten Haarfarbe.

Patronyme setzen sich aus dem Genitiv des Eigennamens (Þorvald**s**) und dem Wort *son* („Sohn") zusammen. Im Deutschen würde der Name mit „Þorvalds Sohn" oder „ein/der Sohn des/von Þorvaldr(s)" übersetzt werden. Beachte, dass einige maskuline Eigennamen (wie z.B. *Bárðr*) auch die Genitivendung *-ar* (*Bárðar*) aufweisen können. Dadurch ergibt sich also der patronymisch gebildete Name *Bárð**ar**son*. Schwach deklinierende Namen (wie z.B. *Atli*) erhalten die Genitivendung *-a* (*Atl**a**son*).

Der Name des Vaters wurde auch von seinen Töchtern übernommen und entsprechend um das Wort *dóttir* („Tochter") ergänzt (z.B. *Freydís Eiríksdóttir*). Weder Frauen noch Männer legten ihren Namen bei der Heirat ab.

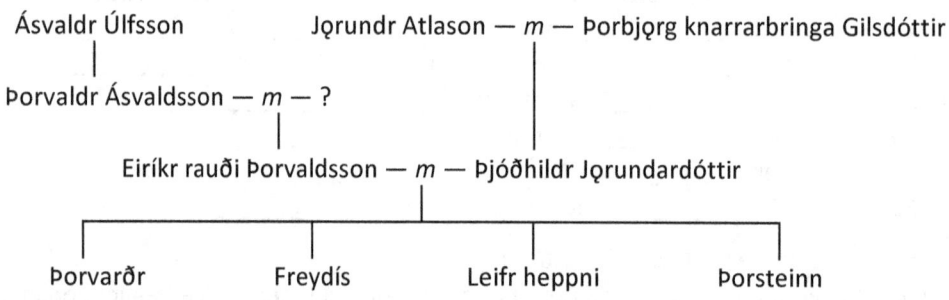

Abbildung 3.4. Der Stammbaum von Eiríkr Þorvaldsson inn rauði

Neben der patronymen Namensbildung kam es manchmal auch zur Verwendung von auf die Mutter zurückgeführten Metronymen. Dies war meist dann der Fall, wenn eine oder mehrere Personen wie z.B. die *Hildiríðarsynir* (die „Söhne von Hildiríðr") in *Egils saga* bei ihrer Mutter und/oder ohne ihren Vater aufgewachsen sind. Die metronymische Namensbildung kam mitunter aber auch zur Verwendung, wenn die Mutter einflussreicher und mächtiger war als der Vater. In *Droplaugarsona saga* nehmen die *Droplaugarsynir* z.B. den Namen ihrer Mutter Droplaug an. Viele Personen erhielten zusätzlich zu ihrem Vornamen und dem Patronym bzw. Metronym auch häufig einen Beinamen. Leifr Eiríksson war als „der Glückliche" (*inn heppni*) bekannt und seine Großmutter Þorbjǫrg trug den Beinamen *knarrarbringa* („bootgebrüstet"). Der bestimmte Artikel wurde dabei häufig weggelassen. Im achten Kapitel von *Þorsteins saga hvíta* („Saga von Þorsteinn dem Weißen") lässt sich ein junger Mann namens Brodd-Helgi über seinem Beinamen *Brodd* („Stachel") aus und berichtet, dass „die Menschen glaubten, dass es sehr glückverheißend war, über zwei Namen zu verfügen. Es gab den verbreiteten Glauben, dass Leute, die zwei Namen trugen, länger lebten".

3.18 AUFGABE — NAMENSBILDUNG

Genealogische Informationen bilden einen wichtigen Bestandteil der altnordischen Literatur. Da sie Ereignisse datieren, erleichtern sie es dem Leser, die Beziehungen zwischen den einzelnen Personen zu verstehen. Im

Gegensatz zur heutigen Kernfamilie handelte es sich bei den mittelalterlichen Familie um große, weitreichenden Verbände. Die Isländer waren sich ihrer genealogischen und durch geschickte Ehen geschlossenen Beziehungen wohl bewusst. Ohne die Kenntnis der wichtigsten Familienver-hältnisse lassen sich die Erzählungen in den Sagas häufig nicht richtig verstehen.

Erstelle mithilfe der folgenden Vorlage deinen eigenen Stammbaum im altnordischen Stil. Gib den Vor- als auch Nachnamen jedes Familienmitgliedes an und beachte, dass jede Person *son* oder *dóttir* von jemandem ist.

Bsp: Benjamin hat zwei Geschwister namens Daniel und Lena. Ihre Eltern heißen Barbara und Paul. Die Namen von Barbaras Eltern sind Sonja und Joachim. Pauls Eltern heißen Brigitte und Hans.

Unter Verwendung der patronymischen Namensbildung wären Benjamin und Daniel unter den Namen Benjamin Paulsson und Daniel Paulsson bekannt, während ihre Schwester Lena Paulsdóttir heißen würde. Ihre Eltern wären dementsprechend unter den Namen Barbara Joachimsdóttir und Paul Hansson im Telefonbuch zu finden.

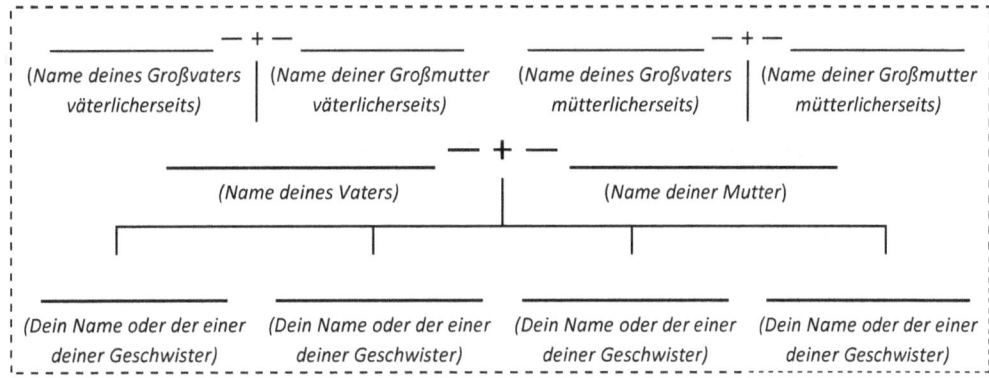

3.19 Vokabular — Liste 3. Die häufigsten Wörter in den Sagas

Substantive	Adjektive	Pronomen	Zahlwörter
fé — Vieh, Geld, Besitz	**fár** — wenig	**sinn** — sein, ihr, sein (eigenes)	**þrír** — drei
bróðir — Bruder	**dauðr** — tot		
vetr — Winter	**stórr** — wahr		
land — Land			
Verben	**Präp & Adv**	**Konjunktionen**	
mæla — sprechen	**nú** — jetzt, nun	**er** — der, dieser; als; wo	
vilja — wollen	**við** — in der Nähe von, bei; mit; gegen		
taka — nehmen	**með** — mit; bei		
skulu — sollen	**svá** — so, solch		

Aufgaben

3.20 Die frühe dänische Geschichte. Bringe die folgenden Ereignisse der dänischen Geschichte in die richtige Reihenfolge.

  1 Beginn der ersten Bauphase des Danewerks und Haithabus
  ____ Verschriftlichung der isländischen *Hrólfs saga kraka*
  ____ Errichtung der großen Ringburgen in Dänemark durch Haraldr blátǫnn
  ____ Regierungszeit von Gormr inn gamli, dem letzten vorchristlichen Königs Dänemarks

3.21 Die Konjugation der Verben: Das Präsens von vera. Gib die richtige Form von vera „sein" an und übersetze.

1. Ek _____ konungr.
2. Vit _____ konungar.
3. Þú _____ sterkr.
4. Þér _____ í Brattahlíð.
5. Hann _____ landnámsmaðr.
6. Þeir _____ landnámsmenn.

3.22 Das Präsens von hafa. Gib die jeweils richtige Form von hafa „haben" an.

			PRÄSENS
Sg	1.	ek	_____
	2.	þú	_____
	3.	hann, hon, þat	_____
Pl	1.	vér	_____
	2.	þér	_____
	3.	þeir, þær, þau	_____

3.23 Wiederholung – Substantive: Genus. Vervollständige die Tabelle.

	SUBSTANTIV	GENUS	BEDEUTUNG
Bsp	maðr	*Maskulinum*	*Mann, Person*
1.	_____	_____	Frau
2.	skǫrungr	_____	_____
3.	_____	_____	Tochter
4.	atgervimaðr	_____	_____
5.	land	_____	_____
6.	_____	_____	Jarl
7.	konungr	_____	_____
8.	kumbl	_____	_____
9.	_____	_____	Sohn
10.	bót	_____	_____

3.24 Verben. Übersetze die Verben ins Deutsche und gib den Infinitiv an.

	VERB (PRÄT)	BEDEUTUNG	INFINITIV
Bsp	vildi	*wollte*	*vilja*
1.	hét	_____	_____
2.	gerði	_____	_____
3.	var	_____	_____
4.	nam	_____	_____
5.	fekk (konu)	_____	_____

3.25 Verbindende Verben. Wenn Substantive oder Adjektive mit einem Subjekt durch ein Verb verbunden werden, werden sie prädikative Substantive bzw. Adjektive genannt. Sie stehen wie das Subjekt im Nominativ. Kreise die verbindenden Verben ein und unterstreiche die Nominalergänzungen und übersetze die Sätze. Nimm, wenn nötig, das Wörterverzeichnis zur Hilfe.

1. Herjólfr hét maðr Bárðarson Herjólfssonar; hann fór til Grœnlands með Eiríki.

LEKTION 3: DÄNEMARK – VON RUNENSTEINEN UND DEN ERSTEN WIKINGERN 81

Herjólfr nam Herjólfsfjǫrð ok bjó á Herjólfsnesi. Eiríkr nam Eiríksfjǫrð ok bjó í Brattahlíð, en Leifr sonr hans eptir hann.

_____
_____
_____

2. Gormr, sonr Hǫrða-Knúts, var mikill maðr ok sterkr. Hann var atgervimaðr. En ekki var hann kallaðr vitr maðr.

_____
_____

3. Gormr fekk konu, er Þyri hét. Hon var dóttir Haralds jarls af Jótlandi. Hann var kallaðr Klakk-Haraldr. Þyri var fríð kona. Hon var mestr skǫrungr af konum á Norðrlǫndum. Hon hét Þyri Danmarkarbót.

_____
_____
_____

3.26 WORTFREQUENZ. Gib mithilfe von *Liste 3. Die häufigsten Wörter in den Sagas (nach Wortarten gegliedert)* die jeweils drei häufigsten Substantive, Adjektive, Verben und Präpositionen bzw. Adverbien an.

	ALTNORDISCH	DEUTSCH		ALTNORDISCH	DEUTSCH
SUBSTANTIVE			**ADJEKTIVE**		
1	_____	_____	4	_____	_____
2	_____	_____	5	_____	_____
3	_____	_____	6	_____	_____
VERBEN			**PRÄP & ADV**		
7	_____	_____	11	_____	_____
8	_____	_____	12	_____	_____
9	_____	_____	13	_____	_____
10	_____	_____	14	_____	_____

LEKTION 4

KÖNIGE UND HELDEN

Opt kemr sólskin eptir skúr.
(Oft kommt Sonnenschein nach einem Schauer.)

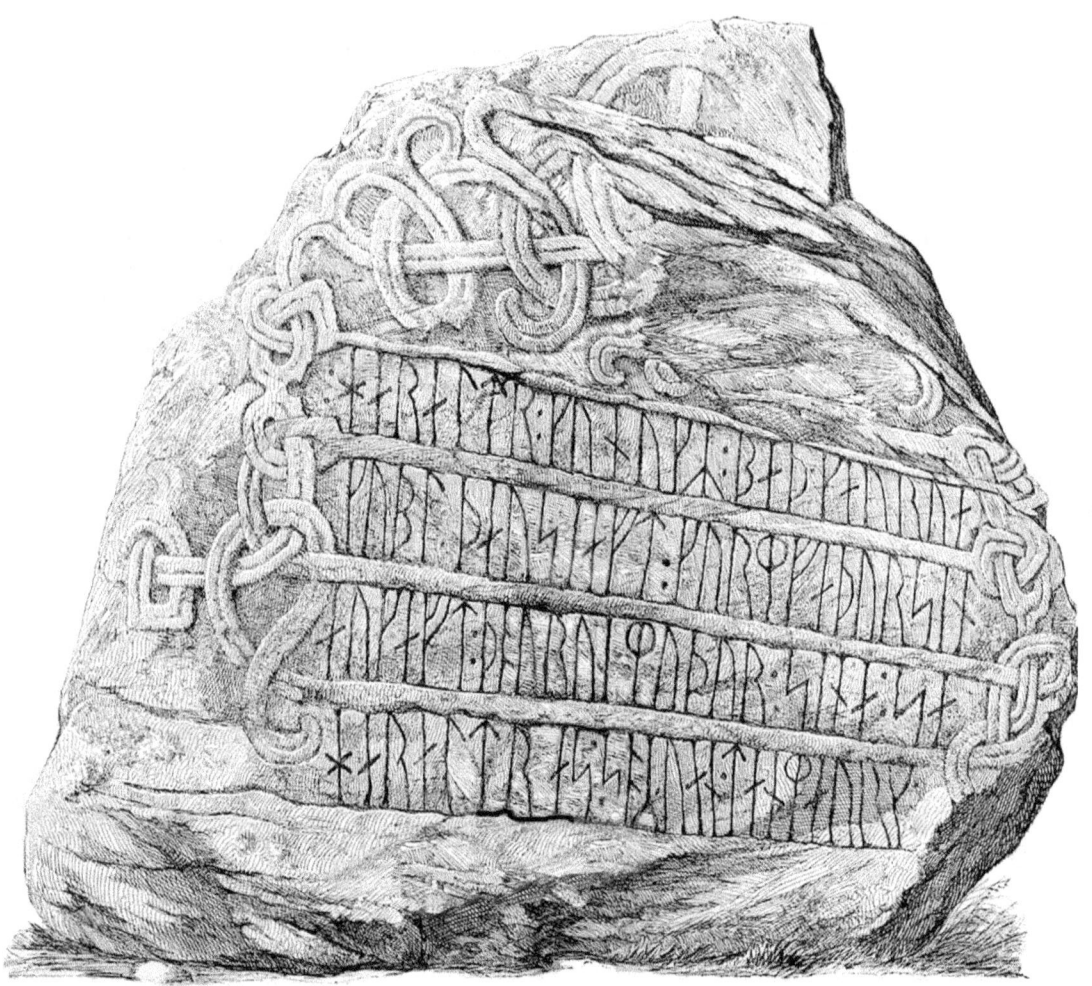

Abbildung 4.1. Der große Runenstein von Jelling (Seite A) wurde vom dänischen König Haraldr blátǫnn (ca. 958–987) in Gedenken an seine Eltern Gormr und Þyri errichtet.

4.1 Textpassage — Der große Runenstein von Jelling

Haraldr *blátǫnn* („Blauzahn") ist der erste dänische König der Wikingerzeit, über dessen Leben uns über die bloße Legende hinausgehende Quellen vorliegen. Haraldr war der erste König, dem es gelang das dänische Reich unter einer Krone zu vereinen und seine Taufe um das Jahr 965 leitete die Christianisierung ganz Skandinaviens ein. Ob seine Aufnahme in die christliche Gemeinschaft tatsächlich religiöse Beweggründe hatte und/oder politisch motiviert war, lässt sich im Nachhinein nicht mehr feststellen.

König Haraldr ließ neben dem Grabhügel seiner Eltern einen weiteren Hügel in Jelling aufschütten, der der Erinnerung an die Toten dienen sollte. Anschließend ließ er auf diesem sog. Scheingrab (Kenotaph) einen riesigen Runenstein errichten, der seinen Übertritt zum neuen Glauben legitimierte, und ordnete den Bau einer Kirche zwischen den beiden Hügeln an. Damit ist es König Haraldr gelungen, das Grab seiner noch dem alten Glauben anhängenden Eltern in die christliche Kultur zu integrieren.

Der von Haraldr errichtete große Runenstein von Jelling befindet sich unweit des etwas kleineren Runensteins, der einst von seinem Vater Gorm in Auftrag gegeben wurde. Die den Stein zierende Runeninschrift zieht sich über alle drei Ansichtsseiten. Seite C ist mit einer der ersten skandinavischen Abbildungen von Jesus Christus versehen.

Da einige Teile der Steine durch äußere natürliche Einflüsse bereits stark beschädigt wurden, stehen sie zum Schutz vor weiterer Verwitterung seit einigen Jahren in Glaskästen.

RUNEN
(Seite A)

TRANSLITERATION
: haraltr : kunukR : baþ : kaurua
kubl : þausi aft : kurm faþur sin
auk aft : þaurui : muþur : sina : sa
haraltr ias : sãR : uan : tanmaurk

(Seite B)

ala : auk : nuruiak

(Seite C)

auk tani karþi kristnã

STANDARDISIERTES ALTNORDISCH
Haraldr konungr bað gera kumbl þessi ept Gorm fǫður sinn ok ept Þyri móður sína; sá Haraldr es[9] sér vann Danmǫrk alla ok Norveg ok Dani gerði kristna[10].

ÜBERSETZUNG
König Haraldr befahl, diese Denkmäler zu errichten in Gedenken an Gormr, seinen Vater, und Þyri, seine Mutter; dieser Haraldr, der für sich gewann ganz Dänemark und Norwegen und [der] die Dänen zu Christen machte.

VOKABULAR
alla *f A Sg* von **allr**

❖**allr** <*f* ǫll, *n* allt> *Adj Pron* ganz, vollständig; *n Sg* alles

bað 1/3 *Sg Prät* von **biðja**

❖**biðja** <biðr, bað, báðu, beðinn> *V* fragen, bitten; auffordern, gebieten, befehlen; **biðja gera** befehlen etw. zu machen

Dani *A Pl* von **Danir**

Danir *m Pl* (die) Dänen

❖**eptir** (auch **ept**) *Präp* [*mit A*] nach (zeitlich); in Gedenken an; [*mit D*] nach, entlang

❖**er** (auch **es**) *Rel-Pron* der, die, das

❖**faðir** <*A* fǫður, *D* fǫður ~feðr, *G* fǫður, *N & A Pl* feðr, *D Pl* feðrum, *G Pl* feðra> *m* Vater

❖**gera** (auch **gøra**) <-ði, -ðr ~gerr> *V* machen, tun; anfertigen, herstellen; durchführen, zustande bringen; entstehen, aufkommen; **gerask** *Med-Pas* aufkommen, geschehen, passieren

gerði 3 *Sg Prät* von **gera**

kristinn *Adj* christlich

kristna *m A Pl* von **kristinn**

kumbl <*Pl* kumbl> *n* Grabmal, Denkmal, Grabhügel oder Hügelgrab

❖**móðir** <*A, D & G* móður, *N & A Pl* mœðr, *D Pl* mœðrum, *G Pl* mœðra> *f* Mutter

Noregr (auch **Norvegr** oder **Nóregr**) <-s> *m* Norwegen

❖**sá** <*f* sú, *n* þat> *Dem-Pron* der, dieser

❖**sik** <*D* sér, *G* sín> *Refl-Pron* sich selbst; ihm, ihr, ihnen selbst; seiner/ihrer selbst

❖**sinn** <*f N Sg* sín, *n N Sg* sitt> *Refl-Poss-Pron* sein, ihr, sein eigene/r/s

---

[9] **es** = **er** (*Rel-Pron*). Der Runenstein verwendet die Schreibweise **ias**. Da die erste Rune jedoch nicht ganz eindeutig zu erkennen ist, erscheint sie nicht auf der Abbildung am Anfang der Lektion.

[10] **ok Dani gerði kristna**: „und die Dänen christlich machte."

vann *1/3 Sg Prät* von **vinna**
vinna <vinnr, vann, unnu, unninn> *V* gewinnen; arbeiten; verrichten, vollbringen; erreichen
❖ **þessi** <*n A Pl* þessi> *Dem-Pron* dieser, diese, dieses

Abbildung 4.2. Der Runenstein von Jelling (Seite B und Seite C).

4.2 Aufgabe — Die Inschrift auf dem großen Runenstein von Jelling

Gehe noch einmal durch die Textpassage und entscheide, ob die folgenden Aussagen richtig (*rétt*) oder falsch (*rangt*) sind.

RÉTT EÐA RANGT?

1. Haraldr konungr bað gera kumbl þessi eptir fǫður sinn. _____
2. Þyri var móðir Haralds. _____
3. Haraldr var faðir Gorms. _____
4. Gormr var faðir Haralds. _____
5. Haraldr vann sér Ísland. _____

4.3 Lautlehre und Lautwandel – Einführung: Vokale und Konsonanten

Jede sprachliche Äußerung bzw. jede *lautliche* Äußerung von Buchstaben, Silben und Worten, besteht aus Vokalen und/oder Konsonanten.

Vokale sind Laute, die durch den ungehinderten Ausstrom der Atemluft aus der Mundhöhle erzeugt werden ohne dass diese dabei verschlossen oder verengt wird.

Das Altnordische verfügt sowohl über kurze als auch über lange Vokale.

Abbildung 4.3. Der Vokal -*i*-.

Die Kennzeichnung der langen Vokale erfolgt häufig durch ein Längenzeichen (*á, é, í, ó, ú, ý*). Zu den langen Vokalen zählen außerdem die Digraphen **æ** und **œ**, bei denen es sich um Verbindungen von zwei Buchstaben zu einem Laut handelt, sowie die Diphthonge (Doppellaute) *ei, au, ey, jǫ* und *ja*.

Konsonanten sind Laute, die durch die zeitweilige Blockade des Atemluftstroms durch die Verengung oder den Verschluss des Stimmtraktes gebildet werden. Mit Ausnahme von *þ*, *ð*, *f* und *g* lassen sich für alle altnordischen Konsonaten Parallelen im Deutschen finden.

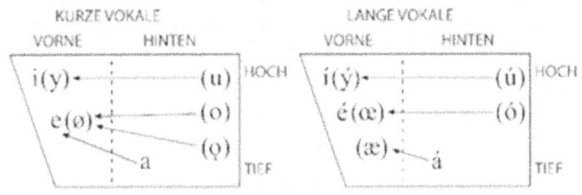

Abbildung 4.4. Das altnordische Vokalsystem. Die Vokale in den Klammern sind gerundet.

4.4 Das Vokaltrapez und das altnordische Vokalsystem.
Die Artikulation der einzelnen Vokale ergibt sich aus der Höhe der Zunge (hoch, mittel oder tief) bzw. dem Öffnungsgrad des Munds (geschlossen, halbgeschlossen oder offen), der Zungenlage (vorne, zentral oder hinten) sowie der Stellung der Lippen (gerundet oder ungerundet).

Bei der Artikulation von /i/ im deutschen Wort „Mine" ist der Mund geschlossen, die Zunge befindet sich im vorderen Bereich des Mundraums und die Lippen sind ungerundet. Das -*i*- stellt einen hohen bzw. geschlossenen, vorderen ungerundeten Vokal dar. Bei der Artikulation des Wortes „gut" sind die Lippen hingegen gerundet und die Zunge ist weiter hinten im Mund positioniert. Das -*u*- in „gut" lässt sich dementsprechend als hoher bzw. geschlossener, hinterer gerundeter Vokal bezeichnen.

Im sog. Vokaltrapez lässt sich die Artikulation der Vokale auch visuell darstellen. Die beiden folgenden Diagramme veranschaulichen die Artikulation der kurzen und langen Vokale im Altnordischen.

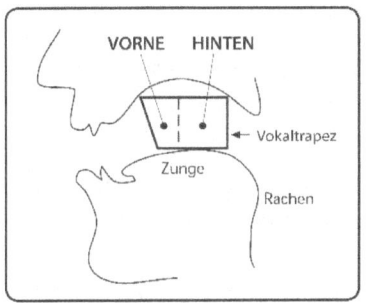

Abbildung 4.5. Der Vokaltrakt und das Vokaltrapez.

4.5 Sprachwandelphänomene – Der *u*-Umlaut.
Der Begriff *Umlaut* bezeichnet den Vorgang und das Resultat einer durch einen Vokal oder Halbvokal der Nachbarsilbe (i. d. R. der schwächer betonten Folgesilbe) hervorgerufenen lautlichen Veränderung eines Vokals. Im Zuge von Umlautprozessen wird ein Vokal also artikulatorisch an seine benachbarten Laute angeglichen. Dieser Vorgang führt in vielen Fällen zu einer leichteren Aussprache der entsprechenden Wörter. Besonders häufig vom Umlaut betroffen sind die in der Haupttonsilbe stehenden Vokale.

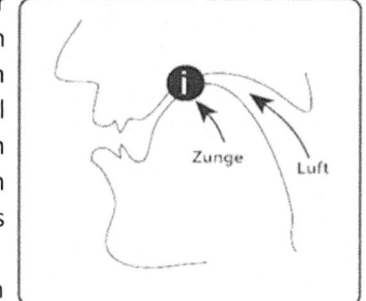

Abbildung 4.6. Die Artikulation von /i/ im dt. Wort „Mine".

Der durch ein -*u*- in schwach betonter Silbe ausgelöste lautliche Wandel von -*a*- zu -*ǫ*- (bzw. in einigen Fällen auch zu -*u*-) wird ***u*-Umlaut** genannt. Da der den Umlaut auslösenden Vokal -*u*- seine lautlichen Eigenschaften, also die Aussprache mit gerundeten Lippen, auf das ungerundete -*a*- überträgt, wird der Vorgang manchmal auch als **Labialisierung** (Rundung) bezeichnet.

Der *u*-Umlaut hat seinen Einfluss bereits beim Übergang vom Urnordischen zum Altnordischen (ca. 600–800 n.Chr.) hinterlassen, ist aber auch im Altnordischen noch aktiv. Mithilfe des *u*-Umlauts lassen sich daher einige auf den ersten Blick unregelmäßig erscheinende Flexionsformen erklären, vgl. N Sg *saga*, aber A/G/D Sg *sǫgu*. Der die Hauptbetonung tragende Wurzelvokal -*a*- wurde hier also durch das -*u*- in der unbetonten Folgesilbe zu -*ǫ*- umgefärbt.

Der *u*-Umlaut in (betonten) Anfangssilben. Im Altnordischen wird das -*a*- in (betonten) Anfangssilben zu -*ǫ*- umgelautet, wenn ein -*u*- in der (unbetonte) Folgesilbe steht.

	SUBSTANTIVE			VERBEN	
	ARMR (M)	SAGA (F)	LAND (N)	KALLA	VAKA
Sg N	armr	saga	hjarta	1. kalla	vaka

	A	arm	sǫgu	hjarta	2.	kallar	vakir
	D	armi	sǫgu	hjarta	3.	kallar	vaki
		arms	sǫgu	hjarta			
Pl	N	armar	sǫgur	hjǫrtu	1.	kǫllum	vǫkum
	A	arma	sǫgu	hjǫrtu	2.	kallið	vakið
	D	ǫrmum	sǫgum	hjǫrtum	3.	kalla	vaka
	G	arma	sagna	hjartna			
	Ü	Arm	Geschichte	Herz		nennen	wachen, wach sein

Darüber hinaus tritt der *u*-Umlaut manchmal auch in Wörtern ohne -*u*- in der unbetonten Folgesilbe auf (vgl. N/A Sg *land*, aber N/A Pl *lǫnd*). Das für die Auslösung des Umlauts verantwortliche -*u*- der älteren urnordischen Form ist hier nicht mehr erhalten. Der **Wegfall von kurzen Silben in unbetonter Stellung (Synkope)** ist eine der wichtigsten Lautwandelerscheinungen des Übergangs vom Urnordischen zum Altnordischen und verantwortlich dafür, dass diese sprachliche Periode als sog. **Synkopezeit** bezeichnet wird.

Der *u*-Umlaut in (unbetonten) Mittelsilben. In dreisilbigen Wörtern kann ein in der unbetonten Flexionsendung stehendes -*u*- den lautlichen Wandel des Mittelsilbenvokals -*a*- zu -*u*- herbeiführen. Dieser Vorgang lässt sich vor allem im Präteritum Plural der schwachen Verben beobachten.

| 3 Sg Prät | leitaði | „er/sie/es suchte" | 3 Pl Prät | leituðu | „sie suchten" |
| 3 Sg Prät | elskaði | „er/sie/es liebte" | 3 Pl Prät | elskuðu | „sie liebten" |

Weitere Bemerkungen zum *u*-Umlaut

- Der *u*-Umlaut tritt i. d. R. dann auf, wenn die unbetonte Folgesilbe eines Wortes ein -*u*- aufweist. In dem Wort *landinu* ist der *u*-Umlaut daher nicht aktiv, da zwischen dem -*a*- und dem -*u*- eine den Vokal -*i*- aufweisende Silbe interveniert.
- In dreisilbigen Wörtern kann sich der *u*-Umlaut sowohl auf in betonter als auch in unbetonter Stellung stehende Silben auswirken: Nachdem die *u*-Endung in der Flexionsform *kǫlluðu* (3 Pl Prät von *kalla*, „sie nannten") zunächst den lautlichen Wandel von -*a*- zu -*u*- in der unbetonten Mittelsilbe (*kalluð*-) herbeigeführt hat, löst dieses anschließend den *u*-Umlaut von -*a*- zu -*ǫ*- in der betonten Anfangssilbe (*kǫlluðu*) aus.
- Der *u*-Umlaut lässt sich auch in zusammengesetzten Wörtern beobachten: N Sg *viðtaka*, G Sg *viðtǫku*; N Sg *atganga*, G Sg *atgǫngu*.

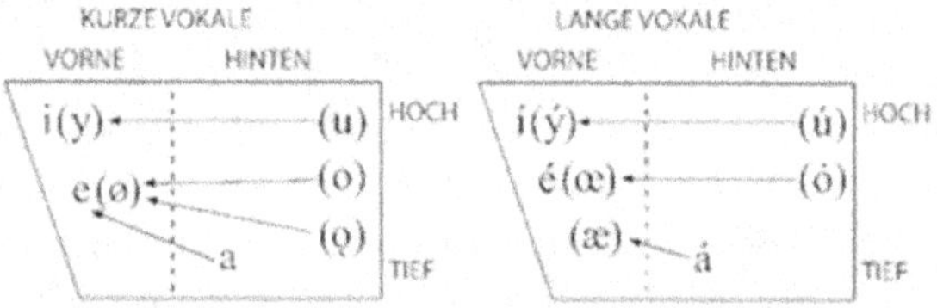

Abbildung 4.7. Der *i*-Umlaut der altnordischen Vokale. Die Vokale in Klammern sind gerundet.

4.6 Sprachwandelphänomene – Der *i*-Umlaut

Das Altnordische weist eine ganze Reihe von Vokalwechseln auf, die auf den sog. *i*-Umlaut zurückzuführen sind. Im Zuge des *i*-Umlauts werden durch die Einwirkung eines -*i*- oder -*j*- in der schwächer betonten Folgesilbe **alle hinteren Wurzelvokale** nach vorne geholt. Der Vorgang wird daher auch als **Palatalisierung** bezeichnet. Ebenso wie der *u*-Umlaut geht der *i*-Umlaut auf die den Übergang vom Urnordischen zum Altnordischen markierende Synkopezeit zurück. Die folgende Tabelle gibt einen Überblick über die durch den *i*-Umlaut verursachten Vokalwechsel.

Ausgangsvokal	palatalisierter Vokal	Ausgangsvokal	Palatalisierter Vokal
a	> e	u	> y
á	> æ	(j)ú/jó	> ý

| o | > ø (später e) | ǫ | > ø |
| ó | > œ | au | > ey |

Der *i*-Umlaut taucht in einer Vielzahl von grammatischen Formen auf:
- in den Pluralformen der Substantive: *faðir*, Pl *feðr*; *maðr*, Pl *menn*; *bróðir*, Pl *brœðr*; *áss* („Ase", „Gott"), Pl *æsir*.
- im Dativ Singular der Substantive: *vǫllr* „Feld" (Stamm *vall*-), D Sg *velli*; *hǫnd* „Hand" (Stamm *hand*-), D Sg *hendi*.
- im Komparativ und Superlativ der Adjektive: *fagr, fegri, fegrstr* „schön, schöner, am schönsten"; *hár, hær(r)i, hæstr* „hoch, höher, am höchsten"; *stórr, stœrri, stœrstr* „groß, größer, am größten".
- im Präsens Singular der starken Verben: *fara, hon ferr* „sie fährt/reist"; *standa, hon stendr* „sie steht"; *ráða, hon ræðr* „sie rät/herrscht"; *róa, hon rœr* „sie rudert".

Während die den *i*-Umlaut auslösenden Vokale im Laufe der Synkopezeit häufig verschwunden sind, d.h. synkopiert wurden, sind die Produkte des Lautwandels erhalten geblieben. Anhand des umgelauteten Vokals kann manchmal zwischen den Singular- und Pluralformen bestimmter Worte unterschieden werden: Sg *maðr*, Pl *menn*, Sg *gás*, Pl *gæss*, Sg *fótr*, Pl *fœtr* oder Sg *mús*, Pl *mýss*. Außerdem spielt der *i*-Umlaut auch bei der Unterscheidung zwischen den Singular- und Pluralformen im Präsens der starken Verben eine wichtige Rolle.

INFINITIV	3 SG PRÄS (MIT *I*-UMLAUT)	3 PL PRÄS (OHNE *I*-UMLAUT)
fara	*ferr*	*fara*
ráða	*ræðr*	*ráða*
koma	*kømr*	*koma*
fljúga	*flýgr*	*fljúga*
hlaupa	*hleypr*	*hlaupa*

Beachte, dass bei Vorhandensein eines -*i*- in schwach betonter Folgesilbe jedoch nicht immer von der Durchführung eines *i*-Umlauts ausgegangen werden darf. Da der *i*-Umlaut im Gegensatz zum *u*-Umlaut im Altnordischen nicht mehr aktiv ist, wird der Wurzelvokal in Wörtern wie z.B. *landi* (D Sg von *land*), *staði* (D Sg von *staðr*), *farinn* (Part-Perf von *fara*), *standinn* (Part Prät von *standa*), *farið* (2 Pl Präs von *fara*) oder *standið* (2 Pl Präs von *standa*) nicht palatalisiert.

In gewissen lautlichen Umgebungen kann es jedoch auch im Altnordischen noch zur Durchführung eines *i*-Umlauts kommen. Da die palatalisierende Wirkung eines -*i*- in der (i.d.R. keinen *i*-Umlaut auslösenden) unbetonten Flexionsendung durch die beiden Konsonanten *g* und *k* verstärkt wird, tritt der *i*-Umlaut in Wörtern wie z.B. D Sg *degi* von *dagr* (i.G.z. D Sg *staði* von *staðr*) oder Part Prät *tekinn* von *taka* (i.G.z. Part Prät *farinn* von *fara*) in Erscheinung. Da dieser Lautwandel nach der eigentlichen Wirkungsperiode des *i*-Umlauts stattgefunden hat, wird er auch als sekundärer *i*-Umlaut bezeichnet.

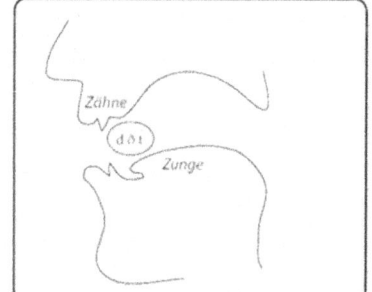

Abbildung 4.8. Dentale. Bei der Artikulation der Konsonanten -ð-, -d- und -t- stößt die Zunge an die Zähne.

4.7 Verben – Starke und schwache Konjugation

Bei der Flexion der Verben wird je nach der Bildung des Präteritums zwischen starken und schwachen Verben unterschieden. Starke Verben bilden ihr Präteritum durch eine Veränderung des Wurzelvokals (**Ablaut**), z.B. Inf *taka* – 3 Sg Prät *tók*, *gefa* – *gaf* oder *vinna* – *vann*). Der Ablaut bildet auch im Deutschen die Grundlage für die Präteritalbildung (vgl. *geben-gab* oder *gewinnen-gewann*).

Die schwachen Verben bildet ihr Präteritum durch die **Suffigierung eines Dentalsuffix'** an den Wortstamm:

kalla-kallaði (3 Sg Prät), *kenna – kenndi* oder *mæla – mælti*. Das Dentalsuffix kann dabei je nach lautlicher Umgebung in der Fom der Konsonanten *-ð-*, *-d-* oder *-t-* in Erscheinung treten. Auch im Deutschen werden die schwachen Verben mit einem Dental gebildet (vgl. *nennen – nannte*, *fühlen – fühlte* oder *sagen – sagte*).

> **4.8 AUFGABE— STARKE UND SCHWACHE VERBEN**
> Gib an, ob die folgenden Verben stark oder schwach sind und übersetze sie anschließend.
>
> 1. nam (*Inf* nema) _____
> 2. kallaði (*Inf* kalla) _____
> 3. mælti (*Inf* mæla) _____
> 4. bjó (*Inf* búa) _____
> 5. fór (*Inf* fara) _____
> 6. tók (*Inf* taka) _____
> 7. herjaði (*Inf* herja) _____
> 8. gerði (*Inf* gera) _____

4.9 STARKE UND SCHWACHE VERBEN IM WÖRTERVERZEICHNIS

Ein Verb lässt sich stets unter seiner Grundform, dem Infinitiv, im Wörterbuch finden. Das hinten im Buch zu findende Wörterverzeichnis unterscheidet folgendermaßen zwischen starken und schwachen Verben:

Starke Verben
- **ganga** <gengr, gekk, gengu, genginn> *V* gehen, sich vorwärts bewegen
- **koma** <kemr~kømr, kom, kómu~kvámu, kominn> *V* kommen
- **fara** <ferr, fór, fóru, farinn> *V* reisen, sich begeben, gehen, fahren

Schwache Verben
- **hafa** <hef(i)r, hafði, haft> *V* haben; halten, besitzen; nehmen
- **mæla** <-ti, -tr> *V* sagen, sprechen
- **segja** <sagði, sagt> *V* sagen

Neben der Angabe des Infinitivs liefern die Wörterbucheinträge der starken Verben auch Informationen über die vier Stammformen des Verbs. Mithilfe dieser Formen lassen sich auch die anderen Deklinationsformen herleiten.

Die erste Stammform gibt immer die 3 Sg Präs an (z.B. *gengr* „er/sie/es geht"). Bei der zweiten Stammform handelt es sich um die 3 Sg Prät (*gekk* „er/sie/es ging"). Die dritte Stammform bezieht sich auf die 3 Pl Prät (*gengu* „sie gingen") und die vierte Stammform liefert Informationen über das Part Prät (*hann er genginn* „er ist gegangen").

In Bezug auf die schwachen Verben gibt das Wörterverzeichnis Auskunft über das Dentalsuffix (*-d-*, *-ð-* oder *-t-*) bzw. liefert mitunter auch vollständige Angaben über das Partizip Präteritum bzw. die Endung des Partizip Präteritums des entsprechenden Verbs.

PRÄSENSENDUNGEN		
	SINGULAR	PLURAL
1.	-	-im
2.	-r	-ið
3.	-r	-a

4.10 DAS PRÄSENS DER SCHWACHEN VERBEN

Die schwachen Verben bilden ihr Präsens durch die Suffigierung von Flexionsendungen (siehe Tabelle rechts) an den Wortstamm. Der Wortstamm (**= Wortwurzel + Themavokal**) ist die Ausgangsbasis für die Tempusbildung und Flexion eines jeden Verbs. Er ergibt sich i. d. R. durch den Wegfall der Infinitivendung *-a*. Schwache Verben lassen sich in **drei** (bzw. vier) **verschiedene Klassen** gliedern. Die Benennung der unterschiedlichen Klassen erfolgt auf Grundlage der **unterschiedlichen Themavokale**:

Sämtlichen zu **Klasse 1 (*jan*-Verben)** zählenden schwachen Verben ist gemein, dass sie im Germanischen ursprünglich einen auf die Wortwurzel folgenden Themavokal *-ja-* aufzeigten. Dabei wird zwischen zwei Untergruppen differenziert.

Die schwachen Verben der **Klasse 1a (kurzwurzelige *jan*-Verben)**, etwa 100 an der Zahl, zeichnen sich durch den auf die Verbwurzel folgenden erhaltenen Themavokal *-j-* aus: *telj-* (Inf *telja*), *spyrj-* (Inf *spyrja*), *leggj-* (Inf *leggja*).

Das -*j*- tritt jedoch i. d. R. nur vor -*a*- oder -*u*- in Erscheinung: Inf *telja, vér teljum, þeir telja*, aber *ek tel, þú telr, hann telr, þér telið*. Unabhängig davon, ob das -*j*- erhalten ist, lassen sich im Infinitiv und im Präsens Veränderungen des Wurzelvokals beobachten. Beim Infinitiv *telja* handelt es sich z.B. um ein Ergebnis der *i*-umgelauteten Wurzelsilbe *tal*-. Die ursprüngliche Wurzel tritt hingegen im Präteritum in Erscheinung, z.B. *hann taldi*. Das Verb *vilja* zeigt eine unregelmäßige Deklination auf: *þú vill, hann vill*.

Die schwachen Verben der **Klasse 1b** (langwurzelige *jan*-Verben) zeichnen sich durch den Erhalt des Themavokals -*i*- im Präsens Singular aus: *hann mælir, hon sendir, þú gerir*. Die Gruppe umfasst mehrere hundert Verben.

	KLASSE 1 (*JAN*-VERBEN)	**KLASSE 1A**		**KLASSE 1B**	
		TELJA	***VILJA***	***MÆLA***	***SENDA***
	ek	Tel	vil	mæli	geri
	þú	Telr	vill	mælir	gerir
	hann, hon, þat	Telr	vill	mælir	gerir
	vér	Teljum	viljum	mælum	gerum
	þér	Telið	vilið	mælið	gerið
	þeir, þær, þau	Telja	vilja	mæla	gera

Klasse 2 (*ōn*-Verben) besteht aus ungefähr 500 Verben und bildet damit die größte Gruppe. Die zu Klasse 2 gehörenden Verben zeigen im Singular den Themavokal -*a*- vor den entsprechenden Flexionsendungen auf: *hann kallar, hann svarar, hann talar*. Im Plural ist der Themavokal nicht erhalten: *þér kallið, þér svarið, þér talið*. Es ergeben sich also jeweils unterschiedliche Stammformen für den Singular (mit Themavokal: *kalla-, svara-, tala-*) und den Plural (ohne Themavokal: *kall-, svar-, tal-*). Beachte, dass auch bei den schwachen Verben der Klasse 2 ein -*u*- in schwach betonten Silben einen *u*-Umlaut herbeiführt: 1 Pl *kall + um > kǫllum, tal + um > tǫlum*.

	KLASSE 2 (*ŌN*-VERBEN)	***KALLA***	***TALA***	***SVARA***
Sg 1.	Ek	kalla	tala	svara
2.	Þú	kallar	talar	svarar
3.	hann, hon, þat	kallar	talar	svarar
Pl 1.	Vér	kǫllum	tǫlum	svǫrum
2.	Þér	kallið	talið	svarið
3.	þeir, þær, þau	kalla	tala	svara
Ü		rufen, nennen	reden	antworten

Bei den schwachen Verben der **Klasse 3** (*ēn*-Verben) handelt es sich um eine aus nur ungefähr 30 Verben bestehende Gruppe. Wie bei den schwachen Verben der Klasse 1b zeigt sich auch hier der Themavokal -*i*- vor den Personalendungen im Singular: *vaki, vakir, vakir*. Das ebenfalls zu der Klasse gehörende Verb *hafa* „haben", eines der häufigsten Wörter des Altnordischen, zeigt leicht abweichende Formen im Singular auf (Wurzelvokal -*e*- anstelle von -*a*-): *ek hefi, þú hefir, hann hefir*.

	KLASSE 3 (*ĒN*-VERBEN)	***VAKA***	***ÞOLA***	***HAFA***
Sg 1.	ek	vaki	þoli	hefi
2.	þú	vakir	þolir	hefir
3.	hann, hon, þat	vakir	þolir	hefir
Pl 1.	vér	vǫkum	þolum	hǫfum
2.	þér	vakið	þolið	hafið
3.	þeir, þær, þau	vaka	þola	hafa

***j*-Einschub vor -*a*- und -*u*-**

Zum Einschub von -*j*- kommt es immer dann, wenn die Flexionsendung mit -*a*- oder -*u*- beginnt (vgl. 2 Pl Präs *segið*, aber 1 Pl Präs *segjum*, von *segja* „sagen"). Verben mit *j*-Einschub tauchen in allen Konjugationsklassen auf, z.B. *leggja* „legen" (Klasse 1a), *sœkja* „suchen" (Klasse 1b), *herja* „heeren" (Klasse 2) und *segja* „sagen" (Klasse 3). Wenn die Personalendung auf einen anderen Vokal oder einen Konsonant beginnt, fällt das -*j*- weg.

		KLASSE 1A	**KLASSE 1B**	**KLASSE 2**	**KLASSE 3**
		LEGGJA	SŒKJA	HERJA	SEGJA
Sg *1.*	ek	legg	sœki	herja	segi
2.	þú	leggr	sœkir	herjar	segir
3.	hann, hon, þat	leggr	sœkir	herjar	segir
Pl *1.*	vit	leggjum	sœkjum	herjum	segjum
2.	þit	leggið	sœkið	herið	segið
3.	þeir, þær, þau	leggja	sœkja	herja	segja

v-Einschub vor -*a*- und -*i*-. Einige wenige Verben zeigen *v*-Einschub vor -*a*- und -*i*- (z.B. *søkkva* „versenken" oder *byggva* „besiedeln") auf. Wenn die Personalendung auf einen anderen Vokal oder einen Konsonant beginnt, fällt das -*v*- i.d.R. weg (vgl. *þau søkkva* oder *þit søkkvið*, aber *við søkkum*).

Steht es zwischen zwei Vokalen, kann das -*v*- jedoch auch vor einem -*u*- in Erscheinung treten (vgl. D Pl *hávum*, von *hár* „hoch", aber D Pl *sǫngum*). Wenn es von zwei Vokalen umschlossen ist, wird das -*v*- manchmal auch mit -*f*- geschrieben (*háfum*).

Vokalkontraktion (Zusammenziehung von Vokalen)
Wenn ein langer Vokal in unmittelbaren Kontakt mit einer Personalendung kommt, die auf einen Vokal beginnt, kommt es i.d.R. zu einer Zusammenziehung der einzelnen Vokale (Kontraktion), vgl. *ú + u > ú*, *á + a > á*, *á + u > á*. Das Verb *trúa* (Klasse 3) tritt daher in der 1 Pl Präs als *trúm* (*trú + um*) in Erscheinung. Die vollständige Konjugation im Präsens ist *trúi, trúir, trúir,* **trúm***, trúið, trúa*.

Auch der auf -*á* endende Infinitiv bestimmter schwacher Verben (wie z.B. *ná* „erhalten", *spá* „vorhersagen" und *já* „zustimmen") reflektiert die Kontraktion von -*á*- am Ende des Stamms und der Infinitivendung -*a* (*á + a > á*). Die vollständige Konjugation von *ná* ist *nái, náir, náir,* **nám** (*ná + um*), *náið,* **ná** (*ná + a*).

Beispiele für starke Verben, die in bestimmten Flexionsformen Vokalkontraktion aufzeigen, sind *sjá* „sehen", *fá* „bekommen" und *slá* „schlagen". Die Zusammenziehung von Vokalen lässt sich auch bei der Flexion der Substantive und Adjektive beobachten.

4.11 VOKABULAR — SCHWACHE VERBEN

In der folgenden Übersicht werden die in den Sagas am häufigsten verwendeten schwachen Verben aufgelistet.

KLASSE 1A	KLASSE 1B	KLASSE 2	KLASSE 3
leggja — legen	**gera** — machen, tun	**kalla** — rufen, nennen	**segja** — sagen
setja — setzen, stellen, legen	**mæla** — sprechen	**leita** — suchen	**hafa** — haben
skilja — (sich) trennen	**senda** — senden	**svara** — antworten	**trúa** — glauben
spyrja — fragen	**veita** — bewilligen, gewähren	**tala** — reden	**þola** — (er)dulden
vilja — wollen	**sœkja** — (ein)holen, (auf)suchen	**ætla** — gedenken, beabsichtigen	
	þykkja — scheinen, vorkommen		

LEKTION 4: KÖNIGE UND HELDEN

Viele der unten aufgelisteten Verben tauchen auch in den in diesem Buch zu findenden Textpassagen und Aufgaben auf.

KLASSE 1A	KLASSE 1B	KLASSE 2	KLASSE 3
berja — schlagen, dreschen	**dœma** — urteilen, richten	**blóta** — opfern	**vaka** — wach sein, wachen
flytja — bringen, befördern	**fella** — fällen	**eggja** — anstiften, anstachen	**þegja** — schweigen
hyggja — denken	**flýja** — fliehen	**elska** — lieben	
krefja — verlangen	**fœra** — befördern, transportieren	**herja** — überfallen	
selja — übergeben, ausliefern, reichen	**leiða** — leiten, (an)führen	**gnaga** — nagen	
telja — zählen	**nefna** — benennen	**lofa** — loben	
	sigla — segeln	**skipa** — anweisen, arrangieren	

4.12 AUFGABE — DAS PRÄSENS DER SCHWACHEN VERBEN

Gib die jeweils richtige Form der einzelnen Verben an. **Klasse 1b und 2.** Beachte, dass der Themavokal -i- (Klasse 1b) bzw. -a- (Klasse 2) in den Formen des Singulars in Erscheinung tritt.

Bsp (kalla) þú _kallar_
1. (leita) hon _____
2. (gera) hon _____
3. (ætla) ek _____
4. (veita) ek _____
5. (svara) hann _____
6. (senda) hann _____
7. (tala) vér _____
8. (sœkja) vér _____
9. (tala) þeir _____
10. (mæla) þeir _____

Klasse 1a. Beachte, dass der Themavokal -j- nur in den Formen des Plurals vor -a- oder -u- in Erscheinung tritt. Das Verb *vilja* zeigt eine unregelmäßige Konjugation auf.

11. (leggja) hon _____
12. (setja) hann _____
13. (skilja) þær _____
14. (spyrja) ek _____
15. (vilja) hon _____

Klasse 3. Beachte, dass der Themavokal -i- in den Formen des Singulars in Erscheinung tritt. Das Verb *hafa* zeigt eine unregelmäßige Konjugation auf.

16. (þola) ek _____
17. (trúa) vér _____
18. (hafa) þú _____
19. (hafa) hann _____
20. (hafa) þér _____

4.13 DAS PRÄTERITUM DER SCHWACHEN VERBEN

Die schwachen Verben bilden ihr Präteritum durch das Suffigieren eines Dentalsuffix' an den Wortstamm. Alle schwachen Verben zeigen identische Personalendungen im Präteritum auf. Das Dentalsuffix kann jedoch in unterschiedlicher Form in Erscheinung treten, z.B. *kalla-ð-a* "ich rief", *mæl-t-a* "ich sprach", *tal-d-a* "ich zählte" oder *vak-t-a* „ich wachte".

Der Themavokal ist im Präteritum bis auf wenige Ausnahmen im Laufe der Entwicklung vom Ur- zum Altnordischen verschwunden. Lediglich die schwachen Verben der Klasse 2 zeigen zwischen der Wortwurzel und dem Dentalsuffix -ð- den Themavokal -a- auf. Das Präteritum wird hier also mit -að- und der jeweils entsprechenden Personalendung gebildet (z.B. *kall-að-i*). Da die Endungen *-um*, *-uð* und *-u* einen *u*-Umlaut auslösen, wird der Themavokal *-a-* im Plural zu *-u-* (*kǫll-uð-u*) umgelautet.

PRÄTERITALENDUNGEN DER SCHWACHEN VERBEN		
	SINGULAR	PLURAL
1.	-a	-um
2.	-ir	-uð
3.	-i	-u

SCHWACHE VERBEN - PRÄTERITUM

	PRONOMEN	KLASSE 1A	KLASSE 1B	KLASSE 2	KLASSE 3
		TELJA	MÆLA	KALLA	VAKA
Sg 1.	ek	talda	mælta	kallaða	vakta
2.	þú	taldir	mæltir	kallaðir	vaktir
3.	hann, hon, þat	taldi	mælti	kallaði	vakti
Pl 1.	vér	tǫldum	mæltum	kǫlluðum	vǫktum
2.	þér	tǫlduð	mæltuð	kǫlluðuð	vǫktuð
3.	þeir, þær, þau	tǫldu	mæltu	kǫlluðu	vǫktu

- Einige Verben der Klasse 1b, die besonders häufig verwendet werden, zeigen einen unregelmäßigen Präterialstamm auf. Dazu zählen *sœkja* (3 Sg Prät: *sótt-i*), *þykkja* (*þótt-i*) und *yrkja* (*ort-i*).
- Die schwachen Verben der Klasse 1a weisen häufig einen auf den *i*-Umlaut zurückzuführenden Vokalwechsel zwischen Präsens und Präteritum auf. Die beiden am häufigsten in der Wurzelsilbe zu beobachtenden Vokalwechsel sind e > a (*telja - taldi*) und y > u (*spyrja - spurði*).
- Das Präteritum von *hafa* (Klasse 3) ist regelmäßig: *ek hafða, þú hafðir, hann hafði, vér hǫfðum, þér hǫfðuð, þeir hǫfðu*.

4.14 AUFGABE – DAS PRÄTERITUM DER SCHWACHEN VERBEN
Gib die korrekt Form der einzelnen Verben an. Beachte dabei, dass durch die Vokale der Personalendungen sowohl der *i*- als auch der *u*-Umlaut in Erscheinung treten kann.

	INFINITIV	3 SG PRÄT	3 PL PRÄT		INFINITIV	3 SG PRÄT	3 PL PRÄT
Bsp	hafa	*hafði*	*hǫfðu*	5.	þykkja		
1.	segja			6.	svara		
2.	mæla			7.	spyrja		
3.	vilja			8.	ætla		
4.	gera			9.	kalla		

4.15 TEXTPASSAGE — MIÐFJARÐAR-SKEGGI (LANDNÁMABÓK) UND DAS SCHWERT VON HRÓLFR KRAKI
Die Isländer verfügten vermutlich bereits im Mittelalter über weitreichende Kenntnisse über die sich in den vorigen Jahrhunderten im Norden Europas zugetragenen Ereignisse. Während der Wikingerzeit legten viele ihrer Vorfahren weite Strecken über die Meere zurück und häuften sich großes Wissen über die nordische

Geschichte und die darin verankerten Legenden und Mythen an. Als sich im 12. Jahrhundert allmählich das Schreiben mit Tinte auf Pergament durchsetzte, wurden viele dieser zuvor nur mündlich überlieferten Erzählungen und Berichte niedergeschrieben.

Bei Miðfjarðar-Skeggi handelt es sich um einen im 10. Jahrhundert lebenden Isländer, der auch in einigen Sagas (wie z.B. *Laxdœla saga*, *Kormáks saga* und *Þórðar saga hreðu*) auftaucht. Die folgende Textpassage aus der *Landnámabók* berichtet von Skeggis Vater und Großvater und der Niederlassung seiner Familie im nordisländischen Miðfjǫrð. Da Skeggi in seiner Tätigkeit als Händler sogar bis weit in das nordrussische Nowgorod (*Hólmsgarðr*) reiste, um dort Felle, Sklaven, arabisches Silber und kostbare Glasperlen zu erwerben, wurde er *Hólmsgarðsfari* genannt.

In der Textpassage wird berichtet, dass Skeggi während einer Wikingerfahrt im Ostseegebiet in den Grabhügel von Hrólfr kraki eindrang, um das berühmt-berüchtigte Schwert des Königs zu stehlen. In *Hrólfs saga kraka* verwendet Hrólfr das Schwert im Kampf gegen den zauberkundigen schwedischen König Aðill.

Nicht wenige der in der altnordischen Literatur auftauchenden Waffen sind mit einen Namen versehen; das Schwert des Dänenkönigs Hrólfr trug z.B. den Namen *Skǫfnungr* („Polierter"). Viele Waffen verfügten außerdem über magische Kräfte und/oder wurden angeblich von Zwergen (*dvergar*, Sg *dvergr*) oder Dunkelelfen (*dǫkkálfar*, Sg *dǫkkálfr*) geschmiedet. Einige Waffen, darunter auch das Schwert von Hrólfr kraki, verfügten über ihre ganz eigene Geschichte und sind aus verschiedenen Erzählungen bekannt. Obwohl *Skǫfnungr* in der folgenden Textpassage nur kurz erwähnt wird, war sich das mittelalterliche Publikum seiner großen Bedeutung vermutlich wohl bewusst. Auch Sigurðr fáfnisbani war im Besitz eines äußerst bedeutenden Schwerts (*Gramr*), auf dessen Ursprung ausführlich in der *Vǫlsunga saga* eingegangen wird. Weitere aus den Sagas bekannte Schwerter sind u. a. *Hneitir* („Stoßer"), *Dragvendill* („Ziehstab") sowie das verfluchte Schwert *Tyrfingr* (Bedeutung unklar). Im Gegensatz zu Schwertern wurden Äxte wie z.B. *Gneipa* („Emporragende"), *Fála* („Angseinflößende") und *Vígglóð* („Kampfglut") oft nach Riesinnen oder Trollfrauen (*trollkonur*, Sg *trollkona*) benannt. Die berühmtesten Waffen der Götter waren Óðinns Speer *Gungnir* („Schwankender") und Þórrs Hammer *Mjǫllnir* oder *Mjǫlnir* (Bedeutung unklar).

Landnámabók (S 174)

Skútaðar-Skeggi hét maðr ágætr í Nóregi. Hans sonr var Bjǫrn. Hann var kallaðr Skinna-Bjǫrn, því at hann var Hólmgarðsfari ok farmaðr mikill. Hann fór til Íslands ok nam Miðfjǫrð ok Línakradal.

Hans sonr var Miðfjarðar-Skeggi; hann var garpr mikill ok farmaðr. Hann herjaði í austrveg í Danmǫrk við Sjáland ok fór at bjóta haug[11] Hrólfs konungs kraka ok tók hann þar ór haugi[12] Skǫfnung, sverð Hrólfs, ok øxi Hjalta[13], ok mikit fé annat.

VOKABULAR

at *Inf-Part* zu (wie im Deutschen „zu")

❖ **annarr** <*f* ǫnnur, *n* annat> *Adj Pron* andere/r

austrvegr <-s, -ir> *m* der Osten bzw. die Länder östlich und südlich der Ostsee (wörtl. der „Ostweg") **fara í austrveg** im Osten handeln oder plündern; ostwärts, entlang der Flüsse Russlands reisen

❖ **ágætr** *Adj* ausgezeichnet; vornehm; berühmt, angesehen

bjóta <brýtr, braut, brutu, brotinn> *V* brechen; aufbrechen; zerbrechen; zerstören

❖ **fara** <ferr, fór, fóru, farinn> *V* reisen, sich begeben, gehen, fahren

farmaðr *m* Seefahrer; Händler

❖ **fé** <*G* fjár, *G Pl* fjá> *n* Vieh, Schafe; Reichtum, Besitz, Geld

fór *1/3 Sg Prät* von **fara** fuhr

---

[11] **fór at bjóta haug**: „er ging, um den Hügel aufzubrechen."
[12] **tók hann þar ór haugi**: „dort nahm er aus dem Hügel."
[13] Hjalti war einer von den Begleitern des Königs.

garpr <-s, -ar> *m* tapferer Mensch
haugr <-s, -ar> *m* Grabhügel
herja <-að-> *V* heeren, Krieg führen; überfallen; (während eines Kriegszuges) rauben, plündern
herjaði *3 Sg Prät* von **herja** überfiel, heerte
Hjalti *m* Hjalti (Personenname), hjalt = Heft, Schwertgriff
Hólmgarðr <-s> *m* Hólmgarðr (Ortsname); heutiges Nowgorod in Nordrussland
Hólmgarðsfari *m* nach Hólmgarðr Reisender
Hrólfr kraki <*G* Hrólfs kraka> *m* Hrólfr kraki (Personenname)
❖**í** *Präp* [*mit A*] hinein, rein (Bewegung); [*mit D*] in, innen, drinnen, bei (Stillstand)
Ísland *n* Island
❖**kalla** <-að-> *V* nennen, benennen; rufen
kallaðr *Part Perf* von **kalla** genannt
❖**konungr** <-s, -ar> *m* König
Línakradalr <-s> *m* Línakradalr (Ortsname), Leinenackertal
Miðfjarðar-Skeggi *m* Miðfjarðar-Skeggi (Personenname), Skeggi aus Miðfjǫrðr
Miðfjǫrðr *m* Miðfjǫrðr (Ortsname), Mittelfjord

❖**mikill** <*f* mikil, *n* mikit, *Komp* meiri, *Superl* mestr> *Adj* groß; viel
mikit fé annat *n* andere große Schätze
nam *1/3 Sg Prät* von **nema** nahm
nema <nemr, nam, námu, numinn> *V* nehmen; Land beanspruchen
Nóregr <-s> *m* Norwegen
❖**ór** (auch **úr**) *Präp* [*mit D*] aus, von
Sjáland *n* Seeland (Ortsname), Seeland im heutigen Dänemark
Skinna-Bjǫrn *m* Skinna-Bjǫrn (Personenname), Fell-Bjǫrn
Skǫfnungr *m* Skǫfnungr (Name), Polierter (Name des Schwert von König Hrólfr kraki)
❖**sverð** *n* Schwert
❖**taka** <tekr, tók, tóku, tekinn> *V* nehmen, (er)greifen; sich verschaffen
❖**til** *Präp* [*mit G*] zu, nach
tók *1/3 Sg Prät* von **taka** nahm
❖**við** *Präp* [*mit A*] bei, in der Nähe, nah bei
❖**þar** *Adv* dort
því at *Konj* weil, da, denn; deswegen; dass
øx <*A &D* øxi, *G* øxar, *N & A Pl* øxar> *f* Axt

ÜBERSETZUNG: DAS BUCH DER LANDNAHMEN (S 174)

Skútaðar-Skeggi hieß ein ausgezeichneter Mann in Norwegen. Sein Sohn war Bjǫrn. Er wurde Skinna-Bjǫrn genannt, weil er nach Hólmgarðr reiste und ein großer Händler war. Er begab sich nach Island und nahm Miðfjǫrðr und Línakradalr.

Sein Sohn war Miðfjarðar-Skeggi; er war ein sehr tapferer Mann und ein Seefahrer. Er heerte im Osten in Dänemark bei Seeland und reiste [dorthin], um den Grabhügel von König Hrólfr kraki aufzubrechen, und er nahm dort aus dem Hügel Skǫfnungr, das Schwert des Hrólfrs, und die Axt des Hjaltis, und andere große Schätze.

4.16 AUFGABE — LANDNÁMABÓK

Entscheide ausgehend von der Textpassage, ob die folgenden Aussagen wahr (*rétt*) oder falsch (*rangt*) sind.

RÉTT EÐA RANGT?

1. Skútaðar-Skeggi bjó í Nóregi. _____
2. Skinna-Bjǫrn var sonr Hrólfs konungs. _____
3. Bjǫrn fór til Íslands. _____
4. Miðfjarðar-Skeggi var farmaðr. _____
5. Miðfjarðar-Skeggi herjaði í Nóregi. _____
6. Konungr hét Skinna-Bjǫrn. _____
7. Miðfjarðar-Skeggi var garpr mikill. _____

4.17 KULTUR — HARALDR BLÁTǪNN UND DER BEGINN DER STAATENBILDUNG IN DER WIKINGERZEIT

König Haraldr blátǫnn war es gelungen, die von seinem Vater Gormr übernommene Herrschaft über Dänemark so sehr auszuweiten, dass sich das Reich unter ihm in den ersten beständigen königlichen Staat des wikingerzeitlichen Skandinaviens entwickeln konnte. Haraldr unternahm eine Serie von groß angelegten Baumaßnahmen im ganzen Dänischen Königreich und erweiterte insbesondere die Grenzverteidigungen. An der südlichen Grenze verstärkte er das Danewerk und den Wall um Haithabu als Reaktion auf den militärischen und wirtschaftlichen Druck des Heiligen Römischen Reiches. Die im Jahre 974 beginnenden ottonischen Angriffe konnten erst nach neun Jahren durch seinen Sohn Sveinn *tjúguskegg* („Gabelbart") gestoppt werden. Ab ca. 980 wurden riesige Ringburgen in den Hauptgebieten des dänischen Königreiches (Trelleborg auf Seeland, Nonnebakken auf Fünen, und Fyrkat und Aggersborg in Jütland) errichtet. Eine weitere, etwas bescheidenere Anlage entstand im schonischen Trelleborg.

Die Wallanlagen wurden überwiegend in Meeresnähe erbaut. Sie dienten als Übungsstätte für die Krieger des Königs und boten auch Unterkünfte für deren Familien. Darüber hinaus könnten die Burgen auch als königliche Administrationszentren fungiert und der Steuereintreibung gedient haben. Wahrscheinlich waren die Festungen jedoch vor allem dafür gedacht, die lokale Bevölkerung zu kontrollieren. Etwa zur selben Zeit als die Anlagen erbaut wurden, wurde Jelling mit einer riesigen Holzpalisade versehen, während im nicht weit entfernten Ravninge Enge eine 1 km lange, zweispurige Holzbrücke, die nach Jelling führte, konstruiert wurde. Für diese Brücke wurde eine enorme Menge an Bauholz benötigt. Es muss sich bei ihr um eine eindrucksvolle Konstruktion und mit Sicherheit ein würdiges Bauwerk für die Dynastie gehandelt haben.

Obwohl Haraldr seine Herrschaft offenbar auch über gewisse Teile des heutigen Schwedens ausweiten konnte, erlitt er auch einige herbe Niederlagen. Auf einigen Runensteinen in Schonen lassen sich Andeutungen einer Niederlage in Uppsala finden (wahrscheinlich in den 980er-Jahren), im Zuge dessen auch Haraldrs Sohn Toki ums Leben gekommen sein soll. Der große Runenstein von Jelling behauptet darüber hinaus, dass er über Norwegen geherrscht habe. Obwohl diese Behauptung vermutlich übertrieben ist, mag Haraldr vielleicht für eine Zeit über Gebiete im südöstlichen Norwegen geherrscht haben. Nach einem langen Leben wurde Haraldr von seinem sich gegen ihn wendenden Sohn Sveinn entthront und vermutlich sogar umgebracht.

4.18 Vokabular — Liste 4. Die häufigsten Wörter in den Sagas

Substantive	Adjektive	Pronomen	Zahlwörter
kona — Frau	**gamall** — alt	**sjá** — diese/r/s	**tólf** — zwölf
ráð — Rat; Plan	**kyrr** — still		
dagr — Tag	**fyrri** — früher		
frændi — Verwandter	**varr** — gewahr		
Verben	**Präp & Adv**	**Konjunktionen**	
ganga — gehen	**eigi** — nicht	**sem** — der, die, das; welche/r/s; derjenige; wie	
gera — machen	**fyrir** — (be)vor		
verða — werden	**af** — von, aus		
kveða — sprechen	**ekki** — nicht		

Aufgaben

4.19 Wiederholung – Vokabular. Verbinde die altnordischen Wörter mit der jeweils richtigen deutschen Übersetzung.

1.	mikill	A.	weil
2.	garpr	B.	gewann
3.	sverð	C.	Mann
4.	maðr	D.	ausgezeichnet
5.	øx	E.	sein (eigener)

6.	ágætr	F.	bat, behahl
7.	því at	G.	Schwert
8.	at kalla	H.	(Ehe-)Frau
9.	at gera	I.	Jarl
10.	at spyrja	J.	fragen
11.	bað	K.	rufen, nennen
12.	ept	L.	Vater
13.	sá	M.	dieser, der
14.	sinn	N.	wurde genannt
15.	vann	O.	ein tapferer Mensch
16.	kona	P.	machen
17.	faðir	Q.	Axt
18.	var kallaðr	R.	Zeit
19.	jarl	S.	nach, in Erinnerung an
20.	tími	T.	groß, bedeutend

4.20 ÜBERSETZUNG UND BESTIMMUNG

A. Übersetze den folgenden Auszug aus der Textpassage ins Deutsche.

Skútaðar-Skeggi <u>hét</u> maðr ágætr í <u>Nóregi</u>. <u>Hans</u> sonr var Bjǫrn. Hann var kallaðr Skinna-Bjǫrn, því at hann <u>var</u> Hólmgarðsfari ok farmaðr mikill. Hann fór til Íslands ok <u>nam</u> Miðfjǫrð ok Línakradal. Hans sonr var Miðfjarðar-Skeggi; hann var garpr mikill ok farmaðr. Hann herjaði í austrveg í Danmǫrk við Sjáland ok fór at bjóta <u>haug</u> Hrólfs <u>konungs</u> kraka ok tók hann þar ór haugi Skǫfnung, <u>sverð</u> Hrólfs, ok øxi Hjalta, ok mikit fé annat.

_____
_____
_____
_____
_____
_____
_____
_____
_____
_____

B. Bestimme die unterstrichenen Wörter.

Bsp
maðr — *N Sg m des Substantivs maðr „Mann"*
hann — *N Sg m des Personalpronomens hann (3 Sg) „er"*
tók — *1/3 Sg Prät Ind des starken Verbs taka „nehmen"*
til — *Präposition (mit Genitivobjekt), „zu", „nach"*

1. hét _____
2. Noregi _____
3. hans _____
4. var _____
5. nam _____

LEKTION 4: KÖNIGE UND HELDEN

6. haug _____
7. konungs _____
8. sverð _____

4.21 VOKALE UND *I*-UMLAUT. Trage die umgelauteten Vokale ein.

	AUSGANGSVOKAL	PALATALISIERTER VOKAL
1.	a	> _____
2.	á	> _____
3.	o	> _____
4.	ó	> _____
5.	u	> _____
6.	(j)ú/jó	> _____
7.	ǫ	> _____
8.	au	> _____

4.22 SCHWACHE VERBEN – KLASSEN. Ordne den folgenden Infinitiven ihre entsprechende Verbklasse zu. Als Hilfe ist die 3 Sg Prät angegeben.

Bsp svara, svaraði *Klasse 2*

1. gera, gerði _____
2. sœkja, sótti _____
3. kaupa, keypti _____
4. vilja, vildi _____
5. þykkja, þótti _____
6. hyggja, hugði _____
7. horfa, horfði _____
8. spyrja, spurði _____
9. skipa, skipaði _____
10. leggja, lagði _____

4.23 SCHWACHE VERBEN – PRÄTERITUM. Konjugiere die folgenden Verben im Präteritum.

		KLASSE 1A: *TELJA*	KLASSE 1B: *MÆLA*	KLASSE 2: *KALLA*	KLASSE 3: *VAKA*
Sg	1. ek	_____	_____	_____	_____
	2. þú	_____	_____	_____	_____
	3. hann	_____	_____	_____	_____
Pl	1. vér	_____	_____	_____	_____
	2. þér	_____	_____	_____	_____
	3. þeir	_____	_____	_____	_____

4.24 SCHWACHE VERBEN – ÜBERSETZUNG UND BESTIMMUNG. Übersetze die folgenden Sätze ins Altnordische und ermittle die entsprechende Verbklasse.

		ALTNORDISCH	VERBKLASSE
Bsp	Ich rief (*kalla*)	*ek kallaða*	*Klasse 2*
1.	Sie (f) sagten (*segja*).	_____	_____
2.	Ihr überfielt (*herja*).	_____	_____
3.	Wir (*dual*) machten (*gera*).	_____	_____
4.	Er opferte (*blóta*).	_____	_____
5.	Sie antwortete (*svara*).	_____	_____

6. Sie (m) transportierten (flytja). _____ _____
7. Du beabsichtigst (ætla). _____ _____
8. Sie (f) sprechen (mæla). _____ _____

4.25 Schwache Verben – Bestimmung. Gib jeweils die Person, den Numerus und das Tempus sowie die Grundform und die Klasse der folgenden Verben an.

		BESTIMMUNG	VERBKLASSE
Bsp	kǫllum	*1 Pl Präs von kalla*	*Klasse 2*
1.	geri		
2.	herjaði		
3.	veittir		
4.	blótuðu		
5.	þegi		
6.	leiðið		
7.	setti		
8.	tǫluðuð		
9.	mælta		
10.	spurðu		

4.26 Textverständnis. Sind die folgenden Aussagen wahr (*rétt*) oder falsch (*rangt*)?

RÉTT EÐA RANGT?

1. Skútaðar-Skeggi hét maðr. _____
2. Bjǫrn var farmaðr. _____
3. Skútaðar-Skeggi var Danmarkarbót. _____
4. Sonr Skútaðar-Skeggja nam Línakradal. _____
5. Skútaðar-Skeggi fór at brjóta haug Hrólfs konungs kraka. _____
6. Skǫfnungr var sverð Hjalta. _____
7. Bjǫrn herjaði í austrveg. _____
8. Miðfjarðar-Skeggi tók øxi Hjalta ok mikit fé annat. _____

LEKTION 5

SCHWEDEN – EIN FAMILIENRUNENSTEIN

Eigi er allt gull sem glóar.
(Nicht alles ist Gold, was glänzt.)

Abbildung 5.1. Der Runenstein von Ramsund (Schweden) ist der aus verschiedenen germanischen Sagenkreisen bekannten Geschichte von Sigurðr fáfnisbani gewidmet. Auf der Abbildung wird angedeutet, wie Sigurðr das Herz des Drachens Fáfnir über dem Feuer brät und, nachdem er das Drachenblut von seinem Daumen gelutscht hat, die Sprache der Vögel des Waldes zu verstehen beginnt. Auf ihren Rat hin tötet Sigurðr den Schmied Reginn, dessen abgeschlagenes Haupt neben seinem Werkzeug und dem Blasebalg ebenfalls auf dem Bild zu erkennen sind. Auch Grani, das Pferd, das der junge Sigurðr einst von Óðinn erhalten hat, ist auf der Abbildung dargestellt. Auf Granis Rücken ist der Schatz des Drachens zu erkennen.

5.1 KULTUR — DIE REICHE DER SVEAR (*SVÍAR*) UND GAUTAR (*GAUTAR*)

Der Runenstein von Ramsund, der auch unter den Namen Ramsundritzung bekannt ist, befindet sich im schwedischen Uppland. Da es nur wenige schriftliche Dokumente über die frühe (politische) Geschichte dieser Region gibt, kommt den schwedischen Runensteinen ein großer historischer Quellenwert zu.

Aufgrund der dichten Wälder und zahlreichen Moorgebiete, die damals das mittelschwedische Landschaftsbild prägten, schienen die einzelnen Siedlungen jedoch nicht im ständigen Austausch miteinander zu stehen. Die zwei wichtigsten schwedischen Regionen waren das südlich des Vänern (*Vænir*) und östlich des Vättern (*Vatnsbú*) gelegene Siedlungsgebiet der Gauten (*Gautar*) sowie das Herrschaftsgebiet der Svear (*Svíar*) weiter nördlich am Mälaren (*Lǫgr*). Aufgrund der politischen und wirtschaftlichen Autonomie von *Gautland* und *Svíaland* entwickelte sich erst ab dem späten 12. Jahrhundert eine schwedische nationale Identität heran.

Die Siedlungsspuren der Svear lassen sich bis in die späte germanische Eisenzeit (ca. 600-800) zurückverfolgen. Aufgrund der großen Anzahl von reichhaltig ausgestatteten Bootsgräbern, die bei Vendel und Valsgärde nördlich des Märlarsees zu Tage gebracht wurden, wird diese Periode der schwedischen Frühgeschichte auch als Vendelzeit bezeichnet. Das Zentrum des Königreichs der Svear befand sich in (Alt-)Uppsala (*Uppsalir*), das vermutlich eines der wichtigsten Kultstätten der Wikingerzeit war. Der Reichtum der

Svear begründete sich vermutlich in ihrer Kontrolle über den Ostseehandel. Die wichtigsten Handelsgüter waren Bernstein, Silber, Seide, Eisen, Felle und Sklaven.

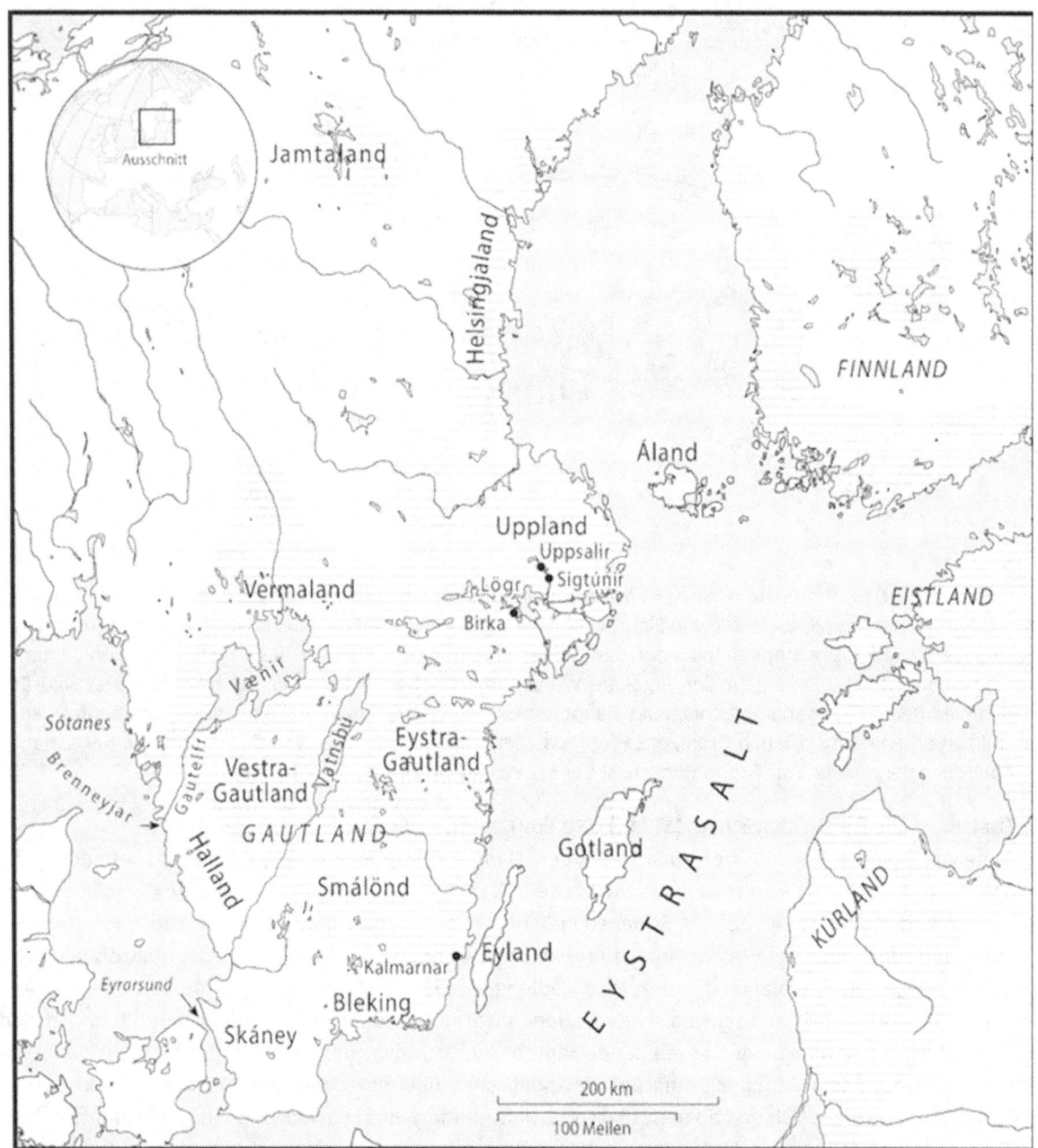

Abbildung 5.2. Das Siedlungsgebiet der Svear (*Svíaland* oder *Svíþjóð*) im äußersten Osten Skandinaviens verfügte über eine ideal auf den Ostseehandel ausgerichtete Lage. Die schattierten Gebiete bilden die einzelnen Siedlungen ab. Die Gauten lebten rund um die Seen *Vænir* und *Vatnsbú*. Das heute zu Südschweden gehörende Schonen (schwd. Skåne, anor. *Skáney*) war während der Wikingerzeit ein Teil des dänischen Reichs. Die Dänen kontrollierten beide Seiten der Meeresengen, die in die Ostsee führten.

Um das Jahr 800 wurde mit Birka ein wichtiges Handels- und Verwaltungszentrum auf der Insel Björkö in der Mitte des Mälarens eingerichtet. Da es sich bei dem See damals noch um eine Bucht der Ostsee (*Eystrasalt*) handelte, war Birka über den Ostsee-Handelsweg und die russischen Flüsse auch mit dem Byzantinischen Reich, Zentralasien und sogar dem Kalifat von Bagdad verbunden. Die auf Björkö gefundenen Kammer- und Sarggräber zeigen eine große Vielfalt an importierten Gütern (wie z.B. Glaswaren, Schmuck, Bronzegefäßen, Münzen und Tonwaren) auf und verweisen damit eindrucksvoll auf den Reichtum und den damit einhergehenden sozialen Status der in ihnen bestatteten Toten. Die Ergebnisse der archäologischen Ausgraben deuten jedoch auch auf eine nicht unbeträchtliche Anzahl von Händlern und Handwerkern in der damaligen Bevölkerung hin. Birka galt bis weit in das 10. Jahrhundert hinein als eines der wichtigsten Handelszentren des östlichen Skandinaviens. Infolge von religiösen und politischen Reformen trat an der Schwelle zum neuen Jahrtausend schließlich jedoch Sigtuna (an der nördlichen Küste des Sees) als neues, immer stärker christlich geprägtes Machtzentrum hervor.

Den weiter westlich lebenden Gauten gelang es vermutlich nicht, an den Reichtum der Svear heranzukommen. Obwohl auch sie über einige Jahrhunderte hinweg eine unabhängige Gruppe darstellten, musste sich die Gauten stets vor den Expansionsbestrebungen der in den angrenzenden Gebieten siedelnden Svear, Dänen und Norweger in Acht nehmen. Trotz der teilweise langwierigen Rivalitäten und kriegerischen Auseinandersetzungen mit ihren Nachbarn, schienen sich die Svear und Gauten jedoch auch hin und wieder zu losen Bündnissen zusammengeschlossen zu haben. Bei Óláfr *skautkonungr* („Schatzkönig") Eiríksson (ca. 980–1022) handelte es sich vermutlich um den ersten König der Wikingerzeit, der beide Gebiete unter sich einen konnte. Da es dem damals selbst bereits zum Christentum übergetretenen Óláfr jedoch nicht gelang, die schwedische Bevölkerung zum Christentum zu bekehren, konnte nach seinem Tode die politische Vereinigung der beiden Reiche nicht aufrecht erhalten werden. Die tatsächliche Vereinigung der einzelnen Regionen wurde erst mit der endgültigen Etablierung des Christentums gegen Ende des 12. Jahrhunderts erreicht. Die in den Jahrhunderten davor von der Kirche in Schweden getätigten Missionierungsversuche gestalteten sich aufgrund des großen Widerstands seitens der Bevölkerung als äußerst mühselig.

5.2 Textpassage — Sigurðr Fáfnisbani und die Ramsundfelsritzung

Während die Runensteine von Jelling den beiden Königen Gormr inn gamli und Haraldr blátǫnn gewidmet worden sind (siehe Lektion 4), scheint die Errichtung der ungefähr 3.000 schwedischen Runensteine überwiegend auf vermögende „Privatkunden" zurückzugehen. Sie dienten der Totenehrung, verwiesen auf bestimmte Ereignisse oder Taten der noch unter den Lebenden weilenden, bekundeten Erbschafts- und/oder Besitzansprüche und informierten Reisende über die Herkunft der Auftraggeber.

Der von einer reichen Großgrundbesitzerfamilie im 11. Jahrhundert errichtete Runenstein von Ramsund im schwedischen Södermanland erinnert an die Konstruktion einer durch ein Sumpfgebiet führenden Dammstraße (*brú*). Bei dem nahe der Straße zum Vorschein kommenden Runenstein handelt es sich jedoch eigentlich weniger um einen aufrecht stehenden Stein als einen flachen, wenn auch äußerst großen Felsen. Laut der Inschrift wurde er von einer gewissen Sigríðr in Auftrag gegeben. Außerdem geben die Runen verschiedene Angaben über die mit ihr verwandten Männern preis. Dazu zählen Sigríðrs Vater Ormr, ihr verstorbener Schwiegervater Hólmgeirr, ihr Ehemann Sigrøðr Hólmgeirsson sowie der aus seiner früheren Ehe stammende Sohn Alrekr. Der nicht weit entfernt zu findende Runenstein von Kjula gibt an, dass Alrekrs Vater Spjútr ein bekannter Wikinger war.

Sigríðr hat diese Informationen sicher nicht ohne Grund angegeben. Da einer ihrer beiden Söhne zur Zeit der Errichtung des Steins nicht mehr am Leben zu sein schien, sah sie sich selbst oder ihren noch lebenden Sohn dazu berechtigt, die Erbschaft von sowohl Ormr, Spjútr als auch Hólmgeirr anzutreten. Der

Erbschaftsanspruch von Sigríðr präsentierte sich allen die öffentliche Dammstraße benutzenden Reisenden.

Darüber hinaus impliziert die Runeninschrift jedoch auch, dass Sigríðr und/oder Hólmgeirr Christen waren. Die Entscheidung dafür, eine christlich geprägte Inschrift zusammmen mit dem vorchristlichen Helden Sigurðr fáfnisbani als dekoratives Motiv zu zeigen deutet auf die Integration des alten Glaubens in den neuen hin.

RUNEN

ᛋᛁᚱᛁᚦᛦ᛫ᚴᛁᛅᚱᚦᛁ᛫ᛒᚢᚱ᛫ᚦᛂᛋᛁ᛫ᛘᚢᚦᛁᛦ᛫
ᛅᛚᚱᛁᚴᛋ᛫ᛏᚢᛏᛁᛦ᛫ᚢᚱᛘᛋ᛫ᚠᚢᚱ᛫
ᛋᛅᛚᚢ᛫ᚼᚢᛚᛘᚴᛁᚱᛋ᛫ᚠᛅᚦᚢᚱ᛫
ᛋᚢᚴᚱᚢᚦᛦ᛫ᛒᚢᛅᛏᛅ᛫ᛋᛁᛋ

TRANSLITERATION

siriþr : kiarþi : bur : þosi : muþiR :
alriks : tutiR : urms : fur :
salu : hulmkirs : faþur :
sukruþar : buata : sis

STANDARDISIERTES ALTNORDISCH

Sigríðr gerði brú þessa móðir Alreks[14] dóttir Orms fyr sálu Hólmgeirs fǫður Sigrøðar búanda síns.

ÜBERSETZUNG

Sigríðr machte diese Brücke, die Mutter Alrekrs, Ormrs Tochter, für die Seele Hólmgeirrs, der Vater Sigrøðrs, ihr Mann.

VOKABULAR

Alrekr <-s> *m* Alrekr (Personenname)
❖**bóndi** (auch **búandi**) <*G* bónda, *N & A Pl* bœndr> *m* Ehemann; Bauer
brú <*G* brúar, *N & A Pl* brúar ~brúr ~brýr> *f* Brücke; Dammstraße über sumpfigen Boden
búandi <*N & A Pl* búendr> siehe **bóndi**
❖**dóttir** <*A, D & G* dóttur, *N & A Pl* dœtr, *D Pl* dœtrum, *G Pl* dœtra> *f* Tochter
❖**faðir** <*A* fǫður, *D* fǫður ~feðr, *G* fǫður, *N & A Pl* feðr, *D Pl* feðrum, *G Pl* feðra> *m* Vater
❖**fyrir** (auch **fyr**) *Präp* [*mit A*] für; vor
❖**gera** (auch **gøra**) <-ði, -ðr ~gerr> *V* machen, tun; anfertigen, herstellen; durchführen, zustande bringen; entstehen, aufkommen; **gerask** *Med-Pas* aufkommen, geschehen, passieren
gerði *3 Sg Prät* von **gera**
Hólmgeirr <-s> *m* Hólmgeirr (Personenname)
❖**móðir** <*A, D & G* móður, *N & A Pl* mœðr, *D Pl* mœðrum, *G Pl* mœðra> *f* Mutter
Ormr <-s> *m* Ormr (Personenname)
sála *f* Seele
Sigríðr <*A & D* Sigríði, *G* Sigríðar> *f* Sigríðr (Personenname)
Sigrøðr <-ar> *m* Sigrøðr (Personenname)
❖**þessi** <*f A Sg* þessa> *Dem-Pron* diese/r/s

5.3 KULTUR — SIGURÐR FÁFNISBANI

Auf dem Runenstein von Ramsund werden Auszüge aus einer langen, bis weit in die frühgeschichtliche Eisenzeit zurückreichenden Geschichte dargestellt, die u.a. auch in der *Vǫlsunga saga* („Saga der Vǫlsungar"), einem der größten Werke der westlichen Erzählkunst, erzählt wird. Das Prosaepos wurde im 13. Jahrhundert von einem unbekannten isländischen Autor verfasst und basiert weitestgehend auf älterer Heldendichtung. Die *Vǫlsunga saga* berichtet von den mythischen Taten des Drachentöters Sigurðs und dreht sich neben vielen anderen Motivkomplexen um Liebe und Verrat, die Rache einer barbarischen Königin sowie die Pläne des Hunnenkönigs Attila (*Atli*).

Die Saga beschreibt Ereignisse von den historischen Kriegen zwischen den Königen der Burgunden, Hunnen und Goten und schöpft dabei aus demselben Sagenkreis wie das mittelhochdeutsche Versepos des *Nibelungenliedes*. Obgleich auf unterschiedliche Art und Weise erlangt Sigurðr bzw. Siegfried in beiden Fassungen das Rheingold und wird anschließend auf tragische Weise in eine Dreiecksliebesbeziehung verwickelt. In der Saga ist handelt es sich bei seiner Angebeteten um die Walküre (*valkyrja*, Pl *valkyrjur*) Brynhildr. Laut der nordischen Mythologie wählen die Walküren nach jeder Schlacht aus den Gefallenen die

---

[14] Die Nominalergänzungen *móðir Alreks* und *dóttir Orms* stehen jeweils in Apposition zu *Sigríðr*. Die Beifügung *fǫður Sigrøðar* ist eine Apposition zu *Hólmgeirs*, und *búanda síns* steht entsprechend in Apposition zu *Sigrøðar*.

Einherjar („allein oder ehrenvoll Gefallene") für *Valhǫll* aus.

Die Darstellung auf dem Runenstein von Ramsund belegt, dass die legendenhaften und mythologischen Geschichten, die in den isländischen Sagas und Dichtung aufgezeichnet wurden, auch im wikingerzeitlichen Schweden bekannt gewesen sein müssen. Die Ritzung beinhaltet einige beeindruckende Details über die vor Zauberei und wundersamen Ereignissen nur so strotzende Erzählung. Die rechts unten beginnende Narration widmet sich zunächst dem Moment, in dem Sigurðr dem Drachen sein Schwert von unten in die Brust stößt. Die Erzählung bewegt sich anschließend der Mitte der Abbildung zu, wo das mit Fáfnirs Schatz beladene Pferd Grani sowie die in den Zweigen sitzenden Vögel des Waldes zu sehen sind. Links davon ist schließlich der das Herz des Drachens über dem Feuer bratende Sigurðr abgebildet. Laut der *Vǫlsunga saga* versucht er mit seinem Daumen festzustellen, ob das Herz bereits gar ist, verbrennt sich dabei aber den Finger am kochenden Blut. Als er dieses daraufhin von seinem verbrannten Daumen lutscht, beginnt der junge Held plötzlich die Sprache der Vögel zu verstehen. Von diesen erfährt Sigurðr auch, dass sein Begleiter und Ziehvater, der Schmied Reginn (der zudem auch der Bruder von Fáfnir ist), angeblich beabsichtige, ihn umzubringen. Damit es gar nicht erst dazu kommt, folgt Sigurðr dem Rat der Vögel und tötet Reginn. Auf dem Runenstein von Ramsund sind stellvertretend für dieses Ereignis der abgeschlagene Kopf und das Schmiedewerkzeug des Schmieds abgebildet.

Die von den Plänen des einäugigen Göttervaters Óðinn, dem magischen Ring *Andvaranaut* und dem neugeschmiedeten Schwert *Gramr* berichtende *Vǫlsunga saga* ist erst im 19. Jahrhundert wiederentdeckt worden, wurde jedoch rasch in ganz Europa bekannt und in viele Sprachen übersetzt. Sie stellt vermutlich eine der wichtigsten Inspirationsquellen für Fantasyautoren wie z.B. William Morris und J.R.R. Tolkien dar und zieht seit jeher auch all jene an, die ihre Faszination für die Mythen, Legenden und die ältere Geschichte Nordeuropas teilen. Allen voran Tolkien hat viele Motive aus der *Vǫlsunga saga* und der *Snorra Edda*-Version des Stoffs für seine in der fiktiven Welt Mittelerde spielenden Romane und Geschichten übernommen. Auch Richard Wagners Oper *Der Ring des Nibelungen* nimmt starken Bezug auf das nordische Material über die Vǫlsungar. Wagner konzentriert sich dabei vor allem auf die Besessenheit Óðinns bzw. Wotans, den Ring mithilfe des Helden Siegfried bzw. Sigurðr wiederzuerlangen.

5.4 Lautlehre und Lautwandel – Assimilation und Apokope von -r

Die im folgenden Abschnitt vorgestellten Lautwandelphänomene geben Aufschluss über eine Reihe von vermeintlichen Unregelmäßigkeiten der altnordischen Grammatik.

***r*-Assimilation.** Geht den Konsonanten *-l-*, *-n-* und *-s-* im Stammausgang ein Vokal voraus, wird die Flexionsendung *-r* an den Stamm assimiliert. Dieses Phänomen kann sowohl bei Substantiven (vgl. *stól + r > stóll, stein + r > steinn , ás + r > áss*), Adjektiven (vgl. *mikil + r > mikill, væn + r > vænn, laus + r > lauss*) Artikeln (vgl. *in + r > inn*) als auch Verben (vgl. *skín + r > skínn* von *skína*, *kýs + r > kýss* von *kjósa*) beobachtet werden.

Bei einigen wenigen Wörtern, in denen den entsprechenden Konsonanten ein kurzer betonter Vokal vorausgeht, kommt es hingegen zu keiner Assimilation des *-r* (vgl. *vinr* oder *selr*).

***r*-Apokope.** Geht dem auf *-l, -n, -s* oder *-r* endenden Wortstamm ein Konsonant voraus, kommt es häufig zum Wegfall der *r*-Endung. Dieses Phänomen geht vermutlich darauf zurück, dass die Betonung des *-r* im Laufe der Zeit immer schwächer geworden und irgendwann ganz verschwunden ist. Es lässt sich z.B. bei den Substantiven *vagn* (G *vagns*, Stamm *vagn-*), *karl, hrafn, sigr, vetr, Bjǫrn, þurs* oder den Adjektiven *fagr, vitr* beobachten.

- In einigen Wörtern gehört das *-r* zum Stamm, weshalb kein zweites *-r* im Nominativ Singular maskulin angehängt wird (vgl. N *sigr*, G *sigrs* oder N *fagr*, G f*agrs*). Weitere Wörter dieser Gruppe sind *akr* (G *akrs*), *aldr* (G *aldrs*), *hafr* (G *hafrs*), *otr* (G *otrs*) und *vetr* (G *vetrar*).
- Bei Wörter, deren Stamm auf *-s* endet, fallen sowohl die Genitivendung *-s* als auch das *-r* weg, vgl. *þurs*

(G *þurs*), Þorgils (G *Þorgils*). Dasselbe passiert bei Wörtern auf *-x* (wie z.B. *lax*), da *-x-* wie *-ks-* ausgesprochen wird.

> **5.5 AUFGABE — *R*-ASSIMILATION UND *R*-APOKOPE**
> Gib den Stamm der folgenden Substantive (starke Konjugation, Maskulina) sowie das jeweils zu beobachtende Lautwandelphänomen an.
>
> | | N SG (D SG) | WORTSTAMM | LAUTWANDELPHÄNOMEN |
> |---|---|---|---|
> | Bsp | steinn (steins) | *stein-* | *r-Assimilation)* |
> | | vetr (G vetrs) | *vetr-* | *r-Apokope* |
> | 1. | stóll (G stóls) | | |
> | 2. | selr (G sels) | | |
> | 3. | hrafn (G hrafns) | | |
> | 4. | akr (G akrs) | | |
> | 5. | karl (G karls) | | |

5.6 STARKE SUBSTANTIVE — EINFÜHRUNG

Sowohl im Altnordischen als auch im Deutschen wird zwischen starken und schwachen Substantiven unterschieden. Die starken Substantive zeichnen sich durch eine größere Vielfalt an Endungen als die schwachen Substantive aus und lassen sich vier Haupttypen bzw. Stämmen zuweisen. Daneben gibt es mit den Wurzelnomen eine weitere Klasse starker Substantive, die den Haupttypen mit Ausnahme von drei Kasusformen entsprechen.

	A-STÄMME	Ō-STÄMME	I-STÄMME	U-STÄMME	KONSONANTISCHE STÄMME
MASKULINA	konungr; hersir		staðr; vinr	fjǫrðr; skjǫldr	maðr; vetr
FEMININA		rún; fǫr	hǫfn; borg		vík; tǫnn
NEUTRA	skip; kvæði				

Der Nominativ Singular gibt i.d.R. keinen Aufschluss darüber, welcher Klasse ein bestimmtes Substantiv angehört. Die Zuordnung zu den unterschiedlichen Stämmen erfolgt hingegen vielmehr auf Grundlage der Flexionsendungen und der im Wurzelvokal zu beobachtenden Veränderungen. Trotzdem lassen sich nicht alle Substantive immer eindeutig einer dieser Klassen zuordnen. Dazu zählen z.B. auch die auf einen langen Vokal endenden Wörter, die jedoch noch in einer späteren Lektion behandelt werden.

5.7 STARKE SUBSTANTIVE — *A*-STÄMME (MASKULINA UND NEUTRA)

Maskulina. Eine große Anzahl der maskulinen Substantive gehört den *a*-Stämmen an. Dazu zählen auch viele männliche Eigennamen wie z.B. *Haraldr, Ragnarr, Þorgeirr, Óláfr, Eiríkr* oder *Herjólfr*.

		KONUNGR	ARMR	SKÓGR	HERSIR	SǪNGR	ENDG
Sg	N	konungr	armr	skógr	hersir	sǫngr	-r
	A	konung	arm	skóg	hersi	sǫng	-
	D	konungi	armi	skógi	hersi	sǫngvi	-i
	G	konungs	arms	skógar	hersis	sǫngs	-s, -ar
Pl	N	konungar	armar	skógar	hersar	sǫngvar	-ar
	A	konunga	arma	skóga	hersa	sǫngva	-a

LEKTION 5: SCHWEDEN – EIN FAMILIENRUNENSTEIN

D	konung**um**	**ǫ**rm**um**	skóg**um**	hers**um**	sǫng**um**	**-um**
G	konung**a**	arm**a**	skóg**a**	hers**a**	sǫng**va**	**-a**
Ü	König	Arm	Wald	Herse	Lied	

- Die meisten Substantive dieser Gruppe deklinieren wie *konungr* und *armr*.
- Einige Substantive (wie z.B. *skógr*) zeigen im Genitiv Singular die Endung *-ar* (*skógar*) auf.
- Bei einige Substantiven wie z.B. *hersir, hirðir* oder *læknir* tritt das zum Wortstamm gehörige *-i-* bzw. *-j-* vor konsonantischen Endungen und Null-Endungen in Erscheinung (vgl. N Sg *hersi-r*, G Sg *hersi-s*). Diese Wörter bilden eine Untergruppe der *a*-Stämme und werden als sog. **langwurzelige *ja*-Stämme** bezeichnet. Auch einige maskuline Personennamen wie z.B. *Grettir, Skírnir, Rerir* oder *Ymir* gehören dazu.
- Bei den **kurzwurzeligen *ja*-Stämmen** wie z.B. *niðr* ist das *-i-* bzw. *-j-* des Wortstamms hingegen nur vor vokalisch anlautenden Endungen erhalten (N Pl *niðjar*, A Pl *niðja*, D Pl *niðjum*, G Pl *niðja*).
- Eine weitere Untergruppe der *a*-Stämme (***wa*-Stämme**) besteht aus Wörtern, deren Stamm auf *-v-* endet. Dazu zählen z.B. Wörter wie *sǫngr, hǫrr, már, sær, spǫrr* sowie Personennamen wie z.B. *Sigtryggr, Nǫrr* oder *Niðhǫggr*. Ihnen gemein ist, dass das *-v-* nur vor *-a* und *-i* in Erscheinung tritt.

Neutra. Sämtliche im Neutrum stehende Substantive der starken Deklination zählen zu den *a*-Stämmen und werden sehr ähnlich wie die entsprechenden maskulinen Substantive dekliniert. Sie weisen allerdings unterschiedliche Flexionsendungen im Nominativ und Akkusativ Plural auf und zeigen in diesen Formen *u*-Umlaut (vgl. z.B. N Sg *land*, N/A Pl *lǫnd*). Während *-a-* im betonten Wurzelvokal zu *-ǫ-* umgelautet wird, kommt es in der unbetonten Folgesilbe zum vollständigen *u*-Umlaut, im Zuge dessen *-a-* also zu *-u-* umgelautet wird (z.B. N/A Sg *herað*, N/A Pl *heruð*).

	SKIP	LAND	HERAÐ	KYN	HǪGG	KVÆÐI	ENDG
Sg N	skip	land	herað	kyn	hǫgg	kvæð**i**	-, **-i**
A	skip	land	herað	kyn	hǫgg	kvæð**i**	-, **-i**
D	skip**i**	land**i**	herað**i**	kyn**i**	hǫgg**vi**	kvæð**i**	-, **-i**
G	skip**s**	land**s**	herað**s**	kyn**s**	hǫgg**s**	kvæð**is**	**-s, -is**
Pl N	skip	lǫnd	heruð	kyn	hǫgg	kvæð**i**	-, **-i**
A	skip	lǫnd	heruð	kyn	hǫgg	kvæð**i**	-, **-i**
D	skip**um**	lǫnd**um**	heruð**um**	kyn**jum**	hǫgg**um**	kvæð**um**	**-um**
G	skip**a**	land**a**	herað**a**	kyn**ja**	hǫgg**va**	kvæð**a**	**-a**
Ü	Schiff	Land	Gegend	Sippe, Familie	Schlag	Gedicht, Lied	

- Die meisten der im Neutrum stehenden starken Substantive werden wie *skip, land* oder *herað* dekliniert.
- Auch unter den Neutra lassen sich einige Substantive finden, bei denen das zum Wortstamm gehörige *-i-* bzw. *-j-* nur vor konsonantischen Endungen und Null-Endungen (**langwurzelige *ja*-Stämme**) oder vor *-a-* oder *-u-* in Erscheinung tritt (**kurzwurzelige *ja*-Stämme**). Zu den langwurzeligen Neutra zählen z.B. Wörter wie *kvæði* oder *ríki*. Bei *kýn, egg, men, nef* und *ský* handelt es sich um Vertreter der kurzwurzeligen *ja*-Stämme.
- Bei Wörtern wie z.B. *hǫgg, bǫl, mjǫl* und *smjǫr* lässt sich außerdem auch das vor *-a-* und *-i-* im Stammausgang erhaltene *-v-* beobachten (***wa*-Stämme**).

Assimilation und Apokope von *-r* bei den maskulinen Substantiven. Im Nominativ Singular des Wortes *sveinn* wird die kasustypische Endung *-r* an den Wortstamm assimiliert: *svein + r > sveinn*. Bei Wörtern wie *otr* oder *karl* kommt es im Nominativ Singular hingegen zur Apokope von *-r*: *otr + r > otr, karl + r > karl*.

	SVEINN	OTR	KARL	ENDG
Sg N	svein**n**	otr	karl	**-l, -n, -s, -**

A	svein	otr	karl	-
D	sveini	otri	karli	-i
G	sveins	otrs	karls	-s, -ar
Pl N	sveinar	otrar	karlar	-ar
A	sveina	otra	karla	-a
D	sveinum	otrum	kǫrlum	-um
G	sveina	otra	karla	-a
Ü	Junge	Otter	alter Mann	

5.8 Aufgabe — A-Stämme (Maskulina)

Die starken maskulinen Substantive *víkingr* und *hestr* deklinieren wie *konungr*, *jarl* folgt dem Deklinationsschema von *karl*. Dekliniere die Substantive.

	VÍKINGR	HESTR	JARL
Sg N	___	___	___
A	___	___	___
D	___	___	___
G	___	___	___
Pl N	___	___	___
A	___	___	___
D	___	___	___
G	___	___	___
Ü	Wikinger	Pferd	Jarl

5.9 Die Substantive *maðr* und *sonr*

Die beiden sehr häufig in den Sagas vorkommenden Substantive *maðr* und *sonr* zeichnen sich durch eine unregelmäßige Deklination aus.

Das Wort *maðr* bedeutet „Mann", kann aber, unabhängig davon, ob es sich auf eine weibliche oder männliche Person bezieht, auch als „Person" übersetzt werden. Die Pluralform *menn* bedeutet daher „Männer" oder „Leute". Es wird häufig in zusammengesetzten Wörtern (Komposita), wie z.B. *landnámsmaðr* „Siedler", *farmaðr* „Händler", *þingmaðr* „Thingmann", bzw. „Teilnehmer an einem Thing", verwendet.

Das in *maðr* auftauchende -ð- wurde durch einen Lautwandelprozess hervorgerufen. Die ältere, jedoch im Altnordischen nicht mehr verwendete Nominativ-Singular-Form von *maðr* lautete *mannr*. In den übrigen Kasus wird die im Stammausgang zu beobachtende Doppelkonsonanz -nn- jedoch beibehalten. Ein anderes Beispiel für dieses Sprachwandelphänomen ist das Adverb *suðr* mit dem Stamm *sunn-* (vgl. *sunnan* „von Süden"). Im Nominativ und Akkusativ Plural wird der Wurzelvokal -a- durch den *i*-Umlaut zu -e- umgefärbt (siehe nächste Lektion).

Die Deklination von *sonr* weist im Dativ Singular (*syni*) und Nominativ Plural (*synir*) ein -y- anstelle von -o- auf. Wenn *sonr* in Komposita benutzt wird, fällt die Nominativ-Singular-Endung -r weg (*Egilsson*, *Bárðarson*).

	MAÐR	SONR	EGILSSON				
Sg N	maðr	sonr	Egilsson	Pl N	menn	synir	Egilssynir
A	mann	son	Egilsson	A	menn	sonu	Egilssonu
D	manni	syni	Egilssyni	D	mǫnnum	sonum	Egilssonum

LEKTION 5: SCHWEDEN – EIN FAMILIENRUNENSTEIN

G manns sonar Egilssonar   G mann sona Egilssona

5.10 AUFGABE — *MAÐR* UND *SONR*

Gib die jeweils richtige Form von *maðr* und *sonr* an und übersetze die Sätze anschließend ins Deutsche. Der zu verwendende Kasus ist in der ersten Spalte vorgegeben.

SINGULAR

N Bsp Þorsteinn hét *maðr*.
N Bsp *Þorsteinn hieß ein Mann.*

N 1. Herjólfr hét _____ .
_____

A 2. Þorgerðr sá _____ .
_____

D 3. Hon bjó á Drepstokki með ____ .
_____

G 4. Hon gerði brú þessa fyr sálu ___ .
_____

PLURAL

Bsp *Menn* fara til Íslands.
Bsp *Männer fahren nach Island.*

5. _____ gera brú þessa.
_____

6. Þyri sá _____ .
_____

7. Hon var með _____ .
_____

8. Þeir fara til _____ .
_____

N Bsp Bjarni hét *sonr* Herjólfs.
        Bjarni hieß ein Sohn des Herjólfrs.

N 9. _____ hans fór til Íslands.
_____

A 10. Óláfr mælir við _____ sinn.
_____

D 11. Hann bjó á Drepstokki með _____ sínum.
_____

G 12. Hon var móðir _____ hans.
_____

Bsp *Synir* hans búa á Drepstokki.
     Seine Söhne leben auf Drepstokkr.

13. _____ hans fóru til Íslands.
_____

14. Ingólfr mælir við _____ sína.
_____

15. Hann bjó á Drepstokki með _____ sínum.
_____

16. Móðir _____ hans hét Ásgerðr.
_____

5.11 GRAMMATIKBAUKASTEN. PRÄPOSITIONEN

Mit Hilfe von Präpositionen lassen sich die Zeit, der Ort, die Richtung oder die Art und Weise einer Handlung näher bestimmen. Da sie das Subjekt in Beziehung zum Objekt setzen, spielen Präpositionen eine wichtige Rolle für den Satzbau. In dem Satz „Herjǫlfr bjó *á* Drepstokki" liefert die Präposition *á* die Information, dass das Subjekt (*Herjǫlfr*) „auf" dem Objekt (dem Hof *Drepstokkr*) lebt. Es sind die Präpositionen, die bestimmen, welchen Kasus (Akkusativ, Dativ oder Genitiv) die einzelnen Objekte des Satzes annehmen müssen. In unserem Beispiel steht das auf die Präposition *á* folgende Objekt im Dativ (*Drepstokki*).

5.12 DIE PRÄPOSITIONEN UND DER KASUS DES OBJEKTS

Aufgrund der geringen Anzahl der Präpositionen bietet es sich an, sie zusammen mit ihrem entsprechenden Kasus zu lernen.

Präpositionen, die ein Akkusativobjekt verlangen

gegnum durch (auch *í gegnum*)	**gegnum** vegg**inn**	*durch* die Wand
umfram über … hinaus	**umfram** fjöll**in**	*über* die Berge hinaus

Präpositionen, die ein Dativobjekt verlangen

af	von, von … her, von … aus		**af** skipi		*von* einem Schiff *aus*
at	(hin …) zu, (ent-)gegen		**at** þeim		*gegen* sie
frá	von, aus		**frá** Íslandi		*aus* Island
hjá	bei, mit		**hjá** Haraldi		*mit* Haraldr
móti	gegen (*auch á* oder *í móti*)		**móti** honum		*gegen* ihn
nær	nahe, in der Nähe		**nær** konunginum		*In der Nähe* des Königs
ór or *úr*	von, aus		**ór** Nóregi		*aus* Norwegen
undan	unter … hervor		**undan** strǫndunum		*unter* der Kante *hervor*

Präpositionen, die ein Genitivobjekt verlangen

meðal	zwischen		**meðal** skips ok strandar		*zwischen* Schiff und Ufer
milli	zwischen (*auch á* oder *í milli*)		**á milli** Vágs ok Reykjaness		*zwischen* Vágr und Reykjanes
til	zu		**til** skipsins		*zu* dem Schiff

5.13 AUFGABE – DIE PRÄPOSITIONEN UND DER KASUS DES OBJEKTS

Vervollständige und übersetze die folgenden Sätze.

Bsp Þær kómu af _skipi_. (skip)
Sie kamen von einem Schiff.

1. Hann er frá _____. (Jótland)

2. Þeir eru á milli _____ og Nóregs. (Ísland)

3. Ingólfr býr hjá _____. (Herjólfr)

4. Skipit siglir móti _____. (vindr mit best. Art. -inn)

5. Konungr fór til _____. (Hólmgarðr)

5.14 PRÄPOSITIONEN, DIE VERSCHIEDENE KASUS NACH SICH ZIEHEN KÖNNEN

Je nach beabsichtigter Satzaussage, lassen sich auch Präpositionen finden, die verschiedene Kasus nach sich ziehen können.

Akkusativ oder Dativ

Die folgenden Präpositionen verlangen i.d.R. ein Objekt im Akkusativ, wenn der Satz eine Bewegung ausdrückt (z.B. „sich auf ein Schiff hinzu bewegen"). Handelt es sich hingegen um einen Zustand (d.h. einen Stillstand, z.B. „auf dem Schiff stehen"), verlangen die entsprechenden Präpositionen ein im Dativobjekt.

á	auf; hinauf	*of*	über
eptir (ept)	nach; hinter … her, längs, entlang	*um*	um, um … herum; über, über … hin, durch; in, während
fyrir (fyr)	vor; vor … hin	*undir (und)*	unter
í	in; in … hinein	*við*	in der Nähe von, bei, an; gegen, in Richtung auf
með	mit	*yfir*	über

Akkusativ	**Dativ**
Hann gekk **á** skip.	Hann gekk **á** skip**i**.
*Er ging **auf** ein Schiff.*	*Er ging **auf** einem Schiff.*
Hon gekk **við** vegg**inn**.	Hon stóð **við** vegg**inum**.
*Sie ging **zu** der Wand* oder ***gegen** die Wand.*	*Sie stand **an** der Wand.*

Die Präpositionen *á* und *við*. Die Sätze in der linken Spalte drücken eine Bewegung des Subjekts aus und verlangen daher ein Objekt im Akkusativ (*skip* bzw. *vegginn*). In den in der rechten Spalte zu findenden Sätzen nimmt das Subjekt hingegen eine unveränderliche, ortsgebundene Position ein. Die Präpositionen verlangen ein Objekt im Dativ.

Eptir (ept) zieht ein Akkusativobjekt nach sich, wenn im entsprechenden Satz ein zeitliches Verhältnis angegeben wird: *Gormr konungr gerði kumbl þessi* **ept(ir)** *konu sína* („König Gormr errichtete das Denkmal in Erinnerung an seine Frau"). Wenn ein räumliches Verhältnis angegeben wird, verlangt *eptir* hingegen ein Objekt im Dativ: *Haraldr lúfa herjaði suðr* **eptir landinu** („Haraldr lúfa führte entlang des Landes/der Küste Krieg").

Die Präposition *með* verlangt i.d.R. ein Akkusativobjekt, wenn ein Gegenstand oder eine Person gebracht, getragen oder zu etwas gezwungen wird:

Þeir hljópu á brott **með** kon**ur** þeirra (*A Pl*), lausafé (*A Sg*), ok bátinn (*A Sg*).
*Sie liefen **mit** ihren Frauen, ihrem beweglichen Habe und dem Boot avon.*

Wenn es sich bei dem auf *með* folgenden Objekt um eine Person oder einen Gegenstand handelt, die das Substantiv „begeleitet" (d.h. das Zusammensein von Subjekt und Objekt ausdrückt), wird i.d.R. der Dativ benutzt:

Þórólfr var **með** konung**i** (*D*).   *Þórólfr war **bei** einem König.*

Um. Die Präposition *um* zieht i.d.R. ein Akkusativobjekt nach sich, z.B. **um skipit** (A) „**um** das Schiff **herum**" oder *bera ǫl* **um eld** (A) „Bier **durch** das Feuer tragen". Wird ein zeitliches Verhältnis ausgedrückt, kann *um* gelegentlich auch mit einem im Dativ stehenden Objekt auftauchen, z.B. *bæði* **um haustum** (*D*) *ok várum* (*D*) („sowohl **im** Herbst als auch im Frühling").

Akkusativ oder Genitiv

Präpositionen, die auf *-an* enden, ziehen ein Akkusativobjekt nach sich, wenn sie ein zielgerichtetes Geschehen bzw. eine Bewegung ausdrücken. Handelt es sich um ein nicht-zielgerichtetes Geschehen bzw. eine Lage, wird der Genitiv verwendet.

handan	von der anderen Seite
innan	von innen
neðan	von unten
ofan	von oben
útan	von außen

Bsp Hann kom **útan** fjǫrð**inn** (*A*).   *Er kam (von draußen) in den Fjord hinein.*
Hann stóð **útan** dyra (*G*).   *Er stand draußen vor der Tür.*

Geht den auf *-an* endenden Wörtern die Präposition *fyrir* voraus, beantworten die entsprechenden Konstruktionen die Frage nach dem Ort und ziehen ein Objekt im Akkusativ mit sich, z.B.:

fyrir ofan sjó	***über** der See*
fyrir útan hús	***außerhalb** des Hauses*
fyrir ofan garð	***oberhalb** des Hofs*

fyrir **neðan** brú   **unter** der Brücke
fyrir **útan** fjall   **jenseits** der Berge

5.15 AUFGABE – PRÄPOSITIONEN: ORT UND RICHTUNG

A. Gib den jeweils richtigen Kasus (Akkusativ oder Dativ) der in den Klammern stehenden Substantive an.

Bsp	(Ísland)	Hann ferr á *Ísland.*	Hann er á *Íslandi.*
1.	(garðr)	Ingolfr fór í _____.	Ingolfr var í _____.
2.	(Nóregr)	Vér fǫrum í _____.	Vér erum í _____.
3.	(skógr)	Sigríðr ferr í _____.	Troll býr í _____.

B. Vervollständige die folgenden Sätze mit dem jeweils richtigen Kasus an (Akkusativ bei zielgerichteten Handlungen und Genitiv bei nicht zielgerichteten Handlungen). Beachte, dass Präpositionalkonstruktionen mit fyrir immer ein Objekt im Akkusativ verlangen.

1. (skógr)   Þeir ganga _____ handan.   Þeir búa _____ handan.
2. (garðr)   Hestr kom útan _____.   Hestar eru útan _____.
3. (fjall)   Menn kom neðan _____.   Menn stóðu fyrir neðan _____.

5.16 REFLEXIVPRONOMEN

Um einen Rückbezug zum Subjekt des Satzes herzustellen, greift das Altnordische i.d.R. auf die drei **reflexiv verwendeten Personalpronomen A** *sik*, **D** *sér* und **G** *sín* zurück. Sie werden sowohl im Singular als auch im Plural verwendet:

Helgi hafði **sik** í brott.	Helgi machte sich davon.
Mennirnir fengu **sér** skip.	Die Männer verschafften sich ein Schiff.
Ásgerðr fór heim til **sín**.	Ásgerðr ging zu sich nach Hause.

In der 1. und 2. Person wird nicht zwischen Personal- und Reflexivpronomen unterschieden:

Hann sér **mik**.	Er sieht mich.
Ek sé **mik**.	Ich sehe mich.
Hon sér **þik**.	Sie sieht dich.
Þú sér **þik**.	Du siehst dich.

5.17 AUFGABE – REFLEXIVPRONOMEN

Gib die jeweils richtige altnordische Übersetzung der folgenden Sätze an.

1. Ich habe mir selbst einen Namen gegeben.
   a. Ek hafa gefit sér nafn.
   b. Ek hefi gefit mér nafn.
2. König Gormr errichtete sich ein Denkmal.
   a. Gormr konungr gerði sér kumbl.
   b. Gormr konungr gerði oss kumbl.
3. Hrafnkell ließ sich einen großen Tempel errichten.
   a. Hrafnkell lét gera þér hof mikit.
   b. Hrafnkell lét gera sér hof mikit.

5.18 TEXTPASSAGE — EIN MANN VON MÄẞIGUNG (*GUNNLAUGS SAGA ORMSTUNGU*)

Eine Person, die gerecht urteilte und sich zu beherrschen wusste, wurde in der frühen isländischen Gesellschaft *hófsmaðr* genannt. Eine ungerecht handelnde, überhebliche und aggressive Person wurde hingegen als *ójafnaðarmaðr* bezeichnet. Vor allem von den an der Spitze des Freistaates stehenden Goden (*goðar*, Sg *goði*) bzw. Anführern (*hǫfðingjar*, Sg *hǫfðingi*) wurde erwartet, dass sie dazu imstande waren, das richtige Maß (*hóf*) zu halten. *Gunnlaugs saga ormstungu* erzählt von dem *hǫfðingi* Þorsteinn Egilsson, dessen Hang zur Zurückhaltung in starken Kontrast zu dem Temperament seines Vaters, dem Wikinger und Dichter Egill Skalla-Grímsson, steht.

Gunnlaugs saga ormstungu (Kap. 1)

Þorsteinn hét maðr; hann var Egilsson, Skalla-Grímssonar, Kveld-Úlfssonar hersis ór Nóregi; en Ásgerðr hét móðir Þorsteins ok var Bjarnardóttir. Þorsteinn bjó at Borg í Borgarfirði; hann var auðigr at fé ok hǫfðingi mikill, vitr maðr ok hógværr ok hófsmaðr um alla hluti. Engi var hann afreksmaðr um vǫxt eða afl sem Egill[15], faðir hans, en þó var hann it mesta afarmenni[16] ok vinsæll af allri alþýðu.

VOKABULAR

❖**af** *Präp* [mit D] von, bei; aus
afarmenni *n* überaus (kampf-)starke Person; hervorragende Person
afl *n* (körperliche) Kraft, Stärke
afreksmaðr *m* hervorragende, andere übertreffende Person
❖**allr** <*m A Pl* alla, *f N* ǫll, *f D* allri, *n* allt> *Adj Pron* all; alle, ganz
alþýða *f* das (ganze) Volk, Leute, Volksmenge
at *Präp* [mit D] bei, in, an; an...heran; um
❖**auðigr** <*A* auðgan> *Adj* reich, wohlhabend; **auðigr at fé** reich an Geld/Besitz
Ásgerðr <*A & D* Ásgerði, *G* Ásgerðar> *f* Ásgerðr (Personenname)
Bjarnardóttir *f* Bjǫrns Tochter/Tochter von Bjǫrn (Personenname)
Borg *f* Borg (Ortsname)
Borgarfjǫrðr <*D* Borgafirði> *m* Borgarfjǫrðr (Ortsname)
❖**búa** <býr, bjó, bjuggu, búinn> *V* wohnen; bewohnen, verweilen, leben
❖**eða** *Konj* oder
Egill <*D* Agli, *G* Egils> *m* Egill (Personenname)
en þó *Adv* dennoch
❖**engi** <*f* engi, *n* ekki> *Indef-Pron* keiner, kein/er, niemand, nichts

❖**fé** <*G* fjár, *G Pl* fjá> *n* Vieh, Schafe; Reichtum, Besitz, Geld
hersir <-is, -ar> *m* Herse, Vorsteher in einem norw. Herrschaftsbezirk (*herað*)
❖**hlutr** <-ar, -ir, *A Pl* hluti> *m* Los; Teil, Sache
hófsmaðr *m* besonnener, maßhaltender Mensch
hógværr *Adj* umgänglich, sanft; zahm, zutraulich
hǫfðingi <*G* -ja, *N Pl* -jar> *m* Häuptling, Anführer
inn, in, it *Art* der, die, das
Kveld-Úlfsson *m* Kveld-Úlfrs Sohn/Sohn von Kveld-Úlfr (Personenname), *wörtl.* Nacht-Wolf
mesta *schwach n N Sg Superl Adj* von **mikill** am größten, am meisten
❖**mikill** <*f* mikil, *n* mikit, *Komp* meiri, *Superl* mestr> *Adj* groß; viel
Nóregr <-s> *m* Norwegen
❖**ór** (auch **úr**) *Präp* [mit D] aus, von
❖**sem** *Konj* wie; als, da
Skalla-Grímsson *m* Skalla-Gríms Sohn/Sohn von Skalla-Grímr (Personenname), Glatzen-Grímr
um alla hluti in allen Dingen
❖**vinsæll** *Adj* beliebt
❖**vitr** <*A* vitran> *Adj* weise; klug
vǫxtr <*A* vǫxt, *D* vexti, *G* vaxtar, *N Pl* vextir, *A Pl* vǫxtu> *m* Wuchs, Größe, Körperform
Þorsteinn <-s> *m* Þorsteinn (Personenname)

Übersetzung

Þorsteinn hieß ein Mann; Er war Egills Sohn, der Sohn Skalla-Grímrs, der Sohn Kveld-Úlfrs dem Hersen aus Norwegen; Und Ásgerðr hieß Þorsteinns Mutter und (sie) war die Tochter von Bjǫrn. Þorsteinn lebte in Borg im Borgarfjǫrðr; Er war reich an Besitz und ein großer Häuptling, ein kluger Mann (und) umgänglich und ein besonnener Mann in allen Dingen. Er war kein (so) hervorragender Mann in Größe und Stärke wie Egill, sein Vater, aber dennoch war er der vortrefflichste Mann und bei allen Leuten beliebt.

---

[15] **Engi var hann...sem Egill:** „Er war kein (so) hervorragender Mann in Größe und Stärke wie Egill."
[16] **it mesta afarmenni:** "die überaus (kampf-)stärkste Person" „die vortrefflichste Person."

5.19 Vokabular — Liste 5. Die häufigsten Wörter in den Sagas

Substantive	Adjektive	Pronomen	Zahlwörter
jarl — Jarl	sterkr — stark	hon — sie	fjórir — vier
faðir — Vater	ungr — jung	allr — alle, jeder	
ferð — Reise	víss — gewiss; weise		
sumar — Sommer	vándr — schlecht		
Verben	**Präp & Adv**	**Konjunktionen**	
þykkja — scheinen	eptir — nach	ef — falls, wenn	
eiga — besitzen	vel — wohl, gut	eða — oder	
láta — lassen	upp — auf, rauf		
heita — heißen	síðan — dann		

Aufgaben

5.20 Bestimmung. Bestimme das Genus, den Kasus und den Numerus und die Grundform (N Sg) der unterstrichenen Substantive und übersetze sie anschließend ins Deutsche.

<u>Sigríðr</u> gerði <u>brú</u> þessa <u>móðir</u> <u>Alreks</u> dóttir <u>Orms</u> fyr <u>sálu</u> <u>Hólmgeirs</u> <u>fǫður</u> <u>Sigrøðar</u> <u>búanda</u> síns.

Substantiv	Genus	Kasus	Numerus	N Sg	Ü
Sigríðr					
brú					
móðir					
Alreks					
dóttir					
Orms					
sálu					
Hólmgeirs					
fǫður					
Sigrøðar					
búanda					

5.21 Satzpuzzle. Die folgenden Sätze stammen aus den Textpassagen der vorangegangenen Lektionen. Ordne die Wörter so an, dass sie einen grammatikalisch korrekten Satz ergeben.

Bsp Þessi / Haraldr / eptir / kumbl / gera / Gorm / bað / konungr
  Haraldr konungr bað gera kumbl þessi eptir Gorm.

1. gerði / Hólmgeirs / brú / Sigríðr / fyrir / þessa / sálu
   _____.

2. móðir / Ásgerðr / en / Þorsteins / hét / Bjarnardóttir / var / ok
   _____.

3. hǫfðingi / hann / mikill / fé / ok / auðigr / var / at
   _____.

4. afreksmaðr / eða / Egill / afl / engi / vǫxt / var / sem / um / hann

5.22 ÜBERSETZUNG. Übersetze die folgende Textpassage aus *Gunnlaugs saga ormstungu* ins Deutsche.

> Þorsteinn hét maðr; hann var
> Egilsson, Skalla-Grímssonar,
> Kveld-Úlfssonar hersis ór Nóregi;
> en Ásgerðr hét móðir Þorsteins
> ok var Bjarnardóttir.

_____
_____
_____
_____
_____

5.23 ASSIMILATION UND APOKOPE VON -R. Gib den Stamm der folgenden Substantive sowie das in der jeweils vorliegenden Form zu beobachtende Lautwandelphänomen an.

Bsp	steinn (G steins)	*stein-*	*r-Assimilation*
	vetr (vetrs)	*vetr-*	*r-Apokope*
1.	hafr (hafrs)	_____	_____
2.	hamr (hams)	_____	_____
3.	morginn (morgins)	_____	_____
4.	hungr (hungrs)	_____	_____
5.	vagn (vagns)	_____	_____
6.	sveinn (sveins)	_____	_____
7.	sigr (sigrs)	_____	_____
8.	jǫtunn (jǫtuns)	_____	_____
9.	þegn (þegns)	_____	_____
10.	hagr (hags)	_____	_____
11.	angr (angrs)	_____	_____

5.24 SUBSTANTIVE – A-STÄMME. Dekliniere die folgenden Substantive.

Maskulina. *Hundr* und *fiskr* werden wie *konungr*, *læknir* wie *hersir* und *hǫrr* wie *sǫngr* dekliniert.

		HUNDR	FISKR	LÆKNIR	HǪRR
Sg	N	_____	_____	_____	_____
	A	_____	_____	_____	_____
	D	_____	_____	_____	_____
	G	_____	_____	_____	_____
Pl	N	_____	_____	_____	_____
	A	_____	_____	_____	_____
	D	_____	_____	_____	_____
	G	_____	_____	_____	_____
	Ü	Hund	Fisch	Arzt	Flachs, Leinen

Neutra. *Barn* und *þing* werden wie *land*, *egg* wie *kyn* und *fylki* wie *kvæði* dekliniert.

		BARN	ÞING	EGG	FYLKI
Sg	N	_____	_____	_____	_____
	A	_____	_____	_____	_____

	D				
	G				
Pl	N				
	A				
	D				
	G				
	Ü	Kind	Versammlung	Ei	Bezirk

5.25 SONR UND MAÐR. Bestimme den Kasus und Numerus der unterstrichenen Formen.

Þorsteinn hét <u>maðr</u>; hann var Egils<u>son</u>, Skalla-Gríms<u>sonar</u>, Kveld-Úlfs<u>sonar</u> hersis ór Nóregi.

1. maðr _____
2. Egilsson _____
3. Skalla-Grímssonar _____
4. Kveld-Úlfssonar _____

5.26 VERBEN — WIEDERHOLUNG. Konjugiere die Verben *vera* und *hafa* im Präsens.

vera

1. Ek _____ kona Herjólfs.
2. Þú _____ kona Herjólfs.
3. Hon _____ kona Herjólfs.
4. Vér _____ víkingar.
5. Þér _____ víkingar.
6. Þeir _____ víkingar.

hafa

7. Ek _____ skip.
8. Þú _____ skip.
9. Hann _____ skip.
10. Vit _____ skip.
11. Þit _____ skip.
12. Þau _____ skip.

5.27 PERSONALPRONOMEN — WIEDERHOLUNG. Trage die richtigen Pronomen in die Lücken ein.

Bsp Ingólfr gaf Herjólfi land.

<u>Hann</u> gaf Herjólfi land.   Ingólfr gaf <u>honum</u> land.

1. Herjólfr var frændi Alreks.
   _____ var frændi Alreks.   Herjólfr var frændi _____.
2. Herjólfr fór til Grœnlands með Eiríki.
   _____ fór til Grœnlands með Eiríki.   Herjólfr fór til Grœnlands með _____.
3. Móðir Bjarna hét Þorgerðr. (Beachte: Bjarni ist ein Männername)
   _____ hét Þorgerðr.   Móðir _____ hét Þorgerðr.
4. Haraldr gerði kumbl eptir Gorm.
5. _____ gerði kumbl eptir Gorm.   Haraldr gerði kumbl eptir _____.

5.28 Genealogie.

Vervollständige den Stamm-baum von Þorsteinn mithilfe der Textpassage aus *Gunnlaugs saga*. Die Ehefrau von Þorsteinn hieß Jófríðr und eines ihrer gemeinsamen Kinder wurde Helga *in fagra* („die Schöne") genannt.

Kveld-Úlfr

5.29 Runen.

A. Überführe die Runen in lateinische Buchstaben und versuche sie anschließend wie im Beispiel ins standardisierte Altnordisch zu übertragen.

	Runen	Transliteration	Standardisiertes Altnordisch
Bsp	ᛋᛁᚱᛁᚦᛦ	*siriþr*	*Sigríðr*
1.	ᚢᚢᚦᛁᛦ		
2.	ᚠᛏᚢᛦ		
3.	ᛋᛏᚢ		
4.	_____	hulmkirs	
5.	ᛒᚢᛏᛏᛏ		
6.	_____	fur	
7.	_____	tutiR	

B. Übertrage deinen eigenen Namen und den Namen von drei weiteren Personen ins jüngere Fuþark. Du kannst dafür die Tabelle mit den lateinischen Entsprechungen der Runen zur Hilfe nehmen. Indem du dir die Namen immer wieder laut vorsprichst, kommst du der Aussprache am nächsten.

_____ _____ _____ _____

LEKTION 6

SAKRALES KÖNIGTUM IM ALTEN SKANDINAVIEN

Er mér úlfsins ván, er ek eyrun sé.
(Ich erwarte den Wolf, wo ich die Ohren sehe.)

Abbildung 6.1. Die Schweden opfern ihren König Dómaldi.

6.1 KULTUR — DAS GESCHLECHT DER YNGLINGAR IN SCHWEDEN UND NORWEGEN

Die Textpassagen in dieser Lektion drehen sich um die mythologischen Texte der altnordischen/-isländischen Literatur. Bei der *Ynglinga saga* handelt es sich um das erste Kapitel bzw. die erste Saga der *Heimskringla*, einer Chronik über die norwegischen Könige, die traditionell Snorri Sturluson zugeschrieben wird. Die Saga vereint mythologische und legendenhafte Erzählungen über das die Abstammung von dem Fruchtbarkeitsgott Yngvi-Freyr beanspruchende schwedische Herrschergeschlecht der Ynglingar. Daraus ergibt sich auch der Name der Familie. Obwohl die Ynglingar ursprüngliche aus Schweden (*Svíþjóð* oder *Svíaland*) stammten, verbündeten sich ihre Mitglieder auch mit Familien anderer skandinavischer Regionen.

Eine Nebenlinie der Ynglingardynastie ließ sich in der Region um Vík im südlichen Norwegen nieder. Die zweite in dieser Lektion zu findende Textpassage erzählt von Hálfdanr *svarti* („der Schwarze"), einem der ersten Abkömmlinge der norwegischen Ynglingar. Hálfdanr regierte zunächst über das relativ kleine Königreich von *Agðir*, konnte seine Herrschaft durch eine Reihe von geschickt geführten kriegerischen Auseinandersetzungen jedoch schon bald deutlich vergrößern. Hálfdanr gilt als der Stammvater der norwegischen Ynglingar-Könige. Seinem Sohn Haraldr hárfagri gelang es im späten 9. Jahrhundert, fast ganz Norwegen unter sich zu vereinen.

6.2 TEXTPASSAGE — DÓMALDIS OPFER FÜR EINE BESSERE ERNTE (*YNGLINGA SAGA*, IN *HEIMSKRINGLA*)

Die folgende Textpassage handelt von dem ebenfalls aus dem Geschlecht der Ynglingar stammenden schwedischen König Dómaldi. Während seiner Regierungszeit wurde die schwedische Bevölkerung von einer schweren Hungersnot heimgesucht, die durch drei aufeinander folgende Missernten ausgelöst worden war. Im Textauszug wird vom ersten, zweiten und dritten Herbst der Missernte berichtet:

Ynglinga saga (Kap. 15)

Dómaldi tók arf eptir fǫður sinn, Vísbur, ok réð lǫndum. Á hans dǫgum gerðisk sultr ok seyra[17] í Svíþjóð. Þá hófu Svíar blót stór at Uppsǫlum. It fyrsta haust[18] blótuðu þeir yxnum, en batnaði ekki árferð. En annat haust hófu þeir mannblót, en áferð var sǫm eða verri. En it þriðja haust kómu Svíar fjǫlmennt til Uppsala at hefja blót. Þá áttu hǫfðingjar ráðagørð sína, ok kom þat ásamt með þeim,[19] at hallærit stóð af Dómalda, konungi þeira, ok þat með,[20] at þeir skyldu blóta honum ok veita honum atgǫngu ok drepa hann ok rjóða stalla með blóði hans, ok svá gerðu þeir.

VOKABULAR

❖**af** *Präp* [*mit D*] von, bei; aus
❖**annarr** <*f* ǫnnur, *n* annat> *Adj Pron* andere/r/s
arf <-s> *m* Erbe
at *Präp* [*mit D*] bei, in, an; an...heran; um
❖**at** *Konj* dass
at *Inf-Part* zu (wie im Deutschen „zu")
atganga *f* Angriff
❖**á** *Präp* [*mit A*] (hin)auf, auf etw. zu (Bewegung); in Bezug auf, bezüglich; [*mit D*] auf; bei; in (Stillstand)
árferð *f* Jahreszeit, Ernte
ásamt *Adv* zusammen
áttu *3 Pl Prät* von **eiga**
batna <-að-> *V* verbessern; unpers. [*e-m*] **batnar** jmd. erholt sich
batnaði *3 Sg Prät* von **batna**
blóð *n* Blut
blót *n* Opfer(gabe)
blóta <-að-> *V* [*mit A*] verehren, huldigen; mit einem Opfer huldigen; [*mit D*] opfern, gottesdienstlich opfern
blótuðu *3 Pl Prät* von **blóta**
❖**dagr** <*D* degi, *G* dags, *N Pl* dagar, *D Pl* dǫgum> *m* Tag
Dómaldi *m* Dómaldi (Personenname)
❖**drepa** <drepr, drap, drápu, drepinn> *V* töten, umbringen, erschlagen
❖**eða** *Konj* oder
❖**eiga** <á, átti, áttr> *Prät-Präs V* besitzen, haben; **eiga ráðagørð** sich beraten, Rat halten
❖**ekki** *Adv* nicht
fjǫlmennt *Adv* in großer Anzahl, in Mengen
❖**fyrstr** <*schw N A Sg* fyrsta> *Superl Adj* von **fyrri** erste/r/s
❖**gera** (auch **gøra**) <-ði, -ðr ~gerr> *V* machen, tun; anfertigen, herstellen; durchführen, zustande bringen; entstehen, aufkommen; **gerask** *Med-Pas* aufkommen, geschehen, passieren
gerðisk *3 Sg Prät Med-Pas* von **gera**
gerðu *3 Pl Prät* von **gera**
hallæri *n* Hungersnot; **hallæri-t** die Hungersnot
haust *n* Herbst
hefja <hefr, hóf, hófu, hafinn> *V* heben; erhöhen; beginnen, errichten **hefja blót** Opfer darbringen
hófu *3 Pl Prät* **hefja**
hǫfðingi <*G* -ja, *N Pl* -jar> *m* Häuptling, Anführer
❖**í** *Präp* [*mit A*] hinein, rein (Bewegung); [*mit D*] in, innerhalb; bei (Stillstand)
kom *1/3 Sg Prät* von **koma**
❖**koma** <kemr ~kømr, kom, kómu ~kvámu, kominn> *V* kommen
kómu *3 Pl Prät* von **koma**
mannblót *n* Menschenopfer
❖**með** *Präp* [*mit A*] mit (im Sinne von bringen, tragen oder zwingen); [*mit D*] mit (im Sinne von Begleiten, Zusammensein; **með** *Adv* auch, damit
ráðagørð *f* Rat
réð *1/3 Sg Prät* von **ráða**
rjóða <rýðr, rauð, ruðu, roðinn> *V* etw. röten
❖**samr** <*f* sǫm, *n* samt> *Adj; Pron* gleich unverändert;

---

[17] **gerðisk sultr ok seyra:** „es kam Hunger und Mangel an Nahrungsmitteln auf."
[18] **it fyrsta haus, annat haust, it þriðja haust:** Im Altnordischen wird der Akkusativ ohne Präposition benutzt, um den Zeitpunkt des Geschehens auszudrücken.
[19] **kom þat ásamt með þeim:** „sie einigten sich" oder „sie kamen zu dem Entschluss."
[20] **ok þat með:** „und damit einhergehend" oder „und außerdem/zusätzlich/desweiteren."

derselbe, der Gleiche
seyra *f* Not oder Mangel an Nahrungsmitteln
❖**sinn** <*f A Sg* sína> *Refl-, Poss-Pron* sein/seine, ihr/ihre
sína *f A Sg* von **sinn**
❖**skulu** <skal, skyldi, *Prät Inf* skyldu> *Prätpräs V* sollen (Notwendigkeit, Pflicht; Absicht, Zweck; Schicksal)
skyldu *3 Pl Prät* von **skulu**
stalli *m* Altar (vorchristlich)
❖**standa** <stendr, stóð, stóðu, staðinn> *V* stehen; **standa af [e-u]** durch etw verursacht werden
stóð *1/3 Prät* von **standa**
❖**stórr** <*n A Pl* stór> *Adj* groß
sultr <-ar> *m* Hunger
❖**svá** *Adv* so, somit
Svíar *m Pl* die Schweden
Svíþjóð *f* Schweden (Ortsname)
sǫm siehe **samr**

❖**taka** <tekr, tók, tóku, tekinn> *V* nehmen, (er)greifen; sich verschaffen; **taka arf** erben, sein Erbe antreten
tók *1/3 Sg Prät* von **taka**
Uppsalir <*D Pl* Uppsǫlum, *G Pl* Uppsala> *m Pl* Uppsala (Ortsname)
uxi (auch **oxi**) <*A, D & G* uxa, *N Pl* yxn ~øxn, *D Pl* yxnum ~øxnum, *G Pl* yxna ~øxna> *m* Ochse
❖**veita** <-tti, -ttr> *V* gewähren, erlauben, geben, erweisen, helfen; zufügen, antun; **veita** [*mit D*] **atgǫngu** jmd angreifen
verri *Komp Adj* von **illr** schlimmer
Vísburr <-s> *m* Vísburr (Personenname)
yxnum siehe **uxi**
❖**þá** *Adv* dann, zu der Zeit
þeir <*A* þá, *D* þeim, *G* þeira ~þeirra> *Pron* sie (*m Pl*)
þriði <*n A Sg* þriðja> *Ordinal* dritte/r/s

Übersetzung

Dómaldi trat nach [dem Tod von] seinem Vater, Vísburr, das Erbe an und herrschte über seine Länder. Zu seiner Zeit gab es Hunger und Hungertod in Schweden. Dann brachten die Schweden große Opferungen in Uppsala dar. Den ersten Herbst opferten sie einen Ochsen, aber die Jahreszeit verbesserte sich nicht. Den zweiten Herbst brachten sie Menschenopfer dar, aber die Ernte war die gleiche oder schlimmer. Den dritten Herbst kamen eine große Anzahl Schweden nach Uppsala um Opfer darzubringen. Dann berieten sich die Häuptlinge und kamen zu dem Entschluss, dass die Hungersnot durch Dómaldi, ihren König, entstand, und desweiteren, dass sie ihn opfern sollten und ihn angreifen und töten und den Altar mit seinem Blut röten sollten, und so machten sie es.

6.3 Kultur — Der Tempel von Uppsala

In den schriftlichen Quellen des christlichen Mittelalters lassen sich viele Informationen über die vorchristlichen Traditionen und Bräuche der Skandinavier finden. Ein berühmtes Beispiel stammt aus der Feder des deutschen Klerikers und Chronisten Adam von Bremen, der sich um 1070 n.Chr. über ein Kultgebäude im schwedischen (Alt-)Uppsala ausließ. In der auf Latein verfassten „Geschichte des Erzbistums Hamburg" greift er den mündlichen Bericht eines Augenzeugens auf, laut dem der „Tempel" mit Kultstatuen der Götter Þórr, Óðinn und Freyr ausgestattet war. Obwohl er selbst niemals dort war, verfasste Adam in Anlehnung an diese Informationen einen Bericht über ein angeblich alle neun Jahre in Uppsala ausgerichtetes kultisches Fest:

> Auch pflegt alle neun Jahre ein allen schwedischen Landen gemeinsames Fest in Ubsola gefeiert zu werden. In Bezug auf dieses Fest findet keine Befreiung von Leistungen statt. Die Könige und das Volk, alle schicken ihre Gaben nach Ubsola, und — was grausamer ist als jegliche Strafe — diejenigen, die bereits das Christenthum angenommen haben, kaufen sich von jenen Ceremonien los. Das Opfer nun ist folgender Art. Von jeder Gattung männlicher Geschöpfe werden neun dargebracht, mit deren Blut es Brauch ist, die Götter zu sühnen. Die Körper aber werden in dem Haine aufgehängt, der zunächst am Tempel liegt. Dieser Hain ist nämlich den Heiden so heilig, daß jeder einzelne Baum durch den Tod oder die Verwesung der Geopferten geheiligt erachtet wird. Dort hängen auch Hunde und Rosse neben den Menschen, und von solchen vermischt durcheinanderhängenden Körpern habe er, erzählte mir ein

Christ, zweiundsiebzig gesehen.[21]

Adams Bericht ist natürlich maßgeblich durch seine christliche Weltanschauung beeinflusst worden, und auch seine kirchenpolitischen Ambitionen und nicht zuletzt auch seine Fantasie dürften bei der Schilderung des vermeintlichen Kultzentrums eine gewisse Rolle gespielt haben. Die Frage, ob im Freien stattfindende Opferfeste tatsächlich ein Bestandteil der vorchristlich-religiösen Bräuche des Nordens gewesen sind, lässt sich heute nur noch schwer beantworten.

6.4 Starke Substantive — ō-Stämme (Feminina)

Feminina. Die meisten femininen Substantive der starken Deklination zählen zu den *ō*-Stämmen. Charakteristisch für diese ist der auf eine ehemalige *u*-Endung hinweisende *u*-Umlaut im Nominativ, Akkusativ und Dativ Singular. Obwohl das -*u*- noch vor dem Beginn der Wikingerzeit apokopiert wurde, ist das Resultat des sich auf Wörter mit dem Wurzelvokal -*a*- auswirkenden *u*-Umlauts erhalten geblieben, vgl. mǫn- (Wortstamm *man*-, G *manar*) oder fǫr- (Wortstamm *far*-, G *farar*).

	RÚN	FǪR	KERLING	SKEL	ǪR	HEIÐR	ENDG
Sg N	rún	fǫr	kerling	skel	ǫr	heiðr	-, -r
A	rún	fǫr	kerling	skel	ǫr	heiði	-, -i
D	rún	fǫr	kerling	skel	ǫr	heiði	-, -u, -i
G	rúnar	farar	kerlingar	skeljar	ǫrvar	heiðar	-ar
Pl N	rúnar	farar	kerlingar	skeljar	ǫrvar	heiðar	-ar
A	rúnar	farar	kerlingar	skeljar	ǫrvar	heiðar	-ar
D	rúnum	fǫrum	kerlingum	skeljum	ǫrum	heiðum	-um
G	rúna	fara	kerlinga	skelja	ǫrva	heiða	-a
Ü	Rune	Reise	alte Frau	Muschel	Pfeil	Heide	

- Die Mehrzahl der femininen Substantive der *ō*-Stämme wird wie *rún* oder *fǫr* dekliniert.
- Der Stamm einiger Substantive, wie z.B. *skel* und *ey*, endet auf -*j*-. Dieses tritt allerdings nur vor -*a*- und -*u*- in Erscheinung. Zu diesen Wörtern zählen auch viele feminine Namen, wie z.B. *Signý* (A *Signýju*).
- Wiederum andere zu den *ō*-Stämmen zählende Substantive, wie z.B. *ǫr*, enden im Stamm auf -*v*-, zeigen dieses aber nur vor -*a*- und -*i*- auf.
- Eine Reihe von Substantive, wie z.B. *laug, ull, hel*, sowie sämtliche zu dieser Klasse zählende Wörter auf -*ing* (*kerling*) und -*ung* (*lausung*) zeigen ein -*u* im Dativ Singular auf.
- Im Nominativ Singular auf -*r* endende Substantive, wie z.B. *heiðr* oder *hildr*, zeigen ein -*i* im Akkusativ und Dativ Singular auf. Dazu zählen auch feminine Namen, die auf -*r* (z.B. *Ásgerðr, Þorgerðr, Brynhildr, Gunnhildr* oder *Sigríðr*) oder -*dís* (z.B. *Freydís* oder *Ásdís*) enden. Wenn der Stamm dieser Substantive auf -*k*- oder -*g*- endet, erfolgt *j*-Einschub vor einer auf -*a*- oder -*u*- auslautenden Flexionsendung, vgl. *ylgr* (Pl *ylgjar*), *gýgr* (Pl *gýgjar*) oder *rygr* (Pl *rygjar*).

6.5 Aufgabe — ō-Stämme

Dekliniere *mǫn*, *nál* und *gjǫf*.

---

[21] Adam von Bremen: *Gesta Hammaburgensis ecclesiae pontificum*. In: Buchner, Rudolf/Trillmich, Werner (Hg.): *Quellen des 9. und 11. Jahrhunderts zur Geschichte der Hamburgischen Kirche und des Reiches*. (FSGA 11), 7. Auflage. Darmstadt 1978, S. 135–503.

	MǪN	NÁL	GJǪF
Sg N	_____	_____	_____
A	_____	_____	_____
D	_____	_____	_____
G	_____	_____	_____
Pl N	_____	_____	_____
A	_____	_____	_____
D	_____	_____	_____
G	_____	_____	_____
Ü	Mähne	Nadel	Geschenk, Gabe

6.6 Die Possessivpronomen *minn* (*mín*, *mitt*), *þinn* (*þín*, *þitt*) und *sinn* (*sín*, *sitt*)

Die Possessivpronomen stimmen mit ihrem Bezugswort in Kasus, Numerus und Genus überein. Die Formen der 1. und 2. Person Singular lauten:

	M	F	N			M	F	N
Sg N	minn	mín	mitt	Sg		þinn	þín	þitt
A	**minn**	mína	mitt			þinn	þína	þitt
D	mínum	minni	mínu			þínum	þinni	þínu
G	míns	minnar	míns			þíns	þinnar	þíns
Pl N	mínir	mínar	mín	Pl		þínir	þínar	þín
A	mína	mínar	mín			þína	þínar	þín
D	mínum	mínum	mínum			þínum	þínum	þínum
G	minna	minna	minna			þinna	þinna	þinna

- Die Possessivpronomen weisen mit Ausnahme der maskulinen Form des Akkusativ Singular dieselben Endungen wie der bestimmten Artikel *inn* (*in*, *it*) auf.
- Beachte, dass das *-i-* nur kurz ist, wenn es vor einem Doppelkonsonanten (*-nn-* und *-tt-*) steht.
- Die Doppelkonsonanz *-nn-* ergibt sich aus der Assimilation von *-r* an den auf *-n-* endenden Wortstamm. Der feminine Dativ Singular *minni* setzt sich aus dem Stamm *min-* und der Endung *-ri* zusammen.

Eine vollständige Übersicht über die Deklination der Possessivpronomen findest du in **Anhang A: Übersicht über die altnordische Grammatik**.

Das reflexiv verwendete Possessivpronomen *sinn* (*sín*, *sitt*)

Im Vergleich mit dem Altnordischen (und auch mit den modernen nordischen Sprachen) ist die deutsche Verwendung des Possessivpronomens in der 3. Person Singular und Plural doppeldeutig. Wenn sich eine Possessivkonstruktion auf das Subjekt des Satzes bezieht, das Pronomen also eine reflexive Bedeutung annimmt, muss immer *sinn* verwendet werden. In allen anderen Fällen übernimmt der Genitiv des entsprechenden Personalpronomens die Funktionen des Possessivpronomens.

Þórólfr drap konung **sinn**.   Þórólfr tötete seinen [=seinen eigenen] König.
Þórólfr drap konung **hans**.   Þórólfr tötete seinen König [=den König eines anderen].

In der Aussage Þórólfr *tötete seinen König* entscheidet der Kontext darüber, ob Hrólfr seinen *eigenen* König oder den König einer anderen Person oder Personengruppe tötet:
Der Unterschied zwischen den beiden Konstruktionen kommt auch im folgenden Beispiel aus *Snorra-Edda* zum Ausdruck:

Tók Óðinn þá við konu **sinni**.   *Dann schlief Odin mit seiner Frau [=seiner eigenen Frau].*

Tók Óðinn þá við konu **hans**.   *Dann schlief Odin mit seiner Frau [=der Frau eines anderen].*

Sinn wird also nur dann verwendet wird, wenn es sich wie im folgenden Beispiel aus in Lektion 4 zu findenden Textpassage auf das Subjekt des Satzes bezieht:

*Haraldr konungr bað gera kumbl þessi ept Gorm fǫður **sinn** ok ept Þyri móður **sína**.*

Wenn das Possessivpronomen über ein anderes Bezugswort verfügt, wird hingegen der Genitiv des Personalpronomens *hann* (*hans, hennar, þess* und *þeira*) verwendet:

*Skútaðar-Skeggi hét maðr ágætr í Nóregi. **Hans** sonr var Bjǫrn.*

Auch das Flexionsmuster von *sinn* stimmt weitestgehend mit der Deklination des bestimmten Artikels *inn* (*in, it*) überein:

	M	F	N		M	F	N
Sg N	sinn	sín	sitt	Pl	sínir	sínar	sín
A	sinn	sína	sitt		sína	sínar	sín
D	sínum	sinni	sínu		sínum	sínum	sínum
G	síns	sinnar	síns		sinna	sinna	sinna

Da es sich bei *hans* um den Genitiv des Personalpronomens *hann* handelt, wird es lediglich dem Genus des Subjektes angepasst:

	M	F	N		Alle Genera
Sg G	hans	hennar	þess	Pl	þeira

6.7 Aufgabe — Die Pronomen *sinn* und *hans*

Vervollständige die Sätze mit den richtigen Pronomen. Beachte dabei, dass sich die Reflexivpronomen stets zurück auf das Subjekt beziehen, aber niemals selbst Teil des Subjektes sind.

1. Hann sá konu _____.   *Er sah seine [eigene] Frau.*
2. Hann sá konu _____.   *Er sah seine Frau [= die Frau eines anderen].*
3. Hon hjálpaði dóttur _____.   *Sie half ihrer [eigenen] Tochter.*
4. Hon hjálpaði dóttur _____.   *Sie half ihrer Tochter [= der Tochter einer anderen].*

   Beachte, dass *hjálpa* mit einem Dativobjekt steht.
5. Hann ok konan _____ hittu Gunnar.   *Er und seine [eigene] Frau treffen Gunnarr.*

6.8 Verben — Aktiv, Passiv und Mediopassiv

Anders als im Deutschen wird im Altnordischen zwischen drei verschiedenen Diathesen (Handlungsrichtungen) unterschieden.

Mit dem **Aktiv** wird eine vom Subjekt ausgehende Tätigkeit ausgedrückt. Sämtliche Verben und Verbformen, die bislang in diesem Buch behandelt wurden, stehen im Aktiv. Auch die Textpassage aus dieser Lektion beinhaltet zahlreiche Beispiele.

Dómaldi **réð** lǫndum.   *Dómaldi **herrschte** über die Länder.*
Blótuðu þeir yxnum.   *Sie **opferten** Ochsen.*
Hófu þeir mannblót.   *Sie **erbrachten** Menschenopfer.*

Wenn die durch das Verb ausgedrückte Handlung sich gegen das Subjekt richtet, wird im Altnordischen häufig das mit einem Hilfsverb und dem Partizip Perfekt des Verbs gebildete **Passiv** verwendet. Bei dem herangezogenen Hilfsverb handelt es sich i.d.R. um *vera* „sein", mitunter wird jedoch auch *verða* verwendet. Die folgenden Beispiele stammen aus der Textpassage von oben.

Lík hans **var flutt** á Hringaríki.	*Sein Leichnam wurde nach Hringaríki transportiert.*
Var hǫfuðit **lagit** í haug at Steini.	*Der Kopf wurde in einen Hügel bei Steinn gelegt.*
[...] ok **eru kallaðir** Hálfdanarhaugar.	*[...] und [sie] werden Hálfdanarhaugar genannt.*

Das **Mediopassiv** wird immer dann verwendet, wenn die vom Verb ausgedrückte Handlung sowohl vom Subjekt ausgeht als auch auf dieses ausgerichtet ist. Neben dem reflexiven Gebrauch können mit dem Mediopassiv auch passivische oder reziproke („wechselseitige" bzw. „aufeinander bezügliche") Handlungen ausgedrückt werden. Die unterschiedlichen Gebrauchsmöglichkeiten des altnordischen Mediopassivs werden in Lektion 14 noch genauer behandelt.

Die Bildung des Mediopassivs erfolgt mit Hilfe der aktiven Formen des Verbs und der Reflexivpronomen *mik* und *sik*. Die folgenden Beispiele stammen aus den in diesem Buch zu findenden Textpassagen.

Á hans dǫgum **gerðisk** sultr ok seyra í Svíþjóð.	*Zu seiner Zeit kam Hunger und Mangel an Nahrungsmitteln in Schweden auf.*
Beiddusk allir at hafa líkit með sér.	*Alle forderten für sich, den Leichnam bei sich zu haben.*
En þeir **sættusk** svá, at líkinu var skipt í fjóra staði.	*Und sie einigten sich (untereinander) so, dass der Leichnam auf vier Plätze verteilt wurde.*

		AKTIV: **GERA**		MEDIOPASSIV: **GERASK**	
		PRÄSENS	PRÄTERITUM	PRÄSENS	PRÄTERITUM
Sg	1.	geri	gerða	gerumk	gerðumk
	2.	gerir	gerðir	gerisk	gerðisk
	3.	gerir	gerði	gerisk	gerðisk
Pl	1.	gerum	gerðum	gerumsk	gerðumsk
	2.	gerið	gerðuð	gerizk	gerðuzk
	3.	gera	gerðu	gerask	gerðusk

Durch das Suffigieren von *-sk* an die aktive Form des Verbs kommt es zum Schwund des auslautenden *-r*: *gerir + sk > gerisk*. Wenn der Endung *-sk* ein Dental (*-ð-, -d-* oder *-t-*) vorausgeht, tritt das *-s-* als *-z-* in Erscheinung: *gerið + sk > gerizk*.

6.9 KULTUR— SNORRIS *HEIMSKRINGLA*

Die beiden in dieser Lektion zu findenden Textpassagen stammen aus der traditionell dem isländischen Politiker und Skalden Snorri Sturluson (1179–1241) zugeschriebenen *Heimskringla*. Das Werk, bei dem es sich um eine Sammlung und Bearbeitung von Sagas über die norwegischen Könige handelt, wird als eine der wichtigen Quellen für die Geschichte, die Mythen und die Legenden des alten Skandinaviens betrachtet und gilt als eines der Meisterwerke des altnordischen/-isländischen Literaturkorpus'.

Obwohl der Hauptteil der *Heimskringla* vermutlich zwischen 1220 und 1230 entstanden ist, existiert heute keine mittelalterliche Handschrift mehr, die das gesamte Werk überliefert. Die älteste, vollständig erhaltene Handschrift der *Heimskringla* stammt aus dem 17. Jahrhundert. Vermutlich er-hielt die Sammlung auch zu dieser Zeit ihren Namen. Bei dem Wort *heimskringla* handelt es sich vermutlich um eine altnordische Übersetzung des lateinischen Ausdrucks *orbis terrarum* („Kreis der Welt"). Dem-entsprechend widmet sich auch die an erster Stelle des Sagateils stehende *Ynglinga saga* zunächst einer Beschreibung der geografischen

Gegebenheiten der Welt.

Während uns heute noch viele Informationen über Snorris politische Aktivitäten zur Verfügung stehen, geben die mittelalterlichen Schriftquellen nur wenig über seine Tätigkeit als Dichter und Historiker preis. Daher lässt sich auch nur mutmaßen, wie groß sein Eigenanteil an der *Heimskringa* tatsächlich gewesen ist – wenn es überhaupt Snorri war, der das Werk geschrieben hat. Ähnliches gilt auch für die *Snorra-Edda*. Möglicherweise hat Snorri lediglich die Ideen für die ihm zugeschriebenen Werke geliefert, aber unter seiner Aufsicht arbeitende Schriftgelehrte damit beauftragt, diese für ihn auf das Pergament zu bringen. Ob Snorri, wie manchmal behauptet wird, auch hinter der Komposition der *Egils saga* steht, lässt sich heute nicht mehr schlüssig nachweisen.

Die *Heimskringla* besteht aus einem kurzen Prolog und 16 einzelnen Sagas. Die Handlung der *Ynglinga saga* setzt in der mythischen Vorzeit ein und verfolgt die Abstammung der norwegischen Könige von den Göttern bis hin zu dem im Mittelpunkt der zweiten Saga stehenden Hálfdanr svarti. Die restlichen Sagas widmen sich in chronologischer Reihenfolge den einzelnen Königen. Das Werk gibt die Geschichte des norwegischen Königtums als eine Sammlung von Kurzgeschichten wieder, die sich jeweils durch die Persönlichkeiten der verschiedenen Könige auszeichnen.

Die *Heimskringla* basiert auf mündlich tradierten Erzählungen, skaldischer Dichtung und isländischer und norwegischer Prosa.

Abbildung 6.2. Snorri Sturluson.

Neben der Möglichkeit, bei einem Besuch in Norwegen zwischen 1218–1220 an lokale mündliche Tradition anzuknüpfen, werden Snorri sicher auch die in Island kursierenden Geschichten über die norwegischen Könige bekannt gewesen sein. Auch einige von Snorris möglichen schriftlichen Quellen sind erhalten geblieben. Hier zu nennen sind u.a. die *Morkinskinna* und die *Fagrskinna*, das aus Norwegen stammende, jedoch in lateinischer Sprache verfasste *Ágrip af Nóregs konunga sǫgum*, sowie vermutlich auch einige *Íslendingasǫgur*. Snorri bettete zudem ca. 600 Strophen von über 70 Skalden in sein Werk ein. Während viele dieser Strophen vermutlich zur Dramatisierung der bekannten Geschichten eingesetzt wurden, scheint es sich bei einigen unter ihnen darüber hinaus gar um die einzige Quelle für die entsprechende Episode zu handeln. Auch wenn der quellenhistorische Wert der *Heimskringla* umstritten ist, wäre unser Wissen über die Wikingerzeit, insbesondere in Hinblick auf die in Norwegen stattgefundenen Ereignisse, ohne sie vermutlich deutlich geringer.

6.10 Textpassage — Der Leichnam von Hálfdanr wird in vier Teile geteilt (*Hálfdanar saga svarta*, in *Heimskringla*)

Hálfdanar saga svarta ist sowohl in der *Heimskringla* als auch in der *Fagrskinna* überliefert. Hálfdanr war ein Kleinkönig in der südnorwegischen Region *Vík*, der sich in der Mitte des 9. Jahrhunderts ein kleines Königreich auf der Vestfoldseite des Oslofjords erkämpfen konnte.

Seine Mutter Königin Ása war möglicherweise eine jener beiden Frauen, deren Skelette in einer Grabkammer des 1904 ausgegrabenen Oseberg-Schiffs gefunden wurden. Das mit äußerst prächtigen Schnitzereien verzierte Schiffsgrab gilt als einer der bedeutendsten archäologischen Funde aus der Wikingerzeit.

In *Hálfdanar saga svarta* wird berichtet, dass König Hálfdanr im Alter von nur 40 Jahren ganz überraschend auf dem Rückweg von einem Fest verstarb. Er und sein Gefolge ertranken während der Frühlingsschmelze im Randsfjord, nachdem ihr Schlitten im Eis einbrach. König Hálfdanr soll sich zum Zeitpunkt seines Todes auf dem Gipfel seiner Macht befunden haben.

In der folgenden Textpassage wird berichtet, dass die Bewohner aller vier *fylki* („Bezirke") des Reiches nach dem Bekanntwerden seines Todes Anspruch auf den Leichnam erhoben. Um die äußerst ertragreichen Ernten der vergangenen Jahren auch in Zukunft aufrechtzuerhalten, strebten sie alle danach, die sterblichen Überreste ihres Königs im jeweils eigenen Bezirk zu bestatten. Da er dem Herrschergeschlecht der Ynglingar angehörte, deren Mitglieder die Abstammung vom Fruchtbarkeits-gott Freyr beanspruchten, kam König Hálfdanr eine große symbolisch-religiöse Bedeutung zu. Die Bevölkerung seines Reiches einigte sich schließlich darauf, den Leichnam in vier Teile zu teilen, und ließ in allen *fylki* des Königreichs Grabhügel für seine Gebeine errichten.

Abbildung 6.3. Der Schlitten von König Hálfdanr und seinem Gefolge bricht im Eis ein.

Hálfdanar saga svarta (Kap. 9)

Hann hafði verit allra konunga ársælstr. Svá mikit gerðu menn sér um hann, at þá er[22] þat spurðusk, at hann var dauðr ok lík hans var flutt á Hringaríki ok var þar til graptar ætlat,[23] þá fóru ríkismenn af Raumaríki ok af Vestfold ok Heiðmǫrk ok beiddusk allir at hafa líkit með sér ok heygja í sínu fylki, ok þótti þat vera árvænt þeim,[24] er næði. En þeir sættusk svá, at líkinu var skipt í fjóra staði,[25] ok var hǫfuðit lagit í haug at Steini á Hringaríki, en hverir fluttu heim sinn hluta ok heygðu í haugi, ok eru þat allt kallaðir Hálfdanarhaugar.

VOKABULAR

❖**allr** <m N Pl allir, G Pl allra, f ǫll, n allt> *Adj Pron* all; alle, ganz

allt *Adv* völlig, ganz; überall

❖**á** *Präp* [mit A] (hin)auf, auf etw. zu (Bewegung); in Bezug auf, bezüglich; [mit D] auf; bei; in (Stillstand)

ársæll *Adj* mit guter oder fruchtbarer Ernte gesegnet

ársælstr *Superl* von **ársæll**

árvænn *Adj* Aussicht auf gute Ernte haben

beiða <beiddi, beiddr> *V* begehren, verlangen, fordern;
   beiðask *Med-Pas* (für sich) fordern

beiddusk *3 Pl Prät Med-Pas* von **beiða**

❖**dauðr** <f dauð, n dautt> *Adj* tot

❖**er** *Rel-Pron* der, die, das; welcher, welche, welches

❖**fara** <ferr, fór, fóru, farinn> *V* gehen, reisen, sich begeben; sich fortbewegen

❖**fjórir** <m A Pl fjóra> *Zahl* vier

flutt transportiert, (fort)gebracht, bewegt (Part Prät von **flytja**)

fóru *3 Pl Prät* von **fara**

fylki *n* Bezirk

❖**gera** (auch **gøra**) <-ði, -ðr ~gerr> *V* machen, tun; anfertigen, herstellen; durchführen, zustande bringen; entstehen, aufkommen

gerask *Med-Pas* aufkommen, geschehen, passieren

gera sér mikit um [e-n] sich viel aus jmd.

---

[22] **þá er**: „(dann) als".

[23] **ok var þar til graptar ætlat**: wörtl. „und war dort für die Beisetzung bestimmt".

[24] **þótti þat vera ... þeim** : „schien es ihnen ... zu sein"

[25] **at líkinu var skipt í fjóra staði**: Bei diesem Satz handelt es sich um eine unpersönliche Konstruktion ohne Subjekt im Nominativ. Das Substantiv *líkinu* steht im Dativ Singular.

machen/jmd. sehr zugetan sein
graptar *siehe* **gr**ǫ**ptr**
grǫ**ptr** <*D* grepti, *G* graptar> *m* Bestattung, Beisetzung, Begräbnis
❖**hafa** <hef(i)r, hafði, haft> *V* haben, besitzen; nehmen
haugr <-s, -ar> *m* Grabhügel
Hálfdanarhaugar *m Pl* Hálfdans Hügel
Heiðmǫ**rk** *f* Heiðmǫrk (Ortsname)
❖**heim** *Adv* nach hause
heygja <-ði, -ðr> *V* in einem Hügel bestatten, beerdigen
hluti *m* Teil
Hringaríki *n* Hringaríki (Ortsname)
hverir *m Nom Pl* von **hverr**
❖**hverr** <*m N Pl* hverir> Ind-Pron (ein)jeder, alle
❖**h**ǫ**fuð** <*D* hǫfði, *D Pl* hǫfðum, *G Pl* hǫfða> *n* Kopf, Haupt; **h**ǫ**fuð-it** der Kopf
kallaðir genannt (*Part Perf* von **kalla**)
lagit gelegt (*Part Perf* von **leggja**)
❖**leggja** <lagði, lagiðr ~lagðr ~laginn> *V* legen, platzieren
lík *n* Leichnam, Leiche; **lík-it** (*A*), **lík-inu** (*D*) der Leichnam
❖**með** *Präp* [*mit A*] mit (im Sinne von bringen, tragen oder zwingen); [*mit D*] mit (im Sinne von Begleiten, Zusammensein; **með** *Adv* auch, damit

❖**mikit** *Adv* sehr, viel
ná <náir, náði, nát> *V* [*mit D*] bekommen, erlangen
næði bekäme (*3 Sg Prät Konj* von **ná**)
Raumaríki *n* Raumaríki (Ortsname)
ríkismaðr *m* mächtiger Mann, vornehmer Mann, bedeutender Mann
skipt geteilt (*Part Perf* von **skipta**)
skipta <-ti, -tr> *V* [*mit D*] (auf)teilen
spurðusk erfuhren (*3 Pl Prät Med-Pas* von **spyrja**)
❖**spyrja** <spurði, spurðr> *V* fragen; hören, erfahren, herausfinden
❖**staðr** <*D* stað ~staði, *G* staðar, *N Pl* staðir, *A Pl* staði> *m* Platz, Stelle, Ort
Steinn <-s> *m* Steinn (Ortsname), „Stein"
sætta <-tti, -ttr> *V* sich versöhnen, Frieden schließen; **sættask** *Med-Pas* sich einigen
sættusk *3 Pl Prät Med-Pas* von **sætta**
❖**vera** <er, var, váru, verit> *V* sein
Vestfold *f* Vestfold (Ortsname)
þótti *3 Sg Prät* von **þykkja**
❖**þykkja** <þykkir, þótti, þótt> *unpers V* scheinen; [*mit D Konj*] denken, es scheint jmd zu sein
❖**ætla** <-að-> *V* gedenken, vorhaben
ætlat bestimmt (sein) (*Part Perf* von **ætla**)

Übersetzung

Er war von allen Königen mit der fruchtbarsten Ernte gesegnet gewesen. So sehr waren ihm die Leute zugetan, dass als sie damals erfuhren, dass er tot war und sein Leichnam nach Hringaríki transportiert worden ist und dort beerdigt werden sollte, dann reisten mächtige Männer aus Raumaríki und aus Vestfold und Heiðmǫrk [nach Hringaríki] und baten alle den Leichnam für sich selbst zu haben und [ihn] in ihrem eigenen Bezirk zu bestatten. Es schien ihnen eine gute Aussicht auf gute Ernte, wer auch immer ihn bekäme. Und sie einigten sich (untereinander) so, dass der Leichnam auf vier Plätze verteilt wurde. Der Kopf wurde in einen Hügel bei Steinn in Hringaríki gelegt und jeder brachte seinen Teil nach Hause und bestattete [ihn] in einem Hügel und alle [diese Hügel] werden Hálfdanarhaugar genannt.

6.11 VOKABULAR — LISTE 6. DIE HÄUFIGSTEN WÖRTER IN DEN SAGAS

SUBSTANTIVE	ADJEKTIVE	PRONOMEN	ZAHLWÖRTER
dóttir — Tochter	**langr** — lang	**sik** — sich selbst	**sex** — sechs
þing — Versammlung, Thing	**sárr** — verwundet	**annarr** — ein anderer; einer von zweien, der andere	
orð — Wort	**hálfr** — halb		
hestr — Pferd	**vænn** — schön		
VERBEN	PRÄP & ADV	KONJUNKTIONEN	
búa — wohnen; vorbereiten	**þó** — obwohl, trotz	**hvárt** — ob	

sjá — sehen
ríða — reiten
svara — antworten
heim — nach Hause
út — aus, raus
frá — von, aus

AUFGABEN

6.12 TEXTVERSTÄNDNIS. Sind die folgenden Aussagen richtig oder falsch?

RÉTT EÐA RANGT?

1. Dómaldi tók arf eptir sonr sinn. _____
2. Vísburr var faðir Dómalda. _____
3. Var í Svíþjóð sultr ok seyra. _____
4. Svíar blótuðu yxnum. _____
5. Svíar blótuðu mǫnnum. _____
6. Svíar áttu ráðagørð. _____
7. Svíar blótuðu konungi. _____

Vervollständige die Sätze mit den angegebenen Wörtern.

Réð   haust   sultr   yxnum   seyra   blót   þriðja

8. Dómaldi _____ lǫndum.
9. Þá hófu Svíar _____ stór at Uppsǫlum.
10. It fyrsta _____ blótuðu þeir _____.
11. En it _____ haust kómu Svíar fjǫlmennt til Uppsala.
12. Var í Svíðþjóð _____ ok _____.

6.13 VOKABULAR. Ordne den altnordischen Wörtern ihre jeweilige deutsche Entsprechung zu.

VERBEN

hefja	nehmen
flytja	opfern
taka	heben; (Opfer) darbringen
blóta	in einem Hügel bestatten
ráða	bringen
heygja	raten; herrschen

SUBSTANTIVE

lík	Angriff
haust	Hungersnot
fylki	Hügel
hallæri	Altar
sultr	Landesteil, norw. Bezirk
haugr	Ernte
atganga	Hunger
árferð	Leichnam, Leiche
stalli	Herbst

6.14 SUBSTANTIVE – Ō-STÄMME (FEMININA). Gib die Deklination der folgenden Substantive an. *Skǫr* wird wie *fǫr*, *dǫgg* wie *ǫr*, und *elfr* wie *heiðr* dekliniert.

	SKQR	DQGG	ELFR
Sg N			
A			
D			
G			
Pl N			
A			
D			
G			
Ü	Rand, Kante	Tau	Fluss

6.15 Verben. Stehen die unterstrichenen Verben im Aktiv, Passiv oder Mediopassiv?

Bsp	It fyrsta haust <u>blótuðu</u> þeir yxnum.	*Aktiv*
1.	Á hans dǫgum <u>gerðisk</u> sultr ok seyra í Svíþjóð.	_____
2.	En it þriðja haust <u>kómu</u> Svíar fjǫlmennt til Uppsala at hefja blót.	_____
3.	Hann <u>hafði verit</u> allra konunga ársælstr.	_____
4.	<u>Beiddusk</u> allir at hafa líkit með sér ok heygja í sínu fylki.	_____
5.	Hann <u>herjaði</u> í austrveg í Danmǫrk við Sjáland.	_____
6.	En þeir sættusk svá, at líkinu <u>var skipt</u> í fjóra staði.	_____
7.	En þeir <u>sættusk</u> svá, at líkinu var skipt í fjóra staði.	_____
8.	Ok eru þat allt <u>kallaðir</u> Hálfdanarhaugar.	_____

LEKTION 7

DER NORWEGISCHE KÖNIG HARALDR HÁRFAGRI UND SEIN SOHN EIRÍKR BLÓÐØX

Illt er at fljúga fjaðralauss.
(Es ist schlecht, federlos zu fliegen.)

7.1 KULTUR – WIE HARALDR STRUBBELHAAR ZU HARALDR HAARSCHÖN WURDE

Auch König Haraldr *hárfagri* („Haarschön"), bei dem es sich um einen Sohn von König Hálfdanr svarti handelte, gehörte dem norwegischen Zweig der Ynglingar an. Seinen politischen Werdegang begann er als Herrscher über eine Reihe von kleinen Königreichen, die sich sein Vater einst in Vestfold bei Vík erkämpft hatte. In den 860er-Jahren ging schließlich auch Haraldr selbst dazu über, weitere Kleinkönigtümer zu erobern – im Gegensatz zu seinem Vater allerdings mit dem erklärten Ziel, ganz *Nóregr* („Norwegen") unter sich zu einen.

Angeblich schwor Haraldr sich damals, sich nicht eher sein Haar schneiden zu lassen als sein Vor-haben erreicht sei. In vielen Sagas wird er daher oft als Haraldr *lúfa* („Strubbelhaar") bezeichnet.

Nachdem es ihm im Zuge seiner Eroberungsbestrebungen gelungen war, weite Teile der südlichen Küstenregion Norwegens zu erobern, ließ er sich, so behaupten zumindest die isländischen Quellen, trennte er sich schließlich tatsächlich von seinem Haar. Seit dieser Zeit ist von ihm nur noch unter dem Beinamen „Haarschön" die Rede.

7.2 TEXTPASSAGE — HARALDR ERKÄMPFT SICH SEINEN WEG ZUM THRON (*GRETTIS SAGA ÁSMUNDARSONAR*)

Die zwischen 885–990 im Südwesten des Landes ausgetragene Schlacht von Hafrsfjǫrðr stellte den endgültigen Sieg von Haraldr hárfagri über seine verbliebenen Widersacher dar. Nachdem es ihm gelang, ihre Flotte vollständig zu vernichten, ließ sich Haraldr als alleiniger Herrscher über Norwegen ausrufen.

Die Kunde von seinem Sieg verbreitete sich rasch, und auch viele Sagas berichten von König Haraldrs großen Taten. Die folgende Textpassage aus *Grettis saga Ásmundarsonar* handelt von seinem Aufeinandertreffen mit den Anführern Kjǫtvi *inn auðgi* („der Wohlhabende"), Þórir haklangr („ Langkinn") und König Súlki, die ihm letztlich unterliegen.

Abbildung 7.1. Die Seeschlacht am Hafrsfjǫrðr. Auf See ausgetragene Schlachten scheinen sich nicht besonders von Landschlachten unterschieden zu haben. Die Schiffe der verbündeten Parteien waren so zusammen gebunden, dass sich die Männer ohne Probleme zwischen diesen hin und her bewegen konnten. Die Abbildung stellt den Moment dar, in dem Haraldr in der Schlacht am westnorwegischen *Hafrsfjǫrðr* auf seine Gegner trifft.

Grettis saga Ásmundarsonar (Kap. 2)

Þenna tíma var ófriðr mikill í Nóregi; brauzk þar til ríkis Haraldr lúfa, sonr Hálfdanar svarta; hann var áðr konungr á Upplǫndum. Síðan fór hann norðr í land ok átti þar margar orrostur, ok hafði hann jafnan sigr. Herjaði hann svá suðr eptir landinu ok lagði undir sik, hvar sem hann fór; en er[26] hann kom upp á

---

[26] **en er:** „aber als."

LEKTION 7: DER NORWEGISCHE KÖNIG HARALDR HÁRFAGRI UND SEIN SOHN EIRÍKR BLÓÐØX

hǫrðaland,[27] kom í móti honum múgr ok margmenni. Váru þar formenn: Kjǫtvi inn auðgi ok Þórir haklangr ok þeir Suðr-Rygirnir ok Súlki konungr.[28] Fundr þeira Haralds konungs varð á Rogalandi, í firði þeim, er heitir í Hafrsfirði.

VOKABULAR

❖ **áðr** *Adv* bevor; bereits
átti *3 Sg Prät* von eiga
brauzk *3 Sg Prät Med-Pas* von brjóta
brjóta <brýtr, braut, brutu, brotinn> *V* brechen, aufbrechen, zerbrechen; **brjótask til ríkis** mit Gewalt nach Macht oder der Herrschaft (über ein Reich) streben
❖ **eiga** <á, átti, áttr> *Prät-Präs V* haben, besitzen
en er *Konj* aber als, doch als
❖ **eptir** *Präp* [mit A] nach (zeitlich); [mit D] nach (räumlich), für, entlang; **eptir landinu** entlang der Küste
❖ **er** *Rel-Pron* der, die, das; welcher, welche, welches; *Konj* als; wo
❖ **fara** <ferr, fór, fóru, farinn> *V* gehen, reisen; sich begeben
firði *siehe* **fjǫrðr**
fjǫrðr <*D* firði> *m* Fjord
formaðr *m* Anführer, Häuptling
fór *1/3 Sg Prät* von **fara**
❖ **fundr** <-ar, -ir> *m* Treffen, Zusammentreffen, Begegnung; Fund, Entdeckung
❖ **hafa** <hef(i)r, hafði, haft> *V* haben, besitzen; nehmen; (be)halten
Haraldr lúfa *m* Haraldr lúfa (Personenname)
Hafrsfjǫrðr *m* Hafrsfjǫrðr (Ortsname)
Hálfdanr svarti *m* Hálfdanr svarti (Personenname)
herja <-að-> *V* plündern, überfallen, (während eines Kriegszuges); Krieg führen
❖ **hvar** *Adv* wo, an welcher Stelle; überall; **hvar sem** wo auch immer
Hǫrðaland *n* Hǫrðaland (Ortsname)
jafnan *Adv* immer; gleich; ständig, stets
Kjǫtvi inn auðgi *m* Kjǫtvi inn auðgi (Personenname), Kjǫtvi der Wohlhabende
kom *1/3 Sg Prät* von **koma**

❖ **koma** <kemr ~kømr, kom, kómu ~kvámu, kominn> *V* kommen
❖ **leggja** <lagði, lagiðr ~lagðr ~laginn> *V* legen, platzieren; **leggja undir sik** erobern, Land unterwerfen
margmenni *n* Menge, Masse; viele Leute
❖ **margr** <*f* mǫrg, *f A Pl* margar, *n* margt ~mart> *Adj* viel
❖ **móti** (auch **á móti** und **í móti**) *Präp* [mit D] entgegen, gegen, im Gegensatz zu
múgr <-s, -ar> *m* (Menschen-)Menge
norðr *Adv* nördlich, nordwärts
orrosta *f* Schlacht, Kampf
ófríðr <-ar> *m* Krieg, Kampf; *wörtl.* Unfriede
Rogaland *n* Rogaland (Ortsname)
❖ **sá** <*f* sú, *n* þat> *Dem-Pron* der, dieser, derjenige
sigr <-rs> *m* Sieg
❖ **síðan** *Adv* dann, später
suðr *Adv* südlich, südwärts
Suðr-Rygirnir *m Pl mit best Art* die Leute aus Süd-Rogaland
Súlki konungr *m* König Súlki (Personenname)
❖ **svá** *Adv* so, auf diese Weise
tími *m* Zeit
❖ **undir** *Präp* [mit A/D] unter, unterhalb
❖ **upp** *Adv* auf(wärts), hinauf
Upplǫnd *n Pl* Upplǫnd (Ortsname)
varð *1/3 Sg Prät* von **verða**
❖ **verða** <verðr, varð, urðu, orðinn> *V* werden; geschehen, vorfallen
þeim *D Sg* von **sá**
þenna *siehe* **þessi**
❖ **þessi** <*m A Sg* þenna> *Dem-Pron* dieser, diese
Þórir haklangr *m* Þórir haklangr (Personenname)

Übersetzung

Zu dieser Zeit herrschte ein großer Krieg in Norwegen; Haraldr lúfa, ein Sohn von Hálfdanr svarti, strebte

---

[27] **Rogaland** und **Hǫrðaland**: Zwei im westlichen Teil Norwegens gelegene Bezirke (*fylki*), bei denen es sich vor der Einigung Norwegens durch König Harald hárfagri um relativ unabhängige, von Anführern oder Kleinkönigen regierte Reiche handelte.

[28] **þeir Suðr-Rygirnir ok Súlki konungr**: „König Súlki und seine Leute aus Süd-Rogaland".

dort nach der Herrschaft. Er war bereits König in Upplǫnd. Danach reiste er in den Norden des Landes und lieferte sich dort viele Schlachten und er trug stets den Sieg davon. Auf diese Weise heerte er südlich entlang der Küste und eroberte [das Land], wo immer er auch hinkam; aber als er hinauf nach Hǫrðaland kam, trat ihm eine große Menschenmenge und eine Vielzahl von Männern entgegen. Dort waren [die] Anführer: Kjǫtvi inn auðgi, Þórir haklangr und König Súlki und seine Leute aus Süd-Rogaland. Ihr Zusammentreffen mit König Haraldr vollzog sich in Rogaland, in dem Fjord, der im Hafrsfjǫrðr heißt.

7.3 Kultur – Haraldr hárfagri

Obwohl die von Haraldr berichtenden Schriften erst einige Jahrhunderte nach seinem Tod entstanden sind, lassen sie erahnen, dass er seine Ziele mit Intelligenz und Rücksichtslosigkeit verfolgt hat. Durch ein Bündnis mit Hákon *hlaðajarl* („Ladejarl"), dem mächtigen Herrscher des weiter nördlich an der Küste liegenden Trøndelags (*Þrændalǫg*), erlangte Haraldr hárfagri die Kontrolle über die wichtige Handelsroute zwischen Vestfold und Trøndelag. Dank ihrer nunmehr geballten Seemacht gelang es den beiden Parteien außerdem, die sich auf die nord- und südwärts entlang der Küste erstreckenden Raubzüge der Wikinger aus den Fjordregionen einzudämmen. Auch der Sieg am Hafrsfjǫrðr, der als Höhepunkt ihrer Zusammenarbeit gilt, lässt sich auf König Haraldrs große Flotte und seine seestrategischen Positionen zurückführen.

Obgleich die isländischen Sagas Haraldr hárfagri häufig als Herrscher über ganz Norwegen bezeichnen, konzentrierte sich seine Macht vor allem auf die Küstengebiete. Sein Einfluss auf das Binnen-land und die nördlichen Regionen war hingegen eher schwach. Trotz der Tatsache, dass die vermeintliche Festig-keit des Norwegischen Reichs seine eigene Herrschaft nicht lange überdauert hat, wurde Haraldr hárfagri von den späteren norwegischen König-en als großes

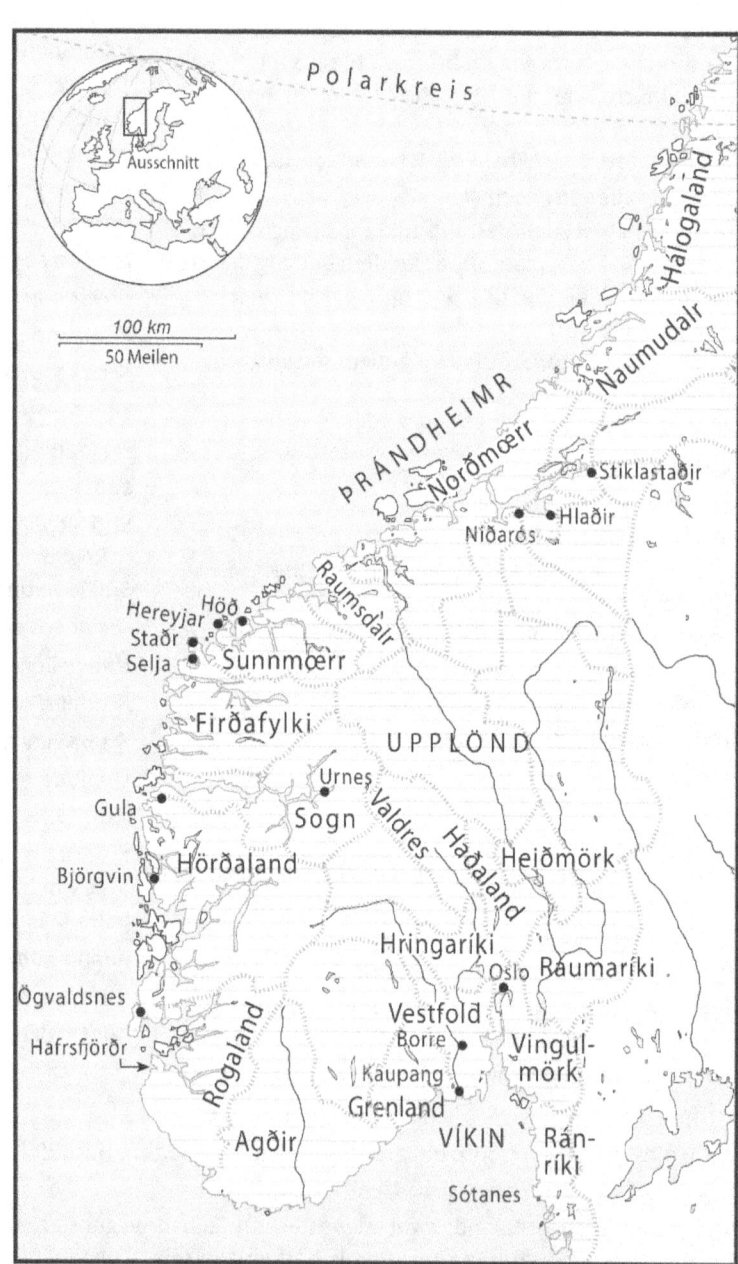

Abbildung 7.2. Das wikingerzeitliche Norwegen (*Nóregr*).

Vorbild ange-sehen.

Da nach seinem Tod in den 930er-Jahren Uneinigkeit darüber herrschte, wer sein politisches Erbe antreten soll, kam es immer wieder zu Streitigkeiten und Konflikten unter seinen eigenen Nach-kommen und den ebenfalls nach der Vorherrschaft strebenden Abkömmlingen der Dynastie der Ladejarle. Die mitunter äußerst gewaltsamen Auseinandersetzungen hielten bis in das 13. Jahrhundert an.

7.4 Starke Substantive: *i*-Stämme (Maskulina und Feminina)

Die *i*-Stämme enthalten maskuline und feminine Substantive.

Maskulina. Im Gegensatz zu den *a*-Stämmen weisen die Substantive dieser Klasse ein -*i*- im Nominativ und

Das Negationspräfix ó- kehrt den Sinn des Wortes um und hat dieselbe Funktion wie das Deutsche *un*-. Das Wort *ófriðr* (von *friðr* „Friede") bedeutet daher so viel wie „Unfriede", kann im übertragenen Sinne aber auch mit „Krieg" oder „Kampf" übersetzt werden. Die Funktion des Negationspräfix' lässt sich auch gut an den folgenden Beispielen beobachten:

- *óvinr* „Unfreund" = Feind
- *ólífi* „Unleben" = Tod
- *óþýðr* „ungesellig" = unfreundlich

Abbildung 7.3. Das Negationspräfix *ó*-.

Akkusativ Plural auf. Im Dativ Singular sind sie hingegen meist endungslos.

	STAÐIR	VINIR	GESTR	ELGR	BŒR	ENDG
Sg N	staðr	vinr	gestr	elgr	bœr	-r
A	stað	vin	gest	elg	bœ	-
D	stað	vin	gesti	elg	bœ	-, -i
G	staðar	vinar	gests	elgs ~elgjar	bœjar	-ar, -s
Pl N	staðir	vinir	gestir	elgir	bœir	-ir
A	staði	vini	gesti	elgi	bœi	-i
D	stǫðum	vinum	gestum	elgjum	bœjum	-um
G	staða	vina	gesta	elgja	bœja	-a
Ü	Ort, Stelle	Freund	Gast	Elch	Hof	

- Im Genitiv Singular kann sowohl -*ar* als auch -*s* auftreten.
- Einige Substantive (wie z.B. N Sg *bœr*) weisen in bestimmten Kasusformen *j*-Einschub am Ende des Stamms (D Pl *bœjum*) auf.

Feminina. Diese Substantive zeigen *u*-Umlaut im Nominativ, Akkusativ und Dativ Singular, falls der Stammvokal -*a*- ist. Einige zu den *i*-Stämmen zählenden Substantive (wie z.B. *jǫrð* und *borg*) tragen im Dativ Singular die Endung -*u*. Sie werden i.d.R. wie *ǫxl*, *hǫfn* und *norn* dekliniert.

	ǪXL	HǪFN	NORN	JǪRÐ	BORG	ENDG
Sg N	ǫxl	hǫfn	norn	jǫrð	borg	-
A	ǫxl	hǫfn	norn	jǫrð	borg	-
D	ǫxl	hǫfn	norn	jǫrð	borgu	-, -u
G	axlar	hafnar	nornar	jarðar	borgar	-ar
Pl N	axlir	hafnir	nornir	jarðir	borgir	-ir
A	axlir	hafnir	nornir	jarðir	borgir	-ir
D	ǫxlum	hǫfnum	nornum	jǫrðum	borgum	-um
G	axla	hafna	norna	jarða	borga	-a
Ü	Schulter	Hafen	Norne	Erde	Stadt	

7.5 AUFGABE: — *I*-STÄMME Dekliniere die folgenden Substantive. Beachte, dass die Maskulina *hugr* und *svanr* wie *staðr* bzw. *gestr* dekliniert werden, und sich die Feminina *þǫkk* und *hǫll* nach *ǫxl* bzw. *jǫrð* richten.

	HUGR (M)	SVANR (M)	ÞǪKK (F)	HǪLL (F)
Sg N	_____	_____	_____	_____
A	_____	_____	_____	_____
D	_____	_____	_____	_____
G	_____	_____	_____	_____
Pl N	_____	_____	_____	_____
A	_____	_____	_____	_____
D	_____	_____	_____	_____
G	_____	_____	_____	_____
Ü	Geist, Sinn	Schwan	Dank	Halle

In den mittelalterlichen Handschriften lassen sich immer wieder Substantive finden, die sowohl Endungen der *a*- als auch Endungen der *i*-Stämme aufweisen. Für das Wort *staðr* „Ort" lässt sich z.B. sowohl der Dativ *stað* als auch die Form *staði* nachweisen. Dasselbe gilt für *gestr* „Gast" (D *gest* und *gesti*), *skógr* „Wald" (D *skóg* und *skógi*) oder *vegr* „Weg" (D *veg* und *vegi*) oder die Pluralformen von *hvalr* „Wal" (N Pl *hvalar* und *hvalir*) und *sǫk* „(Rechts-)Sache" (N/A Pl *sakar* und *sakir*). In einigen Fällen lässt sich eine chronologische Abfolge der jeweils verwendeten Formen erkennen; während in älteren Texten für die Wiedergabe des D Sg von *dalr* vor allem die Form *dali* verwendet wird, ist in jüngeren Werken häufiger *dal* zu finden. Grundsätzlich lässt sich jedoch beobachten, dass die beiden Stämme im Laufe der Sprachentwicklung ineinander übergegangen sind.

7.6 SCHWACHE SUBSTANTIVE (*N*-STÄMME)

Schwache Substantive tauchen in allen drei Genera auf. Sie zeigen i.d.R. eine sehr regelmäßige Deklination auf.

Maskulina (*an*-Stämme). Schwache maskuline Substantive (wie z.B. *goði*, *hluti* oder *arfi*) enden im Nominativ Singular stets auf -*i*. Im Plural ist die Flexion der *a*-Stämme übernommen worden. Einige Substantive (wie z.B. *bryti*, *hǫfðingi* oder *vǫðvi*) zeigen *j*- oder *v*-Einschub am Ende des Stammes.

	GOÐI	HLUTI	ARFI	BRYTI	VǪÐVI	ENDG
Sg N	goði	hluti	arfi	bryti	vǫðvi	-i
A	goða	hluta	arfa	brytja	vǫðva	-a
D	goða	hluta	arfa	brytja	vǫðva	-a
G	goða	hluta	arfa	brytja	vǫðva	-a

Pl N	goðar	hlutar	arfar	brytjar	vǫðvar	-ar
A	goða	hluta	arfa	brytja	vǫðva	-a
D	goðum	hlutum	ǫrfum	brytjum	vǫðum	-um
G	goða	hluta	arfa	brytja	vǫðva	-a
Ü	Gode	Teil	Erbe	Verwalter	Muskel	

Das Substantiv *uxi* („Ochse") ist im Plural unregelmäßig: *yxn, yxn, yxnum* und *yxna*.

Feminina (ōn-Stämme). Die schwachen femininen Substantive enden im Nominativ Singular auf *-a*. Da mit Ausnahme des Genitivs Plural alle weiteren Kasusformen ein *-u* aufzeigen, tritt in Wörtern mit dem Wurzelvokal *-a* häufig der *u*-Umlaut in Erscheinung. Die Genitiv-Pluralform *kvenna* (von *kona* „Frau") ist unregelmäßig.

	SAGA	KONA	KIRKJA	VǪLVA	ENDG
Sg N	saga	kona	kirkja	vǫlva	-a
A	sǫgu	konu	kirkju	vǫlu	-u
D	sǫgu	konu	kirkju	vǫlu	-u
G	sǫgu	konu	kirkju	vǫlu	-u
Pl N	sǫgur	konur	kirkjur	vǫlur	-ur
A	sǫgur	konur	kirkjur	vǫlur	-ur
D	sǫgum	konum	kirkjum	vǫlum	-um
G	sagna	kvenna	kirkna	nicht belegt	-na
Ü	Erzählung	Frau	Kirche	Seherin	

- Eine Reihe von schwachen femininen Substantiven (wie z.B. *kirkja* oder *gyðja*) weist *j*-Einschub zwischen Stamm und Kasusendung auf. Hier ist zu beachten, dass nur die Wörter, deren Stamm auf *-k-* oder *-g-* enden (z.B. N Sg *kirkja*) die Genitiv-Pluralendung *-na* (z.B. G Pl *kirkna*) aufzeigen. Alle anderen Substantive dieser Kategorie (z.B. N Sg *gyðja*) bilden den Genitiv Plural mit der Endung *-a* (G Pl *gyðja*).
- Einige Substantive (wie z.B. *vǫlva* oder *slǫngva*) weisen *v*-Einschub zwischen Stamm und Kasusendung auf. Der Genitiv Plural dieser Substantive ist jedoch nicht belegt.

Feminina (īn-Stämme). Die *īn*-Stämme umfassen eine kleine Gruppe von aus Adjektiven abgeleiteten Abstrakta, die über keinen Plural verfügen. Sie enden in allen Kasusformen auf *-i*.

	SPEKI	REIÐI	ELLI	FRŒÐI	ENDG
Sg N	speki	reiði	elli	frœði	-i
A	speki	reiði	elli	frœði	-i
D	speki	reiði	elli	frœði	-i
G	speki	reiði	elli	frœði	-i
Ü	Weisheit	Zorn	Alter	Wissen, Kunde	

Neutra (an-Stämme). Die schwachen Substantive im Neutrum bezeichnen v.a. Körperteile (wie z.B. *auga, hjarta, lunga, eyra, nýra* und *eista*). Sie zeigen in allen Kasusformen des Singulars die Endung *-a*, sowie im Nominativ und Akkusativ Plural die Endung *-u* auf. Die Endungen von Dativ und Genitiv Plural sind mit denen der schwachen femininen Endungen identisch.

	AUGA	HJARTA	LUNGA	EYRA	ENDG
Sg N	auga	hjarta	lunga	eyra	-a
A	auga	hjarta	lunga	eyra	-a
D	auga	hjarta	lunga	eyra	-a
G	auga	hjarta	lunga	eyra	-a

Pl N	augu	hjǫrtu	lungu	eyru	-u
A	augu	hjǫrtu	lungu	eyru	-u
D	augum	hjǫrtum	lungum	eyrum	-um
G	augna	hjartna	lungna	eyrna	-na
Ü	Auge	Herz	Lunge	Ohr	

7.7 Aufgabe: N-Stämme Dekliniere *bardagi* (m), *gata* (f) und *eista* (n).

	BARDAGI (M)	GATA (F)	EISTA (N)
Sg N	_____	_____	_____
A	_____	_____	_____
D	_____	_____	_____
G	_____	_____	_____
Pl N	_____	_____	_____
A	_____	_____	_____
D	_____	_____	_____
G	_____	_____	_____
Ü	Schlacht, Kampf	Straße, Weg	Hoden

7.8 Vokalkontraktion bei Substantiven Der Wortstamm einiger im Altnordischen besonders häufiger Substantive wie z.B. *mór, skór, á, brú* oder *bú* endet auf einen langen Vokal. Wenn eine mit einem Vokal beginnende Flexionsendung auf den Stamm tritt, kann es zu einer Verschmelzung (Kontraktion) der beiden Vokale kommen. Dabei fällt der Vokal der Endung häufig weg (z.B. N/A Pl *á + ar > ár* „Flüsse").

	MÓR (M A-St)	SKÓR (M A-St)	Á (F Ō-St)	BRÚ (F Ō-St)	BÚ (N A-St)	TRÉ (N A-St)
Sg N	mór	skór	á	brú	bú	tré
A	mó	skó	á	brú	bú	tré
D	mó	skó	á	brú	búi	tré
G	mós	skós	ár	brúar	bús	trés
Pl N	móar	skúar	ár	brúar~brúr~brýr	bú	tré
A	móa	skúa	ár	brúar~brúr~brýr	bú	tré
D	móm	skóm	ám	brúm	búm	trjám
G	móa	skúa	á	brúa	búa	trjá
Ü	Moor	Schuh	Fluss	Brücke	Hof	Baum

7.9 Textpassage – Eiríkr blóðøx erhält ein Schiff (*Egils saga Skalla-Grímssonar*)

In der folgenden Textpassage aus *Egils saga* wird erzählt, dass Eiríkr *blóðøx* („Blutaxt"), angeblich der Lieblingssohn von Haraldr hárfagri, mit einem Schiff liebäugelte, das im Besitz des Isländers Þórólfr Skalla-Grímsson und des adligen Norwegers Bjǫrn Brynjólfsson war. Die Gefährten ergreifen die Gelegenheit beim Schopf, sich mit dem zukünftigen norwegischen König gutzustellen und überlassen Eiríkr ihr Schiff.

Egils saga Skalla-Grímssonar (Kap. 36)

Þórólfr ok Bjǫrn hǫfðu karfa,[29] er reru á borð tólf menn eða þrettán,[30] ok hǫfðu nær þrjá tigu

---

[29] Ein **karfi** ist ein schmales Ruderboot, das in Küstennähe oder auf großen Seen, und v.a. bei Überfällen verwendet wurde. Es verfügte über 6, 12 oder 16 Ruder an jeder Seite.

[30] **er reru á borð tólf menn eða þrettán**: „das von zwölf oder dreizehn Männern auf jeder Seite gerudert wurde."

LEKTION 7: DER NORWEGISCHE KÖNIG HARALDR HÁRFAGRI UND SEIN SOHN EIRÍKR BLÓÐØX

manna;[31] skip þat hǫfðu þeir fengit um samarit í víking; þat var steint mjǫk fyrir ofan sjó ok var it fegrsta.

En er þeir kómu til Þóris,[32] fengu þeir þar góðar viðtǫkur, ok skipit flaut tjaldat fyrir bœnum.

Þat var einn dag, er þeir Þórólfr ok Bjǫrn gengu ofan til skipsins. Þeir sáu, at Eiríkr konungsson var þar, hann gekk stundum á skipit út, en stundum á land upp, hann stóð þá ok horfði á skipit.

Þá mælti Þórólfr: „Vandliga hyggr þú at skipinu, konungsson; hversu lízk þér á?"

„Vel," segir hann, „skipit er it fegrsta," segir hann.[33]

„Þá vil ek gefa þér skipit," sagði Þórólfr, „ef þú vill þiggja."[34] „Þiggja vil ek," segir Eiríkr.

Abbildung 7.4. Im Fjord vor Anker liegende Schiffe. Die Segel der zwei Schiffe auf der rechten Seite wurden heruntergelassen und in Zelte für die Besatzung umfunktioniert.

VOKABULAR

at *Konj* dass

❖**á** *Präp* [*mit A*] hinauf; bezüglich, mit Hinsicht auf; [*mit D*] auf; bei; in

borð *f* Seite eines Schiffes; **á borð** auf jeder Seiter

bœr (*auch* **bær**) <*G* bœjar ~býjar, *N Pl* bœir, *D Pl* bœjum, *G Pl* bœja> *m* Hof, Gehöft; Länderei

❖**dagr** <*D* degi, *G* dags, *N Pl* dagar, *D Pl* dǫgum> *m* Tag

❖**einn** <*f* ein, *n* eitt, *Ordinal* fyrstr „erster"> *Kardinal* eins; *Ind-Pron* ein/er/es, ein gewisser

en *Konj* und, aber

❖**er** (auch es) *Rel-Pron* der, die, das; welcher, welche, welches

❖**fagr** <*f* fǫgr, *n* fagrt ; *Komp* fegri, *Superl* fegrstr> *Adj* schön, hübsch, attraktiv

❖**fá** <fær, fekk, fengu, fenginn> *V* bekommen, nehmen; greifen, fassen; besorgen; **fá góðar viðtǫkur** *wörtl* „einen guten Empfang bekommen"

fegrstr *Superl Adj* von **fagr**; **it fegrsta** wörtl. Das Schönste, hier: sehr schön

fengit *Part Prät* von **fá**

fengu *3 Pl Prät* von **fá**

flaut *1/3 Sg Prät* von **fljóta**

fljóta <flýtr, flaut, flutu, flotinn> *V* treiben, schwimmen; **skipit flaut** das Schiff lag vor Anker

fyrir ofan *Präp* [*mit A*] oben, oberhalb

❖**ganga** <gengr, gekk, gengu, genginn> *V* gehen

❖**gefa** <gefr, gaf, gáfu, gefinn> *V* geben

---

[31] **hǫfðu nær þrjá tigu manna**: „sie hatten fast dreißig Männer (=eine Mannschaft von fast dreißig Mann)."

[32] **En er þeir kómu til Þóris**: „und als sie zu Þórir kamen". Als *hersir* („Herse") im westnorwegischen Firðafylki hatte Jarl Þórir Hróaldsson das Amt eines Bezirksvorstehers inne. Obwohl König Haraldr hárfagri die norwegischen Kleinkönigtümer abschaffte, ließ er den Hersentitel weiterhin bestehen und verlieh diesen auch einigen seiner eigenen Gefolgsleute (z.B *Þórir hersir*). Obwohl Hersen i.d.R. nicht königlicher Abstammung waren, kam ihnen das gesellschaftliche Prestige eines Adligen zu.

[33] Der hier zu beobachtende unvermittelte Wechsel zwischen Präsens (*segir*) und Präteritum (*mælti*) ist charakteristisch für die altnordische Prosa. Die Verwendung des Präsens' für die Erzählung von vergangenen Ereignissen wird manchmal auch als „historisches Präsens" bezeichnet.

[34] **ef þú vill þiggja**: „wenn du [es] annehmen willst."

gekk *1/3 Sg Prät* von **ganga**
gengu *3 Pl Prät* von **ganga**
❖**góðr** <*f* góð, *f A Pl* góðar, *n* gott; *Komp* betri, *Superl* beztr> *Adj* gut
hersir <-is, -ar> *m* Herse, Vorsteher oder Anführer eines norwegischen Bezirks
horfa <-ði, horft> *V* (in eine bestimmte Richtung) schauen; sich (in eine bestimmte Richtung) wenden
❖**hversu** *Adv* wie
hyggja <hugði, hugðr ~hugaðr> *V* denken, glauben; **vandliga hyggr þú at skipinu** du betrachtest das Schiff genau
karfi *m* ein schnelles Ruderboot
❖**koma** <kemr ~kømr, kom, kómu ~kvámu, kominn> *V* kommen
kómu *3 Pl Prät* von **koma**
líta <lítr, leit, litu, litinn> *V* ansehen, schauen, gucken; *Med-Pas* **lítask [e-m]** es scheint jmd; **hversu lízk þér á?** Wie gefällt (es) dir?
lízk *3 Sg Präs Med-Pas* von **líta**
❖**mjǫk** *Adv* viel, sehr
❖**mæla** <-ti, -tr> *V* sprechen, reden
❖**nær** *Adv* fast, beinahe
❖**ofan** *Adv* von oben, runter, herunter
reru *3 Pl Prät* von **róa**
róa <rœr, røri ~reri, røru ~reru, róinn> *V* rudern
❖**segja** <sagði, sagt> *V* sagen
sáu *3 Pl Prät* von **sjá**
❖**sjá** <sér, sá, sá(u), sénn> *V* sehen
sjór <*G* sjóvar ~sjófar> *m* die See, das Meer; **fyrir ofan sjó** über der Wasserlinie
❖**skip** *n* Schiff; **skip-it** (*N & A*), **skipi-nu** (*D*), **skips-ins** (*G*)
❖**standa** <stendr, stóð, stóðu, staðinn> *V* stehen
steina <-di, -dr> *V* malen
steint *Part Prät* von **steina**; **steint mjǫk** vollständig bemalt
stóð *1/3 Sg Prät* von **standa**
stundum ... stundum *Konj* manchmal ... manchmal; ab und zu ... ab und zu
❖**sumar** <*Pl* sumur> *n* Sommer; **um sumarit** im Sommer
tjalda <-að-> *V* Zelt aufschlagen, zelten
tjaldat *Part Prät* von **tjalda** mit aufgeschlagenen Zelten
❖**tólf** <*Ordinal* tólfti „zwölfte"> *Kardinal* zwölf
❖**upp** *Adv* hinauf; **á land upp** (hinauf) an Land
❖**út** *Adv* (r)aus; **á skipit út** raus aufs Schiff
vandliga *Adv* genau, sorgfältig, gründlich
❖**vel** *Adv* wohl, gut
viðtaka *f* Empfang, Begrüßung
❖**vilja** <2/3 Sg Präs vill, vildi, viljat> *V* wollen
vill *2/3 Sg Präs* von **vilja**
víking *f* Wikingerfahrt, (mit Raub und Plünderungen verbundene) Heerfahrt; **í víking** auf einer Wikingerfahrt
þiggja <þiggr, þá, þágu, þeginn> *V* annehmen
Þórólfr <-s> *m* Þórólfr (Personenname)
þrettán *Kardinal* dreizehn
þrír tigir <*m A Pl* þrjá tigu> *Kardinal* dreißig

Übersetzung

Þórólfr und Bjǫrn besaßen ein Ruderboot, das von zwölf oder dreizehn Männern an jeder Seite gerudert wurde, und sie hatten eine Mannschaft von fast dreißig Mann. Das Schiff haben sie bei einer Wikingerfahrt im Sommer bekommen. Es war oberhalb der Wasserlinie vollständig bemalt und es war das schönste [Schiff]. Und als sie zu Þórir kamen, wurden sie herzlich in Empfang genommen und das Schiff lag mit aufgeschlagenen Zelten vor dem Hof vor Anker.

Eines Tages, als Þórólfr und Bjǫrn hinunter zum Schiff gingen, sahen sie, dass Eiríkr, [der] Sohn des Königs, dort war. Er ging manchmal hinaus aufs Schiff und manchmal hinauf an Land. Dann blieb er stehen und schaute auf das Schiff.

Da sprach Þórólfr: „Gründlich betrachtest du das Schiff, Königssohn; wie gefällt es dir?"

„Gut," sagt er, „das Schiff ist sehr schön," sagt er.

„Dann will ich dir das Schiff geben," sagte Þórólfr, „wenn du es annehmen willst."

„Ich will es (gerne) annehmen," sagt Eiríkr.

7.10 Kultur – Eiríkr blóðøx, ein Wikinger in England

Nach dem Tode des ersten norwegischen Königs Haraldr hárfagri übernahm sein Lieblingssohn Eiríks blóðøx die Herrschaft über das Königreich. Zu Beginn teilte er sich den Thron jedoch noch mit seinen beiden Brüdern, ließ diese aber bereits nach kurzer Zeit umbringen, um die Alleinherrschaft an sich zu reißen. Trotz seines Ansehens als Krieger machte sich Eiríkr durch seine Grausamkeit sehr unbeliebt und erwarb sich im Laufe der Zeit viele Feinde. Er wurde um das Jahr 936 von seinem Halbbruder Hákon góði aus dem Lande vertrieben und segelte daraufhin nach England.

948 unterbreiteten ihm der englische Erzbischof Wulfstan und die in Northumbria siedelnden Wikinger das Angebot, in *Jórvík* (dem heutigen York) die Herrschaft über das gleichnamige Königreich von Jórvík zu übernehmen, das sich zu dieser Zeit in den Händen der Skandinavier befand. Eiríkr willigte ein, wurde aber nach nur einem Jahr wieder vertrieben, dieses Mal vom englischen König Eadred. Anschließend übernahm Óláfr Sigtryggsson, der irisch-norwegische König von Dublin, die Herrschaft über Jórvík, das als wichtiges politisches Machtzentrum betrachtet wurde. Doch auch Óláfr wurde vertrieben und im Jahre 952 war es abermals Eiríkr, der die Rolle des Regenten über das Königreich einnahm.

Der Erfolg der Wikinger in England hing nicht selten von der Unterstützung der Einheimischen ab. Nachdem Erzbischof Wulfstan von König Eadred gefangen genommen wurde, dauert es nicht lange bis auch Eiríkr blóðøx' Glücksquelle wieder versiegte. Er wurde im Jahre 954 erneut von dem wackligen Thron gestürzt und noch im selben Jahr bei einer Überquerung der Penninen in einem Hinterhalt überfallen. Er fiel in der Schlacht von Stainmore.

Von nun an nahm die Macht der Nordmänner in Nordengland wieder ab und König Eadred übernahm die Herrschaft in York und Northumbrien.

7.11 Textpassage – Ein grausamer König, eine gerissene Frau und ihre vielversprechenden Kinder (*Haralds saga ins hárfagra*, in *Heimskringla*)

Der folgende Abschnitt aus *Haralds saga ins hárfagra* beinhaltet eine berühmte Beschreibung von König Eiríkr blóðøx und seiner Frau Königin Gunnhildr.

Haralds saga ins hárfagra (Kap. 43)

Eiríkr var mikill maðr ok fríðr, sterkr ok hreystimaðr mikill, hermaðr mikill ok sigrsæll, ákafamaðr í skapi, grimmr, óþýðr ok fálátr. Gunnhildr, kona hans, var kvenna fegrst,[35] vitr ok margkunnig, glaðmælt ok undirhyggjumaðr mikill ok in grimmasta. Þau váru bǫrn þeira Eiríks ok Gunnhildar:[36] Gamli var ellstr, Guthormr, Haraldr, Ragnfrøðr, Ragnhildr, Erlingr, Guðrøðr, Sigurðr slefa. Ǫll váru bǫrn Eiríks fríð ok mannvæn.

VOKABULAR

❖**allr** <*f* ǫll, *n* allt> *Adj Pron* all; alle, ganz
ákafamaðr *m* aggressiver Mensch, gewaltbereiter Mensch
barn <*Pl* bǫrn> *n* Kind
Eiríkr *m* Eiríkr (Personenname)
ellstr *Superl* von **gamall**
Erlingr <-s> *m* Erlingr (Personenname)
❖**fagr** <*f* fǫgr, *n* fagrt ; *Komp* fegri, *Superl* fegrstr> *Adj* schön, hübsch, attraktiv
fálátr *Adj* zurückhaltend, verschlossen, wortkarg
fegrstr <*f* fegrst, *n* fegrst> *Superl* von **fagr**

❖**fríðr** <*f* fríð, *n* frítt, *n N Pl* fríð> *Adj* schön, hübsch, fein
❖**gamall** <*A* gamlan, *f* gǫmul, *n* gamalt ; *Komp* ellri, *Superl* ellstr> alt; **ellstr** der älteste
Gamli *m* Gamli (Personenname), der Alte
glaðmæltr *Adj* redefreudig, gesprächig
grimmastr *Superl* von **grimmr**
grimmr *Adj* grimmig, wild; grausam, hart, unversöhnlich; in grimmasta (*f N Sg schw Superl*) die Grausamste, hier: sehr grausam
Guðrøðr <-s> *m* Guðrøðr (Personenname)
Gunnhildr *f* Gunnhildr (Personenname)
Guthormr <-s> *m* Guthormr (Personenname)
hermaðr *m* Krieger

---

[35] **kvenna fegrst**: „die Schönste aller Frauen".
[36] **Þau váru bǫrn þeira Eiríks ok Gunnhildar**: „dies waren [die] Kinder des Eiríkrs und der Gunnhildr".

hreystimaðr *m* tapferer Mann, Held
❖**kona** <*G Pl* kvenna> *f* Frau
kvenna *G Pl* von **kona**
mannvænn <*n N Pl* mannvæn> *Adj* vielversprechend
margkunnigr *Adj* viel wissend, kenntnisreich; zauberkundig
óþýðr *Adj* unfreundlich
Ragnfrøðr <-s> *m* Ragnfrøðr (Personenname)
Ragnhildr <*A & D* Ragnhildi, *Gen* Ragnhildar> *f* Ragnhildr (Personenname)
sigrsæll *Adj* siegreich, mit Waffenglück gesegnet
Sigurðr slefa *m* Sigurðr slefa (Personenname) Sigurðr der Sabberer
skap *n* Wesen, Gemüt; Zustand, Beschaffenheit
slefa *f* Speichel, Geifer
❖**sterkr** *Adj* stark
undirhyggjumaðr *m* arglistiger Mensch
❖**vitr** <*f* vitr, *n* vitrt> *Adj* weise, klug
ǫll *siehe* **allr**

Übersetzung

Eiríkr war ein großer Mann von schönem Ansehen, stark und sehr tapfer, ein großer Krieger und siegreich, von aggressiven Gemüt, grausam, unfreundlich und wortkarg. Gunnhildr, seine Frau, war die Schönste aller Frauen, klug, zauberkundig, gesprächig, sehr arglistig und unversöhnlich. Dies waren [die] Kinder des Eiríkrs und der Gunnhildrs: Gamli war der Älteste, Guthormr, Haraldr, Ragnfrøðr, Ragnhildr, Erlingr, Guðrøðr, Sigurðr slefa. Eiríkrs Kinder waren alle von schönen Aussehen und vielversprechend.

Beachte, dass die zu den Textpassagen gehörenden Übersetzungen und Vokabellisten von jetzt an nicht mehr mit angegeben werden. Du kannst für die nächsten Übersetzungen jedoch das Wörterverzeichnis am Ende des Buches zu Hilfe nehmen.

7.12 Vokabular – Liste 7. Die häufigsten Wörter in den Sagas

Substantive	Adjektive	Pronomen	Zahlwörter
nótt — Nacht	**verðr** — würdig	**hinn** — jener	**fimm** — fünf
tíðindi — Neuigkeiten	**líkr** — gleich	**hverr** — jede(r/s); wer	
fundr — Treffen	**vitr** — klug, weise		
lið — Gefolge	**harðr** — hart		

Verben	Präp & Adv	Adverbien	
spyrja — fragen	**hér** — hier	**bæði** — beide	
biðja — bitten	**mjǫk** — viel, sehr		
mega — vermögen, können	**þegar** — sofort		
fá — bekommen	**ór** — aus, von		

Aufgaben

7.13 Textverständnis. Bestimme anhand der zweiten Textpassage, ob die folgenden Aussagen wahr oder falsch sind.

Rétt eða rangt?

1. Þórólfr kom á skipi. _____
2. Eiríkr er konungr. _____
3. Þórólfr ok Bjǫrn váru víkingar. _____
4. Þórólfr gaf Eiríkr skip. _____
5. Eiríkr vill þiggja skipit. _____
6. Bjǫrn er konungsson. _____
7. Konungsson hyggr vandliga at skipinu. _____

8. Bjǫrn horfði á skipit. _____
9. Þórólfr ok Bjǫrn gengu eigi ofan til skipsins. _____
10. „Skipit er it fegrsta," sagði Bjǫrn. _____

Lies dir den folgenden Text durch und gib das Genus, den Kasus und den Numerus der unterstrichenen Substantive an.

Þórólfr ok Bjǫrn hǫfðu karfa, er reru á <u>borð</u> tólf <u>menn</u> eða þrettán, ok hǫfðu nær þrjá tigu manna; skip þat hǫfðu þeir fengit um samarit í víking; þat var steint mjǫk fyrir ofan <u>sjó</u> ok var it fegrsta. En er þeir kómu til Þóris, fengu þeir þar góðar <u>viðtǫkur</u>, ok skipit flaut tjaldat fyrir bœnum.

Þat var einn dag, er þeir Þórólfr ok Bjǫrn gengu ofan til skipsins. Þeir sáu, at Eiríkr <u>konungsson</u> var þar, hann gekk stundum á skipit út, en stundum á <u>land</u> upp, hann stóð þá ok horfði á skipit.

	SUBSTANTIV	GENUS	KASUS	NUMERUS
Bsp	skipi	Neutrum	Dativ	Singular
11.	borð			
12.	menn			
13.	sjó			
14.	viðtǫkur			
15.	konungsson			
16.	land			

7.14 WIEDERHOLUNG – PRONOMEN. Vervollständige die folgenden Sätze mit den jeweils richtigen Pronomen.
1. Hann hafði _____ í brott (sich selbst).
2. Hann hafði _____ í brott (ihn).
3. Hann fekk _____ skip (sich selbst).
4. Hann fekk _____ skip (ihm).

7.15 WIEDERHOLUNG – VERBEN A. INFINITIVE Wie lauten die Infinitive der folgenden Verben?

Bsp	váru	_vera_						
1.	sagði	_____	5.	gerði	_____	9.	hyggr	_____
2.	hǫfum	_____	6.	fór	_____	10.	vill	_____
3.	fluttu	_____	7.	nam	_____	11.	kómu	_____
4.	var	_____	8.	hét	_____	12.	reru	_____

B. SCHWACHE VERBEN. Setze die unterstrichenen Wörter in den Plural und formuliere die Sätze neu. Beachte, dass sich die Deklination der Verben stets nach dem Subjekt richtet.

Bsp <u>Hann</u> hyggr at skipi.   _Þeir hyggja at skipi._
1. <u>Ek</u> horfi á <u>skip</u>. _____
2. <u>Þú</u> gerðir <u>brú</u>. _____
3. <u>Hon</u> kallar at <u>manni</u>. _____
4. <u>Víkingr</u> herjaði <u>land</u>. _____
5. <u>Ek</u> mælta við <u>hana</u>. _____
6. <u>Maðr</u> hugði at <u>konungi</u>. _____

7.16 STARKE SUBSTANTIVE: A-STÄMME UND Ō-STÄMME. Dekliniere *heimr (m a-St)* „Welt", *fǫr (f ō-St)* „Reise" und *land (n a-St)* „Land".

	HEIMR	FǪR	LAND
Sg N			
A			
D			
G			
Pl N			
A			
D			
G			

7.17 STARKE SUBSTANTIVE: I-STÄMME. Dekliniere *fundr* (m *i*-St) „Treffen" und *ferð* (f *i*-St) „Reise".

	FUNDR	FERÐ
Sg N		
A		
D		
G		
Pl N		
A		
D		
G		

7.18 SCHWACHE SUBSTANTIVE: N-STÄMME. Dekliniere *goði* (m) „Gode", *saga* (f) „Geschichte" und *hjarta* (n) „Herz".

	GOÐI	SAGA	HJARTA
Sg N			
A			
D			
G			
Pl N			
A			
D			
G			

7.19 WIEDERHOLUNG: U-UMLAUT Gib die Deklination der folgenden drei Substantive an.

	GARPR (M A-ST)	GARÐR (M A-ST)	GATA (F ŌN-ST)
Sg N			
A			
D			
G			
Pl N			
A			
D			
G			

Ü   tapferer Mensch   Umfriedung; Hof   Straße, Weg

7.20 WIEDERHOLUNG – ASSIMILATION UND APOKOPE VON -R. Gib den Stamm der folgenden maskulinen Substantive an und benenne das zu beobachtende Lautwandelphänomen. Den Stamm kannst du ermitteln, indem du die Endung des Genitivs Singular weglässt.

Bsp	steinn (G steins)	*stein-*	*r-Assimilation*
1.	vinr (G vinar)	_____	_____
2.	otr (G otrs)	_____	_____
3.	jǫkull (G jǫkuls)	_____	_____
4.	fugl (G fugls)	_____	_____
5.	hváll (G hváls)	_____	_____
6.	ofn (G ofns)	_____	_____
7.	íss (G íss)	_____	_____
8.	hafr (G hafrs)	_____	_____
9.	fundr (G funds)	_____	_____
10.	kjóll (G kjóls)	_____	_____
11.	fleinn (G fleins)	_____	_____
12.	gísl (Gen gísls)	_____	_____

7.21 WIEDERHOLUNG – PRÄPOSITIONEN. Trage die richtige Form der in den Klammern angegebenen Substantive ein und übersetze.

1. Hann gekk á _____ (skip) út.
   _____

2. Sigríðr bjó hjá _____ (jarl).
   _____

3. Haraldr konungr fór til _____ (Nóregr).
   _____

4. Ingólfr bjó á milli _____ (Vágr) ok _____ (Reykjanes).
   _____

5. Elfráðr inn ríki (Alfred der Große) var konungr í _____ (England).
   _____

6. Bǫðvarr gekk móti _____ (dýr). [*dýr* wird wie *land* dekliniert]
   _____

7.22 LÜCKENTEXT. Trage die jeweils richtige Form der unten angegebenen Wörter in die entsprechende Lücke ein.

sála   fara   með   segja   hafa   til   vera   hǫfðingi   vilja   gera   brú

1. „Skipit er it fegrsta,“ _____ hann. (Präs)
2. Vér _____ gefa þér skipit. (Präs)
3. Þeir _____ fengit skip í víking. (Plusquamperf)
4. Þorsteinn _____ _____ mikill ok auðigr at fé. (Prät)
5. Hon _____ _____ fyr _____ Hólmgeirs. (Prät)
6. Ek _____ _____ Íslands _____ Eiríki. (Prät)

LEKTION 8

HARALDR HARÐRÁÐI IN KONSTANTINOPEL

Frændr eru frændum verstir.
(Verwandte sind Verwandten die schlechtesten.)

8.1 KULTUR – HARALDR HARÐRÁÐI UND DIE WARÄGER

Die altnordische Bezeichnung Konstantinopels, der mächtigen Hauptstadt des Byzantinischen Reiches, lautete *Miklagarðr*. Das aus *mikill* („groß") und *garðr* („Umfriedung") zusammengesetzte Wort bezieht sich zwar zunächst auf ein eingezäuntes Gebiet im weitesten Sinne, verweist in diesem Fall aber auf eine von Mauern umgebene Stadt. Das Wort *garðr* lässt sich auch in mythologischen Ortsbezeichnungen wie z.B. *Ásgarðr* (der Wohnsitz der *Æsir*), *Miðgarðr* („mittlere Umfriedung" bzw. der Wohnsitz der Menschen) und *Útgarðr* („äußere Umfriedung" bzw. der Wohnsitz der Riesen) finden.

Der berühmteste skandinavische Besucher Konstantinopels war Haraldr *harðráði* („der hart Regierende"), ein Nachkomme von Haraldr *hárfagri*. Er herrschte von 1045 bis 1066 über das Königreich von Norwegen. Über seinen äußerst mühe-vollen Weg zur Krone wissen nicht nur die *Heimskringla* und einige andere isländische Schriften zu berichten, die Taten und der politische Werdegang von Haraldr harðráði werden darüber hinaus sogar in einer griechischen Chronik er-wähnt.

Abbildung 8.1. Die Reisen von Haraldr harðráði nach der Niederlage seines Halbbruders Óláfr helgi in *Stiklastaðir* (1030) einschließlich der späteren Fahrt nach Sizilien. Viele skandinavische Händler und Krieger begaben sich über die Ostsee nach Konstantinopel (*Miklagarðr*).

Sein Halbbruder Óláfr *helgi* („der Heilige") Haraldsson regierte von 1015 bis 1028 über Norwegen. Seine Regie-rungszeit war stark von den Macht-expansionen des dänischen Königs Knútr geprägt, der damals den norwegischen Thron für sich beanspruchte. Óláfr kam bei dem Versuch, die Herrschaft zurück zu erlangen in der Schlacht von *Stiklastaðir* (norw. Stiklestad) im Jahr 1030 ums Leben. Der 15-jährige Haraldr harðráði kämpfte an der Seite seines Halbbruders und floh nach dessen Tod schwer verwundet nach Schweden.

Die darauffolgenden 15 Jahre verbrachte Haraldr im Exil. Nachdem er nach Schweden gekommen war, zog er weiter gen Osten und passierte die Flüsse des heutigen Russlands und der Ukraine. Dort diente er in der Armee von Jaroslav dem Weisen, dem Prinzen von Kiew (*Kænugarðr*) aus der slawischen Dynastie der

Rurikiden. Im Dienste des Regenten von Kiew machte sich Haraldr schnell einen Namen und wurde Jaroslavs Tochter Elisabeth versprochen. Vor der Heirat begab sich Haraldr mit über 500 Gefolgsleuten nach Konstantinopel, das damals die Hauptstadt des Byzantinischen (bzw. Oströmischen) Reichs war, und bot dem griechischen Kaiser Michael IV. seine Dienste an. Michael, der im Norden unter dem Namen *stólkonungr* („König des Throns") bekannt war, erklärte sich einverstanden, und er und seine Frau, die einflussreiche Kaiserin Zoe, nahmen Haraldr und seine Männer in ihre Dienste auf.

Die sich im Byzantinischen Reich aufhaltenden Skandinavier wurden Waräger (*Væringjar*, Sg *Væringi*) genannt. Da sie innerhalb der byzantinischen Armee die persönliche Leibwache des Kaisers bildeten, waren sie auch unter der Bezeichnung Warägergarde bekannt. Der Name „Waräger" leitet sich vom altnordischen Substantiv *várar* ab und bedeutet so viel wie „Schwüre" oder „Eide". Bei den Warägern handelte es sich also, rein sprachlich betrachtet, um „Eidesmänner", deren Name vermutlich auf das traditionelle Treuegelöbnis der entlang der russischen Flüsse Handel treibenden Skandinavier zurückzuführen ist.

Nachdem Haraldr mit seinen 500 Gefolgsleuten in Konstantinopel Einzug gehalten hatte, verging noch einige Zeit bis er in die Warägergarde aufgenommen wurde. Seine Männer und er dienten zunächst als Söldner in der byzantinischen Armee und wurden in die Ägäis geschickt, um Seeräuber zu bekämpfen. Im Laufe dieser Gefechte wurde Haraldr von den Warägern zu ihrem Anführer ernannt. Aus der byzantinisch-griechischen Quelle *Logos nuthetikos* („Mahnrede an einen Kaiser"), die in den 1070er-Jahren verfasst worden ist, ergeben sich sowohl Informationen über Haraldrs Teilnahme an den militärischen Auseinandersetzungen als auch über seinen Aufstieg zur Führungsspitze der Warägischen Wache.

Haraldr hielt sich von ungefähr 1035 bis 1044 in der Mittelmeerregion auf und war an kriegerischen Auseinandersetzungen gegen die Bulgaren, Sarazenen und Langobarden beteiligt. Wahrscheinlich kam er auch in Kontakt mit den Normannen, jenen Nachkommen der Wikinger, die sich zur selben Zeit in Süditalien und Sizilien ansiedelten.

Vermutlich war die Warägergarde ursprünglich dem Anführer der byzantinischen Armee unterstellt. Dieses Amt hatte zu Haraldrs Zeiten der griechische General Georgios (anor. *Gyrgir*) Maniakes, ein Verwandter der Kaiserin, inne. Haraldr und er gerieten häufig wegen der Führung der Garde aneinander, und Haraldr soll Maniakes' Autorität nicht nur einmal zu untergraben versucht haben, indem er die Waräger erfolgreich vom Kämpfen zurückhielt, wenn sich die gesamte Armee für bevorstehende Schlachten versammelte. Immer wenn Haraldr sich dazu entschied zu kämpfen, zeichneten sich die Waräger hingegen durch äußerst erfolgreiche Kämpfe aus. So kam es schließlich dazu, dass Maniakes Haraldr den Oberbefehl über die Wache übertrug. Die Waräger kämpften daraufhin unabhängig vom Rest der Armee und errungen viele Siege die ihnen, vor allem jedoch Haraldr, Ruhm und Ansehen bescherten.

Haraldr verbrachte mehr als 10 Jahre in der Warägergarde und konnte sich als ihr Anführer großen Reichtum anhäufen. Die isländischen und byzantinischen Quellen stimmen darin überein, dass die Kaiserin Zoe es Haraldr untersagt haben soll, in sein Heimatland zurückzukehren. Sie inhaftierte ihn sogar, doch Haraldr gelang es aus Konstantinopel zu fliehen. Nach einem Zwischenhalt in Kiew, wo er sein Ehegelöbnis erfüllte, kehrte er im Jahr 1045 nach Norwegen zurück. Dort forderte er seinen Neffen Magnús góði, der zu dieser Zeit über Norwegen und Dänemark herrschte, dazu auf, ihn an der Regierung teilhaben zu lassen. Magnús erklärte sich nur widerwillig einverstanden, sodass die beiden unter sehr angespannten Verhältnissen gemeinsam regierten. Nach Magnús' Tod im Jahr 1047 wurde Haraldr zwar Alleinherrscher über Norwegen, sein Einfluss auf Dänemark blieb aber schwach.

8.2 Textpassage – Haraldr Harðráði führt die Warägergarde an (*Haralds Saga Sigurðarsonar*, aus *Heimskringla*)

Haraldr war der berühmteste Skandinavier im Dienst des byzantinischen Kaisers. Im folgenden Auszug aus

Haralds saga Sigurðarsonar wird von seiner Ankunft in Mikligarðr und seinem Aufstieg zum Anführer berichtet.

Haralds saga Sigurðarsonar (Kap. 3)

Þá réð fyrir Griklandi Zóe dróttning in ríka ok með henni Michael kátalaktús.[37] En er Haraldr kom til Miklagarðs ok á fund dróttningar,[38] þá gekk hann þar á mála[39] ok fór þegar um haustit á galeiðr með hermǫnnum þeim.[40] Þeir fóru út í Griklandshaf. Hélt Haraldr sveit af sínum mǫnnum. Hǫfðingi yfir herinum hét Gyrgir. Hann var frændi dróttningar. Haraldr var lítla hríð[41] í herinum, ok allir Væringjar fóru saman,[42] þegar er bardagar váru. Kom þá svá, at[43] Haraldr varð hǫfðingi yfir ǫllum Væringjum. Fóru þeir Gyrgir[44] víða um Griklandseyjar, unnu þar herskap mikinn á kussurum.

8.3 Aufgabe – Übersetzung: Haralds saga Sigurðarsonar

Versuche, bei der Übersetzung eines Satzes aus dem Altnordischen ins Deutsche zunächst das Prädikat und das entsprechende Subjekt zu identifizieren. Dieses muss im Nominativ stehen und mit dem Prädikat hinsichtlich der Person (1., 2. oder 3.) und dem Numerus (Singular oder Plural) übereinstimmen. Kreise in den untenstehenden Sätzen jeweils das Prädikat ein, unterstreiche das Subjekt und übersetze.

1. Þá réð fyrir Griklandi Zóe dróttning in ríka.
   Wenn ein Satz im Altnordischen nicht mit dem Subjekt beginnt, (sondern zum Beispiel mit dem Adverb þá „dann"), steht dies (wie auch im Deutschen) i.d.R. nach dem Prädikat. Wie lautet der Infinitiv von réð? _____

2. ok með henni Michael kátalaktús.
   Dieser Satz beruht auf einem gedachten Verb. Wie lautet dieses Verb? _____

3. En er Haraldr kom til Miklagarðs ok á fund drottningar,
   Die beiden zusammenstehenden Konjunktionen en er lassen sich als „aber als" übersetzen.

4. Þá gekk hann þar á mála.
   Zu welcher Wortart gehört þar? _____

5. ok fór [hann] þegar um haustit á galeiðr með hermǫnnum þeim.
   Eine Präpositionalphrase besteht aus einer Präposition und einem Objekt (í Brattahlíð, á Íslandi). Wie viele Präpositionalphrasen gibt es in diesem Satz? _____

   Übersetze mit Hilfe der Angaben von oben den gesamten Textauszug:
   _____
   _____
   _____
   _____

---

[37] **Michael kátalaktús**: Die altnordischen Quellen beziehen sich i.d.R. unter dem Beinamen kátalaktús (Griechisch für „Geldwechsler", seine Beschäftigung vor seiner Heirat mit Kaiserin Zóe) auf Michael. In seiner Heimat ist er jedoch besser bekannt als Michael der Paphlagone.

[38] **ok á fund dróttningar**: „und zu dem Treffen mit der Kaiserin."

[39] **þá gekk hann þar á mála**: „dann trat er dort in den Dienst [der Kaiserin]."

[40] **fór þegar um haustit á galeiðr með hermǫnnum**: „er reiste sofort im Herbst mit seinen Kriegern auf den Galeeren [dorthin]."

[41] **lítla hríð**: „für eine kurze Zeit." Der Akkusativ kann ohne eine Präposition verwendet werden, um einen bestimmten Zeitraum auszudrücken.

[42] **allir Væringjar fóru saman**: „alle Waräger reisten zusammen". Damit ist gemeint, dass sie ihre ursprünglichen Einheiten aufgegeben hatten und eine einheitliche Truppe bildeten.

[43] **Kom þat svá, at ...**: „Es ereignete sich so, dass ..."

[44] **þeir Gyrgir**: Gyrgir und seine Männer."

8.4 Kultur – Die Rus in Russland und darüber hinaus

Die skandinavischen Unternehmungen entlang der Flüsse Russlands begannen etwa in der Mitte des 7. Jahrhunderts und wurden von den im heutigen Schweden lebenden Seefahrern dominiert. Zu Beginn zog es die Händler vor allem aufgrund der Felle und Sklaven in diese Region (vgl. den Abschnitt über Ibn Fadlan und die Rus in der Einleitung). Die nordischen Händler wurden von den slawischen Völkern, den Bewohner Russlands und möglicherweise auch von den Griechen, Arabern und Westeuropäern *Rus* genannt. Auch die Kaufleute selbst übernahmen diesen vermutlich vom finnischen Wort *routsi* „Schweden" stammenden Namen. Dieses leitet sich wiederum vermutlich von dem altnordischen Wort *róðr* (G *róðs*) ab, mit dem die Tätigkeit des Ruderns oder rudernde Männer (wie z.B. eine „Mannschaft von Ruderern") bezeichnet werden. Vielleicht geht sogar der heutige Name Russlands auf den Begriff Rus zurück.

Die Rus selbst bezeichneten das Gebiet des östlichen Baltikums als *austrvegr* („Weg nach Osten"). Dem Binnenland, das sich vom Ladogasee im Norden bis nach Griechenland und an die Wolga bis nach Persien und Arabien im Süden erstreckte, gaben sie hingegen den Namen *Garðaríki* („Reich der Städte"). Die Flussstädte Nowgorod und Kiew entwickelten sich zu wichtigen Zentren für den skandinavischen Handel, da sie sich beide ganz in der Nähe von sogenannten Portagen, an denen Boote und Handelsgüter über Land zwischen Flüssen transportiert wurden, befanden. Nowgorod war als Handelszentrum besonders gut gelegen. Die Stadt befand zwischen den Flüssen Wolga, Dnjepr, Dwina und Lowat und konnte daher den Verkehr zwischen der Ostsee und dem Schwarzen Meer sowie auch dem Kaspischen Meer kontrollieren.

Die beiden Städte Nowgorod und Kiew konkurrierten lange Zeit um die führende Position als Handelszentrum. Als es Prinz Oleg von Nowgorod um 882 schließlich gelang Kiew zu erobern, erhob er sie zu seiner Hauptstadt. Da die Handelsflotten auf dem Dnjepr stets den Angriffen der benachbarten slawischen Stämme und Steppennomaden wie z.B. den Petschenegen und den Bulgaren ausgesetzt waren, waren starke Führungskräfte von Nöten, um sie zu schützen. Die Handelsbeziehungen erstreckten sich von Kiew aus bis in das im Süden gelegene Byzantinische Reich und von dort aus bis hin zur Mittelmeerregion.

Jene Rushändler und -krieger, die sich noch weiter in den Osten Russlands begaben, fuhren zumeist die Wolga entlang. Mitunter verließen sie die Wolga jedoch auch wieder und schlugen einen über Land führenden östlichen Weg an, der unter dem Namen Seidenstraße bekannt war. Wieder andere Rus zogen bis in das Land der Chasaren, einer halbnomadischen Gruppe von Turkvölkern, deren Herrscher im 7. und 8. Jahrhundert das Judentum angenommen hatten. Im 9. und 10. Jahrhundert überwachten und dominierten die Chasaren den Handel auf vielen Flusshandelsrouten und herrschten über weite Gebiete im Norden, Osten und Westen des Schwarzen und Kaspischen Meeres. Nachdem sie das Kaspische Meer erreicht hatten, strebten einige der nordischen Händler und Krieger weiter nach Süden bis zu den Ländern des Kalifats von Bagdad.

Im späten 9. und 10. Jahrhundert gelangten riesige Mengen von arabischen Silbermünzen, sogenannte Dirhams, in den skandinavischen Ostseeraum und dienten dort sowie auch in anderen Gegenden Osteuropas für eine gewisse Zeit als wichtiges Zahlungsmittel. Trotz der riesigen Mengen an Münzen, die im östlichen Skandinavien ausgegraben worden sind, wurde der Großteil des eingeführten arabischen Silbers eingeschmolzen. Da es v. a. im Handel mit Kontinentalwesteuropa verwendet wurde, bildeten die Handelsverbindungen der Rus mit dem Osten für diese Regionen die Hauptbezugsquelle für Silber und andere wertvolle Güter.

Im 10. Jahrhundert unterhielten skandinavische Herrscher wie Óláfr helgi und sein Halbbruder Haraldr harðráði enge Kontakte mit den Rus in Kiew. Im Laufe der Zeit wurden die Rus in die slawische Bevölkerung integriert und nahmen unter dem Einfluss von Byzanz 988 sogar den christlich-orthodoxen Glauben an. Der letzte Herrscher der Rus von Kiew, ein gewisser Igor (vermutlich eine slawische Form von Ingvarr), verstarb im

Jahre 945. Die Rus hielten ihre Verbindungen zu den skandinavischen Herrschern jedoch noch bis weit ins 11. Jahrhundert aufrecht.

8.5 Substantive – Verwandtschaftsbezeichnungen auf -r (ter-Stämme)

Die Wörter *bróðir*, *dóttir*, *faðir*, *móðir* und *systir* werden zu einer kleinen Gruppe von Substantiven zusammengefasst, die alle *i*-Umlaut im Plural aufzeigen. Neben den Dativformen *fǫður* und *bróður* lassen sich in einigen Handschriften auch die älteren Dativformen *feðr* und *brœðir* finden.

	M FAÐIR	BRÓÐIR	**F** SYSTIR	DÓTTIR	MÓÐIR	ENDG
Sg N	faðir	bróðir	systir	dóttir	móðir	-ir
A	fǫður	bróður	systur	dóttur	móður	-ur
D	fǫður, feðr	bróður, brœðr	systur	dóttur	móður	-ur, ⁽ⁱ⁾-r
G	fǫður	bróður	systur	dóttur	móður	-ur
Pl N	feðr	brœðr	systr	dœtr	mœðr	⁽ⁱ⁾-r
A	feðr	brœðr	systr	dœtr	mœðr	⁽ⁱ⁾-r
D	feðrum	brœðrum	systrum	dœtrum	mœðrum	⁽ⁱ⁾-um
G	feðra	brœðra	systra	dœtra	Mœðra	⁽ⁱ⁾-a
Ü	Vater	Bruder	Schwester	Tochter	Mutter	

Weiter entfernte Verwandtschaftsverhältnisse werden durch zusammengesetzte Wörter ausgedrückt: *móðurbróðir* „Onkel" bzw. „Bruder der Mutter", *fǫðurmóðir* „Großmutter (väterlicherseits)", *fǫðursystir* „Tante" bzw. „Schwester des Vaters" oder *bróðurdóttir* „Nichte" bzw. „Tochter des Bruders".

8.6 Substantivierte Partizipien – nd-Stämme

Bei den zu den *nd*-Stämmen zählenden Wörtern handelt es sich um Substantive, die vom Partizip Präsens abgeleitet worden sind. Während sie im Singular wie die schwachen maskulinen Substantive deklinieren, zeigen sie im Nominativ und Akkusativ Plural die Endung -r mit *i*-Umlaut auf.

	BÓNDI	FRÆNDI	GEFANDI	ENDG
Sg N	bóndi	frændi	gefandi	-i
A	bónda	frænda	gefanda	-a
D	bónda	frænda	gefanda	-a
G	bónda	frænda	gefanda	-a
Pl N	bœndr	frændr	gefendr	⁽ⁱ⁾-r
A	bœndr	frændr	gefendr	⁽ⁱ⁾-r
D	bóndum	frændum	gefǫndum	-um
G	bónda	frænda	gefenda	-a
Ü	Bauer	Verwandter	Gebender	

8.7 Das Präsens der starken Verben

Das Präsens der starken Verben greift auf die gleichen Endungen wie das Präsens der schwachen Verben zurück. Mitunter zeigt der Wurzelvokal im Präsens Singular dabei einen *i*-Umlaut auf. Starke Verben mit dem Wurzelvokal -á- im Infinitiv (*ráða*, *láta* und *fá*) tragen daher z.B. ein umgelautetes -æ- im Präsens Singular (vgl. *hann ræðr* „er beratschlagt", *hann lætr* „er lässt" und *hann fær* „er bekommt").

Da die vorderen Vokale -*i*-, -*í*-, -*e*- und -*y*- nicht vom *i*-Umlaut beeinflusst werden, bleiben sie im Präsens Singular unverändert (vgl. *bera* – *hann berr*, *verða* – *hann verðr*).

Es gibt zwei Punkte, die bei der Bildung der Präsensformen der starken Verben zu beachten sind:

		LÍTA	BJÓÐA	VERÐA	BERA	GEFA	FARA	RÁÐA
Sg	ek	lít	býð	verð	ber	gef	fer	ræð
	þu	lítr	býðr	verðr	berr	gefr	ferr	ræðr
	hann	lítr	býðr	verðr	berr	gefr	ferr	ræðr
Pl	vér	lítum	bjóðum	verðum	berum	gefum	fǫrum	ráðum
	þér	lítið	bjóðið	verðið	berið	gefið	farið	ráðið
	þeir	líta	bjóða	verða	bera	gefa	fara	ráða
	Ü	sehen	anbieten; einladen	werden	tragen	geben	gehen	raten

1. Verben mit dem Wurzelvokal -a- (wie z.B. *fara*, *standa* und *ganga*) zeigen *u*-Umlaut in der 1. Person Plural. Dadurch ergeben sich Formen wie z.B. *fǫrum* „wir fahren", *stǫndum* „wir stehen" und *gǫngum* „wir gehen".
2. Im Präsensstamm einiger starker Verben zeigen sich mitunter die Endungen -*j*- (wie z.B. bei *hefja*, *sitja*, *deyja* und *liggja*) bzw. -*v*- (wie z.B. bei *hǫggva* und *syngva*). Bei diesen Verben fallen -*j*- und -*v*- entsprechend der zuvor bereits angeführten Regeln weg.

PRÄSENSENDUNGEN DER STARKEN VERBEN		
	SINGULAR	PLURAL
1.	-	-um
2.	-r	-ið
3.	-r	-a

Beachte, dass *heita* im Präsens Singular unregelmäßig ist. Wenn es die Bedeutung „genannt sein" trägt, schiebt sich ein -*i*- vor die Personalendung: *heiti, heitir, heitir*. In Verbindung mit einem Akkusativobjekt wird es hingegen regelmäßig konjugiert: *heit, heitr, heitr*. *Hann heitir Gisli* „Er heißt Gisli", aber *Gisli heitr á menn sína* „Gisli heißt (= befiehlt) seinen Männern [etwas zu tun]".

8.8 DAS PRÄTERITUM DER STARKEN VERBEN

Das Präteritum der starken Verben wird durch Veränderungen des Wurzelvokals gebildet, vgl. Inf *koma*, Prät Sg *kóm*, Prät Pl *kómu*, Part Prät *kominn*; Inf *gefa*, Prät Sg *gaf*, Prät Pl *gáfu*, Part Prät *gefinn*. Dieses als **Ablaut** bezeichnete Phänomen kann auch bei der Bildung der entsprechenden deutschen Präteritalformen beobachtet werden, vgl. Inf *kommen*, Prät *kam*, Part Prät *gekommen*; Inf *geben*, Prät *gab*, Part Prät *gegeben*.

PRÄTERITALENDUNGEN DER STARKEN VERBEN		
	SINGULAR	PLURAL
1.	-	-um
2.	-t	-uð
3.	-	-u

Die fünf Stammformen des Verbs *gefa* lauten:

1) Infinitiv *gefa* „geben"
2) 3 Sg Präs *hann gefr* „er gibt"
3) 3 Sg Prät *hann gaf* „er gab"
4) 3 Pl Prät *þeir gáfu* „sie gaben"
5) Part-Prät (m N Sg) *var gefinn* „war gegeben"

Die starken Verben lassen sich auf Grundlage der in den unterschiedlichen Stammformen aufgezeigten Ablautreihen in sieben Klassen unterteilen.

KLASSE	BEISPIEL
I:	**líta** <lítr, leit, litu, litinn> „schauen"
II:	**bjóða** <býðr, bauð, buðu, boðinn> „anbieten; einladen"
III:	**verða** <verðr, varð, urðu, orðinn> „werden"
IV:	**bera** <berr, bar, báru, borinn> „tragen"
V:	**gefa** <gefr, gaf, gáfu, gefinn> „geben"
VI:	**fara** <ferr, fó, fóru, farinn> „fahren"
VII:	**ráða** <ræðr, réð, réðu, ráðinn> „beratschlagen"

Die einzelnen Klassen der starken Verben werden in den späteren Lektionen noch genauer erläutert. Im

Präteritum werden die starken Verben wie folgt konjugiert:

	LÍTA	BJÓÐA	VERÐA	BERA	GEFA	FARA	RÁÐA
Sg ek	leit	bauð	varð	bar	gaf	fór	réð
þu	leizt	bautt	vart	bart	gaft	fórt	rétt
hann	leit	bauð	varð	bar	gaf	fór	réð
Pl vér	litum	buðum	urðum	bárum	gáfum	fórum	réðum
þér	lituð	buðuð	urðuð	báruð	gáfuð	fóruð	réðuð
þeir	litu	buðu	urðu	báru	gáfu	fóru	réðu

Die in den Stammformen einiger starker Verben auftretenden Konsonantenwechsel lassen sich durch zwei Lautwandelerscheinungen leichter verständlich machen.

- Bei Verben mit -v- vor dem Wurzelvokal fällt dieses vor -o- oder -u- weg, vgl. Inf *vinna*, Präs *vinnr*, Prät Sg *vann*, Prät Pl **unnu**, Part Prät **unninn**; Inf *verða*, Präs *verðr* Prät Sg *varð*, Prät Pl **urðu**, Part Prät **orðinn**. Dies wird auch als **v-Schwund** bezeichnet.
- In Präteritum Singular werden -nd-, -ng- und -ld- im Auslaut zu -tt, -kk und -lt, vgl. Inf *binda*, 2 Sg Prät *batt*; Inf *ganga*, 2 Sg Prät *gekk*; Inf *halda*, 2 Sg Prät *hélt*. Dieses Phänomen wird **regressive Konsonantenassimilation** genannt.

> **8.9 AUFGABE – DIE STAMMFORMEN DER STARKEN VERBEN** Gib mithilfe der im Wörterverzeichnis (am Ende des Buches) zu findenden Stammformen die entsprechende Verbform an.
>
> | **Bsp** | fara (3 Sg Präs) | *ferr* | 6. | draga (1 Pl Präs) | _____ |
> |---|---|---|---|---|---|
> | 1. | gefa (3 Sg Prät) | _____ | 6. | draga (1 Pl Präs) | _____ |
> | 2. | koma (Perf Part) | _____ | 7. | ráða (2 Sg Präs) | _____ |
> | 3. | ganga (3 Sg Prät) | _____ | 8. | verða (3 Pl Prät) | _____ |
> | 4. | heita (2 Sg Prät) | _____ | 9. | nema (1 Sg Präs) | _____ |
> | 5. | hefja (1 Sg Präs) | _____ | 10. | halda (2 Pl Präs) | _____ |

8.10 AUSLAUTVERHÄRTUNG BEI STARKEN VERBEN

Wenn die Personalendung -t (2 Sg Prät) an ein starkes Verb suffigiert wird, dessen Stamm in den Formen des Prät Sg mit einem Dental (-t-, -ð- oder -d-) oder einem langen Vokal (wie etwa -é-, -á- oder -ó-) endet, gelten die folgenden Regeln:

- Wenn den Konsonanten -t- oder -tt- ein Vokal vorausgeht, werden diese zu -z-, vgl. Inf *geta*, 2 Sg Prät *gat + t > gazt*; Inf *binda*, 2 Sg Prät *batt + t > bazt*.
- Dementsprechend wird -ð- zu -t-, vgl. Inf *ráða*, 2 Sg Prät *réð + t > rétt*.
- Wenn einem Dental ein -r-, -l- oder -s- vorausgeht, wird dieser zu -t- und es wird keine Endung angehängt, vgl. Inf *verða*, 2 Sg Prät *varð + t > vart;* Inf *halda*, 2 Sg Prät *hélt + t > hélt;* Inf *ljósta*, 2 Sg Prät *laust + t > laust*.
- Nach einem langen Vokal wird die t-Endung verdoppelt, vgl. Inf *sjá*, 2 Sg Prät *sátt*.

> **8.11 AUFGABE – AUSLAUTVERHÄRTUNG BEI STARKEN VERBEN** Gib die Stammformen sowie die jeweils entsprechende Form der 2 Sg Prät für die folgenden starken Verben an.
>
> | | INFINITIV | STAMMFORMEN | 2. SG PRÄT |
> |---|---|---|---|
> | **Bsp** | geta | *getr, gát, gátu, getinn* | *gazt* |

1.	binda	_____	_____
2.	ráða	_____	_____
3.	verða	_____	_____
4.	halda	_____	_____
5.	ljósta	_____	_____
6.	sjá	_____	_____

8.12 Textpassage – Haraldr Harðráði schickt Mehl nach Island (*Haralds Saga Surðarsonar*, aus *Heimskringla*)

Nachdem der damals zusammen mit Haraldr über Norwegen herrschende Magnús góði (1024-1047) verstarb ohne einen Erben zu hinterlassen, setzte Haraldr harðráði alles daran, der Alleinherrscher über Norwegen zu bleiben. Obwohl er unter der norwegischen Bevölkerung den Ruf eines harten und rücksichtslosen Tyrannen innehatte, ist die isländische Literatur Haraldr gegenüber im Allgemeinen wohlwollend gestimmt. Dies rührt vermutlich daher, dass er Island während einer Hungersnot Hilfe zukommen ließ, indem er den Export von Getreide bewilligte. In dem folgenden Auszug aus *Haralds saga Sigurðarsonar* heißt es, dass es in den nördlichen Gefilden keinen Anführer gegeben habe, der so *djúpvítr* („tiefsinnig" oder „findig") wie Haraldr war.

Haralds saga Sigurðarsonar (Kap. 36, aus *Heimskringla*)

Haraldr konungr var maðr ríkr ok stjórnsamr innan lands, spekingr mikill at viti, svá at þat er alþýðu mál,[45] at engi hǫfðingi hefir sá verit[46] á Norðrlǫndum, er jafndjúpvítr hefir verit sem Haraldr eða ráðsnjallr. Hann var orrustumaðr mikill ok inn vapndjarfasti. Hann var sterkr ok vápnfœrr betr en hverr maðr annarra,[47] svá sem fyrr er ritat.

Hann var ok inn mesti vinr hegat til allra landsmanna. Ok þá er var mikit hallæri á Íslandi, þá leyfði Haraldr konungr fjórum skipum mjǫlleyfi til Íslands.

Übersetze:

_____
_____
_____
_____
_____
_____
_____
_____

8.13 Grammatikbaukasten. Verbmodus

Der Modus verweist auf die Stellung eines Sprechers in Bezug auf die Wahrscheinlichkeit der von ihm formulierten Aussage. Er wird auch mit Befehlen und Forderungen verbunden. Im Altnordischen gibt es drei Modi: Indikativ, Imperativ und Optativ.

Der **Indikativ** wird manchmal auch als Wirklichkeitsform bezeichnet. Er wird verwendet, wenn der Sprecher glaubt, dass seine Äußerung tatsachengerecht ist. Der Indikativ ist der am häufigsten verwendete

---

[45] **alþýðu mál**: „allgemeine Rede", „Meinung des (ganzen) Volks."
[46] **at engi hǫfðingi hefði svá verit**: „das keiner so ein Anführer gewesen war."
[47] **en hverr maðr annarra**: „als jeder andere Mann."

Modus altnordischer Texte und auch alle bisher in diesem Buch vorgestellten Endungen und Stammformen standen im Indikativ.

Der **Imperativ** drückt Befehle und Forderungen aus. Das Altnordische kennt nur eine Imperativform: der Imperativ in der 2. Person Singular wird verwendet, wenn eine einzige Person angesprochen wird. Der nächste Abschnitt liefert weitere Einzelheiten bezüglich seiner Bildung.

Der **Optativ** wird verwendet, wenn der Sprecher seine Unsicherheit gegenüber dem Wahrheitsgehalt einer Äußerung ausdrücken möchte. Normalerweise ist das der Fall, wenn ein Vorgang beschrieben wird, der angezweifelt oder nur vermutet wird, oder der Sachlage widerspricht (etwas, das *sein mag*) anstatt konkret oder tatsachengerecht (etwas, das *ist*) zu sein. In *Vápnfirðinga saga* macht Brodd-Helgi z.B. einen Vorschlag für etwas, das er sich für die Zukunft erhofft, indem er den Optativ von *vera* verwendet: [...] *en ek mun koma til þings, ok **sém** vit það báðir saman* („[...] und ich werde zu der Versammlung kommen und wir mögen dann beide zusammen sein [um einen Rechtsfall zu bestreiten]").

Der Optativ wird zudem häufig in der indirekten Rede verwendet, kommt also zum Einsatz, wenn ein Sprecher nacherzählt, was jemand gesagt hat ohne dabei notwendigerweise seine oder ihre genauen Worte zu verwenden. In dem folgenden Beispiel aus der *Vápnfirðinga saga* gibt der Verfasser der Saga Bjarnis Frage an den Hirten wieder ohne ihn dabei zu zitieren: *Í þetta mund kom smalamaðr inn at Hofi, ok spurði Bjarni, hvat hann **segi** tiðenda* („In diesem Moment kam ein Hirte hinein nach Hof und Bjarni fragte, welche Neuigkeiten er zu berichten habe").

8.14 DIE BEFEHLSFORMEN IM ALTNORDISCHEN

Im Altnordischen wird der Imperativ verwendet, wenn sich Befehle oder Forderungen an eine einzige Person richten. Richten sie sich an mehrere Personen, wird hingegen Gebrauch vom Indikativ gemacht.

Befehle an eine Person. Der Imperativ der zu Klasse 2 zählenden schwachen Verben ist identisch mit dem Infinitiv, vgl. *tala* „sprich!" und *svara* „antworte!". Für die meisten anderen Verben ergibt sich der Imperativ durch den Wegfall der Infinitivendung *-a*, vgl. Inf *mæla*, Imp *mæl* „sprich!"; Inf *gera*, Imp *ger* „tu!"; Inf *gefa*, Imp *gef* „gib!"; Inf *koma*, Imp *kom* „komm!". Bei Verben wie *spyrja* und *hǫggva* entfällt nicht nur die Infinitivendung *-a*, sondern auch das *-j-* bzw. *-v-* am Ende des Stamms. Die entsprechenden Imperativformen lauten daher *spyr* „frag!" und *hǫgg* „schlag!". Die folgenden Beispiele stammen aus *Vápnfirðinga saga*.

„**Mæl** við mik slíkt, er þér líkar," segir Þorsteinn, „en **tala** ekki slíkt við Brodd-Helga," segir hann.	„**Erzähl** [es] mir [so] wie es dir gefällt," sagt Þorsteinn, „aber **sag** solches nicht zu Brodd-Helgi," sagt er.
„**Far** þú heim sem tíðast ok **lát** eigi verða við vart."	„**Reise** so schnell wie möglich nach Hause und **lass** niemanden etwas davon mitbekommen."

- Bei den meisten schwachen Verben der 3. Klasse wird die Infinitivendung *-a* durch ein *-i* ersetzt. Die Infinitivformen von *þegja* und *duga* sind daher z.B. *þegi* „schweig!" und *dugi* „sei nützlich!".
- Befehle stehen wie z.B. in *hǫgg þú* „schlag!" oft in Verbindung mit einem Pronomen. Das *þ-* am Anfang des Wortes *þú* wird dabei häufig an den vorangehenden Konsonanten assimiliert, wodurch der Vokal verkürzt wird, vgl. *kalla + þú > kallaðu*; *skjót + þú > skjóttu*; *þegi + þú > þegiðu*. Pronomen, die an das Verb „gelehnt" werden, werden auch enklitische Pronomen genannt.
- Wie bereits erwähnt worden ist, bildet der Infinitiv die Grundlage für den Wechsel von *-nd-*, *-ng-* und *-ld-* zu *-tt*, *-kk* und *-lt*. Die Imperativformen von *binda*, *ganga* und *halda* lauten daher *bitt*, *gakk* und *halt*.
- Um einen Befehl auszudrücken, wird wie z.B. in dem folgenden Auszug aus der *Sturlunga saga* manchmal auch die 3 Sg Indik verwendet: „[Er] soll nicht schlagen" oder „Lass ihn nicht schlagen."

Befehle an mehrere Personen. Beispiele für Befehle, die sich an mehr als eine Person richten und den Indikativ verwenden, sind *mælið* „sprecht!", *takið* „nehmt!" oder *skjótið* „schießt!". Wenn auch der Sprecher zu der Gruppe gehört, besteht die Möglichkeit, den Befehl mit der 1 Pl Präs Ind auszudrücken, vgl. *tǫkum* „Lasst uns nehmen" oder *skjótum* „Lasst uns schießen". Diese Verwendung wird als sogenannter Adhortativ (lat. „Aufforderung") bezeichnet.

DIE OPTATIVENDUNGEN DER SCHWACHEN UND STARKEN VERBEN	
SINGULAR	PLURAL
1. -a	-im
2. -ir	-ið
3. -i	-i

Die in der *Sturlunga saga* zu findende *Íslendinga saga* (Kap. 152) beinhaltet einen der wohl berühmtesten Imperative der altnordischen Literatur. Um sich mit anderen *goðar* zu verbünden, hatte Snorri alle seine Töchter mit einflussreichen Anführern verheiratet. Da einige dieser Ehen allerdings scheiterten, schlugen auch die Bündnisse um. Als Snorri im Jahre 1241 von zwei seiner ehemaligen Schwiegersöhne auf seinem Anwesen in Reykholt im Westen Islands überrascht wird, versucht er sich in seinem geheimen Keller unter dem Haus vor seinen Widersachern zu verstecken. Símon knútr befiehlt Árni beiskr draufhin, Snorri zu schlagen (*hǫggva*). Obwohl Snorri Árni entgegnet, dass „er nicht schlagen werde", schlagen Símon, Árni und Þorsteinn Snorri am Ende so sehr zusammen, dass er dabei ums Leben kommt.

Der Tod von Snorri Sturluson
Símon knútr bað Árna hǫggva hann.
"Eigi skal hǫggva," sagði Snorri.
"**Hǫgg** þú," sagði Símon.
"Eigi skal hǫggva," sagði Snorri.
Eptir þat veitti Árni honum banasár, ok þeir Þorsteinn unnu á honum.

8.15 VERBEN – DER OPTATIV PRÄSENS

Die Bildung des Optativ Präsens erfolgt durch das Suffigieren der jeweils entsprechenden Optativendungen an den Wortstamm. Dieser ergibt sich durch den Wegfall der Infinitivendung *-a* (vgl. *hlaup-a* oder *spyrj-a*). Bei Verben wie *spyrja* oder *segja* schwindet das *-j-* vor Optativendungen auf *-i-*.

- Die Verben *vera* und *sjá* sind unregelmäßig. Obwohl sie nicht miteinander verwandt sind, weisen die einzelnen Formen gewisse Ähnlichkeiten auf: *vera* (sé, sér, sé, sém, séð, sé) und *sjá* (sjá, sér, sé, sém, séð, sé).

INFINITIV	**KALLA**	**GERA**	**SPYRJA**	**HAFA**	**RÁÐA**	**EIGA**
PRÄSENSSTAMM	**KALL-**	**GER-**	**SPYRJ-**	**HAF-**	**RÁÐ-**	**EIG-**
Sg ek	kalla	gera	spyrja	hafa	ráða	eiga
þú	kallir	gerir	spyrir	hafir	ráðir	eigir
hann	kalli	geri	spyri	hafi	ráði	eigi
Pl vér	kallim	gerim	spyrim	hafim	ráðim	eigim
þér	kallið	gerið	spyrið	hafið	ráðið	eigið
þeir	kalli	geri	spyri	hafi	ráði	eigi

8.16 KULTUR – DAS GRAUSAME ENDE VON HARALDR HARÐRÁÐI

Die Regierungszeit von König Haraldr war sehr unruhig. Obwohl es Haraldr gelang, seine Herrschaft über Norwegen zu zentralisieren, und auch er es war, der die Stadt Oslo gründete, sah er sich immer wieder mit aufständischen Bedrohungen aus der wohlhabenden Trøndelag-Region in Zentralnorwegen konfrontiert. Ganz im Zeichen seines komplexen und mächtigen Charakters unterdrückte Haraldr rücksichtslos jeglichen Widerstand gegen seine Herrschaft. Er führte einen langwierigen, jedoch erfolglosen Krieg, um Dänemark zu erobern und brannte die dänische Handelsstadt Haithabu bis auf die Grundmauern nieder. Schließlich unterzeichneten König Sveinn Ástríðarson von Dänemark und er 1064 ein Friedensabkommen. Durch diesen Vertrag konnte sich Haraldr seiner nächsten Unternehmung, der Eroberung Englands, widmen.

Als im Jahr 1066 der angelsächsische König Eduard der Eroberer verstarb, sah Haraldr endlich die Chance gekommen, die Herrschaft über England einzufordern. Er gründete seinen vermeintlichen Anspruch auf den englischen Thron auf ein Abkommen zwischen seinem Vorgänger Magnús góði (gest. 1047) und dem früheren dänischen König Hǫrða-Knútr (gest. 1042), der für kurze Zeit auch über England geherrscht hatte. Nach der Zusammenstellung einer aus 300 Schiffen und ungefähr 9.000 Männern bestehenden Streitmacht legte Haraldr schließlich in der Nähe von York an und konnte die nordenglische Armee rasch überwältigen.

Bevor Haraldr seinen Sieg jedoch genießen konnte, wurde er vom englische König Harald II. bei Stamford Bridge in der Nähe von York überrascht, viele seine Männer wurden gefangen genommen und Haraldr selbst wurde getötet. Die Engländer konnten in dieser Schlacht einen klaren Sieg gegen die Norweger erringen und nur einem kleinen Teil der angreifenden Armee gelang die Flucht zurück nach Norwegen. Der Tod von Haraldr harðráði im Jahr 1066 wird traditionell zur Markierung des Endes der Wikingerzeit herangezogen.

8.17 VOKABULAR – LISTE 8. DIE HÄUFIGSTEN WÖRTER IN DER SAGA

SUBSTANTIVE	ADJEKTIVE	PRONOMEN	ZAHLWÖRTER
bœr — Hof, Gehöft	vanr — üblich, gewöhnlich	minn — mein	tíu — zehn
bóndi — Bauer	heill — heil, ganz	engi — niemand	
sverð — Schwert	lauss — lose, frei	nǫkkurr — jemand, ein gewisser	
hlutr — Sache, Teil	sekr — schuldig	þinn — dein	
VERBEN	**PRÄP & ADV**	**KONJUNKTIONEN**	
ætla — beabsichtigen	fram — vorwärts	þótt — obwohl	
vita — wissen	yfir — über		
leggja — legen, ablegen	fyrr — vorher		
bera — tragen	áðr — bevor		

AUFGABEN

8.18 TEXTVERSTÄNDNIS. Kreise das Verb ein und unterstreiche das Subjekt und übersetze die Sätze anschließend ins Deutsche.

1. Þeir fóru út í Griklandshaf.

2. Hélt Haraldr sveit af sínum mǫnnum.

3. Hǫfðingi yfir herinum hét Gyrgir.

4. Hann var frændi dróttningar.

5. Haraldr var lítla hríð í herinum.

6. … ok allir Væringjar fóru saman, …

7. ... þegar er bardagar váru.
   _____

8. Kom [þat] þá svá, [...]
   _____

9. At Haraldr varð hǫfðingi yfir ǫllum Væringjum.
   _____

8.19 *i*-Umlaut. Starke Verben zeigen *i*-Umlaut im Präsens Singular auf. Ergänze die Tabelle um die fehlenden Angaben.

	INFINITIV	3 SG PRÄS	ÜBERSETZUNG INFINITIV
Bsp	fara	*ferr*	*gehen, reisen*
1.	draga	_____	_____
2.	halda	_____	_____
3.	standa	_____	_____
4.	koma	_____	_____
5.	láta	_____	_____
6.	fá	_____	_____
7.	fljúga	_____	_____
8.	búa	_____	_____

8.20 DAS PRÄSENS DER STARKEN VERBEN UND DER *i*-UMLAUT A. Die folgende Tabelle beinhaltet ausschließlich Verbformen, deren Wurzelvokale im Zuge des *i*-Umlauts palatalisiert worden sind. Gib ihren jeweiligen Infinitiv an.

Bsp	stendr	*standa*			
1.	ræðr	_____	5.	heldr	_____
2.	tekr	_____	6.	flýgr	_____
3.	fær	_____	7.	býr	_____
4.	kømr	_____	8.	dregr	_____

B. Gib die 3 Sg Präs der folgenden Infinitive an.

Bsp	kala „frieren"	*kelr*			
1.	hlaupa „laufen"	_____	6.	slá „schlagen"	_____
2.	krjúpa „kriechen"	_____	7.	grafa „graben"	_____
3.	róa „rudern"	_____	8.	gróa „wachsen"	_____
4.	snúa „drehen"	_____	9.	aka „fahren"	_____
5.	súpa „trinken"	_____	10.	auka „vermehren"	_____

C. Verben mit Wurzelvokal *-e-*, *-i-* oder *-í-* im Infinitiv weisen keinen *i*-Umlaut auf. Gib die 3 Sg Präs der folgenden starken Verben an.

Bsp	hefja	*hefr*			
1.	gefa	_____	4.	verða	_____
2.	liggja	_____	5.	ríða	_____
3.	nema	_____	6.	sitja	_____

8.21 DAS PRÄTERITUM DER STARKEN VERBEN. Überführe die Verben ins Präteritum und übersetze die Sätze ins Deutsche.

    Bsp   Ek bý í Reyðarfirði. *Ek bjó í Reyðarfirði.*
            Ich lebte im Reyðarfjorðr.

1. Þú gengr á skip. _____
2. Heitir hann eigi Haraldr konungr? _____
3. Vér komum þangat. _____
4. Þér sjáið son hans. _____
5. Þau ganga til hans. _____

8.22 STARKEN VERBEN. Konjugiere die folgenden starken Verben mithilfe der jeweils angegebenen Stammformen.

A. VERÐA <VERÐR, VARÐ, URÐU, ORÐINN> *V* WERDEN

	PRÄSENS		PRÄTERITUM
Sg ek	_____	**Sg** ek	_____
þú	_____	þú	_____
hann	_____	hann	_____
vér	_____	vér	_____
þér	_____	þér	_____
þeir	_____	þeir	_____

PARTIZIP PRÄTERITUM Hann er _____ konungr. „Er ist König geworden."

B. TAKA <TEKR, TÓK, TÓKU, TEKINN> *V* NEHMEN

	PRÄSENS		PRÄTERITUM
Sg ek	_____	**Sg** ek	_____
þú	_____	þú	_____
hann	_____	hann	_____
vér	_____	vér	_____
þér	_____	þér	_____
þeir	_____	þeir	_____

PARTIZIP PRÄTERITUM Hestrinn var _____ af Ólafi. „Das Pferd wurde von Olaf genommen."

C. FARA <FERR, FÓR, FÓRU, FARINN> *V* GEHEN

	PRÄSENS		PRÄTERITUM
Sg ek	_____	**Sg** ek	_____
þú	_____	þú	_____
hann	_____	hann	_____

Lektion 8: Haraldr harðráði in Konstantinopel

vér	_____		*vér*	_____
þér	_____		*þér*	_____
þeir	_____		*þeir*	_____

Partizip Präteritum   Hann var _____ út til Íslands.   „Er war nach Island gereist."

8.23 Das Präsens der starken Verben. Benenne die Infinitive der im folgenden Textauszug unterstrichenen Verben und gib für die im Singular stehenden Formen die entsprechende Form im Plural an, und umgekehrt.

Þá <u>réð</u> fyrir Griklandi Zóe dróttning in ríka ok með henni Michael kátalaktús. En er Haraldr <u>kom</u> til Miklagarðs ok á fund dróttningar, þá <u>gekk</u> hann þar á mála ok fór þegar um haustit á galeiðr með hermǫnnum þeim. Þeir fóru út í Griklandshaf. <u>Hélt</u> Haraldr sveit af sínum mǫnnum. Hǫfðingi yfir herinum <u>hét</u> Gyrgir. Hann var frændi dróttningar. Haraldr var lítla hríð í herinum, ok allir Væringjar fóru saman, þegar er bardagar váru. Kom þá svá, at Haraldr <u>varð</u> hǫfðingi yfir ǫllum Væringjum. Fóru þeir Gyrgir víða um Griklandseyjar, <u>unnu</u> þar herskap mikinn á kussurum.

		Infinitiv	Präsens			Infinitiv	Präsens
Bsp	réð	*ráða*	*rœðr*				
1.	kom	_____	_____	5.	hélt	_____	_____
2.	gekk	_____	_____	6.	hét	_____	_____
3.	fór	_____	_____	7.	varð	_____	_____
4.	fóru	_____	_____	8.	unnu	_____	_____

8.24 Starke Verben. Ergänze die folgenden Sätze mit der jeweils richtigen Form der starken Verben im Präsens.

1. Hann _____ á Drepstokki. (búa)
2. Vér _____ stundum á skipit út. (ganga)
3. Þau _____ skipit. (sjá)
4. Bjǫrn ok Þórólfr _____ til Grœnlands. (koma)
5. Hon _____ Sigríðr. (heita)
6. Þú _____ með landnámsmǫnnum. (koma)
7. Þér _____ í Reykjavík. (búa)
8. Hon _____ hesta. (sjá)
9. Ek _____ Njáll. (heita)
10. Hann _____ tils Nóregs. (fara)

8.25 Schwache und starke Verben. Gib jeweils den Infinitiv an und bestimme, ob es sich um ein schwaches oder starkes Verben handelt.

		Infinitiv	Schwach oder stark?
1.	Eiríkr nam Eiríksfjǫrð.	_____	_____
2.	Haraldr vann sér Danmǫrk.	_____	_____
3.	Dómaldi réð lǫndum.	_____	_____
4.	Hann herjaði í austrvegg.	_____	_____
5.	It fyrsta haust blótuðu þeir yxnum.	_____	_____
6.	En at skilnaði mælti Ólár.	_____	_____

7. Reið Gunnar þá vestr. _____ _____
8. Árferð batnaði ekki. _____ _____
9. Hann stóð þá. _____ _____
10. Þá svaraði Þórólfr. _____ _____

8.26 STARKE VERBEN. Gib jeweils die Stammformen sowie die 2 Sg Prät der folgenden starken Verben an.

		STAMMFORMEN	2 SG PRÄT
Bsp	geta	*getr, gat, gátu, getinn*	*gazt*
1.	láta		
2.	ráða		
3.	draga		
4.	binda		
5.	bjóða		
6.	búa		
7.	heita		

8.27 RUNEN. Die Inschrift auf dem Runenstein von Ed im schwedischen Uppland verweist auf einen gewissen Ragnvaldr, der als Anführer in der byzantinischen Warägergarde gedient hat.

ᚱᚢᚾᛅ ᚱᛁᛋᛏᛅ ᛚᛁᛏ ᚱᛅᚼᚾᚢᛅᛚᛏᚱ ᚼᚢᛅᚱ ᛅ ᚴᚱᛁᚴᛚᛅᚾᛏᛁ ᚢᛅᛋ ᛚᛁᛋ ᚠᚢᚱᚢᚾᚴᛁ

TRANSKRIPTION
runa · rista · lit · rahnualtr · huar a griklanti · uas · lis · forunki·

STANDARDISIERTES ALTNORDISCH
Rúna[r] rista lét Ragnvaldr, hverr á Griklandi vas li[ð]s foringi.

VOKABULAR
foringi *m* Anführer
Grikland *n* Griechenland, Byzantinisches Reich (Ortsname)
hverr Rel-Pron der
láta <lætr, lét, létu, látinn> *V* lassen, bewirken
lið *n* Gefolge, Mannschaft
Ragnvaldr <-s> *m* Ragnvaldr (Personenname)
rísta <rístr, reist, ristu, ristinn> *V* schnitzen, ritzen; **láta rísta rúnar** Runen ritzen lassen

rún <*pl* -ar> *f* Rune, ein Buchstabe der Runenreihe (Futhark)
vas (*ältere Form von* **var**) 3 Sg Prät von **vera**

Übersetze:
_____
_____
_____
_____
_____

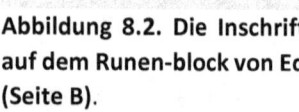

Abbildung 8.2. Die Inschrift auf dem Runen-block von Ed (Seite B).

8.28 DER IMPERATIV DER STARKEN VERBEN. Gib jeweils den Imperativ der folgenden starken Verben an (Hinweis: Verben mit *-nd-* und *-ng-* im Stammausgang weisen eine Veränderung der Wortendung auf).

Bsp koma _kom_

1. draga _____   4. gefa _____
2. fara _____   5. hǫggva _____
3. standa _____   6. ganga _____

8.29 DER IMPERATIV DER SCHWACHEN VERBEN. Gib an, zu welcher Konjugationsklasse die folgenden Verbformen gehören und gib den jeweils entsprechenden Imperativ an.

Bsp mæla, mælti _1b_ _mæl_
1. gera, gerði _____ _____
2. spyrja, spurði _____ _____
3. svara, svaraði _____ _____
4. veita, veitti _____ _____
5. tala, talaði _____ _____
6. þegja, þagði _____ _____

8.30 DER OPTATIV PRÄSENS. Konjugiere die folgenden Verben im Optativ Präsens. Beachte dabei den *j*-Schwund vor Endungen auf *-i-*.

	LEITA	DRAGA	KOMA	HORFA	SKILJA	HǪGGVA
Sg *ek*						
þú						
hann						
Pl *vér*						
þér						
þeir						

Lektion 9
Raubzüge im Westen
Af hreinu bergi kemr hreint vatn.
(Vom reinen Berg kommt reines Wasser.)

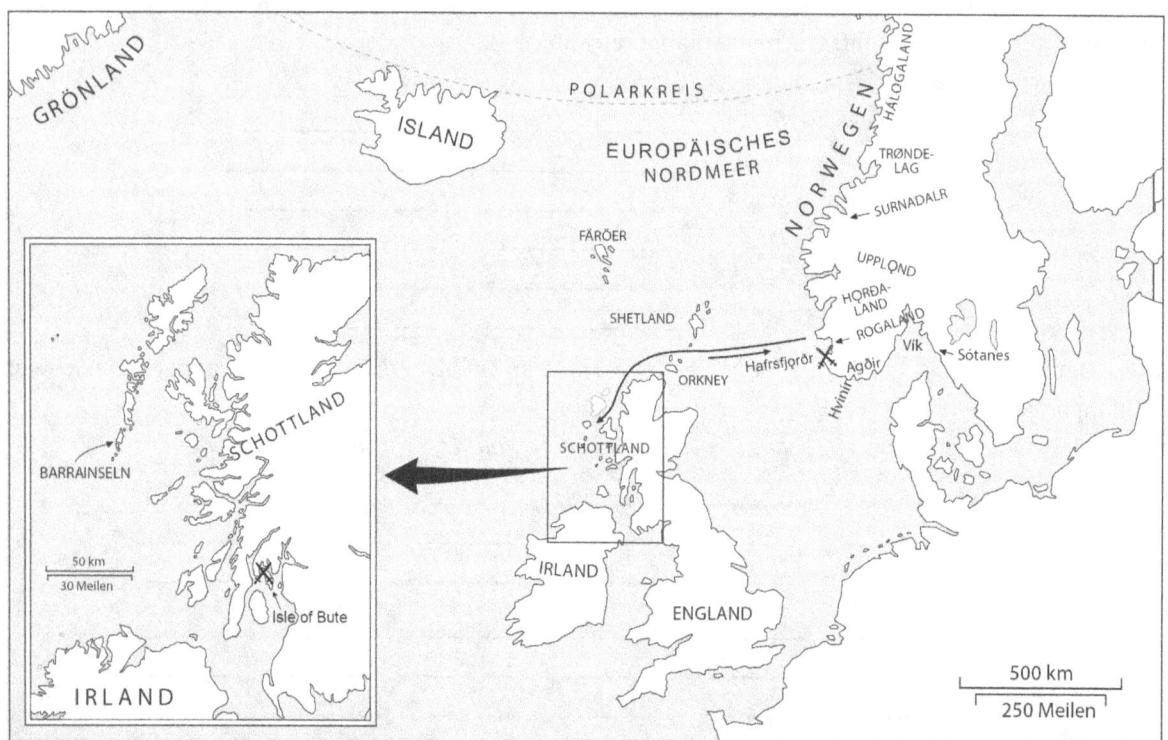

Abbildung 9.1. Die Beute- und Kriegszüge des norwegischen Wikingers Qnundr tréfótr. Der aus dem westnorwegischen Rogaland stammende Qnundr trieb sein Unwesen vermutlich auf Schottland, auf den Hebriden und in Irland. Nachdem er nach Norwegen zurückkehrte, kämpfte er in der Schlacht von Hafrsfjǫrðr (um 870) gegen Haraldr hárfagri. Als dieser schließlich als Sieger aus dem Kampf hervorgeht, flieht Qnundr aus Norwegen und lässt sich in Island nieder.

9.1 Textpassage — Qnundr tréfótr plündert im Westen (*Grettis saga Ásmundarsonar*)

Während Grettir selbst erst in Kapitel 14 seiner eigenen Saga das erste Mal in Erscheinung tritt, berichten die ersten Kapitel von *Grettis saga* zunächst von seinem aus Norwegen stammenden Vorfahren Qnundr *tréfótr* („Holzfuß"). Qnundr plünderte jahrelang auf den Hebriden, in Schottland und Irland bevor er sich in einer späten Phase der *landnám* schließlich in Island niederließ. In der Seeschlacht von Hafrsfjǫrðr griff Qnundr das Schiff des nach der Macht über ganz Norwegen strebenden Königs Haraldr hárfagri an und verlor im Kampf ein Bein. Auf diese Weise erhielt er auch seinen Beinamen: „Qnundrs Wunde wurde zwar geheilt, aber für den Rest seines Lebens lief er mit einem Holzfuß." Die nachfolgende Textpassage liefert Informationen über seine Verwandtschaftsverhältnisse und illustriert seine Beutezüge *vestr um haf* („westlich des Meeres") auf den Britischen Inseln.

Grettis saga Ásmundarssonar (Kap. 1)
Qnundr hét maðr; hann var Ófeigs sonr burlufótar,[48] Ívars sonar

---

[48] **Ófeigs sonr burlufótar:** „der Sohn des Ófeigs burlufótr." Beachte, dass im Altnordischen das Wort *sonr* zwischen dem Personen- und dem Beinamen stehe kann.

beytils.[49] Ǫnundr var bróðir Guðbjargar, móður Guðbrands kúlu, fǫður Ástu, móður Óláfs konungs ins helga.[50] Ǫnundr var upplenzkr at móðurætt, en fǫðurkyn hans var mest um Rogaland ok um Hǫrðaland. Ǫnundr var víkingr mikill ok herjaði vestr um haf. Með honum var í hernaði Bálki Blæingsson af Sótanesi ok Ormr inn auðgi; Hallvarðr hét inn þriði félagi þeira;[51] þeir hǫfðu fimm skip.

Þeir herjuðu um Suðreyjar, ok er þeir kómu í Barreyjar, var þar fyrir konungr sá,[52] er Kjarvalr hét; hann hafði ok fimm skip. Þeir lǫgðu til bardaga við hann[53] ok varð þar hǫrð hríð;[54] váru Ǫnundar menn ákafir. Féll mart af hvárumtveggjum, en svá lauk,[55] at konungr flýði einskipa; tóku þeir Ǫnundr þar bæði skip ok fé mikit ok sátu þar um vetrinn. Þrjú sumur herjuðu þeir um Írland ok Skotland; síðan fóru þeir til Nóregs.

Übersetze:

_____
_____
_____
_____
_____
_____
_____
_____

9.2 AUFGABE – *GRETTIS SAGA* Bestimme anhand der vorigen Textpassage, ob die folg. Aussagen wahr oder falsch sind.

RÉTT EÐA RANGT?

1. Ǫnundr var Ófeigsson. _____
2. Ǫnundr var bróðir Ívars. _____
3. Fǫðurkyn Ǫnundar var mest um Miðfjǫrð. _____
4. Bróðir Guðbjargar var Ǫnundr. _____
5. Bálki Blæingsson drap Ǫnund. _____
6. Inn þriði félagi þeira var Hallvarðr. _____
7. Konungr hét Herjólfr. _____
8. Konungr hafði fimm skip. _____
9. Ǫnundr ok men hans hans herjuðu um Írland ok Skotland. _____

9.3 KULTUR – DAS WESTLICHE NORWEGEN

Laut *Grettis saga* stammten die Vorfahren von Ǫnundr tréfótr väterlicherseits aus Rogaland und Hǫrðaland.[56]

---

[49] **Ívars sonar beytils:** Hier wird in Übereinstimmung mit *Ófeigs* der Genitiv verwendet.
[50] **móður Óláfs konungs ins helga:** „die Mutter von König Óláfr inn helgi." Beinamen stehen i. d. R. mit einem vorangestellten bestimmten Artikel. Dieser stimmt mit dem Substantiv (hier ein Personenname) in Kasus, Numerus und Genus überein.
[51] **Hallvarðr hét inn þriði félagi þeira:** „Hallvarðr hieß ihr dritter Begleiter."
[52] **var þar fyrir konungr sá:** „dieser König war dort."
[53] **Þeir lǫgðu til bardaga við hann:** „Sie nahmen den Kampf mit dem König auf."
[54] **hǫrð hríð:** „ein harter Kampf."
[55] **en svá lauk:** „und so endete es."
[56] Siehe auch Zori, Davide/Byock, Jesse: „Introduction." *Grettis saga*. Übers. J. Byock. Oxford: Oxford World Classics, Oxford University Press, 2009.

Sowohl diese beiden westnorwegischen *fylki* als auch die weiter nördlich liegenden Bezirke Sogn, Firðafylki, Sunnmœrr und Raumsdal grenzen mit ihren tiefen, teilweise bis weit ins Inland reichenden Fjorden an die Atlantikküste. Obwohl die Westnorweger dank eines nördlichen Ausläufers des Golfstroms ein gemäßigtes Klima genießen durften, war das landwirtschaftlich nutzbare Land knapp. Da die Seefahrt einen wichtigen Platz im Leben vieler Skandinavier einnahm, konnten die in Westnorwegen leben Menschen jedoch viele Nahrungsmittel aus dem Meer beziehen.

Die Westnorweger zeigten sich jedoch auch nicht abgeneigt, die entlang der Mündung der Fjorde segelnden Handelsschiffe ihrer wohlhabenderen Nachbarn im Norden und Süden anzugreifen. Zu den erklärten Zielen von Haraldr hárfagri gehörte es daher auch, der Piraterie in Westnorwegen ein Ende zu setzen. Er selbst kam aus Vík, das damals ein bedeutendes Handelszentrum im Süden des Landes war. Da jedoch auch die Anführer des weiter im Norden liegenden Trøndelags die Absichten von Haraldr teilten, verbündeten sich mit ihm. Angeblich zogen viele Westnorweger in Anbetracht der wachsenden Zentralisierung des norwegischen Königreichs und den eingeleiteten Maßnahmen zur Abschaffung der Piraterie gen Westen aus und besiedelten Island.

9.4 Mehr zum bestimmten Artikel

Der bestimmte Artikel wird in den nordgermanischen bzw. skandinavischen Sprachen i. d. R. an das Substantiv suffigiert, vgl. anor. *hestrinn* „das Pferd", *konan* „die Frau" und *barnit* „das Kind".

Dabei folgt der bestimmte Artikel immer der Kasusendung des Substantivs, vgl. *hestr + inn > hestrinn*. Wenn das Substantiv vokalisch auslautet, geht das *-i-* des suffigierten Artikels verloren, vgl. *hesti + inum > hestinum*.

		HESTR + INN (M)	KONA + IN (F)	BARN + IT (N)
Sg	N	hestrinn	konan	barnit
	A	hestinn	konuna	barnit
	D	hestinum	konunni	barninu
	G	hestsins	konunnar	barnsins
Pl	N	hestarnir	konurnar	bǫrnin
	A	hestana	konurnar	bǫrnin
	D	hestunum	konunum	bǫrnunum
	G	hestanna	kvennanna	barnanna

Zum *i*-Schwund in bestimmten Formen des Substantivs:
- Das *-i-* des suffigierten bestimmten Artikels geht im N Pl m und N/A Pl f verloren, vgl. *hestar + inir > hestarnir, hallir + inar > hallirnar, konur + inar > konurnar*.
- Im D Pl gehen sowohl die Substantivendung *-m* als auch das *-i-* des bestimmten suffigierten Artikels verloren, vgl. *konungum + inum > konungunum, mǫnnum + inum > mǫnnunum, hǫllum + inum > hǫllunum, bǫrnum + inum > bǫrnunum*.
- Bei einsilbigen Substantiven, die vokalisch auslauten (wie z.B. *á* „Fluss", *brú* „Brücke" und *bú* „Hof") bleibt das *-i-* erhalten, wenn auch der bestimmte suffigierte Artikel einsilbig ist, vgl. N Sg *á + in > áin*. Bei zweisilibigen Artikeln geht das *-i-* hingegen verloren, vgl. D Sg *á + inni > ánni*.
- Das Substantiv *maðr* zeigt im N Pl die Form *mennirnir* und im A Pl die Form *mennina* auf.

9.5 Sprachwandelphänomene – *a*- und *u*-Brechung

Ebenso wie beim Umlaut wird auch bei der Brechung eine lautliche Veränderung des Wurzelvokals (in diesem Fall eine **Diphthongierung**) durch den Vokal einer unbetonten Folgesilbe hervorgerufen. Auch hier wird der den Lautwandel auslösende Vokal der unbetonten Mittelsilbe häufig synkopiert.

Anders als beim Umlaut richtet sich die Brechung indes ausschließlich auf den Vokal *-e-*. Je nachdem, welcher Vokal den Umlaut auslöst, wird zwischen *a*- und *u*-Brechung unterschieden.

Bei der ***a*-Brechung** wird ein in der betonten Wurzelsilbe stehendes -*e*- zu -*ja*- gebrochen, wenn die schwächer betonte Folgesilbe ein -*a*- aufweist:

Urnor. *herta̱   > Anor. hjarta „Herz"
*berga̱n>   bjarga „bergen"

Bei der ***u*-Brechung** wird ein in der betonten Wurzelsilbe stehendes -*e*- zu -*jǫ*- gebrochen, wenn die schwächer betonte Folgesilbe ein -*u*- aufweist:

Urnor. *etu̱naR> Anor. jǫtunn „Riese"
*erþu̱   >   jǫrð „Erde"

Auch die Brechung zählt zu den Sprachwandelerscheinungen, die den Übergang vom Urnordischen zum Altnordischen maßgeblich beeinflusst haben, und gibt daher Aufschluss über eine Reihe von auf den ersten Blick unregelmäßig erscheinenden Flexionsformen gibt. Wie auch der *i*-Umlaut ist die Brechung im Altnordischen jedoch nicht mehr aktiv.

9.6 Starke Substantive – *u*-Stämme (Maskulina)

Die zu den maskulinen *u*-Stämmen zählenden Substantive zeigen häufig *i*- und *u*-Umlaut bzw. *u*- Brechung im Wurzelvokal auf. Die meisten von ihnen deklinieren wie *vǫllr* und *skjǫldr*.

		VǪLLR	ǪRN	SKJǪLDR	BJǪRN	FJǪRÐR	ÞÁTTR	
Sg	N	vǫllr	ǫrn	skjǫldr	Bjǫrn	fjǫrðr	þáttr	*u*-Umlaut bzw. *u*-Brechung
	A	vǫll	ǫrn	skjǫld	Bjǫrn	fjǫrð	þátt	
	D	velli	erni	skildi	Birni	firði	þætti	*i*-Umlaut
	G	vallar	arnar	skjaldar	bjarnar	fjarðar	þáttar	*a*-Brechung
Pl	N	vellir	ernir	skildir	birnir	firðir	þættir	*i*-Umlaut
	A	vǫllu	ǫrnu	skjǫldu	bjǫrnu	fjǫrðu	þáttu	*u*-Umlaut bzw. *u*-Brechung
	D	vǫllum	ǫrnum	skjǫldum	bjǫrnum	fjǫrðum	þáttum	
	G	valla	arna	skjalda	bjarna	fjarða	þátta	*a*-Brechung
	Ü	Feld	Adler	Schild	Bär	Fjord	Erzählung	

- Bei Substantiven wie z.B. *ǫrn* und *bjǫrn* fällt das -*r* im Nominativ Singular weg (*r*-Apokope).
- Substantive mit vorderem Wurzelvokal wie z.B. *viðr*, *litr* und *tigr* zeigen keinen Vokalwechsel auf (vgl. N Sg *tigr* „Zehn", A Sg *tig*, D Sg *tigi*, G Sg *tigar*)
- Die einzelnen Kasusformen des Substantivs *áss* „Ase" zeigt variierende Formen auf: N Sg *áss*, A Sg *ás*, D Sg *æsi~ás*, G Sg *áss~ásar*, N Pl *æsir*, A Pl *ásu~æsi*, D Pl *ásum*, G Pl *ása*.

9.7 Starke Substantive – Wurzelnomen und konsonantische Stämme (Maskulina und Feminina)

Bei den Wurzelnomen und konsonantischen Stämmen handelt es sich um eine kleine, aus maskulinen und femininen Substantiven bestehende Klasse, die sich durch *i*-Umlaut und die Endung -*r* im Nominativ und Akkusativ Plural auszeichnet.

Maskulina		FÓTR	MAÐR	NAGL	VETR	FINGR	
Sg	N	fótr	maðr	nagl	vetr	fingr	
	A	fót	mann	nagl	vetr	fingr	
	D	fœti	manni	nagli	vetri	fingri	
	G	fótar	manns	nagls	vetrar	fingrar~fingrs	
Pl	N	fœtr	men	negl	vetr	fingr	*i*-

	A	fœtr	men	negl		vetr	fingr	Umlaut
	D	fótum	mǫnnum	nǫglum		vetrum	fingrum	
	G	fóta	manna	nagla		vetra	fingra	
	Ü	Fuß	Mann	Finger-/ Zehennagel		Winter	Finger	

- Bei *nagl* fällt die Pluralendung *-r* weg (*r*-Apokope). Der Wortstamm von *vetr* und *fingr* endet jeweils auf *-r*.
- Beachte, dass *fótr* *i*-Umlaut im Dativ Singular aufzeigt.

Feminina	RÓT	MÚS	VÍK	TǪNN	KÝR	HǪND	
Sg N	rót	mús	vík	tǫnn	kýr	hǫnd	
A	rót	mús	vík	tǫnn	kú	hǫnd	
D	rót	mús	vík	tǫnn	kú	hendi	
G	rótar	músar	víkr	tannar	kýr	handar	
Pl N	rœtr	mýss	víkr	tennr~teðr	kýr	hendr	i-
A	rœtr	mýss	víkr	tennr~teðr	kýr	hendr	Umlaut
D	rótum	músum	víkum	tǫnnum	kúm	hǫndum	
G	róta	músa	víka	tanna	kúa	handa	
Ü	Wurzel	Maus	Bucht	Zahn	Kuh	Hand	

- Einige Substantive dieser Klasse zeigen eine unregelmäßige Konjugation: N Sg *vík*, G Sg *víkr*; N Sg *kýr*, G Sg *kýr*; N Sg *hǫnd*, D Sg *hendi*.

9.8 Die Demonstrativpronomen ÞESSI und SÁ

		M	F	N
Sg	N	þessi ~ sjá	þessi ~ sjá	þetta
	A	þenna	þessa	þetta
	D	þessum	þessar(r)i ~ þessi	þessu
	G	þessa	þessar(r)ar ~ þessar	þessa
Pl	N	þessir	þessar	þessi
	A	þessa	þessar	þessi
	D	þessum	þessum	þessum
	G	þessa ~ þessar(r)a	þessa ~ þessar(rr)a	þessa ~ þessar(r)a
	Ü	dieser	diese	dieses

		M	F	N
Sg	N	sá	sú	þat
	A	þann	þá	þat
	D	þeim	þeir(r)i	því
	G	þess	þeir(r)ar	þess
Pl	N	þeir	þær	þau
	A	þá	þær	þau
	D	þeim	þeim	þeim
	G	þeira	þeira	þeira
	Ü	der, dieser	die, diese	das, dieses

- Die Formen des Demonstrativpronomens *sá* sind im Neutrum und im gesamten Plural identisch mit den Personalpronomen.
- Das Demonstrativpronomen *sá* taucht häufig auch gemeinsam mit dem suffigierten Artikel auf, vgl. *sá*

konungr**inn** „dieser König."

Gormr konungr gerði kumbl **þessi**.	König Gormr errichtete **diese** Denkmäler.
Sigríðr gerði brú **þessa** fyr sálu Hólmgeirs.	Sigríðr errichtete **diese** Brücke für Hólmgeirs Seele.
Þá vil ek gefa þér skip **þetta**.	Dann will ich dir **dieses** Schiff geben.
Þessi var ekki konungsmaðr.	**Dieser** war kein Anhänger des Königs.
Haraldr er faðir manns **þessa**.	Haraldr ist der Vater **dieses** Mannes.
Af **því** var hann kallaðr Eiríkr blóðøx.	Aufgrund **dessen** wurde er Eiríkr blóðøx genannt.
Þeim manni gaf Ingólfr land.	**Diesem** Mann gab Ingólfr Land.
Sú kona var dóttir hennar.	**Diese** Frau war ihre Tochter.
Þeir menn fóru til Englands.	**Diese** Männer begaben sich nach England.
Í **þá** tíð var hallæri mikit.	In **dieser** Zeit gab es eine große Hungersnot.

9.9 Satzarten – Hauptsätze und Nebensätze

Sätze sind sprachliche Einheiten, die aus mindestens einem Subjekt und einem Verb bestehen. Um altnordische Texte korrekt ins Deutsche zu übersetzen, ist es notwendig, zwischen Haupt- und Nebensätzen unterscheiden zu können.

Hauptsätze sind von anderen Sätzen unabhängige sprachliche Einheiten.

Þorsteinn hét maðr.	Þorsteinn hieß ein Mann.
Þá vil ek gefa þér skipit.	Dann will ich dir das Schiff geben.
Hann fór til Grœnlands með Eiríki.	Er begab sich nach Grönland mit Eiríkr.

Hauptsätze können auch aus zwei oder mehreren Hauptätzen bestehen, die durch einteilige (z.B. *ok* oder *en*) oder zweiteilige (z.B. *bæði ... ok* oder *hvárki ... né*), sog. **nebenordnende Konjunktionen** miteinander verbunden werden.

Herjólfr nam land **en** Ingólfr var frændi hans.	Herjólfr nahm Land **und** Ingólfr war sein Verwandter.
Ǫnundr var upplenzkr at móðurætt, **en** fǫðurkyn hans var mest um Rogaland ok um Hǫrðaland.	Ǫnundr stammte mütterlicherseits aus Upplǫnd, **während** die Familie seines Vaters vor allem aus Rogaland und Hǫrðaland war.
Tóku þeir Ǫnundr **bæði** skip ok fé mikit **ok** sátu þar um vetrinn.	Ǫnundr und seine Männer nahmen **sowohl** die Schiffe **als auch** viele Besitztümer und blieben über den Winter dort.
Hvárki Eiríkr **né** Bjǫrn gekk á skipit.	**Weder** Eiríkr **noch** Bjǫrn gingen auf das Schiff.

Wenn sich zwei oder mehrere Hauptsätze auf dasselbe Subjekt oder Verb beziehen, muss das Subjekt bzw. das Verb nicht noch einmal wiederholt werden.

Eiríkr stóð þá **ok** horfði á skipit.	Eiríkr stand dann **und** sah auf das Schiff.
Þorgerðr hét kona hans, **en** Bjarni sonr þeira, **ok** var efniligr maðr.	Þorgerðr hieß seine Frau, **und** Bjarni ihr Sohn, **und** [er] war ein vielversprechender Mann.

Nebensätze sind durch **unterordnende Konjunktionen** (wie z.B. *er, ef, því at, at*) mit einem Hauptsatz verbunden. Im Gegensatz zum Hauptsatz können sie also nicht allein stehen.

Þat var einn dag, <u>**er** þeir Þórólfr ok Bjǫrn gengu ofan til skipsins</u>.	Dies war ein Tag, <u>**als** Þórólfr und Bjǫrn hinunter zum Schiff gingen</u>.
Þá vil ek gefa þér skipit, <u>**ef** þú vill þiggja</u>.	Dann will ich dir das Schiff geben, <u>**wenn** du (es) annehmen willst</u>.
Herjólfr gaf Ingólfi land, <u>**því at** hann var frændi hans</u>.	Herjólfr gab Ingólfr Land, <u>**weil** dieser sein Verwandter war</u>.
Hann segir, <u>**at** hann sé konungr Nóregs</u>.	Er sagt, <u>**dass** er der König Norwegens sei</u>.

Anstelle von *er* („*als*") wird manchmal auch die Konjunktion *þá er* (wörtl. „dann als") verwendet. Beide können mit „als" übersetzt werden.

Þá er <u>Hǫgni kom í Nóreg</u>, spurði hann at Héðinn hafði siglt vestr um haf.	Als <u>Hǫgni nach Norwegen kam</u>, erfuhr er, dass Héðinn westwärts über das Meer gesegelt war.

Relativsätze sind Nebensätze, die sich auf ein Substantiv im übergeordneten Haupt- oder Nebensatz beziehen und dieses mit zusätzlichen Informationen versehen. Im Altnordischen werden sie durch die undeklinierbaren Relativpartikel *er* und *sem* eingeleitet. Beachte bei der Übersetzung, dass Relativsätze im Deutschen immer in Kommas stehen müssen.

Eigi er allt <u>gull</u> **sem** glóar.	Nicht alles ist <u>Gold</u>, **was** glänzt.
<u>Konungr sá</u> **er** Hǫgni er nefndr átti <u>dóttur</u>, **er** Hildr hét.	<u>Der König</u>, **der** Hǫgni genannt wird, hatte eine <u>Tochter</u>, **die** Hildr hieß.
Hann er <u>maðrinn</u> **sem** kom.	Er ist der <u>Mann</u>, **der** kam.
Þá mælti Eiríkr jarl við þann mann, er sumir nefna Finn.	Dann sprach Jarl Eiríkr zu diesem <u>Mann</u>, **den** manche Finn nennen.

Dem Relativpartikel geht dabei häufig eine Form des Demonstrativpronomens *sá* voraus. Diese stimmt mit dem Substantiv in Genus, Numerus und Kasus überein.

Kringla heimsins, **sú er** mannfólkit byggvir, er vágskorin. (**sú** = N Sg f)	Der Kreis der Welt, (dieser) den das Menschenvolk bewohnt, ist von Buchten durchschnitten.
Hann sá konu, **þá er** hann fekk. (**þá** = A Sg f)	Er sah eine Frau, (diese) die er heiratete.

9.10 AUFGABE – HAUPT- UND NEBENSÄTZE Handelt es sich bei den unterstrichenen Sätzen um Haupt- oder Nebensätze?
Bsp <u>Þat kom ásamt með þeim,</u> at hallærit stóð at Dómaldi. *Hauptsatz*
1. <u>Er þeir kómu í Barreyjar,</u> var þar fyrir konungr sá, er Kjarvalr hét. _____
2. Þeir lǫgðu til bardaga við hann, ok <u>varð þar hǫrð hríð</u>. _____
3. Féll mart af hvárumtveggjum, en svá lauk, <u>at konungr flýði einskipa</u>; tóku 4. þeir Ǫnundr þar bæði skip ok fé mikit ok sátu þar um vetrinn. _____
5. <u>Þrjú sumur herjuðu þeir um Írland ok Skotland.</u> _____

9.11 VERBEN – DER OPTATIV PRÄTERITUM DER STARKEN UND SCHWACHEN VERBEN

A. Schwache Verben bilden den Optativ Präteritum durch Suffigierung der entsprechenden Optativendungen an den Präteritalstamm. Beachte, dass die zu Klasse 1a und 3 zählenden Verben im Optativ Präteritum *i*-Umlaut zeigen, vgl. 3 Sg Prät Indik *spurði* > 3 Sg Prät Opt *spyrði*; *talði* > *telði*; *krafði* > *krefði*; *vakti* > *vekti*; *hafði* > *hefði*; *sagði* > *segði*; *þótti* > *þœtti*.

INFINITIV	LEGGJA	MÆLA	SVARA	VAKA	HAFA
PRÄTERITALSTAMM	LAGÐ-	MÆLT-	SVARAÐ-	VAKT-	HAFÐ-
Sg *ek*	legða	mælta	svaraða	vekta	hefða
þú	legðir	mæltir	svaraðir	vektir	hefðir
hann	legði	mælti	svaraði	vekti	hefði
Pl *vér*	legðim	mæltim	svaraðim	vektim	hefðim
þér	legðið	mæltið	svaraðið	vektið	hefðiðð
þeir	legði	mælti	svaraði	vekti	hefði

B. Starke Verben suffigieren die Optativendungen ebenfalls an den Präteritalstamm, der sich in diesem Fall jedoch aus dem Stamm des Prät Pl ergibt. Im Optativ Präteritum zeigen alle starken Verben (wenn möglich) *i*-

Umlaut auf.

INFINITIV	BJÓÐA	VERÐA	BERA	FARA	RÁÐA
PRÄTERITALSTAMM	BUÐ-	URÐ-	BÁR-	FÓR-	RÉÐ-
Sg ek	byða	yrða	bæra	fœra	réða
þú	byðir	yrðir	bærir	fœrir	réðir
hann	byði	yrði	bæri	fœri	réði
Pl vér	byðim	yrðim	bærim	fœrim	réðim
þér	byðið	yrðið	bærið	fœrið	réðið
þeir	byði	yrði	bæri	fœri	réði

- Der Optativ Präteritum von *vera* (Präteritalstamm *vár-*) ist regelmäßig: *væra, værir, væri, værim, værið, væri*.
- Verben mit auf *-k-* und *-g-* auslautendem Präteritalstamm, sowie das Verb *sá* zeigen *j*-Einschub in der 1. Person Singular, vgl. *fengja* (*fá*); *tœkja* (*taka*); *drœgja* (*draga*); *sæja* (*sá*).
- Die zu Klasse VII zählenden Verben mit *-au-* im Infinitiv und *-jó-* im Präteritum (wie z.B. *hlaupa, auka* und *ausa*) zeigen im Optativ Präteritum mitunter alternierende Präteritalstämme auf. Für das Verb *hlaupa* ist der Optativ Präteritum beispielsweise sowohl mit *hlyp-* als auch mit *hlœp-* belegt.

Die Optativendungen der schwachen und starken Verben

	SINGULAR	PLURAL
1.	-a	-im
2.	-ir	-ið
3.	-i	-i

9.12 AUFGABE – DER OPTATIV PRÄTERITUM DER SCHWACHEN VERBEN

Konjugiere die Verben *tala, hafa, gjalda* und *koma* im Optativ Präteritum.

	TALA	HAFA	GJALDA	KOMA
Sg ek	_____	_____	_____	_____
þú	_____	_____	_____	_____
hann	_____	_____	_____	_____
Pl vér	_____	_____	_____	_____
þér	_____	_____	_____	_____
þeir	_____	_____	_____	_____

9.13 TEXTPASSAGE – MORD, PFLEGSCHAFT UND DER EINFALLSREICHTUM EINER WITWE (*GRETTIS SAGA ÁSMUNDARSONAR*)

Wenn wir den schriftlichen Quellen aus dem skandinavischen und isländischen Mittelalter Glauben schenken, schienen Frauen, die zu der über Besitz verfügenden, freibäuerlichen Klasse gehörten, bereits während der Wikingerzeit über einige bemerkenswerte Rechte verfügt zu haben. Obwohl sich die Frau ihrem Ehemann (*húsbóndi*) unterordnen musste, wenn dieser zu Hause war, oblag der *húsfreyja* („Hausherrin") häufig die volle Verantwortung über den Hof, wenn sich ihr Gatte außer Haus befand. Dass Frauen auch in Krisenzeiten dazu fähig waren, unabhängig von ihrem männlichen Vormund zu handeln, wird anhand des folgenden Auszugs aus *Grettis saga* deutlich.

Alles beginnt damit, dass der einflussreiche norwegische *bóndi* Ǫndóttr kráka im Zuge einer Erbstreitigkeit von dem Hersen Grímr getötet wird. Da seine Witwe Signý den Angriff auf ihren Mann bereits vorausgeahnt hat, sammelt sie im Dunkel der Nacht die Habe ihres Mannes zusammen und flieht mit ihren beiden Söhnen zum Hof ihres Vaters. Anschließend gibt sie ihre Söhne in die Obhut einer Pflegefamilie – eine in der Wikingerzeit und auch im Mittelalter durchaus nicht unübliche Sitte, mit der Beziehungen zu anderen Familien geknüpft bzw. gefestigt wurden.

***Grettis saga Ásmundarsonar* (Kap. 7)**

Þetta haust drap Grímr hersir Ǫndótt kráku fyrir þat, er hann náði eigi fénu[57] til handa konungi;[58] en Signý, kona Ǫndótts, bar á skip allt lausafé þeira þegar ina sǫmu nótt[59] ok fór með sonu sína, Ásmund ok Ásgrím, til Sighvats, fǫður síns. Litlu síðar[60] sendi hon sonu sína í Sóknadal til Heðins, fóstra síns, ok unðu þeir þar lítla hríð[61] ok vildu fara aptr til móður sinnar. Fóru þeir síðan ok kómu til Ingjalds tryggva í Hvini at jólum; hann tók við þeim fyrir áeggjun Gyðu, konu sinnar; váru þeir þar um vetrinn.

Übersetze:

_____
_____
_____
_____
_____
_____
_____
_____
_____
_____

9.14 Kultur – Die Wikinger auf den Britischen Inseln und in Westeuropa

Der Beginn der Wikingerzeit wurde in den letzten Jahrzehnten des 9. Jahrhunderts durch eine Reihe von Angriffen auf die Britischen Inseln und Westeuropa angekündigt, die allesamt vom Wasser ausgeführt wurden. Aufgrund von großen Fortschritten im Schiffbau und äußerst innovativen Navigationsmethoden gelang es den skandinavischen Seefahrer zu dieser Zeit, sich fast vollständig von der Küstenschifffahrt zu befreien. Nun waren sie dazu in der Lage, die offenen Gewässer der Nordsee und des Atlantiks zu durchqueren. Die flache Bauweise und die Geschwindigkeit der skandinavischen Klinkerschiffe waren zudem ideal dafür, Überraschungsangriffe im Binnenland auszuführen, und die an den Flüssen gelegenen, wohlhabenden Handelszentren anzusteuern.

Dabei kamen den plündernden Gruppen nicht nur die politische Zerrissenheit und die Konflikte unter den Pikten, Schotten, Angelsachsen und Iren entgegen, die Anführer der Wikingerheere konnten darüber hinaus auch Nutzen aus den dynastischen Problemen innerhalb des Karolingischen Reiches ziehen. Dank der ihnen durch ihre Schiffe verliehenen Mobilität konnten sich die Wikinger beinahe beliebig hin und her bewegen und ihre schwächeren Gegenüber auszubeuten, und haben dabei viele Spuren in der politischen und gesellschaftlichen Landschaft Nordeuropas hinterlassen.

Die Macht der karolingischen Herrscher in den Fränkischen Gebieten wurde durch die Angriffe der Wikinger zusätzlich geschwächt, so das die Zersplitterung des Karolingischen Reiches durch die Überfälle möglicherweise noch beschleunigt wurde. In Irland führten die Wikingerangriffe zwar zu vielen Kriegen und Unruhen, wirkten sich jedoch auch positiv auf den Handel und das Wachstum der Städte aus, und in England stellte die drohende Eroberung durch die Nordmänner sogar einen Katalysator für die Vereinigung des Landes unter den Königen von Wessex dar. Die nördlich von Schottland gelegene Grafschaft von Orkney wurde in einen regelrechten „Wikingerstaat" verwandelt und wuchs zu einer wichtigen regionalen Seemacht heran.

---

[57] **fyrir þat, er hann náði eigi fénu** (*fé + inu*): „dafür, dass er das Geld nicht erhielt."
[58] **til handa konungi**: „für den König."
[59] **þegar ina sǫmu nótt**: „sofort in derselben Nacht."
[60] **litlu síðar**: „wenig später."
[61] **unðu þeir þar lítla hríð**: „sie konnten es dort für eine kurze Zeit aushalten."

Noch bis ins 12. Jahrhundert wurden die Überfälle und Raubzüge von den Grafen von Orkney (*jarlar*) fortgesetzt. In Schottland plünderten die Wikinger vor allem entlang der Küste, während die im Binnenland lebenden Menschen von den Angriffen teilweise verschont blieben.

Im Wesentlichen lässt sich die Wikingerzeit in Westeuropa in vier Phasen unterteilen. Die ersten Überfälle im späten 8. Jahrhundert waren noch relativ kleinen Ausmaßes und wurden von den einzelnen Anführern von ihren Schiffen aus koordiniert. Darin spiegelt sich auch die gesellschaftliche Ordnung Skandinaviens wider, die damals aus kleinen, unbedeutenden Königreichen und lokalen Regierungen bestand. In der Mitte des 9. Jahrhunderts gingen die Wikingertrupps schließlich dazu über, den Winter im Ausland zu verbringen. Sie bauten Lager und eroberten befestigte Anlagen, so dass sie die Überfälle das ganze Jahr lang weiterverfolgen und dadurch sogar ganze Gebieten unterwerfen konnten. Die dritte Phase, die ungefähr vom späten 9. Jahrhundert bis in die Mitte des 10. Jahrhunderts reichte, zeichnet sich vor allem durch die Versuche der einheimischen Bevölkerung aus, sich gegen die Eroberungszüge der Wikinger zu Wehr zu setzen und die besetzten Gebiete zurückzuerobern. Zu dieser Zeit haben sich bereits viele der aus dem Norden kommenden Seefahrer unter den Einheimischen niedergelassen.

Die vierte Phase der Wikingerzeit beginnt im späten 10. Jahrhundert mit der Festigung der skandinavischen Länder zu größeren Königreichen, die teilweise so mächtig wurden, dass es nunmehr die Herrscher selbst waren, die Eroberungszüge gen England wagten. Zwei der zukünftigen Könige von Norwegen, Óláfr Tryggvason (995–1000) und Óláfr Haraldsson (Óláfr helgi, 1015–1028) gelangten zu dieser Zeit zu hohem Ansehen in England, und sowohl die dänischen Könige Sveinn *tjúguskegg* („Gabelbart") und Knútr *inn ríki* („der Große") als auch Haraldr harðráði fielen im 11. Jahrhundert in England ein. Schließlich war es jedoch William der Eroberer, dem im Jahre 1066 die Herrschaft zufiel. Wie viele Normannen stammte auch er von jenen Wikingern ab, die sich anderthalb Jahrhunderte zuvor in Nordfrankreich niedergelassen haben.

9.15 Vokabular — Liste 9. Die häufigsten Wörter in den Sagas

Substantive	Adjektive	Pronomen	Zahlwörter
sǫk — Grund, Ursache, Klage	vinsæll — beliebt	slíkr — solch (ein)	sjau — sieben
bú — Hof	skyldr — verpflichtet, notwendig; verwandt	báðir — beide	
hǫfuð — Kopf		várr — unser	
móðir — Mutter	miðr — mittlerer		
víg — Kampf, Totschlag	fullr — voll, gefüllt		

Verben	Präp & Adv	Konjunktionen	
gefa — geben	saman — zusammen	nema — außer	
finna — finden	inn — hinein		
ráða — raten; bestimmen	undir — unter		
sitja — sitzen	heldr — eher; lieber		
standa — stehen	brott — fort, weg		

Aufgaben

9.16 Der bestimmte Artikel. Gib die Deklination von *dvergrinn* „der Zwerg" (m), *konan* „die Frau" (f) und *landit* „das Land" (n) an.

	DVERGR + INN	KONA + IN	LAND + IT
Sg N	dverginn	konan	landit
A	_____	_____	_____
D	_____	_____	_____

	G	_____	_____	_____
Pl	N	_____	_____	_____
	A	_____	_____	_____
	D	_____	_____	_____
	G	_____	_____	_____

9.17 Demonstrativpronomen. Vervollständige die Tabellen.

		M	F	N	M	F	N
Sg	N	_þessi_	_____	_____	_sá_	_____	_____
	A	_____	_____	_____	_____	_____	_____
	D	_____	_____	_____	_____	_____	_____
	G	_____	_____	_____	_____	_____	_____
Pl	N	_____	_____	_____	_____	_____	_____
	A	_____	_____	_____	_____	_____	_____
	D	_____	_____	_____	_____	_____	_____
	G	_____	_____	_____	_____	_____	_____

9.18 Demonstrativpronomen. Vervollständige die folgenden Sätze.

Bsp Gormr konungr gerði _þessi_ (diese) kumbl.

1. Haraldr gaf mér _____ (dieses) sverð.
2. Han tók _____ (das) sverð.
3. Vér fǫrum til _____ (der) manns.
4. Óláfr tók við _____ (diese) konu.
5. Sigríðr gerði _____ (die) brú.
6. Hon nam _____ (dieses) land.
7. Þær sáu _____ (der) konung.
8. _____ (die) kona hét Sigríðr.

9.19 Starke Verben. Die folgende Liste beinhaltet eine Reihe häufig verwendeter starker Verben und ihre jeweiligen Stammformen.

bera <berr, bar, báru, borinn> V tragen, bringen
bjóða <býðr, bauð, buðu, boðinn> V (an)bieten; einladen
draga <dregr, dró, drógu, dreginn> V ziehen, schleppen
fara <ferr, fór, fóru, farinn> V gehen, reisen, fahren
fá <fær, fekk, fengu, fenginn> V greifen, bekommen; (über)geben, besorgen
ganga <gengr, gekk, gengu, genginn> V gehen, sich bewegen
gefa <gefr, gaf, gáfu, gefinn> V geben
halda <heldr, hélt, héldu, haldinn> V halten, festhalten
hefja <hefr, hóf, hófu, hafinn> V heben, fördern; beginnen
heita <heitir, hét, hétu, heitinn> V heißen
koma <kemr~kømr, kom, kómu~kvómu~kvámu, kominn> V kommen
nema <nemr, nam námu, numinn> V (in Besitz) nehmen; lernen
ráða <ræðr, réð, réðu, ráðinn> V raten; bestimmen; beherrschen
verða <verðr, varð, urðu, orðinn> V geschehen, werden
vinna <vinnr, vann, unnu, unninn> V arbeiten, tun; überwinden

A. Konjugiere _bera_ im Präsens und Präteritum.

		PRÄSENS	PRÄTERITUM
Sg	ek	_____	_____
	þú	_____	_____

	hann	___	___
Pl	vér	___	___
	þér	___	___
	þeir	___	___

B. Bestimme die folgenden Verbformen.

Bsp berr *3 Sg Präs von bera "tragen"*

1. hélduð _____
2. gekk _____
3. verð _____
4. heitið _____
5. bar _____
6. réðum _____
7. hafinn _____
8. drǫgum _____

C. Bilde die korrekten Formen der folgenden Verben.

Bsp gefa (2 Sg Präs) *gefr*

1. koma (2 Sg Präs) _____
2. vinna (2 Pl Prät) _____
3. hefja (2 Sg Prät) _____
4. ráða (3 Sg Prät) _____
5. nema (1 Pl Prät) _____
6. fá (1 Sg Präs) _____
7. draga (3 Pl Präs) _____
8. fara (1 Pl Präs) _____

9.20 Die Stammformen der starken Verben. Gib die Stammformen der unterstrichenen Verben an.

Þeir herjuðu um Suðreyjar, ok er þeir <u>kómu</u> í Barreyjar, var þar fyrir konungr sá, er Kjarvalr <u>hét</u>; hann hefði ok fimm skip. Þeir lǫgðu til bardaga við hann, ok <u>varð</u> þar hǫrð hríð; váru Ǫnundar menn ákafir. <u>Féll</u> mart af hvárumtveggjum, en svá <u>lauk</u>, at konungr flýði einskipa; <u>tóku</u> þeir Ǫnundr þar bæði skip ok fé mikit ok <u>sátu</u> þar um vetrinn. Þrjú sumur herjuðu þeir um Írland ok Skotland; síðan <u>fóru</u> þeir til Nóregs.

INFINITIV	PRÄS SG	PRÄT SG	PRÄT PL	PART PRÄT
_____	_____	_____	kómu	_____
_____	_____	hét	_____	_____
_____	_____	varð	_____	_____
_____	_____	féll	_____	_____
_____	_____	lauk	_____	_____
_____	_____	_____	tók	_____
_____	_____	_____	sátu	_____
_____	_____	_____	fóru	_____

9.21 Starke Substantive – u-Stämme. Dekliniere die Substantive *vǫllr, kǫttr* und *fjǫrðr*.

	VǪLLR	KǪTTR	FJǪRÐR
Sg N	_____	_____	_____
A	_____	_____	_____
D	_____	_____	_____
G	_____	_____	_____
Pl N	_____	_____	_____
A	_____	_____	_____

D	_____	_____	_____
G	_____	_____	_____

9.22 Wurzelnomen und konsonantische Stämme. Dekliniere die Substantive *fótr*, *vetr* und *bók*.

		FÓTR (M)	VETR (M)	BÓK (F)
Sg	N	_____	_____	_____
	A	_____	_____	_____
	D	_____	_____	_____
	G	_____	_____	_____
Pl	N	_____	_____	_____
	A	_____	_____	_____
	D	_____	_____	_____
	G	_____	_____	_____

9.23 Konjunktion, Relativpartikel, Verbform – Das kleine Wörtchen *er*. Übersetze die folgenden Sätze ins Deutsche.

Bsp   Haraldr konungr bað gera kumbl þessi, sá Haraldr **er** sér vann Danmǫrk. *König Haraldr befahl diese Denkmäler zu machen, der Haraldr, der Dänemark für sich gewann.*

1. Skútaðar-Skeggi heitir maðr ágætr í Nóregi. Hans sonr er Bjǫrn, **er** kallaðr er Skinna-Bjǫrn.
   _____
   _____

2. Þeir herjuðu um Suðreyjar, ok **er** þeir kómu í Barreyjar, var þar fyrir konungr sá, **er** Kjarvalr hét.
   _____
   _____

3. Þat var einn dag, **er** þeir Þórólfr ok Bjǫrn gengu ofan til skipsins.
   _____
   _____

4. En **er** Haraldr kom til Miklagarðs ok á fund dróttningar, þá gekk hann þar á mála.
   _____
   _____

5. Haraldr var lítla hríð í herinum, ok allir Væringjar fóru saman, þegar **er** bardagar váru.
   _____
   _____

9.24 Der Optativ: Das Präteritum der schwachen Verben. Fülle die Tabelle aus.

		ÜBERSETZUNG	VERBKLASSE	PRÄTERITALSTAMM
Bsp	kalla	*rufen*	*Klasse 2*	*kallað- (< kall- + -a- + -ð-)*
1.	senda	_____	_____	_____
2.	telja	_____	_____	_____
3.	veita	_____	_____	_____
4.	hafa	_____	_____	_____
5.	tala	_____	_____	_____

Um das Präteritum des Optativs zu bilden, werden die Optativendung an den Präteritalstamm suffigiert. Gib die Präteritalstämme der folgenden Infinitive im Indikativ und Optativ an. Beachte, dass es bei den schwachen

LEKTION 9: RAUBZÜGE IM WESTEN

Verben der Klassen 1a und 3 im Optativ zu einer Palatalisierung des Wurzelvokals (*i*-Umlaut) kommt.

		INDIKATIV	OPTATIV
Bsp	kalla	*kallað-*	*kallað-*
6.	tala		
7.	senda		
8.	telja		
9.	hafa		

9.25 Der Optativ Präteritum der starken Verben. Vervollständige die Tabelle.

		BEDEUTUNG	STAMMFORMEN	PRÄTERITALSTAMM
Bsp	draga	*ziehen*	*dregr, dró, drógu, dreginn*	*dróg-*
1.	senda			
2.	telja			
3.	veita			
4.	hafa			
5.	tala			

Die Personalendungen des Optativs werden (unter Berücksichtigung des *i*-Umlauts) an den Präteritalstamm der starken Verben angefügt. Ergänze die folgende Tabelle um die fehlenden Angaben.

		PRÄTERITALSTAMM INDIKATIV	PRÄTERITALSTAMM OPTATIV
Bsp	draga	*dróg-*	*dræg-*
6.	brjóta		
7.	verða		
8.	líta		
9.	koma		
10.	taka		

Konjugiere die folgenden Verben im Optativ Präteritum.

	BRJÓTA	VERÐA	LÍTA	KOMA	TAKA
Sg ek					
þú					
hann					
Pl vér					
þér					
þeir					

9.26 WIEDERHOLUNG – STARKE UND SCHWACHE SUBSTANTIVE. Gib die Deklination der folgenden sechs Substantive an.

	STARK	HAUGR (M A-ST)	NÁL (F A-ST)	MÁL (N A-ST)
Sg	N			
	A			
	D			
	G			

ALTNORDISCH 1

	Hügel	Nadel	Sprache
Pl N	_____	_____	_____
A	_____	_____	_____
D	_____	_____	_____
G	_____	_____	_____
Ü	Hügel	Nadel	Sprache

SCHWACH

	TÍMI (M)	VIKA (F)	EYRA (N)
Sg N	_____	_____	_____
A	_____	_____	_____
D	_____	_____	_____
G	_____	_____	_____
Pl N	_____	_____	_____
A	_____	_____	_____
D	_____	_____	_____
G	_____	_____	_____
Ü	Zeit	Woche	Ohr

9.27 Runen. Der Runenstein von Fläckebo (Hassmyra) ist einer vermutlich aus dem heutigen Schweden stammenden Dame namens Óðindísa gewidmet.

RUNEN

ᛒᚢᚫᚾᛏᛁ ᚴᚢᚦᚱ ᚼᚢᛚᛘᚴᚢᛁᛏᚱ ᛚᛁᛏ ᚱᛁᛋᚫ ᚢᚠᛏᛁᛦ ᚦᚢᛁᚾᛏᛁᛋᚢ ᚴᚢᚾᚢ ᛋᛁᚾᚢ ᚴᚢᛘᛒᚱ ᚼᛁᚠᚱᚢᚫ ᛁᚴᛁ ᛒᛁᛏᚱ ᚦᛅᛏ ᛒᛅᛁ ᚱᛅᚦᚱ ᚱᛅᚦᛒᛅᛚᛁᚱ ᚱᛁᛋᛏᛁ ᚱᚢᚾᛁ ᚦᛁᛋᚫ ᛋᛁᚴᛘᚢᚾᛏᛅᛦ ᚢᛅᛦ ᚦᚢᛁᚾᛏᛁᛋ ᛋᛁᛋᛏᚱ ᚴᚢᚦ

Abbildung 9.2. Der Runenstein (a) von Fläckebo im schwedischen Västmanland.

TRANSKRIPTION

Buonti kuþr hulmkoetr lit resa ufteR oþintisu kunu seno kumbr hifrya til hasuimura iki betr þon byi raþr roþbalir risti runi þisa sikmuntaR uaR oþintis sestr kuþ

STANDARDISIERTES ALTNORDISCH

Bóndi góðr Hólmgautr lét reisa eptir Óðindísu konu sína. Kømr hýsfreyja til Hasvimýra ekki betr, sú er býi rǽðr. Rauð-Balli risti rúnar þessar. Sigmundar var Óðindísa systir góð.

VOKABULAR

bý (auch **bú**) <D Pl býum> *n* Haushalt, Hof, Haus; Habe; Vieh
Hólmgautr <-s> *m* Hólmgautr (Personenname)
Hasvimýrar *m Pl* Hasvimýrar (Ortsbezeichnung)
hýsfreyja (auch **húsfreyja**) *f* Hausherrin, -frau
kømr (auch **kemr**) 2/3 Sg Präs von **koma**
láta <lætr, lét, létu, látinn> *V* (zu)lassen, erlauben; hergeben
mýrr <A/D mýri, G mýrar, Pl mýrar> Moor, Sumpfgebiet
Óðindísa *f* Óðindísa (Personenname)
Rauð-Balli *m* Rauð-Balli (Personenname)
ráða <rǽðr, réð, réðu, ráðinn> *V* raten; bestimmen; beherrschen

reisa <-ti, -tr> *V* erheben, beginnen; **láta reisa [stein]** einen Stein errichten lassen
rista <-ti, -tr> *V* schnitzen, ritzen, einschneiden
Sigmundr <-ar> *m* Sigmundr (Personenname)

Übersetze:

LEKTION 10

EIN GESTRANDETER WAL IN ISLAND

Betri er ein kráka í hendi en tvær í skógi.
(Besser ist eine Krähe in der Hand als zwei im Wald.)

10.1 KULTUR — KONKURRENZ UM KNAPPE RESSOURCEN

Im Gegensatz zu den Festlandskandinaviern verfügten die ersten Isländer über viel zu geringe Waldbestände für die kostengünstige Bereitstellung von hochseetauglichen Schiffen. Obwohl sich die Insel in der Mitte eines äußerst ertragreichen Ozeans befand, in dem es von Walen und anderen Meereslebewesen nur so wimmelte, stellte der Fischfang nur einen unwesentlichen Teil der Lebensgrundlage der Isländer dar. Bei Island handelte es sich um eine weitestgehend von der Landwirtschaft geprägte Gesellschaft. Da die meisten Reisen innerhalb der Landesgrenzen zu Pferd unternommen wurden, entstand nach nur kurzer Zeit ein großflächiges System an Reitwegen, das sich über nahezu alle Teile der Insel erstreckte. Die Anzahl der mit Pferdewagen zu befahrenden Wege blieb jedoch äußerst gering und konzentrierte sich ausschließlich auf das Festland. Aufgrund des Mangels an Holz, der durch die extensive Weidewirtschaft der ersten Siedler ent-standen war, griffen die Isländer für den Bau von Häusern und Booten häufig auf Treibholz zurück. Letztere erwiesen sich als besonders gut für den küstennahen Fischfang. Dieser erbrachte vor allem große Mengen an Kabeljau. Da damals auch Salz eine Mangelware war und als Konservierungs-mittel nicht zur Verfügung stand, wurde der Fisch (vor allem Kabeljau) für den Verzehr im Winter häufig luftgetrocknet.

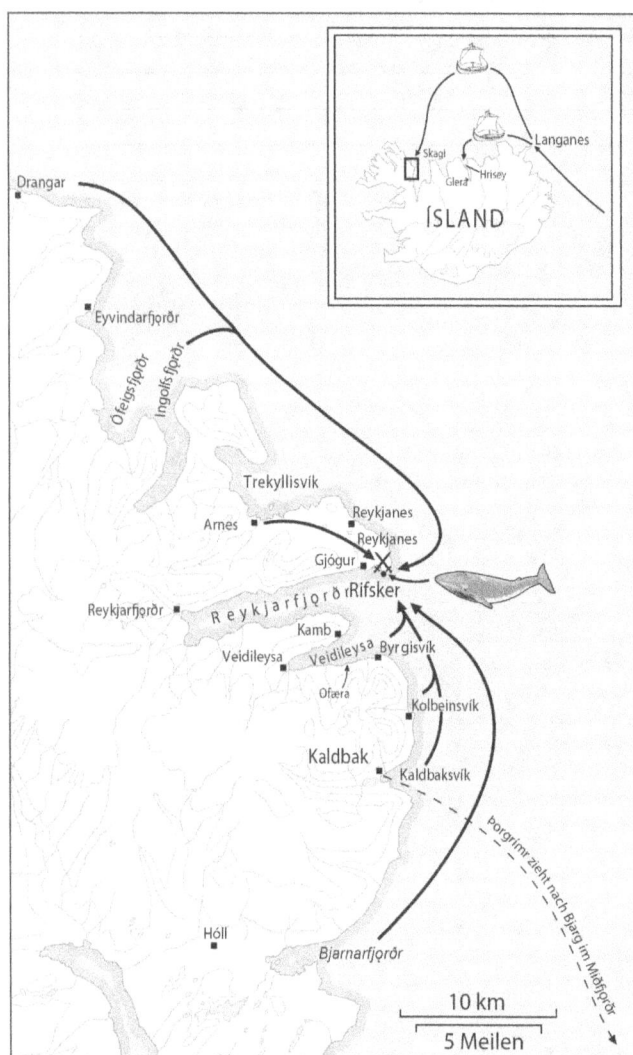

Abbildung 10.1. Die isländischen Westfjorde (*Grettis saga*). Der Streit über einen gestrandeten Wal bei Rifsker eskaliert in eine Auseinandersetzung, in die schon bald die ganze Küstenregion involviert ist.

Die ersten Jahrzehnte nach der Besiedlung Islands waren geprägt von immer wieder auftretenden Auseinandersetzungen über den Zugang und die Nutzung der begrenzten Rohstoffe des Landes. Obwohl die Bevölkerung die Möglichkeit hatte, in den zur allgemeinen Nutzung bestimmten *almenningar* zu sammeln, zu jagen oder Fischfang zu betreiben, lagen die gemeinschaftlichen Ländereien häufig sehr abgelegen und waren nur schwer zu erreichen. Es war jedoch alles andere als ungefährlich, den Schutz des eigenen Hofes oder der Nachbarschaft zu verlassen, um sich auf die Suche nach nutzbaren Ressourcen zu begeben. Vor allem in den an der Küste zu findenden *almenningar* kam es immer wieder zu Streitigkeiten über angeschwemmte Güter. Als besonders wertvoll galten die große Mengen an Fleisch, Fett und Knochen liefernden Kadaver von Walen, die durch Verwesungsgase im Magen und in den Gedärmen häufig an die Oberfläche getrieben und an die Küsten gespült wurden. Auch *Grettis saga Ásmundarsonar* weiß über den Wert der toten Meeressäuger zu berichten

10.2 Textpassage — Ein Wal wird an Land geschwemmt (*Grettis saga Ásmundarsonar*)

Die Textpassage in dieser Lektion berichtet von einer Hungersnot in den Westfjorden und die damit einhergehenden Auseinandersetzungen über die spärlichen Vorräte in der Region. Auch Þorgrímr hærukollr und Þorgeirr flǫskubakr, die erst vor kurzem den Hof ihres Vaters Ǫnundr tréfótr übernommen haben, sind in diesen Konflikt verwickelt. Ǫnundr hat den Hof auf Kaldbakr erst vor kurzem vom *landnámsmaðr* Eiríkr snara erhalten. Ursprünglich verfügte Eiríkr, der bei Árnes in der Bucht von Trékyllisvík (*Vík* bzw. *Víkin* in der Textpassage) wohnte, über alleinigen Anspruch auf die an die Küste geschwemmten Güter. Da die Lebensmittel in jenen Jahren jedoch nur äußerst knapp bemessen sind, verübelt es ihm sein Sohn und Erbe Flosi natürlich sehr, die wertvollen Rechte so einfach weggegeben zu haben.

Nach einem Unwetter untersuchen die in der Gegend Ansässigen die Strände auf Treibgut. Ein Mann namens Þorsteinn entdeckt schließlich einen bei Rifsker auf Reykjanes (einer Landzunge auf halbem Weg zwischen Kaldbakr und Árnes) an den Strand getriebenen Wal. Da es sich dabei um einen Finnwal (*reyðr*) von nicht unbeachtlicher Größe handelt, sendet Þorsteinn einen Boten aus, um Flosi um Hilfe bei der Zerlegung des Wals zu bitten. Jedoch erfährt auch der neben Flosi als einer der einflussreichsten Männer der Region geltende Þorgrímr hærukollr schon bald von dem Wal und beansprucht das wertvolle Tier sich. Es dauert nicht lange bis sich die Kunde von dem an Land getriebenen Wal in der ganzen Region verbreitet und bald darauf eilen von allen Seiten des Strandes Leute herbei, um ebenfalls am Fund teilzuhaben. Sie bieten entweder Þorgrímr und seinen Männern (den *Kaldbeklingar*) oder Flosi und seinen Gefolgsleuten (den *Víkrmenn*) ihre Unterstützung an.

Da Flosi den Wal zuerst erreicht, beginnen seine Männer sofort mit der Zerlegung des Walfleisches. Mit dem Eintreffen von Þorgrímr beginnt dann jedoch der Streit darüber, wer eigentlich den ordnungsgemäßen Anspruch auf den Wal hat: Hat Flosis Vater Eríkr snara, der erste Siedler in der Gegend, die Rechte über die an die Küste geschwemmten Güter tatsächlich rechtskräftig an Þorgrímrs Vater Ǫnunds tréfótr übergeben? Þorgrímr beharrt darauf, die Rechte zu besitzen, und untersagt es Flosi und seinen Verbündeten daher, den Wal auch nur anzurühren.

Grettis saga Ásmundarsonar (Kap. 12)

Í þann tíma kom hallæri svá mikit á Ísland, at ekki hefir jafnmikit komit. Þá tók af náliga allan sjávarafla ok reka. Þat stóð yfir mǫrg ár.

Á einu hausti urðu þangat sæhafa kaupmenn á hafskipi ok brutu þar í Víkinni. Flosi tók við þeim fjórum eða fimm. Steinn hét sá er fyrir þeim var[62.] [...] Um várit kom veðr mikit af norðri; þat helzk nær viku. Eptir veðrit kǫnnuðu menn reka sína[63]. Þorsteinn hét maðr, er bjó á Reykjanesi. Hann fann hval rekinn innan fram á nesinu[64], þar sem hét at Rifskerjum[65]: þat var reyðr mikil. Hann sendi þegar mann til Flosa í Vík ok svá til næstu bœja [...] Flosi kom fyrst ok þeir Víkrmenn; þeir tóku þegar til skurðar ok

---

[62] **er yfir þeim var:** „der über ihnen [d.h. ihr Anführer] war."
[63] **reka sína:** „ihr [die Besitzer der Küstenabschnitte] Treibgut."
[64] **hval rekinn innan fram á nesinu:** „einen angeschwemmten Wal an der Spitze der Landzunge."
[65] **þar sem hét at Rifskerjum:** an dem Ort, der *at Rifskerjum* (bei Rifsker) hieß."

var dreginn á land upp sá [hvalr], er skorinn var. [...]

Í því kómu Kaldbeklingar[66] með fjǫgur skip. Þorgrímr veitti tilkall til hvalsins ok fyrirbauð Víkrmǫnnum skurð ok skipti ok brautflutning[67] á hvalnum. [...]

Þá reri skip innan yfir fjǫrðu, ok sóttu knáliga róðrinn; þeir kómu at brátt. Þat var Svanr af Hóli ór Bjarnarfirði ok húskarlar hans; ok þegar hann kom, bað hann Þorgrím eigi láta ræna sik;[68] en þeir váru áðr vinir miklir, ok bauð Svanr honum lið sitt.

Übersetze:

___

> **10.3 Aufgabe — Textverständnis: *Grettis saga*.** Sind die folgenden Aussagen richtig oder falsch?
>
> **RÉTT EÐA RANGT?**
>
> 1. Hallæri stóð yfir mǫrg ár. _____
> 2. Kaupmenn urðu sæhafa. _____
> 3. Þorsteinn fann hval. _____
> 4. Þorsteinn bjó í Danmǫrk. _____
> 5. Kaldbeklingar kómu með fimm skip. _____
> 6. Þorgrímr veitti tilkall til hvalsins. _____

10.4 Die starken Adjektive

Adjektive versehen andere Wörter bzw. bestimmte Wortarten wie z.B. Substantive mit zusätzlichen Informationen und Eigenschaften, um sie näher zu beschreiben. Sie passen sich ihrem Bezugswort in Hinsicht auf Genus, Kasus und Numerus an. Die altnordischen Adjektive verfügen sowohl über starke als auch schwache Formen.

Wenn ihnen ein bestimmter Artikel, ein Demonstrativpronomen oder anderes sie näher bestimmendes Pronomen vorausgeht, folgen Adjektive stets der schwachen Deklination. Ansonsten werden sie stark dekliniert. Dieser Abschnitt widmet sich den für die Bildung der starken Adjektive geltenden Regeln. Die schwache Deklination wird in der nächsten Lektion behandelt.

	M	F	N		M	F	N
Sg N	spakr	spǫk	spakt	Pl	spakir	spakar	spǫk
A	spakan	spaka	spakt		spaka	spakar	spǫk
D	spǫkum	spakri	spǫku		spǫkum	spǫkum	spǫkum

___

[66] **Kaldbeklingar:** „Männer von Kaldbakr". Die Suffixe *-ingr* (Pl *-ingar*), *-lingr* (Pl *-lingar*) und *-ungr* (Pl *-ungar*) werden häufig verwendet, um Familien oder Gruppenmitglieder zu bezeichnen.

[67] Der Ausdruck **skurð ok skipti** „Zerschneiden und Teilen" und das Wort **brutflutning** „Abtransport" stammen aus der Rechtssprache und wurden in Verbindung mit Treibgutrechten benutzt.

[68] **bað hann Þorgrím eigi láta ræna sik:** „er forderte Þorgrímr auf, sich nicht berauben zu lassen."

| G | spak**s** | spak**rar** | spak**s** | spak**ra** | spak**ra** | spak**ra** |

- Adjektive mit Wurzelvokal -a- zeigen (wenn möglich) *u*-Umlaut auf (*spakr*, D *spǫkum*).
- Einige Adjektive weisen am Ende des Stamms ein -*j*- oder -*v*- auf, vgl. *ríkr* <-*j*-> „reich, mächtig" (m *ríkr*, *ríkjan, ríkjum, ríks,ríkir, ríkja, ríkjum,ríkra*) oder *døkkr* <-*v*-> „dunkel" (m *døkkr, døkkvan, døkkum, døkks, døkkvir, døkkva, døkkum, døkkra*).
- Im Neutrum-Singular wird -*t* verdoppelt, wenn die Endung an ein Adjektiv gehängt wird, dessen Stamm auf einen langen Vokal endet, vgl. N Sg *fár* > A Sg *fátt*; *hár* > *hátt* oder *blár* > *blátt*.
- Wird das -*t* an ein Adjektiv gehängt wird, dessen Stamm auf einen Dental (-*ð*-, -*d*- oder -*t*-) endet, wird dieses an die Endung assimiliert, vgl. N Sg *fríðr* > A Sg *frítt* oder *óðr* > *ótt*. Wenn dem stammfinalen Dental ein Konsonant vorangeht (*harðr, kaldr*), wird der Dental ebenfalls assimiliert (*hart*-*t*, *kalt*-*t*), während das -*t* wegfällt.

Adjektive stimmen immer mit ihrem Bezugswort überein. Dies trifft selbst dann zu, wenn die beiden Wörter im Satzverband nicht unmittelbar aufeinander folgen. Bei *vitr maðr ok hógværr* (Adjektiv – Substantiv – Konjunktion – Adjektiv) handelt es sich daher keinesfalls um eine ungewöhnliche Wortstellung. Beachte im unten folgenden Beispiel, dass *gǫfugs manns ok ágæts* im Genitiv steht und somit mit *Gríms* übereinstimmt, während es sich bei *mikill maðr ok sterkr* um eine im Nominativ stehende Konstruktion handelt, die sich dem Bezugswort *Egill* anpasst.

Hann var auðigr at fé ok hǫfðingi mikill, vitr maðr ok hógværr.	Er war reich an Besitz und ein großer Anführer, ein weiser Mann und umgänglich.
Egill var sonr Gríms, gǫfugs manns ok ágæts, mikill maðr ok sterkr.	Egill war ein Sohn des Grímrs, eines vornehmen und außerordentlichen Mannes, ein großer Mann und stark.

10.5 Aufgabe — Substantive und starke Adjektive

Dekliniere *ungr maðr* „junger Mann", *ung kona* „junge Frau" und *ungt barn* „junges Kind".

	UNGR MAÐR	UNG KONA	UNGT BARN
Sg N	_____	_____	_____
A	_____	_____	_____
D	_____	_____	_____
G	_____	_____	_____
Pl N	_____	_____	_____
A	_____	_____	_____
D	_____	_____	_____
G	_____	_____	_____

10.6 Assimilation und Apokope von -r bei den starken Adjektiven

Der folgende Abschnitt widmet sich dem Deklinationsmuster, das sich ergibt, wenn eine auf -*r* beginnende Flexionsendung (wie z.B. G Pl -*ra*) an einen auf -*l*-, -*n*-, -*r*-, oder -*s*- endenden Adjektivstamm suffigiert wird. Die Gesetzmäßigkeiten von *r*-Assimilation und *f*-Apokope wurden bereits in Lektion 5 behandelt.

r-Assimilation. Wenn den stammfinalen Konsonaten -*l*-, -*n*-, or -*s*- ein <u>Vokal</u> vorausgeht, kommt es zur Assimilation von -*r*: *sæll* (Stamm *sæl*-), *vænn* (Stamm *væn*-), *lauss* (Stamm *laus*-). Dieses Phänomen tritt bei der Suffigierung aller auf -*r* beginnenden Endungen (-*r*, -*ri*, -*rar*, -*ra*) in Erscheinung: *vænn* (*væn*- + -*r*), *vænni* (*væn*- + -*ri*), *vænnar* (*væn*- + -*rar*), *vænna* (*væn*- + -*ra*).

	VÆNN „HÜBSCH", „SCHÖN"			LAUSS „LOS(E)", „FREI"		
	M	F	N	M	F	N
Sg N	vænn	væn	vænt	lauss	laus	laust
A	vænan	væna	vænt	lausan	lausa	laust
D	vænum	vænni	vænu	lausum	laussi	lausu
G	væns	vænnar	væns	lauss	laussar	lauss
Pl N	vænir	vænar	væn	lausir	lausar	laus
A	væna	vænar	væn	lausa	lausar	laus
D	vænum	vænum	vænum	lausum	lausum	lausum
G	vænna	vænna	vænna	laussa	laussa	laussa

r-Apokope. Wenn den stammfinalen Konsonanten -*l*-, -*n*-, -*r*-, oder -*s*- ein Konsonant vorausgeht, kommt es zur Apokope von -*r*: *forn* (Stamm *forn*-), *fagr* (Stamm *fagr*-), *vitr* (Stamm *vitr*-), *hvass* (Stamm *hvass*-). Dieses Phänomen tritt bei der Suffigierung aller auf -*r* beginnenden Endungen (-*r*, -*ri*, -*rar*, -*ra*) in Erscheinung: *fagr* (*fagr*- + -*r*), *fagri* (*fagr*- + -*ri*), *fagrar* (*fagr*- + -*rar*), *fagra* (*fagr*-+ -*ra*).

	FAGR „SCHÖN"			HVASS „SCHARF"		
	M	F	N	M	F	N
Sg N	fagr	fǫgr	fagrt	hvass	hvǫss	hvasst
A	fagran	fagra	fagrt	hvassan	hvassa	hvasst
D	fǫgrum	fagri	fagrt	hvǫssum	hvassi	hvǫssu
G	fagrs	fagrar	fagrs	hvass	hvassar	hvass
Pl N	fagrir	fagrar	fǫgr	hvassir	hvassar	hvǫss
A	fagra	fagrar	fǫgr	hvassa	hvassar	hvǫss
D	fǫgrum	fǫgrum	fǫgrum	hvǫssum	hvǫssum	hvǫssum
G	fagra	fagra	fagra	hvassa	hvassa	hvassa

Beachte, dass die -*s*-Endung des Genitivs im Singular wegfällt, wenn der Adjektivstamm auf -*ss* endet (vgl. G Sg *hvass*).

10.7 Adjektive mit zweisilbigem Stamm, Adjektive auf -*inn* und undeklinierbare Adjektive

Adjektive mit zweisilbigem Wortstamm. Wie auch bei den über einen zweisilbigen Stamm verfügenden Substantiven entfällt bei Adjektiven, deren zweite Silbe aus einem kurzen Vokal und nur einem einzigen Konsonanten besteht, der Vokal der zweiten Silbe, wenn die suffigierte Endung mit einem Vokal beginnt. Dieser Vorgang wird auch als **Synkope** bezeichnet. Das in der zweiten Silbe stehende -*i*- von *auðigr* (Stamm *auðig*-) fällt daher im Akkusativ Singular weg und wird zu *auðgan* (*auðig* + -*an*) verkürzt. Weitere besonders häufig vorkommende Adjektive, bei denen die unbetonte Mittelsilbe synkopiert wird, sind z.B. *mikill*, *gamall*, *gǫfugr* und *heilagr*.

	GAMALL „ALT"			AUÐIGR „REICH", „WOHLHABEND"		
	M	F	N	M	F	N
Sg N	gamall	gǫmul	gamalt	auðigr	auðig	auðigt
A	gamlan	gamla	gamalt	auðgan	auðga	auðigt
D	gǫmlum	gamalli	gǫmlu	auðgum	auðigri	auðgu
G	gamals	gamallar	gamals	auðigs	auðigrar	auðigs
Pl N	gamlir	gamlar	gǫmul	auðgir	auðgar	auðig
A	gamla	gamlar	gǫmul	auðga	auðgar	auðig
D	gǫmlum	gǫmlum	gǫmlum	auðgum	auðgum	auðgum

| | G | gamalla | gamalla | gamalla | auðigra | auðigra | auðigra |

MIKILL „GROSS"   **LÍTILL „KLEIN"**

		M	F	N	M	F	N
Sg	N	mikill	mikil	mikit	lítill	lítil	lítit
	A	mikinn	mikla	mikit	lítinn	litla	lítit
	D	miklum	mikilli	miklu	litlum	lítilli	litlu
	G	mikils	mikillar	mikils	lítils	lítillar	lítils
Pl	N	miklir	miklar	mikil	litlir	litlar	lítil
	A	mikla	miklar	mikil	litla	litlar	lítil
	D	miklum	miklum	miklum	litlum	litlum	litlum
	G	mikilla	mikilla	mikilla	lítilla	lítilla	lítilla

- Bei Adjektiven mit Stammausgang auf *-l, -n, -r* oder *-s* kommt es zur Assimilation von *r* (vgl. *gamall, gamalli, gamallar, gamalla*).
- Die Adjektive *mikill* und *lítill* weisen leicht unregelmäßige Formen auf: *mikinn* (m A Sg), *lítinn* (m A Sg), *mikit* (n N/A Sg) und *lítit* (n N/A Sg).
- Wenn die unbetonte Mittelsilbe synkopiert wird, werden lange Wurzelvokale gekürzt, wenn ihnen zwei Konsonanten folgen, vgl. N Sg *lítill* > D Pl *litlum*. Das *-ei-* in *heilagr* wird hingegen zu *-e-* gekürzt (vgl. D Pl *helgum*). Beachte, dass im 14. und 15. Jahrhundert allerdings häufig die nichtsynkopierte Form in allen Kasusformen beibehalten wurde (wie z.B. *auðigan* anstelle von *auðgan*). Bei diesem Phänomen handelt es sich um einen der wesentlichen Unterschiede zwischen der altnordischen und neuisländischen Grammatik.

Mehrsilbige Adjektive auf *-inn*. Einige Adjektive zeigen nicht die typischen Endungen der starken und schwachen Deklination auf, sondern flektieren wie das Partizip Präteritum der starken Verben (siehe unten). Zu der Gruppe gehören z.B. *feginn* „froh", „glücklich", *aldinn* „alt", *kristinn* „christlich", *heiðinn* „heidnisch", *soltinn* „hungrig" oder *œrinn* „ausreichend." Auch bei diesen Wörtern lassen sich Assimilation und Apokope von *-r* beobachten.

FEGINN „FROH", „GLÜCKLICH"

		M	F	N		M	F	N
Sg	N	feginn	fegin	fegit	Pl	fegnir	fegnar	fegin
	A	feginn	fegna	fegit		fegna	fegnar	fegin
	D	fegnum	fegni	fegnu		fegnum	fegnum	fegnum
	G	fegins	fegnar	fegins		feginna	feginna	feginna

Im Neutrum Singular wird *-n* am Ende des Stamms vor *-t* synkopiert (vgl. *fegit*).

Undeklinierbare Adjektive. Einige Adjektive lassen sich nicht deklinieren und verändern daher niemals ihre Endung. Bei diesen Wörtern handelt es sich vor allem um i.d.R. auf *-a* oder *-i* endende Komposita wie z.B. *afskipta* „benachteiligt", *aldauða* „ganz tot", „wirklich tot", *einskipa* „mit nur einem Schiff", *féþurfi* „bedürftig", „notleidend", *frumvaxta* „(eben) erwachsen", „im ersten Mannesalter", *hraðfara* „schnell vorankommend" oder *sjálfbjargi* „imstande (sein), sich selbst zu helfen." Aufgrund ihrer Endung lassen sie sich nicht immer ganz einfach von den Substantiven unterscheiden, vgl. *eiðrofi* „Eidbrüchiger" oder *þinglogi* „einer, der eine Verabredung einhält". Alle diese Wörter findest du in Altnordisch 2: Das altnordische Lesebuch. Im Neuisländischen zeigen sie ausschließlich *-a* in der Endung auf.

10.8 AUFGABE — STARKE ADJEKTIVE. Dekliniere die beiden Adjektive *spakr* und *mikill*.

	SPAKR MAÐR	MIKILL MAÐR
Sg N	_____ maðr	_____ maðr
A	_____ mann	_____ mann
D	_____ manni	_____ manni
G	_____ manns	_____ manns
Pl N	_____ menn	_____ menn
A	_____ menn	_____ menn
D	_____ mǫnnum	_____ mǫnnum
G	_____ manna	_____ mǫnna
Ü	weiser Mann	großer Mann

10.9 Verben – Das Partizip Präteritum

Beim Partizip Präteritum handelt es sich um eine infinite Verbform, die unabhängig von den grammatikalischen Verbkategorien (Numerus, Person und Modus) gebildet wird. Wie das Adjektiv stimmt auch das Partizip Präteritum stets mit seinem Bezugswort in Genus, Kasus und Numerus überein: *Hann var **kallaðr** Skinna-Bjǫrn* („Er wurde Skinna-Bjǫrn **genannt**.") Schwache und starke Verben zeigen eine voneinander abweichende Bildung des Partizip Präteritums auf.

Schwache Verben. Die schwachen Verben bilden das Partizip Präteritum durch das Suffigieren der jeweils entsprechenden Personalendung an den Präteritalstamm.

	KALLAÐR (KALLA)			NEFNDR (NEFNA)		
	M	F	N	M	F	N
Sg N	kallaðr	kǫlluð	kallat	nefndr	nefnd	nefnt
A	kallaðan	kallaða	kallat	nefndan	nefnda	nefnt
D	kǫlluðum	kallaðri	kǫlluðu	nefndum	nefndri	nefndu
G	kallaðs	kallaðrar	kallaðs	nefnds	nefndrar	nefnds
Pl N	kallaðir	kallaðar	kǫlluð	nefndir	nefndar	nefnd
A	kallaða	kallaðar	kǫlluð	nefnda	nefndar	nefnd
D	kǫlluðum	kǫlluðum	kǫlluðum	nefndum	nefndum	nefndum
G	kallaðra	kallaðra	kallaðra	nefndra	nefndra	nefndra

Einige schwache Verben zeigen Besonderheiten bei der Bildung des Partizip Präteritums auf:
- Das Part Prät des Verbs *gera* (auch *gøra*) ist unregelmäßig: *gerr* (m), *ger* (f), *gert* (n).
- Bei einigen schwachen Verben der Klasse 1a kommt es zu *i*-Einschub vor dem Dentalsuffix, vgl. Inf *berja*, Part Prät *bariðr* oder Inf *glymja*, Part Prät *glumiðr*. Die davon betroffenen Verben enden im Infinitiv stets auf *-ja*. Beachte allerdings, dass nicht alle Verben mit dieser Infinitivendung zu Klasse 1a gehören.
- Obwohl auch die zu Klasse 3 zählenden Verben das Partizip Präteritum üblicherweise mit *-að-* (*-at*) bilden, taucht dieses i.d.R. nur im Neutrum auf, vgl. *vakat*, *lifat*, *unat* oder *trúat*.
- Einige wenige Verben greifen vor Endungen, die mit einem Konsonanten beginnen, auf das Suffix *-in* zurück (anstatt auf einen Dental). Das Verb *erja* „pflügen" mit dem Partizip Präteritum *arinn* zeigt daher z.B. im Maskulinum die Formen N *arinn*, A *arðan*, D *arðum* und G *arins* auf.
- Einige Verben leiten ihr Partizip von miteinander verwandten, aber dennoch unterschiedlichen Stämmen ab. Das Partizip Präteritum von *leggja* ist z.B. *lagðr* oder *lagiðr* oder *laginn*.

10.10 Das Partizip Präteritum der starken Verben

Bei der Bildung des Partizips Präteritum der starken Verben kommt es zu einer Reihe von Sprachwandelphänomenen, wie z.B. der Assimilation von -r (vgl. *tekin + r > tekinn*) oder der Synkope der unbetonten Mittelsilbe (vgl. bei *teknum*). Im Neutrum Singular fällt -n vor -t weg, vgl. *tekit, farit, numit*. Beachte, dass der Akkusativ Singular im Maskulinum im Gegensatz zu der entsprechenden Form der schwachen Verben die Endung -n aufzeigt (*tekinn* vs. *kallaðan*). Die Partizip Präteritum-Endungen der starken Verben stimmen weitestgehend mit dem bestimmten Artikel überein.

Das Partizip Präteritum von *taka* „nehmen"

	M	F	N		M	F	N
Sg N	Tekinn	Tekin	tekit	Pl	teknir	teknar	tekin
A	Tekinn	Tekna	tekit		tekna	teknar	tekin
D	teknum	tekinni	teknu		teknum	teknum	teknum
G	Tekins	tekinnar	tekins		tekinna	tekinna	tekinna

Auch einige Adjektive (wie z.B. *feginn* „froh", glücklich", *heiðinn* „heidnisch" oder *kristinn* „christlich") deklinieren wie das Partizip Präteritum der starken Verben.

10.11 Verben – Perfekt und Plusquamperfekt

Das Perfekt und Plusquamperfekt der Verben wird (wie auch im Deutschen) periphrastisch (d.h. umschreibend) gebildet und greift dabei i.d.R. auf eine im Präsens bzw. Präteritum stehende Form des Verbs *hafa* „haben" sowie das Partizip Präteritum im Neutrum Singular zurück.

Eiríkr **hefir numit** Eiríksfjǫrð ok býr í Brattahlíð. (*Perf*)   Eiríkr **hat** den Eiríksfjord **genommen** und wohnt in Brattahlíð.

Ingólfr **hefir gefit** Herjólfi land á milli Vágs ok Reykjaness. (*Perf*)   Ingólfr **hat** Herjólfr Land zwischen Vág und Reykjanes **gegeben**.

Skip þat **hǫfðu** þeir **fengit** um sumarit í viking. (*Plusquamperf*)   Das Schiff **hatten** sie im Sommer auf dem Beutezug **erhalten**.

Eine Reihe von Verben, die als sog. **intransitive Verben** bezeichnet werden, kommen ohne ein direktes Objekt aus und bilden das Perfekt bzw. Plusquamperfekt anstelle von *hafa* mit dem Verb *vera* „sein". Die intransitiven Verben drücken i.d.R. eine Bewegung aus (vgl. z.B. *fara, koma, ganga*). Da es sich bei *vera* um ein verbindendes Verb handelt, werden Genus, Kasus und Numerus des Partizips an das Subjekt angeglichen.

Haraldr **er farinn**. (*Perf*)   Haraldr **ist gefahren**.

Þá **var** Hǫgni konungr **farinn** í konungastefnu. (*Plusquamperf*)   Dann **war** König Hǫgni zum Königstreffen **gefahren**.

In einigen Fällen wird das Perfekt bzw. Plusquamperfekt der intransitiven Verben auch mit *hafa* anstelle von *vera* gebildet. Dies ist i.d.R. dann der Fall, wenn sich die Aussage auf die Handlung selbst richtet. Bei der Passivbildung mit *vera* ist es hingegen das Ergebnis der Handlung, das im Mittelpunkt steht.

Aldri **hefir** dúfa **komit** ór hrafns eggi. (*Hier liegt der Fokus auf dem Ergebnis.*)   Noch nie **ist** eine Taube aus einem Rabenei **gekommen**.

Die Perfekt- bzw. Plusquamperfektformen von *vera* und *verða* werden mit *hafa* bzw. *vera* gebildet.

Þessi orrosta **hefir** einhver **verit** mest í Nóregi.   Diese Schlacht **ist** die größte in Norwegen **gewesen**.

Haradr **var orðinn** konungr Nóregs.   Haraldr **ist** König von Norwegen **geworden**.

10.12 Verben – Das Passiv

Die Passivformen der altnordischen Verben werden mit einem Hilfsverb und dem Partizip Präteritum gebildet, vgl. *þat er sagt* „ist wird gesagt". Je nachdem, ob dabei ein Zustand oder ein Vorgang ausgedrückt werden soll, handelt es sich bei diesem Hilfsverb um *vera* oder *verða*. Das Partizip stimmt mit dem Genus, Kasus und Numerus des Bezugswortes überein.

Das Zustandspassiv (*vera* + Part Prät):

Hann **var kallaðr** Klakk-Haraldr.	Er **wurde** Klakk-Haraldr **genannt**.
Skipit **var steint** mjǫk fyrir ofan sjó.	Das Schiff **war** oberhalb der Wasserlinie vollständig **bemalt**.
Konungr sá er Hǫgni **er nefndr** átti dóttur.	Dieser König, der Hǫgni **genannt wird**, hatte eine Tochter.
Dóttir hans **var** í braut **tekin**.	Seine Tochter **war entführt** worden.
Héðinn **var búinn** at berjask.	Héðinn **war bereit** zu kämpfen.

Vorgangspassiv (*verða* + Part Prät)

Verða þeir ekki **fundnir**.	Sie **können** nicht **gefunden werden**.
Blóð **varð** eigi **stǫðvat**.	Das Blut **konnte** nicht **gestoppt werden**.

10.13 Textpassage – Der Streit um den Wal nimmt eine tödliche Wende (*Grettis saga*)

Der Streit über den bei Rifsker an den Strand getriebenen Wal geht in die nächste Runde, als neben einer Vielzahl von Männern aus der Gegend nun auch noch ein Trupp norwegischer Händler mit in den Konflikt gezogen wird. Nach dem Schiffbruch der in Island als *austmenn* („Ostmänner") bezeichneten Norweger kommen einige der Männer bei Flosi auf Kaldbakr unter und binden sich damit an ihren Gastgeber.

Da Þorgrímr nicht beweisen kann, tatsächlich über den Alleinanspruch auf den gestrandeten Wal zu verfügen, greift sein Bruder Þorgeirr schließlich zu den Waffen und geht auf die den Wal bereits zerlegenden Männer von Flosi und seine Gäste aus Norwegen los. Da letztere sehr viel bessere Waffen besitzen als die nur spärlich ausgestatteten isländischen Bauern, stellen sie jedoch nicht zu unterschätzende Gegner dar.

Die folgende Textpassage schildert die Ereignisse um das Aufeinandertreffen von Þorfinnr (aus Flosis Gefolge) und Þorgeirr. Die beiden sind einander alles andere als unbekannt. Bei einer früheren Begebenheit hatte Þorfinnr Þorgeirr aus dem Hinterhalt im Dunkeln angegriffen und ihm seine Axt in den Rücken gerammt. In der Annahme, ihm dabei eine tödliche Wunde zugefügt zu haben, war Þorfinnr damals geflohen ohne die Waffe mitzunehmen. Tatsächlich ist diese aber nicht etwa in Þorgrímrs Rückenmark eingedrungen, sondern hatte lediglich die Wasserflasche getroffen, die er sich um den Rücken geschnallt hatte. Þorgeirr erhielt daraufhin den Beinamen *flǫskubakr*. In der Textpassage wird berichtet, wie die Axt nun ihren Weg zurück zu Þorfinnr findet.

Grettis saga Ásmundarsonar (Kap. 12)

Þorgeirr flǫskubakr réð fyrst upp á hvalinn at húskǫrlum Flosa.[69] Þorfinnr var fram við hǫfuðit hvalsins[70] ok stóð í spori, er hann hafði gǫrt sér.[71] Þorgeirr mælti: „Þar fœri ek þér øxi þína." Síðan hjó hann á hálsinn, svá at af tók hǫfuðit.[72] Flosi var uppi á mǫlinni, er hann sá þetta; hann eggjaði þá sína menn til móttǫku. Nú berjask þeir lengi,[73] ok veitti Kaldbeklingum betr;[74] fáir menn hǫfðu þar vápn, nema øxar

---

[69] **Þorgeirr flǫskubakr réð fyrst upp á hvalinn at húskǫrlum Flosa:** „Þorgeirr flǫskubakr begab sich zuerst auf den Wal gegen die Männer von Flosi."
[70] **fram við hǫfuðit hvalsins:** „vorne beim Kopf des Wals."
[71] **stóð í spori, er hann hafði gǫrt sér:** „stand in der Vertiefung (im Fleisch), die er sich gemacht hatte (um beim Besteigen des Wals einen guten Halt zu haben)."
[72] **svá at af tók hǫfuðit:** so dass [er] den Kopf abtrennte."
[73] **Nú berjask þeir lengi:** „Nun kämpften sie lange."
[74] **veitti Kaldbeklingum betr:** „die Kaldbeklingar waren besser dran."

þær, er þeir skáru með hvalinn, ok skálmir.[75] Hrukku Víkrmenn af hvalnum í fjọruna.[76] Austmenn[77] họfðu vápn ok urðu skeinuhættir; Steinn stýrimaðr hjó fót undan Ívari Kolbeinssyni, en Leifr, bróðir Ívars, laust félaga Steins í hel[78] með hvalrifi. Fellu þar menn af hvárumtveggjum.

Da im Zuge der in einen Kampf eskalierenden Auseinandersetzungen auf beiden Seiten viele Männer sterben, kommt es nach der Schlacht zu einer Reihe von Gerichtsverfahren, die schließlich mit der Aufteilung des umkämpften Strandabschnittes enden.

Þorgrímr, der Großvater von Grettir, verlässt die Region eine Weile darauf und lässt sich am weiter im Süden gelegenen Miðjọrðr bei Bjarg nieder. Dort wird später auch Grettir geboren.

Übersetze:

_____
_____
_____
_____
_____
_____
_____
_____
_____
_____

> **10.14 AUFGABE – *GRETTIS SAGA*** Vervollständige die folgenden Sätze aus der Textpassage.
> 1. Þorfinnr var _____, ok stóð í spori.
> 2. Þorgeirr mælti: „_____ øxi þína".
> 3. Síðan hjó hann _____ họfuðit.
>
> Sind die folgenden Aussagen wahr oder falsch?   **RÉTT EÐA RANGT?**
> 4. Þorgeirr réð at húskọrlum Flosa.   _____
> 5. Austmenn họfðu eigi vápn.   _____
> 6. Menn fellu af hvárumtveggjum.   _____

10.15 KULTUR – LEBEN UND ÜBERLEBEN IN ISLAND

Mit dem Beginn des 10. Jahrhunderts kam es in Island immer wieder zu Hungersnöten und Epidemien. Im Grunde verlief das Leben auf der Insel im Nordatlantik nur so lange gut, solange nichts schlecht lief.[79] Obgleich die ersten Siedler ein relativ fruchtbares Land vorfanden, brachen schon bald schwere Zeiten für die Isländer an. Dank der Sagas sind wir heute relativ gut darüber informiert, wie sie mit den herausfordernden Lebensverhältnissen umgegangen sind. Obwohl viele Isländer ein hohes Alter erreichten, durchlebten die

---

[75] **skálmir:** Sg *skálm*; ein vermutlich einschneidiges Messer zur Zerlegung von Walen.
[76] **af hvalnum í fjọruna:** „vom Wal (*hvali + inum*) zum Strand (*fjọru + ina*)."
[77] **Austmenn:** „Ostmänner". Auch Kaufleute waren während der Wikingerzeit mit Waffen ausgerüstet.
[78] **ljósta í hel:** „jmd. erschlagen" (wörtl. „jmd. in die Hölle schlagen").
[79] Vgl. dazu Byock, Jesse: „Curdled Milk and Calamities: An Inward Looking Farming Society." In Ders: *Viking Age Iceland*, S. 43–62.

meisten von ihnen harte Zeiten. Die natürlichen Ressourcen des Landes wurden immer stärker von der Bevölkerung strapaziert, und als sich im 13. Jahrhundert auch noch das Klima veränderte und es immer kälter wurde, wurde der Zugang zu den Rohstoffen immer schwieriger.

Die Unberechenbarkeit des Wetters und die kurzen, meist sehr kühlen Vegetationsperioden der nördlichen Breitengrade beeinflussten insofern nicht nur das Leben der Isländer selbst, sondern auch die Art und Weise wie sie ihr Land bewirtschafteten. Die ersten Siedler erkannten recht schnell, dass die isländischen Gräser und Sträucher gut für die Vieh- und Schafzucht geeignet waren. Da der Besitz von Vieh zu hohem Ansehen und Wohlstand führte, wurden auch die Birkenwälder, die sich einst weitflächig über die Gebiete zwischen der Küste und dem Gebirge erstreckten, gerodet und in Weideflächen verwandelt.

In den ersten Jahrzehnten nach der Besiedlung mussten sich die Isländer angesichts der großen Waldbestände wenig Sorgen um die Beheizung ihrer Öfen oder die Herstellung von Holzkohle machen. Schon bald jedoch führten die von den ersten Siedlern unternommene Rodung der Wälder, der steigende Bedarf an Holz und Holzkohle für die Eisenverhüttung, sowie die Erosion, die durch die extensive Viehwirtschaft verursacht wurde, dazu, dass der ursprüngliche, relativ dichte Baumbestand auf nunmehr nur noch sehr kleine Waldflächen reduziert wurde. Nachdem die eh schon geringe Anzahl an größeren Bäumen gefällt worden war, ließ sich aus den übrig gebliebenen Birken ein nur sehr geringer Nutzen für den Schiffs- und Hausbau ziehen, da ihr Holz sehr weich und wenig witterungsfest war. Aufgrund der Tatsache, dass das für den Bau von hochseetauglichen Schiffen benötigte Holz daher i.d.R. für viel Geld aus dem Ausland importiert werden musste, waren die Isländer auch nicht wirklich dazu in der Lage, es wirtschaftlich mit ihren skandinavischen Nachbarn aufzunehmen. Da ihnen so gut wie kein Holz für die Errichtung von Unterkünften zur Verfügung stand, griffen die Isländer nach einer Weile auf Torf und Treibholz für den Häuserbau zurück.

10.16 VOKABULAR — LISTE 10. DIE HÄUFIGSTEN WÖRTER IN DEN SAGAS

SUBSTANTIVE	ADJEKTIVE	PRONOMEN	ZAHLWÖRTER
vinr — Freund	**auðigr** — wohlhabend	**hvárr** — wer, was (von beiden)	**fimmtán** — fünfzehn
vísa — Vers	**fagr** — hübsch	**sjálfr** — selbst	
leið — Weg	**fríðr** — schön	**samr** — der/die/das selbe	
sinn — Zeit	**réttr** — richtig		
kveld — Abend			

VERBEN		PRÄP & ADV		KONJUNKTIONEN
bjóða — anbieten, einladen	**halda** — halten	**enn** — noch	**ofan** — von oben	**né** — (weder) noch
hlaupa — laufen	**falla** — fallen	**niðr** — nieder	**móti** — gegen	
kalla — rufen		**aptr** — zurück		

AUFGABEN

10.17 DER RUNENBLOCK VON ED AUS UPPLANDS VÄSBY (SCHWEDEN). Übersetze die Runeninschrift ins Deutsche.

RUNEN

ᛅᛚᛁᛏ ᚱᛅᛁᛋᛅ ᛋᛏᛅᛁᚾ ᚦᛁᚾ ᚠᛏᛁᛦ ᛋᛁᚴ ᛋᛁᛅᛚᚠᛅᚾ ... ᚼᚢᚾ ᛏᚢᚴᚾᚢᛏᛋ ᚴᛁᛅᛚᛏ ᛅᚾᚴᛚᛅᚾᛏᛁ ᛏᛁ... ᛬ ᚴᚢᚦ ᚼᛁᛅᛚᛒᛁ ᚼᛅᚾᛋ ᛅᚾᛏ

TRANSLITERATION

alit raisa stain þin oftiR sik sialfan ... hon tuknuts kialt anklanti ... kuþ hialbi hons ant

STANDARDISIERTES ALTNORDISCH

Áli [lé]t reisa stein þenna [e]ptir sik sjálfan. Hann tók [K]núts gjald á [E]nglandi. Guð hjálpi hans ǫnd.

VOKABULAR

Áli *m* Áli (Personenname)
England *n* England
ǫnd <*D* ǫnd ~ǫndu, *G* andar, *Pl* andir> *f* Atem, Leben; Geist, Seele

Knútr *m* Knútr (Personenname), *hier* König Knútr inn ríki (Knútr der Große)
gjald *n* Bezahlung, Abgabe; Lohn

Übersetze:
_____
_____
_____
_____
_____

10.18 WIEDERHOLUNG – STARKE VERBEN

Zusätzlich zu den in dieser Lektion bereits vorgestellten Verben kannst du der folgenden Liste fünfzehn weitere starke Verben mit ihren jeweiligen Stammformen entnehmen. Auch diese zählen zu den in den Sagas am häufigsten auftretenden Wörtern. Teste dein Vokabular und frag dich selbst ab oder lass dich von jemandem abfragen!

biðja <biðr, bað, báðu, beðinn> *V* fragen, verlangen, befehlen
binda <bindr, batt, bundu, bundinn> *V* binden
bíða <bíðr, beið, biðu, biðinn> *V* warten
búa <býr, bjó, bjuggu, búinn> *V* leben (an einem Ort), wohnen; vorbereiten
drepa <drepr, drap, drápu, drepinn> *V* erschlagen, töten
falla <fellr, féll, féllu, fallinn> *V* fallen
finna <finnr, fann, fundu, fundinn> *V* finden
kveða <kveðr, kvað, kváðu, kveðinn> *V* sagen; vortragen (Vers)
láta <lætr, lét, létu, látinn> *V* lassen
liggja <liggr, lá, lágu, leginn> *V* liegen
ríða <ríðr, reið, riðu, riðinn> *V* reiten
sitja <sitr, sat, sátu, setinn> *V* sitzen
sjá <sér, sá, sá, sénn> *V* sehen
standa <stendr, stóð, stóðu, staðinn> *V* stehen
taka <tekr, tók, tóku, tekinn> *V* nehmen

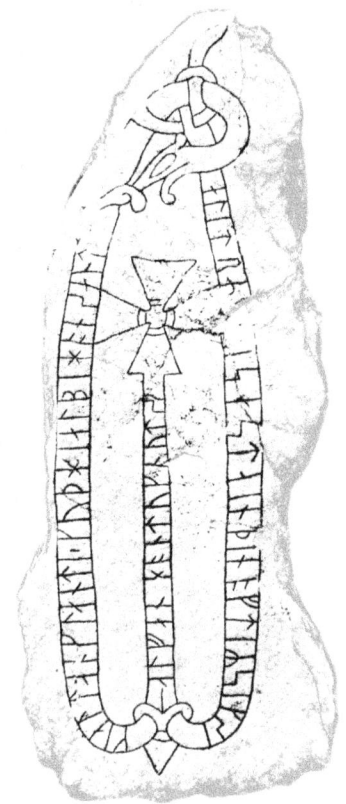

Abbildung 10.2. Der Runenblock von Ed im schw. Upplands Väsby (Seite A).

A. Gib die Konjugation von *taka* im Präsens und Präteritum (Indikativ) an.

	PRÄSENS		*PRÄTERITUM*
Sg *ek*	_____	**Sg** *ek*	_____
þú	_____	*þú*	_____
hann	_____	*hann*	_____
Pl *vér*	_____	**Pl** *vér*	_____
þér	_____	*þér*	_____
þeir	_____	*þeir*	_____

B. Bestimme und übersetze die folgenden Verben und gib ihren Infinitiv an.

Bsp bindr   *3. Pers von binda „binden"*

1.	lét	_____	5.	finn	_____
2.	láguð	_____	6.	beið	_____
3.	riðu	_____	7.	sitjum	_____
4.	sjáið	_____	8.	drapt	_____

C. Gib die jeweils geforderte Form der folgenden Verben an und übersetze den Infinitiv.

    Bsp gefa (2 Sg Präs) *gefr* „geben"

1.	falla (3 Sg Präs) _____		5.	búa (3 Pl Prät) _____
2.	liggja (2 Pl Prät) _____		6.	binda (1 Sg Prät) _____
3.	bíða (2 Sg Präs) _____		7.	standa (3 Sg Prät) _____
4.	kveða (1 Pl Prät) _____		8.	biðja (1 Pl Präs) _____

10.19 STARKE ADJEKTIVE. Dekliniere das Adjektiv *langr* „lang".

		M	F	N
Sg	N	*langr*	*lǫng*	*langt*
	A	_____	_____	_____
	D	_____	_____	_____
	G	_____	_____	_____
Pl	N	_____	_____	_____
	A	_____	_____	_____
	D	_____	_____	_____
	G	_____	_____	_____

10.20 ADJEKTIVE MIT ZWEISILBIGEM STAMM. Dekliniere *auðigr*.

		M	F	N
Sg	N	*auðigr*	*auðig*	*auðigt*
	A	_____	_____	_____
	D	_____	_____	_____
	G	_____	_____	_____
Pl	N	_____	_____	_____
	A	_____	_____	_____
	D	_____	_____	_____
	G	_____	_____	_____

10.21 DAS PARTIZIP PRÄTERITUM. Gib jeweils den Infinitiv der unterstrichenen Partizipien an.

                                                                                              INFINITIV

1. Þann tíma kom hallæri svá mikit á Ísland, at ekki hefir jafnmikit <u>komit</u>. _____
2. Hann fann hval <u>rekinn</u> innan fram á nesinu. _____
3. Hvalrinn var <u>dreginn</u> á land upp sá, er <u>skorinn</u> var. _____
4. Þorfinnr var fram við hǫfuðit hvalsins ok stóð í spori, er hann hafði <u>gǫrt</u> sér. _____

10.22 VERBBESTIMMUNG. Gib die 3 Sg Präs und den Infinitiv der unterstrichenen Verben an.

    Þorgeirr flǫskubakr <u>réð</u> fyrst upp á hvalinn at húskǫrlum Flosa. Þorfinnr var framr við hǫfuðit hvalsins ok <u>stóð</u> í spori, er hann hafði gǫrt sér. Þorgeirr <u>mælti</u>: „Þar fœri ek þér øxi þína." Síðan <u>hjó</u> hann á hálsinn, svá at af tók hǫfuðit. Flosi var upp á mǫlinni, er hann sá þetta; hann eggjaði þá sína menn til móttǫku.

		3. Pers Sg	Infinitiv			3. Pers Sg	Infinitiv
Bsp	réð	*ræðr*	*Ráða*				
1.	stóð	_____	_____	4.	tók	_____	_____
2.	mælti	_____	_____	5.	sá	_____	_____
3.	hjó	_____	_____	6.	eggjaði	_____	_____

10.23 Periphrastische Verbformen. Übersetze die folgenden Sätze und gib an, ob es sich bei den unterstrichenen Verben um Passiv- oder Perfektkonstruktionen handelt.

1. Konungr sá er Hǫgni <u>er nefndr</u> átti dóttur.
   _____
   _____

2. Skipit <u>var steint</u> mjǫk fyrir ofan sjó.
   _____
   _____

3. Héðinn <u>var búinn</u> at berjask.
   _____
   _____

10.24 Die starke Deklination der Adjektive *mikill* und *lítill*. Die Adjektive *mikill* und *lítill* tauchen besonders häufig in altnordischen Texten auf. Bei ihrer Deklination muss das Auftreten der folgenden Lautwandelphänomene berücksichtigt werden:

- *r*-Assimilation, vgl. N Sg *mikil + r > mikill*; *lítil + r > lítill*.
- Synkope des unbetonten Mittelsilbenvokals vor vokalisch anlautenden Flexionsendungen, vgl. m N Sg *mikill maðr* (st), aber *inn mikli* (< *mikil + i*) *maðrinn* (st).
- Wegfall von *-l* in unbetonter Silbe vor *-t* im N/A Sg der Neutra, vgl. *mikit*, *lítit*, jedoch Verschmelzung mit der Adjektivendung.
- Verschmelzung von *-l* in unbetonter Silbe und *-n* im Akkusativ Singular der Maskulina, vgl. *mikinn*, *lítinn*.
- Vokalkürzung vor langem Konsonanten bzw. -gruppen, vgl. m N Sg *lítill barn* (st), aber *it litla barn* (schw).

	MIKILL MAÐR	MIKIL KONA	MIKIT BARN
Sg N	_____	_____	_____
A	_____	_____	_____
D	_____	_____	_____
G	_____	_____	_____
Pl N	_____	_____	_____
A	_____	_____	_____
D	_____	_____	_____
G	_____	_____	_____

	LÍTILL MAÐR	LÍTIL KONA	LÍTIT BARN
Sg N	_____	_____	_____
A	_____	_____	_____

D			
G			
Pl N			
A			
D			
G			

Abbildung 10.3. Der Runenstein Tingsflisan, schwed. Ostseeinsel Öland.

10.25 RUNEN. Übersetze die Inschrift auf der *Tingsflisam* (Öland) ins Deutsche.

RUNEN

ᚦᚢᚱᛁᛦ ᛬ ᛅᚢᚴ ᚦᚢᚱᛋᛏᛅᛁᚾ ᛬ ᛅᚢᚴ ᛬ ᚦᚢᚱᚠᛅᛋᛏᚱ ᛬ ᚦᛅᛁᛦ ᛬ ᛒᚱᚢᚦᚱ ᛬
ᚱᛅᛁᛋᛏᚢ ᛬ ᛋᛏᛅᛁᚾ ᛬ ᛅᛏ ᛬ ᚴᚢᚾᚠᚢᛋ ᛬ ᚠᛅᚦᚢᚱ ᛬ ᛋᛁᚾ ᛬ ᚴᚢᚦ ᛬ ᚺᛁᛅᛚᛒᛁ ᛬
ᛋᛁᚢᛚ ᛬ ᚺᛅᚾᛋ ᛬

TRANSLITERATION

þuriR : auk þurstain : auk : þurfastr : þaiR : bryþr : raistu : stain : at : kunfus : faþur : sin : kuþ : hialbi : siul : hans :

STANDARDISIERTES ALTNORDISCH

Þórir ok Þorsteinn ok Þorfastr þeir brœðr reistu stein at Gunnfús fǫður sinn. Guð hjálpi sál hans.

VOKABULAR

Gunnfúss <-ar> *m* Gunnfúss (Personenname)
hjálpa <helpr, halp, hulpu, hólpinn> *V* helfen, retten;
Guð hjálpi sál hans möge Gott seine Seele retten
reisa <-ti, -tr> *V* erheben, errichten, aufstellen
sál <-ar, -ar> *f* Seele
Þorfastr <-s> *m* Þorfastr (Personenname)

Übersetze:

LEKTION 11

DIE ENDLOSE SCHLACHT

Aldri hefir dúfa komit ór hrafns eggi.
(Noch nie ist eine Taube aus einem Rabenei gekommen.)

Abbildung 11.1. Ein Bildstein auf Gotland zeigt eine zwischen zwei kampfbereiten Heeren stehende Frau, die die vom Land bzw. vom Wasser kommenden Männer willkommen heißt oder zwischen ihnen zu vermitteln versucht.

11.1 TEXTPASSAGE — DIE SCHLACHT DER HJAÐNINGAR (SKÁLDSKAPARMÁL, AUS SNORRA EDDA)

In *Skáldskaparmál*, dem dritten Teil von Snorris Edda, wird von den Ereignissen um die sogenannte „Schlacht der Hjaðningar" (*Hjaðningavíg*) berichtet, einem Mythos, der während der Wikingerzeit vermutlich in den gesamten nördlichen Gefilden bekannt gewesen ist. Die Schlacht wird auch in Saxo Grammaticus' *Gesta Danorum* und einigen anderen altnordischen Schriften erwähnt.

Der Auslöser der Schlacht ist die Entführung der Walküre und Königstochter Hildr durch einen gewissen König Héðinn. Als ihr Vater, König Hǫgni, von dem Verschwinden seiner Tochter erfährt, setzt er alles daran, sie zurück zu holen. Er folgt Héðinns zunächst entlang der Küste von Norwegen segelnden Schiffen bis zu den Orkney-Inseln und kann ihn schließlich bei *Háey* einholen. Beide Seiten rüsten sich daraufhin zum Kampf. Obwohl Hǫgni nur eine geringe Chance auf den Sieg hat, weigert er sich, das von Héðinn vorgebrachte Schlichtungsangebot anzunehmen.

Skáldskaparmál: Konungr sá er Hǫgni er nefndr[80] átti dóttur, er Hildr hét. Hana[81] tók af herfangi konungr sá er Héðinn hét, Hjarrandason. Þá var Hǫgni konungr farinn[82] í konungastefnu; en er hann spurði at herjat var í ríki hans,[83] ok dóttir hans var í braut tekin, þá fór hann með sínu liði at leita Héðins, ok spurði til hans at Héðinn hafði siglt norðr með landi.[84] Þá er Hǫgni konungr kom í Nóreg, spurði hann at Héðinn hafði siglt vestr um haf. Þá siglir[85] Hǫgni eptir honum allt till Orkneya; ok er hann kom þar sem heitir

---

[80] **er Hǫgni er nefndr:** „der Hǫgni genannt wird". Während das erste *er* einen Relativpartikel („der") darstellt, handelt es sich bei dem zweiten *er* um die 3 Sg Präs von *vera* „sein".
[81] **Hana:** A Sg von *hon*. An dieser Stelle sei noch einmal daran erinnert, dass das Satzgefüge nicht von der Wortstellung, sondern vom Kasus bestimmt wird.
[82] **Þá var Hǫgni konungr farinn:** „Damals war König Hǫgni gereist".
[83] **en er hann spurði at herjat var í ríki hans:** "und als er erfuhr, dass in seinem Reich geplündert wurde".
[84] **með landi:** „entlang der Küste."
[85] Der unvermittelte Wechsel zwischen Präsens und Präteritum ist ein wesentliches Merkmal altnordischer

Háey[86], þá var þar fyrir Héðinn með lið sitt. Þá fór Hildr á fund fǫður síns, ok bauð honum men at sætt af hendi Héðins,[87] en í ǫðru orði[88] sagði hon at Héðinn væri búinn at berjask, ok ætti Hǫgni[89] af honum engrar vægðar ván.[90] Hǫgni svarar stirt dóttur sinni; en er hon hitti Héðin, sagði hon honum, at Hǫgni vildi enga sætt, ok bað hann búask til orrustu, ok svá gøra þeir hvárirtveggju, ganga upp á eyna,[91] ok fylkja liðinu.

Übersetze:

_____
_____
_____
_____
_____
_____
_____
_____
_____
_____
_____
_____
_____
_____
_____

11.2 Aufgabe – Die Schlacht der Hjaðningar: Textverständnis

  Bsp: *Konungr sá [er Hǫgni er nefndr] átti dóttur [er Hildr hét].*

In diesem Satz bildet *Kónungr sá átti dóttur* den Hauptsatz. Beachte, dass zwischen dem Subjekt und dem Verb ein Relativsatz (*er Hǫgni er nefndr*) steht. Ein weiterer Relativsatz (*er Hildr hét*) bezieht sich auf das Substantiv *dóttur*. Da es sich bei Hauptsätzen im Gegensatz zu Nebensätzen um unabhängige syntaktische Einheiten handelt, kann *Kónungr sá átti dóttur* auch allein stehen.

  Jeder Relativsatz verfügt über ein eigenes Subjekt und Prädikat. In unserem Beispiel handelt es sich bei den entsprechenden Subjekten um *konungr sá* bzw. *dóttur*. Die Prädikate der beiden Relativsätze sind *er nefndr* „wird genannt" und *hét* „hieß".

  Prädikat: <u>*er (3Sg Präs von vera „sein")*</u>   Prädikat: <u>*hét (3 Sg Prät von heita „heißen")*</u>

A. *Hana tók at herfangi konungr sá [er Heðinn hét, Hjarrandason].*

  1. Bestimme *hana*: _____ (**Hinweis:** *Hana* kann nicht das Subjekt des Satzes sein. Ist es das Objekt?)

Prosatexte. Um das Geschehen lebhafter erscheinen zu lassen, taucht er häufig sogar in ein und demselben Satz auf. In den Ausgaben der deutschen Übersetzungen wird das Tempus jedoch i.d.R. vereinheitlicht.

[86] **ok er hann kom þar sem heitir Háey:** „und als er zu dem Ort [wörtl.: dorthin] kam, der Háey heißt".

[87] **och bauð honum men at sætt af hendi Héðins:** "und bot ihm seitens Héðinns (= im Auftrag von Héðinn) ein Halsband als Ausgleich an."

[88] **í ǫðru orði:** „zur selben Zeit."

[89] **sagði hon at Héðinn væri ... ok ætti Hǫgni:** „sie sagte, dass Héðinn sei ... und Hǫgni hätte". Die im Opt Prät stehenden Verben *væri* (von *vera*) und *ætti* (von *eiga*) werden, wie auch hier, häufig in der indirekten Rede verwendet.

[90] **[at] ætti Hǫgni af honum engrar vægðar ván:** „Hǫgni von ihm keine Gnade zu erwarten habe" (wörtl.: „von ihm keiner Gnade Hoffnung hätte").

[91] **ganga upp á reyna:** Die Phrase „hinauf auf die Inseln gehen" lässt sich in vielen altnordischen Texten finden, in denen von Zweikämpfen und anderen bewaffneten Auseinandersetzung zwischen zwei Parteien berichtet wurde.

Bestimme das Prädikat und das Subjekt des Hauptsatzes.
2. Prädikat: _____ 3. Subjekt: _____
3. Bestimme das Prädikat und das Subjekt des Relativsatzes.
4. Prädikat _____ 5. Subjekt: _____

B. *Þá var Hǫgni konungr farinn í konungastefnu,*
1. Um was für ein Satzglied handelt es sich bei *þá*? _____
Bestimme das Prädikat und das Subjekt.
2. Prädikat: _____ 3. Subjekt: _____

Bei dem Wort *farinn* handelt es sich um das Partizip Präteritum von *fara* „gehen", „reisen". Es gehört zu den sogenannten intransitiven Verben, die ohne ein direktes Objekt auskommen. Die meisten intransitiven Verben drücken eine Bewegung aus. Bei der Bildung des Partizip Präteritums greifen sie häufig auf *vera* anstelle von *hafa* (vgl. *var farinn* „war gereist") zurück. Das Partizip stimmt dabei in Kasus, Numerus und Genus stets mit dem Subjekt überein (hier: m N Sg).

4. Eine Präpositionalphrase besteht aus einer Präposition, einem Objekt und (wenn vorhanden) weiteren das Objekt näher bestimmenden Wörtern. Wie lautet die Präpositionalphrase in diesem Satz?

_____

C. *en er hann spurði*
Dieser Satz wird durch die Konjunktion *en* („und", „aber") mit dem vorangegangen Satz verbunden. Auch bei dem darauf folgenden Wort *er* („als") handelt es sich um eine Konjunktion. Bestimme das Subjekt und das Prädikat.
1. Prädikat: _____ 2. Subjekt: _____
Dem Nebensatz *er hann spurði* folgen zwei weitere Nebensätze, die den Leser darüber informieren, was Hǫgni erfährt.

D. *at herjat var í ríki hans ok dóttir hans var í braut tekin*
In dem Nebensatz *at herjat var í ríki hans* wird das Subjekt nicht explizit ausgedrückt. Der Satz *þat var herjat* bedeutet so viel wie „es wurde geplündert".
1. Handelt es sich bei *í ríki hans* um eine Nominal-, Verbal- oder Präpositionalphrase? _____
Bestimme Subjekt und Prädikat in *dóttir hans var í í braut tekin*.
2. Prädikat: _____ 3. Subjekt: _____
Bei *í braut* („fort", „weg") handelt es sich um ein zweiteiliges Adverb mit dem das Verb näher bestimmt wird. Das Hilfsverb *var* und das Partizip Präteritum *tekin* bilden in diesem Teil des Nebensatzes eine Verbalphrase. Grammatikalisch stimmen beide mit dem Subjekt *dóttir hans* überein.
4. Welche Bedeutung hat die Verbalphrase *var tekin*? _____

E. *þá fór hann með sínu liði at leita Héðins*
Bestimme das Subjekt und Prädikat des mit auf *þá* beginnenden Hauptsatzes.
1. Prädikat: _____ 2. Subjekt: _____
Das Verb *fór* wird hier in Verbindung mit dem eine Absicht ausdrückenden Infinitiv *leita* verwendet. Zusammen bilden diese beiden Wörter eine Verbalphrase (*fór at leita* „reiste um zu suchen").
3. In welchen Kasus steht *Héðins* und weshalb? (**Hinweis:** Du kannst hierfür den entsprechenden Eintrag des hinten im Buch zu findenden Wörterverzeichnis zur Hilfe nehmen.)

_____

F. *ok spurði til hans*
1. Verben werden oft in Verbingung mit Präpositionen verwendet.

Welche Bedeutung kommt *spyrja til* zu? _____
2. Wer oder was ist das Subjekt von *spurði til*? _____

G. *at Heðinn hafði siglt norðr með landi.*
Wie lauten das Subjekt und Prädikat dieses Nebensatzes?
1. Subjekt: _____ 2. Prädikat: _____
3. Um was für eine Konstruktion handelt es sich bei *hafði siglt*? _____

11.3 Die schwachen Adjektive

Adjektive flektieren schwach, wenn sie zusammen mit einem bestimmten Artikel (*inn, in, it*), einem Demonstrativpronomen (z.B. *sá, þessi*) oder einem Possessivpronomen (z.B. *minn, þinn*) stehen.

Während die schwachen Adjektive im Singular mit den schwachen Substantiven identische Flexionsendungen aufzeigen, ergeben sich für alle Geschlechter einheitliche Endungen im Plural.

Die Endungen der schwachen Adjektive

	M	F	N		M	F	N
Sg N	-i	-a	-a	Pl N	-u	-u	-u
A	-a	-u	-a	A	-u	-u	-u
D	-a	-u	-a	D	-um	-um	-um
G	-a	-u	-a	G	-u	-u	-u

SPAKR „WEISE", „KLUG"

	M	F	N		M	F	N
Sg N	spaki	spaka	spaka	Pl N	spǫku	spǫku	spǫku
A	spaka	spǫku	spaka	A	spǫku	spǫku	spǫku
D	spaka	spǫku	spaka	D	spǫkum	spǫkum	spǫkum
G	spaka	spǫku	spaka	G	spǫku	spǫku	spǫku

- Einige Adjektive zeigen *j*- bzw. *v*-Einschub am Ende des Stamms auf. Daher ergeben sich für das Adjektiv *ríkr* im Singular (m) z.B. die Formen *ríki,ríkja, ríkja, ríkja* und die Pluralformen *ríkju, ríkju, ríkjum, ríkju*. Dementsprechend zeigt sich *døkkr* als *døkkvi, døkkva, døkkva, døkkva* bzw. *døkku, døkku, døkkum, døkku*.
- Wenn ein Demonstrativpronomen zusammen mit einem Adjektiv verwendet wird, wird es i.d.R. von einem bestimmten Artikel begleitet, vgl. z.B. *sá inn góði konungr* „dieser gute König" oder *sú in spaka kona* „diese kluge Frau".

Das schwach deklinierte Adjektiv mit bestimmtem Artikel und Substantiv

	INN DJARFI KONUNGR	INN DJARFA DRÓTTNING	IT DJARFA BARN
Sg N	inn djarfi konungr	inn djarfa dróttning	it djarfa barn
A	inn djarfa konung	ina djǫrfu dróttning	it djarfa barn
D	inum djarfa konungi	inni djǫrfu dróttningu	inu djarfa barni
G	ins djarfa konungs	innar djǫrfu dróttningar	ins djarfa barns
Pl N	inir djǫrfu konungir	inar djǫrfu dróttningar	in djǫrfu bǫrn
A	ina djǫrfu konunga	inar djǫrfu dróttningar	in djǫrfu bǫrn
D	inum djǫrfum konungum	inum djǫrfum dróttningum	inum djǫrfum barnum
G	inna djǫrfu konunga	inna djǫrfu dróttninga	inna djǫrfu barna

Adjektive im starken und schwachen Gebrauch

	STARK		SCHWACH	
	ágæt**r**	ein ausgezeichneter	**inn** ágæti	der ausgezeichnete
	konung**r**	König	**inn** konungr	König
	góð kona	eine gute Frau	**in** góða kona	die gute Frau
	stór**t** skip	ein großes Schiff	**it** stóra skip	das große Schiff
	fyrst**r** fugla	frühe Vögel	**inn** fyrsti fugl	die frühen Vögel

11.4 Aufgabe – Schwache Adjektive mit bestimmtem Artikel und Substantiv
Dekliniere die folgenden Nominalphrasen.

	INN UNGI MAÐR	IN UNGA KONA	IT UNGA BARN
Sg N	_____	_____	_____
A	_____	_____	_____
D	_____	_____	_____
G	_____	_____	_____
Pl N	_____	_____	_____
A	_____	_____	_____
D	_____	_____	_____
G	_____	_____	_____

11.5 Starke Verben – Leitfaden zur Unterscheidung der verschiedenen Klassen starker Verben

Die starken Verben fallen in sieben verschiedene Klassen mit jeweils charakteristischer Vokalsequenz in der Wurzelsilbe. Alle starken Verben, die zu Klasse I gehören, zeigen ein langes *-í-* im Infinitiv und im Präsens auf, *-ei-* im Präteritum Singular sowie kurzes *-i-* im Präteritum Plural und Partizip Präteritum. Der Vokalwechsel der starken Verben wird in der vergleichenden historischen Sprachwissenschaft mit dem Begriff „Ablaut" bezeichnet.

Um zwischen den unterschiedlichen Klassen unterscheiden zu können, wird i.d.R. der Infinitiv herangezogen. Während sich die starken Verben der Klasse I durch ein *-í-* im Infinitiv auszeichnen, zeigen die Verben der Klasse II z.B. den Wurzelvokal *-jú-*, *-jó-* oder *-ú-* auf. Mithilfe der folgenden Übersicht lassen sich die unterschiedlichen starken Verben anhand ihres Infinitivs ihrer jeweiligen Klasse zuzuordnen. Während „K" einen bzw. mehrere beliebige nach dem Wurzelvokal stehende Konsonanten bezeichnet, bezieht sich „R" auf die sogenannten Resonanten *r*, *l*, *m* und *n*. Trotz dieser Regeln ergeben sich eine Reihe von Ausnahmen. Die Verben *fregna* (Klasse V) und *standa* (Klasse VI) verfügen z.B. über zwei Konsonanten nach dem Vokal.

	INFINITIV	BEISPIELE
Klasse I	í	l**í**ta, r**í**sa
Klasse II	jú, jó, ú	kr**jú**pa, b**jó**ða, l**ú**ka
Klasse III	eKK, jaKK, jáKK, iNK *(auch øKKv, yNKv)*	v**e**rða, g**ja**lda, h**já**lpa, b**i**nda, s**ø**kkva, s**y**ngva
Klasse IV	eR	sk**e**ra, st**e**la, n**e**ma
Klasse V	eK, iKj	g**e**fa, v**e**ga, b**i**ðja
Klasse VI	aK, eKj	f**a**ra, **a**ka, dr**a**ga, h**e**fja
Klasse VII	aKK, au, á, ei, *(auch ǫ, ó, á, ú)*	h**a**lda, f**a**lla, hl**au**pa, gr**á**ta, h**ei**ta

K = beliebiger Konsonant   R (Resonant) = r, l, n *oder* m   N (Nasal) = n *oder* m

11.6 Starke Verben – Klasse I
Die starken Verben der Klasse I zeichnen sich durch ein *-í-* im Infinitiv aus. Die zu dieser Klasse gehörenden Verben

zeigen keinen *i*-Umlaut im Präsens Singular auf, da *-í-* bereits zu den vorderen Vokalen zählt (3 Sg *lítr, ríðr, skínn, svíkr*).

	í	í	ei	i	i
	INFINITIV	3 SG PRÄS	3 SG PRÄT	3 PL PRÄT	PART PERF
	bíða „warten"	bíðr	beið	biðu	biðinn
	bíta „beißen"	bítr	beit	bitu	bitinn
	drífa „fahren"	drífr	dreif	drifu	drifinn
	líta „sehen"	lítr	leit	litu	litinn
	ríða „reiten"	ríðr	reið	riðu	riðinn
	skína „scheinen"	skínn	skein	skinu	skininn
	svíkja „betrügen"	svíkr	sveik	sviku	svikinn

DRÍFA IM PRÄSENS UND PRÄTERITUM							
PRÄSENS				**PRÄTERITUM**			
Sg *ek*	dríf	**Pl** *vér*	drífum	**Sg** *ek*	dreif	**Pl** *vér*	drifum
þú	drífr	*þér*	drífið	*þú*	dreift	*þér*	drifuð
hann	dríf	*þeir*	drífa	*hann*	dreif	*þeir*	drifu

Beachte, dass sich die zu Klasse I zählenden Verben *hníga, síga* und *stíga* im Präteritum Singular sowohl als *hné, sé* oder *sté*, als auch *hneig, seig* oder *steig* zeigen können.

11.7 STARKE VERBEN – KLASSE II

Die starken Verben der Klasse II zeichnen sich durch die Vokalsequenz *-jú-, -jó-* oder *-ú-* im Infinitiv aus, die im Präteritum Singular als *-au-* in Erscheinung tritt. Die zu dieser Klasse gehörenden Verben zeigen *i*-Umlaut im Präsens Singular (vgl. z.B. *hann krýpr, lýkr, brýtr*).

	jú (jó, jú)	ý	au	u	o
	INFINITIV	3 SG PRÄS	3 SG PRÄT	3 PL PRÄT	PART PERF
	krjúpa „kriechen"	krýpr	kraup	krupu	kropinn
	lúka „schließen"	lýkr	lauk	luku	lokinn
	brjóta „brechen"	brýtr	braut	brutu	brotinn
	ljósta „schlagen"	lýtr	laut	lutu	lotinn
	skjóta „schießen"	skýtr	skaut	skutu	skotinn
	bjóða „bieten"	býðr	bauð	buðu	boðinn

- Verben, deren Stamm auf *-g-* endet (wie z.B. *fljúga, ljúga* und *smjúga*), zeigen *-au-* oder *-ó-* im Präteritum Singular (*flaug~fló, laug~ló* und *smaug~smó*) auf.
- Die starken Verben der Klasse II zeigen häufiger *-jó-* als *-jú-* im Infinitiv auf, wenn der Stamm auf *m, n, t, ð, s, r* oder *l* endet.

KRJÚPA IM PRÄSENS UND PRÄTERITUM							
PRÄSENS				**PRÄTERITUM**			
Sg *ek*	krýp	**Pl** *vér*	krjúpum	**Sg** *ek*	kraup	**Pl** *vér*	krupum
þú	krýpr	*þér*	krjúpið	*þú*	kraupt	*þér*	krupuð
hann	krýp	*þeir*	krjúpa	*hann*	kraup	*þeir*	krupu

11.8 Aufgabe – Starke Verben, Klasse I und II
Bestimme jeweils die Klasse der folgenden starken Verben und übersetze.

Bsp skjóta   *Klasse II, schießen*

1. líða   _____
2. skína _____
3. ljúga _____
4. njóta _____
5. stíga _____
6. lúta   _____

11.9 Verben, die ein Dativ- oder Genitivobjekt verlangen

Viele Verben (wie z.B. *þjóna*, *banna*, *spilla* und *þakka*) verlangen kein Akkusativ-, sondern ein Dativobjekt. In den folgenden Beispielsätzen sind die **Verben** unterstrichen dargestellt und die zu ihnen gehörenden **Subjekte** fett markiert.

Hann bannar **mǫnnum** at fara.	*Er verbietet den Männern zu gehen.*
Hann þakkar **þeim.**	*Er dankt ihnen.*
Hann þjónaði ekki **konungi.**	*Er diente dem König nicht.*
Hon vill eigi spilla **meydómi** sínum.	*Sie möchte nicht ihre Jungfräulichkeit zerstören.*

Unabhängig von der entsprechenden Satzaussage gibt es Verben, die sowohl mit Akkusativ- als auch mit Dativobjekte stehen können. Wenn das sich auf das Verb beziehende Objekt im Dativ steht, bedeutet *bjóða* beispielsweise „einladen", steht es hingegen im Akkusativ, wird es als „anbieten" verstanden.

Hann **býðr þeim** at koma.	*Er **lädt sie ein** zu kommen.* (D)
Hann **býðr skjǫld** sinn konungum.	*Er **bietet** sein **Schild** dem König **an**.* (A)

Viele Verben beziehen sich auf Objekte mit instrumentaler Funktion. In dem Satz *Hann leggr sverði* („er wirft ein Schwert") ist z.B. das Schwert das „Instrument" der ausgeübten Handlung.

Hann heldr **sverði.**	*Er trägt ein Schwert.*
Hann kastar **steini.**	*Er wirft einen Stein.*
Hann leggr **spjóti.**	*Er wirft einen Speer.*
Hann skýtr **ǫr.**	*Er schießt einen Pfeil.*

Verben, die ein Genitivobjekt verlangen, drücken häufig eine Notwendigkeit oder einen Mangel aus, vgl. z.B. *biðja* „(um die Hände einer Frau) bitten", *sakna* „jemanden oder etwas vermissen", *hefna* „rächen", *gjalda* „bezahlen" und *þurfa* „benötigen".

Egill biðr **Ásgerðar.**	*Er bittet um die Hand von Ásgerðr.*
Hann saknar **Englands.**	*Er vermisst England.*
Munu margir **þess** gjalda.	*Viele werden dafür bezahlen.*
Þeir þurfa **hersis.**	*Sie benötigen einen Anführer.*

11.10 Aufgabe – Verben, die ein Dativ- oder Genitivobjekt verlangen
Vervollständige und übersetze die folgenden Sätze.

Bsp Hann heldr *sverðinu* (sverðit)

Er trägt das Schwert.

1. Óðinn leggr _____. (spjótit)

   _____

2. Haraldr bannar _____ at fara. (menn)

3. Þórólfr biðr _____. (hon)

4. Hon býðr _____ at koma. (þeir)

5. Hann saknar _____ (kona) sinnar.

6. Hǫfðingi þakkar _____. (menn þeir)

7. Loki kastar _____. (steinn)

11.11 Textpassage — Die Schlacht der Hjaðningar geht weiter (Skáldskaparmál, aus Snorra Edda)

Die letzte Textpassage endete damit, dass die Könige Héðinn und Hǫgni ihre Heere in Schlachtordnung stellen. Bevor es zum Kampf kommt, versucht Héðinn jedoch zunächst mit einem weiteren Schlichtungs-versuch auf seinen Schwiegervater zuzugehen. Hǫgni will davon aber nichts hören und stellt sich ihm mit seinem Schwert *Dáinsleifr* („Dáinns Erbe") gegenüber. Das einst von Zwergen geschmiedete Schwert ist dafür berühmt, jeden zu töten, gegen den seine Klinge gerichtet wird. Die nun beginnende Schlacht ist jedoch nie zu Ende geführt worden. Da die gefallenen Krieger jede Nacht von der Walküre *Hildr* („Kampf") wieder zum Leben er-weckt werden, beginnt die Schlacht immer wieder von vorne und hält bis zu den *Ragnarǫk*, dem Untergang der alten Welt, an.

Abbildung 11.2. Ein schwedischer Bildstein aus Lärbrö Hammars. Auch hier scheint die dargestellte Frau zwischen den beiden Heeren zu vermitteln.

Hjaðningavíg aus *Skádskaparmál*

Þá kallar Héðinn á Hǫgna, mág sinn, ok bauð honum sætt ok mikit gull at bótum. Þá svarar Hǫgni: ‚of síð bauztu þetta,[92] ef þú vill sættask, því at nú hefi dregit Dáinsleif, er dvergarnir gørðu, er manns bani skal verða, hvert sinn er bert er,[93] ok aldri bilar í hǫggvi, ok ekki sár grœr."

Þá svarar Héðinn: "sverði hœlir þú þar, en eigi sigri." Þá hófu þeir orrustu þá er Hjaðningavíg er kallat, ok bǫrðusk þann dag allan, ok at kveldi fóru konungar til skipa. En Hildr gekk of nottina til valsins, ok vakði upp með fjǫlkyngi alla þá er dauðir váru;[94] ok annan dag gengu konungarnir á vígvǫllinn ok bǫrðusk, ok svá allir þeir er fellu hinn fyrra daginn.[95] Fór svá sú orresta hverrn dag eptir annan, at allir þeir er fellu, ok ǫll vápn þau er lágu á vígvelli, ok svá hlífar, urðu at grjóti. En er dagaði, stóðu upp allir dauðir

---

[92] **of síð bauztu þetta:** „Zu spät botst du dies an" Das Pronomen *þú* wird wie auch in diesem Satz häufig an das Verb assimiliert (hier: *bauztu < bauzt þú*).

[93] **hvert sinn er bert er:** „jedes Mal, wenn es [das Schwert] gezogen wird."

[94] **alla þá er dauðir váru:** „alle diese, die tot waren."

[95] **hinn** = *inn*.

menn, ok bǫrðusk, ok ǫll vápn váru þá ný. Svá er sagt í kvæðum, at Hjaðningar skulu svá bíða ragnarøkrs.

Übersetze:

_____
_____
_____
_____
_____
_____
_____
_____
_____
_____
_____
_____
_____
_____

11.12 Unpersönliche Verben

Unpersönliche Satzkonstruktionen beziehen sich auf die Verwendung von Verben ohne Subjekt und treten im Altnordischen sehr häufig auf. Sie fallen in vier Kategorien.

1. Viele Verben, die sich auf Naturphänomene beziehen (wie z.B. das Wetter, den Lauf der Zeit, den Wechsel der Jahreszeiten, die Morgen- und Abenddämmerung) gelten im Altnordischen als unpersönlich. Bei der Übersetzung ins Deutsche muss die Satzkonstruktion i.d.R. um das Subjekt „es" ergänzt werden.

En er **dagaði**, stóðu upp allir dauðir menn.	_Und als [es]_ **dämmerte**, _erhoben sich alle toten Männer._
Nú **líðr** svá fram til jóla.	_Nun_ **schreitet** _[es] so zum Julfest voran._
Líðr fram haustinu ok **tekr** at vetra.	_Der Herbst verstreicht und [es]_ **beginnt** _Winter zu werden._

Weitere unpersönliche Verben dieser Kategorie sind z.B. _nátta_ <-að-> „Nacht/dunkel werden", _regna_ <-di> „regnen", _snjófa_ <-að-> „schneien", _hausta_ <-að-> „Herbst werden", _sumra_ <-að-> „Sommer werden" und _vára_ <-að-> „Frühjahr werden".

2. Verben werden mitunter auch unpersönlich verwendet, wenn die entsprechende Satzkonstruktion auf die Handlung selbst bzw. das Objekt ausgerichtet ist. Auch in diesen Sätzen muss das Subjekt bei der Übersetzung ins Deutsche i.d.R. ergänzt werden.

Svá **er sagt** í kvæðum, at Hjaðningar skulu svá bíða ragnarøkrs.	_So_ **wird** _[es] in den Gedichten_ **gesagt**, _dass die Hjaðningar so bis zu den Ragnarǫk warten sollen._
Hér **hefr upp** ok segir frá þeim manni, er Sigi er nefndr.	_Hier_ **beginnt** _[die Erzählung] und berichtet von dem Mann, der Sigi heißt._

3. Verben, die einen emotionalen oder psychologischen Zustand ausdrücken (wie z.B. _dreyma_ „träumen", _minna_ „erinnern", _skilja_ „unterscheiden", _líka_ „gefallen" und _batna_ „erholen") verlangen häufig ein Subjekt im Akkusativ oder Dativ. Da sie mit keinem im Nominativ stehenden Subjekt verbunden sind, gelten auch diese Verben als unpersönlich. Sie stehen i.d.R. in der 3. Person Singular.

Mik dreymdi draum. (*Akkusativsubjekt*)	***Ich** träumte einen Traum.*
Ávalt er ek sé fagrar konur, þá minnir **mik** þeirar konu. (*Akkusativsubjekt*)	*Immer wenn ich schöne Frauen sehe, dann erinnere **ich** mich an diese Frau.*
Þetta líkaði **Eiríki** stórilla. (*Dativsubjekt*)	*Dies gefiel **Eiríkr** sehr wenig.*
Herjólfi batnaði síns meins. (*Dativsubjekt*)	***Herjólfr** erholte sich von seiner Krankheit.*
Þykkir **mér** ráð at þú farir at finna Gizur hvíta.	*Scheint **mir** dies ein guter Plan [zu sein], dass du losziehen mögest, um Gizurr hvíti zu finden.*

4. Verben, die im Passiv stehen und kein direktes Objekt verlangen (intransitive Verben) gelten ebenfalls als unpersönlich.

En er Hǫgni spurði at **herjat var** í ríki hans, fór hann með sínu liði at leita Héðins.	*Und als Hǫgni erfuhr, dass in seinem Reich **geplündert worden war**, brach er mit seiner Mannschaft auf, um Héðinn zu suchen.*

11.13 Das Indefinitpronomen *engi*

Bei *engi* (oder *eingi*) „niemand", „keiner" handelt es sich um ein aus *einn* „ein(er)" und dem Negationspartikel *-gi* zusammengesetztes Kompositum. Im Nominativ Singular ergeben sich daraus die Formen *engi* (*einn+gi*) im Maskulinum, *engi* (*ein+gi*) im Femininum und *ekki* (*eitt+gi*) im Neutrum. Bei den meisten anderen Kasusformen werden die entsprechenden Endungen an den Stamm *eng-* suffigiert.

		M	F	N			M	F	N
Sg	N	engi	engi	ekki	**Pl**		engir	engar	engi
	A	engi~engan	enga	ekki			enga	engar	engi
	D	engum	engri	engu~einugi			engum	engum	engum
	G	einskis~engis	engrar	einskis~engis			engra	engra	engra

Engi heilsaði Þorvaði.	***Niemand** grüßte Þorvaðr.*
Hǫgni átti af honum **engrar** vægðar ván.	*Hǫgni besaß von ihm **keiner** Gnade Hoffnung.*
Hǫgni vildi **enga** sætt.	*Hǫgni wollte **keine** Aussöhnung.*
Aldri bilar Dáinsleif í hǫggvi, ok **ekki** sár grœr.	*Niemals versagt Dáinsleif bei einem Hieb, und **keine** Wunde heilt [jemals].*

Das im Singular Neutrum stehende *ekki* wird daneben auch häufig anstelle von *eigi* „nicht" als Adverb verwendet.

11.14 Das Indefinitpronomen *annarr*

Auch das Indefinitpronomen *annarr* (Stamm *annar-*) „ein anderer", „einer von zweien" bzw. „der zweite" ist ein im Altnordischen häufig verwendetes Wort, dessen Deklination einer Reihe von Lautwandelprozessen ausgesetzt worden ist.

1. Durch den Einfluss des *u*-Umlauts wird *-a-* zu *-ǫ-* bzw. *-u-* umgelautet.
2. Der unbetonte Mittelsilbenvokal wird synkopiert, wenn eine auf einen Vokal beginnende Endung an den Stamm tritt.
3. Infolge der durch den Wegfall des Mittelsilbenvokals herbeigeführten Konfrontation von *-nn-* und stammfinalen *-r-* kommt es zum Übergang von *-nn-* zu *-ð-*. Dieses Phänomen lässt sich auch in dem Wort *maðr* (< *mann* + *-r*) beobachten.

		M	F	N			M	F	N
Sg	N	annarr	ǫnnur	annat	**Pl**		aðrir	aðrar	ǫnnur
	A	annan	aðra	annat			aðra	aðrar	ǫnnur

D	ǫðrum	annarri	ǫðru	ǫðrum	ǫðrum	ǫðrum
G	annars	annarrar	annars	annarra	annarra	annarra

11.15 Direkte und Indirekte Rede

In den Textpassagen dieser Lektion lassen sich viele Beispiele für direkte und indirekte Rede finden. Durch die i.d.R. in Anführungszeichen stehende direkte Rede wird der genaue Wortlaut eines Sprechers wiedergegeben, vgl. *Þá svarar Hǫgni*: „Of sið bauztu þetta." Im Gegensatz dazu wird die indirekte Rede verwendet, um zu berichten, was jemand gesagt hat, ohne dabei notwendigerweise seine oder ihre genauen Worte zu verwenden. Sie taucht dabei i.d.R. in Nebensatzkonstruktionen auf, die durch Verben des Sagens, Wissens oder Denkens, sowie die Konjunktion *at* eingeleitet werden. Das dafür verwendete Verb kann dabei sowohl im Indikativ als auch im Optativ stehen.

Svá er sagt í kvæðum, at Hjaðningar **skulu** (*3 Pl Präs Indik*) svá bíða ragnarøkrs.
So wird [es] in den Gedichten gesagt, dass die Hjaðningar so bis zu den Ragnarǫk warten sollen.

Hon sagði, at Héðinn **væri** (*3 Sg Prät Opt*) búinn at berjask.
Sie sagte, dass Héðinn bereit wäre zu kämpfen.

In den folgenden Beispielen wird das Subjekt zum Objekt der jeweiligen indirekten Aussage erhoben und erhält daher eine Akkusativendung, während das entsprechende Verb im Infinitiv steht. Auf diese Nebensatzkonstruktion wird an späterer Stelle im Buch noch genauer eingegangen.

Direkte Rede:
Konungrinn sagði lǫgin.
Der König trug das Gesetz vor.
Indirekte Rede:
Hon **heyrði konunginn segja** lǫgin.
Sie hörte den König das Gesetz vortragen.

11.16 Grammatikbaukasten. Adverbien

Adverbien sind Wörter, die einen Umstand (wie z.B. die Zeit, den Ort oder die Art und Weise) beschreiben und im Satz genannte Verben, Substantive, Adjektive oder andere Adverbien näher bestimmen. Im Gegensatz zu den Adjektiven sind Adverbien undeklinierbar.

Die Himmelsrichtungen		
WOHER?	*WO?*	*WOHIN?*
norðan	fyrir norðan	norðr
sunnan	fyrir sunnan	suðr
austan	fyrir austan	austr
vestan	fyrir vestan	vestr

- Adverbien werden i.d.R. von Adjektiven oder Substantiven abge-leitet. Bei der Adverbialbildung im Altnordischen wird dabei häufig auf die Suffixe *-a*, *-liga*, *-um* oder *-t* zurückgegriffen. Sie werden an den Stamm des entsprechenden Adjektivs bzw. Substantivs suffigiert.

WOHER?	*WO?*	*WOHIN?*
héðan „von hier"	hér „hier"	hingat „hierhin"
þaðan „von dort"	þar „dort"	þangat „dorthin"
hvaðan „woher"	hvar „wo"	hvert „wohin"

- Ein Adjektiv kann verschiedene Adverbien mit unterschiedlichen Bedeutungen generieren. Dem Adjektiv *langr* unterliegen z.B. die Adverbien *lengi* „für eine lange Zeit" und *lǫngum* „eine lange Zeit", „ununterbrochen".
- Adverbien, die auf *-(a)t* enden, drücken eine zu einem Ort führende Bewegung aus (z.B. *hingat* „hierhin")
- Wenn einem Adverb auf *-an* das Wort *fyrir* vorangeht, ergibt sich ein zweiteiliges Adverb, das die Frage

„oben"). Mithilfe dieser Adverbien werden auch die Punkte auf einem Kompass (*fyrir norðan*) ausgedrückt.

ADVERB	ADJEKTIV/SUBSTANTIV	STAMM
illa „schlecht"	illr „schlecht"	ill-
víða „weithin"	víðr „weit"	víð-
skjótliga „rasch"	skjótligr „rasch"	skjótlig-
vandliga „sorgfältig"	vandr „schwer"	vand-
tómliga „langsam"	tómr „leer"	tóm-
bráðum „schnell"	bráðr „plötzlich"	bráð-
tíðum „oft"	tíðr „üblich"	tíð-
stundum „manchmal"	stund „Zeit, Weile"	stund-
skjótt „plötzlich"	skjótr „schnell"	skjót-
hátt „laut"	hár „hoch"	há-
þykkt „dick"	þykkr „dick"	þykk-

11.17 Vokabular— Liste 11. Die häufigsten Wörter in den Sagas

SUBSTANTIVE	ADJEKTIVE	PRONOMEN
vápn — Waffe	**næstr** — nächste	**sumr** — einige
morginn — Morgen	**kunnigr** — bekannt; klug, zauberkundig	**hvárrtveggi** — jeder von beiden, beide
hús — Haus	**líkligr** — wahrscheinlich	
fótr — Fuß	**reiðr** — zornig, wütend	
spjót — Speer		
VERBEN	**PRÄP & ADV**	**KONJUNKTIONEN**
skilja — trennen, teilen; verstehen	**hjá** — bei, neben	**enda** — und (auch)
drepa — (er-)schlagen, töten	**illa** — schlecht	
setja — setzen, legen	**lengi** — lange (Zeit)	
liggja — liegen	**hversu** — wie	
leita — suchen	**þangat** — dorthin	

Aufgaben

11.19 Der bestimmte Artikel – Wiederholung. Dekliniere die Wörter *sveinninn* (m) „der Junge", *leiðin* (f) „der Weg" und *bakit* (n) „der Rücken".

	SVEINN + INN	LEIÐ + IN	BAK + IT
Sg N	_____	_____	*Bakit*
A	*sveinninn*	_____	_____
D	_____	_____	_____
G	_____	_____	_____
Pl N	_____	*leiðirnar*	_____
A	_____	_____	_____
D	_____	_____	_____
G	_____	_____	_____

Lektion 11: Die endlose Schlacht

11.20 Der bestimmte Artikel. Ergänze die Sätze mit der jeweils richtigen Form des Substantivs und dem entsprechenden bestimmten Artikel.

Konungrinn
1. _____ (N) gerði kumbl.
2. Ek sá _____ (A).
3. Ek bjó hjá _____ (D).
4. Ek vil gefa þér hest _____ (G).

Hersirinn
5. Eiríkr hét _____ (N).
6. Ek sá _____ (A).
7. Eiríkr fór til Grœnlands með _____ (D).
8. Hann horfði á skip _____ (G).

11.21 Schwache Adjektive

A. Dekliniere *langr* als ein schwaches Adjektiv.

	M	F	N
Sg N	*langi*	_____	_____
A	_____	_____	_____
D	_____	_____	_____
G	_____	_____	_____
Pl N	_____	_____	_____
A	_____	_____	_____
D	_____	_____	_____
G	_____	_____	_____

B. Füge die jeweils korrekte Form des Adjektivs ein.

	M	F	N
Sg N	inn *hagi* dvergr	in *væna* kona	it *fagra* land
A	inn _____ dverg	ina _____ konu	it _____ land
D	inum _____ dvergi	inni _____ konu	inu _____ landi
G	ins _____ dvergs	innar _____ konur	ins _____ lands
Pl N	inir _____ dvergar	inar _____ konur	in _____ lǫnd
A	ina _____ dverga	inar _____ konur	in _____ lǫnd
D	inum _____ dvergum	inum _____ konum	inum _____ lǫndum
G	inna _____ dverga	inna _____ kvenna	inna _____ landa

C. Ergänze die Sätze mit den richtigen Formen der Adjektive und übersetze sie anschließend.

1. Alrekr inn _____ (ríkr) var vænn.
   _____

2. Þessi _____ (góðr) dóttir Hólmgeirs gerði brú.
   _____

3. Þorsteinn var it _____ (stórr) barn.

4. Sá maðr er skrifaði Íslendingabók hét Ári inn _____ (fróðr) Þorgilsson.

5. Helgi bjó í inum _____ (grœnn) dal, sem kallaðr er Helgadalr.

6. Óláfr sendi menn eptir inni _____ (ungr) konu.

11.22 EIGENNAMEN. Dekliniere die Namen *Eiríkr inn rauði* und *Helga in fagra*.

	EIRÍKR INN RAUÐI	HELGA IN FAGRA
Sg N	_____	_____
A	_____	_____
D	_____	_____
G	_____	_____

11.23 ADVERBIEN. Ergänze die folgenden Sätze um die jeweils richtigen Adverbien.

1. Þeir vildu eigi vera _____ (hier) við heiðna menn.
2. Hann hleypr _____ (hierher).
3. _____ (woher) kemr vindr? (aus *Snorra Edda*).
4. Gunnarr sagði þeim _____ (wohin) hann ætlaði [at ganga].
5. Hús stendr _____ (dort) út við garðinn.
6. Haraldr kom _____ (hierher) til Miklagarðs.
7. Vándir menn fara til Heljar ok _____ (von dort) í Níflheil. (aus der *Snorra Edda*)
8. _____ (wo) er Grikklandshaf?
9. Þórolf kom _____ (von hier).

11.24 STARKE VERBEN – KLASSE I. Das Verb *klífa* „klettern" zeigt die Stammformen *klífr*, *kleif*, *klifu* und *klifinn* auf. Konjugiere *klífa* im Präsens und Präteritum.

	PRÄSENS	PRÄTERITUM
Sg ek	_____	_____
þú	_____	_____
hann	_____	_____
Pl vér	_____	_____
þér	_____	_____
þeir	_____	_____

Gib die entsprechenden Stammformen für die ebenfalls zu Klasse I zählenden folgenden Verben an.

1. drífa _____
2. þrífa _____
3. skríða _____
4. líta _____

LEKTION 11: DIE ENDLOSE SCHLACHT

5. grípa _____
6. rísta _____

Gib die Infinitive der unten angegebenen Verbformen an.

Bsp bitum *bíta*

7. gínum _____ 10. risinn _____
8. bíðið _____ 11. skein _____
9. leið _____ 12. sveið _____

Bilde die jeweils korrekte Form der folgenden Verben und orientiere Dich dabei an der Deklination von *klífa*.

Bsp ríða (*1 Sg Präs*) *ríð*

13. bíta (*2 Pl Prät*) _____ 16. þrífa (*2 Sg Prät*) _____
14. rísa (*1 Pl Prät*) _____ 17. drífa (*1 Pl Präs*) _____
15. klífa (*1 Sg Prät*) _____ 18. grípa (*3 Sg Prät*) _____

11.25 STARKE VERBEN – KLASSE II. Die Stammformen des Verbs *strjúka* „streichen (über)" lauten *strýkr*, *strauk*, *struku* und *strokinn*. Konjugiere *strjúka* im Präsens und Präteritum.

	PRÄSENS	PRÄTERITUM
Sg ek	_____	_____
þú	_____	_____
hann	_____	_____
Pl vér	_____	_____
þér	_____	_____
þeir	_____	_____

Eine geringe Anzahl von Verben der Klasse II zeigt im Infinitiv den Wurzelvokal -ú- auf (wie z.B. *lúka* oder *lúta*). Andere zu Klasse II zählenden Verben tendieren hingegen im Infinitiv eher zu -jó- anstelle von -jú-, wenn auf den Wurzelvokal -m-, -n-, -t-, -ð-, -s-, -r- oder -l- folgt (wie z.B. *fljóta*, *bjóða*, *kjósa*, *ljósta*). Mit Ausnahme des Infinitivs flektieren die meisten Verben der Klasse II wie *strjúka*.

Bsp ljúga *lýgr, laug, lugu, loginn*

1. drjúpa _____
2. skjóta _____
3. kjúpa _____
4. bjóða _____
5. ljósta _____
6. kljúfa _____

Gib jeweils den Infinitiv der angegebenen Verbformen an.

Bsp skutu *skjóta*

7. bauð _____ 10. lostinn _____
8. krýpr _____ 11. njótið _____
9. kaus _____ 12. brýtr _____

Bilde die jeweils korrekte Form der folgenden Verben und orientiere Dich dabei an der Deklination von *strjúka*.

Bsp skjóta (*1 Sg Präs*) *skýt*

13. krjúpa (*2 Pl Prät*) _____ 16. grjósa (*1 Sg Prät*) _____
14. rjóða (*3 Sg Präs*) _____ 17. drjúpa (*1 Pl Präs*) _____
15. kljúfa (*2 Sg Prät*) _____ 18. ljósta (*3 Sg Prät*) _____

11.26 Die schwache Deklination der Adjektive *mikill* und *lítill*. Berücksichtige bei der in dieser Aufgabe vorzunehmenden Deklination die folgenden Lautwandelphänomene:

- Wegfall des unbetonten Mittelsilbenvokals vor vokalisch anlautenden Flexionsendungen, (z.B. m N Sg *mikill maðr* (st), aber *inn mikli* (< *mikil + i*) *maðrinn* (st)).
- Vokalkürzung vor langem Konsonanten bzw. Konsonantengruppen (z.B. m N Sg *lítið barn* (st), aber *it litla barn* (schw)).

	INN MIKLI MAÐR	IN MIKLA KONA	IT MIKLA BARN
Sg N	_____	_____	_____
A	_____	_____	_____
D	_____	_____	_____
G	_____	_____	_____
Pl N	_____	_____	_____
A	_____	_____	_____
D	_____	_____	_____
G	_____	_____	_____

	INN LITLI MAÐR	IN LITLA KONA	IT LITLA BARN
Sg N	_____	_____	_____
A	_____	_____	_____
D	_____	_____	_____
G	_____	_____	_____
Pl N	_____	_____	_____
A	_____	_____	_____
D	_____	_____	_____
G	_____	_____	_____

LEKTION 12

EINE FEHDE IN DEN ISLÄNDISCHEN OSTFJORDEN

Engi er allheimskr, ef þegja má.
(Niemand ist total dumm, wenn er zu schweigen in der Lage ist.)

Abbildung 12.1. Rekonstruktion eines isländischen Langhauses (*skáli*), das eines Godens würdig ist.

12.1 TEXTPASSAGE – WIE HELGI ZU SEINEM SPITZNAMEN KAM (*VÁPNFIRÐINGA SAGA*)

Die Textpassagen in den beiden folgenden Lektionen stammen aus den einleitenden Kapiteln der in den isländischen Ostfjorden (*Austfirðir*) spielenden *Vápnfirðinga saga* („Die Saga von den Leuten aus Vápnafjǫrðr"). Die im Mittelpunkt der Erzählung stehende und über mehrere Generationen hinweg bestehende Fehde zwischen zwei einst eng miteinander befreundeten Familien bietet den Lesern einen Einblick in den vermeintlichen Alltag der im Island des 10. Jahrhunderts lebenden Menschen. Der folgende Auszug widmet sich dem *landnámsmaðr* Þorsteinn hvíti, eine der wichtigsten Figuren der Saga. Er gibt u.a. Auskunft darüber, wie die Familie Þorsteinns, der von seinem Großvater Helgi Þorgilsson aufgezogen wurde, in den Besitz von Hof, dem besten Anwesen im Vápnfjǫrðr (neuisl. Vopnafjörður), gekommen ist.

Im Zuge einer Beschreibung von Helgis Charaktereigenschaften und seiner wettkämpferischen Natur berichtet die Saga von einer Situation, in der es dem nie um einen Trick verlegenen Helgi gelingt, seinen Bullen

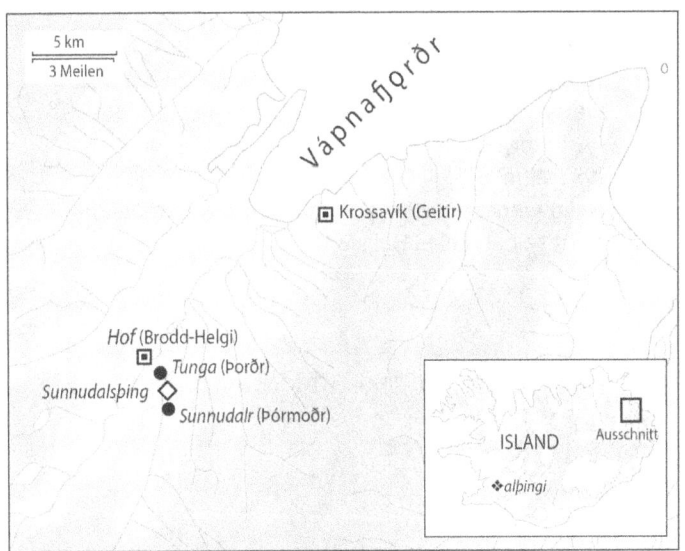

Abbildung 12.2. Die Schauplätze der **Vápnfirðinga saga**. Neben den persönlichen Feindseligkeiten zwischen Geitir und Brodd-Helgi spielt auch der Streit um Rohstoffe eine maßgebliche Rolle für die in der Saga skizzierte Fehde zwischen den beiden Häuptlingen.

als Sieger aus einem Wettkampf hervorgehen zu lassen. Das Ereignis erklärt auch, wie er zu seinem Spitznamen *Brodd*-Helgi („Nagel-Helgi") gekommen ist.

Vápnfirðinga saga ist insofern eine typische Isländersaga, als ihre Narration auf einer Folge von Streitigkeiten, Fehden und Lösungsversuchen aufgebaut ist. Zudem scheint nahezu keine der zu Beginn gegebenen Informationen überflüssig zu sein. Viele der in der Saga illustrierten familiären Verhältnisse und Beziehungen werden dabei auf die Zeit der Landnahme, wenn nicht sogar auf die Zeit vor der Besiedlung Islands, zurückgeführt. Die genealogischen Informationen binden dabei sowohl die Hauptfiguren als auch zunächst marginal erscheinende Figuren mit ein, denen jedoch später noch häufig eine wichtige Rolle für den weiteren Verlauf der Erzählung zukommt.

Unten findest du zwei Spalten. Während die linke Spalte den Text des einleitenden Kapitels der *Vápnfirðinga saga* wiedergibt, werden in der rechten Spalte wichtige Hintergrundinformationen zusammengetragen.

Vápnfirðinga saga (Kap. 1)

Þar hefjum vér þenna þátt, er sá maðr bjó at Hofi í Vápnafirði, er Helgi hét. Hann var sonr Þorgils Þorsteinssonar, Ǫlvis sonar, Ásvalds sonar, Øxna-Þóris sonar. Ǫlvir var lendr maðr í Nóregi um daga Hákonar jarls Grjótgarðs-sonar.	**Protagonist:** Helgi **Schauplatz:** Hof im Vápnafjǫrðr **Helgis Vorfahren:** Vater Þorgils, Großvater Þorsteinn, Urgroßvater Ǫlvir etc. **Aristokratische Vorfahren:** Ǫlvir, ein Lehnsmann in Norwegen **Zeit:** Jarl Hákon (ca. 900), zur selben Zeit wie König Haraldr hárfagri
Þorsteinn hvíti kom fyrst út til Íslands þeira langfeðga[96] ok bjó at Toptavelli fyrir útan Síreksstaði. En Steinbjǫrn bjó at Hofi, sonr Refs ins rauða.[97] Ok er honum eyddisk fé fyrir þegnskapar sakar,[98] þá keypti Þorsteinn Hofsland ok bjó þar sex tigu vetra. Hann átti[99] Ingibjǫrgu Hróðgeirsdóttur ins hvíta.	**Der Begründer von Helgis Familie in Island:** Der *landnámsmaðr* Þorsteinn *hvíti* („der Weiße") **Þorsteinns erster Besitzanspruch:** der (nicht so wertvolle) Hof auf Toptavǫllr **Wie Þorsteinn in den Besitz von Hof kam:** Nachdem der *landnámsmaðr* Steinbjǫrn seinen wertvollen Besitzanspruch auf Hof heruntergewirtschaftet hat, verkauft er ihn an Þorsteinn.
Þorgils var faðir Brodd-Helga. Hann tók við búi Þorsteins. Þorkell ok Heðinn vágu Þorgils, fǫður Brodd-Helga, en Þorsteinn hvíti tók þá enn við búi ok fœddi upp Helga, sonarson sinn.	**Helgi wächst ohne Vater auf:** Der alte Þorsteinn zieht seinen Enkel Helgi auf.
Helgi var mikill maðr ok sterkr ok bráðgǫrr, vænn ok stórmannligr, ekki málugr í barnœsku, ódæll ok óvægr þegar á unga aldri.[100] Hann var hugkvæmr ok margbreytinn.	**Helgi:** ist groß und stark, schwierig und wortkarg, wankelmütig.

---

[96] **kom fyrst út til Íslands þeira langfeðga:** „war der erste der männlichen Vorfahren, der nach Island kam."
[97] **sonr Refs ins rauða:** „der Sohn von Refr inn rauði." Das Wort *sonr* steht hier in Apposition zu *Steinbjǫrn*.
[98] **honum eyddisk fé fyrir þegnskapar sakar:** „ihm ging das Geld aufgrund seiner Großzügigkeit aus."
[99] **átti:** „war verheiratet mit." 3 Sg Prät von *eiga*, das wörtl. so viel wie „haben" oder „besitzen" bedeutet, hier aber als „verheiratet sein mit" übersetzt werden muss.
[100] **þegar á unga aldri:** „bereits im jungen Alter."

Frá því er sagt[101] einnhvern dag at Hofi, er naut váru á stǫðli, at graðungr var á stǫðlinum, er þeir frændr áttu,[102] en annarr graðungr kom á stǫðulinn, ok stǫnguðusk graðungarnir. En sveinninn Helgi var úti ok sér, at þeira graðungr dugir verr ok ferr frá.[103] Hann tekr mannbrodd einn ok bindr í enni graðunginum,[104] ok gengr þaðan frá þeira graðungi betr. Af þessum atburði var hann kallaðr Brodd-Helgi.

Var hann afbragð þeira manna allra, er þar fœddusk upp í heraðinu, at atgørvi.[105]

Um Helgis Persönlichkeit auf den Punkt zu bringen: Er ist ein Junge, der in allem, was er tut, der Beste sein will.

Helgi verdient sich seinen Spitznamen.

Übersetze:

_____
_____
_____
_____
_____
_____
_____
_____
_____
_____
_____
_____

12.2 Kultur – Nordische Höfe

Ein wichtiger Bestandteil des skandinavischen Hofs (*húsabœr*) war das Langhaus. Das rekonstruierte Langhaus auf Stöng in Südisland wurde vermutlich im 11. Jahrhundert erbaut. Obwohl es sich beim Hof auf Stöng vermutlich um einen typischen Hof der Wikingerzeit handelt, weist er auch einige charakteristisch isländische Merkmale auf.

Im Zuge des Ausbruchs des Vulkans Hekla im Jahre 1104 musste der Hof auf Stöng von seinen Bewohnern aufgegeben und verlassen werden. Nachdem seine Grundmauern lange unter dicken Schichten von Asche und Lavas verborgen waren, konnte Stöng jedoch 1939 von einer Gruppe skandinavischer Archäologen unter der

---

[101] **frá því er sagt:** „von diesem (davon) wird gesagt."
[102] **er þeir frændr áttu:** „die diese Verwandten besaßen."
[103] **þeira graðungr dugir verr ok ferr frá:** „ihr Bulle taugt schlecht und weicht zurück."
[104] **í enni graðunginum:** „auf die Stirn des Bullen." Im Altnordischen wird i.d.R. der Dativ (hier: *graðunginum*) verwendet, um den Besitz von Körperteilen zu bezeichnen.
[105] **afbragð ... at atgørvi:** „der Außerordentlichste ... an Fähigkeiten", „der Begabteste." Während zwei Haupthandschriften der Saga das Wort *afbragð* "Paradebeispiel", „Inbegriff" verwenden, weist eine andere Handschrift an dieser Stelle das Wort *abrigði* „Abweichung", „Überschreitung", „Übergriff" auf.

Leitung von Aage Rousell wieder ausgegraben werden – und damit einige Lücken unseres Wissens über die Lebensverhältnisse in der späten Wikingerzeit füllen. Das große Bauernhaus grenzte im Südwesten an Torfwände von 1,3 bis 2 Meter Dicke. Es war von einer Reihe von Außengebäuden umgeben, zu denen auch eine kleine, von einem Friedhof umgebene Kirche sowie ein Kuhstall mit zehn Verschlägen gehörten.

Stöng war ein äußerst aufwändig errichtetes und komplexes Anwesen, das mit einer Länge von ungefähr 25 Metern von durchschnittlicher Größe für einen vermögenden isländischen Hof war. Der Hauptteil des Gebäudes bestand aus einer zentral gelegenen Feuerhalle (*eldskáli*) mit holzvertäfelten Wänden sowie dem sich in der Mitte unter dem Fist befindenden Langfeuer. Die Feuerhalle war über eine innere Passage mit einem weiteren großen Raum verbunden, der vermutlich als Speicherraum diente. Die Bewohner des Hofes schliefen auf breiten, an den Wänden stehenden Bänken in der Feuerhalle. Ein an diese anschließender Holzbettschrank (*lokrekkjugólf*, *lokrekkja* oder *lokhvíla*) mag dem Herren und der Herrin des Hofes mitunter jedoch vielleicht ein wenig Privatsphäre (und Schutz vor möglichen Angreifern) gewährt haben. An der Vorderseite der Haupthalle befand sich eine Außentür. Die beiden kleineren Räume waren mit dem hinteren Teil der Haupthalle verbunden. Eine davon fungierte als Speisekammer oder Speicherraum, die andere stellte eine große Latrine dar.

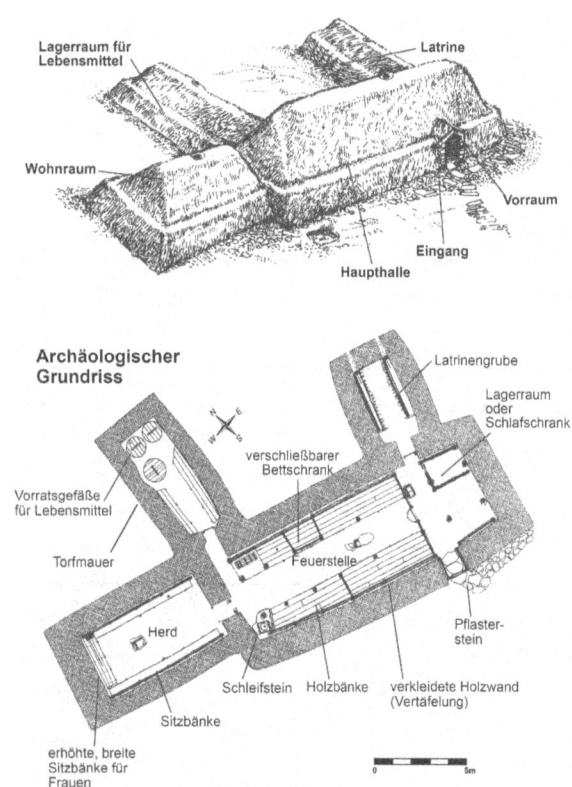

Abbildung 12.3. Das Langhaus (*skáli*) auf Stöng, Island.

Der Boden des Gebäudes bestand aus Erde, die sich durch Öle und andere Flüssigkeiten des alltäglichen Lebens verdichtete und hart wurde. Der Eingangsbereich war mit flachen Steinen ausgelegt.

Der Raum auf der gegenüber liegenden linken Seite stellte vermutlich eine *stofa* dar. Diese Bezeichnung bezog sich wohl ursprünglich auf einen beheizten Raum. In der Praxis wurde die *stofa* allerdings für unterschiedliche Anlässe genutzt und ist wahrscheinlich für das Zubereiten von Mahlzeiten und deren gemeinsames Einnehmen verwendet worden, und hat als abendlicher Aufenthaltsbereich fungiert. Im Gegensatz zu den durch die Mitte der *skáli* verlaufenden Langfeuern (*langeldar*), handelte es sich beim Feuerplatz in der „Stube" um einen teilweise in den Boden eingelassenen Steinherd. Da die Wandbänke in der *stofa* sehr viel schmaler waren als die in der Haupthalle, wurden sie vermutlich als Sitzgelegenheit verwendet, und in dem Raum Gelage abgehalten. Am äußersten Ende befand sich ein erhöhtes Podest (*pallr*), das laut verschiedener schriftlicher Quellen den Frauen als Arbeitsplatz gedient haben soll. In der *stofa* wurden Webgewichte, Spinnwirtel und andere Zeichen von Wollverarbeitung gefunden.

Die Vorratskammer war der größere der beiden hinteren Räume, die auf Stöng zu Tage gebracht wurden. Anhand von Abdrücken im Boden lässt sich erkennen, dass sich dort einst drei große Holzfässer befunden haben müssen, die der Kühlung wegen in die Erde eingelassen wurden. Die Fässer dienten der Aufbewahrung von eiweißreicher geronnener Milch (*skyr*) sowie vermutlich auch der Lagerung von in Sauermolke eingelegtem Fleisch.

Bei dem kleineren der beiden Hinterzimmer, das auf beiden Seiten tief mit Steinen ausgekleideten Rinnen ausgestattet war, handelte es sich wahrscheinlich um eine Latrine.

12.3 Das Indefinitpronomen *nǫkkurr*

Indefinitpronomen sind Pronomen, die ohne ein Bezugswort auskommen. Das Wort *nǫkkurr* („irgendein", „ein gewisser") dekliniert weitestgehend wie ein starkes Adjektiv, wobei die unbetonte Mittelsilbe im Stamm erhalten bleibt. Im Neutrum Singular fällt das -r- am Ende des Stamms vor -t weg.

		M	F	N
Sg	N	Nǫkkurr	nǫkkur	nǫkkut
	A	Nǫkkurn	nǫkkura	nǫkkut
	D	nǫkkurum	nǫkkurri	nǫkkuru
	G	Nǫkkurs	nǫkkurrar	nǫkkurs
Pl	N	nǫkkurir	nǫkkurar	nǫkkur
	A	nǫkkura	nǫkkurar	nǫkkur
	D	nǫkkurum	nǫkkurum	nǫkkurum
	G	nǫkkurra	nǫkkurra	nǫkkurra

Hann spyrr, ef **nǫkkur** er fróðr maðr inni.   Er fragt, ob **irgendjemand** im Haus ein weiser Mann ist.
Þeir fengu **nǫkkura** njósn af ferð Ásgerðar.   Sie erhielten **eine gewisse** Nachricht von Ásgerðs Reise.
Þeir kómu at á **nǫkkuri** ok gengu með ánni   Sie kamen zu einem **gewissen** Fluss und folgten dem
til fors **nǫkkurs**.   Fluss zu einem **gewissen** Wasserfall.

Nǫkkur verfügt über zahlreiche Varianten und kann z.B. auch als *nakkvarr, nakkverr, nøkkvarr* oder *nekkvarr* auftauchen.

12.4 Pronomen – *hverr* und *hvárr*

Die Pronomen *hverr* und *hvárr* werden sowohl als Interrogativpronomen als auch als Indefinitpronomen verwendet, wobei *hverr* häufiger auftaucht als *hvárr*. In interrogativer Funktion bedeutet *hverr* so viel wie „wer?", „was?" oder „welcher?", wenn es als Indefinitpronomen verwendet wird, wird es hingegen i.d.R. als „jeder" übersetzt. Das Wort *hvárr* verfügt über dieselbe Grundbedeutung wie *hverr*, bezieht sich allerdings stets auf zwei Personen, vgl. *hvárr maðr* „jeder" oder „einer [ein Mann] von zweien" oder *hvárir þeira* „beide von ihnen." Das Neutrum Singular verfügt über zwei verschiedene Formen; während *hvat* als Interrogativpronomen verwendet wird, stellt *hvert* das entsprechende Indefinitpronomen dar.

		M	F	N			M	F	N
Sg	N	hverr	hver	hvat~hvert	Pl	N	hverir	Hverjar	hver
	A	hvern	hverja	hvat~hvert		A	hverja	Hverjar	hver
	D	hverjum	hverri	hverju		D	hverjum	Hverjum	hverjum
	G	hvers	hverrar	hvers		G	hverra	Hverra	hverra

Hverr sagði þetta?   **Wer** sagte dies?
Hvat er at segja frá þeim stað?   **Was** ist von diesem Ort zu berichten?
Sá baugr er **hverjum** hǫfuðsbani, er á.   Dieser Ring bringt **jedem**, der ihn besitzt, den Tod.
Hvern dag ríða Æsir upp um Bifrǫst.   **Jeden** Tag reiten die Æsir hinauf über Bifrǫst.
Hvárr við annan.   **(Ein) jeder** mit dem anderen.

12.5 Das Indefinitpronomen *einnhverr*

Bei *einnhverr* („jemand", „ein gewisser") handelt es sich um eine aus *einn* („ein(er)") und dem Pronomen *hverr* zusammengesetzte Form. Bis auf einige Ausnahmen werden die Kasusendungen an den Stamm *einhver(j)*- angefügt. Im Nominativ und Akkusativ Maskulinum und Neutrum ergeben sich davon abweichende Formen, da hier *ein-* dekliniert wird.

	M	F	N
Sg N	einnhverr	einhver	eitthvert
A	einnhvern	einhverja	eitthvert
D	einhverjum	einhverri	einhverju
G	Einhvers	einhverrar	einhvers
Pl N	einhverir	einhverjar	einhver
A	einhverja	einhverjar	einhver
D	einhverjum	einhverjum	einhverjum
G	einhverra	einhverra	einhverra

12.6 Das Pronomen *hvárrtveggi*

Auch *hvártveggi* („jeder von beiden" im Singular, und „beide" im Plural) stellt eine aus zwei Wörtern (*hvárr* + *tveggi*) zusammengesetzte Form dar, bei der jedoch beide Elemente dekliniert werden müssen.

	M	F	N
Sg N	Hvárrtveggi	hvártveggja	hvárttveggja
A	hvárntveggja	hváratveggju	hvárttveggja
D	hvárumtveggja	hvárritveggju	hvárutveggja
G	hvárstveggja	hvárrartveggju	hvárstveggja
Pl N	hvárirtveggju	hvárartveggju	hvártveggju
A	hváratveggju	hvárartveggju	hvártveggju
D	hvárumtveggjum	hvárumtveggjum	hvárumtveggjum
G	hvárratveggju	hvárratveggju	hvárratveggju

Fellu þar menn af **hvárumtveggjum**.   *Fielen [starben] dort Männer auf beiden Seiten.*
Hǫfðu þeir **hvárirtveggju** mikit lið.   *Beide Seiten hatten ein großes Gefolge.*

12.7 Starke Verben – Klasse III

Die starken Verben der Klasse III zeichnen sich durch zwei, gelegentlich auch drei auf den Wurzelvokal folgende Konsonanten aus (wie z.B. *verð-a*, *dett-a*, *bjarg-a*, *vinn-a*, *finn-*, *søkkv-a*). Unten findest du das Grundvokalschema dieser Klasse sowie die häufigsten Varianten. Die Vokalcluster -nd-, -ng- und -ld- werden dabei im Präteritum Singular zu -tt-, -kk- und -lt- ausgehärtet (vgl. z.B. Inf *gjalda*, Prät Sg *galt*).

e (ja, já)	e	A	u	o
INFINITIV	3 Sg Präs	3 Sg Prät	3 Pl Prät	Part Prät
bresta „bersten"	brestr	brast	brustu	brostinn
sleppa „gleiten"	slepr	slapp	sluppu	sloppinn
verða „werden"	verðr	varð	urðu	orðinn
gjalla „brüllen"	gellr	gall	gullu	gollinn
gjalda „bezahlen"	geldr	galt	guldu	goldinn
skjálfa „beben"	skelfr	skalf	skulfu	skolfinn
hjálpa „helfen"	helpr	halp	hulpu	holpinn

Während einige zu dieser Klasse zählende Verben *-ja-* im Infinitiv zeigen (vgl. z.B. *gjalla* „kreischen", *gjalda* „bezahlen" und *bjarga* „bergen"), können bei anderen sowohl *-ja-* als auch *-já-* attestiert werden (vgl. *hjálpa~hjalpa* „helfen" und *skjálfa~skjalfa* „schütteln"). Diese Verben zeigen ein *-e-* im Präsens Singular auf: *hann gellr, geldr, bergr, helpr, skelfr*.

Einige Verben der Klasse III zeigen im Infinitiv ein -i- vor -n- oder -m- (vgl. z.B. *spinna, vinna, binda, finna* und *svimma*). Sie zeigen eine leicht abweichende Deklination:

	i	i	A	u	u
INFINITIV		3 SG PRÄS	3 SG PRÄT	3 PL PRÄT	PART PRÄT
finna „finden"		finnr	fann	fundu	fundinn
binda „binden"		bindr	batt †	bundu	bundinn
springa „werden"		springr	sprakk†	sprungu	sprunginn
vinna „brüllen"		vinnr	vann	unnu	unninn*
brenna* „brennen"		brennr*	brann	brunnu	Brunninn
renna* „rennen"		rennr*	rann	runnu	Runninn

* Die Verben *brenna* und *renna* zeigen sich mitunter auch in Form der älteren Infinitive *brinna* und *rinna* mit 3 Sg Präs *brinnr* und *rinnr*.

† Starke Verben mit Stammausgang -nd-, -ng- und -ld- bilden im Prät Sg die Endungen -tt, -kk und -lt aus.

ˣ Das -v- fällt vor den Vokalen -o- und -u- weg.

Auch Verben mit -v- am Ende des Stamms zeigen eine leicht abweichende Deklination auf:

søkkva <søkkr, sǫkk, sukku, sokkinn> sinken

syngva <syngr, sǫng, sungu, sunginn > singen

Anstelle von -v- können diese Verben mitunter auch mit -j- auftreten (vgl. *syngja* bzw. *søkkja*).

Die häufig verwendete Verben *bregða* „(hin und her) bewegen", „schwingen" und *drekka* „trinken" zeigen ebenfalls kleine Unregelmäßigkeiten auf: *bregða* <bregðr, **brá**, brugðu, **brugðinn**> und *drekka* <drekkr, drakk, drukku, **drukkinn**>.

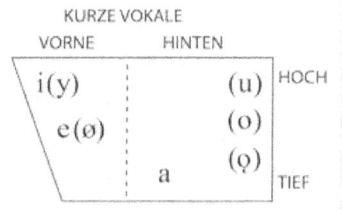

Abbildung 12.4. Die Kurzvokale des Altnordischen.

12.8 VERBEN – DAS PARTIZIP PRÄSENS

Das Partizip Präsens bezieht sich auf einen andauernden Vorgang. Es wird gebildet, indem das Suffix -and- an den Präsensstamm angefügt und um die entsprechende Kasusendung ergänzt wird. Da das Partizip Präsens ähnlich wie ein Adjektiv verwendet wird, stimmt es mit dem Substantiv in Genus, Kasus und Numerus überein. Die Partizipien zeigen eine schwache Deklination mit -i- im Femininum Singular sowie in allen Genera des Plurals auf.

		M	F	N
Sg	N	gefandi	gefandi	gefanda
	A	gefanda	gefandi	gefanda
	D	gefanda	gefandi	gefanda
	G	gefanda	gefandi	gefanda
Pl	N	gefandi	gefandi	gefandi
	A	gefandi	gefandi	gefandi
	D	gefǫndum	gefǫndum	gefǫndum
	G	gefandi	gefandi	gefandi

Die auf einen langen Vokal endenden Verben *sjá* und *fá* zeigen sich als *sjándi* bzw. *fjándi* im Partizip Präsens. Die nachfolgenden Beispiele stammen aus der *Vǫlsunga saga*.

Þeir finna eitt hús ok tvá menn **sofandi** í   *Sie finden ein Haus und zwei **schlafende** Männer*
húsinu með digrum gullhringum.   *im Haus mit dicken Goldringen.*

Á skildi váru [rúnar] ristnar, þeim er   *Auf das Schild waren [Runen] geritzt, dass jenen,*

stendr fyr **skínanda** guði.	der vorn steht, der **scheinende** Gott [schützt].
Guðrún gekk **hlæjandi** ok gaf þeim at drekka af stórum kerum.	Guðrún ging **lachend** und gab diesen von dem großen Gefäß zu trinken.

Wenn das Partizip Präsens in Verbindung mit *vera* verwendet wird, drückt es eine Möglichkeit oder Notwendigkeit aus.

Hjǫrdís gekk í valinn eptir orrostuna um nóttina ok kom at þar, sem Sigmundr konungr lá, ok spyrr, ef hann **væri græðandi**.	Hǫrðís ging in der Nacht nach dem Kampf über das Schlachtfeld und kam dorthin, wo König Sigmundr lag, und er fragt, ob er **zu heilen sei**.

12.9 TEXTPASSAGE – DER GEÄCHTETE SVARTR STIEHLT DAS VIEH DES ALTEN ÞORSTEINNS (*VÁPNFIRÐINGA SAGA*)

Im zweiten Kapitel der *Vápnfirðinga saga* wird darüber berichtet, wie der frühreife Brodd-Helgi im Alter von nur 12 Jahren einen Mann namens Svartr strafrechtlich verfolgt. Dieser soll einst seinen Nachbarn, einen gewissen Skíði, getötet haben. Im Zuge der über ihn verhängten Acht zieht sich Svartr in die Berge zurück und verbringt sein Leben fortan damit, die ansässigen Bauern um ihr Vieh zu bringen. Auch vor den Schafen von Helgis Großvater Þorsteinn macht er keinen Halt. Als der alte Þorsteinn davon erfährt, bittet er seinen Schäfer darum, Helgi nichts von den Ereignissen zu erzählen.

Vápnfirðinga saga (Kap. 2)

Maðr hét Svartr, er kom út hingat[106] ok gerði bú í Vápnafirði. It næsta honum bjó sá maðr, er Skíði hét. Hann var félitill. Svart var mikill maðr ok rammr at afli ok vel vígr ok óeirðarmaðr inn mesti. Þá Svart ok Skíða skildi á um beitingar,[107] ok lauk því svá, at Svatr vá Skíða. En Brodd-Helgi mælti eptir vígit ok gerði Svart sekan. Þá var Brodd-Helgi tólf vetra gamall.

Eptir þat lagðisk Svart út á heiði þá, er vér kǫllum Smjǫrvatnsheiði, skammt frá Sunnudal, ok leggsk á fé Hofsverja[108] ok gerði miklu meira at en honum var nauðsyn til.[109]

Sauðamaðr at Hofi kom inn einn aptan ok gekk inn í lokrekkjugólf Þorsteins karls, þar sem[110] hann lá sjónlauss. Ok mælti hann Þorsteinn. „Hversu hefir at farit í dag, félagi?"[111] segir hann. „Sem verst", segir hinn;[112] horfinn er geldingrinn þinn inn bezti," segir sauðamaðr, „ok þrír aðrir."

„Komnir munu til sauða annarra manna,"[113] segir hann, ok munu aptr koma."

„Nei, nei," segir sauðamaðr, „þeir munu aldrei aptr koma."

„Mæl við mik slíkt, er þér líkar,"[114] segir Þorsteinn, „en tala ekki slíkt við Brodd-Helga."

Übersetze:

_____
_____
_____
_____

---

[106] **er kom út hingat:** „der hierher [= nach Island] hinaus kam."
[107] **Þá Svart ok Skíða skildi á um beitingar:** „Damals waren sich Svartr und Skíði uneinig über Weiderechte."
[108] **leggsk á fé Hofsverja:** „ging dazu über, Vieh der Leute auf Hof zu erbeuten."
[109] **en honum var nauðsyn til:** „als [es] für ihn notwendig war."
[110] **þar sem:** „dort wo."
[111] **hversu hefir at farit í dag, félagi?:** „wie ist [es] heute gegangen, Freund?"
[112] **hinn:** „der andere."
[113] **komnir munu til sauða annarra manna:** „sie müssen zu Schafen anderer Männer gekommen sein."
[114] **slíkt er þér líkar:** „so wie [es] dir gefällt."

12.10 KULTUR – DIE ISLÄNDISCHEN GODEN (GOÐAR)

Die sich um die Fehde zwischen den Familien auf Hof und Krossavík drehenden Ereignisse in der *Vápnfirðinga saga* finden in einem gesellschaftlichen Umfeld statt, das als typisch isländisch bezeichnet werden kann. Auch der namentlich nicht bekannte Erzähler/Verfasser der Saga, der die Geschichte im Mittelalter auf Pergament gebracht hat, schien mit dem Wechselspiel zwischen Macht und Politik in der isländischen Gesellschaft bestens vertraut gewesen zu sein und konzentriert sich in der Saga auf einen in der Führungsschicht ausgetragenen Konflikt.

Bei den isländischen Häuptlingen handelte es sich um politische Anführer, die nur wenig mit den Kriegerhäuptlingen anderer zeitgenössischer skandinavischer Kulturen gemeinsam hatten. Obwohl sie nur geringfügig im Besitz offizieller Machtbefugnisse waren, oblag ihnen bis weit in das 13. Jahrhundert hinein die Kontrolle über die Bevölkerung. Obgleich es sicher eine lukrative Nische dargestellt hätte, überwachten die *goðar* jedoch keine Bezirkseinrichtungen, die etwa mit der Instandhaltung und Verteidigung von Bewässerungssystemen, Wasserwegen oder Fortifikationen betraut waren. Auch waren sie nicht dazu berechtigt, den ansässigen Bauern den Zugriff auf natürliche Ressourcen zu verweigern, und sie verfügten über nur begrenzte Privilegien und Kontrollfunktionen über die überschüssigen Produktionsgüter einer Region.

Trotz der Tatsache, dass es sich bei ihnen im eigentlichen Sinne also um keine befehlshabenden Adeligen handelte, führten die *goðar* in der *Vápnfirðinga saga* jeweils verschiedene Interessengruppen freier Großgrundbesitzer (*bœndr*, Sg *bóndi*) an. Da das Recht auf ein Bündnis mit einem Goden nicht die Zugehörigkeit ihres Hofes zu einem bestimmten territorialen Gebiet erforderte, konnten die *bœndr* sich ihren Anführer selbst aussuchen. Die freien Bauern wurden *þingmenn* (Sg *þingmaðr* „Thingmann") genannt und stellten die rechtlich anerkannten Anhänger ihres jeweiligen Goden dar. Diese vertraten die Interessen ihrer *þingmenn* auf Versammlungen und agierten als deren rechtlicher Beistand, wenn es zu Streitigkeiten und Auseinandersetzungen kam.

Die isländischen Goden galten als Rechtsspezialisten. Obwohl sie nicht dazu verpflichtet waren, boten sie einem in Schwierigkeiten geratenen Bauern ihre Hilfe an, zumeist gegen eine kleine Bezahlung. Ein zum *þingmaðr* gewordener *bóndi* war dadurch fortan *í þingi* („im Thing") mit dem für ihn zuständigen *goði*.

Die isländischen Goden waren, ähnlich wie auch andere bedeutende Bauern, in der Regel wohlhabend genug, um schlechte Zeiten zu überstehen. Demgegenüber verfügten sie jedoch nur über begrenzte Befugnisse, die Bauern ihren Befehlen zu unterwerfen. Die *þingmenn* eines Godens verfügten in der Regel über ausreichend Spielraum, um sich gegen die Forderungen ihres Anführers zu wehren und konnten sogar ihrerseits Ansprüche an diesen stellen.

Das Amt eines *goði* wurde *goðorð* („Wort eines Godens") genannt. Ein *goðorð* oder Godentum wurde wie ein Privatbesitz gehandhabt und meist an ein Familienmitglied, wenn auch nicht notwendigerweise an den ersten Sohn, weitergegeben. Ein *goðorð* konnte allerdings auch käuflich erworben, geteilt oder als Geschenk empfangen werden. Da sich jeder als *goði* bezeichnen dufte, der sich mit anderen die Macht über ein *goðorð* teilte, war die tatsächliche Anzahl an Goden in Island stets größer als die Anzahl an Godentümern.

Sowohl vor als auch nach der Christianisierung Islands bildeten die *goðar* eine Elite kleinen Maßstabs. Der Begriff *goði* leitet sich von dem altnordischen Wort *goð* „Gott" ab und wird daher manchmal auch als „priesterlicher Anführer" übersetzt. Vermutlich bezieht sich der Begriff auf die Pflichten, die die ersten isländischen Anführer als Priester des alten Glaubens innehatten. Nachdem die Isländer um 999/1000 friedlich zum Christentum übergetreten waren, tauschten viele *goðar* ihre religiösen Funktionen gegen die der christlichen Priester ein. Während einige Goden selbst Priester wurden, erhoben andere ihre Söhne, Verwandte oder mitunter auch Sklaven zu Priestern. Der neue Glauben wurden von den meisten Goden mit offenen Armen begrüßt und ermöglichte es ihnen vor allem im 11. und 12. Jahrhundert, sich durch die Verwaltung des Kirchenbesitzes ungemein an ihm zu bereichern.

12.11 VOKABULAR— LISTE 12. DIE HÄUFIGSTEN WÖRTER IN DEN SAGAS

SUBSTANTIVE	ADJEKTIVE	PRONOMEN
sveinn — Junge, Knabe	**ríkr** — mächtig, stark	**yðr** — euer (*Pl*)
vár — Frühling	**fjǫlmennr** — mit vielen Leuten versehen	**okkarr** — unser (*Dua*), beide
kostr — Wahl		
skjǫldr — Schild	**skammr** — wahrscheinlich	**einhverr** — (irgend)einer
bak — Rücken	**gǫfugr** — zornig, wütend	
VERBEN	**PRÄP & ADV**	**KONJUNKTIONEN**
veita — gewähren, geben	**aldri** — niemals	**hvárgi** — keiner von beiden
sœkja — suchen	**nær** — nahe	
hǫggva — schlagen	**mikit** — groß	
senda — schicken	**milli** — zwischen	
geta — erlangen	**útan** — von außen her	

AUFGABEN

12.12 Textverständnis. Bestimme die unterstrichenen Wörter und gib ihre Grundform sowie die deutsche Übersetzung an.

Helgi var mikill maðr ok <u>sterkr</u> ok bráðgǫrr, vænn ok stórmannligr, ekki málugr í barnœsku, óðæll ok óvægr <u>þegar</u> á unga aldri. Hann var hugkvæmr ok margbreytinn.
Frá <u>því</u> er sagt einnhvern dag at <u>Hofi</u>, er <u>naut</u> váru á <u>stǫðli</u>, at graðungr var á <u>stǫðlinum</u>, er þeir frændr áttu, en annarr graðungr kom <u>á</u> stǫðulinn, ok stǫnguðusk graðungarnir. En sveinninn Helgi var úti ok sér, at <u>þeira</u> graðungr <u>dugir</u> verr ok <u>ferr</u> frá. Hann tekr mannbrodd einn ok bindr í enni graðunginum, ok gengr þaðan frá þeira graðungi <u>betr</u>. Af þessum atburði var hann kallaðr Brodd-Helgi.

Bsp sterkr   *Adj, m, N Sg von sterkr „stark"*

1. þegar   _____
2. því   _____
3. Hofi   _____
4. naut   _____
5. stǫðli   _____
6. stǫðlinum   _____
7. á   _____
8. þeira   _____

9. dugir _____
10. ferr   _____
11. betr   _____

12.13 Wiederholung – Das Präsens und Präteritum der starken Verben. Vervollständige die Sätze mit der jeweils richtigen Verbform.

1. Hann _____ honum gripi (bjóða, Präs).
   Hann _____ honum gripi (bjóða, Prät).
2. Gunnarr _____ hundinum (strjúka, Präs).
   Gunnarr _____ hundinum (strjúka, Prät).
3. Konungrinn _____ um hausit. (koma, Präs).
   Konungrinn _____ um hausit. (koma, Prät).
4. Maðr _____ í skóga (ganga, Präs).

   Maðr _____ í skóga (ganga, Prät).
5. Hundr _____ eigi (bíta, Präs).
   Hundr _____ eigi (bíta, Präs).
6. Vér _____ í hús (ganga, Präs).
   Vér _____ í hús (ganga, Prät).
7. Þér _____ á eldaskálana (líta, Präs).
   Þér _____ á eldaskálana (líta, Prät).

12.14 Starke Verben – Klasse I–III.
A. Während die Verben der Klasse I ein -*í*- im Infinitiv aufzeigen, und die Verben der Klasse II durch -*jú*-, -*jó*- oder -*ú*- gekennzeichnet sind, zeigen die Infinitive der zu Klasse III gehörenden Verben -*e*-, -*ja*-, -*já*- oder -*i*- vor jeweils zwei Konsonanten auf.

	INFINITIV	BEISPIELE
Klasse I:	í	l**í**ta, r**í**sa
Klasse II:	jú, jó, ú	str**jú**ka, b**jó**ða, l**ú**ka
Klasse III:	eKK, jaKK, jáKK, iNK	v**er**ða, b**jar**ga, skj**ál**fa, v**in**na
K = Konsonant Nasal = n *oder* m		

Bestimme jeweils die Verbklasse der folgenden starken Verben.

Bsp skjóta *Klasse II*
1. snerta _____   5. bjarga _____
2. drjúpa _____   6. bíta _____
3. klífa _____   7. hverfa _____
4. lúka _____   8. vinna _____

A. Ordne den folgenden Verben ihre jeweilige Verbklasse zu und gib die geforderte Verbform (siehe Klammern) an.

		Verbklasse	*Verbform*
Bsp	bíða (2 Pl Präs)	*Klasse I*	*bíð*
1.	finna (2 Pl Prät)	_____	_____
2.	verða (1 Pl Präs)	_____	_____
3.	líta (3 Pl Präs)	_____	_____
4.	lúta (2 Sg Prät)	_____	_____
5.	svíkja (1 Sg Prät)	_____	_____
6.	ljósta (1 Pl Prät)	_____	_____
7.	gjalla (3 Sg Prät)	_____	_____
8.	ríða (3 Sg Präs)	_____	_____

9. springa (2 Pl Präs) _____ _____
10. fljúga (3 Pl Prät) _____ _____
11. søkkva (2 Pl Präs) _____ _____
12. syngva (1 Pl Prät) _____ _____

12.15 Die Pronomen *hverr* und *einnhverr*. Gib die Deklination der folgenden Wörter an.

	HVERR PENNINGR	EITTHVERT SKIP
Sg N	_____	_____
A	_____	_____
D	_____	_____
G	_____	_____
Pl N	_____	_____
A	_____	_____
D	_____	_____
G	_____	_____

12.16 Starke und schwache Verben. Gib die jeweils geforderte Verbform an.

Bsp gefa <gefr, gaf, gáfu, gefit> (3 Sg Präs) *gefr*
1. fara <ferr, fór, fóru, farit> (3 Pl Prät) _____
2. gera <-ði, -ðr~gerr> (2 Sg Präs) _____
3. koma <kemr, kom, kómu, kominn> (1 Sg Prät) _____
4. herja <-að-> (2 Pl Prät) _____
5. ganga <gengr, gekk, gengu, genginn> (3 Sg Prät) _____
6. verða <verðr, varð, urðu, orðinn> (2 Pl Präs) _____

12.17 Starke Verben – Klasse III. Das Verb *sleppa* ("gleiten", „entweichen") weist die folgenden Stammformen auf: *sleppr, slapp, sluppu, sloppinn*. Konjugiere *sleppa* im Präsens und Präteritum.

	PRÄSENS		PRÄTERITUM
Sg ek	_____	**Sg** ek	_____
þú	_____	þú	_____
hann	_____	hann	_____
Pl vér	_____	**Pl** vér	_____
þér	_____	þér	_____
þeir	_____	þeir	_____

Anstelle von *-e-* zeigen einige starke Verben der Klasse III im Infinitiv *-ja-* oder *-já-* (*bjarga, hjálpa*) auf. Abgesehen von dieser Abweichung flektieren diese Verben jedoch wie *sleppa*. Verben, die im Infinitiv ein *-i-* aufweisen, zeigen im Partizip Präteritum *-u-* statt *-o-* auf. Beachte, dass *brenna* von der älteren Form *brinna* abstammt und sein Partizip daher mit *-u-* bildet. Gib jeweils die entsprechenden Stammformen an.

Bsp spretta *sprettr, spratt, spruttu, sprottinn*
1. snerta _____
2. bjarga _____

3. spinna _____
4. hjálpa _____
5. bresta _____
6. brenna _____

Bilde die Stammformen der nachfolgenden Verben. Beachte dabei, dass das -v- vor -o- und -u- entfällt.

Bsp hverfa *hverf, hvarf, hurfu, horfinn*

7. verða _____
8. vinna _____
9. verpa _____
10. þverra _____

Bei den starken Verben kommt es in der 3 Sg Prät zu der lautlichen Veränderung von -nd-, -ng- und -ld- zu -tt-, -kk- bzw. -lt-. Gib jeweils die richtige Form der 3 Sg Prät an.

Bsp binda *batt*

11. springa _____ 12. gjalda _____ 13. vinda _____

Gib die Infinitive der folgenden Verben an.

Bsp vinnr *vinna*

14. varð _____ 16. dottinn _____ 18. drukku _____
15. spunnu _____ 17. fann _____ 19. urðu _____

Füge in die Tabelle die richtigen Formen der starken Verben Klasse III ein.

Bsp finna (1 Sg Prät) *fann*

20. bjarga (2 Pl Prät) _____ 24. bresta (1 Sg Prät) _____
21. spinna (1 Pl Präs) _____ 25. snerta (1 Pl Prät) _____
22. svimma (3 Pl Präs) _____ 26. verða (3 Sg Prät) _____
23. gjalla (2 Sg Prät) _____ 27. hjálpa (3 Sg Präs) _____

12.18 Der Runenstein von Bro in Uppland, Schweden berichtet von Ginnlaug, der Tochter von Hólmgeirr und der Schwester von Sigrøðr. Sie stammen vermutlich aus derselben Familie wie die auf dem Runenstein von Ramsund erwähnten Personen. Auch Ginnlaug wollte ihrem verstorbenen Ehemann mit der Errichtung eines Runensteins ein Denkmal setzen sowie auf den von ihr getätigten Bau einer durch ein Sumpfgebiet führenden Dammstraße hinweisen.

Laut der Inschrift auf dem Runenstein in Bro betätigte sich Ginnlaugs verstorbener Ehemann Assur als eine Art Wächter (*vǫrðr*) der regionalen Küstenverteidigung. Er war vermutlich also damit beauftragt, Ausschau nach Wikingerschiffen zu halten, die als Bedrohung für die schwedischen Küstengebiete angesehen wurden.

Bei dem Vater von Assur handelte es sich vermutlich um den norwegischen *hlaðajarl* Hákon Sigurðarson aus Trøndelag, der zwischen 970 und 995 *de facto* der Herrscher über fast ganz Norwegen war. Dank seines Adelstitels stand er an zweiter Stelle gleich hinter dem König. Die Inschriften auf den Runensteinen von Bro und Ramsund spiegeln eine überraschend christlich geprägte Geisteshaltung des sich dem neuen Glauben doch lange so hartnäckig widersetzenden Schwedens wider, und bezeugen, dass während der Zeit der Christianisierung und vielleicht sogar noch danach Elemente beider Religionen auch hier nebeneinander existieren konnten.

RUNEN

ᚴᛁᚾᛚᚢᚴ ᚼᚢᛚᛘᚴᛁᛋ ᛏᚢᛏᛁᛦ ᛋᚢᛋᛏᛁᛦ ᛋᚢᚴᚱᚢᚦᛅᛦ ᛅᚢᚴ ᚦᛅᛁᚱᛅ ᚴᛅᚢᛋ ᛅᚢᚾ ᛚᛁᛏ ᚴᛁᛅᚱᛅ ᛒᚱᚢ ᚦᛁᛋᛁ ᛅᚢᚴ ᚱᛅᛁᛋᛅ ᛋᛏᛅᛁᚾ ᚦᛁᚾᛅ ᛁᚠᛏᛁᛦ ᛅᛋᚢᚱ ᛒᚢᚾᛏᛅ ᛋᛁᚾ ᛋᚢᚾ ᚼᛅᚴᚢᚾᛅᛦ ᛁᛅᚱᛚᛋ ᛋᛅᛦ ᚢᛅᛦ ᚢᛁᚴᛁᚴᛅ ᚢᛅᚢᚱᚦᚱ ᛘᛁᚦ ᚴᛅᛁᛏᛁ ᚴᚢᚦ ᛁᛅᛚᛒᛁ ᛅᚾᛋ ᚾᚢ ᛅᚢᛏ ᚢᚴ ᛋᛅᛚᚢ

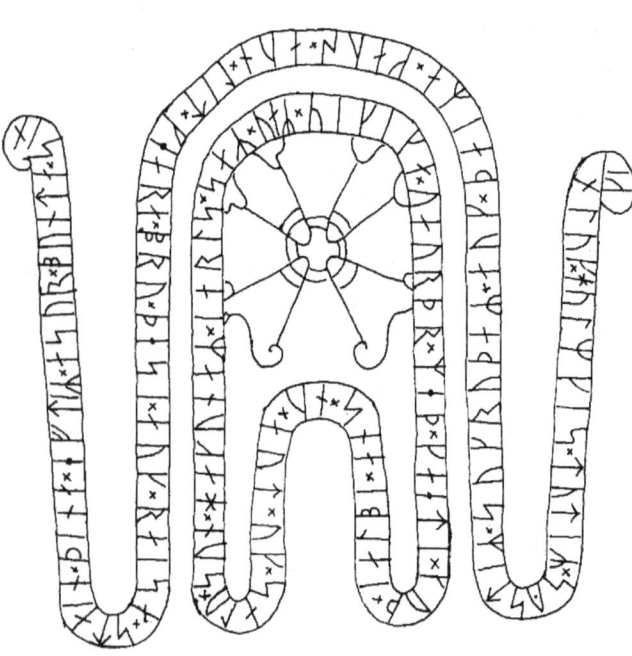

Abbildung 12.5. Der Runenstein der Kirche von Bro in Uppland, Schweden.

TRANSLITERATION

kinluk × hulmkis × tutiR × systiR × sukruþaR × auk × þaiRa × kaus × aun × lit × keara × bru × þesi × auk × raisa × stain × þina × eftiR × asur × bunta × sin × sun × hakunaR × iarls × saR × uaR × uikika × uaurþr × miþ × kaeti × kuþ × ialbi × ans × nu × aut × uk × salu ×

STANDARDISIERTES ALTNORDISCH

Ginnlaug, Hólmgeirs dóttir, systir Sigrøðar ok þeira Gauts,[115] hon lét gera brú þessi[116] ok reisa stein þenna eptir Assur, búanda sinn, son Hákonar jarls. Sá var víkingarvǫrðr með gæti.[117] Guð hjálpi hans nú ǫnd ok sálu.

VOKABULAR

Gautr <-s> *m* Gautr (Personenname)
Ginnlaug <-ar> *f* Ginnlaug (Personenname)
gæta <gætti, gætt> V [mit G] aufpassen, bewachen, behüten; beachten, einhalten
gætir <-is, -ar> *m* Hüter, Wächter
Gætir <-is> *m* Gaetir (Personenname)
vǫrðr <*D* verði, *G* varðar, *N Pl* verðir, *A Pl* vǫrðu, *G Pl* varða> *m* Wache, Wächter

Assurr (*auch* **Ǫzurr**) <-s> *m* Assurr (Personenname)

Übersetze:

_____
_____
_____

---

[115] **ok þeira Gauts:** „und von Gautr und seinen Brüdern."
[116] **þessi:** Im standardisierten Altnordisch würde die richtige Form *þessa* (A Sg) lauten, um mit *brú* zu kongruieren.
[117] **gæti:** Die Bedeutung von *gæti* ist unbekannt. Steht das Wort im Singular (*gæti*) könnte es als ein Personenname (*Gætir*) aufgefasst werden, der jedoch sehr ungewöhnlich ist. Steht es im Plural (*gæta*), beschreibt es Assur als den Befehlshaber einer Schar von Wächtern. *Gæti* könnte jedoch auch Teil einer formelhaften Wendung sein und als *...með. Gæti [vor] Guð [ok]...* gelesen werden. „...auch. Möge Gott über uns wachen und..."

LEKTION 13

BRODD-HELGI ERMORDET EINEN DIEB IM *VÁPNAFJORÐR*

Þá er hart þegar einn hrafninn kroppar augun ór ǫðrum.
(Die Zeiten sind hart, wenn der eine Rabe die Augen des anderen aushackt.)

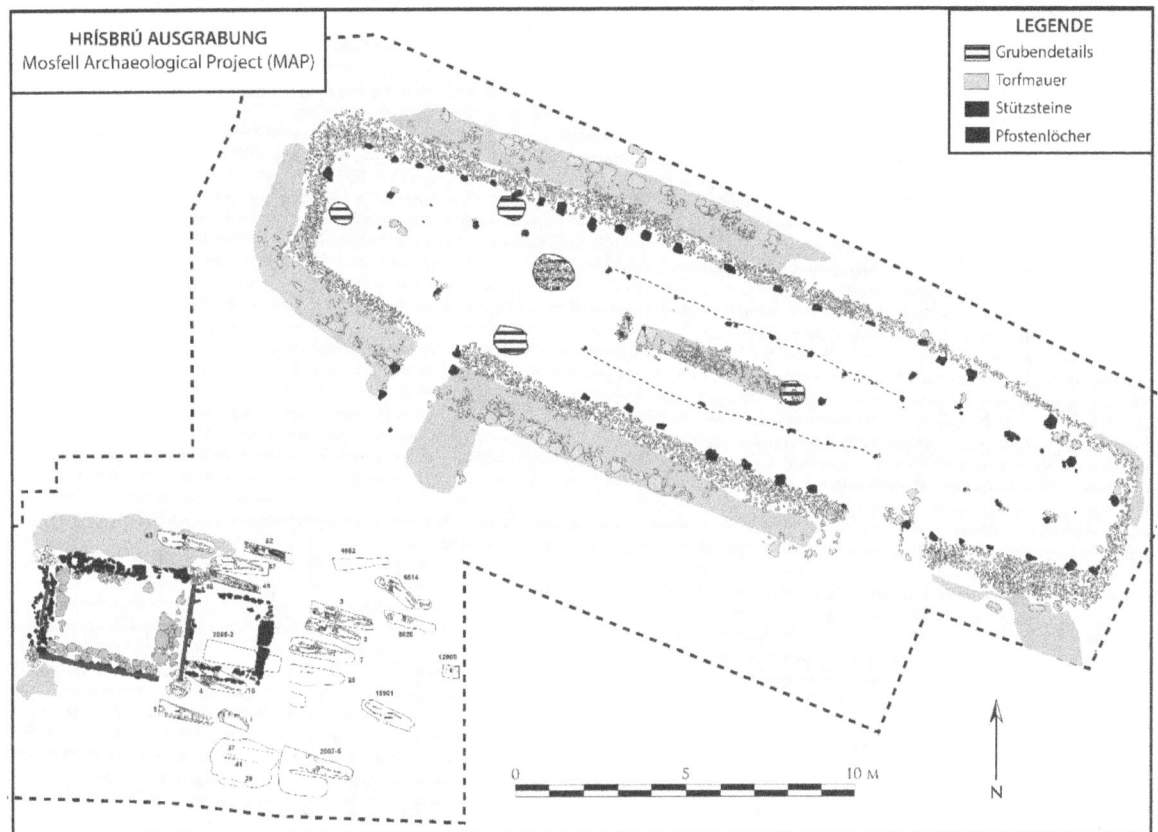

Abbildung 13.1. Archäologischer Ausgrabungsplan des Langhauses (*skáli*) und der Stabkirche von Hrísbrú im Mosfellsdalur, Island (*Mosfell Archaeological* Project). Während das große Langhaus vermutlich in der frühen Besiedlungszeit (um 900) gebaut wurde, stammt die aus Treibholz errichtete, kleinere Stabkirche (links unten) aus der Zeit der Christianisierung. Das in der Nähe der heutigen Stadt Mosfellsbær gelegene *Mosfellsdalur* („Moosbergtal") wird sowohl in *Egils saga* als auch in *Gunnlaugs saga* beschrieben. Bei Hrísbrú handelte es sich vermutlich um den Wohnort der Anführer von Mosfell, zu denen auch der von 1002–1004 das Amt des isländischen Gesetzessprechers innehabende Grímr Svertingsson zählte. Auch die Schlusskapitel von *Egils saga* spielen auf Hrísbrú. Der Protagonist Egill Skalla-Grímsson ist hier gestorben und auch beigesetzt worden. Der Plan gibt einen Überblick über die unterschiedlichen Bänke und Bodenschichten und das leere Schachtgrab, das unter dem Altar der Kirche gefunden wurde.

13.1 TEXTPASSAGE — BRODD-HELGI ERSCHLÄGT SVARTR

Obwohl Þorsteinn ihn darum gebeten hat, seinem Enkel Brodd-Helgi nichts von dem Diebstahl zu berichten, missachtet der Hirte seine Worte und erzählt Helgi von dem Vorfall. Dieser zögert nicht lange und bricht auf, um Svartr zur Rede stellen. Um sich vor einem möglichen Angriff seines Gegenübers zu schützen, stopft er sich zuvor jedoch noch einen großen, flachen Stein unter die Kleider. Daraufhin stiehlt er sich in der Tiefe der Nacht aus dem Haus und folgt den Spuren des Diebes durch den Schnee bis hinauf auf die *Smjǫrvatnsheiðr* („Butterseeheide"). Als er dort schließlich auf Svartr trifft, spricht dieser einen Fluch über Helgi und seine gesamte Familie aus. Verwünschungen (*álǫg*) und Flüche gehören zu den beliebtesten Stilmitteln der Sagas und stellen i.d.R. einen negativen Wendepunkt im Leben der Hauptfiguren dar. In diesem Fall werden zwei Generationen von Helgis Familie unter der durch den Fluch ausgelösten Blutfehde leiden.[118]

Vápnfirðinga saga (Kap. 2)

Brodd-Helgi spurði sauðamanninn, hversu flakkat hefði,[119] um daginn eptir. En hann hafði ǫll in sǫmu svǫr[120] við hann sem við Þorstein. Brodd-Helgi lét sem hann heyrði eigi ok fór í rekkju um kveldit. Ok er aðrir menn váru sofnaðir, reis hann upp ok tók skjǫld sinn, ok gekk hann siðan út.

Þess er getit, at hann tók upp einn hellustein mikinn ok þunnan, ok lét annan enda í brœkr sínar, en annan fyrir brjóst. Hann hafði í hendi boløxi mikla á hávu skapti. Hann ferr, unz hann kemr í sauðahús, ok rekr þaðan spor, því at snjór var á jǫrðu.

Hann kemr á Smjǫrvatnsheiði upp frá Sunnudal. Svartr gekk út ok sá mann knáligan kominn ok spurði, hverr þar væri.[121] Brodd-Helgi sagði til sín. „Þú munt ætla at fara á fund minn[122] ok eigi ørendislaust", segir hann.

Svartr hljóp at honum ok leggr til hans með hǫggspjóti miklu, en Brodd-Helgi brá við skildinum, ok kom á útanverðan skjǫldinn ok kemr í helluna,[123] ok sneiddi af hellunni svá hart, at hann féll eptir laginu.[124] En Brodd-Helgi hǫggr á fótinn, svá at af tók.[125]

Þá mælti Svartr: „Nú gerði gæfumun okkar",[126] segir hann, „ok muntu verða banamaðr minn, en sá ættangr mun verða í kyni yðru héðan af,[127] at alla ævi mun uppi vera,[128] meðan landit er byggt." Eptir þetta hjó Helgi hann banahǫgg.

Nú vaknar Þorsteinn karl heima á Hofi ok gengr af rekkju sinni ok tekr í rúm Brodd-Helga.[129] Var þat kalt orðit. Hann vekr upp húskarla sína ok biðr þá fara at leita Brodd-Helga. Ok er þeir kómu út, rǫkðu

---

[118] Für mehr Informationen über die in *Vápnfirðinga saga* geschilderte Fehde siehe Kapitel 13, „Friendship, Blood Feud, and Power: The Saga of the People of Weapon's Fjord" In Byock, Jesse: *Viking Age Iceland*. London: Penguin Books, 2001, S. 233–251. Vgl. auch Kapitel 10, „Systems of Power: Advocates, Friendship, and Family Networks", Kapitel 11, „Aspects of Blood Feud", Kapitel 12, „Feud and Vendetta in a „Great Village" Community", S. 184–232.

[119] **hversu flakkat hefði**: „wie er [mit den Schafen] umhergewandert wäre." In indirekten Fragen steht meistens der Optativ (*hefði* 3 Sg Opt Prät von *hafa*).

[120] **ǫll in sǫmu svǫr**: „genau die gleichen Antworten."

[121] **ok spurði, hverr þar væri**: „und er fragte, wer dort wäre". Auch hierbei handelt es sich um eine indirekte Frage im Optativ (*væri* 3 Sg Opt Prät von *vera*).

[122] **Þú munt ætla at fara á fund minn**: „Du wirst gekommen sein, um mich zu treffen". Das Verb *munu* wird verwendet, wenn ein Sprecher vermutet, dass ein Ereignis in der Zukunft tatsächlich eintreffen wird. *Munu* gehört zu den sog. Präteritopräsentia.

[123] **ok [hǫgg] kom á útanverðan skjǫldinn ok kemr í helluna**: „Der Schlag traf auf den äußeren Teil des Schildes und schlägt auf den Stein." Der Schlag prallte am Rand des Schildes ab und traf daher den Stein, der Helgis Brust bedeckte.

[124] **hann féll eptir laginu**: „er [Svartr] fiel in Richtung des Schlags." Svartr verlor sein Gleichgewicht.

[125] **svá at af tók**: „so dass [der Fuß] abgehauen wurde."

[126] **Nú gerði gæfumun okkar**: unpersönliche Satzkonstruktion: „Jetzt hat sich der Unterschied unseres Glücks gezeigt."

[127] **mun verða í kyni yðru héðan af**: „[der Fluch] wird von jetzt an auf deiner Familie liegen."

[128] **at alla ævi mun uppi vera**: „bis in alle Ewigkeit."

[129] **ok tekr í rúm Brodd-Helga**: „und er berührt Brodd-Helgis Bett."

þeir spor hans alla leið ok fundu hann þar sem Svartr lá dauðr.

Síðan huldu þeir hræ Svarts ok hǫfðu með sér allt þat, sem fémætt var.[130] Varð Brodd-Helgi víðfrægr ok lofaðr mjǫk af alþýðu fyrir þetta þrekvirki, er hann hafði unnit, jafnungr sem hann var enn at aldri.[131]

Übersetze:

_____
_____
_____
_____
_____
_____
_____
_____
_____
_____
_____
_____
_____
_____
_____
_____
_____
_____

13.2 Kultur — Versammlungen und Gerichte in Island

Með lǫgum skal land várt byggja en með ólǫgum eyða.

(„Mit Gesetzen soll unser Land aufgebaut werden, aber mit Gesetzlosigkeit zugrunde gehen.") – Njáls saga – Mit der Errichtung des Allthings (*alþingi*), der für die ganze Insel zuständigen Volksversammlung, die jeden Sommer auf dem sogenannten *þingvǫllr* („Thingfeld") im südwestlichen Teil der Insel tagte, wurde dem isländischen Freistaat um 930 eine eigene staatliche Ordnung verliehen. Aus allen Teilen des Landes zog es die Isländer daher alljährlich im Juni zum *alþingi*, ganz gleich ob es sich bei ihnen um Händler, Bierbrauer oder junge Erwachsene auf der Suche nach einem Ehepartner handelte. Der von einem großen See und malerischen Bergzügen umgebene Versammlungsort wurde zwei Wochen lang zu einer nationalen Hauptstadt erhoben. Da es im Sommer so gut wie gar nicht dunkel wird und die Temperaturen damals zudem noch relativ mild waren, stellte der Juni die beste Zeit zum Reisen dar.

Auf dem *alþingi* wurden Freundschaften und politische Allianzen geschlossen, erneuert oder gebrochen, Ehen und Scheidungen arrangiert, Informationen ausgetauscht, Versprechen gegeben, Geschäfte vollzogen und Geschichten erzählt. Auch in der *Vápnfirðinga saga* lassen sich viele Szenen finden, die von den Ereignissen auf dem *alþingi* oder von Versammlungen auf lokaler Ebene berichten. Die kleineren regionalen Versammlungen wurden „Frühjahrsversammlungen" (*várþing*) genannt.

Die Leitung des Allthings oblag den Goden. Sie waren es auch, die in der *lǫgrétta* („Gesetzeskammer") Gesetze entwarfen und verabschiedeten. Obwohl es nur wenige Informationen über die genauen Abläufe der

---

[130] **ok hǫfðu með sér allt þat, sem fémætt var:** „und nahmen alles mit sich, was wertvoll war."
[131] **jafnungr sem hann var enn at aldri:** „so jung wie er in dem Alter noch war."

Versammlung in den ersten Jahren nach seine Errichtung gibt, geben die Sagas und Gesetzessammlungen

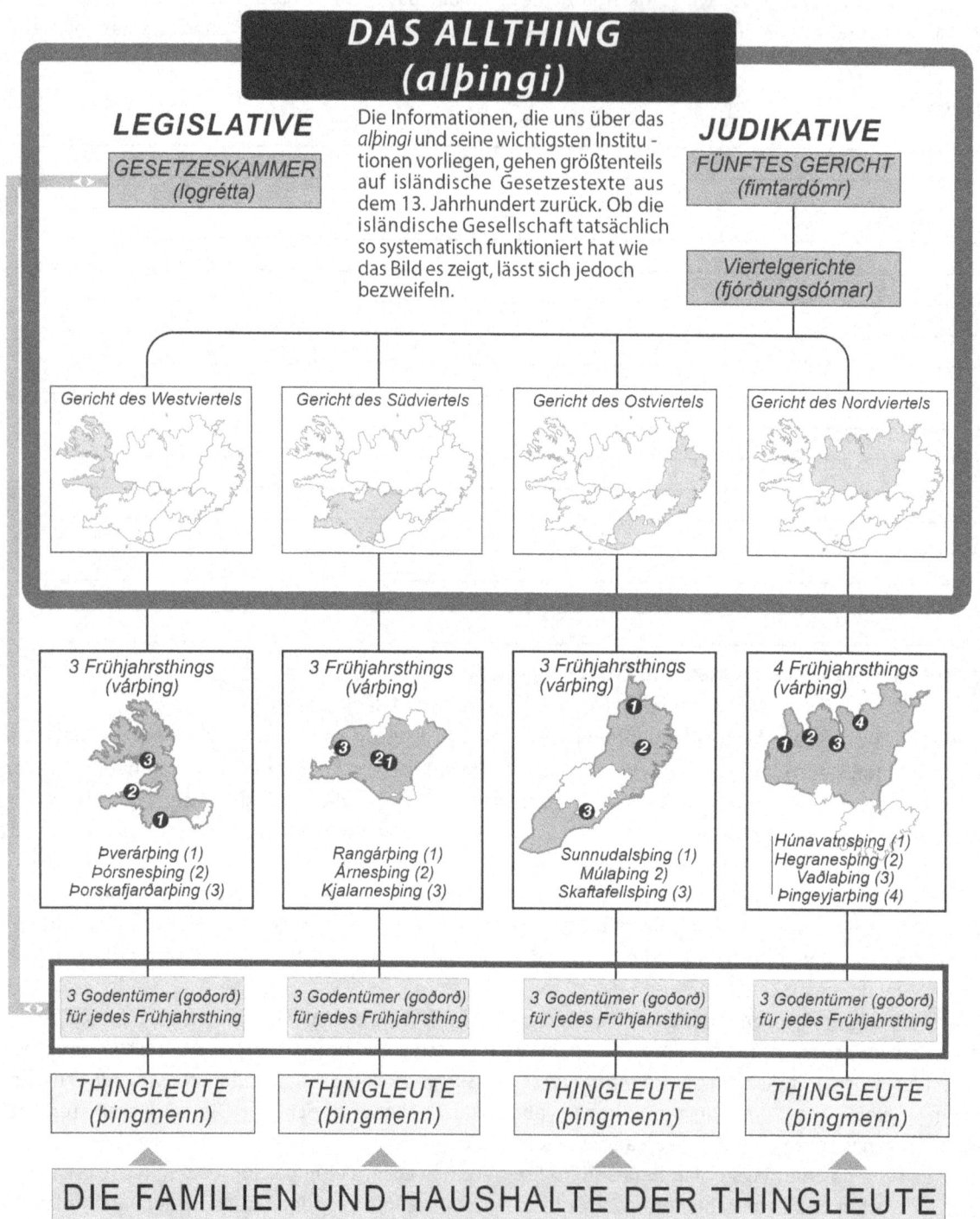

Abbildung 13.2. Das isländische Allthing (*alþingi*).

einen detaillierten Überblick über den Aufbau und die Durchführung der Versammlungen aus der Zeit, als das *alþingi* weitgreifenden konstitutionellen Veränderungen unterzogen wurde.

Durch eine ca. 965 durchgeführte Reform wurde Island in vier verschiedene Bezirke eingeteilt, für die auf dem *alþingi* jeweils ein Bezirksgericht (*fjórðungsdómr*) eingerichtet worden ist. Dadurch konnten gewisse Rechtsangelegenheiten direkt auf regionaler Ebene vorgebracht werden. Die Bezirksgerichte auf dem *alþingi* dienten auch als Berufungsgerichte für auf den Frühjahrsversammlungen getroffene Urteile. Außerdem bestand die Möglichkeit, über auf dem *várþing* nicht abgeschlossene Klagen vor dem jeweiligen Bezirksgericht auf dem *alþingi* erneut zu verhandeln.

Das einzige Amt, das im isländischen Regierungssystem tatsächlich von Bedeutung war, war das des Gesetzessprechers (*lǫgsǫgumaðr*). Eine wichtige Aufgabe des für eine Amtsperiode von drei Jahren gewählten Gesetzessprechers bestand darin, jährlich ein Drittel der Gesetze auf dem Gesetzesfelsen (*lǫgberg*) zu rezitieren. Die Anwesenheit auf dem *alþingi* war für jeden Goden obligatorisch. Während der Versammlung hielten sich die ihn begleitenden Berater und alle anderen Personen, die an den vorgebrachten Rechtsfällen interessiert waren, auf den das Feld umgebenden und von Gras bewachsenen Hängen auf. Die Rechtsbeistände der Goden nahmen vermutlich auch an den Diskussionen über gewisse Rechtsfragen teil und konnten sich durch Änderungs- oder Korrekturvorschlägen aktiv einbringen.

Zu den Aufgaben des Gesetzessprechers gehörte es außerdem, die von den Mitgliedern der *lǫgrétta* neu verabschiedeten Gesetze öffentlich vorzutragen. Und auch wenn sein Wissen für die Berichtigung von Gesetzen benötigt wurde, konnten sich die Goden an den Gesetzessprecher wenden. Wenn er einen schwierigen Teil des Gesetzes vor sich hatte oder sich an eine Stelle überhaupt nicht mehr erinnern konnte, musste der Gesetzessprecher fünf oder mehr gesetzlich anerkannte Experten (*lǫgmenn*) konsultieren.

13.3 STARKE VERBEN — KLASSE IV UND V

Die zu den Klassen IV und V zählenden Verben weisen eine Reihe von Gemeinsamkeiten auf. Grundsätzlich zeigen die Verben beider Klassen *-e-* im Infinitiv (*bera*, *gefa*), *-a-* im Präteritum Singular (*bar*, *gaf*) und *-á-* im Präteritum Plural (*báru*, *gáfu*). Während sich Klasse IV jedoch durch *-o-* im Partizip Präteritum auszeichnet, zeigt Klasse V an dieser Stelle *-e-* (*borinn*, *gefinn*).

Die zu Klasse IV zählenden Verben zeigen i.d.R. *-l-*, *-r-*, *-m-*, oder *-n-* am Ende der Verbwurzel des Infinitivs, vgl. z.B. *bera*, *stela*, *nema*. Eine davon abweichende Wurzelstruktur lassen *vefa*, *sofa* und *troða* erkennen.

Bei dem wurzelschließenden Konsonant, der charakteristisch für die zu Klasse V zählenden Verben ist, handelt es sich hingegen niemals um *-l-*, *-r-*, *-m-*, oder *-n-*. Zu Klasse V gehören z.B. *drepa*, *gefa* und *geta*. Ausnahmen sind *vera*, *fregna* sowie Verben mit *-j-* am Stammausgang.

Klasse IV:	e	e	a	á	o
	INFINITIV	**3 SG PRÄS**	**3 SG PRÄT**	**3 PL PRÄT**	**PART PERF**
	bera „tragen"	berr	bar	báru	borinn
	stela „stehlen"	stelr	stal	stálu	stolinn
	skera „schneiden"	skerr	skar	skáru	skorinn
	nema „nehmen"	nemr	nam	námu	numinn
	fela „verstecken"	felr	fal	fálu	fólginn
	koma „kommen"	kemr	kom	kómu~kvámu	kominn
	sofa „schlafen"	sefr ~søfr	svaf	sófu ~sváfu	sofinn

DIE KONJUGATION VON *BERA* IM INDIKATIV PRÄSENS UND PRÄTERITUM					
PRÄSENS			**PRÄTERITUM**		
Sg *ek*	Ber	**Pl** *vér*	berum	**Sg** *ek*	bar	**Pl** *vér*	bárum

þú	Berr	þér	berið	þú	bart	þér	báruð
hann	Berr	þeir	bera	hann	bar	þeir	báru

- Die Verben *nema* und *fela* zeigen im Part Prät die Formen *numinn* und *fólginn*.
- Der bei den Infinitiven *koma* und *sofa* auftretende Wurzelvokal -o- beruht vermutlich auf den älteren Formen **kweman* und **swefan*, bei denen das -e- durch -w- zu -o- gerundet wurde und anschließend geschwunden ist. Im Präteritum tauchen mitunter die alternativen Formen *kvámu* und *sváfu* auf.
- Die Konjugation der Verben *troða* und *vefa* ist ebenfalls unregelmäßig:

INFINITIV	3 SG PRÄS	3 SG PRÄT	3 PL PRÄT	PART PRÄT
troða „treten"	treðr ~trøðr	Trað	tráðu	troðinn
vefa „weben"	vefr	óf ~vaf	ófu ~váfu	ofinn

Klasse V:

	e	e	A	á	e
	INFINITIV	3 SG PRÄS	3 SG PRÄT	3 PL PRÄT	PART PRÄT
	drepa „schlagen"	drepr	Drap	drápu	drepinn
	gefa „geben"	gefr	Gaf	gáfu	gefinn
	geta „(er)schaffen"	getr	Gat	gátu	getinn
	kveða „sagen"	kveðr	kvað	kváðu	kveðinn
	vera „sein"	er	Var	váru	verit (nur *n* Sg)
	biðja „befehlen"	biðr	Bað	báðu	beðinn
	sitja „sitzen"	sitr	Sat	sátu	setinn
	liggja „liegen"	liggr	Lag	lágu	leginn
	vega „bewegen"	vegr	Vá	vágu	veginn
	fregna „fragen"	fregn	Frá	frágu	freginn

DIE KONJUGATION VON *DREPA* IM INDIKATIV PRÄSENS UND PRÄTERITUM

	PRÄSENS				PRÄTERITUM		
Sg ek	drep	**Pl** vér	drepum	**Sg** ek	drap	**Pl** vér	drápum
þú	drepr	þér	drepið	þú	drapt	þér	drápuð
hann	drepr	þeir	drepa	hann	drap	þeir	drápu

Zu Klasse V zählende Verben mit -j- am Stammausgang zeigen -i- im Infinitiv (*biðja*, *sitja*). Wenn dem -j- ein -g- vorausgeht, wird dieses verdoppelt (*liggja*, *þiggja*). Im Präteritum Singular geht das -g- bei auf -g(g)- endendem Stamm (*vega*, *liggja*) verloren, während -a- zu -á- gedehnt gedehnt (*vá* „er tötete", *lá* „er lag"). Im Präteritum Plural wird -g- beibehalten (*vágu*, *lágu*). Das Verb *fregna* „fragen" wird nach demselben Schema konjugiert, zeigt aber -n- im Infinitiv und Präsens.

Das Verb *sjá* ist unregelmäßig:

INFINITIV	3 SG PRÄS	3 SG PRÄT	3 PL PRÄT	PART PRÄT
sjá „sehen"	sér	Sá	sá(u)	sénn

13.4 VERBEN – PRÄTERITOPRÄSENTIA

Die Präteritopräsentia bezeichnen eine Klasse von nur zehn Verben, in denen das Präsens wie das Präteritum der starken Verben gebildet wird, vgl. z.B. Inf *þurfa* "brauchen" Präs Sg *ek þarf*, *þú þarft*, *hann þarf*.

Bei den Präteritopräsentia handelt es sich weitestgehend um Modalverben mit Hilfe derer ein Vollverb (i.d.R. Infinitive) näher bestimmt wird. Unter Hinzuziehung eines Modalverbs kann z.B. der Satz „Ich reise nach Island" zum Ausdruck einer erzwungenen Handlung werden: „Ich **soll** nach Island segeln" (*Ek **skal** sigla til Íslands*) oder „Ich **muss** nach Island segeln" (*Ek **á** at sigla til Íslands*).

DIE ZEHN PRÄTERITOPRÄSENTIA

eiga „haben, besitzen; verheiratet sein oder verwandt sein mit"; [mit *at*] „müssen"

kná „können, in der Lage sein, dürfen"

kunna „verstehen, wissen, kennen"; [mit *at*] „können, imstande sein"

mega „mögen, können, dürfen"

muna „erinnern"

munu „werden" (wahrscheinlich)

skulu „sollen, müssen"

unna „lieben"

þurfa „brauchen, wollen"; [mit *at*] „müssen, notwendig sein etwas zu tun"

vita „wissen"

Bei der Bildung der Präteritopräsentia sind zwei Regeln zu beachten:
- Das Präsens der Prätertiopräsentia wird wie das Präteritum der starken Verben gebildet. Bis auf *munu* weisen im Präsens alle Präteritopräsentia einen Vokalwechsel zwischen Singular und Plural auf, vgl. *þarf ~ þurfum*.
- Das Präteritum der Präteritopräsentia wird wie das Präteritum der schwachen Verben mit dem Dentalsuffix und der jeweils entsprechenden Personalendung gebildet, vgl. z.B. 3 Sg Prät *þurf–t–i*.

DIE KONJUGATION VON *ÞURFA* IM INDIKATIV PRÄSENS UND PRÄTERITUM

	PRÄSENS				PRÄTERITUM	
Sg *ek*	þarf	**Pl** *vér*	þurfum	**Sg** *ek*	þurfta	**Pl** *vér*	þurftum
þú	þarft	*þér*	þurfuð	*þú*	þurftir	*þér*	þurftuð
hann	þarf	*þeir*	þurfu	*hann*	þurfti	*þeir*	þurftu

DIE RESTLICHEN PRÄTERITOPRÄSENTIA

INDIKATIV PRÄSENS

	EIGA	MEGA	KUNNA	MUNA	MUNU	SKULU	VITA
Sg *ek*	á	má	kann	man	mun	skal	veit
þú	átt	mátt	kannt	mant	munt	skalt	veizt
hann	á	má	kann	man	mun	skal	veit
Pl *vér*	eigum	megum	kunnum	munum	munum	skulum	vitum
þér	eiguð	meguð	kunnuð	munuð	munuð	skuluð	vituð
þeir	eigu	megu	kunnu	munu	munu	skulu	vitu

INDIKATIV PRÄTERITUM

	EIGA	MEGA	KUNNA	MUNA	MUNU	SKULU	VITA
Sg *ek*	átta	mátta	kunna	munda	munda	skylda	vissa

(Wie schwache Verben, vgl. z.B. *þú áttir, hann átti, vér áttum, þér áttuð, þeir áttu* etc).

Die beiden Verben *kná* und *unna* sind nicht in der Tabelle aufgelistet. *Unna* wird wie *kunna*, *kná* wie *mega* konjugiert. Da das Verb *kná* nur sehr selten vorkommt, sind nicht alle Konjugationsformen belegt.

Bemerkungen zu *munu* und *skulu*
- Die Präteritopräsentia *munu* und *skulu* zeichnen sich durch die Infinitivendung *-u* aus. Beide Wörter lassen sich mit „werden" übersetzen, wobei mit *munu* v.a. Wünsche und Möglichkeiten ausgedrückt werden, und *skulu* für Absichten oder Pflichten verwendet wird. In der indirekten Rede treten *munu* und *skulu* mitunter auch als im Präteritum stehende Infinitive auf (*mundu* und *skuldu*). Dies ist i.d.R.

dann der Fall, wenn das die indirekte Rede einleitende übergeordnete Verb im Präteritum steht, vgl. z.B. *hann kvazk mundu fara til Nóregs* „er sagte, er werde nach Norwegen reisen."

- Daneben tauchen auch oft die Optativformen *myndi* und *skyldi* auf, die Zweifel oder Unsicherheiten ausdrücken und i.d.R. mit „würde" bzw. „sollte" übersetzt werden.
- Der Optativ Präsens von *munu* und *skulu* taucht gelegentlich auch mit *i*-Umlaut auf, vgl. z.B. *hann m**y**ni* und *hann sk**y**li* anstelle von *hann muni* und *hann skuli*.

13.5 Präteritopräsentia mit dem Infinitivpartikel *AT*

Wenn die Präteritopräsentia *eiga*, *kunna* und *þurfa* als Hilfsverben verwendet werden, müssen sie um den Infinitivpartikel *at* ergänzt werden.

Hann á **at** gera brú.	Er muss eine Brücke errichten.
Hann kann **at** gera brú.	Er kann eine Brücke errichten.
Hann þarf **at** gera brú.	Er muss eine Brücke errichten.

Die Präteritopräsentia *mega*, *kná*, *munu* und *skulu* kommen ohne Infinitivpartikel aus.

Hann má gera brú.	Er kann [= hat die Erlaubnis] eine Brücke errichten.
Hann kná gera brú.	Er kann [= ist dazu fähig] eine Brücke errichten.
Hann mun gera brú.	Er wird [wahrscheinlich] eine Brücke errichten.
Hann skal gera brú.	Er soll eine Brücke errichten.

Die Präteritopräsentia *vita*, *muna* und *unna* werden hauptsächlich als Vollverben verwendet.

13.6 Aufgabe – Präteritopräsentia Vervollständige die Sätze mit den korrekten Formen der Verben im Präsens.

1. Eiríkr _____ (*eiga*) at gera kumbl.
2. Ek _____ (*mega*) gefa þér land.
3. Þú _____ (*þurfa*) at koma.
4. Otrinn _____ (*munu*) eta laxinn.
5. Þú _____ (*skulu*) fara til Danmarkar.
6. Ormr _____ (*kunna*) at sigla skip.
7. Sigríðr _____ (*skulu*) spyrja konuna.
8. Konan _____ (*mega*) fara at Dreppstokki.

13.7 Die Steigerung der Adjektive – Komparativ und Superlativ

Sowohl im Deutschen als auch im Altnordischen können Adjektive gesteigert werden, vgl. z.B. im Dt. „schlimm", „schlimm**er**", „(am) schlimm**ste(n)**". Die altnordischen Komparativ- und Superlativformen werden durch das Suffigieren von *-ar-* (Komparativ) bzw. *-ast-* (Superlativ) an den Wortstamm gebildet. An diese Suffixe werden wiederum noch die entsprechenden Flexionsendungen gehängt, vgl. z.B. Pos *spak-r*, Komp *spak-ar-i*, Superl *spak-ast-r* (m N Sg).

Positv	Komparativ	Superlativ
spakr „weise"	spakari „weiser"	spakastr „am weisesten"
sterkr	Sterkari	sterkastr
hvítr	Hvítari	hvítastr

Eine kleine Anzahl von Adjektiven bildet den Komparativ mit -r- und den Superlativ mit -st-, und zeigt dabei *i*-Umlaut.

POSITV	KOMPARATIV	SUPERLATIV
langr	lengri	lengstr
ungr	yngri	yngstr
hár	hæri ~hærri	hæstr

Beachte, dass es im Komparativ dabei zur Assimilation von -r an den Wortstamm kommen kann, vgl. z.B. Pos *sæll* „selig", „glücklich", Komp *sælli* (< sæl- + -ri) „glücklicher" (m N Sg).

POSITV	KOMPARATIV	SUPERLATIV
sæll	sælli (sæl- + -ri)	sælstr
vænn	vænni (væn- + -ri)	vænstr
fagr	fegri (fegr- + -ri)	fegrstr

Bei zweisilbige Adjektiven mit kurzem Vokal kommt es im Komparativ mit -ar- und Superlativ mit -ast- zur Synkopierung des unbetonten Mittelsilbenvokals, vgl. z.B. *auðigr, auðgari, auðgastr* oder *gǫfugr, gǫfgari, gǫfgastr*.

Einige Adjektive greifen bei der Bildung von Komparativ und Superlativ auf eine vom Positv ab-weichende Wortwurzel zurück (Suppletion). Diese Form der Graduierung taucht auch im Deutschen auf, vgl. „gut, besser, am besten".

POSITV	KOMPARATIV	SUPERLATIV
gamall „alt"	ellri „älter"	ellztr „(am) älteste(n)"
Góðr	betri	beztr
Illr	verri	verstr
vándr	verri	verstr
lítill	minni	minnztr
margr	fleiri	flestr
mikill	meiri	mestr

13.8 DIE ENDUNGEN DES KOMPARATIVS

Die Endungen des Komparativs sind identisch mit den Endungen des Partizip Präsens.

	-AR- + ENDUNG			-R- + ENDUNG		
	M	F	N	M	F	N
Sg N	Spakari	spakari	spakara	lengri	lengri	lengra
A	Spakara	spakari	spakara	lengra	lengri	lengra
D	Spakara	spakari	spakara	lengra	lengri	lengra
G	Spakara	spakari	spakara	lengra	lengri	lengra
Pl N	Spakari	spakari	spakari	lengri	lengri	lengri
A	Spakari	spakari	spakari	lengri	lengri	lengri
D	spǫkurum	spǫkurum	spǫkurum	lengrum	lengrum	lengrum
G	Spakari	spakari	spakari	lengri	tungna	lengri

13.9 DIE ENDUNGEN DES SUPERLATIVS

Superlative deklinieren wie Adjektive und zeigen (je nachdem ob ihnen ein bestimmter Artikel, ein

Demonstrativpronomen oder ein anderes sie näher bestimmendes Wort vorausgeht) schwache bzw. starke Endungen.

	-AR- + Endung			-R- + Endung	
	STARK	SCHWACH		STARK	SCHWACH
m	spakastr maðr	inn spakasti maðr	m	hæstr maðr	inn hæsti maðr
f	spǫkust kona	in spakasta kona	f	hæst kona	in hæsta kona
n	spakast barn	it spakasta barn	n	hæst barn	it hæsta barn

Wenn das Suffix -st- an einen Stamm gehängt wird, der auf einen Dental (-t-, -d-, -ð-) endet, verbindet es sich mit diesem und erscheint als -zt-, vgl. bet- + -st- > beztr.

13.10 Zur Verwendung von Komparativ und Superlativ

Im Altnordischen wird für Vergleiche häufig die Konjunktion en („als") herangezogen. Miteinander verglichene Personen, Orte und Dinge stehen immer im selben Kasus.

Þetta skip er lengra en þat.	*Dieses Schiff ist länger als das (andere).*
Sól er bjartari en máni.	*Die Sonne ist heller als der Mond.*
Hann á fleiri óvini en vini.	*Er hat mehr Feinde als Freunde.*
Skipit var skjótara en fugl.	*Das Schiff war schneller als ein Vogel.*

Wenn das Subjekt im Nominativ, das zu vergleichende Substantiv hingegen im Dativ steht, kann ein Vergleich auch ohne en erfolgen.

Skipit var **fugli** skjótari.	*Das Schiff war schneller **als ein Vogel**.*
Haki ok Hekja váru **dýrum** skjótari.	*Haki und Hekja waren schneller **als Tiere**.*
Sól er **mána** bjartari.	*Die Sonne war heller **als der Mond**.*

Der Dativ steht auch bei Aussagen, mit denen Fragen wie „um wie viel mehr?" oder „um wie viel weniger?" beantwortet werden können.

Hafði Sigmundr lið **miklu** minna.	*Sigmundr hatte eine **sehr viel** kleinere Mannschaft.*
En **litlu** síðar kom Óðinn heim.	*Und ein **wenig** später kam Óðinn nach Hause.*

Die folgenden Beispiele für im Komparativ stehende Adjektive stammen aus den Textpassagen.

En annat haust hófu þeir mannblót, en árferð var sǫm eða **verri**.	*Und im zweiten Herbst brachten sie Menschenopfer, aber die Ernte war gleich oder **schlechter**.*
Hvat er **fleira** at segja?	*Was gibt es **mehr** zu erzählen?*
Bjarni hét son þeira inn **yngri**, en Lýtingr inn **ellri**.	*Ihr **jüngerer** Sohn hieß Bjarni und der **ältere** Lýtingr.*

Die folgenden Beispiele für den superlativischen Gebrauch von Adjektiven stammen aus den Sagas und der Lieder-Edda.

Þat er allra grasa **hvítast**.	*Das ist von allen Kräutern das **weißeste**.*
Hann er **vitrastr** ásanna.	*Er ist der **weiseste** von den Æsir.*
„Skipit er it **fegrsta**", segir hann.	*„Das Schiff ist das **schönste**", sagt er.*
Sigurðr var inn **ágætasti** allra herkonunga.	*Sigurðr war der **berühmteste** aller Kriegsherren.*

13.11 Aufgabe – Adjektive im Komparativ und Superlativ
Ergänze die Tabelle um die fehlenden Formen.

		Ü Pos	Komp	Ü Komp	Superl	Ü Superl
Bsp	spakr	_weise_	_spakari_	_weiser_	_spakastr_	_weiseste_

1.	svartr	___	___	___	___
2.	bjartr	___	___	___	___
3.	langr	___	___	___	___
4.	ungr	___	___	___	___
5.	hár	___	___	___	___
6.	góðr	___	___	___	___
7.	illr	___	___	___	___
8.	lítill	___	___	___	___
9.	margr	___	___	___	___
10.	mikill	___	___	___	___

13.12 Adverbien im Komparativ und Superlativ

Adverbien im Komparativ und Superlativ werden nicht dekliniert, sondern bilden ihre jeweiligen Steigerungsformen durch Suffigieren von *-ar* oder *-r* (Komparativ) bzw. *-ast* oder *-st* (Superlativ). Die Adverbien, die sich im Komparativ und Superlativ der Endungen *-r* und *-st* bedienen, zeigen *i*-Umlaut.

Positiv	Komparativ	Superlativ
opt „oft"	opt**ar** „öfter"	opt**ast** „am öfteste(n)"
síð „spät"	síð**ar** „später"	síð**ast** „am spätesten"
víða „weit"	víð**ar** „weiter"	víð**ast** „am weitesten"
skjótt „schnell"	skjót**ar** „schneller"	skjót**ast** „am schnellsten"
fagrt „schön"	f**e**gr „schöner"	f**e**gr**st** „am schönsten"
leng**i** „lang" (zeitl)	l**e**ngr „länger"	l**e**ng**st** „am längsten"
tómlig**a** „langsam"	tómlig**ar** „langsamer"	tómlig**ast** „am langsamsten"

- Die Endungen *-u*, *-t* und *-i* fallen vor den Komparativ- und Superlativendungen (*-ar/-r* und *-ast / -st*) weg.
- Anstelle von *-ar* bzw *-r* zeigt der Komparativ der Adverbien in älteren Texten mitunter die Endung *-arr* bzw. *-rr* (wie z.B. *optarr* oder *síðarr*).
- Einige Adverbien zeigen eine Komparativbildung mit der Endung *-ara* bzw. *-ra*, vgl. z.B. *tíðara* „häufiger", „öfter"; *breiðara* „breiter"; *spakara* „weiser". Adjektive, die auf die Endung *-ra* zurückgreifen (wie z.B. *lengra* „länger" [zeitlich und räumlich]) zeigen *i*-Umlaut.

Auch unter den Adverbien gibt es einige (besonders häufig vorkommende) Wörter, die im Komparativ und Superlativ eine vom Positiv abweichende Wortwurzel verwenden.

Positiv	Komparativ	Superlativ
vel „wohl, gut"	betr	bezt ~bazt
illa „schlecht"	verr	verst
mikit „viel"	meir(a)	mest
mjǫk „viel"	meir(a)	mest
lítit „wenig"	minnr ~miðr	minnst
snemma „früh"	fyrr	fyrst
gjarna(n) „gerne"	heldr	helzt

Die folgenden Beispiele von im Komparativ und Superlativ stehenden Adverbien sind den Textpassagen entnommen.

Bǫðvarr mælti: „Ekki muntu fá skjaldborgina gerða **lengr**".	Bǫðvarr sprach: „Du wirst deine Schildmauer nicht **länger** halten können."
Herjólfr bjó **fyrst** á Drepstokki.	Herjólfr wohnte **als erstes** auf Drepstokkr.
Ǫnundr var upplenzkr at móðurætt, en fǫðurkyn hans var **mest** um Rogaland ok um Hǫrðaland.	Ǫnundr war ein Uppländer (Hochländer) von mütterlicher Seite, aber väterlicherseits war er **am meisten** aus Rogaland und Hǫrðaland.

13.13 Textpassage – Brodd-Helgi von Hof und Geitir von Króssavík (*Vápnfirðinga saga*)

Die in der *Vápnfirðinga saga* geschilderten Verwandtschaftsverhältnisse spielen eine wichtige Rolle für die Entwicklung der Handlung. Im Mittelpunkt der Erzählung stehen zwei Familien: die *Hofsverjar* („Leute von Hof") und die *Krossvíkingar* („Leute von Krossavík"). Der erste Teil der Saga dreht sich um die Freundschaft zwischen den Jungen Brodd-Helgi von *Hof* und Geitir von *Krossavík*, die jedoch nicht dazu bestimmt ist, zu halten.

Vápnfirðinga saga (Kap. 3)

Í þann tíma, er Þorsteinn [hvíti] bjó at Hofi ok Brodd-Helgi óx upp með honum, þá bjó sá maðr í Krossavík inni ytri,[132] er Lýtingr hét ok var Ásbjarnarson, Óláfs sonar langháls. Hann var vitr maðr ok vel auðugr at fé.

Hann átti konu, er Þórdís hét, dóttur Herlu-Bjarna Arnfinnssonar. Þau áttu tvá sonu,[133] þá er við þessa sǫgu koma.[134] Hét annarr Geitir, en annarr Blængr. Halla hét dóttir Lýtings, en ǫnnur Rannveig, ok var hon gipt í Klifshaga í Øxarfjǫrð þeim manni, er Óláfr hét.

Þeir váru mjǫk jafngamlir, brœðr ok Brodd-Helgi, ok var með þeim vinfengi mikit. Brodd-Helgi fekk Hǫllu Lýtingsdóttur, systur þeira brœðra. Þeira dóttir var Þórdís todda, er átti Helgi-Ásbjarnarson. Bjarni hét son þeira inn yngri en Lýtingr inn ellri. Bjarni var at fóstri í Krossavík með Geiti. Blængr var rammr at afli ok hallr nǫkkut í gǫngu. Geitir átti Hallkǫtlu Þiðrandadóttur, fǫðursystur Droplaugarsona.[135]

Svá var vingott með þeim Brodd-Helga ok Geiti, at þeir áttu hvern leik saman ok ǫll ráð ok hittusk nær hvern dag, ok fannsk mǫnnum orð um, hversu[136] mikil vinátta með þeim var.

Í þann tíma bjó sá maðr í Sunnudal, er Þormóðr hét ok var kallaðr stikublígr. Hann var sonr Steinbjarnar kǫrts ok bróðir Refs ins rauða á Refsstǫðum ok Egils á Egilsstǫðum. Bǫrn Egils váru Þórarinn, Hallbjǫrn, Þrǫstr ok Hallfríðr, er átti Þorkell Geitisson. Synir Þormóðar váru þeir Þorsteinn ok Eyvindr, en þeir synir Refs Steinn ok Hreiðarr. Allir váru þeir þingmenn Geitis. Hann var spekingr mikill.

Samfarar þeira Hǫllu ok Brodd-Helga váru góðar. Lýtingr var at fóstri í Øxarfirði með Þorgilsi skinna. Brodd-Helgi var vel auðigr at fé.

Übersetze:

_____
_____
_____
_____
_____
_____

---

[132] **Í Krossavík inni ytri**: „im äußeren Teil von Krossavík."

[133] **Hann átti konu [...] Þau áttu tvá sonu**: „Er hatte eine Ehefrau [...] Sie hatten zwei Söhne." Das Verb *eiga* („besitzen", „haben") wird hier verwendet, um Familienverhältnisse auszudrücken.

[134] **Þá er við þessa sǫgu koma**: „diejenigen, die in dieser Geschichte vorkommen."

[135] **fǫðursystur Droplaugarsona**: „Die Tante (wörtl. „Schwester des Vaters") der Söhne der Droplaug", nach denen die *Droplaugarsona saga* benannt ist.

[136] **ok fannsk mǫnnum orð um, hversu…**: „und die Leute äußerten sich darüber, wie… "

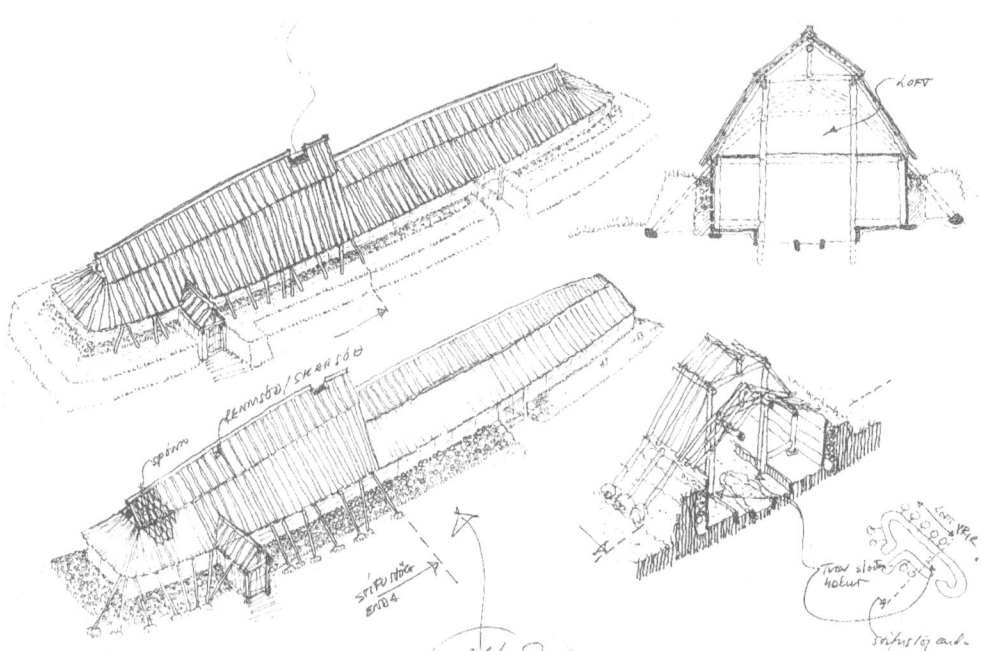

Abbildung 13.3. Rekonstruktion „Haus des Gesetzessprechers" in Hrísbrú. Pollenproben, die vor dem Langhaus in Hrísbrú genommen wurden, zeigen, dass die Besiedlung im Tal von Mosfell um das Jahr 860 begann, also ca. ein Jahrzehnt vor der Datierung der Landnahme durch Ari Fróði in seiner im 12. Jahrhundert geschriebenen *Íslendingabók*. Dieses große isländische Langhaus aus der frühen Besiedlungszeit hat die gewöhnliche Form eines wikingerzeitlichen skandinavischen Langhauses der Oberschicht. Durch die Analyse von Vulkanascheproben (Tephrochronologie), die den äußeren Torfwänden entnommen wurden, lässt sich die erste Bauphase in die Jahrzehnte direkt nach einem Vulkanausbruch in den Jahren 871/872 datieren. Das Gebäude wurde später repariert und nach einem Vulkanausbruch in den 920er Jahren teilweise erneuert. In der Rekonstruktion wurde eine Reihe von großen Stützsteinen um die Außenseite der westlichen Gebäudehälfte ergänzt (in der Abbildung links). Jeder Stein wurde in einem Winkel von 45° zum Gebäude positioniert, um lange hölzerne Streben abzustützen. Die an der Außenseite angebrachten Streben stabilisierten die Wände des ursprünglichen Gebäudes zusätzlich, möglicherweise, um den Anbau eines Dachbodens an der Westseite, wo das Dach höher ist, zu ermöglichen. Das Ergebnis ist eine große, geräumige und kostspielige Halle. Diese Arbeitsskizze stammt aus einer Serie von Studien, die Archäologie und Architektur für die Rekonstruktion des Langhauses von Hrísbrú miteinander kombiniert. Die Studie zeigt das Gebäude mit Dachboden und Holzdach. Die Sagas beschreiben solche Gebäude, wie z. B. das Haus Gunnarrs von Hlíðarendi in Kapitel 78 der *Njáls saga*. Anstelle des gewöhnlicheren Torfdachs wird das Dach hier mit Holzbrettern und hölzernen Dachschindeln gezeigt. Möglicherweise bestand das Dach teils aus Holz und teils aus Torf. (Jesse Byock und Grétar Markússon, Mosfell Archaeological Project).

Altnordisch 1
Aufgaben

13.14 Starke Verben – Klasse IV und V. Die Verben der Klasse IV und Klasse V zeigen sehr ähnliche Stammformen und unterscheiden sich nur durch den Vokal im Partizip Präteritum voneinander (-o- bzw. -e-). Während das Verb *bera* (IV) z.B. die Stammformen *berr*, *bar*, *báru* und *borinn* zeigt, lauten die Stammformen von *gefa* (V) *gefr*, *gaf*, *gáfu* und *gefinn*. Konjugiere *gefa* im Indikativ Präsens und Präteritum.

	Präsens		Präteritum
Sg ek	_____	Sg ek	_____
þú	_____	þú	_____
hann	_____	hann	_____
Pl vér	_____	Pl vér	_____
þér	_____	þér	_____
þeir	_____	þeir	_____

Wenn nach Wurzelvokal -e- im Infinitiv -l-, -m-, -n- oder -r- folgt, gehört das Verb zu Klasse IV. Wenn an dieser Stelle ein anderer Konsonant steht, gehört es zu Klasse V. Im Infinitiv und Präsens zeigen einige starke Verben der Klasse V am Ende des Verbstamms ein -j- und -i-, werden ansonsten aber wie *gefa* dekliniert.

Gib die Stammformen der folgenden Verben an.

	Bsp	bera	*berr, bar, báru, borinn*
		reka	*rekr, rak, ráku, rekinn*
		biðja	*biðr, bað, báðu, beðinn*
1.		skera	_____
2.		leka	_____
3.		geta	_____
4.		meta	_____
5.		drepa	_____
6.		stela	_____
7.		sitja	_____
8.		kveða	_____

Bei zu Klasse V zählenden Verben geht -g(g)- im Präteritum Singular (der 3. Stammform) verloren, während -a- zu -á- gedehnt wird (*vega*, *vá*). Im Infinitiv und Präsens wird -g- verdoppelt, wenn die Verben ein -j- am Ende des Stamms zeigen (*li*gg*ja*, *þi*gg*ja*).

Gib die Stammformen der folgenden Verben an.

	Bsp	vega	*vegr, vá, vágu, veginn*
9.		liggja	_____
10.		þiggja	_____

Trage die richtige Form der Verben ein.

	Bsp	reka (1 Sg Präs)	*rek*			
11.		kveða (2 Pl Prät)	_____	14.	nema (1 Pl Prät)	_____
12.		leka (3 Sg Prät)	_____	15.	skera (2 Sg Prät)	_____
13.		geta (1 Pl Präs)	_____	16.	liggja (1 Sg Prät)	_____

13.15 STARKE VERBEN – WIEDERHOLUNG. Die meisten starken Verben lassen sich anhand des Wurzelvokals im Infinitiv ihrer jeweiligen Klassen zuordnen.

Klasse I Infinitiv mit Wurzelvokal *-í-*
Klasse II Infinitiv mit *-jú-*, *-jó-* oder *-ú-*
Klasse III Infinitiv mit *-e-*, *-ja-*, *-já-* oder *-i-* (auch *-ø-* oder *-y-*) vor zwei Konsonanten, wobei *-j-* am Ende des Stamms nicht dazu zählt
Klasse IV Infinitiv mit *-e-* vor einem Sonoranten (*-l-*, *-m-*, *-n-* oder *-r-*)
Klasse V Infinitiv mit *-e-* oder *-i-* vor einem Konsonanten (anders als *-l-*, *-m-*, *-n-* oder *-r-*), wobei *-j-* am Ende des Stamms nicht dazu zählt

	WURZELSTRUKTUR IM INFINITIV	**BEISPIELE**
Klasse I	í	líta, rísa
Klasse II	jú, jó, ú	strjúka, bjóða, lúka
Klasse III	eKK, jaKK, jáKK, iNK (auch øKKv, yNKv)	verða, bjarga, skjálfa, vinna
Klasse IV	eS	stela, skera
Klasse V	eK, iKj	gefa, eta, sitja

K=Konsonant   S=Sonorant   N=Nasal

Wie immer gibt es auch hier einige Ausnahmen. Das Verb *búa* gehört z.B. zu Klasse VII (und nicht Klasse II) und *fregna* zählt zu Klasse V (und nicht Klasse III).

Ordne die folgenden Verben mit Hilfe der Tabelle ihren entsprechenden Klassen zu.

Bsp binda *Klasse I*

1. leka _____
2. bera _____
3. njóta _____
4. spinna _____
5. lesa _____
6. hjálpa _____
7. súpa _____
8. hverfa _____
9. leka _____
10. bjóða _____
11. nema _____
12. líða _____

13.16 PRÄTERITOPRÄSENTIA

A. Übersetze die folgenden Sätze und gib den Infinitiv der unterstrichenen Verben an.

BEDEUTUNG
eiga haben, besitzen; verheiratet sein oder verwandt sein mit; [mit *at*] müssen
kná können, in der Lage sein, dürfen
kunna verstehen, wissen, kennen; [mit *at*] können, imstande sein
mega mögen, können, dürfen

muna erinnern
munu werden (wahrscheinlich)
skulu sollen, müssen
unna lieben
þurfa brauchen, wollen; [mit *at*] müssen, notwendig sein etw zu tun
vita wissen

Bsp Hon <u>mun</u> koma hingat it sama haust.
Sie wird im selben Herbst hierher kommen.   *munu*

1. Þú <u>átt</u> at fara til Nóregs.
   _____   _____

2. Vér <u>skulum</u> gera ǫl.
   _____   _____

ALTNORDISCH 1

3. Þér <u>kunnuð</u> at ríða hesta.
   _____ _____

4. Þær <u>þurftu</u> at spyrja goðann.
   _____ _____

5. Ek <u>má</u> mæla við konunginn.
   _____ _____

6. Þú <u>munt</u> verða frændi.
   _____ _____

Die folgenden Sätze stammen aus *Hrólfs saga kráka*.

VOKABULAR
ey *f* Insel
hátt *Adv* laut
haukr *m* Habicht, Falke
lundr *m* Hain, Gehölz

nærri *Komp Adv* sehr nah
❖**sjálfr** *Adj* selbst
❖**þegar** *Adv* sofort; **þegar á morgin** als erstes am Morgen

7. Lundr einn stóð nærri hǫllinni, er konungr <u>átti</u>.
   _____ _____

8. <u>Skal</u> ek fara sjálfr til eyjarinnar þegar á morgin.
   _____ _____

9. Svipdagr mælti svá hátt, at allir <u>máttu</u> heyra.
   _____ _____

10. En Hrólfr konungr <u>átti</u> þann hauk, er Hábrók hét.
    _____ _____

B. Gib die Infinitive und Bedeutung der folgenden Verben an.

		INFINITIV	FORM	BEDEUTUNG
Bsp	skalt	*skulu*	*2 Sg Präs*	*du wirst/du sollst*
1.	þurfum	_____	_____	_____
2.	munt	_____	_____	_____
3.	mátt	_____	_____	_____
4.	skal	_____	_____	_____
5.	meguð	_____	_____	_____
6.	kann	_____	_____	_____
7.	skuluð	_____	_____	_____
8.	veizt	_____	_____	_____

13.17 ADJEKTIVE IM KOMPARATIV. Dekliniere *sterkr* im Komparativ.

	M	F	N
Sg N	*sterkari*	_____	_____
A	_____	_____	_____
D	_____	_____	_____
G	_____	_____	_____

LEKTION 13: BRODD-HELGI ERMORDET EINEN DIEB IM *VÁPNAFJǪRÐR*

Pl N	_____	_____	_____
A	_____	_____	_____
D	_____	_____	_____
G	_____	_____	_____

13.18 ADJEKTIVE IM SUPERLATIV. Deklinieren *ríkr* im Superlativ mit starken und schwachen Endungen.

STARKE DEKLINATION

		M	F	N
Sg	N	*ríkastr*	_____	_____
	A	_____	_____	_____
	D	_____	_____	_____
	G	_____	_____	_____
Pl	N	_____	_____	_____
	A	_____	_____	_____
	D	_____	_____	_____
	G	_____	_____	_____

SCHWACHE DEKLINATION

		M	F	N
Sg	N	*ríkasti*	_____	_____
	A	_____	_____	_____
	D	_____	_____	_____
	G	_____	_____	_____
Pl	N	_____	_____	_____
	A	_____	_____	_____
	D	_____	_____	_____
	G	_____	_____	_____

13.19 TEXTPASSAGE. Übersetze die folgende Strophe aus dem eddischen Lied *Hávamál* („die Sprüche des Hohen") ins Deutsche. *Hárr* („der Hohe") ist einer der vielen Namen Óðinns. Die Strophe ist im Versmaß *ljóðaháttr* verfasst. Mehr über die Dichtung findest du in *Viking Language 2* (*Das altnordische Lesebuch*).

Deyr fé   deyja frændr,   _____
    deyr sjálfr it sama;   _____
ek veit einn,   at aldri deyr: _____
    dómr um dauðan hvern.   _____

WORTSCHATZ
❖**aldri** *Adv* nie, niemals
❖**dauðr** <*f* dauð, *n* dautt> *Adj* tot
deyja <deyr, dó, dó, dáinn> *V* sterben
dómr <-s, -ar> *m* Gericht; Urteil
❖**einn** <*f* ein, *n* eitt, *Ordinal* fyrstr „erste(r)"> *Zahl* eins; *Indef-Pron* ein, eine, einer
❖**fé** <*G* fjár, *G Pl* fjá> *n* Vieh, Schaf; Besitz, Geld

❖**frændi** <*Pl* frændr> *m* Verwandter
❖**hverr** <*f* hver, *n* hvert> *Indef-Pron* jeder, jede, jedes, alle
❖**samr** <*f* sǫm, *n* samt> *Adj* selber, selbe, selbes; **it sama** das gleiche, ebenso
❖**sjálfr** *Adj* selbst
❖**vita** <veit, vissi, vitaðr> *Prät-Präs V* wissen

LEKTION 14

DIE NORDISCHE MYTHOLOGIE UND DER WELTENBAUM *YGGDRASILL*

Fróðr er hverr fregnvíss
(Reich an Wissen ist, wer wissbegierig ist.)

14.1 KULTUR — DER WELTENBAUM

In der nordischen Mythologie wird die Achse der Welt (*axis mundi*) von der heiligen Esche *Yggdrasill* verkörpert. Ihre Äste erstrecken sich über alle neun mythologischen Welten und verbinden sie zu einer kosmischen Einheit. Die Verehrung von Bäumen war bereits in der Steinzeit ein wichtiger Bestandteil der Kultur der Völker Nord- und Mitteleuropas und lässt sich in den Mythologien aus der ganzen Welt finden. Die Idee für den skandinavischen Weltenbaum *Yggdrasill* stammt vermutlich noch aus der indogermanischen Zeit.

Über den Ursprung des Worts *Yggdrasill* kursieren verschiedene Theorien. Gemäß einer Interpretation handelt es sich bei *Yggr* um einen der vielen Namen Óðinns, und bedeutet so viel wie „der Schreckliche". Dieser Ausdruck bezieht sich vermutlich auf Óðinns Rolle als Gott der Toten bzw. Gehängten. Das Wort *drasill* wiederum ist eine ältere Bezeichnung für „Pferd". Da *Yggdrasill* damit also so viel wie „Pferd des Gehängten" bedeutet könnte es einen metaphorischen Ausdruck für einen Galgen darstellen.

Wenn dies tatsächlich der Fall sein sollte, sahen die alten Skandinavier also Parallelen zwischen der Art und Weise wie ein Reiter auf einem Pferd saß und eine Person am Galgen hing. Der Galgen kann auch als Symbol für die Verbindung zwischen Himmel und Unterwelt betrachtet werden, da er ein wichtiger Ort für den Übergang vom Leben zum Tod ist.

Abbildung 14.1. Der Weltenbaum *Yggdrasill*.

Beschreibungen der unterschiedlichen mythologischen Reiche und ihrer Bewohner lassen sich sowohl in *Snorra Edda* als auch in einigen eddischen Liedern (wie z.B. *Grímnismál* und *Vafþrúðnismál*) finden. Laut der *Völuspá* erstrecken sich die Äste von *Yggdrasill* über den am Anbeginn der Welt von den Göttern erschaffenen Himmel (*himinn*). Er befindet sich im Schädelgewölbe des Urriesens *Ymir* („Getöse", „Dröhnen"). Der Schädel wird von vier Zwergen namens *Norðri* („Norden"), *Suðri* („Süden"), *Austri* („Osten") und *Vestri* („Westen") an Ort und Stelle gehalten. Die Sonne und der Mond ziehen Tag für Tag ihre Gespanne durch den Himmel. Ihnen stets auf den Fersen sind zwei kosmische Wölfe. Am Ende der alten Welt werden die beiden Himmelkörper von den Wölfen schließlich eingeholt und verschlungen.

Unterhalb der Krone von *Yggdrasill* liegt *Ásgarðr*, das Reich der *Æsir*. Hier lebt Óðinn zusammen mit seiner aus gefallenen Kriegern bestehende Armee, den sog. *Einherjar*, in *Valhǫll* („Halle der Gefallenen"). In *Ásgarðr* labt sich der Baum über eine seiner Wurzeln am Wasser von *Urðarbrunnr* („Brunnen des Schicksals"). Laut der *Vǫluspá* leben drei schicksalsbestimmende weibliche Wesen, sog. Nornen (*Nornir*), am Brunnen.

Die Regenbogenbrücke *Bifrǫst* bietet den *Æsir* die Möglichkeit, ihr Reich zu verlassen und die Welt der Menschen, *Miðgarðr* („mittlere Umfriedung", „Mittelwelt"), zu betreten. *Miðgarðr* wird durch eine Mauer von *Útgarðr* („äußere Umfriedung", „Außenwelt"), der äußersten Region des Kosmos, getrennt. Hier liegt auch *Jǫtunheimr* („Riesenheim"). Jenseits von *Útgarðr* befindet sich das äußere Meer, in dem der gefürchtete *Miðgarðsormr* („Midgardsschlange") lebt. Er ist so riesig, dass er mit seinem Körper ganz *Miðgarðr* umschlingt.

Nördlich davon liegt die von Flüssen aus Eis durchzogene Unterwelt *Niflheimr*. Sie ist von einer Vielzahl an Ungeheuern und Schlangen bevölkert, die an den Wurzeln des Baums nagen. In *Niflheimr* lebt auch die das gleichnamige Totenreich überwachende Göttin *Hel*. Bevor sie die in die Unterwelt führende Brücke *Gjallarbrú* überqueren können, müssen alle unglücklichen Neuankömmlinge zunächst die Pforten von Hel passieren. Die altnordische Hel geht vermutlich auf vorchristliche Vorstellungen eines unterirdischen Schattenreiches (wie z.B. der griechische Hades) zurück. Hel stand im Gegensatz zu *Valhǫll*, in der Óðinns gefallene Krieger jeden Tag aufs Neue miteinander kämpften und Gelage feierten.

Viele der in *Snorra Edda* gelieferten Informationen zur Mythologie ergeben sich durch einen Austausch von Fragen und Antworten. Als Antwort auf die Frage „Wie sollen wir den Himmel nennen?" werden in *Skáldskaparmál* (dem zweiten Teil von *Snorra Edda*) mehrere *kenningar* (poetische Umschreibungen) aufgelistet, die Anhaltspunkte für die Vorstellung über den altnordischen Kosmos geben.

Hverning skal kenna himin? Svá at kalla hann Ymis haus ok þar af jǫtuns haus ok erfiði eða byrði dverganna eða hjálm Vestra ok Austra, Suðra, Norðra land sólar ok tungls ok himintungla, vagna ok veðra, hjálma eða hús lofts ok jarðar ok sólar. Svá kvað Arnórr jarlaskáld.

„Wie sollen wir den Himmel nennen? So, dass wir ihn Ymirs Haupt nennen und folglich den Schädel des Riesens, die Bürde oder schwere Last der Zwerge, und den Helm der Zwerge Vestri, Austri, Suðri oder Norðri (Westen, Osten, Süden oder Norden), das Land der Sonne, des Mondes und der himmlischen Körper, Sternbilder und Winde, oder den Helm oder das Haus der Luft, der Erde und der Sonne. So sprach Arnórr jarlaskáld."

Laut *Skáldskaparmál* gehen diese Zeilen auf den isländischen Dichter Arnórr jarlaskáld zurück. Obwohl er bereits seit mehr als tausend Jahren tot ist, sind heute noch eine Reihe von Informationen aus seinem Leben bekannt. Neben seiner Tätigkeit als häufig zwischen Norwegen und den Orkney-Inseln hin und her segelnder Händler galt der von ca. 1012 bis in die 1070er-Jahre lebende Arnórr auch als talentierter Dichter. Da die isländischen Schriftquellen ihn als *jarlaskáld* („Dichter der Jarle") bezeichnen, liegt die Vermutung nahe, dass er auch Verse für die über Orkney herrschenden Jarle verfasste.

14.2 Textpassage — Gangleri erkundigt sich nach *Yggdrasill* (*Gylfaginning*, aus *Snorra Edda*)

Gylfaginning („Gylfis Täuschung"), der längste narrative Teil von *Snorra Edda*, ist dem Ursprung, den Auseinandersetzungen und dem Untergang der nordischen Götter gewidmet. Sie berichtet von dem schwedischen König Gylfi, der sich einst auf die Reise zur Halle der *Æsir* machte, um herauszufinden, um wen es sich bei ihnen handle und wie groß ihre Macht sei. Da er bei seiner Unternehmung jedoch das Opfer einer von den Göttern ausgeklügelten optischen Täuschung (*sjónhverfing*) wird, wird dieser Teil von *Snorra Edda* „Gylfis Täuschung" genannt.

Gylfaginning ist als Dialog zwischen Gylfi und den sich als *Hár* („der Hohe"), *Jafnhár* („der Gleichhohe") und *Þriði* („der Dritte") ausgebenden Gestalten aufgebaut, bei denen es sich um Manifestationen von Óðinn handelt. Sie thronen in der eindrucksvollen, jedoch nur auf einer Illusion beruhenden Halle der Æsir auf drei übereinander angeordneten Hochsitzen und erwarten Gylfi bereits. Auch dieser hat sich vor seiner Reise verkleidet und sich den Namen *Gangleri* („Streicher" oder „Wanderer") gegeben.

Schon zu Beginn der Unterhaltung informieren Hár, Jafnhár und Þriði Gangleri darüber, dass er die Halle nicht unversehrt verlassen kann, wenn er sich nicht als klüger als sie selbst herausstellen wird. Durch diese Drohung wird auch deutlich, was bei einem mythologischen Wettbewerb alles auf dem Spiel stehen kann. In der folgenden Textpassage wird u.a. berichtet, was Gangleri über die drei Wurzeln des Weltenbaums erfährt.

Gylfaginning (Kap. 15)

Þá mælti Gangleri: „Hvar er hǫfuðstaðrinn eða helgistaðrinn goðanna?"

Hár svarar: „Þat er at aski Yggdrasils; þar skulu goðin eiga dóma sína hvern dag."

Þá mælti Gangleri: „Hvat er at segja frá þeim stað?"[137]

Þá segir Jafnhár: „Askrinn er allra trjá mestr ok beztr; limar hans[138] dreifask yfir heim allan, ok standa yfir himni. Þrjár rœtr trésins halda því [tré] upp, ok standa afar breitt.

Ein er með Ásum, enn ǫnnur[139] með Hrímþursum, þar sem forðum var Ginnungagap; hin þriðja [rót] stendr yfir Niflheimi, ok undir þeirri rót er Hvergelmir, en Níðhǫggr gnagar neðan rótina. En undir þeirri rót, er til Hrímþursa horfir, þar er Mímisbrunnr, er spekt ok mannvit er í fólgit;[140] ok heitir sá Mímir, er á brunninn.[141] Hann er fullr af vísindum, fyrir því at hann drekkr ór brunninum af horninu Gjallarhorni. Þar kom Alfǫðr, ok beiddisk eins drykkjar af brunninum, en hann fekk eigi fyrr en hann lagði auga sitt at veði.[142]

Þriðja rót asksins stendr á himni; ok undir þeirri rót er brunnr sá, er mjǫk er heilagr, er heitir Urðarbrunnr; þar eigu goðin dómstað sinn. Hvern dag ríða Æsir þangat upp um Bifrǫst; hon[143] heitir ok Ásbrú.

Übersetze:

_____
_____
_____
_____
_____
_____
_____
_____
_____
_____
_____
_____
_____
_____

---

[137] **Hvat er at segja frá þeim stað?:** „Was gibt es über diesen Ort zu erzählen?"
[138] **limar hans:** Die Äste der Esche (m *askr*) Yggdrasill.
[139] **enn ǫnnur:** „noch eine andere."
[140] **er spekt ok mannvit er í fólgit:** „in dem Weisheit und Wissen versteckt sind."
[141] **er á brunninn:** „der den Brunnen besitzt" (*á* = 3 Sg Präs von *eiga*).
[142] **eigi fyrr en hann lagði auga sitt at veði:** „nicht bevor er sein Auge als Pfand hergab."
[143] **hon:** „sie" bezieht sich auf die Brücke (f *brú*) Bifrǫst.

14.3 Textpassage — Über die Nornen, den Schicksalsbrunnen und den Gott Baldr (*Gylfaginning*, aus *Snorra Edda*)

Gangleri erfährt, dass *Yggdrasill* die Heimat vieler verschiedener Wesen und Gottheiten ist. Hoch oben in der Baumkrone thront ein weiser, namenloser Adler, zwischen dessen Augen wiederum ein Habicht sitzt. Tief unten bei den Wurzeln des Baums lebt die riesige, drachenartige Schlange *Níðhǫggr* („schmähender Schläger"). Ein ununterbrochen den Baumstamm hinauf und hinunter laufendes Eichhörnchen namens Ratatǫskr überbringt die zwischen dem Adler und der Schlange ausgetauschten Gehässigkeiten.

Der Baum leidet sehr unter der an seinen Wurzeln nagenden Schlange und ist daher auf die Versorgung durch die bei *Urðarbrunnr* lebenden Nornen angewiesen. Diese entscheiden bei der Geburt über das Schicksal der Menschen. Ihre Namen sind *Urðr* („Schicksal" oder „das, was gewesen ist"), *Verðandi* („das, was ist/wird") und *Skuld* („Schuld" oder „das, was sein wird").

Gylfaginning (Kap. 16)

Þá mælti Gangleri: "Hvat er fleira at segja stórmerkja frá askinum?"[144]

Hár segir: "Mart er þar af at segja.[145] Ǫrn einn sitr i limum asksins, ok er hann margs vitandi;[146] en í milli augna honum sitr haukr sá, er heitir Veðrfǫlnir. Íkorni sá, er heitir Ratatoskr, rennr upp ok niðr eptir askinum, ok berr ǫfundarorð milli arnarins ok Níðhǫggs. En fjórir hirtir renna í limum asksins ok bíta barr. Enn svá margir ormar eru í Hvergelmi með Níðhǫgg, at engi tunga má telja."

„Enn er þat sagt, at nornir þær, er byggja Urðarbrunn, taka hvern dag vatn í brunninum, ok með aurinn þann er liggr um brunninn, ok ausa upp yfir askinn,[147] til þess at eigi skyli limar hans tréna eða fúna.[148] En þat vatn er svá heilagt, at allir hlutir, þeir sem þar koma í brunninn, verða svá hvítir sem[149] hinna sú, er skjall heitir, er innan liggr við eggskurn.[150] Sú dǫgg, er þaðan af fellr á jǫrðina, þat kalla menn hunangsfall, ok þar af fœðask býflugur.[151] Fuglar tveir fœðask í Urðarbrunni; þeir heita svanir, ok af þeim fuglum hefir komit þat fuglakyn, er svá heitir."

Übersetze:

_____
_____
_____
_____
_____
_____
_____

---

[144] **Hvat er fleira at segja stórmerkja frá askinum?:** „Was mehr bemerkenswertes ist von der Esche zu erzählen?"

[145] **Mart er þar af at segja:** „Viel ist von dort zu erzählen."

[146] **ok er hann margs vitandi:** „und er weiß viel" (wörtl. „und er ist vieler Dinge wissend"). Der Adler kann von der Baumkrone aus überblicken, was in der Welt geschieht.

[147] Wenn die Nornen selbst Diejenigen sind, die das Wasser auf die Esche gießen, würde dies bedeuten, dass sich Ásgarðr (und seltsamerweise auch eine der Wurzeln) im oberen Bereich des Baum befindet. Eine weitere Möglichkeit wäre, dass die Wurzel selbst die Flüssigkeit hinauf aus dem Brunnen transportiert, oder die Nornen entweder sehr groß und/oder nicht standortgebunden sind.

[148] **til þess at eigi skyli limar hans tréna eða fúna:** „damit ihre Äste nicht austrocknen oder verfaulen würden." Beim Wort *skyli* handelt es sich um die 3 Pl Opt Präs von *skulu*.

[149] **svá hvítir sem:** „so weiß wie."

[150] **er innan liggr við eggskurn:** „die innen an der Eierschale liegt."

[151] **ok þar af fœðask býflugur:** „und davon ernährten sich Bienen."

Gangleri erkundigt sich auch über die Götter. In der folgenden Textpassage erfährt er von Baldrs Schicksal. (Beachte die fünf Superlative.)

Snorra Edda (Kap. 22)

Þá mælti Gangleri: „Spyrja vil ek tíðinda af fleiri Ásunum."
Hár segir: "Annarr sonr Óðins er Baldr, ok er frá honum gott at segja. Hann er beztr, ok hann lofa allir. Hann er svá fagr álitum ok bjartr, svá at lýsir af honum,[152] ok eitt gras er svá hvítt, at jafnat er til Baldrs brár.[153] Þat er allra grasa hvítast, ok þar eptir mátt þú marka fegrð hans,[154] bæði á hár ok á líki.[155] Hann er vitrastr ásanna ok fegrst talaðr ok líknsamastr. En sú náttúra fylgir honum at engi má haldask dómr hans. Hann býr þar, sem heitir Breiðablik. Þat er á himni.

Übersetze:

14.4 STARKE VERBEN — KLASSE VI

Die starken Verben der Klasse VI zeichnen sich durch ein langes -ó- im Präteritum aus. In ihrem Grundschema zeigen sie -a- im Infinitiv, -ó- im Präteritum Singular und Plural und -a- im Partizip Präteritum (vgl. z.B. *fara, fór, fóru, farinn*). Im Präsens Singular zeigen sie außerdem *i*-Umlaut, vgl. *ekr, dregr, tekr, ferr, stendr*. Auch die im Infinitiv ein langes -á- aufweisenden Verben *flá* und *slá* haben *i*-Umlaut im Präsens Singular, vgl. *flær* und *slær*.

a (e, á, æ, ey) INFINITIV	e 3 SG PRÄS	ó 3 SG PRÄT	ó 3 PL PRÄT	a PART PRÄT
fara „fahren, reisen"	ferr	fór	fóru	farinn
standa „stehen"	stendr	stóð	stóðu	staðinn
aka „fahren"	ekr	ók	óku	ekinn
draga „ziehen"	dregr	dró	drógu	dreginn
taka „nehmen"	tekr	tók	tóku	tekinn
flá „häuten"	flær	fló	flógu	fleginn
slá „schlagen"	slær	sló	slógu	sleginn

---

[152] **at lýsir af honum:** „dass Licht von ihm ausgeht."
[153] **eitt gras er svá hvítt, at jafnat er til Baldrs brár:** „ein Gras ist so weiß, dass es mit Baldrs Braue verglichen wird."
[154] **ok þar eptir mátt þú marka fegrð hans:** „und demnach kannst du seine Schönheit beurteilen."
[155] **bæði á hár ok á líki:** „sowohl seiner Haare als auch seines Körpers."

hefja „anfangen"	hefr	hóf	hófu	hafinn
sverja „schwören"	sverr	sór	sóru	svarinn
hlæja „lachen"	hlær	hló	hlógu	hleginn
deyja „sterben"	deyr	dó	dó(u)	dáinn

- Verben, deren Stamm auf -g- oder -k- endet (wie z.B. *draga* oder *aka*), zeigen im Partizip Präteritum -e- anstelle von -a- auf (*dreginn, ekinn*).
- Eine geringe Anzahl von Verben hat -á- im Infinitiv (*flá, slá*) und -g- im Präteritum Plural und Partizip Präteritum (*flógu, fleginn; slógu, sleginn*).
- Verben, deren Stamm auf -j- endet, weisen i-Umlaut im Infinitiv auf (vgl. z.B. *hefja, hlæja*).

DAS VERB *FARA* IM INDIKATIV PRÄSENS UND PRÄTERITUM

PRÄSENS				PRÄTERITUM			
Sg ek	fer	Pl vér	fǫrum	Sg ek	fór	Pl vér	fórum
þú	ferr	þér	farið	þú	fórt	þér	fóruð
hann	ferr	þeir	fara	hann	fór	þeir	fóru

14.5 DAS MEDIOPASSIV — ÜBERBLICK UND BILDUNG

Das Mediopassiv wird hauptsächlich reflexiv verwendet. Seine Endungen ergeben sich aus den Reflexivpronomen *mik* und *sik*. Die Sätze unten verdeutlichen den Unterschied zwischen den Aktiv- und Mediopassivformen des Verbs *klæða*.

>Hon klæddi barnit. (3 Sg Prät Akt)   Sie zog die Kinder an.
>Hon klæddisk. (3 Sg Prät Med-Pas)   Sie zog sich selbst an.

Je nach Kontext kann das Mediopassiv auch eine reziproke, passivische oder idiomatische Bedeutung haben. Im Indikativ Präsens und Präteritum richtet sich die Bildung des Mediopassivs nach den folgenden Regeln:
- Die 1 Sg ist -umk (*gerumk* „ich werde", *gerðumk* „ich wurde") und die 1 Pl ist -umsk. Bei starken Verben ist der Wurzelvokal von 1 Sg und 1 Pl identisch (vgl. Präteritum von *gefusk* in der Tabelle unten).
- Anstelle von -umsk kann sich die 1 Pl auch als -umk zeigen. Daher sind z.B. sowohl *brjótumk* als auch *brótumsk* möglich.
- In allen anderen Personen wird das Mediopassiv mit der Endung -sk gebildet, die jeweils direkt an die entsprechende Endungen im Aktiv angehängt wird (vgl. z.B. *nefndi + sk > nefndisk* „er nannte sich selbst", *bǫrðu + sk > bǫrðusk* „sie kämpften miteinander"). Dabei sind allerdings noch zwei weitere Regeln zu beachten:
   1. -r- fällt vor -sk weg (*gerir + sk > gerisk, eignar + sk > eignask*).
   2. -ð-, -d- und -t- vor -sk werden zu -zk, vgl. z.B. *eignizk* (*eignið + sk*) und *kvazk* (*kvað + sk*). Dieser Wandel findet ebenfalls statt, wenn dem (weggefallenen) -r- (vor -sk) ein Dental vorausgeht (*kveðr + sk > kveð + sk > kvezk*).

		GERASK	EIGNASK	BERJASK	GEFASK
INDIK PRÄS	Sg ek	gerumk	eignumk	berjumk	gefumk
	þú	gerisk	eignask	bersk	gefsk
	hann	gerisk	eignask	bersk	gefsk
	Pl vér	gerum(s)k	eignum(s)k	berjum(s)k	gefum(s)k
	þér	gerizk	eignizk	berizk	gefizk
	þeir	gerask	eignask	berjask	gefask

INDIK PRÄT **Sg** ek	gerðumk	eignuðumk	borðumk	gǫfumk
þú	gerðisk	eignaðisk	barðisk	gafzk
hann	gerðisk	eignaðisk	barðisk	gafsk
Pl vér	gerðum(s)k	eignuðum(s)k	borðum(s)k	gáfum(s)k
þér	gerðuzk	eignuðuzk	borðuzk	gáfuzk
þeir	gerðusk	eignuðusk	borðusk	gáfusk

- Auch bei den Partizipien wird die Mediopassivendung -sk an die entsprechende Form im Aktiv suffigiert.
- Das Mediopassiv kommt allerdings fast nur im Partizip Präteritum (n Sg) vor, vgl. z.B. *eignazk* (< *eignat* + *sk*), *farizk* (< *farit* + *sk*) oder *litizk* (< *litit* + *sk*). Das folgende Beispiel stammt aus der *Heimskringla* und bezieht sich auf König Haraldr hárfagri von Norwegen: *Hafði hann þá eignazk land allt* („Er hat dann das ganze Land an sich genommen").
- Im Partizip Präsens taucht das Mediopassiv hingegen nur äußerst selten auf, vgl. z.B. *brjótandisk* („gebrochen") oder *farandisk* („reisend").
- Imperative im Mediopassiv sind ebenfalls selten. Die Bildung erfolgt unter Suffigierung von -sk an die entsprechenden Form im Aktiv, vgl. z.B. 2 Sg *bersk* „kämpf!" < *ber + sk*, 2 Pl *berizk* „kämpft miteinander!" oder 1 Pl *berjumsk* „lass uns kämpfen!".

14.6 DAS MEDIOPASSIV DER VERBEN — BEDEUTUNG UND GEBRAUCH

Verben im Mediopassiv können eine reflexive, reziproke, passive oder idiomatische Bedeutung haben.
Reflexive Bedeutung: Das Verb *verja* „verteidigen" wird im Mediopassiv zu *verjask* „sich selbst verteidigen", „sich wehren". In dem folgenden Satz aus der *Vǫlsunga saga* haben die Verben *bregðask* und *leggjask* eine reflexive Bedeutung.

Fáfnir brásk í ormslíki ok   *Fáfnir verwandelte sich (selbst) in eine Drachengestalt*
lagðisk á gullit.   *und legte sich (selbst) auf das Gold.*

Reziproke Bedeutungen sind Handlungen, die zwei oder mehrere Personen bzw. Parteien miteinander ausführen. Beachte die reziproke Bedeutung der Verben *skilja* „trennen" und *berja* „kämpfen, schlagen" in den folgenden Sätzen.

Nú **skiljask** þeir.   *Jetzt **trennen** sie **sich voneinander**.*
Brœðr **borðusk**.   *Die Brüder **kämpften miteinander** (sie schlugen aufeinander ein).*
Nú **berjask** þeir lengi.   *Jetzt **kämpfen** sie lange **miteinander**.*

Für viele Verben gilt, dass sie je nach Kontext entweder eine reflexive oder reziproke Bedeutung haben, vgl. z.B. *þeir sjásk* „sie sehen sich selbst" (reflexiv) oder „sie sehen einander" (reziprok).
Passivische Bedeutungen werden in den folgenden Beispielen veranschaulicht. Hier wird von den Verben *byggva* „siedeln" und *draga* „ziehen" jeweils eine Handlung ausgedrückt, die sich auf das Subjekt richtet.

Ísland **byggðisk**.   *Island **wurde besiedelt**. (Íslendingabók)*
Stafirnir **drógusk** með grunni,   *Die Pfeiler **wurden** am Boden **gezogen** bis sie schließlich*
allt til þess er þeir váru lausir   *unter der Brücke lose waren. (Heimskringla, beschreibt*
undir bryggjunum.   *wie die Wikinger London Bridge niederrissen.)*

Idiomatische Bedeutungen treten besonders häufig in Kombination mit einer Präposition auf, vgl. z.B. *lagðisk út*. Idiomatische Bedeutungen lassen sich i. d. R. auf eine der oben genannten Funktionen zurückführen, obwohl dabei in manchen Fällen der Zusammenhang nicht ganz eindeutig ist:

Eptir þat **lagðisk** Svartr **út***   *Danach **zog** Svartr hinaus in die Heide (wörtl: setzte sich*
á heiði þá, er vér kǫllum   *selbst hinaus auf die Heide), die wir Smjǫrvatnsheiði nennen.*
Smjǫrvatnsheiði.   *(Vápnfirðinga saga, Kap. 2)*

*leggja „legen", „setzen", **leggjask** „sich (hin) legen", „setzen" (reflexiv), **leggjask út** „in die Einöde gehen", „sich fern von den Menschen halten (als Räuber)".

| [Þorleifr] talði veðrit ótrúligt **gerask*** | Þorleifr sagte, dass das Wetter unvorhersehbar **werde** (wörtl: dass das Wetter sich fragwürdig macht). |
| Á hans dǫgum **gerðisk*** í Svíþjóð sultr ok seyra. | In seinen Tagen **machten sich** (gab es) in Schweden Hunger und Mangel an Lebensmitteln breit. |

*gera „machen", „tun", **gerask** „sich machen" (reflexiv); „werden", „passieren", „geschehen".

Einige Verben im Mediopassiv werden in unpersönlichen Konstruktionen verwendet, d.h. sie werden ohne ein zuvor genanntes oder offensichtliches Subjekt im Nominativ verwendet. Oft handelt es sich dabei um Verben der Wahrnehmung (wie z.B. sehen oder hören) bei denen das Subjekt im Dativ steht.

| Hversu **lízk þér á*** mey þessa? | Wie gefällt dir dieses Mädchen? |

*líta „gucken", „schauen", **lítask** „scheinen", „wirken", **lítask [e-m] á** „auf jmd. wirken"

| En er hann sá bauginn, þá **sýndisk*** honum fagr. | Und als er den Ring sah, da schien er ihm schön. |

*sýna „zeigen", **sýnask** „scheinen", „wirken" (reflexiv); **mér sýnisk** „mir scheint"

14.7 Die Kardinalzahlen 1 bis 20

Nur die Kardinalzahlen von 1 bis 4 werden dekliniert, also dem Substantiv, das sie näher bestimmen, in Kasus, Numerus und Genus angeglichen. Wenn *einn* im Plural verwendet wird, bedeutet es „einige". Die Deklination der ersten vier Zahlen ist der des bestimmten Artikel und der starken Adjektive sehr ähnlich.

	M	F	N		M	F	N
Sg N	einn	ein	eitt	Pl	einir	einar	ein
A	einn	eina	eitt		eina	einar	ein
D	einum	einni	einu		einum	einum	einum
G	eins	einnar	eins		einna	einna	einna

	M	F	N	M	F	N	M	F	N
N	tveir	tvær	tvau	þrír	þrjár	þrjú	fjórir	fjórar	fjǫgur
A	tvá	tvær	tvau	þrjá	þrjár	þrjú	fjóra	fjórar	fjǫgur
D	<	tveim(r)	>	<	þrim(r)	>	<	fjórum	>
G	<	tveggja	>	<	þriggja	>	<	fjǫgurra	>

Die Kardinalzahlen von *fimm* bis *tuttugu* werden nicht dekliniert.

1	einn	6	sex	11	ellifu	16	sextán
2	tveir	7	sjau	12	tólf	17	sjautján
3	þrír	8	átta	13	þrettán	18	átján
4	fjórir	9	níu	14	fjórtán	19	nítján
5	fimm	10	tíu	15	fimmtán	20	tuttugu

Die Kardinalzahlen über 20 und die Ordnungszahlen werden in der nächsten Lektion behandelt.

14.8 Der Optativ Präteritum der Präteritopräsentia

Die Präteritopräsentia weisen im Optativ Präteritum *i*-Umlaut auf.

Infinitiv	EIGA	ÞURFA	SKULU	MUND	MEGA
Prät-Stamm	ÁTT-	ÞURFT-	SKYLD-	MUND-	MÁTT-
Sg ek	ætta	þyrfta	skylda	mynda	mætta
þú	ættir	þyrftir	skyldir	myndir	mættir
hann	ætti	þyrfti	skyldi	myndi	mætti

Pl vér	ættim	þyrftim	skyldim	myndim	mættim
þér	ættið	þyrftið	skyldið	myndið	mættið
þeir	ætti	þyrfti	skyldi	myndi	mætti

- Mitunter treten auch Formen ohne *i*-Umlaut auf: *mynda ~ munda, þyrfta ~ þurfta, skylda ~ skulda, kynna ~ kunna*.

14.9 Die Synkope bei zweisilbigen Substantiven

Der Ausdruck Synkope bezeichnet den Wegfall von Vokalen oder Konsonanten im Inneren eines Wortes. Zweisilbige Substantive werden im Altnordischen in bestimmten Kasusformen synkopiert, verlieren also den Vokal der unbetonten zweiten Silbe. Bei diesen Substantiven gehört die zweite Silbe zum Wortstamm und besteht aus einem kurzen Vokal und einem Konsonanten. Dazu zählen z.B. die starken maskulinen Substantive *hamarr* (Stamm *hamar-*), *jǫkull* (Stamm *jǫkul-*), *himinn* (Stamm *himin-*) und *jǫtunn* (Stamm *jǫtun-*), aber auch einige Neutra wie z.B. *sumar* (Stamm *sumar-*). Bei diesen Substantiven wird der Vokal der zweiten Silbe vor Endungen, die mit einem Vokal beginnen, synkopiert. Bei *hamarr* tritt die Synkope daher z.B. im Dativ *hamri* (< *hamar + -i*), jedoch nicht im Genitiv *hamars* (<*hamar + s*) auf.

Bei Eigennamen finden diese Regeln jedoch häufig keine Anwendung, vgl. z.B. *Gunnarr* (D *Gunnari*), *Einarr* und *Reginn*.

	HAMARR (M)		JǪKULL (M)		SUMAR (N)	
	Sg	Pl	Sg	Pl	Sg	Pl
N	hamarr	hamrar	jǫkull	jǫklar	sumar	sumur
A	hamar	hamra	jǫkul	jǫkla	sumar	sumur
D	hamri	hǫmrum	jǫkli	jǫklum	sumri	sumrum
G	hamars	hamra	jǫkuls	jǫkla	sumars	sumra
Ü	Hammer, Felsen		Gletscher		Sommer	

14.10 Aufgabe – Die Synkope bei zweisilbigen Substantiven

Die maskulinen Substantive *aptann* und *þumall* werden wie *hamarr* dekliniert, während das Neutrum *hǫfuð* wie *sumar* geht. Dekliniere die folgenden Verben.

	APTANN	ÞUMALL	HǪFUÐ
Sg N	_____	_____	_____
A	_____	_____	_____
D	_____	_____	_____
G	_____	_____	_____
Pl N	_____	_____	_____
A	_____	_____	_____
D	_____	_____	_____
G	_____	_____	_____
Ü	Abend	Daumen	Kopf

AUFGABEN

14.11 Lückentext – Askr Yggdrasils.[156] Trage die unten angegebenen Wörter in die richtigen Lücken ein.

rót, hvern, dag, þar, goðin, himni, drykkjar, heilagr, brunninn, auga, þriðja, forðum, gnagar, horninu,

---

[156] **Askr Yggdrasils:** Der Name des Weltenbaums taucht auch als *Askr Yggdrasill* (zwei Nominative) auf.

vísindum, svarar, himni, afar, breitt, dóma, beztr, heim, helgistaðrinn

Þá mælti Gangleri: „Hvar er hǫfuðstaðrinn eða _____ (heiliger Ort) goðanna?" Hár _____ (antwortet): „Þat er at aski Yggdrasils; þar skulu goðin eiga _____ (Gericht/Rat) sína hvern dag." Þá mælti Gangleri: „Hvat er at segja frá þeim stað?" Þá segir Jafnhár: „Askrinn er allra trjá mestr ok _____ (beste); limar hans dreifask yfir _____ (Erde) allan, ok standa yfir _____ (Himmel). Þrjár rœtr trésins halda því [tré] upp, ok standa _____ (extrem ausgeweitet).

Ein er með Ásum, enn ǫnnur með Hrímþursum, þar sem _____ (einst) var Ginnungagap; hin _____ (dritte) stendr yfir Niflheimi, ok undir þeirri _____ (Wurzel) er Hvergelmir, en Níðhǫggr _____ (nagt) neðan rótina. En undir þeirri rót, er til Hrímþursa horfir, _____ (da, dort) er Mímisbrunnr, er spekt ok mannvit er í fólgit; ok heitir sá Mímir, er á _____ (den Brunnen). Hann er fullr af _____ (Weisheit), fyrir því at hann drekkr ór brunninum af _____ (Horn) Gjallarhorni. Þar kom Alfǫðr, ok beiddisk eins _____ (trinken) af brunninum, en hann fekk eigi fyrr en hann lagði _____ (Auge) sitt at veði.

Þriðja rót asksins stendr á _____ (Himmel); ok undir þeirri rót er brunnr sá, er mjǫk er _____ (heilig), er heitir Urðarbrunnr; þar eigu _____ (die Götter) dómstað sinn. _____ (Jeden Tag) ríða Æsir þangat upp um Bifrǫst; hon heitir ok Ásbrú.

14.12 WIEDERHOLUNG – DEMONSTRATIVPRONOMEN. Gib die jeweils richtige Form des Demonstrativ-pronomens *sá* an.

1. En í milli augna honum sitr haukr _____, er heitir Veðrfǫlnir.
2. Íkorni _____, er heitir Ratatoskr, rennr upp ok niðr eptir askinum.
3. Enn er þat sagt, at nornir _____, er byggja Urðarbrunn, taka hvern dag vatn í brunninum, ok með aurinn _____ er liggr um brunninn, ok ausa upp yfir askinn.
4. En _____ vatn er svá heilagt, at allir hlutir, _____ sem þar koma í brunninn, verða svá hvítir sem hinna _____, er skjall heitir, er innan liggr við eggskurn.
5. _____ dǫgg, er þaðan af fellr á jǫrðina, þat kalla menn hunangsfall, ok þar af fœðask býflugur.
6. Þeir heita svanir, ok af _____ fuglum hefir komit þat fuglakyn, er svá heitir.

14.13 STARKE VERBEN – KLASSE VI. Als typisches Verb der Klasse VI zeigt *fara* die Stammformen *ferr, fór, fóru* und *farinn*. Konjugiere *fara* im Indikativ Präsens und Präteritum.

	INDIKATIV PRÄSENS		*INDIKATIV PRÄTERITUM*
Sg *ek*	_____	**Sg** *ek*	_____
þú	_____	*þú*	_____
hann	_____	*hann*	_____
Pl *vér*	_____	**Pl** *vér*	_____
þér	_____	*þér*	_____
þeir	_____	*þeir*	_____

Gib die Stammformen der folgenden Verben an. Beachte dabei, dass einige Verben der Klasse VI leicht vom Konjugationsschema von *fara* abweichen können.

- Verben mit Stammausgang auf -k- oder -g- zeigen -e- im Partizip Präteritum, vgl. z.B. Inf *taka*, Part Prät *tekinn*.
- Verben mit Stammausgang auf -j- zeigen *i*-Umlaut im Infinitiv, vgl. z.B. Inf *sverja*, Part Prät *svarinn*.

Bsp ala   *elr, ól, ólu, alinn*

ALTNORDISCH 1

	taka	_tekr, tók, tóku, tekinn_
1.	skapa	
2.	aka	
3.	mala	
4.	grafa	
5.	hefja	
6.	skaka	

Gib jeweils die Stammformen der zwei folgenden Verben an. Beachte dabei, dass -v- vor gerundeten Vokalen wegfällt.

| 7. | vaða | |
| 8. | sverja | |

Gib die jeweils richtige Form der Verben an.

Bsp aka (1 Sg Präs)   _ek_

9. ala (2 Pl Prät) _____   12. hefja (3 Sg Prät) _____
10. standa (1 Pl Präs) _____   13. grafa (1 Pl Prät) _____
11. skapa (2 Sg Prät) _____   14. sverja (1 Sg Präs) _____

14.14 VERBEN – AKTIV UND MEDIOPASSIV. Konjugiere die Verben *gera* (schwach) und *gefa* (stark) im Indikativ Präsens und Präteritum.

	GERA		GEFA	
INDIK PRÄS	AKTIV	MEDIOPASSIV	AKTIV	MEDIOPASSIV
Sg *ek*				
þú				
hann				
Pl *vér*				
þér				
þeir				
INDIK PRÄT				
Sg *ek*				
þú				
hann				
Pl *vér*				
þér				
þeir				

14.15 WIEDERHOLUNG – *I*-UMLAUT. Die meisten Verben weisen *i*-Umlaut im Optativ Präteritum auf.
A. Gib die korrekt umgelauteten Vokale bzw. Diphthonge an.

1. u > _____   5. a > _____   9. au > _____
2. ú > _____   6. á > _____   10. ǫ > _____

3. o > _____   7. jú > _____
4. ó > _____   8. jó > _____

B. Gib die 3 Sg Indik Präs der folgenden starken Verben an.

Bsp	láta	*lætr*			
1.	gróa	_____	5.	ljósta	_____
2.	standa	_____	6.	sitja	_____
3.	nema	_____	7.	hǫggva	_____
4.	auka	_____	8.	lúka	_____

14.16 DER RUNENSTEIN VON ALTUNA, SCHWEDEN weist neben einer Inschriften auch bildliche Darstellungen aus der nordischen Mythologie auf. Laut der sich über zwei Seiten des Steins erstreckenden Inschrift wurden die Runen von zwei Männern namens Balli und Frøysteinn geritzt, die zum Gefolge eines gewissen Hlífsteinns gehörten. Vermutlich handelt es sich bei dem Runenstein von Altuna um einen Gedenkstein für zwei Männer, die bei einer Brandstiftung ums Leben gekommen sind.

Bildliche Darstellungen von Þórr und seinen Abenteuern waren im wikingerzeitlichen Skandinavien sehr verbreitet. Vor allem die Geschichte von seinem Kampf mit der Midgardschlange (*Miðgarðsormr*) scheint ein beliebtes Motiv gewesen zu sein. Im unteren Bereich der dritten Ansichtsseite lässt sich ein Mann erkennen, der mit einem Hammer in der Hand in einem Boot steht. Von seiner anderen Hand aus führt eine dicke Leine ins Wasser, an deren Ende sich ein großes Objekt befindet. Unter dem Boot lauert ein schlangenartiges Seemonster.

Die auf dem Runenstein von Altuna dargestellten Motive passen sehr gut zu Mythos über Þórrs Fischzug, der in *Snorra Edda*, der Lieder-Edda und anderen westnordischen Schriften aufgezeichnet ist. Die Geschichte beginnt damit, dass der Riese Hymir Þórr zum Fischen einlädt und die beiden daraufhin weit hinaus auf offene See rudern. Þórr verwendet den Kopf von Hymirs Ochsen als Köder für seine Angel und wirft seinen Angelhaken aus, um nach der weltumschlingenden Midgardsschlange zu fischen.

Allerdings erweist es sich als sehr viel einfacher, den Köder auszuwerfen als den Fang zu sichern. Þórr zieht so fest an der Angel, dass er mit seinem Fuß durch den Boden des Bootes stößt. Indem er sich in den Meeresgrund stemmt, kann er die Schlange jedoch nach oben ziehen. Bevor es ihm allerdings gelingt, die Schlange mit seinem bereits erhobenen Hammer Mjǫllnir zu erschlagen, zerschneidet der entsetzte Riese Hymir die Angelschnur – und das Ungeheuer kann sich wieder ins Meer zurückziehen. Þórr und die Midgardschlange werden sich erst bei den *Ragnarǫk* wieder begegnen, wo sie sich gegenseitig töten werden.

Auch das Nichtvorhandensein einer standardisierten Rechtschreibung lässt sich am Runenstein von Altuna gut beobachten. Der Laut /e/ wird z.B. durch ein R wiedergegeben, und /t/ durch þ oder þt. Offenbar haben die Runenritzer und -schreiber (bei denen es sich nicht unbedingt um dieselbe Person gehandelt haben muss) das Ausschreiben der Laute unterschiedlich gut beherrscht zu haben. In einigen Fällen scheint eine runenkundige Person ihre Zeichnung der Runeninschrift an einen illiteraten Steinmetz weitergegeben haben, der die Zeichen wiederum verändert, neu angeordnet oder mitunter auch ganz gestrichen hat.

RUNEN

ᚢᛁᚠᛅᛋᚦᛏᚱ᛭ᚠᚢᛚᚴᛅᚼᚦᚱ᛭ᚴᚢᚦᛅᚱ᛭ᛚᛁᛏᚢ᛭ᚱᛁᛋᛅ᛭ᛋᚦᛏᛁᚾ᛭ᛅᚠᛏᛁ᛭ᛋᛁᛏ᛭ᚠᛅᚦᚢᚱ᛭ᚢᛚᚠᛅᛋᚦ
᛭ᛅᚱᚠᛅᛋᛏ᛭ᛒᛁᚦᛁ᛭ᚠᛁᚦᚱᚴᛅᚴ᛭ᛒᚢᚱᚾᚢ᛭ᛁᚾ᛭ᚦᛁᚱ᛭ᛒᛅᛚᛁ᛭ᚠᚱᛁᛋᚦᛁᚾ᛭ᛚᛁᚦ᛭ᛚᛁᚠᛋᚦᛁᚾᛋ᛭ᚱᛁᛋᚦᚢ

TRANSLITERATION

uifasþtr fulkahþr kuþar litu resa sþten Rþti sen faþur ulfasþ arfast beþi feþrkak burnu en þir bali fresþen liþ lifsþens risþu

Standardisiertes Altnordisch

Véfastr, Fólkaðr, Guðmarr létu reisa stein eptir sinn fǫður Hólmfast [ok] Arnfast. Bæði feðgar brunnu. En þeir Balli [ok] Frøysteinn lið Hlífsteins[157] ristu.

Vokabular

Arnfastr <-s> *m* Arnfastr (Personenname)
Balli (auch Baldi) *m* Balli (Personenname)
❖**báðir** <*f* báðar, *n* bæði, *G* beggja > *Zahl* beide
brenna <brann, brunnu, brunninn> *V intrans* brennen, verbrennen
feðgar *m Pl* Vater (feðr) und Sohn (Söhne)
Fólkaðr (auch **Fólkvarðr**) <-ar> *m* Fólkaðr (Personenname)
Frøysteinn (auch **Freysteinn**) <-s> *m* Frøysteinn (Personenname)
Guðmarr <-s> *m* Guðmarr (Personenname)
Hlífsteinn <-s> *m* Hlífsteinn (Personenname)
Hólmfastr <-s> *m* Hólmfastr (Personenname)
❖**láta** <lætr, lét, létu, látinn> *V* lassen, erlauben
❖**lið** *n* Gruppe von Männern, Anhänger, Truppe
reisa <-ti, -tr> *V* erheben; **láta reisa [stein]** einen Stein aufrichten lassen
rísta <rístr, reist, ristu, ristinn> *V* ritzen, einmeißeln, eingravieren
Véfastr <-s> *m* Véfastr (Personenname)

Übersetze:

_____
_____
_____
_____
_____
_____
_____
_____
_____
_____
_____
_____
_____
_____

Abbildung 14.2. Der Runenstein von Altuna, Schweden.

---

[157] ... þeir Balli ok Frøysteinn lið Hlífsteins...: „Balli und Frøysteinn, die Anhänger Hlífsteinns."

LEKTION 15

DIE SAGA VON KÖNIG HRÓLFR KRAKI

Hálfsǫgð er saga, ef einn segir.
(Halberzählt ist eine Geschichte, wenn nur einer sie erzählt.)

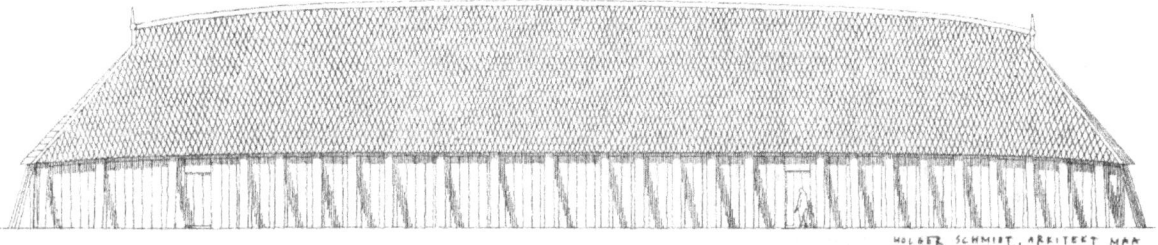

Abbildung 15.1. Rekonstruktion einer im 9. Jahrhundert erbauten Halle im dänischen Lejre. Bei dem ca. 500 m² großen (und damit gewaltigen) Holzgebäude handelte es sich vermutlich um eine Herrscherresidenz aus der Wikingerzeit. Die Größendimensionen der Halle lassen sich anhand der eingezeichneten Figur (Mitte rechts) ablesen. Die an beiden Enden der gewölbten Dachfirste zu findenden Giebel sind geöffnet, um Rauch entweichen zu lassen.

15.1 TEXTPASSAGE – BǪÐVARR RETTET HǪTTR AUS DEM KNOCHENHAUFEN (*HRÓLFS SAGA KRAKA*)

Die in *Hrólfs saga kraka* geschilderten Ereignisse um König Hrólfr kraki und seine zwölf Kämpfer spielen sich im Dänemark des 6. Jahrhundert – also lange vor dem Beginn der Wikingerzeit – ab. Bei dem vermutlich an eine weit in die Vergangenheit reichende mündliche Erzähltradition anknüpfenden Text handelt es sich um einen der bekanntesten Vertreter der *fornaldarsǫgur*. Die Saga weist eine Menge Gemeinsamkeiten mit dem altenglischen Versepos *Beowulf* auf. König Hrólfr wird darüber hinaus aber auch in einer Vielzahl anderer isländischer und skandinavischer Texte aus dem Mittelalter (wie z.B. *Snorra Edda*, *Ynglinga saga* und *Landnámabók*) erwähnt. Obwohl die historische Existenz von Hrólfr kraki nicht eindeutig gesichert ist, wird er in der altnordischen bzw. altisländischen Literatur als einer der glorreichsten Könige der dänischen Frühzeit dargestellt. Bei den um Bǫðvarr bjarki kreisenden Ereignissen handelt es sich in gewisser Hinsicht um eine unabhängige Erzählung, die viele folkloristische Elemente und Motive beinhaltet. Er war der größte und ruhmreichste von König Hrólfrs Kämpfern und besitzt die Gabe, seine Gestalt zu verändern. Sein Vater Bjǫrn wurde einst von seiner bösen Stiefmutter in einen Bären verwandelt worden.

Abbildung 15.2. Rückansicht der Halle von Lejre (Breite: 11,5 m) mit dem überdachten Gang unter dem Dachvorsprung.

Auf einer seiner Reisen zu König Hrólfrs Halle bei Lejre (*Hleiðagarðr*) trifft Bǫðvarr eines Tages auf eine alte Frau, die ihm von ihrem in einem Knochenhaufen in der königlichen Festung hausenden Sohn Hǫttr erzählt. Da sich die Männer des Königs tagein tagaus über den feigen Hǫttr lustig machen, indem sie abgenagte Knochen auf ihn werfen, fleht die alte Frau Bǫðvarr an, sich dafür einzusetzen, der Schikane ein Ende zu bereiten. Im folgenden Abschnitt wird darüber berichtet, wie Bǫðvarr Hǫttr rettet, und dieser letzten Endes selbst zu einem der Kämpfer von König Hrólfr avanciert.

Hrólfs saga kraka (Kap. 15)

Síðan fór Bǫðvarr leið sína til Hleiðargarðs. Hann kømr til konungs atsetu. Bǫðvarr leiðir síðan hest sinn á stall hjá konungs hestum hinum beztu[m] ok spyrr engan at;[158] gekk síðan inn í hǫllina, ok var þar fátt manna.

Hann sezk útarliga,[159] ok sem hann hefir verit þar lítla hríð, heyrir hann þrausk nǫkkut útar í hornit í einhverjum stað. Bǫðvarr lítr þangat ok sér at mannshǫnd kømr upp ór mikilli beinahrúgu, er þar lá; hǫndin var svǫrt mjǫk. Bǫðvarr gengr þangat til ok spyrr hverr þar væri í beinahrúgunni. Þá var honum svarat[160] ok heldr óframliga: „Hǫttr heiti ek, bokki sæll."

„Hví ertu hér," segir Bǫðvarr, „eða hvat gørir þú?"

Hǫttr segir, „Ek gøri mér skjaldborg, bokki sæll."

Bǫðvarr sagði, „Vesall ertu þinnar skjaldborgar!"[161] Bǫðvarr þrífr til hans ok hnykkir honum upp ór beinahrúgunni.

Hǫttr kvað þá hátt við ok mælti, „Nú viltu mér bana! Gør eigi þetta, svá sem ek hefi nú vel um búizk áðr, en þú hefir nú rótat í sundr skjaldborg minni, ok hafða ek nú svá gǫrt hana háva útan at mér,[162] at hon hefir hlíft mér við ǫllum hǫggum ykkar[163], svá at ekkert[164] hǫgg hafa komit á mik lengi, en ekki var hon enn svá búin sem ek ætlaða hon skyldi verða."[165]

Bǫðvarr mælti: „Ekki muntu fá skjaldborgina gerða lengr."[166]

Hǫttr mælti ok grét: „Skaltu nú bana mér, bokki sæll?"

Bǫðvarr bað hann ekki hafa hátt, tók hann upp síðan ok bar hann út ór hǫllinni ok til vatns nǫkkurs sem þar var í nánd, ok gáfu fáir at þessu gaum,[167] ok þó[168] hann upp allan. Síðan gekk Bǫðvarr til þess rúms sem hann hafði áðr tekit,[169] ok leiddi eptir sér Hǫtt ok þar setr hann Hǫtt hjá sér. En hann er svá hræddr at skelfr á honum leggr ok liðr,[170] en þó þykkisk hann skilja, at[171] þessi maðr vill hjálpa sér. Eptir þat kveldar ok drífa menn í hǫllina ok sjá Hrólfs kappar at Hǫttr er settr á bekk upp, ok þykkir þeim sá maðr hafa gǫrt sik oerit djarfan, er þetta hefir til tekit.[172] Illt tillit hefir Hǫttr, þá er hann sér kunningja

---

[158] **ok spyrr engan at:** „und [er] fragt niemanden danach." Bǫðvarr holt sich keine Genehmigung dafür, sein eigenes Pferd zusammen mit den besten Pferden des Königs unterzubringen.

[159] **Hann sezk útarliga:** „Er setzt sich weit an den Rand (von der Mitte der Halle)."

[160] **Þá var honum svarat:** „Dann wurde ihm geantwortet."

[161] **„Vesall ertu þinnar skjaldborgar!":** „Erbärmlich sind du und deine Schildburg!"

[162] **hafða ek nú svá gǫrt hana háva útan at mér:** „habe ich sie [die Schildburg] nun hoch um mich herum gebaut."

[163] **ykkar:** Obwohl Hǫttr den Genitiv des Dualis' þit („ihr beide") verwendet, stimmt die Bedeutung des Wortes an dieser Stelle mit dem Genitiv des Plurals þér (ihr) überein. Im jüngeren Isländisch ist ykkar undeklinierbar und wird (wie auch an dieser Stelle der in relativ jungen Handschriften überlieferten Hrólfs saga kraka) i.d.R. anstelle des im Plural stehenden Personalpronomens verwendet. Offenbar nimmt sich Bǫðvarr Hǫttrs an, um ihn zu einem Kämpfer von König Hrólfr zu machen.

[164] **ekkert:** eine jüngere Form von ekki (N Sg n von engi), die grammatisch mit hǫgg übereinstimmt.

[165] **en ekki var hon enn svá búin sem ek ætlaða hon skyldi verða:** „aber sie war noch nicht so ausgerüstet wie ich beabsichtigte, dass sie werden/sein sollte."

[166] **fá skjaldborgina gerða lengr:** „dazu imstande sein, die Schildburg weiter zu bauen." Gerða (Part Perf von gera) stimmt grammatisch mit skjáldborgina (A Sg f) überein. Wenn fá zusammen mit einem Partizip steht, nimmt es die metaphorische Bedeutung „dazu imstande/in der Lage sein" an.

[167] **gáfu fáir at þessu gaum:** „schenkten wenige diesem Beachtung."

[168] **þó:** 3 Sg Prät von þvá „waschen".

[169] Dabei handelt es sich um die Sitz-und Schlafbank, auf der Bǫðvarr bereits zuvor Platz genommen hat.

[170] **leggr og liðr:** „Bein und Gelenk" (im übertragenden Sinne „am ganzen Körper").

[171] **en þó þykkisk hann skilja, at ...:** „obwohl er zu verstehen schien, dass ..."

[172] **er þetta hefir til tekit:** „der dies unternommen hat."

sína, því at hann hefir illt eitt af þeim reynt;[173] hann vill lifa gjarnan ok fara aptr í beinahrúgu sína, en Bǫðvarr heldr honum, svá at hann náir ekki í brottu at fara,[174] því at hann þóttisk ekki jafnberr fyrir hǫggum þeira, ef hann næði þangat at komask,[175] sem hann er nú.

Hirðmenn hafa nú sama vanda, ok kasta fyrst beinum smám um þvert gólfit til Bǫðvars ok Hattar. Bǫðvarr lætr sem hann sjái eigi þetta.[176] Hǫttr er svá hræddr at hann tekr eigi mat né drykk, ok þykkir honum þá ok þá[177] sem hann muni vera lostinn.[178]

Ok nú mælti Hǫttr til Bǫðvars: „Bokki sæll, nú ferr at þér stór knúta, ok mun þetta ætlat okkr til nauða."[179] Bǫðvarr bað hann þegja. Hann setr við holan lófann[180] ok tekr svá við knútunni; þar fylgir leggrinn með.[181] Bǫðvarr sendi aptr knútuna ok setr á þann sem kastaði, ok rétt framan í hann[182] með svá harðri svipan at hann fekk bana. Sló þá miklum ótta yfir hirðmennina.[183]

15.2 Kultur – Hrólfs saga kraka und Beowulf

Die in *Hrólfs saga kraka* geschilderten Ereignisse waren vermutlich schon lange vor ihrer Verschriftlichung im 13. oder 14. Jahrhundert mündlich im Umlauf. Da vor allem die Berichte über König Hrólfr selbst mitunter große Ähnlichkeiten mit dem zwischen dem 8. und 11. Jahrhundert verfassten altenglischen Versepos *Beowulf* zeigen, liegt ferner die Vermutung nahe, dass die beiden Werke an eine gemeinsame Legendentradition anknüpfen, die wiederum auf den mit der Herrschaft der Skjǫldungar (aeng. *Scyldinga*) in Verbindung stehenden Ereignissen des 5. und/oder 6. Jahrhunderts beruht. Obwohl sie zeitlich und räumlich weit entfernt voneinander liegen, tauchen viele Charaktere und Orte sowohl im jüngeren isländischen Text als auch in den älteren dänischen Erzählungen auf. Auch diese Ähnlichkeit scheint von der gemeinsamen mündlichen Tradition herzurühren.

Sowohl *Hrólfs saga kraka* als auch *Beowulf* berichten von einem mächtigen Kämpfer, dessen an einen Bären erinnerndes Verhalten alte kultische Praktiken zu zitieren scheint. Doch das ist bei weitem nicht die einzige Gemeinsamkeit zwischen den beiden Werken. Die beiden Helden Beowulf und Bǫðvarr bjarki beginnen ihre Reise nach Dänemark jeweils im Land der Gautar bzw. Gauten (anor. *Gautar*, aeng. *Geatas*, schwed. *Götar*) und sind beide mit dem dänischen König verwandt. Außerdem tragen sowohl Beowulf als auch Bǫðvarr *bjarki* („kleiner Bär") Namen, die mit dem Wort „Bär" in Verbindung stehen. Da es sich bei *Beowulf* um ein zusammengesetztes Wort handelt, das so viel wie „Bienenwolf" bedeutet, stellt auch dieser Name eine durchaus plausible Umschreibung für einen Bären dar. Zudem wird in beiden Erzählungen die Halle des dänischen Königs von einem Ungeheuer bedroht, das eine große Gefahr für das Volk darstellt und seine Opfer i.d.R. in der Nacht angreift. Die einzelnen Gestalten sind jedoch unterschiedlich beschrieben. Das in *Hrólfs saga kraka* angreifende Ungeheuer wird als „großer Troll" bezeichnet, aber später als feuerspuckender, geflügelter Drache beschrieben. Die in Beowulf waltenden Monster gehören hingegen der Unterwelt an: Bei Grendel und

---

[173] **hann hefir illt eitt af þeim reynt:** „er hat nur Schlechtes von ihnen erfahren."
[174] **svá at hann náir ekki í brottu at fara:** „so dass er nicht dazu in der Lage ist, wegzulaufen."
[175] **ef hann næði þangat at komask:** „wenn er dazu in der Lage sein sollte, dorthin zu kommen." (*næði*: 3 Sg Prät Subj von *ná*).
[176] **Bǫðvarr lætr sem hann sjái eigi þetta:** „Bǫðvarr tut so als ob er es nicht sehen würde." (*sjái*: 3 Sg Präs Subj von *sjá*).
[177] **þó ok þó:** „fast jeden Augenblick".
[178] **sem hann muni vera lostinn:** „als wenn er geschlagen werden würde (*muni*: 3 Sg Präs von *munu*).
[179] **mun þetta ætlat okkr til nauða:** „wird uns beiden dies zum Nachteil/Schaden bestimmt."
[180] **Hann setr við holan lófann:** „er hält seine offene Hand(fläche) hin."
[181] **með:** „mitsamt (d.h. dem Knöchelbein)."
[182] **rétt framan í hann:** „direkt von vorn in sein Gesicht." *Framan* „von vorn" gibt an, dass Bǫðvarr und der Angreifer sich gegenüber stehen.
[183] **Sló þá miklum ótta yfir hirðmennina:** „Fiel dann große Angst über die Männer des Königs."

seiner Mutter handelt es sich um menschenhassende Kreaturen, die unterirdisch und von Wasser umgeben, in einer gefährlichen, abgelegenen Gegend jenseits jeglicher Zivilisation hausen. Viele Jahre nachdem es Beowulf gelungen ist, Grendel umzubringen, wird er von einem Drachen getötet.

Neben den Figuren Beowulf und Bǫðvarr bjarki teilen *Hrólfs saga* und *Beowulf* noch weitere Gemeinsamkeiten bzw. Ähnlichkeiten. Während König Hróarr, eine wichtige Figur der *Hrólfs saga*, über das nördliche englische Königreich von Northumberland herrscht, ist sein Äquivalent Hrothgar (*Hrōðgār*) in *Beowulf* der König der Dänen. Bei letzterem handelt es sich um den Bauherrn von Heorot, jener prachtvollen Halle, die das Objekt von Grendels Verwüstungen darstellt. Obwohl die Erzählungen hier etwas voneinander abweichen, findet sich auch das Motiv der trügerischen Onkel-Neffe-Beziehung sowohl in der angelsächsischen als auch der skandinavischen Erzählung. Halga, das altenglische Gegenstück zu *Hrólfs sagas* Helgi, taucht in *Beowulf* als Sohn von Healfdene und als Bruder von Hrothgar auf. Diese Beziehungen stimmen mit der Saga insofern überein, als König Hálfdanr Helgis Vater und Hróarr sein Bruder ist. Im Altenglischen entspricht Hrólfr dem Namen Hrōðulf.

Die altnordische Saga von Hrólfr, das altenglische Versepos *Bēowulf*, Saxo Grammaticus' in Latein verfasste *Gesta Danorum* („Taten der Dänen") sowie die ebenfalls lateinische Prosaparaphrase der *Skjǫldunga saga* sprechen häufig von denselben oder zumindest von ähnlichen Charakteren. Nachfolgend findest du eine Übersicht über die miteinander vergleichbaren Namen und Charaktere in den unterschiedlichen Erzählungen.

DAS FIGURENPERSONAL UM KÖNIG HRÓLFR KRAKI IN DEN ALTNORDISCHEN, ALTENGLISCHEN UND LATEINISCHEN QUELLEN

Hrólfs saga	*Skjǫldunga saga*	*Gesta Danorum*	*Bēowulf*
Aðils	Adillus	Athislus	Ēadgils
Bǫðvarr bjarki	Bodvarus	Biarco	Bēowulf
Fróði	Frodo	Frotho	Frōda
Hálfdanr	Halfdanus	Halfdanus	Healfdene
Helgi	Helgo	Helgo	Hālga
Hróarr	Roas	Roe	Hrōðgār
Hrólfr kraki	Rolfo Krake	Roluo Krake	Hrōðulf
Skjǫldr	Skioldus	Skioldus	Scyld Scēfing
Yrsa	Yrsa	Vrsa	Yrse

15.3 ENKLITISCHE PRONOMEN

Pronomen, die an das Ende des Verbs assimiliert werden, werden enklitische Pronomen genannt. Im Altnordischen lässt sich dieses Phänomen z.B. bei Verben wie *vera – ertu* (*er + þú*), *munu -muntu* (*munt + þú*) oder *veita – veiztu* (*veizt + þú*) antreffen. Bei diesen Assimiliationen wird *þú* jeweils zu (*t*)*u* verändert. In Konstruktionen wie z.B. *heyrðu* (*heyr + þú*) und *segðu* (*seg + þú*) verändert sich das ursprünglich vorhandene *þ*- in *þú* im Zuge der Assimilation zu -*ð*-. Wenn ein Verb mit dem Pronomen *ek* zusammengeführt wird, geht der Anfangsvokal des letzteren i.d.R. verloren, vgl. *mætta + ek > mættak, heyrða + ek > heyrðak*. Der Vokalschwund wird manchmal mit einem Apostroph gekennzeichnet (*mætta'k, heyrða'k*). Auch in *Hrólfs saga* lassen sich viele Beispiele für enklitische Pronomen finden.

„Hví **ertu** hér," segir Bǫðvarr, „eða hvat gørir þú?" Höttr kvað þá hátt við ok mælti, „Nu **viltu** mér bana!"	„Wieso bist Du hier," sagt Bǫðvarr, „und was tust Du?" Dann sprach Höttr laut und sagte, „Nun wirst Du mich töten!"
Bǫðvarr mælti: „Ekki **muntu** fá skjaldborgina gerða	Bǫðvarr sagte: „Du wirst die Schildburg nicht länger

lengr." errichtet bekommen."
Hǫtr mælti ok grét: „**Skaltu** nú bana mér, bokki Hǫttr sprach und weinte: „Wirst du mich nun töten,
sæll?" guter Mann?"

15.4 Starke Verben – Klasse VII

Die zu Klasse VII zählenden starken Verben lassen sich in fünf Untergruppen gliedern. In den meisten Fällen zeigen die Formen des Infinitivs und des Partizip Präteritums denselben Wurzelvokal (*heita, heitinn*). Auch die Wurzelvokale der Präteritalformen im Singular und Plural sind identisch (*hét, hétu*). Wie alle starken Verben bilden auch die zu Klasse VII gehörenden Verben das Präsens Singular mit dem *i*-Umlaut im Präsensstamm (*eykr, býr, fær, gengr, lætr, blœtr*).

	INFINITIV	3 SG PRÄS	3 SG PRÄT	3 PL PRÄT	PERF PART
(i)	heita „heißen"	heitr	hét	hétu	heitinn
	leika „spielen"	leikr	lék	léku	leikinn
(ii)	auka „vermehren"	eykr	jók	jóku	aukinn
	búa „wohnen"	býr	bjó	bjoggu	búinn
	hlaupa „laufen"	hleypr	hljóp	hljópu	hlaupinn
	hǫggva „schlagen"	hǫggr	hjó	hjoggu	hǫggvin
(iii)	fá „bekommen"	fær	fekk	fengu	fenginn
	falla „fallen"	fellr	féll	féllu	fallinn
	ganga „gehen"	gengr	gekk	gengu	genginn
	halda „halten"	heldr	hélt	héldu	haldinn
(iv)	blása „blasen"	blæsr	blés	blésu	blásinn
	gráta „weinen"	grætr	grét	grétu	grátinn
	láta „lassen"	letr	lét	létu	látinn
	ráða „raten"	ræðr	réð	réðu	ráðinn
	blóta „opfern"	blœtr	blét	blétu	blótinn
(v)	snúa „umkehren"	snýr	sneri~snøri	sneru~snøru	snúinn
	sá „nähen"	sær	seri~søri	seru~søru	sáinn
	róa „rudern"	rœr	reri~røri	reru~røru	róinn

Das Präteritum der zu Untergruppe V zählenden Verben (wie z.B. *sá* „sow", *róa* „rudern", *snúa* „drehen", *gnúa* „reiben" und *gróa* „wachsen") zeigt einige Unregelmäßigkeiten. Ihr Präteritalstamm endet in -*er*- oder -*ør*- (vgl. *sá* > *ser-~sør, róa* > *rer-~rør*) und sie verwenden die Präteritalendungen der schwachen Verben. Die Präteritalformen von *sá* sehen daher z.B. so aus: *sera, serir, seri, serum, seruð, seru*. Darüber hinaus lassen sich in einigen Handschriften auch Formen finden, deren Stamm auf -*ør*- endet (3 Sg Prät *seri~søri*).

Basierend auf einem älteren germanischen Sprachstadium werden die zu Klasse VII zählenden starken Verben des Altnordischen in vielen Lehrbüchern als „reduplizierende Verben" bezeichnet. Damals haben diese Verben ihr Präteritum nicht durch eine Veränderung des Wurzelvokals, sondern durch Voranstellung einer sog. Reduplikationssilbe gebildet. Überreste dieses Prozesses lassen sich im Präteritum der altnordischen Verben *róa* (3 Sg Prät *reri*) und *sá* (3 Sg Prät *seri*) finden.

15.5 Verben – Optativ Mediopassiv

Die Personalendungen des Optativ Präsens und Präteritum sind auch im Mediopassiv identisch. Abgesehen von der 1 Sg (-*umk*) werden sie durch

PASSIVENDUNGEN IM OPTATIV		
	SINGULAR	PLURAL
1.	-umk	-im(s)k
2.	-isk	-isk
3.	-isk	-isk

Suffigieren von -sk an die aktive Form der entsprechenden Optativendung gebildet, vgl. *hann gerisk* (*gerir + sk > gerisk*), *þér gerizk* (*gerið + sk > gerizk*), *þeir gerisk* (*geri + sk > gerisk*). In der folgenden Übersicht ist die Deklination von *gerask* und *brjótask* im Optativ Mediopassiv wiedergegeben.

PRÄSENS		*gerask*	*brjótask*	PRÄTERITUM		*gerask*	*brjótask*
Sg	*ek*	gerumk	brjótumk	**Sg**	*ek*	gerðumk	brytumk
	þú	gerisk	brjótisk		*þú*	gerðisk	brytisk
	hann	gerisk	brjótisk		*hann*	gerðisk	brytisk
Pl	*vér*	gerimsk	brjótim(s)k	**Pl**	*vér*	gerðimsk	brytim(s)k
	þér	gerizk	brjótizk		*þér*	gerðizk	brytizk
	þeir	gerisk	brjótisk		*þeir*	gerðisk	brytisk

In der 1. Person Plural lässt sich anstelle von -*imsk* (*brjótimsk*) mitunter auch die Optativendung -*imk* (*brjótimk*) finden.

15.6 VERBEN – OPTATIV UND INDIREKTE REDE IN HAUPT- UND NEBENSÄTZEN

In Hauptsätzen wird der Optativ verwendet, um einen Wunsch oder einen Befehl auszudrücken, oder ein unwahrscheinliches oder anderweitig irreales Ereignis zu beschreiben.

Der Optativ lässt sich i.d.R. in Nebensätzen antreffen, in denen eine Möglichkeit (vgl. im Dt. „Wenn ich nach Island fahren würde, müsste ich hákarl (fermentierten Hai) essen") oder Spekulationen über einen der Sachlage entgegengesetzten Zustand („Wenn ich im mittelalterlichen Norwegen gelebt hätte, wäre ich auf Raubzug nach England gefahren") ausgedrückt werden.

Friðr **sé** með yðr.	*Friede **möge** mit euch sein.*
En er Hœnir var staddr á þingum eða stefnum svá at Mímir var eigi nær ok **kœmi** nǫkkur vandamál fyrir hann, þá svaraði hann æ inu sama. „**Ráði** aðir," sagði hann.	*Aber wenn Hœnir auf Ver-sammlungen oder Zusammenkünften anwesend war, so dass Mímir nicht dabei war und eine schwierige Sache auf ihn zu gekommen würde, dann antwortete er immer dasselbe. „Mögen andere entscheiden," sagte er.*

Im Altnordischen taucht der Optativ besonders häufig in der indirekten Rede auf. Diese wird für die Wiedergabe der Aussage einer anderen Person verwendet ohne dabei den genauen Wortlaut zu übernehmen. Die folgenden Beispiele stammen aus *Hrólfs saga kraka*.

Hǫttr er svá hræddr at hann tekr eigi mat né drykk, ok þykkir honum þá sem þá hann **muni** vera lostinn.	*Hǫttr ist so ängstlich, dass er weder Essen noch Trinken nimmt, und es scheint ihm wieder und wieder, dass er geschlagen werden würde.*
Konungr sagði, at henni **væri** þat makligt fyrir draumblæti sitt ok stórlæti. (indirekte Rede)	*Der König sagte, dass sie wegen ihres Hochmutes und Stolzes geeignet wäre.*

Im Altnordischen tritt indirekte Rede häufig im sog. **AcI** (accusativus cum infinitivo) in Erscheinung. In dieser Konstruktion steht das Subjekt der indirekt hervorgebrachten Aussage im Akkusativ und das Verb im Infinitiv. In den folgenden Beispielen ist die indirekte Rede fett markiert.

Direkte Rede:
Hann hœldi Úlfari mjǫk ok kvað: „Þú ert   *Er pries Úlfarr hoch und sagte: „Du bist*

gǫfugr maðr."
Indirekte Rede:
Hann hœldi Úlfari mjǫk ok **kvað hann vera** gǫfgan mann.

ein ausgezeichneter Mann."

Er pries Úlfarr hoch und sagte, er sei ein ausgezeichneter Mann.

Wenn sich das Subjekt eines Hauptsatzes auf dieselbe Person wie das Subjekt der indirekten Aussage bezieht („Haraldr sagte, er (selbst) sei der rechtmäßige Erbe"), wird das Reflexivpronomen *sik* verwendet. Es kann jedoch nicht als unabhängiges Wort stehen, sondern wird an das Verb des Hauptsatzes assimiliert.

Direkte Rede:
Úlfarr kvað, „Ek á arf eptir bróður minn at taka."
Indirekte Rede:
Úlfarr **kvazk** arf **eiga** eptir bróður sinn at taka (kvazk = kvað + sk)

Úlfarr sagte, „Ich soll das Erbe meines Bruders nehmen."

Úlfarr sagte, er solle das Erbe seines Bruders nehmen.

Wenn das Subjekt einer unpersönlichen Konstruktion im Dativ oder Genitiv steht, wird der entsprechende Kasus auch bei der Überführung in die indirekte Rede beibehalten.

Direkte Rede:
Geitir kvað, „Henni tóksk óvitrliga til."
Indirekte Rede:
Geitir **kvað henni hafa** óvitrliga til tekisk.

Geitir sagte, „Sie hat sich unklug verhalten."

Geitir sagte, sie hätte sich unklug verhalten.

15.7 Der Infinitiv Präteritum der Verben *mundu*, *sklyldu* und *vildu*

Die Verben *munu* und *skulu* tauchen in der Form von *mundu* und *skyldu* gelegentlich auch als im Präteritum stehende Infinitive auf. Diese werden nur in AcI-Konstruktionen verwendet und tauchen meist dann auf, wenn das Verb des Hauptsatzes im Präteritum steht. *Mundu* und *skyldu* werden im Deutschen i.d.R. als „würde(n)" und „sollte(n)" wiedergegeben. Sie sind besonders häufig in Prosatexten zu finden. Zwar ist auch für das Verb *vilja* ein Infinitiv Präteritum (*vildu*) belegt, dieser taucht in erzählenden Texten jedoch nur äußerst selten auf.

Ok því næst œpir Hǫttr slíkt sem hann má ok kvað **dýrit mundu gleypa** hann. (*Hrólfs saga*)
Þorbrandssynir kváðu **hann** eigi **mundu** meira **stjórna**, ef hann hirði eigi um slíkt. (*Eyrbryggja saga*)
Hrafn kva**zk** enga gripi **vildu** á frest **selja**. (*Vápnfirðinga saga*)

Und danach rief Hǫttr so (laut) wie er kann und sagte, dass das wilde Tier ihn verschlingen würde.

Die Söhne des Þorbrandrs sagten, er würde nicht weiter herrschen, wenn er nicht in gleicher Weise Acht gebe.

Hrafn sagte, er wolle Besitztümer auf Kredit verkaufen.

In der altnordischen Dichtung ist der Umgang mit im Präteritum stehenden Infinitiven (wie z.B. *mæltu* „gesprochen zu haben" und *fóru* „gefahren zu sein") dagegen sehr viel freier.

Þær **hykk** (hygg ek) **mæltu** þvígit fleira. (*Oddrúnargrátr* 7)
Nú **frák** (frá ek) Þórólf und lok **fóru**. (*Egils saga*, Vers 1)

Ich glaube, dass sie nicht viel mehr gesagt haben.

Nun erfuhr ich, dass Þórólf dahin geschieden sei.

15.8 Kardinalzahlen über 20

Die Kardinalzahlen von 1 bis 20 sind in der vorigen Lektion behandelt worden. Die Zahlen über 20 werden folgendermaßen gebildet: *tuttugu ok einn* (oder *einn ok tuttugu*), *tuttugu ok tveir* usw.

Die Vielfachen von 10 werden mit dem Plural des maskulinen Substantivs *tigr* „Zehn" gebildet. Dieses dekliniert wie die Substantive des *u*-Stamms: *tigr, tig, tigi, tigar; tigir, tigu, tigum, tiga* (daneben tauchen gelegentlich auch die Varianten *tegr, togr, tugr* und *tøgr* auf). Bei der Bildung der Zahlen 30 (*þrír tigir*) und 40 (*fjórir tigir*) gilt es zu beachten, dass *þrír* und *fjórir* dekliniert werden.

30 þrír tigir	60 sex tigir	90 níu tigir
40 fjórir	70 sjau tigir	100 tíu tigir
50 fimm tigir	80 átta tigir	110 ellifu tigir

Bei der Verwendung von mit *tigir* gebildeten Zahlen steht das Substantiv immer im Genitiv.

Hann sá þrjá tigu mann**a**.	*Er sah dreißig Männer.*
Fjórir tigir skip**a** sigldu til Íslands.	*Vierzig Schiffe segelten nach Island.*
Hann átti fimm tigu yxn**a**.	*Er besaß fünfzig Ochsen.*

Alle Zahlen über 20, die auf 1, 2, 3 oder 4 enden, deklinieren wie 1, 2, 3 oder 4.

Hann drap tuttugu ok tvá (*m A*) menn.	*Er tötete zweiundzwanzig Männer.*
Fjórir tigir ok þrjú (*n N*) skip sigldu til Íslands.	*Dreiundvierzig Schiffe segelten nach Island.*
Hann átti sex tigu ok átta (undekl) sauði.	*Er besaß achtundsechzig Schafe.*

Wenn die sich auf das Substantiv beziehende Zahl mit einer 1 endet (z.B. 1, 21, 51, 101), steht das Verb im Singular. In allen anderen Fällen wird das Verb im Plural konjugiert.

Einn maðr ok tuttugu **bjó** í Vápnafirði.	*Einundzwanzig Männer lebten im Vápnafjǫrðr.*
Tveir enn ok tuttugu **bjuggu** í Vápnafirði.	*Zweiundzwanzig Männer lebten im Vápnafjǫrðr.*

Die Substantive *hundrað* (n) und *þúsund* (f) basieren auf der Zahl 12. In vielen altnordischen Texten bezieht sich *hundrað* auf das „Großhundert" 120 und *þúsund* auf das „Großtausend" 1200.

	hundrað				*þúsand*		
Sg N	hundrað	**Pl**	hundruð	**Sg** N	þúsund	**Pl**	þúsundir
A	hundrað		hundruð	A	þúsund		þúsundir
D	hundraði		hundruðum	D	þúsund		þúsundum
G	hundraðs		hundraða	G	þúsundar		þúsunda

- Bei *hundrað* handelt es sich um ein im Neutrum stehendes Substantiv, das *u*-Umlaut im Nominativ und Akkusativ Plural zeigt.
- Große Zahlen werden i.d.R. auf Basis der auf Zehn und Zwölf beruhenden Hunderter gebildet: *tíu hundruð* „1200", *ellefu hundruð* „1320", *tólf hundruð* „1440" usw.
- Auch zusammen mit den Zahlwörtern *hundrað* und *þúsund* stehen Substantive stets im Genitiv: *tíu hundruð manna* „1200 Männer", *þúsund skipa* „1200 Schiffen".

15.9 Ordinalzahlen

Ordinalzahlen drücken Reihenfolgen oder Rangordnungen aus (vgl. im Dt. „erstens", „zweitens", „drittens"). Bis auf *fyrstr* und *annarr*, zeigen sämtliche Ordinalzahlen eine schwache Adjektivendung. Beachte bei *þriði* außerdem das *-j-* am Ende des Stamms (*it þriðja haust*).

Bei *fyrstr* handelt es sich um ein im Superlativ stehendes Adjektiv, das sowohl mit einer starken als auch mit einer schwachen Endung auftaucht (wie z.B. *fyrstr maðr, inn fyrsti fugl*). Da *annarr* hingegen ein Pronomen ist, verfügt es über keine schwache Deklination.

1. fyrstr	6. sétti	11. ellifti	16. sextándi
2. annarr	7. sjaundi	12. tólfti	17. sjautándi
3. þriði <-j->	8. áti, áttundi	13. þrettandi	18. átjándi
4. fjórði	9. níundi	14. fjórtándi	19. nítjándi
5. fimmti	10. tíundi	15. fimmtándi	20. tuttugandi

Ordinalzahlen über zwanzig werden folgendermaßen gezählt: *tuttugandi ok fyrsti* (oder *fyrsti ok tuttugandi*), *tuttugandi ok annarr, tuttugandi ok þriði* usw. Die Übersicht gibt die Zehnerzahlen zwischen 30 und 90 wieder.

30. þrítugandi	70. sjautugandi
40. fertugandi	80. áttugandi
50. fimmtugandi	90. nítugandi
60. sextugandi	

Da das Altnordische über keine Ordinalzahlen verfügt, die den Kardinalzahlen *hundrað* und *þúsund* entsprechen, werden Ordinalzahlen manchmal mithilfe der Kardinale ausgedrückt. Die Zahl 25 kann auf unterschiedliche Art und Weise ausgedrückt werden: *tuttugu ok fimm, fimm ins **þriðja** tigar* oder *hálfr **þriði** tigr*.

15.10 AUFGABE – ORDINALZAHLEN In *Gylfaginning* werden die Namen der Pferde der Götter aufgelistet. Füge die jeweils richtige Ordinalzahl in die Lücken ein.

Hestar ásanna heita svá: Sleipnir er beztr, hann á Óðinn, hann hefr átta fœttr.
_____ (2.) er Glaðr, _____ (3.) Gyllir,
_____ (4.) Glenr, _____ (5.) Skeiðbrimir,
_____ (6.) Silfrintoppr _____ (7.) Sinir,
_____ (8.) Gils, _____ (9.) Falhófnir,
_____ (10.) Gulltoppr, _____ (11.) Léttfeti.

15.11 TEXTPASSAGE – BǪÐVARR TÖTET DAS MONSTER (*HRÓLFS SAGA KRAKA*)

Im folgenden Abschnitt erfährt Bǫðvarr von einem das Königreich seit einigen Jahren in Angst und Schrecken versetzenden Ungeheuer – und beschließt, es zu vernichten. Da ihm der König jedoch untersagt, die Bestie anzugreifen, stiehlt sich Bǫðvarr zusammen mit Hǫttr in der Nacht davon, um seinen Plan in die Tat umzusetzen.

Hrólfs saga kraka (Kap. 23)

Ok sem leið at jólum, gerðusk menn ókátir. Bǫðvarr spyrr Hǫtt hverju þat sætti.[184] Hann segir honum, at dýr eitt hafi þar komit tvá vetr í samt,[185] mikit ok ógurligt, „ok hefir vængi á bakinu, ok flýgr þat jafnan. Tvau haust hefir þat nú hingat vitjat ok gert mikinn skaða. Á þat bíta ekki vápn, en kappar konungs koma ekki heim, þeir sem at eru einna mestir."[186] Bǫðvarr mælti: „Ekki er hǫllin svá vel skipuð sem ek ætlaða

---

[184] **Bǫðvarr spyrr Hǫtt hverju þat sætti:** „Bǫðvarr fragt Hǫttr, was dies bewirkt habe."
[185] **dýr eitt hafi þar komit tvá vetr í samt:** „ein Tier wäre in den vergangenen zwei Wintern dorthin gekommen." (*hafi* 3 Sg Opt Präs von *hafa*, verwendet in indirekter Rede)
[186] **sem at eru einna mestir:** „die die mächtigsten aller Männer sind." (in Abgrenzung zu einer kollektiven Beurteilung wird *einna* für eine der Reihe nach vorgenommene Evaluierung der einzelnen Männer verwendet).

ef eitt dýr skal hér eyða ríki ok fé konungsins." Hǫttr segir, „Þat er ekki dýr, heldr er þat mesta trǫll.'...

Bǫðvarr leyndisk í burt um nóttina. Hann lætr Hǫtt fara með sér, ok gerir hann þat nauðugr, ok kallaði hann sér stýrt í bana. Bǫðvarr segir, at betr mundi takask.[187] Þeir ganga í burt frá höllinni, ok verðr Bǫðvarr at bera hann, svá er hann hræddr. Nú sjá þeir dýrit. Ok því næst œpir Hǫttr slíkt sem hann má ok kvað dýrit mundu gleypa hann.[188] Bǫðvarr bað bikkjuna hans þegja ok kastar honum niðr í mosann, ok þar liggr hann ok eigi með ǫllu óhræddr.[189] Eigi þorir hann heim at fara heldr. Nú gengr Bǫðvarr móti dýrinu ... Sverðit gengr ór slíðrum, ok leggr þegar undir boegi dýrsins ok svá fast, at stóð í hjartanu, ok datt þá dýrit til jarðar dautt niðr.

Anschließend führt Bǫðvarr Hǫttr zu dem toten Ungeheuer und überzeugt ihn davon, zwei Schlucke von seinem Blut und einen Bissen von seinem Herzen zu sich zu nehmen. Durch die Stärke und den Mut, die daraufhin in Hǫttr erwachen, gelingt es ihm, seine Furcht vor dem königlichen Gefolge abzulegen. König Hrólfr erwähnt später, dass es sich womöglich um Bǫðvarrs größte Tat gehandelt habe, Hǫttr (der nunmehr mit dem Namen *Hjalti* „Schwertgriff" angesprochen wird) zu einem seinen Kämpfer gemacht zu haben.

15.12 Kultur – Das legendäre Lejre (Hleiðargarðr)

Laut *Hrólfs saga* befand sich der Sitz der Skjǫldungardynastie in Lejre (Hleiðargarðr), bei dem es sich zu Beginn des Mittelalters vermutlich um ein wichtiges skandinavisches Machzentrum handelte. Neben *Hrólfs saga* erinnern auch einige andere aus dieser Zeit stammende Texte an Lejres gesellschaftliche und politische Bedeutung. Laut eines Berichts aus der Feder des deutschen Geschichtsschreibers Thietmar von Merseburg aus dem Jahr 1015 wurde in Lejre alle neun Jahre ein Kultfest ausgerichtet, bei dem neunundneunzig Menschen, Pferde, Hunde und Hähne geopfert wurden (siehe auch Thietmar von Merseburg, Chronik, hrsg. v. Werner Trillmich, Darmstadt 2003).

Abbildung 15.3. Rekonstruierte Innenansicht der Halle von Lejre, deren Ausgrabung vom dänischen Archäologen Tom Christensen geleitet wurde. Die auf beiden Seiten entlang der Wände angebrachten Seitenbänke sind vermutlich als Schlaf- und Sitzgelegenheiten genutzt worden. In der Mitte der Halle befinden sich die für ein Langfeuer benötigten Steine. Das spitz zulaufende Dach der Halle wurde wahrscheinlich von Stützpfosten getragen. Die ungefähre Höhe lässt sich anhand der eingezeichneten Figur erfassen.

15.13 Textpassage – Hrólfr erhält den Beinamen kraki (Skáldskaparmál, aus Snorra Edda)

Laut *Skálsdskaparmál* erhielt König Hrólfr seinen Spitznamen *kraki* („Stableiter") von einem Diener namens Vǫggr, der bereits als junger Knabe den Eid ablegt hat, den König rächen zu wollen, wenn dieser durch die Hand eines anderen sterben sollte. Als er tatsächlich stirbt, gelingt es Vǫggr seine Treue unter Beweis stellen, indem er als Oberbefehlshaber über eine ganze Armee die Feinde des Königs besiegt.

Skáldskaparmál (Kap. 53) Konungr einn í Danmǫrk er nefndr Hrólfr kraki. Lítill sveinn ok fátœkr er nefndr Vǫggr; hann kom í hǫll Hrólfs konungs. Þá var konungrinn ungr at aldri ok grannligr á vǫxt. Þá

---

[187] **Bǫðvarr segir, at betr mundi takask**: „Bǫðvarr sagt, dass die Dinge besser verlaufen würden." (*mundi* 3 Sg Opt Prät von *munu*)

[188] **ok kvað dýrit mundu gleypa hann**: „und sagte, das Tier würde ihn verschlingen." (*mundu* Inf Prät von *munu*)

[189] **ok eigi með ǫllu óhræddr**: „und nicht ganz furchtlos."

gekk Vǫggr fyrir hann, ok sá upp á hann. Þá mælti konungrinn: 'Hvat viltu mæla, sveinn, er þú sér á mik?' Vǫggr segir: 'Þá er ek var heima, heyrða'k[190] sagt, at Hrólfr konungr at Hleiðru var mestr maðr á Norðrlǫndum, en nú sitr hér í hásæti kraki einn lítill, ok kallið þér hann konung.' Þá svarar konungr: 'Þú, sveinn, hefir gefit mér nafn, at ek skal heita Hrólfr kraki.'

15.14 Kultur – Berserker

In *Hrólfs saga kraka* wimmelt es geradezu vor Berserkern. In den mittelalterlichen Weltanschauungen des vorchristlichen Skandinaviens handelte es sich bei den Berserkern (*berserkir*, Sg *berserkr*) wahrscheinlich um Mitglieder eines mit Óðinn in Verbindung stehenden Kults.

En hans men fóru brynjulausir ok váru galnir sem hundir eða vargar, bitu í skjǫldu sína, váru sterkir sem birnir eða griðungar. Þeir drápu mannfólkið en hvártki eldr né járn orti á þá. Þat er kallaðr berserksgangr.

Aber seine Männer reisten ohne Brünne und waren wie heulende Hunde oder Wölfe, sie bissen in ihr Schilde, sie waren so stark wie Bären oder Stiere. Sie töteten Menschen, aber weder Feuer noch Eisen hatten eine Wirkung auf sie. Dies wird Berserkerwut genannt.

Bei den in den altnordischen Sagas auftretenden Berserkern handelte es sich nicht selten um die besten Krieger des Königs. Da sie zuweilen an Óðinns eigene Krieger erinnern, sind sie vielleicht in Verbindung mit älteren Bärenkulten zu sehen. Der Ausdruck „Berserker" könnte so viel wie „bares Hemd" (d.h. nackt) bedeuten. Als Zeichen ihrer Unbesiegbarkeit und ihre wilden Gemüts sind Berserker angeblich ohne jegliche Waffen zum Kampf angetreten. Da das Wort „Berserker" aber auch als „Bären-Hemd" übersetzt werden könnte, liegt ferner die Vermutung nahe, dass sie in die Haut von Bären gehüllt kämpften. Wenn er von „Berserkerwut" (*berserksgangr*) heimgesucht wurde, verwandelte sich ein Berserker laut allgemeiner Auffassung in eine Art „Werbär" (oder Werwolf) – halb Mensch, halb Ungeheuer – und war damit weder Mensch noch Tier. Obwohl er niemals explizit als Berserker bezeichnet wird, weist auch der in *Hrólfs saga kraka* auftauchende Bǫðvarr bjarki gewisse Ähnlichkeiten mit dieser Tradition auf. In Hrólfs letzter Schlacht bleibt Bǫðvarr *seelenruhig* in einem Zimmer sitzen – während sich sein Geist vom Körper los löst und die Gestalt eines riesigen Bären annimmt, der für ihn in am Gefecht teilnimmt und dem Waffen nichts anhaben können. In dieser Fähigkeit ist Bǫðvarr auch im Besitz einer jener übernatürlichen Fähigkeiten, die traditionell Óðinn zugewiesen werden. In den *Íslendingasögur* treten die Berserker dagegen häufig als Unruhestifter und Gefahrenquellen auf oder werden zu Schlägertypen und Störenfrieden reduziert.

Aufgaben

15.15 Wiederholung – Wortbestimmung. Bestimme die unterstrichenen Wörter in der folgenden Textpassage aus *Hrólfs saga*. Gib dabei alle relevanten grammatischen Merkmale an, die Form in der sie im Wörterbuch zu finden sind (z.B. den Infinitiv) und deren Übersetzung.

Síðan fór Bǫðvarr <u>leið</u> sína til Hleiðargarðs. Hann kømr til konungs atsetu. Bǫðvarr leiðir síðan hest sinn á stall hjá konungs <u>hestum</u> hinum beztu[m] ok spyrr engan at; gekk síðan inní hǫllinam ok var þar fátt manna.

Hann <u>sezk</u> úrtarliga, ok sem hann hefir verit þar lítla hríð, heyrir hann þrausk nǫkkut útar í hornit í einhverjum stað. Bǫðvarr lítr þangat ok <u>sér</u> at mannshǫnd kømr upp ór <u>mikilli</u> beinahrúgu, er þar lá; hǫndin var svǫrt mǫrk. Bǫðvarr gengr þangat til ok spyrr hverr þar væri í beinahrúgunni. Þá var honum svarat ok <u>heldr</u> óframliga: „Hǫttr heiti ek, bokki sæll."

„Hví <u>ertu</u> hér," segir Bǫðvarr, „eða hvat gørir þú?"

---

[190] **heyrða'k** = *heyrða ek* „hörte ich."

Hǫttr segir, „Ek gøri mér skjaldborg, bokki sæll."

Bǫðvarr sagði, „Vesall ertu þinnar skjaldborgar!" Bǫðvarr þrífr til hans ok hnykkir honum upp ór beinahrúgunni.

Hǫttr kvað þá hátt við ok mælti, „Nú viltu mér bana! <u>Gør</u> eigi þetta, svá sem ek hefi nú vel um <u>búizk</u> áðr, en þú hefir nú rótat í sundr skjalborg minni, ok hafða ek nú svá gǫrt hana háva útan at mér, at hon hefor hlíft mér við ǫllum hǫggum ykkar, svá at engi hǫgg hafa komit á mik lengi, en ekki var hon enn svá búin sem ek ætlaða hon <u>skyldi</u> verða."

Bǫðvarr mælti: „Ekki muntu fá <u>skjaldborgina</u> gerða lengr."

Bsp leið	*Subst. f. A Sg von leið „Weg"*	
1. hestum	_____	
2. sezk	_____	
3. sér	_____	
4. mikilli	_____	
5. heldr	_____	
6. ertu	_____	
7. gør	_____	
8. búizk	_____	
9. skyldi	_____	
10. skjaldborgina	_____	

15.16 ENKLITISCHE PRONOMEN. Gib die unterstrichenen Verben mit dem entsprechenden Pronomen an.

Bsp „Hví <u>ertu</u> hér," segir Bǫðvarr, „eða hvat gørir þú?" *ert þú*

1. Bǫðvarr sagði, „Vesall <u>ertu</u> þinnar skjaldborgar!" _____
2. Hǫttr kvað þá hátt við ok mælti, „Nú <u>viltu</u> mér bana!" _____
3. Bǫðvarr mælti: „Ekki <u>muntu</u> fá skjaldborgina gerða lengr." _____
4. Hǫttr mælti ok grét: „<u>Skaltu</u> nú bana mér, bokki sæll?" _____
5. „Hvat <u>viltu</u> mæla, sveinn, er þú sér á mik?" _____
6. Vǫggr segir: „Þá er ek var heima, <u>heyrða'k</u> sagt..." _____

15.17 STARKE VERBEN – KLASSE VII. *Ráða* gehört zur Klasse VII der starken Verben und weist die Stammformen *ræðr, réð, réðu, ráðinn* auf. Konjugiere *ráða* im Indikativ Präsens und Präteritum.

	PRÄSENS		**PRÄTERITUM**	
Sg	ek	_____	ek	_____
	þú	_____	þú	_____
	hann	_____	hann	_____
Pl	vér	_____	vér	_____
	þér	_____	þér	_____
	þeir	_____	þeir	_____

Die Verben der Klasse VII zeigen i.d.R. denselben Vokal im Infinitiv und Partizip Präteritum, vgl. z.B. *halda, haldinn* und *láta, látinn*. Gib jeweils das Partizip Präteritum der folgenden Verben der Klasse VII an.

Bsp halda *haldinn*
  láta *látinn*

1. auka _____   4. blóta _____
2. gráta _____   5. falla _____
3. leika _____   6. hlaupa _____

Die meisten starken Verben der Klasse VII zeigen im Präteritum Singular und Plural denselben Vokal. Gib ausgehend vom Singular die Pluralform des Präteritums sowie den Infinitiv an.

	Prät Pl	**Inf**		**Prät Pl**	**Inf**
Bsp lét	*létu*	*láta*			
7. jók	_____	_____	10. blét	_____	_____
8. grét	_____	_____	11. féll	_____	_____
9. lék	_____	_____	12. hljóp	_____	_____

Verben mit Stammausgang auf -*ng* oder -*ld* zeigen Auslautverhärtung zu -*kk* bzw. -*lt*. Gib die 3 Sg Prät der beiden folgenden Verben an.

13. ganga _____   14. halda _____

Diese Veränderung tritt auch bei einigen starken Verben der Klasse III auf, vgl. z.B. *springa* (3 Sg Prät *sprakk*) und *gjalda* (3 Sg Prät *galt*).

15.18 Wiederholung – Starke Verben, Klasse I-VII. Bestimme die Verbklasse der folgenden Verben und gib die jeweils geforderte Verbform an.

Bsp	halda	*Klasse VII*	1 Sg Präs	*held*
1.	gefa	_____	3 Pl Präs	_____
2.	heita	_____	3 Pl Prät	_____
3.	verða	_____	1 Pl Präs	_____
4.	líta	_____	3 Pl Präs	_____
5.	draga	_____	1 Sg Prät	_____
6.	bjóða	_____	2 Sg Prät	_____
7.	halda	_____	2 Pl Präs	_____
8.	svíkja	_____	1 Sg Prät	_____

15.19 Der Optativ im Aktiv und Mediopassiv. Konjugiere die Verben *gera* und *brjóta* im Optativ Präsens und Präteritum, Aktiv und Mediopassiv.

Präsens	**gera**	*Aktiv*	*Med-Pas*	**brjóta**	*Aktiv*	*Med-Pas*
Sg *ek*		_____	_____	**Sg** *ek*	_____	_____
þú		_____	_____	*þú*	_____	_____
hann		_____	_____	*hann*	_____	_____
Pl *vér*		_____	_____	**Pl** *vér*	_____	_____
þér		_____	_____	*þér*	_____	_____
þeir		_____	_____	*þeir*	_____	_____

PRÄTERITUM	GERA	AKTIV	MED-PAS	BRJÓTA	AKTIV	MED-PAS
Sg ek		_____	_____	**Sg** ek	_____	_____
þú		_____	_____	þú	_____	_____
hann		_____	_____	hann	_____	_____
Pl vér		_____	_____	**Pl** vér	_____	_____
þér		_____	_____	þér	_____	_____
þeir		_____	_____	þeir	_____	_____

15.20 Der Optativ der schwachen Verben. Bestimme die folgenden Verben.

Bsp leiddim <u>1 Pl Opt Prät</u>

1. talaðið _____
2. skipa _____
3. legði _____
4. þegir _____
5. gerðizk _____
6. hefða _____

15.21 Der Optativ der starken Verben. Bestimme die folgenden Verben.

Bsp næma <u>1 Sg Opt Prät</u>

1. komim _____
2. stœðið _____
3. yrða _____
4. fengi _____
5. gefumk _____
6. væri _____

15.22 Wiederholung – Präpositionen, Pronomen und Kasusendungen. Fülle die Lücken aus.

Konungr einn _____ Danmǫrk er nefndr Hrólf_____ krak_____. Lítill sveinn ok fátæk_____ er nefndr Vǫgg_____; hann kom _____ hǫll Hrólfs konung_____. Þá var konungrin_____ ung_____ at aldri ok grannlig_____ á vǫxt. Þá gekk Vǫgg_____ fyrir _____, ok sá upp á _____. Þá mælti konungrin_____ : „Hvat viltu mæla, svein_____, er þú sér _____ mik?" Vǫggr segir: „Þá er ek var heima, heyrða'k sagt, at Hrólfr konung_____ _____ Hleiðru var mest_____ maðr_____ Norðrlǫndum, en nú sitr hér _____hásæti kraki einn lítil_____, ok kallið þér hann konung." Þá svarar konung_____: „Þú, sveinn, hefir gefit mér nafn, at ek skal heita Hrólf_____ krak_____."

ANHANG A: ÜBERSICHT ÜBER DIE ALTNORDISCHE GRAMMATIK
SUBSTANTIVE

STARKE DEKLINATION

MASKULINA

	A-STÄMME · N Pl -ar · A Pl -a			WA-STÄMME	JA-STÄMME (kurzwur- zelig)	JA-STÄMME (langwur- zelig)
		[-l/-n/-s]	[a/ǫ]	[-v-]	[-j-]	[-i- *im Sg*]
Sg N	hestr	stóll	garðr	sǫngr	niðr	hirðir
A	hest	stól	garð	sǫng	nið	hirði
D	hesti	stóli	garði	sǫngvi	nið	hirði
G	hests	stóls	garðs	sǫngs	niðs	hirðis
Pl N	hestar	stólar	garðar	sǫngvar	niðjar	hirðar
A	hesta	stóla	garða	sǫngva	niðja	hirða
D	hestum	stólum	gǫrðum	sǫngum	niðjum	hirðum
G	hesta	stóla	garða	sǫngva	niðja	hirða

	I-STÄMME · N Pl -ir · A Pl -i			*U*-STÄMME · N Pl -ir · A Pl -u · u-Umlaut im N & A Sg · i-Umlaut im D Sg und N Pl		
	[a/ǫ]	[G -s]	[-j-]	[a/e/ǫ]	[ja/i/jǫ]	[á/æ]
Sg N	staðr	gestr	bekkr	litr	kǫttr	skjǫldr	þáttr
A	stað	gest	bekk	lit	kǫtt	skjǫld	þátt
D	stað	gest(i)	bekk	liti	ketti	skildi	þætti
G	staðar	gests	bekkjar	litar	kattar	skjaldar	þáttar
Pl N	staðir	gestir	bekkir	litir	kettir	skildir	þættir
A	staði	gesti	bekki	litu	kǫttu	skjǫldu	þáttu
D	stǫðum	gestum	bekkjum	litum	kǫttum	skjǫldum	þáttum
G	staða	gesta	bekkja	lita	katta	skjalda	þátta

WURZELNOMEN
· N & A Pl -r mit i-Umlaut

Sg N	fingr	fótr	vetr	maðr	nagl
A	fingr	fót	vetr	mann	nagl
D	fingri	fœti	vetri	manni	nagli
G	fingrs (~ar)	fótar	vetrar	manns	nagls
Pl N	fingr	fœtr	vetr	menn	negl
A	fingr	fœtr	vetr	menn	negl
D	fingrum	fótum	vetrum	mǫnnum	nǫglum
G	fingra	fóta	vetra	manna	nagla

	Ō-STÄMME · N & A Pl -ar			WŌ-STÄMME	JŌ-STÄMME	IŌ-STÄMME
	[a/ǫ]	[D -u]		[-v-]	[-j-]	[N -r; A & D -i]
Sg N	nál	sǫk	dróttning	ǫr	dys	heiðr

A	nál	sǫk	dróttning	ǫr	dys	heiði
D	nál	sǫk	dróttningu	ǫr ~ ǫru	dys	heiði
G	nálar	sakar	dróttningar	ǫrvar	dysjar	heiðar
Pl N	nálar	sakar	dróttningar	ǫrvar	dysjar	heiðar
A	nálar	sakar	dróttningar	ǫrvar	dysjar	heiðar
D	nálum	sǫkum	dróttningum	ǫrum	dysjum	heiðum
G	nála	saka	dróttninga	ǫrva	dysja	heiða

FEMININA

	I-STÄMME · N & A Pl -ir			WURZELNOMEN · N & A Pl -r mit i-*Umlaut*		
	[a/ǫ]		[D -u]			[a/e/ǫ]
Sg N	ferð	hǫfn	sól	eik	bók	stǫng
A	ferð	hǫfn	sól	eik	bók	stǫng
D	ferð	hǫfn	sólu	eik	bók	stǫng(u)
G	ferðar	hafnar	sólar	eikar	bókar	stangar
Pl N	ferðir	hafnir	sólir	eikr	bœkr	stengr ~ stangir
A	ferðir	hafnir	sólir	eikr	bœkr	stengr ~ stangir
D	ferðum	hǫfnum	sólum	eikum	bókum	stǫngum
G	ferða	hafna	sóla	eika	bóka	stanga

NEUTRA

	A-STÄMME		WA-STÄMME	JA-STÄMME (kurzwurzelig)	JA-STÄMME (langwurzelig)	
	[a/ǫ]		[-v-]	[-j-]		[-j-]
Sg N	skip	land	hǫgg	kyn	kvæði	ríki
A	skip	land	hǫgg	kyn	kvæði	ríki
D	skipi	landi	hǫggvi	kyni	kvæði	ríki
G	skips	lands	hǫggs	kyns	kvæðis	ríkis
Pl N	skip	lǫnd	hǫgg	kyn	kvæði	ríki
A	skip	lǫnd	hǫgg	kyn	kvæði	ríki
D	skipum	lǫndum	hǫggum	kynjum	kvæðum	ríkjum
G	skipa	landa	hǫggva	kynja	kvæða	ríkja

VERWANDTSCHAFTSBEZEICHNUNGEN (*TER*-STÄMME)
- N -ir, A, D, & G -ur
- -r-Endung im Pl
- i-Umlaut im Pl

	Maskulina		*Feminina*		
Sg N	bróðir	faðir	dóttir	móðir	systir
A	bróður	fǫður	dóttur	móður	systur
D	bróður ~ brœðr	fǫður ~ feðr	dóttur	móður	systur
G	bróður	fǫður	dóttur	móður	systur
Pl N	brœðr	feðr	dœtr	mœðr	systr
A	brœðr	feðr	dœtr	mœðr	systr
D	brœðrum	feðrum	dœtrum	mœðrum	systrum
G	brœðra	feðra	dœtra	mœðra	systra

VOKALKONTRAKTION (*Vokalschwund in den Endungen*)

		M		F		N	
Sg	N	mór	nár	á	brú	bú	tré
	A	mó	ná	á	brú	bú	tré
	D	mó	ná(i)	á	brú	búi	tré
	G	mós	nás	ár	brúar	bús	trés
Pl	N	móar	nálr	ár	brúar ~ brýr	bú	tré
	A	móa	nái	ár	brúar	bú	tré
	D	móm	nám	ám	brúm	búm	trjám
	G	móa	ná	á	brúa	búa	trjá

SYNKOPIERTE WORTSTÄMMME (*Wegfall der unbetonten Mitelsilbe bei Suffigierung von vokalisch anlautenden Flexionsendungen*)

		M	F	N
Sg	N	engill	alin	sumar
	A	engil	alin	sumar
	D	engli	alin	sumri
	G	engils	alnar~álnar	sumars
Pl	N	englar	alnar~álnir	sumur
	A	engla	alnar~álnir	sumur
	D	englum	ǫlnum	sumrum
	G	engla	alna~álna	sumra

SCHWACHE DEKLINATION

MASKULINA | FEMININA

		(AN-Stämme)	(WAN-Stämme)	(JAN-Stämme)		(ŌN-Stämme)	(WŌN-Stämme)	(JŌN-Stämme)	(ĪN-Stämme)
		[a/ǫ]	[-v-]	[-j-]		[a/ǫ]	[-v-]	[-j-]	[undekl]
Sg	N	goði	bani	nǫkkvi	steði	tunga	saga	vǫlva	smiðja	lygi
	A	goða	bana	nǫkkva	steðja	tungu	sǫgu	vǫlu	smiðju	lygi
	D	goða	bana	nǫkkva	steðja	tungu	sǫgu	vǫlu	smiðju	lygi
	G	goða	bana	nǫkkva	steðja	tungu	sǫgu	vǫlu	smiðju	lygi
Pl	N	goðar	banar	nǫkkvar	steðjar	tungur	sǫgur	vǫlur	smiðjur	[lygar]
	A	goða	bana	nǫkkva	steðja	tungur	sǫgur	vǫlur	smiðjur	[lygar]
	D	goðum	bǫnum	nǫkkum	steðjum	tungum	sǫgum	vǫlum	smiðjum	[lygum]
	G	goða	bana	nǫkkva	steðja	tungna	sagna	vǫlva	smiða	[lyga]

NEUTRA

VOKALKONTRAKTION (*Wegfall des Vokals in der unbetonten Flexionsendung*)

		(AN-Stämme)	[Maskulina]		[Feminina]		
		[a/ǫ]					
Sg	N	auga	hjarta	ái	búi	ásjá	frú	trúa
	A	auga	hjarta	á	búa	ásjá	frú	trú
	D	auga	hjarta	á	búa	ásjá	frú	trú
	G	auga	hjarta	á	búa	ásjár	frú	trú
Pl	N	augu	hjǫrtu	ár	búar		frúr	
	A	augu	hjǫrtu	á	búa		frúr	

D	augum	hjǫrtum	ám	búm		frúm
G	augna	hjartna	á	búa		frúa

ADJEKTIIVE

POSITIV   **A-, Ô-STÄMME**

		stórr			[a/ǫ] margr		
Stark		M	F	N	M	F	N
Sg	N	stórr	stór	stórt	margr	mǫrg	mar(g)t
	A	stóran	stóra	stórt	margan	marga	mar(g)t
	D	stórum	stórri	stóru	mǫrgum	margri	mǫrgu
	G	stórs	stórrar	stórs	margs	margrar	margs
Pl	N	stórir	stórar	stór	margir	margar	mǫrg
	A	stóra	stórar	stór	marga	margar	mǫrg
	D	stórum	stórum	stórum	mǫrgum	mǫrgum	mǫrgum
	G	stórra	stórra	stórra	margra	margra	margra
Schwach							
Sg	N	stóri	stóra	stóra	margi	marga	marga
	A	stóra	stóru	stóra	marga	mǫrgu	marga
	D	stóra	stóru	stóra	marga	mǫrgu	marga
	G	stóra	stóru	stóra	marga	mǫrgu	marga
Pl	N	stóru	stóru	stóru	mǫrgu	mǫrgu	mǫrgu
	A	stóru	stóru	stóru	mǫrgu	mǫrgu	mǫrgu
	D	stórum	stórum	stórum	mǫrgum	mǫrgum	mǫrgum
	G	stóru	stóru	stóru	mǫrgu	mǫrgu	mǫrgu

		[-l/-n/-s] sæll			vænn		
Stark		M	F	N	M	F	N
Sg	N	sæll	sæl	sælt	vænn	væn	vænt
	A	sælan	sæla	sælt	vænan	væna	vænt
	D	sælum	sælli	sælu	vænum	vænni	vænu
	G	sæls	sællar	sæls	væns	vænnar	væns
Pl	N	sælir	sælar	sæl	vænir	vænar	væn
	A	sæla	sælar	sæl	væna	vænar	væn
	D	sælum	sælum	sælum	vænum	vænum	vænum
	G	sælla	sælla	sælla	vænna	vænna	vænna
Schwach							
Sg	N	sæli	sæla	sæla	væni	væna	væna
	A	sæla	sælu	sæla	væna	vænu	væna
	D	sæla	sælu	sæla	væna	vænu	væna
	G	sæla	sælu	sæla	væna	vænu	væna
Pl	N	sælu	sælu	sælu	vænu	vænu	vænu
	A	sælu	sælu	sælu	vænu	vænu	vænu
	D	sælum	sælum	sælum	vænum	vænum	vænum
	G	sælu	sælu	sælu	vænu	vænu	vænu

WA-, WÔ-STÄMME   **JA-, JÔ-STÄMME**

ANHANG A – ÜBERSICHT ÜBER DIE ALTNORDISCHE GRAMMATIK

		døkkr			**ríkr**	
Stark	M	F	N	M	F	N
Sg N	døkkr	døkk	døkkt	ríkr	rík	ríkt
A	døkkvan	døkkva	døkkt	ríkjan	ríkja	ríkt
D	døkkum	døkkri	døkku	ríkjum	ríkri	ríkju
G	døkks	døkkrar	døkks	ríks	ríkrar	ríks
Pl N	døkkvir	døkkvar	døkk	ríkir	ríkjar	rík
A	døkkva	døkkvar	døkk	ríkja	ríkjar	rík
D	døkkum	døkkum	døkkum	ríkjum	ríkjum	ríkjum
G	døkkra	døkkra	døkkra	ríkra	ríkra	ríkra
Schwach						
Sg N	døkkvi	døkkva	døkkva	ríki	ríkja	ríkja
A	døkkva	døkku	døkkva	ríkja	ríkju	ríkja
D	døkkva	døkku	døkkva	ríkja	ríkju	ríkja
G	døkkva	døkku	døkkva	ríkja	ríkju	ríkja
Pl N	døkku	døkku	døkku	ríkju	ríkju	ríkju
A	døkku	døkku	døkku	ríkju	ríkju	ríkju
D	døkkum	døkkum	døkkum	ríkjum	ríkjum	ríkjum
G	døkku	døkku	døkku	ríkju	ríkju	ríkju

		VOKALKONTRAKTION			**SYNKOPIERTE WORTSTÄMME**	
		grár			**auðigr**	
	M	F	N	M	F	N
Stark Sg N	grár	grá	grátt	auðigr	auðig	auðigt
A	grán	grá	grátt	auðgan	auðga	auðigt
D	grám	grá(r)ri	grá	auðgum	auðigri	auðgu
G	grás	grá(r)rar	grás	auðigs	auðigrar	auðigs
Pl N	gráir	grár	grá	auðgir	auðgar	auðig
A	grá	grár	grá	auðga	auðgar	auðig
D	grám	grám	grám	auðgum	auðgum	auðgum
G	grá(r)ra	grá(r)ra	grá(r)ra	auðigra	auðigra	auðigra
Schwach Sg N	grái	grá	grá	auðgi	auðga	auðga
A	grá	grá	grá	auðga	auðgu	auðga
D	grá	grá	grá	auðga	auðgu	auðga
G	grá	grá	grá	auðga	auðgu	auðga
Pl N	grá	grá	grá	auðgu	auðgu	auðgu
A	grá	grá	grá	auðgu	auðgu	auðgu
D	grám	grám	grám	auðgum	auðgum	auðgum
G	grá	grá	grá	auðgu	auðgu	auðgu

KOMPARATIV. Die meisten Adjektive bilden ihre Steigerungsformen mit dem Komparationssuffix *-ar-*. Eine kleinere Gruppe bildet den Komparativ mit *-r-*. Bei diesen Adjektiven kommt es i.d.R. zu einer Palatalisierung des Wurzelvokals (*i*-Umlaut).

		kaldr (-ar-)			**ungr (-r-)**	
	M	F	N	M	F	N
Sg N	kaldari	kaldari	kaldara	yngri	yngri	yngra
A	kaldara	kaldari	kaldara	yngra	yngri	yngra

	M	F	N	M	F	N
D	kaldara	kaldari	kaldara	yngra	yngri	yngra
G	kaldara	kaldari	kaldara	yngra	yngri	yngra
Pl N	kaldari	kaldari	kaldari	yngri	yngri	yngri
A	kaldari	kaldari	kaldari	yngri	yngri	yngri
D	kǫldurum	kǫldurum	kǫldurum	yngrum	yngrum	yngrum
G	kaldari	kaldari	kaldari	yngri	yngri	yngri

Synkopierte Wortstämme

auðigr (-ar-) [-l/-n/-s] vænn (-r-)

	M	F	N	M	F	N
Sg N	auðgari	auðgari	auðgara	vænni	vænni	vænna
A	auðgara	auðgari	auðgara	vænna	vænni	vænna
D	auðgara	auðgari	auðgara	vænna	vænni	vænna
G	auðgara	auðgari	auðgara	vænna	vænni	vænna
Pl N	auðgari	auðgari	auðgari	vænni	vænni	vænni
A	auðgari	auðgari	auðgari	vænni	vænni	vænni
D	auðgurum	auðgurum	auðgurum	vænnum	vænnum	vænnum
G	auðgari	auðgari	auðgari	vænni	vænni	vænni

Superlativ. Die meisten Adjektive bilden ihren Superlativ mit *-ast-*. Erfolgt die Komparativbildung mit *-r-*, wird der Superlativ mit *-st-* gebildet und es kommt zur Palataliserung des Wurzelvokals (*i*-Umlaut).

kaldr (-ast-) ungr (-st-)

		M	F	N	M	F	N
Stark Sg	N	kaldastr	kǫldust	kaldast	yngstr	yngst	yngst
	A	kaldastan	kaldasta	kaldast	yngstan	yngsta	yngst
	D	kǫldustum	kaldastri	kǫldustu	yngstum	yngstri	yngstu
	G	kaldasts	kaldastrar	kaldasts	yngsts	yngstrar	yngsts
Pl	N	kaldastir	kaldastar	kǫldust	yngstir	yngstar	yngst
	A	kaldasta	kaldastar	kǫldust	yngsta	yngstar	yngst
	D	kǫldustum	kǫldustum	kǫldustum	yngstum	yngstum	yngstum
	G	kaldastra	kaldastra	kaldastra	yngstra	yngstra	yngstra
Schwach Sg	N	kaldasti	kaldasta	kaldasta	yngsti	yngsta	yngsta
	A	kaldasta	kǫldustu	kaldasta	yngsta	yngstu	yngsta
	D	kaldasta	kǫldustu	kaldasta	yngsta	yngstu	yngsta
	G	kaldasta	kǫldustu	kaldasta	yngsta	yngstu	yngsta
Pl	N	kǫldustu	kǫldustu	kǫldustu	yngstu	yngstu	yngstu
	A	kǫldustu	kǫldustu	kǫldustu	yngstu	yngstu	yngstu
	D	kǫldustum	kǫldustum	kǫldustum	yngstum	yngstum	yngstum
	G	kǫldustu	kǫldustu	kǫldustu	yngstu	yngstu	yngstu

Adjektive mit unregelmäßigem Komparativ und Superlativ

Eine kleine Anzahl von Adjektiven zeigt eine vom Positiv abweichende Wurzelsilbe im Komparativ und Superlativ auf oder verfügt über keinen Postiv.

Positiv	Komparativ	Superlativ
gamall	ellri	el(l)ztr
góðr	betri	beztr, baztr
illr, vándr	verri	verstr
lítill	minni	minnstr

margr	fleiri	flestr
mikill	meiri	mestr
(hár)	œðri	œztr
(aptr)	eptri	epztr, aptastr
(fyrir)	fyrri	fyrstr
(of)	øfri, efri	øfstr, efstr
(út)	ýtri	ýztr
(austr)	eystri	austastr

ADVERBIEN

Bei den Adverbien handelt es sich um unveränderliche, also nicht flektierbare Wörter, die i.d.R. von Adjektiven oder Substantiven abgeleitet werden. Dabei werden häufig die Endungen -a, -liga, -um oder -t an den Stamm suffigiert. Beachte, dass das Adverb hinsichtlich seiner Bedeutung nicht immer mit dem Adjektiv, das auf denselben Wortstamm zurückgreift, übereinstimmt. Adverbien, die auf -(a)t enden, drücken zu einem Ort führende Bewegungen aus. Auf -an endende Adverbien beziehen sich auf von einem Ort wegführende Bewegungen.

ADJEKTIV/SUBSTANTIV	STAMM	ADVERB	WOHER?	WO?	WOHIN?
illr „schlecht"	ill-	illa „schlecht"	héðan „von hier"	hér „hier"	hingat „hierhin"
víðr „weit"	víð-	víða „weit"	þaðan „von dort"	þar „dort"	þangat „dorthin"
vandr „schwierig"	vand-	vandliga „vorsichtig"	hvaðan „woher"	hvar „wo"	hvert „wohin"
bráðr „plötzlich"	bráð-	bráðum „bald"			
tíðr „ständig"	tíð-	tíðum „oft"			
stund „eine Weile"	stund-	stundum „manchmal"			
skjótr „schnell"	skjót-	skjótt „plötzlich"			
--	--	skjótliga „schnell"			
hár „hoch"	há-	hátt „laut"			
þykkr „dick"	þykk-	þykkt „dick"			

Die Steigerung der Adverbien erfolgt durch die Suffigierung der Endungen -ar oder -r (im Komparativ) und -ast oder -st (im Superlativ) an den Wortstammm. Komparative bzw. Superlative mit -r und -st zeigen i-Umlaut auf.

Von Adjektiven abgeleitete Adverbien fügen den Suffixen -ar- oder -r- i.d.R. die Endung -a (N Sg schw) zu (z.B. tíðara „häufiger", breiðara „breiter", „weiter", spakara „weiser"von den Adjektiven tíðr, breiðr und spakr). Einige Adverbien greifen bei der Bildung von Komparativ und Superlativ auf vom Positiv abweichende Wortstämme zurück.

POSITIV	KOMPARATIV	SUPERLATIV	POSITIV	KOMPARATIV	SUPERLATIV
opt	optar	optast	vel „gut"	betr	bezt~bazt
langt ~ lengi	lengr	lengst	illa „schlecht"	verr	verst
fram	framar ~ fremr	framast ~ fremst	mjǫk „viel"	meir(r)	mest
nær	nærri	næst	lítit „wenig"	minnr~miðr	minnst
fjarri	firr	first		fyrr	fyrst
				heldr	helzt

PRONOMEN

PERSONALPRONOMEN

		1 Sg	2 Sg	3 Sg			refl
				M	F	N	
Sg	N	ek	þú	hann	hon	þat	—

	1.Sg	2.Sg	3.M	3.F	3.N	Refl
A	mik	þik	hann	hana	þat	sik
D	mér	þér	honum	henni	því	sér
G	mín	þín	hans	hennar	þess	sín
Dual N	vit	(þ)it				
A	ok(k)r	yk(k)r				
D	ok(k)r	yk(k)r				
G	okkar	ykkar				
Pl N	vér	(þ)ér	þeir	þær	þau	—
A	oss	yðr	þá	þær	þau	sik
D	oss	yðr	þeim	þeim	þeim	sér
G	vár	yð(v)ar	þei(r)ra	þei(r)ra	þei(r)ra	sín

POSSESSIVPRONOMEN

SG

	1 Sg M	1 Sg F	1 Sg N	2 Sg M	2 Sg F	2 Sg N
Sg N	minn	mín	mitt	þinn	þín	þitt
A	minn	mína	mitt	þinn	þína	þitt
D	mínum	minni	mínu	þínum	þinni	þínu
G	míns	minnar	míns	þíns	þinnar	þíns
Pl N	mínir	mínar	mín	þínir	þínar	þín
A	mína	mínar	mín	þína	þínar	þín
D	mínum	mínum	mínum	þínum	þínum	þínum
G	minna	minna	minna	þinna	þinna	þinna

DUAL

	1 Sg M	1 Sg F	1 Sg N	2 Sg M	2 Sg F	2 Sg N
Sg N	okkarr	okkur	okkart	ykkarr	ykkur	ykkart
A	okkarn	okkra	okkart	ykkarn	ykkra	ykkart
D	okkrum	okkarri	okkru	ykkrum	ykkarri	ykkru
G	okkars	okkarrar	okkars	ykkars	ykkarrar	ykkars
Pl N	okkrir	okkrar	okkur	ykkrir	ykkrar	ykkur
A	okkra	okkrar	okkur	ykkra	ykkrar	ykkur
D	okkrum	okkrum	okkrum	ykkrum	ykkrum	ykkrum
G	okkarra	okkarra	okkarra	ykkarra	ykkarra	ykkarra

PL

	1 Pl M	1 Pl F	1 Pl N	2 Pl M	2 Pl F	2 Pl N
Sg N	várr	vár	várt	yð(v)arr	yður	yð(v)art
A	várn	vára	várt	yð(v)arn	yðra	yð(v)art
D	várum	várri	váru	yðrum	yð(v)arri	yðru
G	várs	várrar	várs	yð(v)ars	yð(v)arrar	yð(v)ars
Pl N	várir	várar	vár	yðrir	yðrar	yður
A	vára	várar	vár	yðra	yðrar	yður
D	várum	várum	várum	yðrum	yðrum	yðrum
G	várra	várra	várra	yð(v)arra	yð(v)arra	yð(v)arra

Wenn die Flexionsendung auf einen Vokal beginnt, kann *várr* gelegentlich auch in alternativen Formen in Erscheinung treten (z.B. *várum ~ órum ~ óssum*). Formen mit *óss-* lassen sich jedoch ausschließlich in der altnordischen Dichtung finden.

REFLEXIVPRONOMEN

	M	F	N		M	F	N
Sg N	sinn	sín	sitt	**Pl** N	sínir	sínar	sín
A	sinn	sína	sitt	A	sína	sínar	sín
D	sínum	sinni	sínu	D	sínum	sínum	sínum
G	síns	sinnar	síns	G	sinna	sinna	sinna

DEMONSTRATIVPRONOMEN

sá / hinn

	M	F	N	M	F	N
Sg N	sá	sú	þat	hinn	hin	hitt
A	þann	þá	þat	hinn	hina	hitt
D	þeim	þei(r)ri	því	hinum	hinni	hinu
G	þess	þei(r)rar	þess	hins	hinnar	hins
Pl N	þeir	þær	þau	hinir	hinar	hin
A	þá	þær	þau	hina	hinar	hin
D	þeim	þeim	þeim	hinum	hinum	hinum
G	þei(r)ra	þei(r)ra	þei(r)ra	hinna	hinna	hinna

þessi

	M	F	N
Sg N	þessi ~ sjá	þessi ~ sjá	þetta
A	þenna	þessa	þetta
D	þessum ~ þeima	þessi ~ þessa(r)ri	þessu ~ þvísa
G	þessa	þessar ~ þessa(r)rar	þessa
Pl N	þessir	þessar	þessi
A	þessa	þessar	þessi
D	þessum ~ þeima	þessum ~ þeima	þessum ~ þeima
G	þessa ~ þessar(r)a	þessa ~ þessar(r)a	þessa ~ þessar(r)a

INTERROGATIV-, INDEFINIT- UND DISTRIBUTIVPRONOMEN

hverr / hvat*

	M	F	N	N
Sg N	hverr	hver	hvert	hvat
A	hvern	hverja	hvert	hvat
D	hverjum	hverri	hverju	hví
G	hvers	hverrar	hvers	hvess
Pl N	hverir	hverjar	hver	
A	hverja	hverjar	hver	
D	hverjum	hverjum	hverjum	
G	hverra	hverra	hverra	

Das Interrogativpronomen *hvat* ist das Überbleibsel eines im Altnordischen nicht mehr vorhandenen Pronomens und tritt nur in der Form des Neutrum Singulars in Erscheinung.

hvárr

	M	F	N
Sg N	hvárr	hvár	hvárt
A	hvárn	hvára	hvárt

		M	F	N
	D	hvárum	hvárri	hváru
	G	hvárs	hvárrar	hvárs
Pl	N	hvárir	hvárar	hvár
	A	hvára	hvárar	hvár
	D	hvárum	hvárum	hvárum
	G	hvárra	hvárra	hvárra

hvárrtveggi

		M	F	N
Sg	N	hvárrtveggi	hvártveggja	hvárttveggja
	A	hvárntveggja	hváratveggju	hvárttveggja
	D	hvárumtveggja	hvárritveggju	hvárutveggja
	G	hvárstveggja	hvárrartveggju	hvárstveggja
Pl	N	hvárirtveggju	hvárartveggju	hvártveggju
	A	hváratveggju	hvárartveggju	hvártveggju
	D	hvárumtveggjum	hvárumtveggjum	hvárumtveggjum
	G	hvárratveggju	hvárratveggju	hvárratveggju

Das Pronomen *hvárrtveggi* „beide" taucht mitunter auch als *hvárrtveggja* auf. In dieser Form wird -*tveggja*, das zweite Element des Kompositions, nicht dekliniert.

einnhverr

		M	F	N
Sg	N	ein(n)hverr	einhver	eitthvert ~ eitthvat
	A	ein(n)hvern	einhverja	eitthvert ~ eitthvat
	D	einhverjum	einhverri	einhverju
	G	einhvers	einhverrar	einhvers
Pl	N	einhverir	einhverjar	einhver
	A	einhverja	einhverjar	einhver
	D	einhverjum	einhverjum	einhverjum
	G	einhverra	einhverra	einhverra

engi ~ eingi ~ øngi

		M	F	N
Sg	N	engi	engi	ekki
	A	engi ~ engan	enga	ekki
	D	engum	engri	engu ~ einugi
	G	engis ~ enskis ~ enkis	engrar	engis ~ enskis ~ enkis
Pl	N	engir	engar	engi
	A	enga	engar	engi
	D	engum	engum	engum
	G	engra	engra	engra

báðir

		M	F	N
Pl	N	báðir	báðar	bæði
	A	báða	báðar	bæði
	D	báðum	báðum	báðum

	G	beggja	beggja	beggja

nǫkkurr ~ nakkvarr

		M	F	N
Sg	N	nǫkkurr	nǫkkur	nǫkku(r)t
	A	nǫkkurn	nǫkkura	nǫkku(r)t
	D	nǫkkurum	nǫkkurri	nǫkkuru
	G	nǫkkurs	nǫkkurrar	nǫkkurs
Pl	N	nǫkkurir	nǫkkurar	nǫkkur
	A	nǫkkura	nǫkkurar	nǫkkur
	D	nǫkkurum	nǫkkurum	nǫkkurum
	G	nǫkkurra	nǫkkurra	nǫkkurra

Daneben tritt *nǫkkur-* gelegentlich auch als *nakkvar-* in Erscheinung. Diese alternative Form ist in allen Kasusformen belegt, die keiner Labialisierung (*u*-Umlaut) unterliegen, z.B. N Sg *nǫkkurr ~ nakkvarr*, A Sg *nǫkkurn ~ nakkvarn*, aber D Sg *nǫkkurum* und N Sg *nǫkkur* (Maskulina).

ARTIKEL

VORANGESTELLT

		M	F	N			M	F	N
Sg	N	inn	in	it	**Pl**	N	inir	inar	in
	A	inn	ina	it		A	ina	inar	in
	D	inum	inni	inu		D	inum	inum	inum
	G	ins	innar	ins		G	inna	inna	inna

Der dem Substantiv vorangestellte Artikel taucht gelegentlich auch mit *h-* auf (*hinn, hin, hit*). In den ältesten Handschriften tritt er zudem auch als *enn, en, et* in Erscheinung.

SUFFIGIERT

Stark

		M	F	N
Sg	N	hest**inn**	ferð**in**	skip**it**
	A	hest**inn**	ferð**ina**	skip**it**
	D	hest**inum**	ferð**inni**	skip**inu**
	G	hest**sins**	ferðar**innar**	skip**sins**
Pl	N	hest**arnir**	ferð**arnar**	skip**in**
	A	hest**ana**	ferð**arnar**	skip**in**
	D	hest**unum**	ferð**unum**	skip**unum**
	G	hest**anna**	ferð**anna**	skip**anna**

Schwach

		M	F	N
Sg	N	goð**inn**	tung**an**	aug**at**
	A	goð**ann**	tung**una**	aug**at**
	D	goð**anum**	tung**unni**	aug**anu**
	G	goð**ans**	tung**unnar**	aug**ans**
Pl	N	goð**arnir**	tung**urnar**	aug**un**

A	goðana	tungurnar	augun
D	goðunum	tungunum	augunum
G	goðanna	tungnanna	augnanna

ZAHLEN

KARDINALZAHLEN

1	einn		19	nítján
2	tveir	[werden dekliniert, vgl. unten]	20	tuttugu
3	þrír		21	einn ok tuttugu ~ tuttugu ok einn
4	fjórir		22	tveir ok tuttugu ~ tuttugu ok tveir
5	fim(m)			etc.
6	sex		30	þrír tigir
7	sjau		40	fjórir tigir
8	átta		50	fim(m) tigir
9	níu		60	sex tigir
10	tíu		70	sjau tigir
11	ellifu		80	átta tigir
12	tólf		90	níu tigir
13	þrettán		100	tíu tigir ~ hundrað (tírœðr "zehn Zehner enthaltend")
14	fjórtán		110	ellifu tigir ~ hundrað ok tíu
15	fim(m)tán		120	hundrað (tólfrœðr "zwölf Zehner enthaltend", „aus zwölf Zehnern bestehend", hundrað tólfrœtt „Großhundert") ~ hundrað ok tuttugu
16	sextán		200	hundrað ok átta tigir ~ tvau hundruð
17	saut(j)án		240	tvau hundruð ~ tvau hundruð ok fjórir tigir
18	áttján		1000 or 1200	þúsund

einn

		M	F	N
Sg	N	einn	ein	eitt
	A	einn	eina	eitt
	D	einum	einni	einu
	G	eins	einnar	eins
Pl	N	einir	einar	ein
	A	eina	einar	ein
	D	einum	einum	einum
	G	einna	einna	einna

tveir

		M	F	N
Pl	N	tveir	tvær	tvau
	A	tvá	tvær	tvau
	D	tveim(r)	tveim(r)	tveim(r)
	G	tveggja	tveggja	tveggja

þrír

		M	F	N
Pl	N	þrír	þrjár	þrjú
	A	þrjá	þrjár	þrjú
	D	þrim(r)	þrim(r)	þrim(r)
	G	þriggja	þriggja	þriggja

fjórir

		M	F	N
Pl	N	fjórir	fjórar	fjǫgur
	A	fjóra	fjórar	fjǫgur
	D	fjórum	fjórum	fjórum
	G	fjǫgurra	fjǫgurra	fjǫgurra

ORDINALZAHLEN

1	fyrstr [stark und schwach]

2	annarr [*nur stark*]	
3	þriði (*G* þriðja)	
4	fjórði	
5	fim(m)ti	
6	sétti	
7	sjaundi	
8	átti ~ áttundi ~ áttandi	
9	níundi	
10	tíundi	
11	ellifti	[*nur schwach*]
12	tólfti	
13	þrettándi	
14	fjórtándi	
15	fim(m)tándi	
16	sextándi	
17	saut(j)ándi	
18	áttjándi	
19	nítjándi	
20	tuttugti ~ tuttugundi ~ tuttugandi	
21	fyrstr ok tuttugundi ~ tuttugundi ok fyrstr	
22	annarr ok tuttugundi ~ tuttugundi ok annarr	
	etc.	
30	þrítugundi ~ þrítugandi	
40	fertugundi ~ fertugandi	
50	fim(m)tugundi ~ fim(m)tugandi	[*nur schwach*]
60	sextugundi ~ sextugandi	
70	sjautugundi ~ sjautugandi	
80	áttatugundi ~ áttatugandi	
90	nítugundi ~ nítugandl	
100		
110		
120		
200	[*nur Ordinalzahlen sind belegt*]	
240		
1000 *oder*		
1200		

VERBEN

SCHWACHE VERBEN

SCHWACHE VERBEN KLASSE 1A (KURZWURZELIGE *JAN*-VERBEN)
- kein Vokal vor den Flexionsendungen im Präs Sg
- auf den *i*-Umlaut zurückzuführender Vokalwechsel zwischen Präs und Prät (*telr* bzw. *taldi*)
- kurze Wortstammsilbe
- *j*-Einschub im Präsens, beim Infinitiv sowie bei den Partizipien vor Flexionsendungen auf -*a*- oder -*u*-

TELJA

	AKT		MED-PAS	
	Indikativ	*Optativ*	*Indikativ*	*Optativ*
Präs Sg 1	tel	telja	teljumk	teljumk

			Akt Ind	Akt Opt	Med-Pas Ind	Med-Pas Opt
	2		telr	telir	telsk	telisk
	3		telr	teli	telsk	telisk
Pl	1		teljum	telim	teljum(s)k	telim(s)k
	2		telið	telið	telizk	telizk
	3		telja	teli	teljask	telisk
Prät Sg	1		talda	telda	tǫldumk	teldumk
	2		taldir	teldir	taldisk	teldisk
	3		taldi	teldi	taldisk	teldisk
Pl	1		tǫldum	teldim	tǫldum(s)k	teldim(s)k
	2		tǫlduð	teldið	tǫlduzk	teldizk
	3		tǫldu	teldi	tǫldusk	teldisk

	Imperativ			*Infinitive und Partizipien*	
Sg 2	tel	telsk	Inf	telja	teljask
Pl 1	teljum	teljum(s)k	Part Präs	teljandi	teljandisk
2	telið	telizk	Part Prät	tal(i)ðr ~ talinn, tal(i)t	tal(i)zk

Partizip Präsens

	M	F	N
Sg N	teljandi	teljandi	teljanda
A	teljanda	teljandi	teljanda
D	teljanda	teljandi	teljanda
G	teljanda	teljandi	teljanda
Pl N	teljandi	teljandi	teljandi
A	teljandi	teljandi	teljandi
D	teljǫndum	teljǫndum	teljǫndum
G	teljandi	teljandi	teljandi

Partizip Präteritum

	M	F	N
Sg N	taliðr	talið	talit
A	talðan	talða	talit
D	tǫlðum	taliðri	tǫlðu
G	taliðs	taliðrar	taliðs
Pl N	talðir	talðar	talið
A	talða	talðar	talið
D	tǫlðum	tǫlðum	tǫlðum
G	taliðra	taliðra	taliðra

Der Dativ Plural kann auch als *teljundum* in Erscheinung treten.

Bei der Bildung des Partizip Präteritums greifen viele Verben dieser Klasse auf das Suffix *-ið-* zurück (z.B. *taliðr*, *talið*, *talit*). Für ungefähr dreißig dieser Partizipien ist zudem auch eine Partizipbildung mit *-in-* belegt (z.B. *talinn*, *talin*, *talit*). Das Suffix wurde wurde jedoch nicht auf alle Flexionsformen übertragen, sondern tritt nur dann in Erscheinung, wenn ein Konsonant folgt (*talinn*) oder wenn es an das Ende des Wortes fällt.

	M	F	N		M	F	N
Sg N	talinn	talin	talit	Pl	taldir	taldar	talin
A	taldan	talda	talit		talda	taldar	talin
D	tǫldum	talinni	tǫldu		tǫldum	tǫldum	tǫldum
G	talins	talinnar	talins		talinna	talinna	talinna

Schwache Verben Klasse 1b (langwurzelige *jan*-Verben)

- Themavokal *-i-* vor den Flexionsendungen im Präs Sg
- palatalisierter Wurzelvokal in allen Flexionsformen
- lange Wortstammsilbe

HEYRA

	Akt Ind	Akt Opt	Med-Pas Ind	Med-Pas Opt
Präs Sg 1	heyri	heyra	heyrumk	heyrumk
2	heyrir	heyrir	heyrisk	heyrisk

		Akt		Med-Pas	
		Ind	Opt	Ind	Opt
	3	heyrir	heyri	heyrisk	heyrisk
Pl	1	heyrum	heyrim	heyrum(s)k	heyrim(s)k
	2	heyrið	heyrið	heyrizk	heyrizk
	3	heyra	heyri	heyrask	heyrisk
Prät Sg	1	heyrða	heyrða	heyrðumk	heyrðumk
	2	heyrðir	heyrðir	heyrðisk	heyrðisk
	3	heyrði	heyrði	heyrðisk	heyrðisk
Pl	1	heyrðum	heyrðim	heyrðum(s)k	heyrðim(s)k
	2	heyrðuð	heyrðið	heyrðuzk	heyrðizk
	3	heyrðu	heyrði	heyrðusk	heyrðisk

		Imp		Inf & Part	
Sg	2	heyr	heyrsk	Inf	heyra	heyrask
Pl	1	heyrum	heyrum(s)k	Part Präs	heyrandi	heyrandisk
	2	heyrið	heyrizk	Part Prät	heyrðr, heyrt	heyrzk

Einge Verben der Klasse 1a zeigen *j*- bzw. *v*-Einschub auf (z.B. *fylgja* and *byggva~byggja*).

		Part Präs			Part Prät		
		M	F	N	M	F	N
Sg	N	heyrandi	heyrandi	heyranda	heyrðr	heyrð	heyrt
	A	heyranda	heyrandi	heyranda	heyrðan	heyrða	heyrt
	D	heyranda	heyrandi	heyranda	heyrðum	heyrðri	heyrðu
	G	heyranda	heyrandi	heyranda	heyrðs	heyrðrar	heyrðs
Pl	N	heyrandi	heyrandi	heyrandi	heyrðir	heyrðar	heyrð
	A	heyrandi	heyrandi	heyrandi	heyrða	heyrðar	heyrð
	D	heyrǫndum	heyrǫndum	heyrǫndum	heyrðum	heyrðum	heyrðum
	G	heyrandi	heyrandi	heyrandi	heyrðra	heyrðra	heyrðra

Der Dativ Plural kann auch als *heyrundum* in Erscheinung treten.

Schwache Verben Klasse 2 (*ōn*-Verben)
- Themavokal -*a*-
  - vor Endungen des Präs Sg
  - vor dem Dentalsuffix im Prät (-*a*-*ð*-)

KALLA		Akt		Med-Pas	
		Ind	Opt	Ind	Opt
Präs Sg	1	kalla	kalla	kǫllumk	kǫllumk
	2	kallar	kallir	kallask	kallisk
	3	kallar	kalli	kallask	kallisk
Pl	1	kǫllum	kallim	kǫllum(s)k	kallim(s)k
	2	kallið	kallið	kallizk	kallizk
	3	kalla	kalli	kallask	kallisk
Prät Sg	1	kallaða	kallaða	kǫlluðumk	kǫlluðumk
	2	kallaðir	kallaðir	kallaðisk	kallaðisk
	3	kallaði	kallaði	kallaðisk	kallaðisk
Pl	1	kǫlluðum	kallaðim	kǫlluðum(s)k	kallaðim(s)k
	2	kǫlluðuð	kallaðið	kǫlluðuzk	kallaðizk
	3	kǫlluðu	kallaði	kǫlluðusk	kallaðisk

	Imp		**Infinitive und Partizipien**	
	Akt	Med-Pas		Akt	Med-Pass
Sg 2	kalla	kallask	**Inf**	kalla	kallask
Pl 1	kǫllum	kǫllum(s)k	**Part Präs**	kallandi	kallandisk
2	kallið	kallizk	**Part Prät**	kallaðr, kallat	kallazk

Einige Verben zeigen *j*- oder *v*-Einschub am Ende des Wortstamms auf (z.B. *herja* oder *gǫtva*).
1. Zum Einschub von -*j*- kommt es immer dann, wenn die Flexionsendung mit -*a*- oder -*u*- beginnt. Wenn die Personalendung auf einen anderen Vokal oder einen Konsonant beginnt, fällt das -*j*- weg. (1 Pl Präs *herjum*, aber 2 Pl Präs *herið*).
2. Vor -*a*- und -*i*- kann es zum Einschub von -*v*- kommen. Wenn die Personalendung auf einen anderen Vokal oder einen Konsonant beginnt, fällt das -*v*- i.d.R. weg (2/3 Sg Präs *gǫtvar*, aber 1 Pl Präs *gǫtum*).

		Partizip Präsens			**Partizip Präteritum**		
		M	F	N	M	F	N
Sg	N	kallandi	kallandi	kallanda	kallaðr	kǫlluð	kallat
	A	kallanda	kallandi	kallanda	kallaðan	kallaða	kallat
	D	kallanda	kallandi	kallanda	kǫlluðum	kallaðri	kǫlluðu
	G	kallanda	kallandi	kallanda	kallaðs	kallaðrar	kallaðs
Pl	N	kallandi	kallandi	kallandi	kallaðir	kallaðar	kǫlluð
	A	kallandi	kallandi	kallandi	kallaða	kallaðar	kǫlluð
	D	kallǫndum	kallǫndum	kallǫndum	kǫlluðum	kǫlluðum	kǫlluðum
	G	kallandi	kallandi	kallandi	kallaðra	kallaðra	kallaðra

Der Dativ Plural kann auch als *kǫllundum* in Erscheinung treten.

Schwache Verben Klasse 3

- Themavokal -*i*- vor den Flexionsendungen im Präs Sg
- *i*-Umlaut nur im Prät Opt und bei Verben mit *j*-Einschub (wie z.B. *segja* und *þegja*)
- Die meisten zu dieser Klasse zählenden Verben sind intransitiv, d.h. sie können ohne direktes Objekt stehen. Daher treten sie auch eher selten im Mediopassiv auf.
- Einige Verben fügen vor dem Dentalsuffix im Part Prät ein -*a*- ein (*vakat*), bei anderen tritt dieses nicht in Erscheinung (*horft*).
- Einige Verben greifen in der 2 Sg Imp auf die Endung -*i* zurück (*vaki*).

		Akt			
	VAKA		**HORFA**		
		Ind	Opt	Ind	Opt
Präs Sg	1	vaki	vaka	horfi	horfa
	2	vakir	vakir	horfir	horfir
	3	vakir	vaki	horfir	horfi
Pl	1	vǫkum	vakim	horfum	horfim
	2	vakið	vakið	horfið	horfið
	3	vaka	vaki	horfa	horfi
Prät Sg	1	vakta	vekta	horfða	horfða
	2	vaktir	vektir	horfðir	horfðir
	3	vakti	vekti	horfði	horfði
Pl	1	vǫktum	vektim	horfðum	horfðim
	2	vǫktuð	vektið	horfðið	horfðið
	3	vǫktu	vekti	horfðu	horfði

	Imp			**Inf & Part**	
Sg 2	vaki	horf	**Inf**	vaka	horfa
Pl 1	vǫkum	horfum	**Part Präs**	vakandi	horfandi
2	vakið	horfið	**Part Prät**	vakat (*Neutrum*)	horft (*Neutrum*)

Die zu Klasse 3 zählenden Verben bilden ihr Partizip Präsens ebenso wie andere schwache Verben mit dem Suffix *-and-*. Daher ergeben sich z.B. Formen wie *vakandi* oder *segjandi*. Bei der Bildung des Partizip Präteritums wird das Suffix *-(a)ð-* verwendet. Die meisten Partizipien treten jedoch nur im Neutrum in Erscheinung (z.B. *dugat, unat, vakat*).

SEGJA	**Ind**		**Opt**	
	Präs	**Prät**	**Präs**	**Prät**
Sg 1	segi	sagða	segja	segða
2	segir	sagðir	segir	segðir
3	segir	sagði	segi	segði
Pl 1	segjum	sǫgðum	segim	segðim
2	segið	sǫgðuð	segið	segðið
3	segja	sǫgðu	segi	segði

	Imp		**Inf & Part**
Sg 2	segi	**Inf**	segja
Pl 1	segjum	**Part Präs**	segjandi
2	segið	**Part Prät**	sagðr, sagt

Im Mediopassiv stehende Formen von *segja* sind nicht unüblich (*sagðisk*).

LEITFADEN FÜR DIE DIFFERENZIERUNG DER SCHWACHEN VERBKLASSEN

Bei der Zuordnung eines gegebenen schwachen Verbs zu seiner entsprechenden Verbklasse, gehen wir stets von seinem Präteritalstamm aus.

Verben, die das Präteritalsuffix *-að-* bzw. umgelautet *-uð-* aufzeigen, lassen sich den schwachen Verben Klasse 2 zuordnen (z.B. *ek talaða, vér tǫluðum*).

Die meisten Verben, die ihren Präteritalstamm nicht mit *-að-* bzw. *-uð-* bilden und einen palatalisierten Wurzelvokal aufzeigen (z.B. *dœma, spyrja*), gehören entweder zu Klasse 1a oder 1b. Die genaue Zuordnung ergibt sich aus der Länge des entsprechenden Wortstamms.

Wenn das Verb eine kurze Silbe im Wortstamm aufzeigt, weist dies i.d.R. zu seiner Zugehörigkeit zu Klasse 1a hin. Eine kurze Silbe endet auf einen kurzen Vokal und einen Konsonanten (*tel-ja, ber-ja, spyr-ja*) oder einen langen Vokal (*kný-ja, æ-ja*). Die von dieser Regel abweichende Zuordnung von Verben wie z.B. *leggja* (Prät *lagði*) und *hyggja* (*hugði*) geht auf eine andere Regel des Altnordischen zurück gemäß der es zu einer Verdopplung von *-g-* vor *-j-* kommt.

Klasse 1b setzt sich ausschließlich aus langwurzeligen schwachen Verben zusammen. Eine lange Stammsilbe endet auf einen kurzen Vokal und zwei darauf folgenden Konsonanten (z.B. *send-a, erf-a, fylg-ja, þykk-ja*) oder auf einen langen Vokal und einen Einzelkonsonanten (*mæl-a, þýð-a, sœk-ja, heyr-a*).

Jene schwache Verben, die weder das Präteritalsuffix *-að-/-uð-* noch *i*-Umlaut aufzeigen, gehören zu Klasse 3 (z.B. *vaka, duga, horfa, þora, brosa, una, hafa*). Zwei wichtige Ausnahmen von dieser Regel sind *segja* (past *sagði*) und *þegja* (*þagði*), bei denen das am Ende des Wortstamms eingeschobene *-j-* einen *i*-Umlaut auslöst.

STARKE VERBEN

Alle starken Verben greifen auf dieselben Flexionsendungen zurück. Die Bildung des Wortstamms und die Zuordnung eines gegebenen starken Verbs zu seiner entsprechenden Klasse beruht auf dem Ablaut.

GEFA	**Akt**		**Med-Pass**	
	Ind	Opt	Ind	Opt
Präs Sg 1	gef	gefa	gefumk	gefumk

	2	gefr	gefir	gefsk	gefisk
	3	gefr	gefi	gefsk	gefisk
Pl	1	gefum	gefim	gefumsk	gefimsk
	2	gefið	gefið	gefizk	gefizk
	3	gefa	gefi	gefask	gefisk
Prät Sg	1	gaf	gæfa	gafumk	gæfumk
	2	gaft	gæfir	gafzk	gæfisk
	3	gaf	gæfi	gafsk	gæfisk
Pl	1	gáfum	gæfim	gáfumsk	gæfimsk
	2	gáfuð	gæfið	gáfuzk	gæfizk
	3	gáfu	gæfi	gáfusk	gæfisk

		Imp		*Inf & Part*	
Sg 2	gef	gefsk	Inf	gefa	gefask
Pl 1	gefum	gefum(s)k	Part Präs	gefandi	gefandisk
2	gefið	gefizk	Part Prät	gefinn	gefizk (*neut*)

		Part Präs			**Part Prät**	
		M	F	N	M	F	N
Sg	N	gefandi	gefandi	gefanda	gefinn	gefin	gefit
	A	gefanda	gefandi	gefanda	gefinn	gefna	gefit
	D	gefanda	gefandi	gefanda	gefnum	gefinni	gefnu
	G	gefanda	gefandi	gefanda	gefins	gefinnar	gefins
Pl	N	gefandi	gefandi	gefandi	gefnir	gefnar	gefin
	A	gefandi	gefandi	gefandi	gefna	gefnar	gefin
	D	gefǫndum	gefǫndum	gefǫndum	gefnum	gefnum	gefnum
	G	gefandi	gefandi	gefandi	gefinna	gefinna	gefinna

Der Dativ Plural kann auch als *gefundum* in Erscheinung treten.

DIE SIEBEN ABLAUTREIHEN DES ALTNORDISCHEN

Die starken Verben des Altnordischen lassen sich in sieben verschiedene Klassen unterteilen. Die Differenzierung der einzelnen Klassen beruht auf dem jeweils charakteristischen Wechsel des Wurzelvokals zwischen den verschiedenen Zeitformen. Das als *Ablaut* oder *Graduation* bezeichnete Phänomen stellt eines der wesentlichen Merkmale der indogermanischen Sprachen dar und lässt sich in vielen Tochtersprachen wiederfinden. Obwohl der Ablaut seine Spuren in der gesamten altnordischen Grammatik hinterlassen hat, ist er am deutlichsten in den starken Verben zu beobachten.

Die folgende Tabelle gibt einen Überblick über die sieben Ablautreihen des Altnordischen. Der zwischen dem Infinitiv und dem Präsens Singular zu beobachtende Vokalwechsel geht nicht auf den Ablaut, sondern auf den *i*-Umlaut zurück.

	INFINITIV	PRÄS SG (*i*-UMLAUT)	PRÄT SG	PRÄT PL	PART PRÄT
Klasse I	**í**		**ei**	**i**	**i**
	líta		leit	litu	litinn
Klasse II	**jú ~ jó ~ ú**	**ý**	**au**	**u**	**o**
	rjúfa	rýfr	rauf	rufu	rofinn
	bjóða	býðr	bauð	buðu	boðinn
	lúka	lýkr	lauk	luku	lokinn
Klasse III	**e ~ i**		**a**	**u**	**o ~ u**
	verða		varð	urðu	orðinn
	vinna		vann	unnu	unnin
	ja ~ já	**e**	**a**	**u**	**o**
	gjalla	gellr	gall	gullu	gollinn

	skjálfa	skelfr	skalf	skulfu	skolfinn
	ø ~ y		ǫ	u	o ~ u
	søkkva		sǫkk	sukku	sokkinn
	syngva		sǫng	sungu	sunginn
Klasse IV	e		a	á	o
	stela		stal	stálu	stolinn
Klasse V	e ~ i		a	á	e
	gefa		gaf	gáfu	gefinn
	sitja		sat	sátu	setinn
Klasse VI	a	e	ó	ó	a
	grafa	grefr	gróf	grófu	grafinn
	e		ó	ó	a
	hefja		hóf	hófu	hafinn
Klasse VII	ei		é	é	ei
(i)	heita		hét	hétu	heitinn
(ii)	au ~ ú ~ ǫ	ey ~ ý ~ ø	jó	jó ~ jo ~ (j)u	au ~ ú ~ ǫ
	hlaupa	hleypr	hljóp	hljópu	hlaupinn
	búa	býr	bjó	bjoggu~bjuggu	búinn
	hǫggva	høggr	hjó	hjoggu~hjuggu	hǫggvinn
(iii)	a ~ á	e	e	e	a ~ e
	ganga	gengr	gekk	gengu	genginn
	fá	fær	fekk	fengu	fenginn
(iv)	á ~ ó	æ ~ œ	é	é	á
	láta	lætr	lét	létu	látinn
	blóta	blœtr	blét	blétu	blótinn
(v)	ú ~ á ~ ó	ý ~ æ ~ œ	e~ø	e~ø	ú
	snúa	snýr	sneri~snøri	sneru~snøru	snúinn
	sá	sær	seri~søri	seru~søru	sáinn
	róa	rœr	reri~røri	reru~røru	róinn

Jede Klasse zeichnet sich durch einen jeweils charakteristischen Wechsel des Wurzelvokals aus: Die zu **Klasse I** zählenden Verben zeigen ein langes *-í-* im Infinitiv und im Präsens auf (*líta*).

Klasse II zeigt *-jú-*, *-jó-* oder *-ú-* im Infinitiv auf (*rjúfa, bjóða, lúka*).

Die zu den **Klassen III-V** zählenden Verben weien i.d.R. ein *-e-* im Infinitiv auf, zeichnen sich aber durch eine jeweils unterschiedliche Struktur der Wortwurzel aus. Während auf den Wurzelvokal der zu **Klasse III** zählenden Verben i.d.R. zwei Konsonanten folgen (*sleppa, bresta*), zeigen die Verben von **Klasse IV** nur einen einzelnen Konsonanten auf. Häufig handelt es sich dabei um *-r-*, *-l-*, *-m-* oder *-n-* (*bera, nema*). Auch die Wurzel der zu **Klasse V** zählenden Verben endet auf einen Einzelkonsonanten, bei dem es sich nicht um um *-r-*, *-l-*, *-m-* oder *-n-* handelt (z.B. *gefa, reka*). Das Verb *vera* stellt eine wichtige Ausnahme dar (vgl. unten).

Klasse VI zeichnet sich durch ein langes *-ó-* im Präteritum Singular und Plural aus (*fara*, Prät *fór* und *fóru*).

Klasse VII zeigt in sämtlichen Formen des Präteritums einen einheitlichen Wurzelvokals auf (*é, e~ø* oder *jó~ju*). Diese Klasse wird auch als „reduplizierende Klasse" bezeichnet, da die zu ihr zählenden Verben das Präteritum einst durch die Wiederholung bzw. die Reduplikation eines Teils der Wurzelsilbe bildeten. Einge wenige altnordische Verben wie z.B. *róa* haben an der reduplizierenden Silbe festgehalten (Prät *reri ~ røri*).

Neben *róa* gibt es noch eine geringe Anzahl weiter starker Verben die auf eine entsprechende Bildung der Präteritalformen zurückgreifen. Beispiele dafür sind *snúa* (*sneri ~ snøri*), *gróa* (*greri ~ grøri*) oder *gnúa* (*gneri ~ gnøri*). Diese Verben greifen im Präteritum auf die Endungen der **schwachen Verben** zurück (*rera, rerir, reri, rerum, reruð, reru*).

Vera „sein"

Akt

	Ind		Opt		Imp	
	Präs	**Prät**	**Präs**	**Prät**		
Sg 1	em	var	sjá	væra	**Sg 2**	ver
2	ert	vart	sér	værir	**Pl 1**	verum
3	er	var	sé	væri	2	verið
Pl 1	erum	várum	sém	værim	**Inf**	vera
2	eruð	váruð	séð	værið	**Part Präs**	verandi
3	eru	váru	sé	væri	**Part Prät**	verit

Part Präs

		M	F	N
Sg	N	verandi	verandi	veranda
	A	veranda	verandi	veranda
	D	veranda	verandi	veranda
	G	veranda	verandi	veranda
Pl	N	verandi	verandi	verandi
	A	verandi	verandi	verandi
	D	verǫndum	verǫndum	verǫndum
	G	verandi	verandi	verandi

Präteritopräsentia

		EIGA	**KNÁ**	**MEGA**	**KUNNA**	**MUNA**
Ind Präs Sg	1	á	kná	má	kann	man
	2	átt	knátt	mátt	kannt	mant
	3	á	kná	má	kann	man
Pl	1	eigum	knegum	megum	kunnum	munum
	2	eiguð	kneguð	meguð	kunnuð	munuð
	3	eigu	knegu	megu	kunnu	munu
Prät Sg	1	átta	knátta	mátta	kunna	munda
	2	áttir	knáttir	máttir	kunnir	mundir
	3	átti	knátti	mátti	kunni	mundi
Pl	1	áttum	knáttum	máttum	kunnum	mundum
	2	áttuð	knáttuð	máttuð	kunnuð	munduð
	3	áttu	knáttu	máttu	kunnu	mundu
Opt Präs Sg	1	eiga	knega	mega	kunna	muna
	2	eigir	knegir	megir	kunnir	munir
	3	eigi	knegi	megi	kunni	muni
Pl	1	eigim	knegim	megim	kunnim	munim
	2	eigið	knegið	megið	kunnið	munið
	3	eigi	knegi	megi	kunni	muni
Prät Sg	1	ætta	knætta	mætta	kynna	mynda
	2	ættir	knættir	mættir	kynnir	myndir
	3	ætti	knætti	mætti	kynni	myndi
Pl	1	ættim	knættim	mættim	kynnim	myndim
	2	ættið	knættið	mættið	kynnið	myndið
	3	ætti	knætti	mætti	kynni	myndi
Inf Prät			knáttu			

		MUNU	SKULU	UNNA	VITA	ÞURFA
	Part Präs	eigandi	megandi		kunnandi	munandi
	Part Prät	átt	mátt		kunnat	munat
Ind Präs Sg	1	mun	skal	ann	veit	þarf
	2	munt	skalt	annt	veizt	þarft
	3	mun	skal	ann	veit	þarf
Pl	1	munum	skulum	unnum	vitum	þurfum
	2	munuð	skuluð	unnuð	vituð	þurfuð
	3	munu	skulu	unnu	vitu	þurfu
Prät Sg	1	munda	skylda	unna	vissa	þurfta
	2	mundir	skyldir	unnir	vissir	þurftir
	3	mundi	skyldi	unni	vissi	þurfti
Pl	1	mundum	skyldum	unnum	vissum	þurftum
	2	munduð	skylduð	unnuð	vissuð	þurftuð
	3	mundu	skyldu	unnu	vissu	þurftu
Opt Präs Sg	1	myna ~ muna	skyla ~ skula	unna	vita	þurfa
	2	mynir ~ munir	skylir ~ skulir	unnir	vitir	þurfir
	3	myni ~ muni	skyli ~ skuli	unni	viti	þurfi
Pl	1	mynim ~ munim	skylim ~ skulim	unnim	vitim	þurfim
	2	mynið ~ munið	skylið ~ skulið	unnið	vitið	þurfið
	3	myni ~ muni	skyli ~ skuli	unni	viti	þurfi
Prät Sg	1	mynda ~ munda	skylda	ynna	vissa	þyrfta
	2	myndir ~ mundir	skyldir	ynnir	vissir	þyrftir
	3	myndi ~ mundi	skyldi	ynni	vissi	þyrfti
Pl	1	myndim ~ mundim	skyldum	ynnim	vissim	þyrftim
	2	myndið ~ mundið	skylduð	ynnið	vissið	þyrftið
	3	myndi ~ mundi	skyldu	ynni	vissi	þyrfti
Inf Prät		mundu	skyldu			
Part Präs			skulandi	unnandl	vitandi	þurfandi
Part Prät			skyldt	unn(a)t	vitat	þurft

ANHANG B: DIE HÄUFIGSTEN WÖRTER IN DEN SAGAS

DIE FOLGENDE ÜBERSICHT BEINHALTET:
    A. DIE 70 HÄUFIGSTEN WÖRTER IN DEN SAGAS
    B. DIE 246 HÄUFIGSTEN WÖRTER IN DEN SAGAS (nach Wortarten gegliedert)
    C. DIE 246 HÄUFIGSTEN WÖRTER IN DEN SAGAS (in alphabetischer Reihenfolge)

A. DIE 70 HÄUFIGSTEN WÖRTER IN DEN SAGAS

1. **ok** – und, auch
2. **sá** – dieser/e/es, der, die, das
3. **hann** – er
4. **at** – dass, damit
5. **vera** – sein
6. **ek** – ich
7. **til** – zu, nach
8. **í** – in, auf, innerhalb von, an; nach; während
9. **en** – aber; als
10. **er** – der, dieser; als, wo
11. **á** – in, an, auf; nach; bei
12. **þá** – dann
13. **þú** – du
14. **hafa** – haben
15. **maðr** – Mann, Person
16. **þar** – dort
17. **segja** – sagen
18. **um** – um, herum
19. **koma** – kommen
20. **fara** – gehen, reisen, sich begeben
21. **nú** – jetzt, nun
22. **við** – mit; gegen
23. **munu** – werden
24. **með** – mit
25. **svá** – so; auf diese Weise
26. **eigi** – nicht
27. **sinn** – ihr/sein (eigenes)
28. **fyrir** – (be)vor
29. **sjá** – diese/r/s
30. **sem** – der/die/das; wie; welche/r/s; derjenige
31. **af** – von, aus
32. **mæla** – sprechen
33. **vilja** – wollen
34. **mikill** – groß
35. **hon** – sie
36. **allr** – alle, jeder
37. **taka** – nehmen
38. **skulu** – sollen
39. **ganga** – gehen
40. **gera** – machen, tun
41. **verða** – werden
42. **kveða** – sprechen
43. **sik** – sich selbst
44. **þykkja** – scheinen
45. **ekki** – nicht
46. **eptir** – nach
47. **annarr** – der andere
48. **hinn** – jener
49. **vel** – wohl, gut
50. **hverr** – jede(r/s); wer?
51. **upp** – auf, rauf
52. **síðan** – dann
53. **eiga** – besitzen
54. **láta** – lassen
55. **heita** – heißen
56. **búa** – wohnen, vorbereiten
57. **sjá** – sehen
58. **einn** – eins
59. **ef** – falls, wenn
60. **ríða** – reiten
61. **konungr** – König
62. **svara** – Antworten
63. **þó** – obwohl, trotz
64. **margr** – viel
65. **skip** – Schiff
66. **spyrja** – fragen
67. **minn** – mein
68. **góðr** – gut
69. **biðja** – bitten
70. **heim** – nach Hause

B. DIE 246 HÄUFIGSTEN WÖRTER IN DEN SAGAS (nach Wortarten gegliedert)

SUBSTANTIVE

1. **maðr** – Mann, Person
2. **konungr** – König
3. **skip** – Schiff
4. **mál** – Sprache, Sache
5. **sonr** – Sohn
6. **hǫnd** – Hand
7. **fé** – Vieh; Habe, Geld
8. **bróðir** – Bruder
9. **vetr** – Winter
10. **land** – Land
11. **kona** – Frau
12. **ráð** – Rat; Plan
13. **dagr** – Tag
14. **frændi** – Verwandter
15. **jarl** – Jarl
16. **faðir** – Vater
17. **ferð** – Reise
18. **sumar** – Sommer
19. **dóttir** – Tochter
20. **þing** – Versammlung
21. **orð** – Wort
22. **hestr** – Pferd
23. **nótt** – Nacht
24. **tíðindi** – Neuigkeiten, Nachricht
25. **fundr** – Treffen
26. **lið** – Gefolge
27. **bœr** – Hof, Gehöft
28. **bóndi** – Bauer
29. **sverð** – Schwert
30. **hlutr** – Sache; Teil
31. **sǫk** – Grund, Ursache; Klage
32. **bú** – Hof
33. **hǫfuð** – Kopf
34. **móðir** – Mutter
35. **víg** – Kampf, Totschlag

36. **vinr** – Freund
37. **vísa** – Vers
38. **leið** – Weg
39. **sinn** – Zeit
40. **kveld** – Abend

41. **vápn** – Waffe
42. **morginn** – Morgen
43. **hús** – Haus
44. **fótr** – Fuß
45. **spjót** – Speer

46. **sveinn** – Junge, Knabe
47. **vár** – Frühling
48. **kostr** – Wahl
49. **skjǫldr** – Schild
50. **bak** – Rücken

ADJEKTIVE

1. **mikill** – groß
2. **margr** – viel
3. **góðr** – gut
4. **lítill** – klein
5. **illr** – schlecht
6. **sannr** – wahr
7. **fár** – wenig
8. **dauðr** – tot
9. **stórr** – groß
10. **gamall** – alt
11. **kyrr** – still
12. **fyrri** – früher
13. **varr** – gewahr
14. **sterkr** – stark
15. **ungr** – jung
16. **víss** – gewiss; weise

17. **vándr** – schlecht
18. **langr** – lang
19. **sárr** – verwundet
20. **hálfr** – halb
21. **vænn** – schön
22. **verðr** – würdig
23. **líkr** – gleich
24. **vitr** – klug, weise
25. **harðr** – hart
26. **vanr** – üblich, gewöhnlich
27. **heill** – heil, ganz
28. **lauss** – lose, frei
29. **sekr** – schuldig
30. **vinsæll** – beliebt
31. **skyldr** – verpflichtet, notwendig; verwandt

32. **miðr** – mittlerer
33. **fullr** – voll, gefüllt
34. **fagr** – hübsch
35. **auðigr** – wohlhabend
36. **fríðr** – schön
37. **réttr** – richtig
38. **næstr** – nächste
39. **kunnigr** – klug, zauberkundig
40. **líkligr** – wahrscheinlich
41. **reiðr** – zornig, wütend
42. **ríkr** – mächtig, stark
43. **fjǫlmennr** – mit vielen Leuten versehen
44. **skammr** – kurz; knapp
45. **gǫfugr** – adlig, edel

PRONOMEN

1. **sá** – dieser
2. **hann** – er
3. **ek** – ich
4. **þú** – du
5. **sinn** – ihr/sein (eigenes)
6. **sjá** – diese/r/s
7. **hon** – sie
8. **allr** – alle, jeder
9. **sik** – sich selbst
10. **annarr** – der andere

11. **hinn** – jener
12. **hverr** – jede(r/s); wer?
13. **minn** – mein
14. **engi** – niemand
15. **nǫkkurr** – jemand, gewisser
16. **þinn** – dein
17. **slíkr** – solch (ein)
18. **báðir** – beide
19. **várr** – unser
20. **hvárr** – wer/was von beiden

21. **sjálfr** – selbst
22. **samr** – der/die/das selbe
23. **sumr** – einige
24. **hvárrtveggi** – jeder von beiden, beide
25. **yðr** – euer *(Pl)*
26. **okkarr** – unser *(Dual)*
27. **einhverr** – jemand

ZAHLWÖRTER

1. **einn** – ein
2. **tveir** – zwei
3. **þrír** – drei
4. **tólf** – zwölf

5. **fjórir** – vier
6. **sex** – sechs
7. **fimm** – fünf
8. **tíu** – zehn

9. **sjau** – sieben
10. **fimmtán** – fünfzehn

VERBEN

1. **vera** – sein
2. **hafa** – haben
3. **segja** – sagen
4. **koma** – kommen
5. **fara** – gehen, reisen
6. **munu** – werden
7. **mæla** – sprechen
8. **vilja** – wollen
9. **taka** – nehmen
10. **skulu** – sollen
11. **ganga** – gehen
12. **gera** – machen, tun

13. **verða** – werden
14. **kveða** – sprechen
15. **þykkja** – scheinen
16. **eiga** – besitzen
17. **láta** – lassen
18. **búa** – wohnen; vorbereiten
19. **heita** – heißen
20. **sjá** – sehen
21. **ríða** – reiten
22. **svara** – antworten
23. **spyrja** – fragen
24. **biðja** – bitten

25. **mega** – vermögen, können
26. **fá** – bekommen
27. **ætla** – beabsichtigen
28. **vita** – wissen
29. **leggja** – legen, ablegen
30. **bera** – tragen
31. **gefa** – geben
32. **finna** – finden
33. **ráða** – raten; bestimmen
34. **sitja** – sitzen
35. **bjóða** – anbieten, einladen
36. **standa** – stehen

ALTNORDISCH 1

37. hlaupa – laufen
38. kalla – rufen
39. halda – halten
40. falla – fallen
41. skilja – trennen, teilen; verstehen
42. drepa – (er)schlagen, töten
43. setja – setzen, legen
44. liggja – liegen
45. leita – suchen
46. veita – gewähren, geben
47. sœkja – suchen
48. hǫggva – schlagen
49. senda – schicken
50. geta – erlangen

PRÄPOSITIONEN UND ADVERBIEN

1. til – zu, nach
2. í – in, auf, innerhalb von, an; nach; während
3. á – in, an, auf; nach; bei
4. þá – dann
5. þar – dort
6. um – um, herum
7. nú – jetzt, nun
8. við – mit; gegen
9. með – mit
10. svá – so, solch
11. eigi – nicht
12. fyrir – (be)vor
13. af – von, aus
14. ekki – nicht
15. eptir – nach
16. vel – wohl, gut
17. upp – auf, rauf
18. síðan – dann
19. þó – obwohl, trotz
20. heim – nach Hause
21. út – aus, raus
22. frá – von, aus
23. hér – hier
24. mjǫk – viel, sehr
25. þegar – sofort
26. ór – aus, von
27. fram – vorwärts
28. yfir – über
29. fyrr – vorher
30. áðr – bevor
31. saman – zusammen
32. inn – hinein
33. undir – unter
34. heldr – eher, lieber
35. brott – fort, weg
36. enn – noch
37. niðr – nieder
38. ofan – von oben
39. aptr – zurück
40. móti – gegen
41. hjá – bei, neben
42. illa – schlecht
43. lengi – lange (Zeit)
44. hversu – wie
45. þangat – dorthin
46. aldri – niemals
47. nær – nahe
48. mikit – groß
49. milli – zwischen
50. útan – von außen her

KONJUNKTIONEN

1. ok – und
2. at – dass
3. en – aber, und
4. sem – der, die, das; wie; welche/r/s; derjenige
5. er – der, dieser; als, wo
6. ef – falls, wenn
7. eða – oder
8. hvárt – ob
9. bæði – beide
10. þótt – obwohl
11. nema – außer
12. né – (weder) noch
13. enda – und (auch)
14. hvárgi – keiner von beiden

C. DIE 246 HÄUFIGSTEN WÖRTER IN DEN SAGAS (in alphabetischer Reihenfolge)

af – von, aus
aldri – niemals
allr – alle, jeder
annarr – der andere
aptr – zurück
at – dass
auðigr – wohlhabend
á – in, an, auf; nach; bei
áðr – bevor
bak – Rücken
báðir – beide
bera – tragen
biðja – bitten
bjóða – anbieten, einladen
bóndi – Bauer
brott – fort, weg
bróðir – Bruder
bú – Hof
búa – wohnen; vorbereiten
bæði – beide
bœr – Hof, Gehöft
dagr – Tag
dauðr – tot
dóttir – Tochter
drepa – (er)schlagen, töten
eða – oder
ef – falls, wenn
eiga – besitzen
eigi – nicht
einhverr – jemand
einn – eins
ek – ich
ekki – nicht
en – aber, und
enda – und (auch)
engi – niemand
enn – noch
eptir – nach
er – der, dieser; als, wo
fá – bekommen
faðir – Vater
fagr – hübsch
falla – fallen
fara – gehen, reisen
fár – wenig
ferð – Reise
fé – Vieh, Habe; Geld
fimm – fünf
fimmtán – fünfzehn
finna – finden
fjórir – vier
fjǫlmennr – mit vielen Leuten versehen
fótr – Fuß
fram – vorwärts
frá – von, aus
fríðr – schön
frændi – Verwandter
fullr – voll, gefüllt
fundr – Treffen
fyrir – (be)vor
fyrr – vorher
fyrri – früher
gamall – alt
ganga – gehen
gefa – geben
gera – machen, tun
geta – erlangen
góðr – gut
gǫfugr – adlig, edel
hafa – haben
halda – halten
hann – er
harðr – hart
hálfr – halb
heill – heil, ganz
heim – nach Hause
heita – heißen
heldr – eher, lieber
hestr – Pferd
hér – hier
hinn – jener
hjá – bei, neben
hlaupa – laufen
hlutr – Sache; Teil
hon – sie
hús – Haus
hvárgi – keiner von beiden

hvárr – wer/was von beiden	**mega** – vermögen, können	**setja** – setzen, legen	**um** – um, herum
hvárrtveggi – jeder von beiden, beide	**miðr** – mittlerer	**sex** – sechs	**undir** – unter
hvárt – ob	**mikill** – groß	**sik** – sich selbst	**ungr** – jung
hverr – jede/r/s; wer?	**mikit** – groß	**sinn** – ihr/sein (eigenes)	**upp** – auf, rauf
hversu – wie	**milli** – zwischen	**sinn** – Zeit	**út** – aus, raus
hǫfuð – Kopf	**minn** – mein	**sitja** – sitzen	**útan** – von außen her
hǫggva – schlagen	**mjǫk** – viel, sehr	**síðan** – dann	**vanr** – üblich, gewöhnlich
hǫnd – Hand	**morginn** – Morgen	**sjau** – sieben	**varr** – gewahr
illa – schlecht	**móðir** – Mutter	**sjá** – diese/r/s	**vándr** – schlecht
illr – schlecht	**móti** – gegen	**sjá** – sehen	**vápn** – Waffe
inn – hinein	**munu** – werden	**sjálfr** – selbst	**vár** – Frühling
í – in, auf, innerhalb von, an; nach; während	**mæla** – sprechen	**skammr** – kurz; knapp	**várr** – unser
jarl – Jarl	**nema** – außer	**skilja** – trennen, teilen; verstehen	**veita** – gewähren, geben
kalla – rufen	**né** – (weder) noch	**skip** – Schiff	**vel** – wohl, gut
koma – kommen	**niðr** – nieder	**skjǫldr** – Schild	**vera** – sein
kona – Frau	**nótt** – Nacht	**skulu** – sollen	**verða** – werden
konungr – König	**nú** – jetzt, nun	**skyldr** – verpflichtet, notwendig; verwandt	**verðr** – würdig
kostr – Wahl	**nær** – nahe	**slíkr** – solch (ein)	**vetr** – Winter
kunnigr – klug; zauberkundig	**næstr** – nächste	**sonr** – Sohn	**við** – mit; gegen
kveða – sprechen	**nǫkkurr** – jemand, gewisser	**spjót** – Speer	**vilja** – wollen
kveld – Abend	**ofan** – von oben	**spyrja** – fragen	**vinr** – Freund
kyrr – still	**ok** – und	**standa** – stehen	**vita** – wissen
land – Land	**okkarr** – unser (*Dual*)	**sterkr** – stark	**vitr** – weise
langr – lang	**orð** – Wort	**stórr** – groß	**víg** – Kampf, Totschlag
lauss – lose, frei	**ór** – aus, von	**sumar** – Summer	**vísa** – Vers
láta – lassen	**ráð** – Rat; Plan	**sumr** – einige	**víss** – gewiss; weise
leggja – legen, ablegen	**ráða** – raten, bestimmen	**svara** – antworten	**vænn** – schön
leið – Weg	**reiðr** – zornig, wütend	**svá** – so; solch	**yðr** – euer (*Pl*)
leita – suchen	**réttr** – richtig	**sveinn** – Junge, Knabe	**yfir** – über
lengi – lange (Zeit)	**ríða** – reiten	**sverð** – Schwert	**þangat** – dorthin
lið – Gefolge	**ríkr** – mächtig, stark	**sœkja** – suchen	**þar** – dort
liggja – liegen	**saman** – zusammen	**sǫk** – Grund, Ursache; Klage	**þá** – dann
líkligr – wahrscheinlich	**samr** – gleich	**taka** – nehmen	**þegar** – sofort
líkr – gleich	**sannr** – wahr	**til** – zu, nach	**þing** – Versammlung
lítill – klein	**sá** – dieser	**tíðindi** – Neuigkeiten, Nachricht	**þinn** – dein
maðr – Mann, Person	**sárr** – verwundet	**tíu** – zehn	**þó** – obwohl, trotz
margr – viel	**segja** – sagen	**tólf** – zwölf	**þótt** – obwohl
mál – Sprache; Sache	**sekr** – schuldig	**tveir** – zwei	**þrír** – drei
með – mit	**sem** – der, die, das; wie; welche/r/s; derjenige		**þú** – du
	senda – senden		**þykkja** – scheinen
			ætla – beabsichtigen

ANHANG C: DIE AUSSPRACHE DES ALTNORDISCHEN/-ISLÄNDISCHEN

Dass die Begriffe „Altisländisch" und „Altnordisch" häufig synonym verwendet werden beruht vor allem darauf, dass die erhaltenen Schriftzeugnisse aus dem nordischen Mittelalter überwiegend aus Island stammen. Die wichtigsten Quellen, die uns für die Rekonstruktion der Aussprache zur Verfügung stehen, bilden dabei die eddischen und skaldischen Verse. Das Isländische hat sich im Vergleich zu den anderen aus dem Urnordischen hervorgegangen Sprachen im Laufe der letzten Jahrhunderte zudem nur wenig verändert. Trotz seiner relativen Nähe zur Muttersprache hat sie natürlich aber auch die isländische Sprache im Laufe der letzten Jahrhunderte kontinuierlich weiterentwickelt. Da die Handschriften außerdem eine Vielzahl von orthographischen Varianten aufweisen, ist eine vollständige Rekonstruktion der altisländischen Aussprache nicht möglich.

DIE BETONUNG/DER AKZENT liegt im Isländischen) i.d.R. auf der ersten Silbe des Wortes (*ko-na*, *ger-ði*, *kon-ungr* usw.). Zusammengesetzte Wörter weisen dementsprechend einen Nebenakzent auf der ersten Silbe des zweiten Wortelements auf (z.B. ***kon**unga**mó**ðir* („Mutter der Könige")).

VOKALE sind Laute, die durch das freie Passieren der Luft durch den Mundraum entstehen. Bei der Produktion von Vokalen wird der Mund also weder geschlossen noch wird der Luftstrom durch die Zunge oder die Zähne behindert.

Das Altisländische verfügt über lange und kurze Vokale. In den erhaltenen Handschriften wird die Länge i.d.R. mithilfe eines sog. Akuts angezeigt: *á, é, í, ó, ú, ý*. Da die Vokale *æ* and *œ* immer lang sind, weisen sie keinen Akut auf.

Anders als im Neuisländischen unterschieden sich die beiden Vokale *a* und *á* im Altisländischen also lediglich in Bezug auf die Artikulationslänge voneinander. Da das vermutlich ursprünglich ungerundete, lange *á* ab ca. 1200 gerundet worden ist und schließlich mit *ó* zusammenfiel, bezeichnen die Vokale *a* und *á* im Neuisländischen zwei vollkommen unterschiedliche Laute. Während *a* weitestgehend dem deutschen Vokal entspricht (wie z.B. in „V**a**ter"), wird das neuisländische *á* wie der dt. Diphthong *au* ausgesprochen (wie z.B. in „H**au**s"). Im modernen Isländisch unterscheiden sich also viele der mit einem Akut versehenen Vokale sowohl in Hinsicht auf ihre qualitativen Eigenschaften als auch ihre Länge von den kurzen Vokalen.

Auch bei der Artikulation der Diphthonge *au*, *ei* und *ey* weisen das Alt- und das Neuisländische gewisse Unterschiede voneinander auf.

Die rekonstruierte Aussprache der altisländischen Vokale ergibt sich aus der folgenden Übersicht.

VOKAL	AUSSPRACHE IM ALTISLÄNDISCHEN	ALTISLÄNDISCH
a	wie **a** in dt. „Hand"	*faðir*
á	wie **a** in „Pfahl"	*láta*
e	wie **e** in „Becken"	*bekkr*
é	wie **e** in „Knete"	*þér*
i	wie **i** in „billig"	*sinn*
í	wie **ie** in „spielen"	*líta*
o	wie **o** in „Mond"	*kona*
ó	wie **o** in „Sohle"	*bjóða*
u	wie **u** in „M**u**tter"	*sumar*
ú	wie **u** in „spuken"	*búa*
y	wie **ü** in „schützen"	*systir*
ý	wie **ü** in „Hüte"	*býðr*
æ	langer, offener e-Laut, wie **ä** in „Märchen"	*lætr*
œ	wie **ö** in „König"	*fátœkr*
ø	wie **ö** in „können". Zu Beginn des 13. Jh.	*søkkva*

ANHANG C – DIE AUSSPRACHE DES ALTNORDISCHEN/-ISLÄNDISCHEN

sind ø und ǫ zusammengefallen.

ǫ	dumpfer o-Laut	fǫr
au	wie **au** in „blau"	nauð
ei	wie **ay** in eng. „may"	beita
ey	Altisländisch **e** + **y**	heyra

KONSONANTEN sind Laute, die durch eine Verengung oder Verschließung des Stimmapparats entstandene Blockade des Luftstroms entstehen. Für die meisten isländischen Konsonanten lassen sich entsprechende Parallelen im Deutschen finden.

Sowohl im Alt- als auch im Neuisländischen wird bei der Aussprache zwischen Einzel- (z.B. *stemma*) und Doppelkonsonanten (z.B. *heima*) unterschieden. In Worten, die Plosive (Verschlusslaute) aufweisen (*p, t, k, b, d, g*), wie z.B. *staddr* und *liggja*, kommt es zu einer kurzen Pause vor der Artikulation der entsprechenden Konsonanten. Die Aussprache der Konsonanten *b, d, h, k, l, m, n, s,* und *t* weist vermutlich viele Ähnlichkeiten mit der entsprechenden Artikulation im modernen Deutsch auf. Bei der Artikulation von *f* und *v* wurden im Altisländischen wahrscheinlich sowohl die Ober- und Unterlippe verwendet. Die folgende Tabelle gibt eine Übersicht über die altisländischen Konsonanten.

KONSONANT	AUSSPRACHE IM ALTISLÄNDISCHEN	ALTISLÄNDISCH
f	1) am Anfang eines Wortes: wie ein stimmloses **f** in „frei" oder **v** in „Vater"	faðir
	2) in der Mitte oder am Ende eines Wortes: wie **v** in dt. „palavern" oder eng. „have"	hafa
g	am Wortanfang oder nach *n*: wie **g** in „gut"	góðr, langr
	vor *s* oder *t*: wie **ch** in „Na**ch**t"	lagt
j	wie **j** in **ja**	játa, Herjólfr
p	wie **p** in „**p**erfekt"	penningr
	wenn es *s* oder *t* vorausgeht: wie **f** in „Haft"	skipta
r	gerolltes Zungenspitzen-**r** wie in *span.* „pe**rr**o"	rauðr
v	wie **w** in „**W**esten"	vestr
þ	wie stimmhaftes **th** in eng. „**th**ing"	þing, Þórr
ð	wie stimmloses **th** in eng. „**th**is", „ra**th**er"	bróðir, Óðinn
x	wie **chs** in „La**chs**"	øx
z	wie **tz** in „spi**tz**"	brauzk

ALTISLÄNDISCH MIT NEUISLÄNDISCHER AUSSPRACHE. Im akademischen Bereich wird das Altnordische (bzw. Altisländische) heute i.d.R. wie das Neuisländische ausgesprochen. Da die isländische Sprache im Laufe der letzten Jahrhunderte an vielen Elementen der ursprünglichen Grammatik und des (Grund-)Wortschatzes festgehalten hat, kann die Verwendung der modernen Aussprache daher durchaus auch die die Erlernung des Neuisländischen erleichtern.

VOKAL	AUSSPRACHE IM NEUISLÄNDISCHEN	ALTISLÄNDISCH
a	lang oder kurz, wie z.B. **a** in „Land"	faðir
	vor ng oder nk wie **á** in „Haus"	langr
á	wie **au** in „Haus"	láta
e	lang oder kurz, wie z.B. **e** in „besser"	bekkr
é	wie „jä"	þér

i	kurz, wie **i** in „bitte"	*sinn*
í	lang oder kurz, wie **ie** in „Lied"	*líta*
o	lang oder kurz, wie **o** in „Gott"	*kona*
ó	lang oder kurz, wie **o** in eng. go	*bjóða*
ö	lang oder kurz, wie **ö** in „öffnen"	*köttr*
u	lang oder kurz, wie **ü** in „küssen"	*sumar*
ú	lang oder kurz, wie **u** in „gut"	*búa*
y	lang oder kurz, derselbe Laut wie **i**	*systir*
ý	lang oder kurz, wie **ie** in „Lied"	*býðr*
æ, œ	lang oder kurz, wie **ei** in „sein"	*lætr, fátœkr*
au	lang oder kurz, wie **eui** in frz. "fauteuil"	*nauð*
ei, ey	lang oder kurz, wie **ay** in eng. „may"	*leiða, leysa*

Die Konsonanten des Neuisländischen

1. *h, k, l, m, n* werden wie die entsprechenden deutschen Konsonanten ausgesprochen.
2. Die Konsonanten *p, t, k* sind stimmlos (keine Vibration in den Stimmbändern).
3. Die Konsonanten *b, d, g* sind ebenfalls stimmlos.
4. Die beiden Konsonantengruppen *p, t, k* und *b, d, g* unterscheiden sich durch das Vorhanden- bzw. Nichtvorhandensein der Aspiration voneinander. Die Konsonanten *p, t, k* sind generell aspiriert, *b, d* und *g* dagegen nicht.
5. Im Neuisländischen berühren sich Oberlippe und Zähne bei der Aussprache der Buchstaben *f* und *v*.

Konsonanten	Moderne Aussprache	Altisländisch
ð	wie stimmhaftes **th** in eng. „that", „brother"	*bróðir, Óðinn*
f	am Wortanfang: wie **f** in „frei" oder **v** in „Vater"	*faðir*
	vor *n* oder *l*: wie neuisl. **p**	*nafn, kafli*
	ansonsten: wie **v** in p**a**lavern	*hafa*
g	am Wortanfang und nach *n*: wie **g** in „gut", aber stimmlos	*góðr, langr*
	vor *s* oder *t*: wie **ch** in „Nacht"	*lagt*
	nach Vokalen und vor *a, u, ð, r*: stimmhaftes **ch**	*fluga*
	zwischen Vokal und darauf folgendem *i* oder *j*: wie **j** in „ja"	*eigi, segja*
	zwischen *ó, á, ú*, und nach *a, u*: stumm	*fljúga*
	in den Lautsequenzen *angt* und *angs*: stumm	*langt, langs*
j	wie **j** in „ja"	*játa, Herjólfr*
p	vor *s* oder *t*: wie **f** in „Haft"	*eptir*
r	Zungenspitzen-**r** wie in span. „perro"	*rauðr*
s	wie stimmloses **ss** in „Nuss"	*sitja*
þ	wie stimmloses **th** in eng „thing"	*þing, Þórr*

Die Artikulation der Doppelkonsonanten zeigt einige Besonderheiten im Neuisländischen auf:
- *pp, tt,* und *kk* werden mit einem vorangehenden *h* ausgesprochen (z.B. u^hpp, $dó^httir$, oder e^hkki). Dieses Phänomen wird auch **Präaspiration** genannt. Dabei wird *pp* wie *f* in *frei* ausgesprochen, wenn ihm ein *t*

vorausgeht (wie z.B. in *keppti*).
- *nn* wird ähnlich wie *tn* ausgesprochen, wenn ihm ein Vokal mit Akut oder einem Diphtong vorausgeht (wie z.B. *einn* [sprich „eitn"]).
- *ll* wird wie *tl* ausgesprochen, wenn es einem Vokal oder den Konsonanten *r* oder *n* vorausgeht, z.B. *kalla* [sprich „katla"], *allr* [„atlur"]. Auch wenn wes am Ende des Wortes steht, wird *ll* wie *tl* ausgesprochen, z.B. *mikill* [sprich „mikitl"]. Vor *t*, *d*, und *s* wird *ll* wie ein einzelnes *l* ausgesprochen, z.B. *alls* [sprich „als"], *allt* [sprich „alt"]. In Lehnwörtern und Spitznamen wird *ll* wie ein langes *l* ausgesprochen, z.B. *mylla* „Mühle"/eng. „mill" [sprich „milla"] oder *Kalli* [sprich „Kalli"].
- Die Lautabfolgen *rn* und *rl* werden für gewöhnlich wie [rtn] und [rtl] ausgesprochen, z.B. *Bjarni* [bjartni] oder *karlar* [kartlar].

Wenn auf einen Doppelkonsonanten ein weiterer Konsonant folgt, werden diese häufig ame Ende der Slbe vereinfacht (z.B. *kumbl* [sprich „*kuml*"] ausgesprochen. Wenn sich die Konsonantensequenz über mehrere Silben erstreckt, werden hingegen alle drei Konsonanten artikuliert (z.B. *land-nám*).

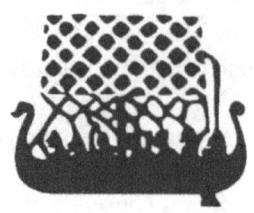

WÖRTERVERZEICHNIS, ALTNORDISCH 1

Im altnordischen bzw. altIsländischen Alphabet wird zwischen langen und kurzen Vokalen unter-scheiden. Lange Vokale dabei i.d.R. mit einem Akut versehen (vgl. z.B. langes *é* und kurzes *e*).

- Die langen Vokale æ, œ und ø (sog. Diphthonge) sowie das umgelautete ǫ stehen am Ende des isländischen Alphabets.
- Die Buchstaben *c*, *q* und *w* tauchen zwar gelegentlich in den Handschriften auf, sind jedoch nicht in das normalisierte Alphabet aufgenommen worden.

A

Aðalráðr konungr *m* König Æthelred II der Unberatene von England
aðra *f A Sg & m A Pl* von **annarr**
aðrir *m N Pl* von **annarr**
❖ **af** *Präp* [+ D] von, aus, von ... her
afar *Adv* überaus, besonders, sehr
afarmenni *n* überaus starker, vortrefflicher Mensch
afbragð *n* Vorzüglichkeit, vorzügliche Beschaffenheit **afbragð þeira manna allra** der Herausragendste aller Männer
afbrigði *n* Überschreitung, Bruch, Verletzung, Unrecht
afl *n* (Körper)Kraft, Stärke; Macht; **rammr at afli** stark, kräftig
afreksmaðr *m* herausragender, Andere übertreffender Mensch
aka <ekr, ók, óku, ekinn> *V* fahren, transportieren, sich bewegen
akkeri *n* Schiffsanker
akr <akrs, akrar> *m* Acker, Feld; Feldfrucht, Getreide
ala <elr, ól, ólu, alinn> *V* zeugen, gebären, aufziehen (Kinder)
alda *G Pl* von **ǫld**
aldinn *Adj* alt
aldr <-rs, -rar> *m* Alter, Lebenszeit, Zeitalter
aldregi *Adv* niemals, nicht
❖ **aldri** *Adv* niemals, nicht
Alfǫðr <-s> *m* Allvater, Name Óðinns
alheimskr *Adj* besonders dumm
alin <alnar~álnar> *f* Unterarm, Elle
alla *f A Sg & m A Pl* von **allr**
allan *m A Sg* von **allr**
allfríðr *Adj* sehr schön
allir *m N Pl* von **allr**
allmikill *Adj* sehr groß
❖ **allr** <*f* ǫll, *n* allt> *Adj Pron* ganz, vollständig; alle, jeder
allra *G Pl* von **allr**
allri *f D Sg* von **allr**
allt *Adv* alles, vollkommen; **allt til Orkneyja** den ganzen Weg bis zu den Orkneyinseln; **allt til þess** genau bis dahin; **allt upp undir** genau darunter
Alrekr <-s> *m* Alrekr (*Personenname*)
alsnotr *Adj* weise, klug
alsvartr *Adj* schwarz
alþýða *f* das (ganze Volk), die Bevölkerung im Allgemeinen; **alþýðu mál** allgemeine Rede
ambátt (auch **ambótt**) <Pl -ir> *f* Magd, Dienerin, Konkubine
ambótt *Var* von **ambátt**
andi *m* Atem, Atemzug, Hauch, Geist
Andvari *m* Andvari (*Personenname*)
angr <*G* angrs> *m* Kummer, Verdruss
annan *m A Sg* von **annarr**
❖ **annarr** <*f* ǫnnur, *n* annat> *Adj Pron* einer/Einer von zweien / Zweien, ein anderer/Anderer; *Ordinal* der zweite/Zweite; **annarr ... annarr** *Konj* der eine/Eine ... der andere/Andere
aptann <*D* aptni, *G* aptans, *Pl* aptnar> *m* Nachmittag, Abend
❖ **aptr** <*Superl* aptastr~epztr> *Adv* zurück, rückwärts, hinten
arfi *m* Erbe, Erbin
arfr <-s> *m* Erbe
argr *Adj* arg, schlimm, gemein, feig, weibisch
armr *m* Arm
armr *Adj* arm, elend, unselig, erbärmlich
Arnfastr <-s> *m* Arnfastr (*Personenname*)
askr <-s, -ar> *m* Esche; Speerschaft aus Eschenholz; kleines Schiff; der Weltenbaum, **Yggdrasill**
Assurr (auch **Ǫzurr**) <-s> *m* Assurr (*Personenname*)

at *Präp* [+ D] bei, an, in, an etw. heran; zu, in, um, bei; hinsichtlich, in Bezug auf; entsprechend, gemäß
❖ **at** *Konj* dass
at *Inf-Par* zu
atall <*f* ǫtul, *n* atalt> *Adj* böse, wild, kriegerisch
Atall <-s> *m* Atall (*Personenname*)
atburðr <-ar, -ir> *m* Vorfall, Ereignis; **af þessum atburði** aufgrund dieses Vorfalls
atganga *f* Angriff, Überfall; Unterstützung
atgervimaðr *Var* von **atgørvimaðr**
atgørvi *f & n* Tüchtigkeit, Fähigkeit(en); **at atgørvi** körperliche Fähigkeit
atgørvimaðr (auch **atgervimaðr**) *m* tüchtiger, fähiger Mensch
atkváma *f* Ankunft
atlaga *f* Angriff; Anlegen eines Schiffes (im Kampf, zum Angriff)
atróðr <*G* atróðrs> *m* das Heranrudern, Angriff auf See
atseta *f* Wohnsitz, Residenz
auðgi *schw m N Sg* von **auðigr**
❖ **auðigr** (auch **auðugr**) <*A* auðgan> *Adj* reich, vermögend; **auðigr at fé** sehr wohlhabend

auðugr *Var* von **auðigr**
auga *n* Auge
auk *Präp* [+ G] außerdem, darüber hinaus
auka <eykr, jók, jóku, aukinn> *V* vermehren, vergrößern; [+ D] hinzufügen; übertreffen
aurr <-s> *m* sandiger Boden
ausa <eyss, jós, jósu, ausinn> *V* gießen, schöpfen, schütten; **ausa [e-n]/[e-t] [e-m]** jmdn./etw. mit etw. überschütten; **ausa bát** ein Boot ausschöpfen
austan *Adv* von Osten her
Austmaðr *m* Mann aus dem Osten, Norweger
austr <-rs, *Superl* austastr> *n* Osten; *Adv* ostwärts
austrfǫr <*Pl* austfarar> *f* (meist im *Pl*) Fahrt nach Osten
Austrlǫnd *n Pl* östliche Länder, Osteuropa; Russland und der Orient
austrvegr <-s, -ir> *m* der Osten bzw. die Länder östlich und südlich der Ostsee (wörtl. der „Ostweg"); **fara í austrveg** im Osten handeln oder plündern; ostwärts, entlang der Flüsse Russlands reisen
austrœnn *Adj* östlich
auvirðismaðr *m* wertloser, verächtlicher Mensch

Á

á <*G* ár, *Pl* ár, *D* ám, *G* á> *f* Fluss
á *1/3 Sg Präs* von **eiga**
❖ **á** *Präp* [+ D] an, in, auf, bei (*Ort*); [+ A] in, an, auf, nach (*Richtung*); in, bei, an (*zeitlich*); in Bezug auf
á brott *Adv* weg, fort
á milli *Var* von **milli**
❖ **áðr** *Adv* vorher, zuvor; schon, bereits
áeggjun <-ar> *f* starkes Drängen, Aufhetzen
❖ **ágætr** *Adj* ausgezeichnet, hervorragend
ái <á, ár> *m* Urgroßvater
ákafamaðr *m* ein hitziger Mann
ákafliga *Adv* heftig, dringend, eifrig
ákafr <*f* ákǫf> *Adj* hitzig, eifrig, hastig
ál <*Pl* -ar> *f* Lederriemen
Álfheimr *m* Álfheimr, Welt der Alben
álfr <-s, -ar> *m* Elf, Albe
Áli *m* Áli (*Personenname*, alte Kurzform von Áleifr~Óláfr)
álit *n* Aussehen; Nachdenken, Überlegung; Meinung
Álof *f* Álof (*Personenname*)
álpt <*Pl* álptir~elptr> *f* Schwan
Álptanes *n* Álptanes (*Ortsname*), wörtl. „Schwanenlandzunge"
álǫg *n Pl* Abgaben, Lasten, Schulden
án *Präp* [+ G] ohne
ár *n* Jahr
árferð <*Pl* -ir> *f* Jahresertrag, Ernte; Glück, Vorteil
Árnes *n* Árnes (*Ortsname*)
Árni *m* Árni (*Personenname*)

ársæll *Adj* gesegnet mit guten, fruchtbaren Jahren; **allra konunga ársælstr** der am meisten Gesegnete aller Königen
ársælstr *Superl* von **ársæll**
árvænn *Adj* Aussicht auf eine gute Ernte
ásamt *Adv* zusammen
Ásbjǫrn <*G* Ásbjarnar> *m* Ásbjǫrn (*Personenname*)
Ásbrú *f* Ásbrú, ein weiterer Name für **Bifrǫst**
Ásdís *f* Ásdís (*Personenname*)
Ásgarðr *m* Ásgarðr, der Wohnort oder die Festung der Götter
Ásgerðr <*A/D* Ásgerði, *G* Ásgerðar> *f* Ásgerðr (*Personenname*)
Ásgrímr <-s> *m* Ásgrímr (*Personenname*)
ásjá *f* Hilfe, Beistand, Fürsorge; Aussehen, Gestalt
Ásmundr <s> *m* Ásmundr (*Personenname*)
áss <*D* æsi~ás, *G* áss~ásar, *Pl* æsir, *A* ásu~æsi> *m* Ase; **Æsir** *Pl* die Æsir oder Asen, eines der Göttergeschlechter
ást *f* Liebe, Zuneigung (häufig im *Pl*, gleiche Bedeutung)
Ásta *f* Ásta (*Personenname*)
Ásvaldr <-s> *m* Ásvaldr (*Personenname*)
ásynja *f* Asin, Göttin
át *1/3 Sg Prät* von **eta**
❖ **átta** <*Ordinal* áttandi~áttundi, átti, eighth > *Kardinal* acht
átti *3 Sg Prät* von **eiga**
áttján <*Ordinal* áttjándi, achtzehnter> *Kardinal* achtzehn
áttu *3 Pl Prät* von **eiga**
ávanr <*f* ávǫn, *n* ávant> *Adj* nur *n* und in **[e-s] er ávant** [etw.] fehlt, es mangelt [jmdm.] an [etw.]

B

e-n = einhvern (Akkusativ); **e-t** = eitthvat (Akkusativ); **e-m** = einhverjum (Dativ); **e-u** = einhverju (Dativ); **e-s** = einhvers (Genitiv)

bað *1/3 Sg Prät* von **biðja**
baðmr <-s> *m* Baum
❖ **bak** *n* hinten
Baldr <-rs> *m* Baldr (*Personenname*)
Balli (auch **Baldi**) *m* Balli (*Personenname*)
bana <-að-> *V* [+ D] töten
banahǫgg *n* tödlicher Hieb
banamaðr *m* Mörder
banasár *n* tödliche Wunde
band <*Pl* bǫnd> Band, Strick, Seil; das Fesseln; (*Pl*) Bande, Fesseln ; [*poet*] die Götter
bani *m* Tod, Mörder
bann *n* Verbot
banna <-að-> *V* verbieten, untersagen, verfluchen
bar *1/3 Sg Prät* von **bera**
bardagi *m* Schlag, Strafe; Schlacht, Kampf
barð *n* Helm- oder Hutkrempe; Rand, Kante; Schiffsbug
barn <*Pl* bǫrn> *n* Kind
barnœska *f* Kindheit
barr *n* Laub, Nadeln eines Nadelbaums
Barreyjar *f Pl* Barra, die Inseln von Barra
batna <-að-> *V* sich bessern, besser werden; *unpers.* [e-m] **batnar** [jmdm.] geht es besser, [jmd.] genest
batnaði *3 Sg Prät* von **batna**
batt *1/3 Sg Prät* von **binda**
bauð *1/3 Sg Prät* von **bjóða**
baugr <-s, -ar> *m* Ring, Armreif
bauzt *2 Sg Prät Med-Pas* von **bjóða**
bazt *Superl Adv Var* von **bezt**
baztr *Superl Adj Var* von **beztr**
❖ **báðir** <*f* báðar, *n* bæði, *G* beggja > *Adj Pron Dual* beide
Bálki Blæingsson *m* Bálki Blæingsson (*Personenname*)
Bárðr <-ar> *m* Bárðr (*Personenname*); **Bárðr svarti** Bárðr der Schwarze
bátr <-s, -ar> *m* Boot
beðið *Part Prät* von **biðja**
beggja *all G Pl* von **báðir**
beiða <beiddi, beiddr> *V* [+ G] verlangen, bitten; **beiða [e-n] [e-s]** [etw.] von [jmdm.] fordern; **beiðask** *Med-Pas* (für sich) fordern
beiddisk *3 Sg Prät Med-Pas* von **beiða**
beiddusk *3 Pl Prät Med-Pas* von **beiða**
bein *n* Knochen; Bein
beinahrúga *f* Knochenhaufen
beiskr *Adj* verbittert, gereizt, böse
beiting <*Pl* -ar> *f* das Grasen, Weiden
bekkr <*D* bekk, *G* -s~-jar, *Pl* -ir> *m* Bank
belgr <*D* belg, *G* -s~-jar, *Pl* -ir> *m* Balg, Fell; Sack (aus Tierfell, -haut); Blasebalg
bella <bellr, ball, –, –> *def V* [+ D] treffen, verletzen
bella <-di, -tr> *V* [+ D] sich (in etw.) hineinwagen
belti *n* Gürtel
ben <*G* -jar> *f* tödliche Wunde
❖ **bera** <berr, bar, báru, borinn> *V* tragen, bringen; **bera saman** sammeln; vergleichen; **bera um** herumtragen; **bera ørendi sín (upp) fyrir [e-n]** seinen (Rechts)fall vor [jmdm.] geltend machen, prügeln; **berjask** *Med-Pas* sich schlagen, kämpfen
berr *Adj* nackt, unbedeckt; gezogen(es Schwert)
berserkr <-s, -ir> *m* Berserker
berserksgangr <-s> *m* Berserkerwut, - raserei
betr *Adv Komp* von **vel**, besser
betri *Adj Komp* von **góðr**, besser
beysta <beysti, beystr> *V* klopfen, schlagen
bezt (auch **bazt**) *Superl Adv* von **vel**, am besten
beztr (auch **baztr**) *Superl Adj* von **góðr**, am besten
❖ **biðja** <biðr, bað, báðu, beðinn> *V* auffordern, bitten; befehlen, heißen; **biðja [e-n] [e-s]** jmdn. um etw. bitten; **biðja gera** befehlen zu tun
bifask <-ði, -ðr auch -að-> *V Med-Pas* beben, zittern; gerührt sein
Bifrǫst *f* Bifrǫst, Regenbogenbrücke, die **Miðgarðr** und **Ásgarðr** miteinander verbindet
bikkja *f* Hündin, auch als Schimpfwort gebraucht
bila <-að-> *V* nachgeben, versagen
binda <bindr, batt, bundu, bundinn> *V* binden, schnüren; eine Wunde verbinden; schwören; **binda í [e-u]** zu [etw.] verpflichtet], an etw. binden
bíða <bíðr, beið, biðu, beðinn> *V* [+ G] warten auf, erwarten, ausharren; [+ A] erdulden, erleiden
bíta <bítr, beit, bitu, bitinn> *V* beißen, durchbeißen; auseinanderreißen
bjalla <*G* bjǫllu, *Pl* bjǫllur> *f* Glocke, Schelle
bjarg <*Pl* bjǫrg> *n* Felsen, Steinblock; steiler Felsabhang
bjarga <bergr, barg, burgu, borginn> *V* [+ D] bergen, helfen, retten
Bjarnardóttir *f* Bjǫrns Tochter (*Personenname*)
Bjarnarfjǫrðr *m* Bjarnarfjǫrðr (*Ortsname*)
Bjarni *m* Bjarni (*Personenname*)
bjartr <*f* bjǫrt, *n* bjart> *Adj* hell, strahlend
bjó *1/3 Sg Prät* von **búa**
❖ **bjóða** <býðr, bauð, buðu, boðinn> *V* [+ A] (an)bieten; [+ D] einladen; anordnen; **bjóða [e-m] sætt** [jmdm.] Versöhnung anbieten; **bjóða [e-n] [e-m] at sætt** jmdm. etw. zur Versöhnung anbieten
bjǫrn <*D* birni, *G* bjarnar, *Pl* birnir, *A* bjǫrnu> *m* Bär
Bjǫrn <*D* Birni, *G* Bjarnar> *m* Bjǫrn (*Personenname*)
blautr *Adj* weich; feucht, sumpfig
blár <*f* blá *n* blátt> *Adj* blau; dunkel, schwarz
blása <blæsr, blés, blésu, blásinn> *V* blasen, pusten
Bleking *f* Blekinge (*Ortsname*), Dänemark (heute jedoch zu Schweden gehörend)
blindr *Adj* blind
blíðr *Adj* freundlich
blóð *n* Blut
blót *n* (vorchristliches) Opfer
blóta <blœtr, blét, blétu, blótinn> *V* [+ A] verehren, anbeten; [+ D] opfern, als Opfer darbringen
blóta <-að-> *V* [+ A] verehren, anbeten; [+ D] opfern, als Opfer darbringen; (ver)fluchen

WORTSCHATZ

blótuðu *3 Pl Prät* von **blóta** (*schw V*)
blunda <-að> *V* die Augen schließen, blinzeln
Blængr <-s> *m* Blængr (*Personenname*)
bogi *m* Bogen
bokki (auch **bǫkki**) *m* Bock, vertrauliche Anrede **bokki sæll** mein Guter, mein lieber Freund, Meister
Bolli *m* Bolli (*Personenname*)
bolǿx *f* Holzaxt, Streitaxt
borð *f* Tisch, (Schiffs)Planke; Schiffseite; Board; Tafel; **á borð** auf jeder Seite des Schiffs
borg <*Pl* -ir> *f* Mauer, Verschanzung, Burg; Stadt
Borg *f* Borg (*Ortsname*)
Borgarfjǫrðr *m* Borgarfjǫrðr (*Ortsname*)
borgarmaðr *m* Besatzung einer Burg/Stadt; Bürger
bóandi <*Pl* bóendr> *m* *Var* von **bóndi**
bógr <*D* bœgi, *G* bógar, *Pl* bœgir, *A* bógu> *m* Schulterstück eines Tieres
bók <*G* bókar~bœkr, *Pl* bœkr> *f* Buch
ból *n* Lager
❖ **bóndi** (auch **bóandi** & **búandi**) <*G* bónda, *Pl* bœndr> *m* Bauer, Hausherr, Ehemann
bót <*Pl* bœtr> *f* Besserung, Heilung; *Pl* Entschädigung, Ausgleich; **at bótum** zur Buße
brann *1/3 Sg Prät* von **brenna**
Brattahlíð *f* Brattahlíð (*Ortsname*), Steilhang
brauð *n* Brot
braut *Var* von **brott**
braut *1/3 Sg Prät* von **brjóta**
brautflutning <*Pl* -ar> *f* das Fortbringen, Transport
brauzk *1, 2, 3 Sg Prät* von **brjótask**
brauzt *2 Sg Prät* of **brjóta**
brá <*G* brár, *Pl* brár> *f* Augenbraue; Wimper
brá *1/3 Sg Prät* von **bregða**
bráðgǫrr *Adj* frühzeitig entwickelt, frühreif
bráðr <*n* brátt> *Adj* plötzlich; hitzig, hastig
bráðum *Adv* bald, demnächst
brásk *1/3 Sg Prät Med-Pas* von **bregða**
brátt *Adv* schnell, plötzlich; **brátt er** sobald als
bregða <bregðr, brá, brugðu, brugðinn> *V* [+ *D*] schnell bewegen; schwingen, eine Waffe ziehen; ein Versprechen brechen; ändern, wechseln, verändern; beenden, aufgeben; **bregða við [e-u]** mit etw. abwehren; **bregðask** *Med-Pas* versagen, fehlschlagen; **bregðask [e-m]** jmdn. täuschen, im Stich lassen; **bregðask í [e-t]** sich in eine andere Gestalt verwandeln
breiða <-ddi, -ddr> *V* (aus)breiten; zeigen
Breiðablik *n* Breiðablik, die Halle des Gottes **Baldr** (*Ortsname*)
Breiðafjarðardalir *m Pl* die Täler von Breiðafjǫrðr (*Ortsname*)
Breiðafjǫrðr *m* Breiðafjǫrðr (*Ortsname*)
breiðara *Komp Adv* von **breiðr**, breiter, weiter
breiðr <*f* breið, *n* breitt> *Adj* breit
brekka *f* Abhang, Hügel
brenna <brennr, brann, brunnu, brunninn> *V intrans* brennen
brenna <-di, -dr> *V trans* verbrennen
bresta <brestr; brast, brustu, brostinn> *V* brechen, bersten, zerspringen; **bresta niðr** zusammenbrechen

Brísingamen *n* Brísingamen, die Halskette **Freyjas**
brjóst *n* Brust
brjóta <brýtr, braut, brutu, brotinn> *V* (zer)brechen, aufbrechen; **brjótask til ríkis** für ein Königreich kämpfen
Brodd-Helgi <-s> *m* Brodd-Helgi (*Personenname*), Stachel-Helgi
broddr <-s, -ar> *m* Stachel
brotna <-að-> *V* brechen, zersplittern
❖ **brott** (auch **burt** & (**í**) **braut**) *Adv* fort, weg
❖ **bróðir** <*A/D/G* bróður, *Pl* brœðr, *D* brœðrum, *G* brœðra> *m* Bruder
bróðurgjǫld *n Pl* Wergeld für die Ermordung des Bruders
brunnr <-s, -ar> *m* Quelle, Brunnen
brutu *3 Pl Prät* von **brjóta**
brú <*G* brúar, *Pl* brúar~brúr~brýr, *D* brúm> *f* Brücke
brúðfé *n* Brautgeld, -geschenk
brúðkaup *n* Hochzeitsfeier
brúðlaup *n* Hochzeit
brúðr <*A/D* brúði, *G* brúðar, *Pl* brúðir> *f* Braut; [*poet*] Frau
brúnn *Adj* braun, dunkel
bryggja *f* Schiffsbrücke, Landungssteg
Brynhildr *f* Brynhildr (*Personenname*)
brynja *f* Brünne
bryti *m* Verwalter, Großknecht
brœkr *f Pl* Kniehosen
burr <-ar, -ir> *m* [*poet*] Sohn
burt *Var* von **brott**
❖ **bú** (auch **bý**) <*D Pl* búm> *n* Haushalt, Hof, bewegliches Vermögen, Vieh
❖ **búa** <býr, bjó, bjoggu~bjuggu, búinn> *V* sich aufhalten, (be)wohnen, leben; vorbereiten, ausstatten; **búask** *Med-Pas* sich rüsten; **búask til [e-s]** sich auf etw. vorbereiten; **búask um** herrichten
búandi <*Pl* búendr> *m* *Var* von **bóndi**
búfé *n* Vieh
búi *m* Bewohner
búinn *Part Prät* von **búa** bereit, fertig
búizk *Part Prät* von **búask** (búit + sk)
Búseyra *f* Búseyra, eine Riesin, die von **Þórr** getötet wird
búss *m* eine Holzart
bygð *f* Siedlung
byggja *Var* von **byggva**
byggva (auch **byggja**) <-ði, -ðr> *V* besiedeln, bevölkern, bebauen
byrðr *f* Last, Bürde
byrja <-að-> *V* beginnen
byrr <-jar, -ir> *m* leichter Wind
bý (*Var* von **bú**) <*D Pl* býum> *n* Haushalt, Wirtschaft, Hof; Vieh
býfluga *f* Biene
❖ **bæði** *Adv* beide; **bæði ... ok** *Konj* sowohl ... als auch
bæði *n* von **báðir**
bær *Var* von **bœr**
bœgi *D Sg* von **bógr**
bœn *f* Gebet, Bitte
❖ **bœr** (auch **bær**) <*G* bœjar~býjar, *Pl* bœir, *D* bœjum, *G* bœja> *m* Hof, Gehöft; Stadt
bœta <-tti, -ttr> *V* (ver)bessern, Buße zahlen
Bǫðvarr <-s> *m* Bǫðvarr (*Personenname*)

e-n = einhvern (Akkusativ); **e-t** = eitthvat (Akkusativ); **e-m** = einhverjum (Dativ); **e-u** = einhverju (Dativ); **e-s** = einhvers (Genitiv)

bǫkki *Var* von **bokki**
bǫl <*G Pl* bǫlva> *n* Unglück, Schaden

bǫlvasmiðr *m* Unglücksschmied, Pechvogel
bǫrðusk *3 Pl Prät Med-Pas* von **berja**

D/Ð

daga <-að-> *V* tagen
dagmál *n* neun Uhr morgens
❖ **dagr** <*D* degi, *G* dags, *Pl* dagar> *m* Tag; **í dag** heute; **um daginn eptir** den Tag darauf
dagsmark *n* Tageszeit
Dala-Kollson *m* der Sohn von Dala-Koll (*Personenname*)
Dalir *m Pl* Dalir (*Ortsname*), Täler
dalr <*D* dal, *G* dals, *Pl* dalar~dalir> *m* Tal
Danir *m Pl* Dänen
Danmarkar *G* von **Danmǫrk**
Danmǫrk <*G* Danmarkar> *f* Dänemark
danskr *Adj* dänisch
datt *1/3 Sg Prät* von **detta**
❖ **dauðr** <*f* dauð, *n* dautt> *Adj* tot
daufr *Adj* taub
dautt *n N/A Sg* von **dauðr**
dáð *f* Tat, Mut
Dáinsleif *f* Dáinsleif, der Name von **Hǫgnis** Schwert, wörtl. „Dáinns Erbe"
detta <dettr, datt, duttu, dottinn> *V* herabfallen
deyja <deyr, dó, dó, dáinn> *V* sterben
djarfr <*f* djǫf, *n* djarft> *Adj* mutig, kühn
djúpauðigr *Adj* tiefgründig
djúpvitr *Adj* sehr klug, weise
dó *1/3 Sg & 3 Pl Prät* von **deyja**
Dómaldi *m* Dómaldi (*Personenname*)
dómr <-s, -ar> *m* Urteil, Gericht
dómstaðr *m* Ort, an dem Gericht gehalten wird
❖ **dóttir** <*A/D/G* dóttur, *Pl* dœtr, *D* dœtrum, *G* dœtra> *f* Tochter
draga <dregr, dró, drógu, dreginn> *V* ziehen, schleppen, schleifen
drakk *1/3 Sg Prät* von **drekka**
drap *1/3 Sg Prät* von **drepa**
drapt *2 Sg Prät* von **drepa**
drasill *m* [*poet*] Pferd
dramblæti *n* Hochmut, Stolz
dráp *n* Totschlag, Tötung
dreginn *Part Prät* von **draga**
dregit *Part Prät* von **draga**

dreifa <-ði, -ðr> *V* zerstreuen, auseinanderjagen; **dreifask** *Med-Pas* zerstreut werden
dreki *m* Drache; Kriegsschiff mit Drachenhaupt
drekka <drekkr, drakk, drukku, drukkinn> *V* trinken
drengiligr *Adj* mannhaft, tapfer
drengr *m* tapferer Kerl
❖ **drepa** <drepr, drap, drápu, drepinn> *V* schlagen, stoßen, erschlagen, töten; **drepa [e-u] í [e-t]** etw. in etw. tauchen, stecken
Drepstokkr <-s> *m* Drepstokkr (*Ortsname*)
dreyma <-ði~di, -t> *V* [*A Subj + Obj*] träumen; **[e-n] dreymr [e-t]** *unpers* jmd. träumt etw.
dreyra <-ði, -t> *V* bluten
drífa <drífr, dreif, drifu, drifinn> *V* [*trans*] treiben; [*intrans*] sich drängen, (herbei)strömen
drjúpa <drýpr, draup, drupu, dropinn> *V* tropfen
Droplaugarsynir *m Pl* die Söhne der Droplaug
dróttinn <*D* dróttni~drottni, *G* dróttins, *Pl* dróttnar~drottnar> *m* Herr, Gebieter, König
dróttning <*D* dróttningu, *Pl* dróttningar> *f* Herrin, Königin
drykkr <-jar, -ir> *m* Getränk, Trank
duga <-ði, dugat> *V* nützen, helfen, sich tüchtig zeigen; **duga verr** weniger tüchtig, unterlegen sein
dunði *3 Sg Prät* von **dynja**
dúfa *f* Taube
dvelja <dvaldi, dvaldr~dvalinn> *V* aufhalten, verzögern
dvergr <-s, -ar> *m* Zwerg
dynja <dundi~dunði, dunit> *V* stürzen, stürmen, strömen; rauschen
dys <-jar> *f* Steinhaufen, kleiner Grabhügel
dýja <dúði, dúit> *V* schütteln
dýr *n* (wildes) Tier
dœma <-di~ði, -dr~ðr> *V* (ver)urteilen
dœmðir *Part Prät* (*m N Pl*) von **dœma**
dǫgg <*D* dǫgg~dǫggu, *G* dǫggvar, *Pl* dǫggvar> *f* Tau
dǫgum *D Pl* von **dagr**
Døkkálfar *m Pl* Schwarzalbe
døkkr <*m A Sg* døkkvan, *m N Pl* døkkvir, *m A Pl* døkkva, *f A Sg* døkkva, *f Pl* døkkvar> *Adj* dunkel

E

❖ **eða** (auch **eðr**) *Konj* oder, und; (*Einleitung einer Frage*) etwa, aber
eðr *Var* von **eða**
❖ **ef** *Konj* falls, wenn
efniligr *Adj* versprechend
efri (auch **øfri**) *Komp Adj* oberer, innerer; späterer
efstr (auch **øfstr**) *Superl Adj* oberster, innerster; letzter
egg <*G Pl* eggja> *n* Ei
egg <*Pl* eggjar> *f* Schneide, Kante, (Berg)Rücken

eggja <-að-> *V* schärfen; antreiben, anspornen, drängen auf
eggskurn *f* Eischale
Egill <*D* Agli, *G* Egils> *m* Egill (*Personenname*)
Egilsstaðir *m Pl* Egilsstaðir (*Ortsname*) Egills Gehöft
❖ **eiga** <á, átti, áttr> *Prät-Präs V* haben, besitzen; verheiratet sein mit; abhalten, veranstalten; [*Hv*] müssen, zu tun haben, verpflichtet sein; **eiga ráðagǫrð** Versammlung abhalten
❖ **eigi** *Adv* nicht

WORTSCHATZ

eigna <-að-> widmen, zuschreiben; *Med-Pas* **eignask** sich [etw.] aneignen
eignaðisk *3 Sg Prät Med-Pas* von **eigna**
eignazk *Part Prät Med-Pas* von **eigna**
eik <-ar, -r> *f* Eiche, Baum
Einarr *m* Einarr (*Personenname*)
einheri <-ja, -jar> *m* herausragender Krieger (gemeint ist **Þórr**); **einherjar** *Pl* gefallene Krieger, die sich in **Valhǫll** aufhalten
❖ **einn** <f ein, n eitt, *Ordinal* fyrstr, der erste > *Kardinal* eins; *Ind-Pron* ein, ein gewisser; *Adj* allein, einzeln
❖ **einnhverr** *Adj Pron* jeder, einer, irgendeiner; (i.d.R. getrennt **einn hverr**) jeder einzelne; **einnhvern dag** eines Tages
einskipa *Adv* mit einem Schiff
einu *n D S* von **einn**
einvaldi *m* Alleinherrscher, Monarch, Herrscher
einvaldskonungr *m* Alleinherrscher
Eiríkr <-s> *m* Eirík (*Personenname*)
Eiríksfjǫrðr *m* Eiríksfjǫrðr (*Ortsname*)
eista *n* Hoden
eitthvat *Adj Pron* etwas, irgendetwas
❖ **ek** <*A* mik, *D* mér, *G* mín> *Pron* ich
ek *1 Sg Präs* von **aka**
ekki *n N/A Sg* von **engi**
❖ **ekki** *Adv* nicht
eldaskáli *m* Raum, in dem Feuer angezündet werden; Schlaf-, Wohn-, Gastraum mit Bänken entlang der Wände
elding *f* letzter Teil der Nacht, Morgendämmerung
eldr <-s~ellds~ellz, -ar> *m* Feuer
elfr <*A/D* elfi, *G* elfar, *Pl* elfar> *f* große Fluß
Elfráðr inn ríki *m* Alfred der Große (*Personenname*)
elgr <*G* elgs~elgjar, elgir> *m* Elch
elli *f* Alter
❖ **ellifu** <*Ordinal* ellifti, elfter> *Kardinal* elf
ellri *Komp* von **gamall** älter
ellstr *Var* von **el(l)ztr**
elska <-að-> *V* lieben; **elskask** einander lieben, **elskask at [e-m]** [jmdn.] liebgewinnen
el(l)ztr (auch **ellstr**) *Superl* von **gamall** am ältesten
❖ **en** *Konj* aber; doch; + *Komp* denn, als
en er *Konj* aber als
en þó *Adv* jedoch
❖ **enda** *Konj* und; und wenn; auch; übrigens; außerdem, und so
endi (auch **endir**) <-is, -ar> *m* Ende, Schluss
endir *Var* of **endi**
endlangr *Adj* in ganzer Länge, Ausdehnung

endr *Adv* früher, einst; wieder
❖ **engi** <f engi, n ekki> *Indef-Pron* niemand, keiner, kein
engill <-s, -ar> *m* Engel
engis *Var* von **enskis**
Englakonungr *m* König von England
England *n* England
Englar *m Pl* die Engländer
engrar *f G Sg* von **engi**
enkis *Var* von **enskis**
❖ **enn** *Adv* wieder, noch, außerdem
enni *n* Stirn
enskis (auch **engis**~**enkis**) *m/n G Sg* von **engi**
enskr *Adj* englisch
ept *Var* von **eptir**
❖ **eptir** (auch **ept**) *Präp* [+ *A*] nach (*zeitlich*); in Bezug auf; [+ *D*] hinter, nach; **eptir landinu** der Küste entlang
eptri *Komp* von **aptr** weiter hinten
epztr (auch **aptastr**) *Superl* von **aptr** am weitesten hinten
❖ **er** (ältere Form von **es**) *Relativpartikel* welcher, der; derjenige, der; *Konj* als, indem; dass; weil
er *3 Sg Präs* von **vera**
erendi (auch **ørendi** & **erindi**) *n* Auftrag, Botschaft, Nachricht
erfa <-ði, -ðr> *V* eine Begräbnisfeier veranstalten; erben
erfiði *n* Mühe, Anstrengung
erindi *Var* von **erendi**
erja <er, arði, arinn> *V* pflügen; schaben, kratzen
Erlingr <-s> *m* Erlingr (*Personenname*)
eru *3 Pl Präs* von **vera**
es ältere Form von **er**
eta <etr, át, átu, etinn> *V* essen
ey <*D* ey~eyju, *G* eyjar, *Pl* eyjar> *f* Insel
eyða <-ddi, -ddr> *V* verderben, vernichten, zerstören; veröden; **eyðask** *Med-Pas* verschwendet werden; nicht ausgeführt werden
eyna *A Sg* von **ey**+*in*, die Insel
eykt *f* Zeit gegen drei Uhr nachmittags
eyra *n* Ohr
eyri *Var* von **eyrr**
eyrir <*A/D* eyri, *G* eyris, *Pl* aurar, *A* aura, *D* aurum, *G* aura> *m* eine Unze Gold oder Silber (Gewichtseinheit)
eyrr (auch **eyri**) <*A/D* eyri, *G* eyrar, *Pl* eyrar> *f* steiniges Ufer; Landzunge, Sandbank
eystri *Komp* von **austr** östlicher
Eyvindr <-ar> *m* Eyvindr (*Personenname*)

F

❖ **faðir** <*A* fǫður, *D* fǫður~feðr, *G* fǫður, *Pl* feðr, *D* feðrum, *G* feðra> *m* Vater
❖ **fagr** <f fǫgr, n fagrt, *Komp* fegri, *Superl* fegrstr> *Adj* schön, hübsch, hell
❖ **falla** <fellr, féll~fell, féllu~fellu, fallinn> *V* fallen; **fallask** *Med-Pas* etw. unterlassen
fann *1/3 Sg Prät* von **finna**

❖ **fara** <ferr, fór, fóru, farinn> *V* gehen, reisen, sich begeben, fahren; **fara at** vorgehen, verfahren; **fara frá** zurückweichen, ausweichen
farmaðr *m* Seemann, Seefahrer, Kaufmann
farmr *m* Last; Schiffsfracht
farþegi *m* Fahrgast
fast *Adv* fest
❖ **fá** <fær, fekk, fengu, fenginn> *V* bekommen, erhalten; greifen;

e-n = einhvern (Akkusativ); **e-t** = eitthvat (Akkusativ); **e-m** = einhverjum (Dativ); **e-u** = einhverju (Dativ); **e-s** = einhvers (Genitiv)

heiraten; geben, verschaffen; **fekk konu** verheiratet werden, wörtl. „eine Frau bekommen"; **fá góðar viðtǫkur** gut empfangen werden

Fáfnir *m* Fáfnir, ein Sohn von **Hreiðmarr**, der sich in einen Drachen verwandeln kann, Bruder von **Reginn**

fálátr *Adj* zurückhalten, verschlossen, wortkarg

❖ **fár** <f fá, n fátt, *Komp* fær(r)i, *Superl* fæstr> *Adj Pron* wenig; kühl, zurückhaltend; **fátt manna** wenige Leute

fásénn *Adj* selten, ungewöhnlich

fátœkr *Adj* arm, armselig

feðgar *m Pl* Vater und Sohn/Söhne

❖ **feginn** *Adj.* froh, erfreut

fegrð *f* Schönheit

fegrstr <f fegrst, n fegrst> *Superl* von **fagr**

feigr *Adj* todgeweiht

feitr *Adj* fett

fekk *1/3 Sg Prät* von **fá**

fela <felr, fal, fálu, fólginn> *V* verstecken, verbergen

fell *n* Berg

fella <-di, -dr> *V* niederwerfen, fallen lassen

fellu *3 Pl Prät* von **falla**

fengit *Part Prät* von **fá**

fengu *3 Pl Prät* von **fá**

❖ **ferð** <*Pl* -ir> *f* Reise, Fahrt; Auftreten, Benehmen

ferma <-da, -dr> *V* beladen **ferma [e-t] með [e-u]** [etw.] mit [etw.] beladen

ferr *2/3 Sg Präs* von **fara**

feti *m* der Schreitende, Laufende (Name eines Pferdes)

❖ **fé** <*G* fjár, *G Pl.* fjá> *n* Vieh; Hab und Gut, Besitz, Geld

félagi *m* Partner, Kamerad, Gefährte

félítill *Adj* arm, in Geldnot

féll *1/3 Sg Prät* von **falla**

fémætr *Adj* wertvoll

fénu = **fé** + **inu**

❖ **fimm** <*Ordinal* fimmti, fünfter> *Kardinal* fünf

fim(m)tán <*Ordinal* fim(m)tándi, fünfzehnter> *Kardinal* fünfzehn

fingr <*G* fingrar~fingrs, *Pl* fingr> *m* Finger

❖ **finna** <finnr, fann, fundu, fundinn> *V* finden; **finnask** *Med-Pas* sich finden, vorhanden sein; (unpers) [+ *D Subj*] von [jmdm] gefunden werden, bemerkt werden

Finnr *m* Finnr (*Personenname*)

firði *D Sg* von **fjǫrðr**

firr *Komp Adv* von **fjarri**

first *Superl Adv* von **fjarri**

fiskr *m* Fisch

fjaðralauss *Adj* ohne Federn, federlos

fjaðrhamr *m* Federkleid, Federhemd

fjall <*Pl* fjǫll> *n* Berg

fjara *f* Ebbe, Watt

fjarri <*Komp* firr, *Superl* first> *Adv* weit weg, weit entfernt

fjándi <*G* fjánda; *Pl* fjándr> *m* Feind

Fjón *f* Fyn, Fünen, Dänemark (*Ortsname*)

❖ **fjórir** <f fjórar, n fjǫgur, *m A* fjóra, *D* fjórum, *G* fjǫgurra, *Ordinal* fjórði, vierter > *Kardinal* vier

fjórtán <*Ordinal* fjórtándi, vierzehnter> *Kardinal* vierzehn

fjórum *D Pl* von **fjórir**

fjǫðr *f* Feder

fjǫgur *n N/A Pl* **fjórir**

fjǫlð *f* Menge, große Zahl; [*poet*, + *G*] eine Menge von/an

fjǫlði *m* Überfluss, Üppigkeit

fjǫlkunnigr *Adj* zauberkundig

fjǫlkyngi *f* Zauberkunst, Zauberei

❖ **fjǫlmennr** *Adj* in einer großen Gruppe, zahlreich; mit vielen Menschen, gut besucht

fjǫlmennt *Adv* in (Menschen)Mengen

fjǫr <*D* fjǫrvi> *n* Leben

fjǫrðr <*D* firði, *G* fjarðar, *Pl* firðir, *A* fjǫrðu> *m* Fjord

fjǫrlausn *f* Lösegeld; Lebensrettung

fjǫrsegi *m* Herz

flagð <*Pl* flǫgð> *n* weiblicher Unhold, Trollweib, Riesin

flaki *m* Schutzwehr

flakka <-að-> *V* umherwandern, umherziehen (wie eine Hirte mit seinem Vieh)

flaska *f* Flasche; **flǫsku-skegg** Flaschenbart (*Beiname*); **flǫsku-bakr** Flaschenrücken (*Beiname*)

flatnefr *Adj* flachnasig (*Beiname*)

flaut *1/3 Sg Prät* von **fljóta**

flá <flær; fló, flógu; fleginn> *V* häuten; ausziehen (Kleider), berauben

fleginn *Part Prät* von **flá**

fleinn *m* Haken, Spitze, Wurfspieß

fleiri *Komp* von **margr** mehr

flestr *Superl* von **margr** am meisten

fljóta <flýtr, flaut, flutu, flotinn> *V* fließen, strömen; **skipit flaut** das Schiff trieb vor Anker

fljúga <flýgr, fló~flaug, flugu, floginn> *V* fliegen

Flosi *m* Flosi (*Personenname*)

fló *1/3 Sg Prät* von **fljúga**

flutt *Part Prät* von **flytja**

flytja <flutti, fluttr> *V* befördern, bringen, herbeibringen; vorbringen, vortragen

flýgr *2/3 Sg Präs* von **fljúga**

flýja <-ði, flýðr~flýiðr> *V* fliehen

fnasa <-að-> *V* schnauben

forðum *Adv* einst, in früherer Zeit

formaðr *m* Anführer, Häuptling

formáli *m* Abmachung, Bedingung; Vorwort, Spruch

forráð *n* Leitung, Verwaltung; **til forráða** zur Herrschaft

fors <*Pl* -ar> *m* Wasserfall

forstjóri *m* Anführer, Oberhaupt

forstreymis *Adv* stromabwärts

foringi *m* Anführer, Leiter

fólginn *Part Prät* von **fela**

fólgit *Part Prät* von **fela**

fólk *n* Volk, Leute, Kriegsschar; [*poet*] Schlacht

Fólkaðr (auch **Fólkvarðr**) <-ar> *m* Fólkaðr (*Personenname*)

fór *1/3 Sg Prät* von **fara**

fóru *3 Pl Prät* von **fara**

fóstr <*G* fóstrs> *n* das Aufziehen eines Kindes; **taka til fóstrs** als ein Pflegekind zu sich nehmen; **vera at fóstri** ein

Pflegekind sein, in Pflegschaft sein
fóstri *m* Pflegesohn; Ziehvater
❖ **fótr** *<D* fœti, *G* fótar, *Pl* fœtr, *A* fœtr> *m* Fuß; Bein
❖ **fram** *<Komp* fremr~framar, *Superl* fremst~framast> *Adv* vorwärts
framan *Adv* von vorn; **framan í hann** in sein Gesicht
framar (auch **fremr**) *Komp Adv* von **fram** weiter vorn
framast (auch **fremst**) *Superl Adv* von **fram** am weitesten vorn
frami *m* Vorteil, Nutzen; Ruhm
frauð *n* Schaum, Saft
❖ **frá** *Präp [+ D]* von; über; *Adv* weg, fort
frák, frá ek von **fregna**
fránn *Adj* glänzend, funkelnd
fregna <fregn, frá, frágu, freginn> *V* hören, erfahren; fragen; **frák (frá ek)** ich erfuhr
fregnvíss *Adj* neugierig
freista <-að-> *V [+ G]* versuchen, wettstreiten, erproben
fremr *Var* von **framar**
fremst *Var* von **framast**
frest *n* Aufschub, Verzögerung; **ljá [e-m] fresta** jmdm. Aufschub gewähren; aufschieben
Freydís *<A/D* Freydísi *G* Freydísar> *f* Freydís (*Personenname*)
Freyja *f* die Fruchtbarkeitsgöttin **Freyja**
frétt *<Pl* -ir> *f* Neuigkeit
friðr *<D* friði, *G* friðar> *m* Friede
Frigg *f* die Göttin **Frigg**, Frau Óðins
frilla *f* Geliebte, Konkubine
fríðastr *Superl* von **fríðr**
❖ **fríðr** *<f* fríð, *n* frítt> *Adj* schön, hübsch
frost *n* Frost
Fróði *m* Fróði (*Personenname*)
fróðr *<n* frótt> *Adj* weise, klug
frú <frú~frúar, frúr> *f* Frau, Herrin, Ehefrau
frægr *Adj* berühmt, bekannt
❖ **frændi** *<Pl* frændr> *m* Verwandter, Freund
frœði *f* Wissen
Frøysteinn (auch **Freysteinn**) <-s> *m* Frøysteinn (*Personenname*)
fugl <-s, -ar> *m* Vogel
fuglakyn *f* Vogelart, Vogelgattung
fuglsrǫdd *f* Vogelsprache, der Gesang eines Vogels
❖ **fullr** *Adj* voll
fullsteikinn *Part Prät* durchgebraten
fundinn *Part Prät* von **finna**

❖ **fundr** <-ar, -ir> *m* Treffen; Entdeckung, Fund; **koma á fund [e-s]** zu einem Treffen mit jmdm. kommen
funi *m* Flamme
fúna <-að-> *V* verfaulen, verwesen
fúss *Adj* begierig **fúss [e-s]** begierig nach [etw.]
fylgð *f* Begleitung, Gefolge; Hilfe, Beistand
fylgja <fylgði, fylgt> *V [+ D]* folgen, begleiten; helfen, zur Seite stehen
fylki *n* Landesteil, Bezirk
fylkja <-ti, -t> *V [+ D]* in Schlachtordung aufstellen
fylla <-di, -dr> *V* füllen; vervollständigen, vollbringen
fyr *Var* von **fyrir**
❖ **fyrir** (auch **fyr**) *Präp [+ A/D]* vorauf der Höhe von, im Wege; an der Spitze; über, mehr als; durch, mittels; hinsichtlich, im Verhältnis; gegen; auf Grund von; ungeachtet von; [*nur + A*] anstelle von, gegen; [*nur + D*] vorangestellt; **fyrir austan / norðan / sunnan/ vestan** im Osten/Norden/Süden/Westen; **fyrir innan** [+ *A*] innerhalb; **fyrir neðan** [+ *A*] unter; **fyrir ofan** [+ *Akk.*] oberhalb; **fyrir útan** [+ *A*] außerhalb; jenseits; **fyrir** *Adv* davor, voran, voraus; zur Stelle; **fyrir því at** *Konj* deswegen
fyrirbjóða <-býðr, -bauð, -buðu, -boðinn> *V* verbieten
fyr(ir)nema *V* jmdm. das Wort entziehen, zum Schweigen bringen
❖ **fyrr** *Komp Adv* früher, bevor; lieber; **fyrr en** *Konj* früher als
❖ **fyrri** *Komp Adj* der frühere; *Komp Adv* (=**fyrr**) vorher, eher, füher
fyrrum *Adv* vorher, früher, einst
fyrst *Superl Adv* von **fyrr** zuerst, anfangs
❖ **fyrstr** *Superl Adj* von **fyrri** der erste
fyrstr *Ordinal* erster
fýsa <-ti, -tr> *V* anregen, drängen
fær *3 Sg Präs* von **fá**
fær(r)i *Komp Adj* von **fár**
fœða <-ddi, -ddr> *V* ernähren, unterhalten; aufziehen; gebären; **fœðask** *Med-Pas* aufwachsen, aufgezogen werden; geboren werden; sich nähren; **fœðask upp** aufwachsen, heranwachsen
fœra <-ði, -ðr> *V* bringen, überreichen, vorbringen, vortragen
fǫður *A/D/G Sg* von **faðir**
fǫðurkyn *n* Verwandtschaft väterlicherseits
fǫðursystir *f* Tante väterlicherseits
fǫgr *f N Sg* von **fagr**
fǫr *f* Fahrt, Bewegung, Reise
fǫrum *1 Pl Präs* von **fara**

G

gaf *1/3 Sg Prät* von **gefa**
galeið *<Pl* galeiðr~galeiðir> *f* Galeone, Kriegsschiff
❖ **gamall** *<A* gamlan, *f* gǫmul, *n* gamalt, *Komp* ellri~eldri, *Superl* ellztr~elztr~ellstr~eldstr> *Adj* alt
gaman *<D* gamni> *n* Vergnügen, Freude, Scherz; Spiel
Gamli *m* Gamli, der Alte (*Personenname*)
❖ **ganga** <gengr, gekk, gengu, genginn> *V* gehen, sich vorwärts bewegen; **ganga af** weggehen von, verlassen; **ganga á [e-t]** übergreifen auf etw.; **ganga til** hingehen

ganga *<G* gǫngu> *f* das Gehen, Gang, Lauf
Gangleri *m* Gangleri (*myth Personenname*) Wanderer, der Deckname des schwedischen Königs Gylfi
garðr <-s, -ar> *m* Zaun, Wall; umzäunte Stelle, Hof; Gehöft, Anwesen
garpr <-s, -ar> *m* streitbarer, tapferer Mensch, Haudegen
gata *<G* gǫtu, *Pl* gǫtur> *f* Straße, Weg, Pfad
gaumr *m* Aufmerksamkeit, Augenmerk; **gefa at [e-u] gaum** auf etw. Acht geben, etw. berücksichtigen
Gautar *m Pl* die Bewohner von Gautland, Götland (Schweden)

e-n = einhvern (Akkusativ); **e-t** = eitthvat (Akkusativ); **e-m** = einhverjum (Dativ); **e-u** = einhverju (Dativ); **e-s** = einhvers (Genitiv)

Gautr <-s> *m* Gautr (*Personenname*)
gáfu *3 Pl Prät* von **gefa**
gás <gásar, gæss> *f* Gans
❖ **gefa** <gefr, gaf, gáfu, gefinn> *V* geben, schenken
gefandi <gefanda, gefendr> *m* Gebender
gegn (auch í gegn) *Präp* [+ D] gegen, entgegen
gegnum (auch **í gegnum**, *älter* gǫgnum) *Präp* [+ A] durch
geirr *m* Speer, Spieß
Geitir <-is> *m* Geitir (*Personenname*)
gekk *1/3 Sg Prät* von **ganga**
geldingr <-s, -ar> *m* kastrierter Schafbock, Hammel
gengu *3 Pl Prät* von **ganga**
❖ **gera** (auch gøra) <-ði, -ðr~gerr> *V* machen, tun; anfertigen, herstellen; durchführen, zustande bringen; **gera sér mikit um** [e-n] sich sehr für jmdn. interessieren; **gerask** *Med-Pas* werden, vor sich gehen, geschehen, entstehen
gerði *3 Sg Prät* von **gera**
gerðisk *3 Sg Prät Med-Pas* von **gera**
gerðu *3 Pl Prät* von **gera**
gestr <-s, -ir> *m* Gast
❖ **geta** <getr, gat, gátu, getinn> *V* bekommen; zeugen; [+ G] sprechen über, erwähnen; [hon] man láta getit [sie] wird erzählt haben; **þess er getit** *unpers* man sagt; [+ Part Prät] können, vermögen; **geta veiddan fisk** Fisch fangen können; *unpers* [+ D Subj] **getask at** [e-m/e-u] jmdm. gefällt [etw.]
geyja <*3 Pl Prät* gó> *def V* bellen, schimpfen; **geyja á** [e-n] jmdn. beschimpfen
gildr *Adj* wertvoll, angesehen; bedeutend; [+ D] geschätzt auf
Gimlé *m* Gimlé, Halle, die von Lichtelben bewohnt wird
ginning *f* Täuschung, Betörung
Ginnlaug <-ar> *f* Ginnlaug (*Personenname*)
Ginnungagap *n* Ginnungagap, große Leere, leerer Raum
gipta <-ti, -tr> *V* verheiraten
gína <gínr, gein, ginu, ginit> *V* den Mund aufsperren, gähnen
gísl *m* Geisel, Bürge; Wächter
gjald *n* Bezahlung, Erstattung, Bußgeld, Vergeltung, Lohn
gjalda <geldr, galt, guldu, goldinn> *V* (be)zahlen; geben; [+ G] vergelten, büßen, leiden
gjalla <gellr, gall, gullu, gollinn> *V* schreien, brüllen
Gjallarhorn *n* Gjallarhorn, das laut tönende Horn, das **Heimdallr** zu Beginn der **ragnarǫk** bläst
gjarn *Adj* gern, bereitwillig
gjarna~gjarnan *Adv* bereitwillig, gern
gjósa <gýsr, gaus, gusu, gosinn> *V* hervorbrechen, hervorsprudeln; ausbrechen
glaðmæltr *Adj* gesprächig
glaðr *Adj* freundlich, fröhlich
gleypa <-ti, -tr> *V* verschlingen, verschlucken
Glitnir *m* Glitnir, Silberhalle des Gottes **Forseti**
glóa <-að-> *V* glühen, glänzen, glitzern
glymja <glymr, glumdi, glumiðr> *V* klirren, dröhnen, klingen
gnaga <-að-> *V* nagen
gnesta <gnestr, gnast, gnustu, gnostinn> *V* krachen, klirren
Gnitaheiðr *f* Gnitaheiðr, Heide, auf der **Fáfnir**, in Gestalt eines Drachen, seinen Schatz bewacht
gnúa <gnýr, gneri, gneru, gnúinn> *V* reiben, scheuern
goð *n* Gottheit
goði *m* Gode, Häuptling, Priester
goðorð *n* Godentum
Gormr <-s> *m* Gormr, erster König der Jellingdynastie in Dänemark (*Personenname*)
góðan *m A Sg* von **góðr**
❖ **góðr** <*f* góð, *n* gott; *Komp* betri, *Superl* beztr> *Adj* gut
gólf *n* Fußboden
graðungr <-s, -ar> *m* Stier, Bulle
grafa <grefr, gróf, grófu, grafinn> *V* graben
Gramr *m* Gramr, Name eines Schwerts
granahár *n* Barthaar
Grani *m* Grani, das Pferd Sigurðs
grannligr *Adj* schlank, zierlich
gras *n* Gras, Kraut
grár *Adj* grau; feindlich, boshaft
gráta <grætr, grét, grétu, grátinn> *V* weinen
grátr <-s> *m* das Weinen
greiða <-ddi, ddr> *V* bereit machen; fördern, voranbringen; ausführen, verrichten, bezahlen
Grettir *m* Grettir (*Personenname*)
grey <*G Pl* greyja> *n* Hündin; Schuft, feiger Hund
grét *1/3 Sg Prät* von **gráta**
grið *n Pl* Frieden, Waffenstillstand
Grikland oder **Grikkland** *n* Griechenland
Griklandseyjar oder **Grikklandseyjar** *f Pl* die griechischen Inseln
Griklandshaf oder **Grikklandshaf** *n* das Ägäische Meer
grimmr *Adj* wild, feindlich; hart, unversöhnlich
gripr <-ar, -ir> *m* (kostbarer) Gegenstand, Kostbarkeit
Grímr <-s> *m* Grímr (*Personenname*)
grípa <grípr, greip, gripu, gripinn> *V* greifen, ergreifen
grjót *n* Stein; Steinhaufen
gróa <grœr, greri~grøri, greru~grøru, gróinn> *V* wachsen; heilen
grund *f* mit Gras bewachsene Fläche; Erdboden; [*poet*] die Erde, die grüne Erde; **Atals grund** Atals Land (*Kenning* für *Meer*)
grunnr <-s, -ar> *m* Meeresboden, Grund
græða~grœða <-ddi, -ddr> *V* wachsen lassen, vermehren; heilen; retten
Grœnland *n* Grönland
Grœnlendingr <-s, -ar> *m* Grönländer
grœnn *Adj* grün, frisch
grœr *2/3 Sg Präs* von **gróa**
grǫf <*G* grafar; *Pl* grafir~grafar> *f* Erdloch, Grube
grǫftr *Var* von **grǫptr**
grǫptr (auch grǫftr) <*D* grepti, *G* graptar> *m* das Graben; Begräbnis
guð *m* Gottheit vgl **goð**
Guðbjǫrg <*A/D* -bjǫrgu, *G* -bjargar> *f* Guðbjǫrg (*Personenname*)
Guðbrandr <-s> *m* Guðbrandr (*Personenname*)
Guðmarr <-s> *m* Guðmarr (*Personenname*)
Guðormr <-s> *m* Guðormr (*Personenname*)
Guðrøðr <-s> *m* Guðrøðr (*Personenname*)
gull *n* Gold

gullband *n* Goldband
gullbaugr *m* Goldring
gullhring *n* Goldring
gullhyrndr *Adj* mit Goldhörnern ausgestattet
gullrekinn *Part Prät* mit Gold beschlagen
Gunnarr <-s> *m* Gunnarr (*Personenname*)
Gunnfúss <-ar> *m* Gunnfúss (*Personenname*)
Gunnhildr <A/D Gunnhildi, G Gunnhildar> *f* Gunnhildr (*Personenname*)
Gunnlaugr <-s> *m* Gunnlaugr (*Personenname*)
Guthormr <-s> *m* Guthormr (*Personenname*)
Gyða *f* Gyða (*Personenname*)
gyðja *f* Priesterin
gyldr *Part Prät* von **gylla**
Gylfi *m* Gylfi (*Personenname*), König von Schweden
gylla <-di~ti, -dr~tr> *V* vergolden
gyrða <-ði, -ðr> *V* einen Gürtel umbinden, festbinden
Gyrgir *m* Gyrgir, griechischer General Georgios Maniakes im Byzantinischen Reich
gýgr *f* Riesin
Gýríðr <A/D Gýríði, G Gýríðar> *f* Gýríðr (*Personenname*)
gæfumunr *m* Unterschied an Glück zweier Personen
gæta <gætti, gætt> *V* [+ G] Acht geben auf, bewachen, behüten
gætir <-is, -ar> *m* Hüter, Wächter
Gætir <-ir> *m* Gætir (*Personenname*)
❖ **gǫfugr** <A gǫfgan> *Adj* vornehm, edel
gǫgnum *Var* von **gegnum**
Gǫngu-Hrólfr *m* Gǫngu-Hrólfr (*Personenname*)
gøra <-ði, -ðr~gørr> *V* (*Var* von **gera**)

H

haf *n* Meer, offene See; **vestr um haf** vom Westen her über das Meer
❖ **hafa** <hef(i)r, hafði, haft> *V* haben; halten, besitzen; nehmen; **hafa [e-t] í hendi** [etw.] in seiner Hand halten; **hafa [e-t] með sér** [etw.] bei sich haben
hafr <G hafrs, Pl hafrar> *m* Ziege
Hafrsfjǫrðr *m* Hafrsfjǫrðr (*Ortsname*)
hafskip *n* seetüchtiges Schiff
hagi *m* Feld, Wiese
hagliga *Adv* geschickt, angenehm, passend
hagr *Adj* angenehm, nützlich, passend
hagr *m* Lage, Zustand, Umstand; Vorteil, Nutzen
Haki *m* Haki (*Personenname*)
haklangr *Adj* mit langem Kinn
❖ **halda** <heldr, hélt, héldu, haldinn> *V* [+ D] halten; aufbewahren; **halda undan** fliehen; **halda sveit** eine Mannschaft haben; **halda upp** hochhalten; **halda við [e-m]** jmdm. standhalten; **haldask** *Med-Pas* sich halten, bestehen
Halla *f* Halla (*Personenname*)
Halland *n* Halland (*Ortsname*), damals zum Dänischen Königreich gehörend, heute ein Teil von Schweden
Hallbjǫrn *m* Hallbjǫrn (*Personenname*)
Hallfríðr *f* Hallfríðr (*Personenname*)
Hallgerðr <A/D Hallgerði, G Hallgerðar> *f* Hallgerðr (*Personenname*)
Hallkatla *f* Hallkatla (*Personenname*)
hallr <f hǫll, n hallt> *Adj* geneigt, schräg; **hallr í gǫngu** gebückt gehen
Hallvarðr <-s> *m* Hallvarðr (*Personenname*)
hallæri *n* Hungersnot, schlechte Ernte
hamarr <D hamri, G hamars, Pl hamrar, A hamra, D hǫmrum, G hamra> *m* Hammer
hamr <D hami~ham, G hams, Pl hamir> *m* Hülle, äußere Gestalt
hana *A Sg* von **hon**
handa *G Pl* von **hǫnd**, siehe auch **til handa**
handan *Präp* jenseits von
❖ **hann** <A hann, D honum, G hans> *Pers-Pron* er
hans *Poss-Pron* sein
hans *G* von **hann**
hanzki *m* Handschuh
Haraldr <-s> *m* Haraldr (*Personenname*); **Haraldr blátǫnn** Haraldr Blauzahn, dänischer König (958–987); **Haraldr harðráði** Haraldr der hart Regierende, norwegischer König (1045-1066); **Haraldr hárfagri** Haraldr Schönhaar, auch **Halraldr lúfa** Haraldr Strubbelhaar, norwegischer König (ca. 860-930); **Klakk-Haraldr** Klakk-Haraldr
harðhugaðr *Adj* rücksichtslos, skrupellos
❖ **harðr** <f hǫrð, n hart> *Adj* hart, schwer, streng
harðráðr *Adj* hart, tyrannisch, schonungslos
Hasvimýrar *m Pl* Hasvimýrar (*Ortsname*)
Hati *m* Hati, der Wolf, der den Mond verschlingt
haugr <-s, -ar> *m* Grabhügel
haukr <-s, -ar> *m* Habicht, Falke
haust *n* Herbst, Erntezeit
hausta <-að> *V* Herbst werden
Hábrók *f* Hábrók (*Personenname*)
hádegi *n* Mittagszeit
Háey *f* Háey, Hoy, die hohe Insel, Orkney (*Ortsname*)
Hákon <-ar> *m* Hákon (*Personenname*); **Hákon jarl Grjótgarðsson** *m* Jarl Hákon Grjótgarðsson **Hálfdanarhaugar** *m Pl* die Hügel von Hálfdanr
Hálfdanr <-ar> *m* Hálfdanr (*Personenname*); **Hálfdanr Svarti** Hálfdanr der Schwarze, norwegischer König und Vater von **Haraldr hárfagri**
❖ **hálfr** *Adj* halb
hálfsagðr *Adj* halb erzählt
háls <G háls, Pl hálsar> *m* Hals, Nacken
hánum *Var* von **honum**
hár <f há, n hátt, D Pl há(vu~fu)m, Komp hæri, Superl hæstr> *Adj* hoch, groß; wichtig; laut
Hár *m* Hár, der Hohe, einer der von **Gylfi** Befragten
hár *n* Haar
hárfagr *Adj* mit schönem Haar (*Beiname*)
hásæti *n* Hochsitz, Thron, Ehrenplatz
hátt *Adv* laut; **hafa hátt** Lärm machen

e-n = einhvern (Akkusativ); **e-t** = eitthvat (Akkusativ); **e-m** = einhverjum (Dativ); **e-u** = einhverju (Dativ); **e-s** = einhvers (Genitiv)

háttatal *n* Verzeichnis der Versarten und Metrik
háva *f A Sg st* von **hár**
hávu *n D Sg* von **hár**
heðan (auch **héðan**) *Adv* von hier aus; **heðan af** von nun an
Heðinn (auch **Héðinn**) <*A* Heðin, *D* Heðni, *G* Heðins> *m* Heðinn (*Personenname*); **Héðinn Hjarrandason** *m* Heðinn, der Sohn von Hjarrandi
hefði *3 Sg & Pl Prät Opt* von **hafa**
hefja <hefr, hóf, hófu, hafinn> *V* heben; erhöhen; beginnen, errichten; durchführen **hefja blót** Opfer darbringen
hefna <-di, -dr> *V* [+ G] Rache nehmen, rächen
hegat *Var* von **hingat**
Heiðmǫrk *f* Heiðmǫrk (*Ortsname*)
heiðr <*A/D* heiði, *G* heiðar, *Pl* heiðar> *f* Heide
Heiðrún *m* Heiðrún, eine Ziege, die in **Valhǫll** Met gibt
heilagr <*f* heilǫg, *n* heilagt; *A m* helgan> *Adj* heilig; beschützt
❖ **heill** *Adj* heil, ganz, unbeschädigt; gesund; glücklich; ehrlich; ungeteilt, ganz
heilsa <-að-> *V* [+ D] (be)grüßen, willkommen heißen
❖ **heim** *Adv* nach Hause, heimwärts
heima *Adv* zu Hause, daheim
heiman *Adv* von Hause, von daheim
Heimdallr <-s> *m* Heimdallr, Wächter der Götter, der die Regenbogenbrücke beschützt; einer der **Æsir**
heimr <-s, -ar> *m* Welt, Erde
heimta <-ti, -tr> *V* holen; Anspruch erheben
heit *n* (feierliches) Versprechen
❖ **heita** <heitr, hét, hétu, heitinn> *V* rufen, bitten, nennen; heißen; (*intrans schw Präs* **heitir**) genannt werden; [+ D] versprechen
heiti *n* Name, Umschreibung in der Poesie
heitr *Adj* heiß
Hekja *f* Hekja (*Personenname*)
hel <*D* helju, *G* heljar> *f* Hel, das Reich der Toten; die über das Totenreich herrschende Göttin selben Namens; Tod
❖ **heldr** *Adv Komp* von **góðr**, eher, lieber; [*nach Neg*] im Gegenteil
Helga *f* Helga (*Personenname*)
Helgi *m* Helgi (*Personenname*)
helgistaðr *m* heilige Stätte
hella <*Gen. Pl* hellna> *f* flacher Stein, Steinplatte
hellusteinn *m* Fels, Steinplatte
helmingr *m* Hälfte; **í helminga** gleichmäßig halbiert
helzk *1/3 Sg Prät* von **haldask**
helzt *Superl Adv* am liebsten
hendi *D* von **hǫnd**
Hengjankjapta *f* Hengjankjapta, eine Riesin, die von **Þórr** erschlagen wird
hennar *G Sg* von **hon** ihr
henni *D Sg* von **hon**
heppinn *Adj* glücklich
hepta <-ti, -tr> *V* binden, fesseln; zurückhalten, aufhalten
herað (auch **héråð**) <*Pl* heruð~herǫð> *n* Gebiet, Bezirk; norw. Herrschaftsbezirk
herðar *f Pl* Schultern

herfang *n* Beute; **at herfangi** als Beute
herja <-að-> *V* bekriegen, heeren; Krieg führen
Herjólfr <-s> *m* Herjólfr (*Personenname*)
Herjólfsfjǫrðr *m* Herjólfsfjǫrðr (*Ortsname*)
Herjólfsnes *n* Herjólfsnes (*Ortsname*), Herjolfrs Landzunge
herkonungr *m* Kriegerkönig
Herlu-Bjarni Arnfinnsson *m* Herlu-Bjarni, der Sohn von Arnfinnr (*Personenname*)
hermaðr *m* Krieger
hernaðr <-ar> *m* Kriegszug, Verheerung
herr <-jar, -jar> *m* Heer, Truppen
hersir <-is, -ar> *m* Herse, Vorsteher in einem **herað**
herskapr *m* Kriegszug, Kriegsführung
hertogi *m* Heerführer; Herzog
hervápn *n Pl* Kriegswaffen
❖ **hestr** <-s, -ar> *m* Pferd, Hengst
heygja <-ði, -ðr> *V* in einem Hügel beisetzen
heyra <-ði, -ðr> *V* hören
héðan *Var* von **heðan**
Héðinn *Var* von **Heðinn**
❖ **hér** *Adv* hier
héråð *Var* von **herað**
hét *1/3 Sg Prät* von **heita**
Hildr *f* Hildr (*Personenname*), [*poet*] Schlacht
Himinbjǫrg *n Pl* Himinbjǫrg, mytholgischer Ort in **Ásgarðr** in unmittelbarer Nähe zur Regenbogenbrücke **Bifrǫst**
himinn <*D* himni, *G* himins, *Pl* himnar> *m* Himmel
hingat (auch **hegat**) *Adv* hierher; **hingat til** bisher, bislang
❖ **hinn** <*f* hin, *n* hitt> *Dem-Pron* jener/jener, der andere / Andere; **á hinn fótinn** auf dem anderen Fuß
hinn, hin, hit *Art* = **inn, in, it**
hinna *f* Haut
hirð *f* Gefolge eines Königs oder Jarls
hirða <-rði, -rðr> *V* hüten, bewachen; verstecken, Acht geben
hirðir <-is, -ar> *m* Hirte
hirðmaðr *m* Gefolgsmann
hirtir *n Pl* von **hjǫrtr**
hitta <-tti, -ttr> *V* treffen, finden; **hittask** *Med-Pas* sich treffen, aufeinandertreffen
Hjaðningavíg *n* die Schlacht der Krieger Héðins
Hjaðningr <*Pl* Hjaðningar> *m* Hjaðningr, Krieger Héðins
hjalt *n* Griff; Schwertknauf
Hjalti *m* Hjalti (*Personenname*)
Hjarðarholt *n* Hjarðarholt (*Ortsname*)
hjarta <*Pl* hjǫrtu> *n* Herz
hjartablóð *n* Herzblut
❖ **hjá** *Präp* [+ D] bei, neben; dabei; bei, in jmds. Haus
hjálmr <-s, -ar> *m* Helm
hjálp *f* Hilfe, Unterstützung
hjálpa <helpr, halp~hjalp, hulpu, hólpinn> *V* [+ D] helfen, retten
Hjálprekr *m* Hjálprekr, ein legendarischer König
hjó *1/3 Sg Prät* von **hǫggva**
hjǫrtr <*D* hirti, *G* hjartar; *Pl* hirtir, *A* hjǫrtu> *m* Hirsch
❖ **hlaupa** <hleypr, hljóp, hljópu, hlaupinn> *V* laufen, springen;

rennen; **hlaupa at [e-m]** [jmdn.] anfallen
hlaut *1/3 Sg Prät* von **hljóta**
Hleiðargarð *m* Hleiðargarð, der Hof von **Hrólfr kraki**
Hleiðra (Hleiðr) *m* Hleiðra, heutiges Lejre in Dänemark; Königssitz von **Hrólfr Kraki**
Hliðskjálf *f* Hliðskjálf, Hochsitz in **Óðinns** Halle **Valaskjálf**
hlíð <*Pl.* -ir> *f* Bergseite, Abhang
Hlíðarendi *m* Hlíðarendi (*Ortsname*)
hlíf <*Pl.* hlífar> *f* Schild, Schutzwaffe
hlífa <-ði, -t> *V* [+ *D*] schützen; schonen
hlífðit = **hlífði** + **t** (*Negationspartikel*)
Hlífsteinn <-s> *m* Hlífsteinn (*Personenname*)
hljóta <hlýtr, hlaut, hlutu, hlotinn> *V* zugeteilt bekommen, erhalten
hljóp *1/3 Sg Prät* von **hlaupa**
hló *1/3 Sg Prät* von **hlæja**
Hlórriði *m* [*poet*] Hlórriði, **Þórr**
hluti *m* Teil
❖ **hlutr** <-ar, -ir> *m* Schicksal; Stück
hlæja <hlær, hló, hlógu, hleginn> *V* lachen
hníga <hnígr, hné~hneig, hnigu, hniginn> *V* sich neigen, sinken
hnúka <-ði~ti, -ðr~tr> *V* zusammengeduckt sitzen, kauern
hnykkja <-ti, -tr> *V* [+ *D*] reißen, kräftig ziehen
hof *n* (heidnischer) Tempel; (Guts)Hof
Hof *n* Hof (*Ortsname*)
Hofsland *n* Hofsland (*Ortsname*)
Hofsverjar *m Pl* Bewohner Hofs
holr *Adj* hohl
holt *n* Wald, Hain; kahler, steiniger Hügel
❖ **hon** <*A* hana, *D* henni, *G* hennar> *Pers-Pron* sie
honum (auch **hánum**) *D Sg* von **hann**
horfa <-ði, horft> *V* sich in eine Richtung wenden; **horfa á [e-t]** auf [etw.] blicken
horfinn *Part Prät* von **hverfa**
horn *n* Horn, Trinkhorn; Ecke, Winkel
hófsmaðr *m* maßvoller, besonnener Mensch
hófu *3 Pl Prät* von **hefja**
hógværr *Adj* sanft, umgänglich
hóll (*Var* von **hváll**) <-s, -ar> *m* Hügel, Anhöhe
Hóll <-s> *m* Hóll (*Ortsname*)
Hólmfastr <-s> *m* Hólmfastr (*Personenname*)
Hólmgarðr <-s> *m* Hólmgarðr (*Ortsname*), heutiges Nowgorod
Hólmgarðsfari *m* ein nach **Hólmgarðr** Reisender
Hólmgautr <-s> *m* Hólmgautr (*Personenname*)
Hólmgeirr <-s> *m* Hólmgeirr (*Personenname*)
hrafn <-s, -ar> *m* Rabe
hregg *n* Unwetter, Sturm und Regen
Hreiðarr <-s> *m* Hreiðarr (*Personenname*)
Hreiðmarr <-s> *m* Hreiðmarr (*Personenname*); der Vater von **Otr**, **Fafnir** und **Reginn**
hreinn <-s, -ar> *m* Rentier
hreystimaðr *m* tapferer Mann, Held
Hringaríki *n* Hringaríki (*Ortsname*)
hrista <-ti, -tr> *V* schütteln
hríð <*Pl.* -ir> *f* Zeit(raum), Weile; Sturm; Angriff, Kampf

hrím *n* Rauhreif
Hrímþursar *m Pl* Hrímþursar, die Reifriesen
Hrotti *m* Hrotti, Name eines Schwertes
Hróðgeirr <-s> *m* Hróðgeirr (*Personenname*)
Hrólfr <-s> *m* Hrólfr (*Personenname*); **Hrólfr kraki** Hrólfr kraki, legendarischer König Dänemarks
hrósa <-að-> *V* [+ *D*] loben; prahlen
hrukku *3 Pl Prät* von **hrøkkva**
Hrungnir <-s> *m* Hrungnir, ein Riese, der von **Þórr** erschlagen wird
hrútr *m* Schafbock, Widder
Hrútr <-s> *m* Hrútr (*Personenname*)
Hrútsstaðir *m* Hrútsstaðir (*Ortsname*), Hrútrs Gehöft
hrynja <hrundi, hruninn> *V* zusammestürzen, einfallen; herabfließen; herabfallen (von Kleidung)
hræ <*Pl G* hræva> *n* Leiche, toter Körper; Überrest
hræddr *Adj* ängstlich, furchtsam
hræða <-ddi, -ddr> *V* [+ *A*] erschrecken; **hræðask** *Med-Pas* sich fürchten; **hræðask [e-t]** [etw.] fürchten
Hrœrekr <-s> *m* Hrœrekr (*Personenname*)
hrøkkva <hrøkkr~hrekkr, hrøkk, hrukku, hrokkinn> *V* sich bewegen, weichen, sich zurückziehen
hugkvæmr *Adj* bedacht, erfinderisch
hugr <*D* hug ~ hugi, *G* hugar, *Pl* hugir> *m* Sinn; Seele, Herz, Gemüt; Gedanke; Gedächtnis
hugsjúkr *Adj* bekümmert, sorgenvoll
hulðu *3 Pl Prät* von **hylja**
hunangsfall *f* Honigtau
hundr <-s, -ar> *m* Hund
hundrað <*Pl* hundruð> *n* hundert (*meist gefolgt von einem Sub im G*) tólfrætt hundrað = 120, tírætt hundrað = 100
hungr <-rs> *m* (*n* in jüngeren Texten) Hunger; **svelta hungri** hungern, verhungern
❖ **hús** *n* Haus
húsabœr *m* Gehöft, Anwesen
húsfreyja (auch **hýsfreyja**) *f* Hausfrau, Hausherrin
❖ **húskarl** *m* Knecht; königlicher Gefolgsmann
hvaðan *Adv* woher, von welcher Seite
hvalkváma *f* Antreiben eines Wals an der Küste
hvalnum *D Sg* von hvalr+inn der Wal
hvalr <*G* hvals, *Pl* hvalar~hvalir> *m* Wal
hvalrif *n* Walrippe
❖ **hvar** *interrog Adv* wo; **hvar sem** wo auch immer
hvargi *Adv* überall; **hvargi sem** wo auch immer
hvass <*f* hvǫss, *n* hvasst> *Adj* scharf; angriffslustig
hvat *Int-Pron* was
hváll (auch **hóll**) <-s, -ar> *m* Hügel, Anhöhe
❖ **hvárgi** <*n* hvárki~hvártki> *Pron* keiner von beiden; *Adv* **hvárki...né** weder...noch
hvárki *n* von **hvárgi**
❖ **hvárr** *Int-Pron* wer, welcher von beiden; *Indef-Pron* jeder von beiden
❖ **hvárrtveggi** *Indef-Pron* jeder von beiden
❖ **hvárt** *Int-Adv* ob; **hvárt sem~hvárt er** *Opt* ob
hvárumtveggjum *D Pl* von **hvárrtveggi**

e-n = einhvern (Akkusativ); **e-t** = eitthvat (Akkusativ); **e-m** = einhverjum (Dativ); **e-u** = einhverju (Dativ); **e-s** = einhvers (Genitiv)

hveim *Pron* wem, für wen
hverfa <hverfr, hvarf, hurfu, horfinn> *V* verschwinden, abhandenkommen, entschwinden
Hvergelmir *m* Hvergelmir, Quelle der Flüsse in Niflheimr und Wohnort des Drachen **Niðhǫggr**
hvergi (auch **hverrgi**) *Pron* jeder, wer auch immer
hvergi *Adv* nirgends, nirgendwo
hverir *m N Pl* von **hverr**
hvern *m A Sg* von **hverr**
hvernug *Adv* wie, auf welche Weise, welcher Art
❖ **hverr** <f hver, n hvert> *Interrog-Pron* wer, welcher, was für ein; *Indef-Pron* jeder, alle
hverrgi *Var* von **hvergi**
❖ **hversu** *Int-Adv* wie, auf welche Weise
hvert *Adv* wohin; **hvert er** wohin auch immer
hvetja <hvet, hvatta, hvǫttu, hvattr> *V* wetzen, schärfen; ermuntern
hvé *Adv* wie
Hvinir *m* Hvinir (*Ortsname*)
hví *Int-Adv* warum, weshalb, wieso
hvítast *Superl* von **hvítr**
hvítr <f hvít, n hvítt> *Adj* weiß
hyggja <hugði, hugðr~hugaðr> *V* denken, meinen; **hyggja at [e-u]** überlegen, nachdenken über [etw.]
hykk = hygg ek
hylja <hulði~huldi, hulðr~huldr> *V* einhüllen, verdecken, zudecken, verbergen
hylli *f* Treue, Gunst, Gnade
Hyrrokkin *f* Hyrrokkin, eine Riesin, die von Þórr getötet wird
hýsfreyja (*Var* von **húsfreyja**) *f* Hausfrau, Hausherrin

hætta <-tti, -tt> *V* [+ D] wagen, riskieren
hœgr *Adj* leicht, mühelos; **hœgri** *Komp* rechts; die rechte Hand
hœgri *Komp* von **hœgr**
hœla <-di, hœlt> *V* [+ D] rühmen, loben, prahlen
Hœnir *m* Hœnir, einer der Æsir
hœta <-tti, -ttr> *V* drohen
hǫfðingi <G -ja, Pl -jar> *m* Anführer, Oberhaupt; Häuptling
hǫfn <G hafnar, Pl hafnir> *f* Besitz; Hafen
❖ **hǫfuð** <D hǫfði, Pl D hǫfðum, G hǫfða> *n* Kopf, Haupt
hǫfuðsbani *m* Tod; Todesursache
hǫfuðstaðr *m* bedeutender Ort, Hauptstadt
hǫgg <D hǫggvi> *n* Schlag, Hieb; Enthauptung, Hinrichtung
hǫgg 2 *Sg Imp* von **hǫggva**
hǫggspjót *n* Hausspieß
❖ **hǫggva** <hǫggr, hjó, hjoggu, hǫgg(v)inn> *V* schlagen, zerhacken, zerhauen; zimmern
Hǫgni *m* Hǫgni (*Personenname*)
hǫll <D hǫllu, G hallar, Pl hallir> *f* Halle, Saal
❖ **hǫnd** <A hǫnd, D hendi, G handar, Pl hendr, D hǫndum, G handa> *f* Hand; Arm; **af hendi [e-s]** seitens [jmds.]
hǫrð *f N* & *n N/A Pl* von **harðr**
Hǫrða-Knútr <-s> *m* Hǫrða-Knútr (*Personenname*)
Hǫrðaland *n* Hǫrðaland (*Ortsname*)
hǫrr <D hǫrvi~hǫrr> *m* Flachs, Leinen
Hǫskuldr <-s> *m* Hǫskuldr (*Personenname*)
Hǫskuldsstaðir *m Pl* Hǫskuldsstaðir, Hǫskuldrs Gehöft (*Ortsname*)
Hǫttr <D Hetti, G Hattar> *m* Hǫttr (*Personenname*), Kapuze

I

iðjumaðr *m* tüchtiger Mensch
igða *f* a Spechtmeise
❖ **illa** <*Komp* verr, *Superl* verst> *Adv* schlecht, schlimm
❖ **illr** <*Komp* verri, *Superl* verstr> *Adj* schlecht, übel
illska *f* Bosheit, Schlechtheit
illt *f* Übel, üble Behandlung
Ingibjǫrg <G Ingibjargar> *f* Ingibjǫrg (*Personenname*); **Ingibjǫrg Hróðgeirsdóttir ins hvíta** Ingibjǫrg, die Tochter von Hróðgeirr dem Weißen
Ingjaldr <-s> *m* Ingjaldr (*Personenname*); **Ingjaldr tryggvi**

Ingjaldr der Treue
Ingólfr <-s> *m* Ingólfr (*Personenname*)
❖ **inn** <*Komp* innarr, *Superl* innst> *Adv* hinein
inn, in, it *Art* der, die, das
inna <-ti, -tr> berichten, erzählen; **inna til [e-s]** über jmdn. sprechen
innan *Präp* [+ G] innerhalb; **innan** *Adv* von innen
innanlands *Adv* im Lande, daheim
inni *Adv* innen, drinnen; im Haus
it *n* von **inn**

Í

❖ **í** *Präp* [+ D] in, innerhalb von, an (*Ort*); [+ A] in, in...hinein, nach (*Richtung*); in, während (*zeitlich*)
í braut (auch **í brott**) *Adv* fort, weg
í gǫgnum *Var* von **gegnum**
í móti *Var* von **móti**
í nánd *Adv* in der Nähe von
í samt *Adv* hintereinander
í sundr *Adv* auseinander, entzwei
í því *Adv* damals

íkorni *m* Eichhörnchen
Írakonungr *m* König der Iren
Írland *n* Irland
írskr *Adj* irisch
Ísland *n* Island
Íslendingabók *f* Íslendingabók, das „Buch der Isländer"
íslenzkr *Adj* isländisch
íss <G íss, Pl ísar> *m* Eis
Ívarr <-s> *m* Ívarr (*Personenname*)

J

jafn <f jǫfn, n jafnt> *Adj* gleich, ebenbürtig
jafna <-að-> *V* glatt streichen, ebnen; vergleichen, gleichsetzen (*in Vergleichen*), gleichmäßig teilen; **jafna [e-u] til [e-s]** [etw.] mit [etw.] anderem vergleichen
jafnan *Adv* immer; fortwährend, stets
jafnberr *Adj* ebenso nackt, entblößt, ungeschützt
jafndjúpvitr *Adj* ebeso klug, weise
jafngamall *Adj* gleichalt, im selben Alter
Jafnhár *m* Jafnhár, der Gleichhohe, einer der drei, die von König **Gylfi** befragt werden
jafnmikill *Adj* gleichgroß
jafnungr *Adj* genauso jung
❖ **jarl** <-s, -ar> *m* Jarl

jarlsríki *n* an Jarltum, Jarlsherrschaft
jartegn *n* Zeichen, Beweis (für eine Sache)
Jófríðr <A/D Jófríði, G Jófríðar> *f* Jófríðr (*Personenname*)
jól *n Pl* Julzeit, Julfest, ein großes Mittwinterfest aus heidnischer Zeit; später auf Weihnachten bezogen
Jótland *n* Jütland (*Ortsname*)
jǫkull <D jǫkli, G jǫkuls, Pl jǫklar> *m* Gletscher; Eis; Eiszapfen
jǫrð <D jǫrðu, G jarðar; Pl jarðir> *f* Erde; Land, Erdboden
Jǫrð *f* Jǫrð, eine Göttin, die Mutter von **Þórr**
Jǫrmungandr *m* Jǫrmungandr, ein Name des **Miðgarðsormrs**
jǫtunheimar *m Pl* Jǫtunheimar, Land der Riesen
jǫtunn <D jǫtni, G jǫtuns, Pl jǫtnar> *m* Riese

K

kaðall <D kaðli, G kaðals, Pl kaðlar> *m* Strick, Seil
Kaldbak *n* Kaldbak
Kaldbeklingar *m Pl* Bewohner von Kaldbak
kaldr <f kǫld, n kalt> *Adj* kalt
❖ **kalla** <-að-> *V* rufen
kallaðir *Part Prät* von kalla (m N Pl)
kallaðr *Part Prät* von kalla (m N Sg)
kambr <-s, -ar> *m* Kamm; Bergkamm
kanna <-að-> *V* (durch)suchen, erforschen; **kannask við** [+ A] [etw.] erkennen
kappi *m* mutiger Kämpfer
karfi *m* kleines schnelles Schiff, großes Ruderboot (Galeone)
karl <-s, -ar> *m* Mann; alter Mann; **Þorsteinn karl** alter Þorsteinn
Karlstefni *m* Karlstefni (*Personenname*)
kasta <-að-> *V* werfen
kaupa <keypti, keyptr> *V* kaufen
kaupmaðr *m* Kaufmann
Kári Sǫlmundarson *m* Kári Sǫlmundarson (*Personenname*)
kátalaktús siehe **Michael kátalaktús**
kátr *Adj* heiter, froh, gut gelaunt
Keila *f* Keila, eine Riesin, die von **Þórr** getötet wird
kemr *3 Sg Präs* von **koma**
kenna <-di, -dr> *V* kennen, wiedererkennen; fühlen; bezeichnen; lehren
kenning *f* Umschreibung in der Poesie
kenningarnafn *n* Spitzname
kent *Part Prät* von **kenna**
kerling *f* Frau; alte Frau
Ketill <-s> *m* Ketill (*Personenname*)
keypti *3 Sg Prät* von **kaupa**
kirkja *f* Kirche
Kjallandi *f* Kjallandi, ein Riese, der von **Þórr** getötet wird
Kjartan <-s> *m* Kjartan (*Personenname*)
Kjarvalr <-s> *m* Kjarval (*Personenname*)
kjóll *m* Schiff [*poet*]

kjósa <kýss, kaus~kǫri, kusu~kuru, kǫrinn~kosinn> *V* wählen, aussuchen
Kjǫtvi *m* Kjǫtvi (*Personenname*); **Kjǫtvi inn auðgi** Kjǫtvi „der Wohlhabende"
Klakk-Haraldr <-s> *m* Klakk-Haraldr (*Personenname*)
klettr <-s, -ar> *m* Felsen, Klippe
Klifshagi *m* Klifshagi (*Ortsname*)
klífa <klífr, kleif, klifu, klifinn> *V* klettern
kljúfa <klýfr, klauf, klufu, klofinn> *V* spalten, zerspalten
klyf <Pl -jar> *f* Traglast (eines Pferdes)
klæða <-ddi, -ddr> *V* kleiden, ankleiden
klæði *n* Tuch, Stoff; Kleidung, Kleider
kná <kná, 1 Pl Präs knegum, knátti, Inf Prät knáttu> *Prät Präs V* können, in der Lage sein etw. zu tun; dürfen
knáliga *Adv* kräftig, tüchtig, energisch
knáligr *Adj* kräftig, energisch
knerrir *N Pl* von **knǫrr**
kneyfa <-ði, -ðr> *V* mit großen Schlucken (aus)trinken
kné <D Pl knjám, G knjá> *n* Knie
knúta *f* Gelenkkopf, Gelenkhals; Knochen
knútr <-s, -ar> *m* Knoten
Knútr <-s> *m* Knútr (*Personenname*); **Knútr inn ríki**, König Knútr der Große
knýja <knýr, knýði~knúði, knúinn> *V* (an eine Tür) schlagen, stoßen; vorwärts-, vorantreiben; **knýjask** *Med-Pas* sich anstrengen
knǫrr <D knerri, G knarrar, Pl knerrir, A knǫrru> *m* Schiff; Handelsschiff
Kolbeinn <-s> *m* Kolbeinn (*Personenname*)
kollr <-s, -ar> *m* Spitze; Kopf
kom *1/3 Sg Prät* von **koma**
❖ **koma** <kemr~kømr, kom, kómu~kvámu, kominn> *V* kommen; **koma at** hinzukommen, ankommen; **koma at [e-u]** ankommen, an einer Stelle ankommen; **koma ásamt með þeim** sie kommen überein; **koma endr at** wiedergewinnen;

e-n = einhvern (Akkusativ); **e-t** = eitthvat (Akkusativ); **e-m** = einhverjum (Dativ); **e-u** = einhverju (Dativ); **e-s** = einhvers (Genitiv)

komask *Med-Pas* (an ein Ziel) gelangen
kominn *Part Prät* von **koma**
komnir *m N Pl* von **kominn**
❖ **kona** <*G Pl* kvenna> *f* Ehefrau, Frau
konu *A/D/G* von **kona**
konungastefna *f* Zusammenkommen von Königen
konungdómr *m* Königreich
❖ **konungr** <-s, -ar> *m* König
konungsson *m* Königsson, Prinz
korn *n* Korn, Getreide
kostnaðr <-ar> *m* Kosten, Aufwand
❖ **kostr** <*G* kostar, *Pl* kostir, *A* kosti~kostu> *m* Wahl; Möglichkeit; Heirat; Lage, Verhältnisse; Kosten, Ausgaben; **at ǫðrum kosti** andernfalls, sonst
kómu *3 Pl Prät* von **koma**
kraki *m* Stange, Pfahl
kraptr *m* Kraft, Stärke
kráka *f* Krähe
krás <*Pl* -ir> *f* köstliche Speise
krefja <krafði, krafǫr~krefinn> *V* fordern, verlangen, begehren
kringla *f* Kreis, Ring
kristinn *Adj* christlich
Kristr <-s> *m* Christus
krjúpa <krýpr, kraup, krupu, kropinn> *V* kriechen, beugen
Krossavík *f* Krossavík, wörtl. „Kreuzbucht", Gehöft
kumbl <*Pl* kumbl> *n* Grabhügel, Denkmal (häufig im Plural auf dän. und schwed. Runensteinen zu finden)
kunna <kann, kunni, kunnat> *Prät-Präs V* können, kennen; spüren, wahrnehmen

❖ **kunnigr** *Adj* kundig; weise; sich auf dem Gebiet der Zauberei auskennen
kunningi *m* Bekannter
kurteiss *Adj* höfisch, vornehm
kuru *3 Pl Prät* von **kjósa**
kussari *m* Korsar, Seeräuber
kúla *f* Beule, Knoten, Buckel
kvað *1/3 Sg Prät* von **kveða**
kván (auch kvæn) <*Pl* -ir> *f* Ehefrau
❖ **kveða** <kveðr, kvað, kváðu, kveðinn> *V* sprechen, sagen; ein Gedicht aufsagen; **kveða á** festsetzen, bestimmen; **kveða við** antworten; schreien; **kveðask** *Med-Pas* erklären
❖ **kveld** *n* Abend; **at kveldi** bei Einbruch der Dunkelheit
kvelda <-að-> *V* [*unpers*] Abend werden
Kveld-Úlfr <-s> *m* Kveld-Úlfr (*Personenname*)
kvennváðir *f Pl* Frauenkleider
kverk <*Pl* kverkr> *f* Winkel zwischen Kinn und Hals; Kehle
kvikr *Adj* lebendig
kvikvendi *n* Lebewesen, Tier
kvæði <*G Pl* kvæða> *n* Gedicht
kvæn *Var* von **kván**
kyn <*D Pl* kynjum, *G* kynja> *n* Geschlecht, Familie
❖ **kyrr** *Adj* ruhig, still
kyssa <-ti, -tr> *V* küssen
kýr <*A/D* kú, *G* kýr, *Pl* kýr, *D* kúm, *G* kúa> *f* Kuh
kærleikr *m* Zuneigung, Liebe
kømr (*Var* non kemr) *2/3 Sg Präs* von **koma**
kǫrtr <*G* kǫrts~kartar> *m* kleiner, untersetzter Mann (*Beiname*)
kǫttr <*D* ketti, *G* kattar, *Pl* kettir, *A* kǫttu, *G* katta> *m* Katze

L

lag <*Pl* lǫg> *n* Stoß, Stich (mit einem Messer, Schwert oder Speer)
lagit *Part Prät* von **leggja** gelegt
lagt *Part Prät* von **leggja** gelegt
lamði *3 Sg Prät* von **lemja**
❖ **land** <*Pl* lǫnd> *n* Land; Reich; Land (im Gegensatz zum Wasser)
landnám *n* Besiedlung, Landnahme
Landnámabók *f* Landnámabók, wörtl. das „Buch der Landnahmen"
landnámsmaðr *m* Siedler, wörtl. „Landnahmemann" (der Begriff bezieht sich allerdings sowohl auf Männer als auch Frauen)
landráð *n* Regierung, Verwaltung eines Landes
landskyld *f* Grundsteuer, jährliche Abgabe (für Landbesitz) an den König
landsmaðr *m* Bewohner eines Landes, Einheimischer
landsréttr *m* Landesrecht, geltendes Recht eines Landes
langeldar *m Pl* (in der Mitte der Halle brennende) Langfeuer
langfeðgar *m Pl* Vorväter, Vorfahren väterlicherseits
langháls *m* Langhals (*Beiname*)
❖ **langr** <*f* lǫng, *n* langt, *Komp* lengri, *Superl* lengstr> *Adj* lang (räumlich und zeitlich)
langt *Adv* weit(hin); weit entfernt; lange
Laufey *f* Mutter von **Loki**
laug <*D* laugu, *Pl* laugar> *f* Bad; heiße Quelle

lauk *1/3 Sg Prät* von **lúka**
lausafé *n* bewegliche Habe (im Gegensatz zu Land oder Vieh), Geld
❖ **lauss** *Adj* los, lose; frei, ungehindert
laust *1/3 Sg Prät* von **ljósta**
lausung <*D* lausungu, *Pl* lausungar> *f* Falschheit, Unzuverlässigkeit
laut *1/3 Sg Prät* von **lúta**
lax <*G* lax, *Pl* laxar> *m* Lachs
Laxárdalr *m* Laxárdalr, Lachsflusstal
lá *1/3 Sg Prät* von **liggja**
lágu *3 Pl Prät* von **liggja**
❖ **láta** <lætr, lét, létu, látinn> *V* lassen, erlauben; sich benehmen, aufführen; **láta fram** gehen lassen, ausüben, übergeben; **láta sem** vorgeben, sich verhalten als ob; etw. getan haben; *Part Prät* tot
látinn *Part Prät* von **láta** tot
❖ **leggja** <lagði, lagiðr~lagðr~laginn> *V* legen, setzen, platzieren; stechen, stoßen; **leggja á** auferlegen; **leggja frá** entziehen; **leggja í spánu** in Stücke zerschlagen; **leggja til** angreifen (mit einer Stichwaffe) **leggja til barðaga** angreifen; **leggja til** [+ *G*] **með** [+ *D*] [jmdn.] mit [etw.] angreifen; **leggja undir sik** erobern; **lífit á leggja** sein Leben lassen; sich opfern; **leggjask** *Med-Pas* sich (hin)legen; **leggjask á** [+ *A*] sich zu bemächtigen versuchen, herfallen über, [jmdn.] angreifen; **leggjask niðr** sich

nieder legen; **leggja til bardaga við** [+ A] den Kampf mit jmdm. aufnehmen; **leggjask út** ausziehen (als Aussätziger in die Wildnis gehen, sich von den Menschen fern halten)
leggr <-jar, -ir> *m* Knochen; **leggr ok liðr** jedes Glied
❖ **leið** <*Pl* -ir> *f* Straße, Pfad; Weg
leið *1/3 Sg Prät* von **líða**
leiða <-ddi, -ddr> *V* führen
Leiði *m* Leiði, ein Riese, der von Þórr getötet wird
leifa <-ði, -ðr> *V* hinterlassen (nach dem Tode); übrig-, zurücklassen, aufgeben; verlieren
Leifr <-s> *m* Leifr (*Personenname*)
leika <leikr, lék, léku, leikit> *V* in Bewegung sein, sich rühren; spielen **leika sér** spielen
leikr <-s, -ar> *m* Spiel; Wettkampf
❖ **leita** <-að-> *V* [+ G] suchen; sich wenden an; streben nach; in eine best. Richtung (zu) fahren (suchen)
leka <lekr, lak, lákum, lekit> *V* leck, undicht sein
lemja <lamði, lamiðr~lamdr~laminn> *V* schlagen, klopfen; verprügeln, verletzen
lendr *Adj* mit Land ausgestattet, belehnt; **lendr maðr** Lehnsmann
❖ **lengi** <*Komp* lengr (*zeitlich*), lengra (*räumlich*) *Superl* lengst> *Adv* lange, für eine lange Zeit
lengr *Komp Adv* longer (*zeitlich*), für eine längere Zeit
lengra *Komp Adv* länger (*örtlich*), weiter
lengst *Superl Adv* am längsten, für die längste Zeit
lesa <less, las, lásu, lesinn> *V* zusammenlesen, sammeln; lesen
leyfa <-ði, -ðr> *V* [+ D] erlauben, gestatten
leyfi *n* Erlaubnis, Einwilligung; Erlaubnis, sich zu entfernen
leyna <-di, -dr> *V* verstecken, verbergen; **leynask** *Med-Pas* sich verstecken, verborgen werden; **leynask í burt** sich heimlich davon stehlen
lék *1/3 Sg Prät* von **leika**
lét *1/3 Sg Prät* von **láta**
lézt *2sg Prät* von **láta**
❖ **lið** *n* die zu einem Hof gehörenden Leute, Gefolge, Mannschaft
liðr <*G* liðar, *Pl* liðir, *A* liðu> *m* Gelenk
lifa <-ði, lifaðr> *V* leben
❖ **liggja** <liggr, lá, lágu, leginn> *V* liegen
limar *f Pl* Glieder, Zweige
litla *f A Sg* von **lítill**
litlu *n D Sg* von **lítill**
litr <-ar, -ir> *m* Farbe
Livsteinn <-s> *m* Livsteinn (*Personenname*)
líða <líðr, leið, liðu, liðinn> *V* sich bewegen, gleiten; vergehen, verstreichen (Zeit); **líða at** zugehen auf (*zeitlich*); **sem leið at jólum** als es auf Jól zuging
líf (auch **lífi**) *n* Leben; **lífit á leggja** sein Leben lassen
lífi *Var* von **líf**
líflát *n* Verlust des Lebens, Tod
lík *n* Kǫrper, Gestalt; Leiche
líka <-að-> *V unpers.* [+ D] [jmdm.] gefallen, zusagen
líki *n* Gestalt
❖ **líkligr** *Adj* wahrscheinlich
líknsamastr *Superl* von **líknsamr**
líknsamr *Adj* gnädig, huldvoll
❖ **líkr** *Adj* gleich, ähnlich; wahrscheinlich; vielversprechend
lín *n* Lein, Flachs; Leinen
lína *f* Leine, Schnur (siehe auch **lín**)
Línakradalr <-s> *m* Línakradalr (*Ortsname*), Tal der Leinenfelder
líta <lítr, leit, litu, litinn> *V* sehen, erblicken; **líta á** [e-t] anschauen, betrachten; *Med-Pas* **lítask** scheinen
❖ **lítill** <*f* lítil, *n* lítit> *Adj* klein; **lítla hríð** für eine Weile; **lítlu síðar(r)** eine Weile später
lítt *Adv* klein
lízk *2/3 Sg Präs Med-Pas* von **líta**
ljá <lér, léði, léðr> *V* [+ G] leihen; **ljá** [e-m] [e-s] [jmdm. etw.] leihen, verleihen
Ljósálfar *m Pl* die Lichtalben
ljóss *Adj* hell; strahlend, glänzend
ljósta <lýstr, laust, lustu, lostinn> *V* schlagen, stoßen; **ljósta í hel** tot schlagen
ljúga <lýgr, laug~ló, lugu, loginn> *V* lügen, eine Lüge erzählen
loðbrók *f* Lodenhose (*Beiname*)
lofa <-að-> *V* loben, preisen
logi *m* Flamme, Feuer
lokhvíla *f* den Schlafraum abtrennende Bretterwand
Loki *m* der listenreiche Gott Loki
lokrekkja *f* Schlafkammer
lokrekkjugólf *n* Schlafkammer
lopt *n* Luft, Höhe; Himmel
lostinn *Part Prät* von **ljósta**
lófi *m* Handfläche; **holr lófi** offene Handfläche
lund <*Pl* -ir> *f* Gemüts-, Sinnesart; Art und Weise; **á þessa lund** auf diese Weise
lundr <-ar, -ir> *m* Wäldchen, Hain
lunga *n* Lunge
lúfa *f* Strubbelhaar (*Beiname*), dichtes und verfilztes Haar
lúka <lýkr, lauk, luku, lokinn> *V* [+ D] schließen; beenden, abschließen
lúta <lýtr, laut, lutu, lotinn> *V* sich bücken, beugen
Lútr *m* Lútr, ein Riese, der von Þórr getötet wird
lygi *f* Lüge, Falschheit
lykill <*D* lykli, *Pl* luklar, *A* lukla> *m* Schlüssel
lysta <-ti, -tr> *V unpers.* [+ A] gelüsten, Verlangen haben [nach etw.], beabsichtigen, wünschen
lýsa <-ti, -tr> *V* erhellen, erleuchten; bekanntmachen, kund geben; an den Tag legen, zeigen; **lýsa** [e-u] [etw.] bekannt geben; **lýsir af honum** Licht scheint von ihm (auszustrahlen)
Lýtingr <-s> *m* Lýtingr (*Personenname*)
læknir <-is, -ar> *m* Arzt
lætr *2/3 Sg Präs* von **láta**
lǫg *n Pl* Gesetz, Gesetze
lǫgberg *n* Gesetzesfelsen auf dem Þingvǫllr, auf dem das Gesetz vorgetragen wurde
lǫgðu *3 Pl Prät* von **leggja**
lǫgligr *Adj* gesetzlich, legal
lǫgmaðr *m* Gesetzesmann
lǫgretta *f* die alljährlich auf dem Alþingi tagende Gesetzeskammer
lǫgsǫgumaðr *m* Gesetzessprecher

e-n = einhvern (Akkusativ); **e-t** = eitthvat (Akkusativ); **e-m** = einhverjum (Dativ); **e-u** = einhverju (Dativ); **e-s** = einhvers (Genitiv)

lǫngu *Adv* weit weg, entfernt; lange seitdem

lǫngum *Adv* eine lange Zeit, durchgehend

M

❖ **maðr** <*A* mann, *D* manni, *G* manns, *N/A Pl* menn, *D* mǫnnum, *G* manna> *m* Mann; Person, Mensch

makligr *Adj* angemessen, geeignet, passend, gehörig; verdientermaßen

mala <melr, mól, mólu, malinn> *V* mahlen

mangi *Var* von **manngi**

mannblót *n* Menschenopfer

mannbroddr *m* Eispickel

manndráp *n* Totschlag, Mord

mannfólk *n* Menschheit

manngi (auch **mangi**) <*G* mannskis> *Pron* niemand (kein Mann, Mensch)

mannshǫnd *f* Hand eines Mannes

mannvit *n* Verstand

mannvænn *Adj* vielversprechend

margbreytinn *Adj* launisch, launenhaft, wechselhaft; unberechenbar

margkunnigr *Adj* viel wissend, kenntnisreich; zauberkundig

margmenni *n* viele Männer, Leute, Menschenmenge

❖ **margr** <*f* mǫrg, *n* margt~mart, *Komp* fleiri, *Superl* flestr> *Adj* [+ *Sg*] manch; in großer Zahl; [+ *Pl*] viele

marka <-að-> *V* markieren, abstecken; mit einer Marke oder einem Zeichen versehen, kennzeichnen; einen Tatbestand bezeichen, hindeuten auf; erkennen, feststellen; **þar eptir mátt þú marka fegrð hans** daran kannst du seine Schönheit erkennen

marr <-s, -ar> *m* [*poet*] Hengst, Pferd

mart *Var* von **margt**, *n N/A Sg* von **margr**

matr <-ar, -ir> *m* Essen, Speise

mágr <-s, -ar> *m* angeheirateter männlicher Verwandter (Schwager, Schwiegervater oder -bruder)

❖ **mál** *n* Rede; Sprache; Spruch, Sprichwort; Unterredung, Gespräch; (Rechts)Sache, Angelegenheit

málafylgjumaðr *m* Rechtsbeistand, -anwalt

máli *m* Vereinbarung, Vertrag; **ganga á mála** in den (Kriegs)Dienst treten

málfeti *Var* von **málmfeti**

máligr *Var* von **málugr**

málmfeti (auch **málfeti**) *m* Name für ein Pferd; **málmfeti Varrar** von einem Ruder gezogenes Pferd (*kenning* für „Schiff")

málmr *m* Metall, Erz

málstefna *f* Treffen, Zusammenkunft (zur Beratung)

málugr (auch **máligr**) <*m Pl* málgir> *Adj* gesprächig

mánaðr *Var* von **mánuðr**

máni *m* Mond

mánuðr (auch **mánaðr**) <*G* mánuðar, *Pl* mánuðr> *m* Monat

már <*D* mávi~máfi, *G* más, *Pl* má *Var*> *m* Gold, Meeresgold

mástallr *m* Stall des Meeresgoldes (*kenning* für „Meer")

mátt 2 *Sg Prät* von **mega**

mátti 3 *Sg Prät* von **mega**

❖ **með** *Präp.* [+ *A*] mit (etw., das man bei sich hat); [+ *D*] (zusammen) mit, bei; **sigla með landi** an der Küste entlang segeln; **með** *Adv* außerdem, sowie

meðal *Präp.* [+ *G*] zwischen

meðan *Opt* während; unterdessen, inzwischen

❖ **mega** <má, mátti, mátt> *Prät-Präs V* können, dürfen, die Möglichkeit haben, etw. zu tun; imstande sein

megin *n* Stärke

meiða <-ddi, -ddr> *V* verletzen, misshandeln, beschädigen; **meiðask** *Med-Pas* verletzt werden, zu Schaden kommen

meiðmar *f Pl* Schätze, Kostbarkeiten

meiri *Komp Adj* von **mikill**

meir(r) *Komp Adv* mehr, in höherem Maße

mella *f* Schlinge; [*poet*] Riesin

men <*D Pl* menjum, *G* menja> *n* Halskette; [*Pl*] Schätze, Kostbarkeiten, Juwelen

menn *N/A Pl* von **maðr**

merki <*D Pl* merkjum, *G* merkja> *n* Grenze; Banner, Standarte; Erkennungszeichen, Merkmal, Kennzeichen

mest *Superl Adv* meistens

mestr *Superl Adj* von **mikill**

meta <metr, mat, mátu, metinn> *V* schätzen, bewerten, messen; einen Preis festsetzen

mey *A Sg* von **mær**

meydómr *m* Jungfräulichkeit

meyjar *G Sg & N/A Pl* von **mær**

meyju *D Sg* von **mær**

mér *D Sg* von **ek**

Michael kátalaktús *m* Michael kátalaktás (*Personenname*)

miðdegi siehe **hádegi**

Miðfjarðar-Skeggi *m* Skeggi von Miðfjǫrdr (*Personenname*)

Miðfjǫrðr *m Med-Pas* fjǫrd (*Ortsname*)

Miðgarðr *m* Miðgarðr, die mittlere Umfriedung, Mittelerde; Wohnsitz der Menschen

Miðgarðsormr *m* Midgarðsormr, die die Welt umspannende Schlange Jǫrmungandr

miðla <-að-> *V* gemeinsamen Besitz teilen; **miðla [e-t] við [e-n]** [etw.] mit [jmdm.] teilen

miðnótt *f* Mitternacht

❖ **miðr** <*m A* miðjan, *n N* mitt> *Adj* mittlerer

miðr *Komp Adv Var* von **minnr**

miðr-aptan *m* Mittabend, sechs Uhr am Abend

miðdegi siehe **hádegi**

mik *A* von **ek**

❖ **mikill** <*f* mikil, *n* mikit, *Komp* meiri, *Superl* mestr> *Adj* groß, großartig; viel, sehr; **mikill fyrir sér** mächtig, stark

mikillátr *Adj* stolz

mikinn *Adv* heftig, schnell (*m A Sg* von *Adj* **mikill**)

❖ **mikit** *Adv* großartig, in hohem Maße

Mikligarðr (**Miklagarðr**) *m* Konstantinopel

miklu *Adv* viel [+ *Komp*]

milli *Präp.* [+ *G*] zwischen (auch **á milli** and **í milli**)

❖ **minn** <mín, mitt> *poss Pron* mein
minna <-ti, -tr> *V* erinnern; **minna [e-n] [e-s]** [jmd.] an [etw.] erinnern; *unpers.* **minnir mik** ich erinnere mich; *Med-Pas* [+ *G*] **minnask** an jmdn. erinnern, denken an
minni *Komp Adj* von **lítill**
minnr (auch **miðr**) *Komp Adv* von **lítit**
minnst *Superl Adv* von **lítit**
minnstr *Superl Adj* von **lítill**
mín *G* von **ek**
Mímir *m* Mímir, einer der **Æsir**
Mímisbrunnr *m* Mímisbrunnr, der Brunnen von Mímir
mjǫðr <*D* miði, *G* mjaðar> *m* Met
❖ **mjǫk** *Adv* viel, sehr
mjǫl <*G Pl* mjǫlva> *n* Mehl; **mjǫlleyfi** *n* Erlaubnis zur Ausfuhr von Mehl
Mjǫllnir *m* der Hammer von Þórr
❖ **morginn** (auch **morgunn**) <*G* morgins, *Pl* mornar~morgnar> *m* Morgen; **á morginn** morgen
mosi *m* Moos; Moosland
❖ **móðir** <*A/D/G* móður, *Pl* mœðr, *D* mœðrum, *G* mœðra> *f* Mutter
móður *A/D/G Sg* von **móðir**
móðurbróðir *m* Mutters Bruder, Onkel
móðurætt *f* Verwandtschaft mütterlicherseits
mór <*D* mó, *G* mós, *Pl* móar> *m* Moor, Heide
❖ **móti** (auch **á móti** and **í móti**) *Präp.* [+ *D*] gegen, entgegen, auf [etw.] zu; gegen, im Gegensatz zu
móttaka *f* Widerstand, Gegenangriff; **til móttǫku** zum Widerstand, zum Gegenangriff
muna <man, mundi, munaðr> *Prät-Präs V* erinnern, denken an
munat = **muna** + **t** (*Negationspartikel*)
mundr <-ar> *m* Brautpreis
munnr *m* Mund
munr <-ar, -ir> *m* Unterschied
❖ **munu** <mun~man, mundi, *Prät Inf* mundu> *Prät-Präs V* wollen, sollen; entschlossen sein etw. zu tun, müssen (Wahrscheinlichkeit); wollten, mussten
múgr <-s, -ar> *m* Menge
mús <*Pl* mýss> *f* Maus
Múspellsheimr *m* Muspellsheimr, das Land des Feuers
mylla <*Pl* -ur> *f* Mühle
mynda *1 Sg Prät Opt* von **munu** oder **muna**
myrkr *Adj* dunkel
Mýrkjartan <-s> *m* Mýrkjartan (*Personenname*)
mýrr <*A/D* mýri, *G* mýrar, *Pl* mýrar> *f* Moor, Sumpf
❖ **mæla** <-ti, -tr> *V* sagen, sprechen; **mæla eptir [e-t]/[e-n]** die Klage [gegen jmdn.] führen; **mæla við [e-n]** sprechen zu oder mit jmdm., sagen zu jmdm.
mær <*A* mey, *D* meyju, *G* meyjar, *Pl* meyjar, *D* meyjum, *G* meyja> *f* Maid, Mächen, junge Frau; Jungfrau
mætta *1 Sg Prät Opt* von **mega**
Mœrr <*A* Mœri, *D* Mœri, *G* Mœrar > *f* ein Gebiet in Westnorwegen
mœta <-tti, -ttr> *V* treffen
mǫgfellandi *m* Verwandtenmord
mǫgr <*D* megi, *G* magar, *Pl* magir, *A* mǫgu> *m* Sohn, Junge
mǫl <*G* malar> *f* Kieselsteine, Schotter
mǫn <*G* manar, *Pl* manar> *f* Mähne
Mǫrðr <*G* Marðar> *m* Mǫrðr (*Personenname*)
mǫrg *f N Sg* & *n N/A Pl* von **margr**

N

nafn *n* Name
nafnfrægr *Adj* berühmt
nagl <*Pl* negl> *m* Nagel
nam *1/3 Sg Prät* von **nema**
nauðgjald *n* forced payment
nauð(r) *f* Not; Bedrängnis, Schwierigkeit; Notwendigkeit; **ætla [e-t] til nauða [e-m]** beabsichtigen, jmdn. etw. zuleide zu tun
nauðsyn <*Pl* nauðsynjar> *f* Notwendigkeit, notwendiger Bedarf
nauðugr *Adj* unwillig, zögernd
naut *n* Vieh, Ochse
ná <náir, -ði, nát> *V* [+ *D*] erreichen, fangen, übernehmen; bekommen, erhalten; [+ *Inf*] imstande sein zu
nágrindr *f Pl* Pforten der Toten
nál <*Pl* -ar> *f* Nadel
náliga *Adv* nahe; fast, nahezu
nánd <-ar, -ir> *f* Nähe
nár <nás, náir> *m* Leiche, Toter
nátta <-að> *V* Nacht werden
náttmál *n* neun Uhr am Abend
náttstaðr *m* Nachtlager
náttúra *f* Natur; die menschliche Natur; natürliche Veranlagung, Fähigkeit; übernatürliche Kraft
neðan *Adv* von unten; [*räumlich*] unter, unterhalb
nef <*G Pl* nefja> *n* Nase
nefna <-di, -dr> *V* nennen; bestimmen, festsetzen
nei *Adv* nein
nema <nemr, nam, námu, *Nu*+ inn> *V* nehmen; Land beanspruchen; hören; erfahren
❖ **nema** *Opt* außer; nur, außer dass; [+ *Opt.*] wenn nicht
nes *n* Landzunge, Halbinsel
nest *n* Proviant, Wegzehrung
❖ **né** *Opt* nicht; **hvárki...né** weder...noch; **né...né** nicht...noch
niðr <*D* nið, *G* niðjar~niðs, *Pl* niðjar> *m* Sohn, männlicher Verwandter (angeheiratet)
❖ **niðr** *Adv* nieder, abwärts
Niflheimr *m* Niflheimr, die Unterwelt
Niflhel *f* Niflhel, das dunkle Hel, Ort für einige Tote
níð *n* Beleidigung
Níðhǫggr *m* die in der Quelle Hvergelmir hausende Schlange Nidhǫggr
nítján <*Ordinal* nítjándi neunzehn> *Kardinal* neunzehn
❖ **níu** <*Ordinal* níundi, neunter > *Kardinal* neun

e-n = einhvern (Akkusativ); **e-t** = eitthvat (Akkusativ); **e-m** = einhverjum (Dativ); **e-u** = einhverju (Dativ); **e-s** = einhvers (Genitiv)

njósn <Pl -ir> f Kunde, Nachricht; das Kundschaften, Erkundungsfahrt
njóta <nýtr, naut, nutu, notinn> V genießen
Njǫrðr m Njǫrðr, Gott des Meeres, einer der **Vanir**
norðan Adv aus dem Norden
Norðmaðr <Pl Norðmenn> m Mann, Person aus dem Norden; Norweger
Norðmannalið n a Gruppe von Männern, Leuten aus dem Norden
Norðmanndí n Normandie
norðr <-rs> n der Norden
norðr Adv nördlich; nordwärts, nach Norden
Norðrlǫnd <D Norðrlǫndum> n Pl die nordischen Ländern oder Gebiete, Skandinavien
Noregr (auch **Norvegr** or **Nóregr**) <-s> m Norwegen, wörtl. „nördlicher Weg" oder norð-vegr
norn <Pl -ir> f Norne, Schicksalsgöttin; übernatürliche weibliche Wesen, die über das Schicksal der Menschen bestimmen
norrœna f Nordisch, wörtl. nördlich, nordländisch
norrœnn Adj nördlich, nordländisch, von Norden kommend; norwegisch-isländisch, westnordisch
Nóatún n Sitz von Njǫrðr, wörtli. Hof, Bereich der Schiffe

(nóa), d.h. das Meer, siehe **Njǫrðr**
Nóregr (auch **Noregr** oder **Norvegr**) <-s> m Norwegen
❖ **nótt** (auch **nátt**) <G nætr, Pl nætr> f Nacht; **von nóttina** während der Nacht
numinn Part Prät von **nema**
❖ **nú** Adv nun, jetzt
nýr <A nýjan, f ný, n nýtt> Adj new
nýra n Niere
næði 3 Sg/Pl Prät Opt von **ná**
❖ **nær** Präp. [+ D] nahe, in der Nähe; Adv fast, beinahe
nærri Komp Adv näherer, sehr nahe
næst Superl Adv am nähesten, dichtesten; nächster; **því næst** danach, anschließend
❖ **næstr** Superl Adj nächster; am nächsten
❖ **nǫkkurr** <f nǫkkur, n nǫkkut> Adj Pron irgendein, irgendeiner; jemand, ein gewisser
nǫkkut Adv etwas, ein wenig
nǫkkvi <-a, -ar> m Boot, Schiff
Nǫrðlǫnd Var von **Norðrlǫnd**
Nǫrr m Nǫrr (Personenname)

O

of Präp. [+ D/A] über, für; Adv auch
❖ **ofan** Adv von oben, hinab; hinunter; im obersten Bereich, oben von; [+ G] unter der Oberfläche von etw.
ofan á Präp. [+ A] (von oben) herab nach
ofan til Präp. [+ G] (von oben) herab nach
ofn <-s, -ar> m Ofen
❖ **ok** Opt und; Adv auch
okkar G von **vit**
okkr A/D von **vit**
❖ **okkarr** Poss-Pron Dual unser
opt <Komp optar Superl optast> Adv oft
❖ **orð** n Wort; Ansehen, Ruhm; Aussage; **í ǫðru orði** zur selben Zeit, zugleich, wörtl. in einem zweiten Wort
orðit Part Prät von **verða**
orðstírr m Ruhm, Ansehen

Orkneyjar f Pl die Orkney-Inseln (Ortsname)
ormr <-s, -ar> m Schlange, Wurm
Ormr <-s> m Ormr (Personenname); **Ormr inn auðgi** Ormr der Wohlhabende
ormr-í-auga n Schlange-im-Auge (Beiname)
ormslíki n Gestalt, Form eines Drachens
orrosta f Schlacht; **til orrostu** zu oder für eine Schlacht
orrostumaðr m Krieger, Mann der Schlacht
oss A/D von **vér**
otr <G otrs, Pl otrar> m (Fisch)Otter
otrbelgr m Pelz oder Balg eines Otters
otrgjǫld n Pl Wergeld, Lösegeld oder Ausgleich für einen toten Otter, die Zahlung des Otters
oxi Var von **uxi**

Ó

ó- (Negationspräfix) un-
ódæll Adj schwierig, streitsüchtig, stur
óðal <Pl óðǫl> n erblicher Grundbesitz einer Familie, väterliches Erbteil, Hausmacht, erbeigener Besitz
óðfúss Adj lüstern, begierig auf
Óðindísa f Óðindísa (Personenname)
Óðinn m Óðinn, der höchste Gott der **Æsir**
óðr <f óð, n ótt> Adj hektisch, fieberhaft; wütend, vehement
óeirðarmaðr m wilder, unbändiger Mann
Ófeigr <-s> m Ófeigr (Personenname)
óframliga Adv furchtsam, mit Vorsicht
ófriðr <-ar> m Krieg, Streit
ógurligr Adj furchtbar, schlecht

óhræddr Adj furchtlos
ójafn Adj ungleich, ungerade
ójafnaðarmaðr m ein überheblicher, ungerechter Mann
ók 1/3 Sg Prät von **aka**
ókátr Adj düster
ókembdr <n ókembt> Part Prät ungepflegt
Óláfr <-s> m Oláfr (Personenname); **Óláfr pái** Óláfr der Pfau
Ólǫf <G Ólafar> f Ólǫf (Personenname)
ólǫg n Gesetzeslosigkeit
❖ **ór** (auch **úr**) Präp. [+ D] hinaus aus, von, von innen; gemacht aus
óráð n böser Plan
óríkr Adj schwach
óskorinn <n óskorit> Part Prät ungeschnitten, ungeschoren

ósætt *f* Meinungsverschiedenheit
ótta *f* der letzte Abschnitt der Nacht vor der Dämmerung
óttask <-að-> *V* Angst haben
ótti *m* Angst
óvandr *Adj* unachtsam
óvinr *m* Feind
óvitrliga *Adv* dummerweise, törichterweise
óvægr *Adj* rau, barsch, unbarmherzig
óx *1/3 Sg Prät* von **vaxa**
óþýðr *Adj* unfreundlich; einschüchternd

P

pallr *m* Stufe; erhöhte Diele, Podest entlang der Seitenwände einer Halle
papi *m* Papst; Priester; Name der irischen Einsiedler, die bereits in Island gelebt haben bevor die nordischen Seefahrer die Insel erreichten
pái (auch **pá**) *m* Pfau (*Beiname*)
penningr *m* Münze; Geld, Vermögen; Teil des Besitzes
prestr *m* Priester

R

Ragnarr <-s> *m* Ragnarr (*Personenname*); **Ragnarr loðbrók** Ragnarr „Lodenhose", legendärer Wikingerhäuptling des 9. Jhs.
ragnarøk(k)r <-rs> *n* Ragnarǫk, Götterdämmerung, das Ende der Welt (und der Beginn einer neuen Welt); (auch **ragna rǫk** *n Pl* Untergang der Götter; siehe **rǫk**)
Ragnfrøðr <-s> *m* Ragnfrøðr (*Personenname*)
Ragnhildr <A/D Ragnhildi, G Ragnhildar> *f* Ragnhildr (*Personenname*)
Ragnvaldr <-s> *m* Ragnvaldr (*Personenname*)
ragr <f rǫg, n ragt> *Adj* unmännlich, verweichlicht, feige, (passiv) homosexuell
rammr <f rǫmm, n rammt> *Adj* stark; mächtig, machtvoll; **rammr at afli** unglaublich stark
Rangárvellir *m Pl* Rangárvellir (*Ortsname*) Felder, Ebenen des Flusses Rangá
rangr <f rǫng, n rangt> *Adj* krumm, ungerecht; falsch
Rannveig <-ar> *f* Rannveig (*Personenname*)
Ratatoskr (auch **Ratatǫskr**) <-s> *m* das am Weltenbaum Yggdrasill lebende Eichhörnchen Ratatoskr, das zwischen **Níðhǫggr** und dem Adler vermittelt
Rauð-Balli *m* Rauð-Balli (*Personenname*)
rauðr <f rauð, n rautt> *Adj* rot (häufige Beschreibung für Gold)
Raumaríki *n* Raumaríki (*Ortsname*)
❖ **ráð** *n* Rat, Ratschlag; Plan
❖ **ráða** <ræðr, réð, réðu, ráðinn> *V* [+ D] beraten, beratschlagen; herrschen, regieren, managen; **réð lǫndum** herrschte über (seine) Länder; **ráða at** angreifen; **ráða fyrir [e-u]** herrschen über [etw.]; **ráða um við [e-t]** über [etw.] nachdenken
ráðagørð <Pl -ir> *f* Rat; **eiga ráðagørð** zu Rate gehen
ráðsnjallr *Adj* Rat wissend, klug entscheidend, scharfsinning
ráku *3 Pl Prät* von **reka**
Refill *m* der Name eines Schwertes
Refr <-s> *m* Refr (*Personenname*); Fuchs; **Refr inn rauði** Refr der Rote
Refsstaðir *m Pl* Refsstaðir (*Ortsname*)
regin <D Pl rǫgnum, G ragna> *n Pl* (göttliche) Kräfte, Götter
Reginn <-s> *m* Reginn; Sohn von Hreiðmarr, dem Bruder des Drachens **Fáfnir**
regna <-di, -t> *V* regnen
reiddisk *2/3 Sg Prät* von **reiðask**
reið *1/3 Sg Prät* von **ríða**
reiðask <-ddi, -ddr> *V* wütend werden
reiði *f* Zorn, Wut; **af reiði** in Zorn (geraten)
reiði *m* Schiffsausrüstung
❖ **reiðr** *Adj* zornig, wütend (über jmdn.)
reis *1/3 Sg Prät* von **rísa**
reisa <-ti, -tr> *V* erheben; **láta reisa stein** einen (Gedenk)Stein errichten lassen
reist *1/3 Sg Prät* von **rísta**
reka <rekr, rak, ráku, rekinn> *V* treiben, verfolgen; (Vieh) treiben, hüten; an die Küste treiben; zugrunde richten, zum Scheitern bringen; [+ G] Rache nehmen für; **reka spor** (Fuß)Spuren folgen
rekaviðr *m* Treibholz
reki *m* Treib-, Strandgut; (Rechts)Verfolgung eines Todschlages
rekja <rakði~rakti, rakiðr~rakðr~raktr> *V* verfolgen, nachforschen; entfalten, ausbreiten
rekkja *f* Bett; **fara í rekkju** zu Bett gehen
reknir *Part Prät* von **reka**
renna <rennr, rann, runnu, runninn> *V intrans* laufen, rennen
renna <-di, -dr> *V trans* rennen; in Bewegung setzen, gleiten lassen
reri *3 Sg Prät* von **róa**
Rerir <-s> *m* Reri (*Personenname*)
reru *3 Pl Prät* von **róa**
reyðr <A/D reyði, G reyðar, Pl reyðar> *f* Finnwal, großer Bartenwal
Reykjanes *n* Reykjanes, Landzunge oder Halbinsel des Rauchs (*Ortsname*)
Reykjarvík *f* Reykjarvík, Bucht des Rauchs (älterer Name der Stadt Reykjavík)
reyna <-di, -dr> *V* versuchen, probieren; erfahren
réð *1/3 Sg Prät* von **ráða**
rétt *Adv* direkt
❖ **réttr** <f rétt, n rétt> *Adj* gerade; korrekt, richtig, genau
réttr <-ar> *m* Recht
rif <D Pl rifjum> *n* Rippe; Riff (im Meer)
Rifsker <D Pl Rifskerjum> *n* Rifsker (*Ortsname*), wörtl. Schäre oder Felsklippe des Riffs
rista <-ti, -tr> *V* schneiden, schnitzen, ritzen, meißeln
rita <-að-> *V* schreiben *Var* von **ríta**
❖ **ríða** <ríðr, reið, riðu, riðinn> *V* reiten

e-n = einhvern (Akkusativ); **e-t** = eitthvat (Akkusativ); **e-m** = einhverjum (Dativ); **e-u** = einhverju (Dativ); **e-s** = einhvers (Genitiv)

Ríkarðr <-ar> *m* Ríkarðr
ríki <*D Pl* ríkjum, *G Pl* ríkja> *n* Macht; Reich; Königreich
ríkismaðr *m* großer, bedeutender und/oder wohlhabender Mann, Mann von Macht
❖ **ríkr** <*A* ríkjan> *Adj* mächtig, reich
rísa <ríss, reis, risu, risinn> *V* entstehen, aufkommen; **rísa upp** sich erheben, aufstehen
rísmál *n* sechs Uhr am Morgen
rísta <rístr, reist, ristu, ristinn> *V* schneiden, schnitzen, ritzen, meißeln; **láta rísta rúnar** Runen ritzen lassen
ríta <rítr, reit, ritu, ritinn> *V* schreiben; ritzen, schneiden
rjóða <rýðr, rauð, ruðu, roðinn> *V* rot machen; mit Blut färben
rjúfa <rýfr, rauf, rufu, rvoninn> *V* brechen; ein Loch hinein brechen; **rjúfa sáttmál** eine (Friedens)Abmachung brechen; (*unpers.*) **rýfr veðrit** das Wetter klärt auf
Roðbertr lǫngumspaði <-s> *m* Roðbertr „Langschwert"
Rogaland *n* Rogaland (*Ortsname*)
róa <rœr, røri~reri, røru~reru, róinn> *V* rudern
róðr <*G* róðrar, *Pl* róðrar> *m* Rudern, Ziehen

rógmálmr *m* Gold, Metall des Streits
rót <*G* rótar, *Pl* rœtr> *f* Wurzel
róta <-að-> *V* [+ *D*] in Unordnung bringen; **róta [e-u] í sundr** [etw.] entzwei schlagen
rúm *n* Bett; Raum, Platz
rún <*Pl* -ar> *f* Geheimnis, Rätsel; Rune, ein Buchstabe des Fuþarks
rygr <-jar> *f* Hausfrau
ræna <-di, -dr ~ -ti, -tr> *V* rauben, stehlen, plündern; **ræna [e-n] [e-t]** [jmdm. einer Sache] berauben
rœða <-ddi, -ddr> *V* sprechen; sich unterhalten
rœtr *N/A Pl* von **rót**
rǫg *f N Sg* & *n N/A Pl* von **ragr**
Rǫgnvaldr <-s~ar> *m* Rǫgnvaldr (*Personenname*)
rǫk *n Pl* Urteil, Untergang
rǫkðu *3 Pl Prät* von **rekja**
rǫk(k)r <-rs> *n* Dämmerung
rǫru *3 Pl Prät* von **róa**
rǫskr <*A* rǫskvan> *Adj* derb, heftig, mutig
rǫst <*G* rastar, *Pl* rastir> *f* Wegstrecke, Längenmaß

S

saga <*Pl* sǫgur> *f* Etwas, das gesagt wird, Bericht; Geschichte; Saga; **saga til [e-s]** eine Geschichte über etw.
sakar *G* von **sǫk**
sakeyrir *m* Geldstrafe
sakna <-að> *V* [+ *G*] vermissen, den Verlust [von etw.] spüren
salr <*D* sal, *G* salar, *Pl* salir> *m* Halle
❖ **saman** *Adv* zusammen
samfǫr < *Pl* samfarar> *f* (im Pl verwendet) Beziehung, eheliches Zusammenleben
sammœðr *Adj* von derselben Mutter
❖ **samr** <*f* sǫm, *n* samt> *Adj* gleich, unverändert; derselbe, der Gleiche; **ina sǫmu nótt** in derselben Nacht; **it sama** gleicherweise, ebenso
sannnefni *n* zutreffender oder angemessener Name
❖ **sannr** <*f* sǫnn, *n* satt> *Adj* wahr
sauðahús *n* Schafsstall
sauðamaðr *m* Schafhirte
sauðr <-ar, -ir> *m* Schaf
sautján (auch **sjautján**) <*Ordinal* sautjándi, siebzehnter> *Kardinal* siebzehn
❖ **sá** <*f* sú, *n* þat> *Dem-Pron* der, dieser
sá <sær, søri~seri, søru~seru, sáinn> *V* säen
sá *1/3 Sg Prät* von **sjá**
sál *f Var* von **sála**
sála *f* Seele
sáld *n* Fass, Bottich
sámr *Adj* dunkel, schwärzlich
sár *n* Wunde
❖ **sárr** *Adj* verwundet; schmerzhaft
❖ **sáttr** *Adj* versöhnt, im Frieden
sátu *3 Pl Prät* von **sitja**
sáu *3 Pl Prät* von **sjá**

seggr <*Pl* seggir, *G* seggja> *m* Mann
❖ **segja** <sagði, sagt> *V* sagen; **segja frá [e-u]** enthüllen, berichten über [etw.]; **segja [e-m] til [e-s]** erzählen, [jmdn.] über [etw.] informieren; **segja til sín** seinen Namen nennen
❖ **sekr** <*A* sekan~sekjan> *Adj* schuldig; überführt, für vogelfrei erklärt; **gera [e-n] sekan** die Acht über jmdn. verhängen
selja <-di, -dr> *V* jmdm. etw. übergeben; verkaufen; **seljast** *Med-Pas* sich selbst aufgeben
❖ **sem** *Relativpartikel* der; *Opt* als; [+ *Superl*] so...wie möglich; wo
senda <-di, -dr> *V* schicken
sendimaðr *m* Bote
senn *Adv* sofort, auf Anhieb
❖ **setja** <-tti, -ttr> *V* setzen, platzieren; **setja til ríkis** jmdm. die Herrschaft übergeben; **setja upp** aufsetzen, aufstehen; **setja við** vorbereiten; **setjask** *Med-Pas* sich setzen, sitzen
❖ **sex** <*Ordinal* sétti, sechster > *Kardinal* sechs
sex tigir *Num* sechzig
sextán <*Ordinal* sextándi, sechzehnter> *Kardinal* sechzehn
seyra *f* Hungern, Hungersnot
sezk *2/3 Sg Präs* von **setjask (setr + sk)**
sém *1 Pl Präs Opt* von **vera**
sér *D* von **sik**
sér *2/3 Sg* von **sjá**
sétti *Ordinal* sechster
Sif *f* Sif, eine Göttin, die Ehefrau von Þórr
Sigfaðir *m* Sieg-Vater, ein Name für **Óðinn**
Sighvatr <-s> *m* Sighvatr (*Personenname*)
sigla <-di, -dr> *V* segeln
sigla *f* Mast, Mastbaum
Sighvatr <-s> *m* Sighvatr (*Personenname*); **Sighvatr inn rauði** Sighvatr „der Rote"
Sigi *m* Sigi (*Personenname*)

a, á, b, d, ð, e, é, f, g, h, i, í, j, k, l, m, n, o, ó, p, r, s, t, u, ú, v, x, y, ý, z, þ, æ, œ, ö (ǫ), ø

Sigmundr <-ar> *m* Sigmundr (*Personenname*)
Signý <-jar> *f* Signý (*Personenname*)
sigr <-rs> *m* Sieg
sigra <-að-> *V* besiegen
Sigríðr <A/D Sigríði, G Sigríðar> *f* Sigríðr (*Personenname*)
sigrsæll *Adj* siegreich
Sigrøðr <-ar> *m* Sigrøðr (*Personenname*)
Sigtryggr <-s> *m* Sigtryggr (*Personenname*)
Sigurðr <-ar> *m* Sigurðr (*Personenname*); **Sigurðr slefa** Sigurðr „Sabber"
❖ **sik** <D sér, G sín> *Refl-Pron* sich
silfr *n* Silber
silki *n* Seide
silkitreyja *f* Seidenjacke
❖ **sinn** *n* Gang, Mal; **eitt sinn** ein Mal; **einu sinni** einst, einmal; **hvert sinn** jedes Mal
❖ **sinn** <f sín, n sitt> *Poss-Pron* sein, ihr
❖ **sitja** <sitr, sat, sátu, setinn> *V* sitzen; residieren
síð <Komp síðr Superl sízt> *Adv* spät
síðar *Var* von **síðarr**
síðarr (auch **síðar**) *Komp Adv* von **síð**, später
❖ **síðan** *Adv* dann, später, danach
síðr *Superl* von **síð**
síga <sígr, sé~seig, sigu, siginn> *V* langsam hinab sinken; gleiten, sich langsam bewegen
Símon knútr *m* Símon „Knoten" (*Personenname*)
sín *G* von **sik**
sína *f A Sg* von **sinn**
Síreksstaðir *m Pl* Síreksstaðir (*Ortsname*)
sízt *Opt* seitdem; seit, nach
sízt *Superl Adv* von **síð**
sjaldan *Adv* selten
sjautján *Var* von **sautján**
❖ **sjau** <*Ordinal* sjaundi, siebter > *Kardinal* sieben
❖ **sjá** *Var* von **þessi**
❖ **sjá** <sér, sá, sá(u), sénn> *V* sehen; verstehen; **sjá á [e-m]** [jmdn.] ansehen
sjái *3 Sg & Pl Präs Opt* von **sjá**
Sjáland *n* Sjáland, Sjælland im modernen Dänisch (*Ortsname*), Seeland
❖ **sjálfr** *Adj Pron* selbst
sjávarafli *m* aus dem Meer gewonnene Rohstoffe, Fisch
sjónhverfing *f* optische Illusion (hervorgerufen durch Zauberei)
sjónlauss *Adj* blind, sichtlos
sjór <G sjóvar~sjófar> *m* das Meer; **fyrir ofan sjó** oberhalb der Wasserlinie
skaði *m* Schaden; Tod
skafa <skefr, skóf, skófu, skafinn> *V* kratzen, schaben
skaka <skekr, skók, skóku, skekinn> *V* schütteln
skal *1/3 Sg Präs* von **skulu**
Skallagrímr <-s> *m* Skalla-Grímr, „Glatzen"-Grímr (*Personenname*)
skalt *2 Sg Präs* von **skulu**
❖ **skammr** *Adj* kurz, nicht weit (räumlich); kurz, nicht lange (*zeitlich*)
skammt *Adv* ein geringer Abstand, nicht weit weg

skap *n* Zustand; Gemüt, Stimmung
skapa <-að- or skepr, skóp, skópu, skapinn> *V* (er)schaffen, formen, machen, bilden
skapt <*Pl* skǫpt> *n* Stiel, Schaft; **á hávu skapti** an einem langen Schaft
skarpr <f skǫrp, n skarpt> *Adj* verbrannt, erschöpft, reibend
skattr <-s, -ar> *m* Tribut, Steuer
skáld *n* Dichter, Skalde
skáldskaparmál *n Pl* Sprache der Dichtkunst
skáli *m* Haupthalle, Schlafhalle
skálm <*Pl* -ir> *f* kurzes Schwert, Hackbeil
Skáney *f* Schonen (Skåne), Dänemark (*Ortsname*), heute ein Teil von Schweden
skáru *3 Pl Prät* von **skera**
skegg *n* Bart
skeinuhættr *Adj* imstande, jmdn. zu verwunden; gefährlich
skel *f* Schale; Muschel
skelfr *2/3 Sg Präs* von **skjálfa**
skellr <*Pl* -ir> *m* Schlag, Hieb
sker <D Pl skerjum, G Pl skerja> *n* Schäre, Felsklippe
skera <skerr, skar, skáru, skorinn> *V* schneiden
skikkja *f* Mantel
❖ **skilja** <-di~ði, skiliðr~skildr~skilinn> *V* trennen, teilen; verstehen; **þá skilr á um [e-t]** *unpers.* sie überwerfen, zerstreiten, widersprechen sich (wegen etw.)
skillingr <-s, -ar> *m* Schilling, Münze; *Pl* Geld
skilnaðr <-s> *m* Trennung, Abschied
skinn *n* Haut, Fell, Pelz
Skinna-Bjǫrn *m* „Hautabzieher"-Bjǫrn (*Personenname*)
skinni *m* Hautabzieher, Häuter (*Beiname*)
❖ **skip** *n* Schiff
skipa <-að > *V* arrangieren, ordnen; bemannen, besetzen, beschäftigen
skipfǫr <G skipfarar, Pl skipfarar> *f* eine Reise, Schiffsfahrt, die Fahrt eines Schiffs
skipt *Part Prät* von **skipta** [*n N/A*]
skipta <-ti, -tr> *V* [+ D] (auf)teilen; ändern, wechseln
skipti *n* Teilung; Unterschied
skíð *n* Holzstück, Scheit; Ski(brett), Schneeschuh **skíð Atals grundar** Ski des Landes von Atal (*kenning* für „Schiff")
skíð *n* Stock
Skíði *m* Skídi (*Personenname*)
skína <skínr, skein, skinu, skininn> *V* scheinen
Skínir *m* Skínir (*Personenname*)
skjaldborg *f* Schildburg, von Kriegern mit ihren Schilden gebildeter Ring
skjall *n* die weiße Häutchen unter der Eierschale
skjálfa <skelfr, skalf, skulfu, skolfinn> *V* zittern, schütteln
skjóta <skýtr, skaut, skutu, skotinn> *V* sich schnell in eine best. Richtung bewegen; schießen
skjótliga *Adv* rasch, schnell, plötzlich
skótligr *Adj* flink, schnell, rasch
skjótr *Adj* schnell
skjótt *Adv* plötzlich
❖ **skjǫldr** <D skildi, G skjaldar, Pl skildir, A skjǫldu> *m* Schild

e-n = einhvern (Akkusativ); **e-t** = eitthvat (Akkusativ); **e-m** = einhverjum (Dativ); **e-u** = einhverju (Dativ); **e-s** = einhvers (Genitiv)

Skoll *m* der Wolf Skoll, der die Sonne verfolgt
skorinn *Part Prät* von **skera**
skorta <-ti, -t> *V* mangeln, fehlen; **[e-n] skortir [e-t]** [jmdm.] mangelt es an [etw.]
skot *n* Schießen, Schuss, Geschoss
Skotland *n* Skotland (Schottland)
skógr <-ar, -ar> *m* Wald
skór <*D* skó, *G* skós, *Pl* skúar, *A* skúa, *D* skóm, *G* skúa> *m* Schuh
skríða <skríðr, skreið, skriðu, skriðinn> *V* kriechen
Skrýmir <-s> *m* Skrýmir, Name eines Riesens
Skuld *f* Skuld (*Personenname*, mythologisch), eine der drei Nornen; Schuld
❖ **skulu** <skal, skyldi, *Prät inf* skyldu> *Prät-Präs V* sollen (Verpflichtung, Absicht, Notwendigkeit, Schicksal); sollten
skurðr <-ar, -ir> *m* das Zerschneiden, Abspecken eines Wals; Einschnitt, Kerbe
skúr *f* Dusche
Skútaðar-Skeggi *m* „Skeggi von Skútað" (*Personenname*)
skyld <*Pl* -ir> *f* Steuer, Abgabe, Belastung mit Schulden; Grund, Ursache
❖ **skyldr** *Adj* gebunden, verpflichtet; notwendig, dringend; verwandt
skyldu *3 Pl Prät* von **skulu**
skyli *3 Sg & Pl Präs Opt* von **skulu**
skynda <-di, -dr> *V* [+ *D*] eilen
skyr *n* geronnene Milch
ský <*G Pl* skýja> *n* Wolke
Skǫfnungr (auch **Skǫflungr**) *m* Skǫfnungr, Name des Schwerts von König Hrólfr; Schienbein
skǫkull <*D* skǫkli, *G* skǫkuls> *m* Geschirr, Deichsel
skǫr <*G* skarar> *f* Locken, Haar
skǫrungr <-s, -ar> *m* ein bemerkenswerter Mensch, AnführerIn
slá <slær, sló, slógu, sleginn> *V* schlagen; formen
slefa *f* Speichel, Spucke, Sabber
Sleipnir *m* Sleipnir, das Pferd von Óðinn
sleppa <sleppr, slapp, sluppu, sloppinn> *V* rutschen; fliehen, entwischen; scheitern, ausrutschen
slíðrar (auch **slíðrir**) *f Pl* (Schwert) Scheide
slíðrir *Var* von **slíðrar**
❖ **slíkr** *Adj* solch (ein, einer)
slíkt *Adv* (eben)so, auf diese Weise
sló *1/3 Sg Prät* von **slá**
smalamaðr *m* Schäfer, Hirte
smár <*f* smá, *n* smátt> *Adj* klein
smiðja <-u, -ur> *f* Schmiede
smiðr *m* Schmied
smjúga <smýgr, smaug~smó, smugu, smoginn> *V* durch eine Öffnung kriechen, sich schmiegen; durchbohren
smjǫr <*D* smjǫrvi> *n* Butter
Smjǫrvatnsheiðr *f* Smjǫrvatnsheiðr (*Ortsname*), „Butterseeheide"
sneiða <-ddi, -ddr> *V* (auf)schneiden; zur Seite gehen, abprallen
snemma (auch **snimma**) <*Komp* snemr, *Superl* snemst> *Adv* früh
snemr *Komp* von snemma
snerta <snertr, snart, snurtu, snortinn> *V* berühren; anbelangen, betreffen
snimma *Var* von **snemma**
snjófa <-að> *V* Schnee
snjór <*G* snjóvar~snjófar> *m* Schnee
snúa <snýr, sneri~snøri, sneru~snøru, snúinn> *V* drehen, winden, flechten; **snúask til** sich zu etw. drehen
Snækólfr *m* Snækólfr (*Personenname*)
svona <søfr~sefr, svaf, sváfu, svoninn> *V* schlafen
svonna <-að> *V* einschlafen; **vera svonnaðr** eingeschlafen sein
sokkr <-s, -ar> *m* Socke, Strumpf; **einir sokkar** ein Paar Socken
sonargjǫld *n Pl* Lösegeld, Wergeld; Buße für einen getöteten Sohn
sonarsonr *m* Enkel („Sohn des Sohns")
❖ **sonr** <*D* syni, *G* sonar, *Pl* synir, *A* sonu> *m* Sohn
Sóknadalr *m* Sóknadalr (*Ortsname*)
sól <*D* sól~sólu> *f* Sonne; Tag
sólskin *n* Sonnenschein
sómi *m* Etw., das Ehre bringt, eine Auszeichnung
Sótanes *n* Sótanes (*Ortsname*)
sótti *3 Sg Prät* von **sœkja**
sóttu *3Pl Prät* von **sœkja**
spaði *m* Spaten, Schaufel
spakara *Komp Adv* von *Adj* spakr klüger, weiser
spakr <*f* spǫk, *n* spakt> *Adj* klug, weise
spá <-ði, spát> *V* prophezeien, vorhersagen
spánn (auch **spónn**) <*D* spæni, *G* spánar, *Pl* spænir, *A* spænir> *m* (Holz)Span, Splitter; Löffel
spekð (auch **spekt**) *f* Frieden; Weisheit
speki *f* Weisheit
spekingr <-s, -ar> *m* weise Person, Weiser
spekt (auch **spekð**) *f* Frieden; Weisheit
spilla <-ti, -tr> *V* [+ *D*] verschwenden, vergeuden, zerstören
spillir *m* Verschwender; **spillir bauga** Verschwender der Ringe, großzügiger Prinz
spinna <spinnr, spann, spunnu, spunninn> *V* spinnen
❖ **spjót** *n* Speer, Lanze
Spjútr <-s> *m* Spjútr (*Personenname*)
spor *n* (Fuß)Spur, Fährte, Fußabdruck
spónn *Var* von **spánn**
spretta <sprettr, spratt, spruttu, sprottinn> *V* entspringen, hervorbrechen; beginnen, springen; sprießen
springa <springr, sprakk, sprungu, sprunginn> *V* springen; aufspringen, zerspringen, platzen; aufgrund von Überanstrengung oder Kummer sterben
spurði *3 Sg Prät* von **spyrja**
spurðusk *3 Pl Prät Med-Pas* von **spyrja**
❖ **spyrja** <spurði, spurðr> *V* fragen; hören, erfahren von, informiert werden, herausfinden; **spyrja til [e-s]** Neuigkeiten über jmdn. erfahren; **spyrja [e-n] at [e-u]** jmdm. über etw. befragen; **spyrjask** *Med-Pas* sich nach etw. erkundigen; bekannt werden
spǫrr <*Pl* sparvar> *m* Spatz
staddr (*Part Prät* von steðja) platziert, anwesend; befindlich
❖ **staðr** <*D* stað~staði, *G* staðar, *Pl* staðir> *m* Ort, Teil eines Landes; Platz, Fleck; Wohnsitz, Behausung
stafr <*G* -s, *Pl* stafar~stafir> *m* hölzerner Stab, Stock; Pfosten, Balken
stalli <-a, -ar> *m* (heidnischer) Altar

❖ **stallr** <-s, -ar> *m* Stand; Podest
❖ **standa** <stendr, stóð, stóðu, staðinn> *V* stehen; bleiben; bestehen bleiben; sich befinden; andauern, währen; feststecken, festsitzen; **standa af [e-u]** ausgehen von, bestehen aus; **standa undir [e-u]** etw. ausgesetzt sein; **standa undir [e-t]** für eine Sache eintreten, etw. fördern; **standa við [e-u]** widerstehen, standhalten; **standa yfir** dauern, währen
stanga <-að-> *V* stechen, stochern; jmdm. oder etw. mit den Hörnern stoßen (Vieh); **stangask** *Med-Pas* sich mit den Hörnern stoßen
starf *n* Arbeit
steði <*G* steðja> *m* Amboss
steðja <-ddi, -ddr> *V* zum Stehen bringen; festsetzen, beschließen
stefna <-di, -dr> *V* ansteuern, in eine best. Richtung gehen; vorladen, einberufen
stefna *f* Richtung, Kurs; Treffen; Verabredung; Vorladung
steikja <-ði~ti, -ðr~tr> *V* braten, rösten
steina <-di, -dr> *V* malen
Steinbjǫrn *m* Steinbjǫrn, „Stein-Bär" (*Personenname*)
steinn <-s, -ar> *m* Stein; Höhle, aus Steinen errichtete Wohnstätte; [*poet*] wertvoller Stein, Juwel
Steinn <-s> *m* Steinn (*Ortsname*)
steint *Part Prät* von **steina**
stela <stelr, stal, stálu, stolinn> *V* stehlen
sterkastr *Superl* von **sterkr**
❖ **sterkr** *Adj* stark
stikublígr *m* Stockgaffer, Geizhals (*Beiname*)
stinnr *Adj* steif, unbeugsam, stark
stirðr <*n* stirt> *Adj* steif, unnachgiebig; rau, barsch, streng
stirt *Adv* rau, barsch
stíga <stígr, sté~steig, stigu, stiginn> *V* steigen, treten; **stíga á hest** auf ein Pferd steigen
stjarna <*G* stjǫrnu, *Pl* stjǫrnur> *f* Stern
stjórna <-að> [+ *D*] herrschen über, regieren, befehlen
stjórnsamr *Adj* zielstrebig, überheblich
stofa *f* Stube, Raum in einem Langhaus, das durch einen steinernen Herd beheizt wurde und in dem die Frauen Wolle webten, die Familie am Abend beieinander saß, und in dem Gelage gefeiert wurden
stokkr <-s, -ar> *m* Baumstumpf, Holzklotz; Holzbalken; Sockel unter einem Amboss
stolinn *Part Prät* von **stela**
stormr *m* Sturm
stóð *1/3 Sg Prät* von **standa**
stóll <-s, -ar> *m* Stuhl, Sitz; Bischofssitz; Königsresidenz
stórlátr *Adj* stolz, hochmütig, arrogant
stórmannligr *Adj* großartig, umwerfend, prachtvoll
stórmennska *f* Großmut, Großzügigkeit
stórmerki *n Pl* große Taten, Wunderdinge
❖ **stórr** <*Komp* stœrri, *Superl* stœrstr> *Adj* groß
strandhǫgg *n* ein Überfall auf ein Küstengebiet (vom Schiff aus); **hǫggva strandhǫgg** Seeräuberei betreiben
Strandir *f Pl* Strandir (*Ortsname*), die Strände
straumr <*G* straums, *Pl* straumar> *m* Strom
strá <-ði, -ðr> *V* streuen, verbreiten
strengja <-da, -dr> feierlich schwören; fest zubinden
strjúka <strýkr, strauk, struku, strokinn> *V* streichen, reiben, wischen; streicheln; glätten
strǫnd <*D* strǫndu~strǫnd, *G* strandar, *Pl* strendr~strandir> *f* Strand, Küste,; Grenze, Kante
stund *f* eine Weile, eine Stunde; Zeit
stundum ... stundum *Opt* manchmal...manchmal, bald...bald
stýra <-ði, -t> *V* [+ *D*] steuern, kommandieren; regieren, beherrschen; verwalten
stýrimaðr *m* Steuermann
stǫðlinum = stǫðli + *inum* , *D Sg* von **stǫðull**
stǫðull <*D* stǫðli> *m* Melkstall (für Kühe)
stǫðva <-að-> *V* zum Stehen oder zum Halten bringen
stǫkk *1/3 Sg Prät* von **stǫkkva**
stǫkkva <stǫkkr, stǫkk, stukku, stokkinn> *V* springen, sich plötzlich (fort)bewegen, entweichen, fliehen; bespritzt werden
stǫng <stangar, stangir~stengr> *f* Stab, Stange
suðr <-rs> *n* Süden
suðr *Adv* südwärts, in südlicher Richtung
Suðreyjar *f Pl* wörtl. die Südinseln (aus norwegischer Perspektive), die Hebriden
Suðrlǫnd *n Pl* die Südländer, Deutschland
Suðrmaðr *m* Südmann, Mann aus dem Süden; Deutscher
Suðr-Rygirnir *m Pl* Süd-Rogaländer
suðrœnn *Adj* südlich, von Süden kommend
sultr <-ar> *m* Hunger
❖ **sumar** <*Pl* sumur> *n* Sommer; **um sumarit** im Sommer, über den Sommer; **hvert sumar** in jedem Sommer
sumir *m N Pl* von **sumr**
❖ **sumr** *Adj Pron* einige
sumra <-að> *V* Sommer werden
sumur *n N/A Pl* von **sumar**
sundfœrr *Adj* schwimmen können; wörtl. „über das Meer schwimmen können"
sundr *Adv* auseinander, entzwei
sunna *f* Sonne
sunnan *Adv* aus dem Süden
Sunnudalr *m* Sunnudalr (*Ortsname*)
Surtr *m* Surtr, der Herr von **Múspellsheimr**
sú <*A* þá, *D* þeir(r)i, *G* þeir(r)ar> *f Sg Dem-Pron* von **sá** dieser (eine)
Súðvirki *n* Súðvirki (*Ortsname*)
Súlki *m* Sulki (*Personenname*)
súpa <sýpr, saup, supu, sopinn> *V* in kleinen Schlucken trinken, nippen; einen Schluck nehmen
svaf *1/3 Sg Prät* von **sofa**
svalr *Adj* kühl, frisch
svaltz *Var* von **svalzt**
svalzt *2 Sg Prät* von **svelta**
svanr <-s, -ir> *m* Schwan
Svanr *m* Svanr (*Personenname*)
svar <*Pl* svǫr> *n* Antwort
❖ **svara** <-að-> *V* [+ *D*] antworten
svardagi *m* Eid
Svartálfheimr *m* Svartálfheimr (*Ortsname*, mythologisch) Welt der Dunkelalben

e-n = einhvern (Akkusativ); **e-t** = eitthvat (Akkusativ); **e-m** = einhverjum (Dativ); **e-u** = einhverju (Dativ); **e-s** = einhvers (Genitiv)

svartr <f svǫrt, n svart> *Adj* schwarz
Svartr *m* Svartr (*Personenname*), Schwarz
❖ **svá** *Adv* so, auf diese Weise; daher; solch; dann; so (denoting degree); **svá at** so dass; **svá sem** so wie; **svá mikill** so groß(artig)
❖ **sveinn** <-s, -ar> *m* Junge, Knabe, Bursche; Diener; Knappe
Sveinn tjúguskegg <*G* Sveins> *m* Sveinn „Gabelbart", König von Dänemark (987–1014)
sveit <*Pl* sveitir> *f* Gruppe oder Einheit von Männern; Truppe, Bande, Kompanie; Region, Bezirk
Sveiti *m* Schweiß, Blut
svelgja <svelgr, svalg, sulgu, sólginn> *V* schlucken
svelta <sveltr, svalt, sultu, soltinn> *V* verhungern; hungern, an Hunger leiden; **svelta hungri** starve, vor Hunger sterben
❖ **sverð** *n* Schwert
sverðsegg *f* Schwertschneide
sverja <svarði, svarðr oder sverr, sór, sóru, svarinn> *V* (einen Eid) schwören
svimma <svimmr, svamm, summu, summinn> *V* schwimmen
svipan *f* schnelle Bewegung, Schwung; Schlag
Svipdagr <-s> *m* Svipdagr (*Personenname*)
svipstund *f* Augenblick, Moment
svipta <-ti, -tr> *V* fegen; werfen, schleudern
Svíar *m Pl* das ungefähr bis zum Ende der Wikingerzeit in Zentralschweden lebende Volk der Svíar oder Svear
svíða <svíðr, sveið, sviðu, sviðinn> *V* an/versengen, brennen
Svíkja <svíkr, sveik, sviku, svikinn> betrügen, hereinlegen, täuschen, hintergehen
Svívǫr *f* Svívǫr, eine Riesin, die von Þórr erschlagen wird
Svíþjóð *f* Schweden
svǫr *N/A Pl* von **svar**

syngva <syngr, sǫng, sungu, sunginn> *V* singen
syni *D* von **sonr**
systir <*A/D/G* systur, *Pl* systr> *f* Schwester
sýna <-di, -dr> *V* zeigen; **sýnask** *Med-Pas* scheinen, erscheinen
sýnum *Adv* vom Anblick, anscheinend
sæhafa *indekl Adj* sturmgepeitscht (auf See), vom Kurs abgetrieben; **verða sæhafa** auf See vom Kurs abgetrieben werden
Sæhrímnir *m* Sæhrímnir, der Eber, der den Kriegern in **Valhǫll** jede Nacht als Mahl vorgesetzt wird
sæll *Adj* glücklich, selig
sær <*A* sæ, *D* sævi~sæ, *G* sævar> *m* das Meer
sæta <-tta, -tt> *V* [+ *D*] in einem Hinterhalt warten, jmdm. auflauern; etw. durchmachen, erleiden; herbeiführen, bewirken
sætt <*Pl* sættir, *D* sáttum, *G* sátta> *f* Vereinbarung, Aussöhnung, Wiedergutmachung, Abkommen; **at sætt** als Wiedergutmachung, Buße
sætta <-tti, -ttr> *V* schlichten; Frieden herstellen zwischen; **sættask** *Med-Pas* einen Vergleich schließen, abklären, vereinbaren, versöhnt werden
sættusk *3 Pl Prät Med-Pas* von **sætta**
❖ **sœkja** <sótti, sóttr> *V* suchen; verfolgen; **sœkja til [e-s]** jmdn. auffindig machen, aufspüren
sœmð *f* Ehre
sœnskr *Adj* Schwedisch
❖ **sǫk** <*G* sakar; *Pl* sakar~sakir> *f* (Klage)Grund, Ursache; **fyrir [e-s] sakar** aufgrund von, deswegen; (Rechts)Sache
søkkva <søkkr, sǫkk, sukku, sokinn> *V* sinken
sǫm *f N Sg & n N/A Pl* von **samr**
sǫmu *str n D sg, schw f A/D/G Sg & alle schw. N/A/G Pl* von **samr**
sǫngr <-s, -var> *m* Lied

T

❖ **taka** <tekr, tók, tóku, tekinn> *V* nehmen, ergreifen; greifen, berühren, anfassen; [+ *Inf*] beginnen; *unpers.* [e-t] **taka af** [sth] frei kommen, sich lösen von; etw. lässt nach; **taka arf** erben; **taka [e-t] á [e-u]** etw. mit etw. berühren; **taka [e-m] fegins hendi** jmdn. freudig aufnehmen; **taka í sundr** durchschneiden; **taka [e-n] hǫndum** jmdn. ergreifen oder fangen; **taka upp [e-t]** etw. aufheben; **taka við [e-m]** aufnehmen, jmdn. in seinem Haus empfangen oder willkommen heißen; **taka við [e-u]** erhalten, Besitz erhalten von, erwerben, erben; **taka til** beginnen
tal *n* Gespräch, Unterhaltung
❖ **tala** <-að-> *V* reden, sprechen; **tala við [e-n]** mit jmdm. sprechen
telja <talði~taldi, talið~taldr~talinn> *V* zählen, aufzählen, anführen; erklären, sagen
temja <temr, tamði~tamdi, tamði~tamdr, taminn> *V* zähmen; üben
Temps *f* die Themse (Fluss)
tigr <*G* tigar; *Pl* tigir, *A* tigu> *m* zehn; eine Dekade
❖ **til** *Präp.* [+ *G*] nach, zu; bis zu, bis auf; zwecks, für, als
til handa *Präp.* [+ *D*] für
tilkall <*Pl* tilkǫll> *n* Anspruch
tillagagóðr *Adj* gutgesinnt, zuverlässig
tillit *n* Blick, Anblick (vgl. **líta**)
tíðara *Komp Adv* von *Adj* **tíðr**
tíðendi *Var* von **tíðindi**
❖ **tíðindi** (auch tíðendi) *n Pl* Neuigkeiten, Ereignisse
tíðr *Adj* üblich, gebräuchlich
tíðum *Adv* oft, häufig
tími *m* Zeit; Mal
tírœðr *Adj* zehn Zehner enthaltend
❖ **tíu** <*Ordinal* tíundi, zehnter> *Kardinal* zehn
tívar *m* (nur) *Pl* Götter [*poet*]
tjalda <-að-> *V* ein Zelt aufstellen
tjaldat *Part Prät* von **tjalda**, aufgestellt (Zelt); mit aufgestelltem Segel
toddi *m* Stück, Stückchen (*Beiname*); Gabe, Abgabe
topt <-ir> *f* Gehöft; die (Grund)Mauern eines (ehemaligen) Gebäudes
Toptavǫllr *m* Toptavǫllr (*Ortsname*)
tók *1/3 Sg Prät* von **taka**
tóku *3 Pl Prät* von **taka**
❖ **tólf** <*Ordinal* tólfti, zwölfter > *Kardinal* zwölf
tólfrœðr *Adj* zwölf Zehner enthaltend, bestehend aus zwölf Zehnern

tómliga *Adv* langsam, gemächlich, bedächtig
tómr *Adj* leer, ohne Inhalt
tré <*D* tré, *G* trés, *Pl* tré, *D* trjám, *G* trjá> *n* Baum; Holz
tréna <-að-> *V* holzig oder trocken werden
troða <treðr~trøðr, trað, tráðu, treðinn> *V* treten, betreten; stapfen, stampfen; stopfen; **troðask** *Med-Pas* sich drängen
troll (auch trǫll) *n* „Troll", nicht menschliches Wesen; ein einem Troll ähnelnder Mensch
trollkona *f* Trollfrau, Trollweib (oft pejorativ verwendet), eine Riesin
trúa (auch trú) <trú> *f* Glaube; Versprechen, Gelöbnis; religiöser Glaube
trúa <-ði, trúat> *V* glauben an, für wahr halten
trúr *Adj* wahr; treu ergeben; gläubig
tryggvi *m* der Treue, der Treuergebene (*Beiname*)

trǫll *Var* von **troll**
tunga *f* Zunge; Sprache; Landzunge (zwischen zwei zusammenlaufenden Flüssen)
tuttugu <*Ordinal* tuttugandi~tuttugundi, zwanzigster> *Kardinal* zwanzig
tún *n* umzäuntes Landstück oder Gehöft; Heufeld, Hofwiese; [*poet*] Behausungen, Einfriedung
❖ **tveir** <*f* tvær, *n* tvau, *A m* tvá, *D* tveim(r), *G* tveggja, *Ordinal* annarr, zweiter > *Kardinal* zwei
typpa <-ti~typði, -tr~typðr> *V* Spitze, Krone
týja <3 *Sg Präs* týr, 3 *Sg Prät* týði> *V* machen, arbeiten; [+ *D*] helfen, unterstützen; *unpers.* nützen, **týði ekki** es war ohne Nutzen, sinnlos
tæla <-di, -dr> *V* betrügen, überlisten, verführen
tœki 3 *Sg* & *Pl Prät Opt* von **taka**
tǫnn <*G* tannar, *Pl* tenn~tennr~teðr> *f* Zahn

U

Uðr *Var* von **Unnr**
ulfr *Var* von **úlfr**
ull <*D* ullu> *f* Wolle
ullarlagðr *m* Wollflocke
❖ **um** *Präp* [+ *A*] über, über...hin, durch, um...herum; [+ *D*] während, in, über ...hin, zu einer Zeit; bezüglich, hinsichtlich, wegen, auf Grund von
um *Adv* darüber hin, darum herum, rundherum; darüber hinaus, außerdem; in Bezug auf; darüber, daran; deswegen
um þvert *Adv* gegenüber
umhverfis *Adv* rundum, ringsum
umhverfis *Präp* [+ *A*] um ... herum, rings um
una <-ði, unat> *V* verweilen, bleiben, wohnen; [+ *D*] genießen, fröhlich sein, zufrieden sein; **unðu þeir þar lítla hríð** sie konnten es dort für eine Weile aushalten
und *Präp* [+ *A/D*] unter
❖ **undan** *Präp* [+ *D*] von unten, unter...hervor; weg von, fort
undarligr *Adj* seltsam
❖ **undir** *Präp.* [+ *A/D*] unter, unterhalb
undirhyggjumaðr *m* eine hinterhältige oder falsche Person
unðu 3 *Pl Prät* von **una**

❖ **ungr** <*Komp* yngri, *Superl* yngstr> *Adj* jung
unna <ann, unni, unnt~unnat> *pret-Präs V* gewähren, erlauben, verleihen; [+ *D*] lieben; **unna [e-m] [e-s]** [jmdm. etw.] haben lassen, gewähren
unnit *Part Prät* von **vinna**
Unnr (auch Uðr) <*A* Unni, *D* Unni, *G* Unnar> *f* Unnr (*Personenname*)
unnu 3 *Pl Prät* von **vinna**
uns *Var* von **unz**
unz (auch **uns**) *Opt* bis
❖ **upp** *Adv* hinauf, nach oben
upphiminn *m* Himmel
uppi *Adv* oben; **vera uppi** oben sein; auf den Beinen sein, leben
upplenzkr *Adj* aus Upplǫnd stammend
Upplǫnd *n Pl* Upplǫnd (*Ortsname*) das norwegische Hochland
Uppsalir *m Pl* Uppsala (*Ortsname*)
Urðarbrunnr *m* Urðarbrunnr, die Quelle des Schicksals
Urðr *f* Urðr (*Personenname, mytholgisch*), eine der drei Nornen
urðu 3 *Pl Prät* von **una**
uxi (auch oxi) <*A/D/G* uxa, *Pl* yxn~øxn, *D* yxnum ~øxnum, *G* yxna~øxna> *m* Ochse

Ú

Úlfar *m* Úlfar (*Personenname*)
úlfr <-s, -ar> *m* Wolf
úr *Var* von **ór**
❖ **út** *Adv* nach außen, hinaus; hinaus in die Ferne; nach Island
❖ **útan** *Adv* von außen her, von draußen; von der See oder der Küste her, aus der weiten Welt, von fernen Ländern; von Island
útanverðr *Adj* das Äußere, außen, der äußere Teil von

útar *Komp Adv* weiter nach außen, weiter hinaus
útarliga *Adv* weit außen, weit(er) draußen
Útgarðr *m* Útgarðr (*Ortsname*), die äußere Umfriedung, der Wohnsitz der Riesen
úti *Adv* außen, draußen, außerhalb des Hauses, im Freien
útlagi *m* ein Geächteter
útlendr *Adj* ausländisch, fremd

V

vaða <veðr, óð, óðu, vaðinn> *V* (durch Wasser) waten; (auf einen Gegner) losgehen

vagn <-s, -ar> *m* Wagen, Schlitten, Fahrzeug
vaka <-ti, vakat> *V* wach sein

e-n = einhvern (Akkusativ); **e-t** = eitthvat (Akkusativ); **e-m** = einhverjum (Dativ); **e-u** = einhverju (Dativ); **e-s** = einhvers (Genitiv)

vakna <-að-> *intrans V* aufwachen, aufstehen
Valaskjálf *f* der mit Silber bedeckte Palast Valaskjálf in Ásgárðr
vald *n* Macht, Gewalt, Herrschaft
Valdres *n* Valdres, ein Gebiet im norwegischen Hochland
Valhǫll *f* Valhǫll, Óðinns Halle der gefallenen Krieger
Valir *m Pl* die Einwohner Frankreichs (v.a. die keltischen)
valkyrja *f* Walküre; weibliches Wesen, das die in der Schlacht Gefallenen für Valhǫll auswählt
Valland *n* Frankreich
valr *m* die auf dem Schlachtfeld Gefallenen
valr <-s, -ir> *m* Falke, Habicht,
vandahús *n* Haus aus Weidenruten
vandamál *n* schwieriger Fall, komplizierte Angelegenheit
vandi *m* Angewohnheit; Brauch, Sitte
vandliga *Adv* vorsichtig
vandr *Adj* schwierig
Vanir *m Pl* das Göttergeschlecht der Vanir
vann *1/3 Sg Prät* von **vinna**
❖ **vanr** *Adj* gewohnt, gewöhnt sein; **vanr [e-u]** an etw. gewöhnt sein; üblich
var *1/3 Sg Prät* von **vera**
varð *1/3 Sg Prät* von **verða**
varðveita <-tta, -ttr> *V* achtgeben auf, wachen über, verteidigen
vargr <-s, -ar> *m* Wolf
varla *Adv* kaum
varmr *Adj* warm
❖ **varr** <*f* vǫr, *n* Vart> *Adj* gewahr, in Kenntnis gesetzt, unterrichtet über; vorsichtig
vas (ältere Form von var) *1/3 Sg Prät* von **vera**
vatn <*G* vatns~vatz~vaz, *Pl* vǫtn> *n* Wasser; See
vaxa <vex, óx, óxu, vaxinn> *V* wachsen
vá *1/3 Sg Prät* von **vega**
vágr <-s, -ar> *m* (kleine) Bucht, Einbuchtung; Welle, Meer
Vágr *m* Vágr (*Ortsname*)
vágskorinn *Part Prät* vágr + skorinn, von Buchten durchschnitten
vágu *3 Pl Prät* von **vega**
ván <*Pl* vánir> *f* Hoffnung, Erwartung, Aussicht
❖ **vándr** *Adj* (qualitativ) schlecht, erbärmlich; (moralisch) schlecht, verdorben
❖ **vápn** *n* Waffe
vápnaðr *Part Prät* bewaffnet
Vápnafjǫrðr *m* Vápnafjǫrðr, wörtl. „Waffenfjord"
vápndjarfr *Adj* furchtlos, verwegen in der Schlacht; **inn vápndjarfasti** der Furchtloseste in der Schlacht
vápnfœrr *Adj* waffentüchtig, kampffähig; als Waffe geeignet
❖ **vár** *n* Frühling
vár *G* von **vér** unser (Pl)
Vár *f* vermutlich eine Göttin, die mit Schwüren in Verbindung steht; **Várar hendi** zur Hand von Vár
vára <-að> *V* Frühling werden
várar *f Pl* Eid, feierliches Gelöbnis
❖ **várr** *poss Pl Pron* unser
várþing *n* „Frühjahrsthing", Frühjahrsversammlung
veð <*D Pl* veðjum, *G* veðja> *n* Gelöbnis, Schwur

veðr *n* Wetter; Wind; Sturm
Veðrfǫlnir *m* der Habicht Veðrfǫlnir, der zwischen den Augen des in der Krone von **Yggdrasill** thronenden Adlers sitzt
vefa <vefr, óf~vaf, ófu~váfu, voninn> *V* weben
vega <vegr, vá, vágu, veginn> *V* töten, erschlagen; kämpfen
veggr <*D* vegg, *G* -jar~-s, -ir> *m* Mauer
❖ **vegr** <*G* vegar~vegs, *Pl* vegir~vegar, *A* vegu~vega> *m* Weg, Straße; Art, Weise; Richtung; Seite
veiða <-ddi, -ddr> *V* fangen; jagen
veiðr <*A/D* veiði, *G* veiðar, *Pl* veiðar> *f* das Jagen, das Fischen, Jagd
veit *1/3 Präs Sg* von **vita**
veizla *f* Gelage, Gastmahl; Gewährung, Zugeständnis; Hilfe, Unterstützung
veiztu = **veizt þú** *2 Sg Präs* von **vita**, du weißt
❖ **veita** <-tti, -ttr> *V* gewähren, geben, anbieten; unterstützen; **veita [e-m] atgǫngu** oder **atlǫgu** jmd. angreifen; **veita atróðr** rudernd ausziehen (nach); **[e-m] veita betr** für jmdn. steht es besser; **veita tilkall** einen Anspruch stellen
vekja <vakði~vakti, vakiðr~vaktr~vakinn> *trans V* wachen, erwachen; **vekja [e-n] upp** jmdn. aufwecken
❖ **vel** <*Komp* betr, *Superl* bezt~bazt> *Adv* wohl, gut; sehr, ziemlich; **vel at sér** gut (in Verhalten und Charakter), fähig
velli *D Sg* von **vǫllr**
❖ **vera** <er, Var, váru, verit> *V* sein; andauern, währen; **vera fyrir** führen; **vera þar fyrir** dort anwesend sein; **vera vel at kominn** willkommen sein; **vera við** anwesend sein, teilnehmen
❖ **verða** <verðr, Varð, urðu, orðinn> *V* werden, eintreffen; geschehen, vorfallen; haben zu; **verða at [e-u]** werden; **verða at grjóti** zu Stein werden; **verða at sœtt** schlichten; **verða sæhafa** vom Kurs abgetrieben werden (beim Segeln)
Verðandi *f* Verðandi (*Personenname*, mythologisch), „Eintreffend" oder „sich Ereignend", einer der drei Nornen
❖ **verðr** *Adj* [+ *G*] wert, wertvoll, würdig; **verðr [e-s]** etw. wert oder würdig sein
ver-gjarn *Adj* mannstoll, lustvoll
verit *Part Prät* von **vera** (n)
verja <varði, variðr~varðr> verteidigen, **verja [e-u]** jmdn. fern halten; **verjask** *Med-Pas* sich verteidigen
verk *n* Arbeit
verpa <verpr, varp, urpu, orpinn> *V* werfen
verr <-s, -ar> *m* [*poet*] Ehemann; [*Pl*] Männer
verr *Komp Adv* schlechter
verri *Komp Adj* von **illr** and **vándr**, schlechter
verst *Superl Adv* von **illa**, am schlechtesten; **sem verst** so schlecht wie nur möglich
verstr *Superl Adj* von **illr** und **vándr**
verǫld *f* Welt
vesall *Adj* erbärmlich, elend, unglücklich
vestan *Adv* aus dem Westen
Vestfold *f* Vestfold (*Ortsname*)
vestr <*G* vestrs> *n* Westen; *Adv* nach, gen Westen, **vestr um haf** westlich über das Meer (zu den britischen Inseln)
vestri *Komp* von **vestr**
Vestrlǫnd *n Pl* die westlichen Länder, die britischen Inseln und

Frankreich
vestrvegir m, *Pl* der Westen, d. h. zu den britischen Inseln und darüber hinaus, wörtl. „die westlichen Wege"
vestrœnn *Adj* westlich
❖ **vetr** <*G* vetrar, *Pl* vetr> *m* Winter; **um vetrinn** im Winter, den Winter über
vetra <-að> *V* Winter werden
vexti *D* von **vǫxtr**
Véfastr <-s> *m* Véfastr (*Personenname*)
vél *f* Täuschung, Trick
vér <*A/D* oss, *G* vár> *Pron* wir (Pl)
❖ **við** *Präp.* [+ *A*] an, bei, in der Nähe von; mit; gemäß, nach, laut; [+ *D*] gegen; nach; mit
viðartaug <*Pl* -ar> *f* biegsamer Zweig
viðr <*G* viðar, *Pl* viðir, *A* viðu> *m* Baum; Wald; Holz
viðtaka <*G* viðtǫku, *Pl* viðtǫkur> *f* Empfang
vika *f* Woche
Vilhjálmr *m* Vilhjálmr (*Personenname*); **Vilhjálmr bastarðr** *m* Wilhelm der Eroberer (William the Conqueror), der illegitime Sohn von Roðbertr lǫngumspað
vili *m* Sehnsucht
❖ **vilja** <2/3 *Sg Präs* vill, vildi, viljat> *V* wünschen, wollen
vill 2/3 *Sg Präs* von vilja
vinaboð *n* für einen Freund ausgerichtetes Gelage
vinátta *f* (innige, persönliche) Freundschaft
vinda <vindr, vatt, undu, undinn> *V* winden, drehen, wringen, drücken; wickeln, aufwinden; drehen, schwenken; **vindask** *Med-Pas* eine plötzliche Bewegung machen, sich wegdrehen
vindr <*G* -s~-ar> *m* Wind, Luft
vinfengi *n* Freundschaft (v. a. im Sinne eines vertraglichen Bündnisses)
vingóðr <*f* vingóð, *n* vingott> *Adj* gut, wohlwollend gegenüber seinen Freunden, freundich
Ving-Þórr *m* [*poet*] „Schwing-Þórr"
vinna <vinnr, vann, unnu, unninn> *V* erhalten, gewinnen; arbeiten; ausführen, erreichen; **vinna herskap á [e-m]** Gefechte gegen jmdn. gewinnen; **vinnask**: für sich selbst gewinnen, erreichen
❖ **vinr** <-ar, -ir> *m* Freund
❖ **vinsæll** *Adj* geliebt, beliebt
virða <-ði, -ðr> *V* auswerten, bewerten, beurteilen
virðing *f* Wertschätzung; Wert
vist *f* Speise, Proviant; Bleibe; Wohnsitz
vit *n* Sinn, Verstand, Wissen, Verständnis
vit <*A/D* okkr, *G* okkar> *Pers-Pron Dual* wir beide
❖ **vita** <veit, vissi, vitaðr> Prät-Präs *V* wissen; **vita fram** or **vita fyrir** über die Zukunft Bescheid wissen, vorhersehen
vitandi *Part Präs* von vita, wissend
vitja <-að-> *V* [+ *G*] zu einem Ort gehen; besuchen
❖ **vitr** <*A* vitran> *Adj* klug, verständig, gescheit
vitrast *Superl* von **vitr**
víða *Adv* weit herum, weit und breit
víðfrægr *Adj* weit bekannt, berühmt
víðr *Adj* weit
❖ **víg** *n* Schlacht; Totschlag, Mord
vígja <-ði, -ðr> *V* segnen, weihen
vígr *Adj* kampffähig, kampftüchtig; **vígr vel** gut mit Waffen ausgestattet
vígvǫllr *m* Schlachtfeld
vík <*G* víkr, *Pl* víkr> *f* Bucht
Vík *f* Vík (*Ortsname*)
Víkin *f* Vík(in), die Gegend um den norwegischen Oslofjord
víking <*Pl* -ar> *f* mit Raub und Plünderungen verbundene Heerfahrt, Wikingerfahrt; **í víking** auf einer Wikingerfahrt
víkingavǫrðr <-varðar, -verðir> *m* Wikingerwache (Küstenwache gegen Wikinger)
víkingr <-s, -ar> *m* Wikinger
víkja <víkr, veik, viku, vikinn> *V* [+ *D*] sich bewegen, drehen; *unpers.* **nú víkr sǫgunni** nun dreht sich die Erzählung
Víkrmaðr *m* Mann aus Vík
❖ **vísa** *f* Strophe
Vísburr <-s> *m* Vísburr (*Personenname*)
vísindi *n Pl* Wissen
❖ **víss** *Adj* gewiss; weise, wissend; bekannt
víst *Adv* sicherlich
vísundr <-s, -ar> *m* Wisent
vítt *Adv* weit, fern
vægð *f* Gnade, Nachsicht
vængr <-jar, -ir> *m* Flügel
❖ **vænn** *Adj* schön, fein, hübsch, gut aussehend; zu erwarten, aussichtsreich; hoffnungsvoll, viel versprechend
vænta <-ti, vœnt> *V* [+ *G*] erwarten, hoffen auf
væri 3 *Sg/Pl Prät Opt* von vera
Væringi <*Pl* Væringjar> *m* Waräger, die Bezeichnung für die nordischen Krieger die den Kaisern von Konstantinopel in der Warägergarde als Leibwächter dienten
vætr *n indekl* nichts
vættr <*D* vætti, *G* vættar, *Pl* vættir> *f* Wesen, Geschöpf; übernatürliches Wesen, Geist
vǫðvi *m* Muskel
Vǫggr *m* Vogg (*Personenname*)
vǫllr <*D* velli, *G* vallar, *Pl* vellir, *A* vǫllu, *G* valla> *m* Feld, Ebene
Vǫllr *m* Vǫllr (*Ortsname*)
vǫluspá *f* die Prophezeiung, Weissagung der Seherin
vǫlva <*G* vǫlu, *Pl* vǫlur> *f* Seherin, Weissagerin
vǫrðr <*D* verði, *G* varðar, *Pl* verðir, *A* vǫrðu, *G* varða> *m* Wächter, Wache; Küstenwache, Aufseher
vǫrr <*D* verri, *G* varrar, *Pl* verrir, *A* vǫrru> *m* Ruderschlag
vǫxtr <*D* vexti, *G* vaxtar, *Pl* vextir, *A* vǫxtu> *m* Größe, Statur, Wachstum; Form

Y

yðarr (auch **yðvarr**) *Poss-Pron Pl* euer

yðr *A/D* von *Pl Pron* þér, ihr

e-n = einhvern (Akkusativ); **e-t** = eitthvat (Akkusativ); **e-m** = einhverjum (Dativ); **e-u** = einhverju (Dativ); **e-s** = einhvers (Genitiv)

yðru *n D* von **yðarr**
yð(v)ar *G* von *Pl Pron* **þér**
yðvarr *Var* von **yðarr**
yfir *Präp* [+ A/D] über, oberhalb, durch
Yggdrasill *m* Yder Weltenbaum Yggdrasill
ykkar *G* von *Pers-Pron Dual* **þit**
ykkarr *Poss-Pron Dual* euer beider
ykkr *A/D* von *Per-Pron Dual* **þit**, euch beiden

ylgr <-jar> *f* Wölfin
Ymir *m* Ymir (*Personenname*)
yngri *Komp* von **ungr**
yrkja <orti, ortr> *V* (be)arbeiten, einwirken auf; dichten (Verse); **yrkja á [e-t]** angehen; *Med-Pas* einander angreifen, **yrkisk á um [e-t]** es beginnt
yxnum *D Pl* von **uxi**

Ý

ýrit (auch **œrit**) *Adv* ausreichend
ýtri *Komp Adj* der äußere, zum äußeren Teil gehörende

ýztr *Superl Adj* der äußerste/Äußerste

Z

Zóe dróttning in ríka *f* Kaiserin Zoe die Große

Þ

þaðan *Adv* von dort (her), daher; da, dann, darauf, danach; **þaðan frá** von da an
þagði *3 Sg Prät* von **þegja**
þakka <-að> *V* [+ D] danken
❖ **þangat** *Adv* dorthin
Þangbrandr <-s> Þangbrandr (*Personenname*)
þann *A Sg* von *Dem-Pron* **sá**
❖ **þar** *Adv* dort; **þar sem** *Konj* dort wo
þat <A þat, D því, G þess> *Pron* it; *n N/A* von *Dem-Pron* **sá** dieser (eine)
þau <A þau, D þeim, G þeira~þeirra> *n Pl Pron* sie; jene, die jenigen
❖ **þá** *Adv* dann, zu dieser Zeit
þá *f A Sg* von **sú**; *m A Pl* von **þeir**
þá er *Konj* dann wenn
þás = **þá es** (**þá er**)
þáttr <D þætti, G þáttar, Pl þættir, A þáttu> *m* kurze Erzählung
❖ **þegar** *Adv* sofort, unmittelbar; bereits, schon; **þegar á morgin** zuallererst am Morgen; **þegar á unga aldri** schon in jungen Jahren; **þegar um haustit** eben jener Herbst
þegja <þegir, þagði, þagat> *V* schweigen
þegn *m* Gefolgsmann, Untertan; freier Mann, guter Mann
þegnskapr <G -ar> *m* Großzügigkeit, Freigiebigkeit
þeim *m D Sg* von *Dem-Pron* **sá** dieser (eine) & *m/f/n D Pl* von **þeir/þær/þau** sie; diese
þeima (auch **þessum**) *m D Sg* & *m/f/n D Pl* von **þessi**
þeir <A þá, D þeim, G þeira~þeirra> *Pron* sie; diese [*m Pl*]
þeira (auch **þeirra**) *Pron G Pl* von **þeir/þær/þau** sie; ihr
þeirra *Var* von **þeira**
þekkja <-ti~þekti~þekði~þátti, -tr~þektr~þekðr> *V* gewahr werden, bemerken; wissen, erkennen; **þekkjast** *Med-Pas* einander kennen
þenna *m A Sg* von **þessi**
þess *m/n G Sg* von **sá/þat**
❖ **þessi** (auch **sjá**) <f þessi, n þetta, m A Sg þenna, m D Sg &

m/f/n D Pl þessum~þeima, *m/n G Sg* þessa, *m N Pl* þessir, *all G Pl* þessa~þessar(r)a, *f A Sg* þessa, *f D Sg* þessi~þessar(r)i, *f G Sg* þessar~þessar(r)ar, *n D Sg* þessu~þvísa, *n N/A Pl* þessi> *Dem-Pron* dieser, diese
þetta *n N/A Sg* von **þessi**
þér *D* von **þú**
þér <A/D yðr, G yðarr~yðvarr> *Pl Pron* dir
Þiðrandi *m* Þiðrandi (*Personenname*)
þiggja <þiggr, þá, þágu, þeginn> *V* erhalten, annehmen
þik *A* von **þú**
❖ **þing** *n* Versammlung, Thing
þingmaðr *m* Gefolgsmann eines Goden, „Thingmann"
Þingvǫllr *m* Þingvǫllr (*Ortsname*), wörtl. „Thing-Feld", Austragungsort des alljährlich im Sommer tagenden **Alþings**
❖ **þinn** <þín, þitt> *Poss-Pron Sg* dein
þit <A/D ykkr, G ykkar> *Pers-Pron Dual* ihr beide
þín *G* von **þú**
þjóð <D þjóðu, G þjóðar, Pl þjóðir> *f* Volk, Nation
þjófr *m* Dieb
þjófsaugu *n Pl* Diebsaugen
þjóna <-að> *V* [+ D] dienen
þollr *m* (Nadel)Baum, Kiefer
þora <-ði, þorat> *V* wagen
Þorfastr <-s> *m* Þorfastr (*Personenname*)
Þorfinnr <-s> *m* Þorfinnr (*Personenname*)
Þorgeirr <-s> *m* Þorgeirr (*Personenname*)
Þorgerðr <A/D Þorgerði, G Þorgerðar> *f* Þorgerðr (*Personenname*)
Þorgils <G Þorgils> *m* Þorgils (*Personenname*); **Þorgils Þorsteinssonar** Þorgils, Sohn des Þorsteinns
Þorgrímr *m* Þorgrímr (*Personenname*)
Þorkell <-s> *m* Þorkell (*Personenname*); **Þorkell Geitisson** *m* Þorkell, Sohn des Geitirs
Þorleikr <-s> *m* Þorleikr (*Personenname*)
Þormóðr <-ar> *m* Þormóðr (*Personenname*)

Þorsteinn <-s> *m* Þorsteinn (*Personenname*); Þorsteinn hvíti *m* Þorsteinn der Weiße
❖ þó *Adv* dennoch, trotzdem
þó *1/3 Sg Prät von* þvá
Þóra *f* Þóra (*Personenname*)
Þórarinn <-s> *m* Þórarinn (*Personenname*)
Þórdís <-ar> *m* Þórdís (*Personenname*)
Þórðr <-ar> *m* Þórðr (*Personenname*)
Þórir <*G* Þóris> *m* Þórir (*Personenname*)
Þórólfr <-s> *m* Þórólfr (*Personenname*)
Þórr <*D* Þór~Þóri, *G* Þórs> *m* Þórr, der Gott des Donners, Ehemann von Sif, Sohn von Óðinn und Jǫrð
❖ þótt *Konj* obwohl
þótti *3 Sg Prät von* þykkja
þóttu [*poet*] = þó at þú
þrasa <*3 Sg Präs* þrasir> *V* streitlustig sein
þrausk *n* Kramen, Suchen
þreifa <-að-> *V* mit der Hand berühren, tasten; þreifask *Med-Pas* sich voran tasten, fummeln, grabschen
þrekvirki *n* Heldentat, Tat, die Mut und Kraft erfordert
þrettán <*Ordinal* þrettándi, dreizehnter > *Kardinal* dreizehn
þriðjungr <-s> *m* ein Drittel
þriði <*f* þriðja, *n* þriðja > *Ordinal* dritter
Þriði *m* Þriði, einer der drei Vernehmer von König Gylfi
þrífa <þrífr, þreif, þrifu, þrifinn> *V* greifen; þrífa til [e-s] ergreifen
❖ þrír <*f* þrjár, *n* þrjú, *Am* þrjá, *D* þrim(r), *G* þriggja, *Ordinal* þriði, dritter > *Kardinal* drei
þrír tigir *Kardinal* dreißig
þrjá *m A Pl von* þrír
þrjár *f N/A Pl von* þrír
þrjú *n N/A Pl von* þrír
þrúðugr *Adj* stark, mächtig
Þrymr <-s> *m* Þrymr (*Personenname*), ein Riese
þræll <-s, -ar> *m* Knecht, Sklave

Þrǫstr <-s> *m* Þrǫstr (*Personenname*)
þumall <*D* þumli, *G* þumals, *Pl* þumlar> *m* Daumen
þumlungr <-s, -ar> *m* Daumen (eines Handschuhs)
❖ þungr <*Komp* þyngri, *Superl* þyngstr> *Adj* schwer
þunnr *Adj* dünn
þurfa <þarf, þurfti, þurft> Prät-Präs *V* [*Hilfsverb*] brauchen; [+ *G*] benötigen, notwendig sein
þurs <*D* þursi, *G* þurs, *Pl* þursar> *m* Riese, Oger
Þurvi *f* Þurvi (*Personenname*, vgl. altisl. Þyri)
❖ þú <*A* þik, *D* þér, *G* þín> *Pron* du [*Sg*]
þúsund <-ar, -ir> *f* tausend, bzw. sog. „lange Tausend" (=zwölftausend)
þvá <þvær, þó, þógu, þveginn> *V* waschen
þverr *Adj* durch; siehe auch **um þvert**
þverra <þverr, þvarr, þurru, þorrinn> *V* schwinden, kleiner werden, sich verringern
Þvinnill <-s> *m* Þvinnill (*Personenname*)
því *n D von* þat
því *Konj* daher, deswegen
þvísa (auch þessu) *n D Sg von* þetta
því at *Konj* weil
því næst danach, anschließend
❖ þvílíkr *Adj* solch einer
þvít = því at
❖ þykkja <þykkir, þótti, þótt> *V unpers.* zu sein scheinen, [+ *D Opt*] denken, jmdm. scheinen; þykkjask *Med-Pas* jmdm. scheinen, sich denken
þykkr <*A* þykkvan> *Adj* dicht, eng
þykkt *Adv* dicht
Þyri *f* Þyri (*Personenname*)
þýða (-ddi, -ddr) *V* erklären, interpretieren; kennzeichnen; überzeugen; þýðask [e-n] *Med-Pas* mit jmdm. assoziieren
þær <*A* þær, *D* þeim, *G* þeira~þeirra> *Pron* die; jene [*f Pl*]
þǫkk <*G* þakkar, *Pl* þakkir> *f* Dank

Æ

æ *Adv* ewig, immer, für immer
æja <ær, áði, áð> *V* grasen, weiden; weilen
Æsir *m Pl von* áss, das Göttergeschlecht der Æsir (im Dt. auch manchmal Asen genannt)
æti *3 Sg & Pl Prät Opt von* eiga
❖ ætla <-að-> *V* beabsichtigen; meinen; denken, in Betracht ziehen

ætlan *f* Absicht
ætlat *Part Prät von* ætla
ætt <*Pl* ættir> *f* Familie, Verwandtschaft; Generation
ættangr *m* familiäre Katastrophe oder Unglück
ætti *3 Sg & Pl Prät Opt von* eiga
ævi *f indekl* Alter, Zeit; alla ævi für alle Zeit, für immer, ewig

Œ

œðri *Komp Adj* höher
œgishjálmr *m* Helm des Schreckens
œpa <-ti, -t> *V* rufen, schreien
❖ œrinn (auch ýrinn) *Adj* ausreichend, genügend

œrit *Adv* ausreichend, übermäßig, sehr
œxla <-ti, -tr> *V* Wachstum herbeiführen, vervielfältigen
œztr *Superl Adj* höchster

Ǫ/Ø

ǫðlask <-að-> *V* gewinnen, verdienen

ǫðru *n D Sg von* annarr

e-n = einhvern (Akkusativ); **e-t** = eitthvat (Akkusativ); **e-m** = einhverjum (Dativ); **e-u** = einhverju (Dativ); **e-s** = einhvers (Genitiv)

øfri *Var* von **efri**
øfstr *Var* von **efstr**
ǫfundarorð *n Pl* schmähende Worte, Beleidigung
ǫl <*D* ǫlvi, *G Pl* ǫlva> *n* Bier, Ale
ǫld <*D* ǫldu, *G* aldar, *Pl* aldir> *f* Alter, Zeit; [*poet*] Mann *Pl* Menschheit, Menschen
ǫldnu *schw f A Sg* von aldinn
ǫll *f N Sg* & *n N/A Pl* von **allr**
ǫllum *D Pl* von **allr**
Ǫlvir <*G* Ǫlvis> *m* Ǫlvir (*Personenname*)
ǫnd <*D* ǫnd~ǫndu, *G* andar, *Pl* andir> *f* Atem; Leben; Geist, Seele
ǫndóttr *Adj* furchterregend, erschreckend
Ǫndóttr kráka *m* Ǫndóttr „Krähe" (*Personenname*)
ǫnnur *f N Sg* & *n N/A Pl* von **annarr**
Ǫnundr <-s> *m* Ǫnundr (*Personenname*)
ǫr <*G* ǫrVar> *f* Pfeil
ørendi *Var* von **erendi**
ørendislauss *Adj* ohne Absicht, ohne Ziel
ørendislaust *Adv* ohne Absicht, sinnlos, umsonst; **fara ørendislaust** umsonst gehen, ohne Absicht oder Grund gehen
ǫrlǫg *n Pl* Schicksal
ǫrn <*D* erni, *G* arnar; *Pl* ernir, Aǫrnu> *m* Adler
øx <*A/D* øxi, *G* øxar, *Pl* øxar> *f* Axt
Øxarfjǫrðr *m* Øxarfjǫrðr (*Ortsname*), „Fjord der Axt"
ǫxl <*G* axlar, *Pl* axlir> *f* Schulter
Øxna-Þórir *m* Øxna-Þórir (*Personenname*), „Ochsen-Þórir"

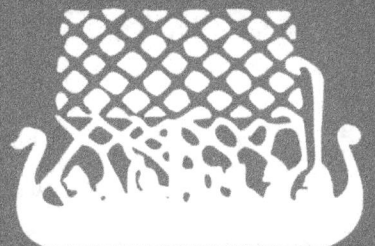

ABOUT
JULES WILLIAM PRESS

We are a small press devoted to publishing the best about the Viking Age, Old Norse, and the Atlantic and Northern European regions. Jules William Press was founded in 2013 to address the needs of modern students, teachers, and self-learners for accessible and affordable Old Norse texts. We began by publishing our Viking Language series, which provides a modern course in Old Norse, with exercises and grammar that anyone can understand. This spirit motivates all of our publications, as we expand our catalogue to include Viking archeology and history, as well as Scandinavian historical fiction and our saga series.

Find us at juleswilliampress.com and find our Old Norse - Old Icelandic resources at oldnorse. org.

FURTHER OLD NORSE RESOURCES FROM JULES WILLIAM PRESS...

<u>Old Norse–Old Icelandic: Concise Introduction to the Language of the Sagas</u> answers the need for a modern method to learn the language of the sagas. This new primer requires no previous language knowledge, and the beginner quickly starts reading original passages from Icelandic sagas, mythological texts, and sources about the Viking Age. Designed for quick learning on one's own or in class, the lessons supply all necessary grammar, exercises, and vocabulary.

<u>Supplementary Exercises for Old Norse - Old Icelandic</u> complements *Old Norse-Old Icelandic: Concise Introduction to the Language of the Sagas* by providing additional exercises and vocabulary activties. Together, these two books make the sagas accessible for anyone learning Old Norse and the Viking Age.

AUCH IN DEUTSCH ERHÄLTLICH
(Also Available in German)

<u>Altnordisch 1: Die Sprache der Wikinger, Runen und isländischen Sagas</u> gliedert sich in fünfzehn inhaltlich aufeinander aufbauende Lektionen bestehend aus altnordischen Textpassagen, Runen, Grammatikbaukästen, Übungen, Karten. Das Buch enthält ein vollständiges Wörterverzeichnis, eine Kurzgrammatik . Hörbeispiele zur Aussprache:

<u>Audio Lektionen 1-8,</u> <u>Audio Lektionen 9-15</u>

The Viking Language Series is available as paperbacks and ebooks on Amazon (UK, US, DE, FR, IT, ES, JP, CA) and for booksellers on Ingram.

Free Answer Key and Audio Pronunciation Samples:
<u>www.oldnorse.org.</u>

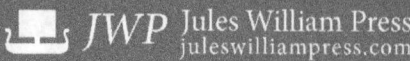 Jules William Press
juleswilliampress.com

COMING SOON FROM JWP...

THE ICELANDIC SAGA SERIES

Our Icelandic Saga series includes new English translations together with the original Old Norse, as well as introductions, vocabulary, grammar, maps and notes.

The Tale of Thorstein Staff Struck (Þorsteins þáttr stangarhöggs) is a short saga set in Iceland's East Fjords during the 10th-century Viking Age. Thorstein, a peaceful young man, is forced to live with the humiliating nickname "staff struck." Even Thorstein's father, an old Viking, looks down on his son as a coward. But Thorstein is no coward. Waiting for the right moment to take revenge, Thorstein reclaims his good name in a way that brings honor both to him and his chieftain.

The Saga of the Families of Weapon's Fjord (Vápnfirðinga saga) is a classic Icelandic saga of feuding chieftains and their families struggling for power and survival. Set during the 10th-century Viking Age in Iceland's East Fjords, the saga recounts how a rich Norwegian merchant stirs the greed of the local inhabitants. Sons avenge fathers, while wives and mothers demand honor for their families. In this new edition, a world in the far North Atlantic opens for the modern reader.

Egil's Bones: Icelandic Sagas, Blood Feud, and Viking Archaeology (The Writings of Jesse Byock) explores Viking Age Iceland — its origins, sagas, heroes, society, and archaeology. The studies provide a comprehensive picture of this North Atlantic island founded more than 1,000 years ago. The pages explore the background of legendary heroes such as the Viking warrior poet, Egil Skalla-Grimsson and his archaeological bones as well as Sigurd the dragon slayer, whose saga influenced J.R.R. Tolkien and Richard Wagner's Ring Cycle.

Viking Age Iceland
by Jesse Byock
Penguin History, Penguin Books

The Viking Age is a time of warlords and marauding bands. This deeply fascinating and important history reveals the society founded by Norsemen in Iceland, becoming an independent, Free State, without warlords or kings. Honour was crucial. In Jesse Byock's words, it was 'a great village': a self-governing community of settlers, who adapted to Iceland's harsh climate and landscape, creating their own society.

Combining history and anthropology, this remarkable study explores in rich detail all aspects of Viking Age life: feasting, farming, battling the elements, chieftains' power, the church, marriage, women's roles, and kinship. 'Blood feud' prevailed while law courts favored compromise. Iceland thrived for 300 years until it came under the control of the King of Norway.

A unique time in history, which has long perplexed historians and archaeologists, and which provides us today with fundamental insights into forgotten aspects of western society. By interweaving his own original and innovative research with masterly interpretations of the Old Icelandic Sagas, Jesse Byock brilliantly brings it to life.— *from the back cover*

The Saga of King Hrolf Kraki
Translated with an introduction by Jesse Byock
Penguin Classics, Penguin Books

Hrolf's Saga recalls ancient Scandinavia, when the warrior chieftain King Hrolf ruled in Denmark. In the Viking world, King Hrolf was a symbol of courage. Sharing rich oral traditions with the Anglo-Saxon epic *Beowulf*, *Hrolf's Saga* recounts the tragedy of strife within Denmark's royal hall. It tells of powerful women and the exploits of Hrolf's champions – including Bodvar Bjarki, the 'bear-warrior', who strikingly resembles Beowulf. Combining heroic legend, myth and magic, *Hrolf's Saga* has wizards, sorceresses and 'berserker' fighters, originally members of a cult of Odin.

Most startling is the central love triangle: Hrolf's father, with insatiable appetites, unknowingly abducts his daughter, who marries the despised Swedish sorcerer King Adils. A powerful human drama with deep historical roots, *Hrolf's Saga* ranks among the masterworks of the Middle Ages, influencing writers such as J.R.R. Tolkien.— *from the back cover*

www.ingramcontent.com/pod-product-compliance
Lightning Source LLC
Chambersburg PA
CBHW081343070526
44578CB00005B/705